신약교회 사관에 의한
종교개혁사

| 정수영 지음 |

쿰란출판사

머리말

하나님의 크신 사랑과 한없는 은혜에 깊은 감사를 드리는 바이다. 허물과 단점이 많은 죄인이 하나님 은혜로 구원받게 된 것이 감사하다. 학문과 경륜이 부족한 나를 지금까지 인도해주신 하나님 사랑을 감사한다. 또 오늘의 내가 있기까지 여러 면으로 연단하신 하나님께 감사드린다.

나는 어떤 배경에서 《종교개혁사》를 저술하게 됐는지 필자를 이해하는 데 도움이 되도록 과거사를 간략하게 진술하겠다.

필자는 4대째 믿는 믿음의 가정에서 태어났다.
나의 증조부께서는 1890년경 한국 최초의 황성 기독청년회(Y.M.C.A) 회장이었던 월남 이상재(李商在, 1850~1927) 선생으로부터 황성기독청년회관에서 전도 받고 기독교 복음을 우리 가문에 심으셨다. 증조부께서는 금산 초대 기독 청년회장으로 활동하셨다.
그의 신앙을 받은 조부께서는 초현 교회를 설립해 장로님으로 시무하다가 소천하셨고 나의 선친께서도 장로님으로 헌신하다 돌아가셨다. 나는 4대째 믿음의 가정에서 태어나 '예수집' 이라는 호칭을 들으며 경건한 분위기 속에서 절제 당하고 주목받는 환경에서 자라났다. 초년 신앙은 오랜 세월 속에 다져져 종교적 체질은 이뤄졌으나 믿는바를 확실하게 진술할 수 없는 공허한 신앙생활이었다.
그러다 20대에 자유주의를 표방하는 신학대학에 진학했다. 전통과 관습 속에 살던 나는 신학을 공부하면서 행동하는 신앙에 눈을 떴다. 과거에 전혀 알지 못하던 서구 신학들을 접하면서 무지가 깨어지고, 어린 시절의 전통적 고정 관념들이 변화하게 되었다.

자유주의 신학은 공부할수록 학문의 호기심은 깊어지는데, 과거 절대적 진리로 알던 모든 관념들이 상대적으로 가치가 무너졌다. 관념이 달라짐으로 생활은 뒤죽박죽이 되었다. 그래서 부끄러운 생활을 계속하게 되었다.

그후 30대 말에 미국 유학을 하면서 전혀 새로운 보수신학을 공부하게 되었고, 그때 자유주의 신학의 상대주의를 극복하게 되었다. 그래서 성경 말씀만을 절대적 기준으로 삼는 말씀 신앙으로 변화되었다. 그러자 30여 년 살아왔던 종교인의 생활이 청산되었다. 미국 유학의 최대 혜택은 말씀으로 거듭나는 중생의 체험을 하게 된 것이다. 수학 후 미국 현지의 여러 곳에 목회 사역의 길이 열려 있었다. 그러나 중생의 체험이 필요한 곳은 내 조국임을 확신하고 귀국했다.

귀국 당시 내 나이는 40대 초반이었다. 나는 한국에서 구원을 확인시키는 성경적 목회를 하려고 새로운 교단으로 옮겨 목회를 시작하였다. 그러나 하나님께서는 나를 의외의 길로 인도하셨다.

나는 40대 초반에서 60대 중반까지 신학대학과 일반대학에서 학생들을 가르치는 교수생활을 경험하게 되었다. 30년의 교수 경험을 토대로 새로운 원리를 깨달았다. 그것은 지구상의 수많은 교회들 중 세계 모든 그리스도인이 본받아야 할 가장 이상적인 교회는 AD 33~100년에 존재했던 '신약교회'라고 믿게 되었다.

이 같은 깨달음으로 1991년 《신약교회 사관에 근거한 새 교회사 I, II》를 저술, 발표하게 되었다. 그 중에서도 난생처음 발표한 책인 《새 교회사 I》은 16쇄를 거듭했다.

그 후 필자에게는 좀더 확대된 전체적 교회사를 쓰고자 하는 충동이 커져갔다.

시중에는 이미 수많은 교회사 저서들이 홍수를 이루고 있었다. 그런데 내가 또 하나의 교회사를 추가해야 할 이유가 있을까 생각하다가 필자는 답을 얻었다.

필자가 창안한 신약교회 사관에서 볼 때, 현존하는 모든 기성 교회사들은 모두가 단편적이고 편파적인 역사인식에서 서술되고 있다는 사실이다. 신약교회 사관에서 교회역사를 보면 신약교회인 초대교회만이 기초적이고 완전한 교회상이다.

그 다음 교부들의 역사는 진리를 왜곡시키는 변질의 역사들이다. 중세 로마 가톨릭의 역사는 철저한 타락의 역사이다. 종교 개혁사는 불완전한 개혁이며 약간 개선된 역사이다.

그래서 신약교회 사관에 근거한 교회사 전체를 저술해야 되겠다는 절실한 사명감을 갖게 되었다.

필자는 이미 《초대 교회사(AD 33~100)》를 발표했다. 나의 교회사 시리즈 제1권에 해당되는 《초대교회사》에서 나의 신학을 발표했다. 그렇다면 '교회사' 또는 '교회역사'란 무엇인가? 나는 지금까지 전승되어 온 교회의 개념들이 무엇이고 그 개념들이 우리에게 끼치는 한계점을 소개하면서 성경적 교회 개념을 제시했다.

그러면 역사란 무엇인지 그에 대한 이해를 위해 사관들을 추적한 후 새로운 사관으로 신약교회 사관을 제시하였다.

필자의 신약교회 사관을 이해하려면 《초대교회사》를 참고하기 바란다.

필자는 이번에 교회사 시리즈 제4권에 해당되는 《종교개혁사》

를 내놓는다. 앞으로 제 2권 《교부시대사》와 제 3권 《중세교회사》를 연차적으로 발표할 계획이다.

이번에 발표하는 《종교개혁사》의 특징은 무엇인가?

이미 시중에 소개되고 있는 기존의 종교개혁사들은 종교개혁으로 직접적 혜택을 입은 종교개혁자의 후예들이 기술한 교회사이다. 이들 종교개혁자의 후예들은 자기들 조상을 호도하는 역사서술로 일관된 태도를 보인다. 이것은 객관성이 결여된 서술이다.

필자는 기존의 종교개혁자들의 역사를 그대로 인정한다. 동시에 저들의 과오와 잘못도 함께 서술하였다. 기존 종교개혁자들은 종교개혁을 완성하기 위해서 세속정치와 타협을 하였다. 루터는 선제후 프리드리히(Frederich)의 도움으로 생명이 유지됐고 막강한 정치가 필립 헤세(Hesse)의 도움으로 개혁을 완성할 수 있었다. 칼빈은 제네바(Geneva) 시 의회를 통해 교회가 해야 할 치리권을 행사하게 함으로써 공포 속에서 개혁을 완성시켜 나갔다.

영국의 헨리 8세(Henry Ⅷ)는 막강한 군주의 힘으로 영국 국교를 만들었다. 이렇게 종교개혁이 정치적 힘에 의해 완성됐다는 것은 종교개혁이 순수하지 못했으며 불완전했다는 것을 의미한다.

필자는 개혁자들의 희생과 공적들은 사료대로 소개한다. 그뿐만 아니라 저들의 실패와 문제점들도 그대로 지적했다. 그래서 주님이 받으셔야 할 영광을 개혁자들이 받고 있는 맹신이 교정되길 바라는 마음으로 사실을 기록했다.

그리고 한 가지를 추가해야 하겠다.

그것은 역사의 공정성 문제다.

과거 종교개혁 시기에 다 똑같이 종교개혁운동을 전개한 무리들이 있다. 그들은 유럽 여러 곳에서 동시 다발적으로 발생된 재침례교도들이다. 이들은 정치와 타협하지 않고 순수한 신앙운동만 전개하였다. 그렇게 하다보니까 정치가들에게 탄압받고 희생되며 종교개혁운동의 성공을 이루지 못하였다.

그런데 안타까운 것은 신앙으로 탄압받는 재침례교도들에게 격려는커녕 정치세력과 야합한 종교개혁자들이 그들을 탄압하고 무시했다. 그뿐만 아니라 저들의 순수성을 철저하게 왜곡시키고 그릇되게 평가했다. 재침례교도들이 완전하지 못했으나 성서적 기준에 볼 때 훨씬 성서적이고 순수했다. 그런데도 이들 재침례교도들은 종교개혁자들에 의해 500여 년 계속 왜곡되어 오고 있다.

필자는 이들도 종교개혁 역사의 주인공으로 기술되어야 한다고 믿는다. 필자는 그동안 왜곡되어 온 재침례교도들의 불명예가 본서로 인하여 회복된다면 큰 보람으로 느낄 것이다.

여기 감사한 분들을 소개한다.

필자의 난해하고 복잡한 교회사 시리즈를 기꺼이 받아 출판해 주시는 쿰란출판사 이형규 사장님의 너그러움과 배려에 크게 감사드린다. 그리고 어려운 일을 실무하는 편집진에게도 감사드린다. 또 필자의 저술활동을 고무하며 건강 유지에 정성 들여주는 아내 귀영이에게 감사하고 언제나 모든 일을 후원하며 관심 갖는 아들 준희와 딸 은희에게도 고마운 마음을 표한다.

2012년 8월
수원에서 정수영

서론

　종교개혁은 지금부터 500여 년 전 유럽 기독교 내에서 일어난 운동이다. 종교개혁을 바라보는 시각은 여러 가지다.
　종교개혁으로 유럽의 신자가 절반 이상 줄어든 로마 가톨릭의 입장에서 보면 종교개혁은 천 년 이상 안정을 이루어 놓은 교회를 무너뜨린 이단적이고 사탄적인 분리 운동이었다.
　그런데 루터교, 개혁교회, 성공회 등 주류 종교개혁(Mainline Reformation) 교회들의 관점에서 바라본다면 때가 차매 하나님께서 예비하셨던 개혁가들을 통해서 부패하고 타락한 가톨릭 교회를 개혁하였던 사건이다.
　여기 또 다른 시각이 있다. 유럽의 종교개혁기에 일어난 성서 회복 운동들이 있었다. 그것을 이름하여 유럽 여러 곳에서 일어난 재침례교도 운동이라고 한다. 재침례교도들은 로마 가톨릭이나 개혁자들로부터 철저하게 핍박당하고 배제당한 후 역사 속에 완전히 왜곡되게 묻혀 왔던 부류들이다.
　필자가 지금까지 접해 온 과거사의 모든 기록은 힘을 가진 가톨릭 교회의 기록이거나, 또는 개혁에 성공한 승자들의 기록이 전부였다. 그러나 미국 유학에서 얻어진 재침례교도들의 피 묻은 수난의 역사 자료들을 통해 새로운 과거사를 이해하게 되었다.
　필자는 역사 속에 존재했던 과거의 모든 교회들은 변질되고 타락되고 왜곡되고 잘못된 교회들이라 믿는다. 필자가 믿고 본받아야 할 유일한 모델 교회는 신약교회들밖에 없다고 믿는다. 이 같은 신념 하에 '신약교회 사관'을 1991년에 창안하여 발표했다.

여기서 전개되는 종교개혁사는 필자의 신약교회 사관에 근거해서 이미 잘 알려진 기존 사료를 그대로 인용하여 설명하였다. 그렇기에 필자의 종교개혁사 역시 과거 모든 역사학도들이 보고 깨달은 바를 그대로 옮겨 놓는 제한점이 있다.

그러나 필자는 과거 역사학도들이 무비판적으로 수용하고 동조했던 내용들을 '신약교회 사관'에 근거해 신랄하게 비판하고 문제를 제기하기도 했다.

과거 종교개혁사의 특징은 무엇인가?

지금까지 시중에 유통되고 있는 모든 종교개혁사들의 방향은 주류 종교인 루터교, 개혁교회, 영국 국교회가 정당하고 올바른 개혁을 했다는 전제하에 서술된 개혁사들이었다.

그렇다면 필자는 어떤 종교개혁사를 서술할 것인가?

필자는 과거의 종교개혁들이 순수하고 깨끗한 신앙적 힘으로만 이루지 못한 불완전한 종교개혁이었다고 믿는다.

어떤 면에서 불완전한가?

루터의 종교개혁은 루터나 동역자들에 의해서 완성되지 않는다. 루터의 종교개혁 성공에는 선제후였고 독일의 황제 물망에 오른 현자 프리드리히(Elector Frederick the Wise)와 막강한 군사력을 가졌던 헤센의 필립(Philip of Hessen)의 도움이 있었다.

스위스 취리히(Zuerich)에서 종교개혁을 성공적으로 이끌어 간 츠빙글리 역시 자기의 독자적 힘이 아니라 취리히 시 의회의 정치 지도자들의 힘으로 개혁을 성공시켜 나갔다.

스위스 제네바(Geneva)에서 종교개혁을 성공시킨 칼빈의 경우에는 교회 내에서 발생한 교회 내 권징 문제를 시 의회와 시정 관리들이 집행하도록 하였다. 그래서 개혁자 중 가장 잔혹한 권징을 실시한 사람이 칼빈이다. 칼빈을 옹호하는 사람들은 개혁의 불가피성이란 말로 변명하지만 칼빈에게서 선한 목자 같은 예수상은 찾아볼 수 없다. 오직 중세기 잔혹한 교황들이 자기 목적을 달성하기 위해 수단과 방법을 가리지 않았던 모습만 엿보인다.

영국 국교회도 마찬가지다. 영국 국교회는 기독교 지도자들에 의해 개혁이 이루어지지 않았다. 헨리 8세(Henry Ⅷ, 1491~1547)의 가정문제로 가톨릭과의 결별이 일어나 가톨릭도 아니고 개신교도 아닌 애매한 종교개혁을 만들었다.

필자는 소위 종교개혁이라고 알려진 종교개혁을 불완전한 개혁, 가톨릭 교회를 조금 낫게 개선시킨 개선의 역사라고 믿는다. 이와 같은 신약교회 사관에 입각하여 종교개혁이라고 알려진 역사를 서술하고자 한다.

차례

머리말 ··· 02
서론 ··· 07

제1장 : 종교개혁의 배경
1. 세속적 배경 ······································· 17
   1) 국제적, 정치적 상황 ·························· 18
   2) 독일이라는 특수한 나라 ······················ 23
   3) 르네상스 ····································· 31
2. 종교적 배경 ······································· 43
   1) 교황들의 부패 ································ 44
   2) 종교회의 ····································· 51
   3) 개혁 전의 개혁자들 ·························· 61

제2장 : 독일에서의 개혁
1. 개혁의 준비 ······································· 78
   1) 종교개혁 시기의 독일 ························ 78
   2) 루터의 회개 ·································· 88
2. 루터의 개혁 ······································· 96
   1) 95개조 논제 ·································· 97
   2) 면죄부 논쟁 ································· 103
   3) 4대 개혁 논문 ································ 113
   4) 교황청 교서와 파문 ·························· 122
   5) 보름스 의회에서의 진술 ······················ 125

3. 독일 국민의 개혁 참여 ·················· 133
   1) 루터의 은둔과 귀환 ················ 133
   2) 농민전쟁 ························· 145
   3) 최초의 프로테스탄트 ··············· 154
   4) 마르부르크 회담 ·················· 162
4. 루터파 교회의 시작 ···················· 166
   1) 루터의 제자 멜란히톤 ·············· 166
   2) 아우구스부르크 신앙고백 ··········· 169
   3) 슈말칼덴 동맹 ···················· 174
   4) 루터의 가정생활과 죽음 ············ 181
   5) 루터 사후의 루터 교회 ············· 185
5. 루터의 핵심 신학과 그 문제점 ·········· 193
   1) 루터의 신학 ······················ 193
   2) 루터의 문제점 ···················· 200

제3장 : 스위스에서의 개혁

1. 스위스의 특징 ······················· 212
   1) 지정학적 특징 ···················· 213
   2) 정치적 특징 ······················ 214
   3) 종교개혁이 성공할 수 있었던 장점 ··· 216
2. 취리히에서의 츠빙글리 ················ 219
   1) 츠빙글리의 교육과 사역 ············ 219
   2) 츠빙글리의 개혁 운동 ·············· 228
   3) 개혁 전쟁과 츠빙글리의 죽음 ········ 242
   4) 츠빙글리의 유훈 ·················· 250
3. 제네바에서의 칼빈 ···················· 255
   1) 칼빈의 교육과 개혁 성향 ··········· 257
   2) 칼빈의 초기 사역 ················· 264
   3) 칼빈의 제2차 제네바 사역 ·········· 303

  A. 일반적 박해 ·· 316
  B. 교리적 박해 ·· 322
  C. 씻을 수 없는 과오 ······································ 329
 4) 칼빈의 공적 ·· 347
 5) 칼빈 신학의 문제점 ··· 359

제4장 : 유럽의 재침례교 운동

1. 스위스의 재침례교 운동 ··· 386
 1) 스위스 재침례교의 기원 ·································· 386
 2) 스위스 재침례교의 지도자 ······························ 389
 3) 스위스 재침례교도들의 신앙 ·························· 399
2. 독일의 재침례교 운동 ··· 400
 1) 다양한 재침례교 운동 ····································· 400
 2) 독일의 성서적 재침례교 지도자 ····················· 403
 3) 광신적 천년왕국주의자들 ······························· 423
3. 네덜란드의 재침례교 운동 ·· 431
 1) 복잡한 나라 네덜란드 ····································· 431
 2) 네덜란드 재침례교 지도자 ······························ 433
4. 재침례교의 후예들 ·· 456
 1) 직접적인 후예들 ·· 456
 2) 간접적 후예인 영국 침례교 ···························· 463
5. 침례교 기원에 관한 학설들 ·· 470
 1) 전승설 또는 계승설 ··· 472
 2) 재침례교 영혈설 ·· 473
 3) 영국 분리주의자 후예설 ·································· 476
 4) 증언자설 ·· 481

제5장 : 영국과 스코틀랜드의 종교개혁

1. 영국과 스코틀랜드의 역사 ·· 492

1) 잉글랜드의 역사 ·································· 493
   2) 스코틀랜드의 역사 ······························ 493
   3) 두 나라의 통합 ·································· 494
2. 영국의 종교개혁································· 495
   1) 헨리 8세의 개혁 운동 ························· 496
   2) 에드워드 6세의 개혁 운동 ··················· 506
   3) 메리 여왕의 반격 ······························ 510
   4) 엘리자베스 여왕의 정착 ······················ 516
3. 스코틀랜드의 종교개혁 ························ 527
   1) 스코틀랜드의 정치 역사 ······················ 527
   2) 스코틀랜드 종교개혁의 성격 ················ 528
   3) 스코틀랜드의 종교개혁 지도자 ············· 530
4. 통합 왕조(스튜어트)하에서의 개혁 ·········· 541
   1) 제임스 1세 ······································· 541
   2) 찰스 1세 ·· 544
   3) 호국경 크롬웰 ··································· 548
   4) 찰스 2세 ·· 550
   5) 왕정 복고 이후 ·································· 558
5. 영국 국교회의 문제점 ··························· 561

   • 종교개혁 전후의 연대표 ························ 563
   • 참고문헌 ·· 567
   • 색인 ·· 574

제1장
종교개혁의 배경

1. **세속적 배경**
   1) 국제적, 정치적 상황
   2) 독일이라는 특수한 나라
   3) 르네상스
      (1) 르네상스 문학
      (2) 르네상스 철학
      (3) 르네상스 과학
2. **종교적 배경**
   1) 교황들의 부패
   2) 종교회의
   3) 개혁 전의 개혁자들
      (1) 위클리프
      (2) 후스
      (3) 사보나롤라

제1장 종교개혁의 배경

우리는 '종교개혁' 하면 먼저 개혁자 루터를 떠올린다. 루터는 몇백 년 만에 한두 사람 나올까 말까 한 담대한 사람이긴 하다. 그러나 종교개혁이라는 거대한 결과가 루터 한 사람에 의해서 이루어졌다고 보는 시각은 지나치게 편중된 시각 같다.

종교개혁은 어떻게 이루어졌는가?

그 직접적인 첫째 원인은 로마 가톨릭 교회의 거듭되는 부패와 타락으로 중세기 모든 이들로부터 실망을 받아 온 것이다. 가톨릭 교회가 절대 신성시하던 교황들이 평범한 교회 지도자만도 못한 추문과 도덕적 타락으로 종교인들의 신망을 잃었다. 게다가 민주주의적 회의체인 종교회의에서 결정된 사항을 제대로 지키지 않음으로 인해 혐오를 받게 되었다. 이 같은 가톨릭 교회 자체 내의 부패와 타락이 종교개혁의 직접적 원인이 된다.

거기에다 전 세계가 변해 가고 있었다. 콜럼버스의 신대륙 발견으로 중세기 천 년 동안 우물 안의 개구리처럼 살던 유럽인들의 세계관이 달라졌다. 또 구텐베르크의 금속활자 발명으로 이웃 나라의 정보가 보편화되었다. 게다가 르네상스의 영향으로 유럽만의 문화가 아닌 동양의 신비한 다른 문화도 있다는 것을 깨우치게 되었다. 사람들은 언제나 한결같지가 않다. 새로운 문화에 대한 욕구가 기존 가톨릭의 독선 문화를 거부하게 만들었다.

종교개혁은 루터 한 사람에 의해 이루어진 것이 아니다. 종교개혁은 1천여 년 동안 부패한 로마 가톨릭 자체의 붕괴였다. 그리고 그 시점은 세계적 변화의 때를 맞아 시대적 요구가 부응되는 때였다. 독일이라는 나라에서 다른 나라 사람이 황제를 맡게 되는 묘한 정치적 과도기에 담대한 사람인 루터가 모든 힘을 결속시키게 만들었다.

따라서 종교개혁을 이해하기 위해서는 종교개혁이 일어나게 된 시대적 배경을 살펴보는 것이 필요하다.

종교개혁은 로마 가톨릭 교회의 부패에 대해 강한 거부 반응을 보여 오던 중세기 유럽 국가들의 정치적, 사회적 배경이 간접적 원인이 된다. 여기서 세속적 배경과 종교적 배경을 살펴보자.

1. 세속적 배경

교회가 딛고 서 있는 곳은 세상이라는 세속이다. 성경이 가르치는 바 정상적인 신약교회는 세상의 빛과 소금으로서 세상에 영향을 주었다. 사도행전에 나타나는 예루살렘 교회는 예루살렘 도성뿐 아니라 유대 나라 전국에 커다란 영향을 미쳤다.

바울 사도는 전도하러 가는 곳마다 도시에 큰 소동을 일으켰다. 여기에 관한 기록은 신약성경 전체에 나타나 있다.

그런데 중세교회가 세상에 거룩한 영향을 미쳤는가? 물론 특출한 교황들이 황제를 주름잡는 특별한 때도 있었다. 그러나 교황제도가 시작된 6세기부터 종교개혁이 일어나는 16세기까지 약 1천 년 동안에 로마 가톨릭 교회는 세상에 엄청난 부정적 영향을 남겼다. 그로 인해 교회가 존재해 있는 세상으로부터 온갖 종교적 원성들이 쌓여 갔다. 여기서 그런 면모를 대략적으로 살펴보자.

1) 국제적, 정치적 상황

종교개혁이 왜 유럽에서 일어나게 되었는가?
유럽의 많은 나라들은 1천여 년 동안에 두 종류의 종교를 체험했다. 하나는 동양에서 시작되어 서양으로 전래된 기독교라는 종교이고, 다른 하나 역시 동양에서 시작되어 서양으로 전래되어 나간 이슬람이라는 종교이다.

우리가 기독교 역사를 잘 아는 바와 같이 팔레스틴에서 시작된 기독교는 4세기 초에 로마 제국의 국교가 된다. 기독교가 로마 제국의 국교가 된 후 전 유럽과 북아프리카, 중동지역이 기독교의 영향 아래서 영향력이 통용되었다.

그러나 7세기 중반에 일어난 이슬람 세력은 과거 기독교 영향 아래 있던 세계를 이슬람 세력으로 바꾸어 놓는다. 7세기 내에 중동과 아프리카 지역이 이슬람 세력권 안으로 들어오게 된다. 그래서 과거 7세기 이전까지 기독교권에 속하던 중동 여러 나라들이 무슬렘이 통치권 아래에 있게 된다.

이슬람 세력은 중동과 아프리카 통치로 만족하지 않는다. 이슬람은 유럽 지역으로까지 그들 세력을 확장한다. 그래서 유럽 중 최초로 스페인을 이슬람의 교두보로 장악한다. 이슬람은 스페인에서 700년 이상 스페인의 이슬람화를 위한 전투를 계속하였다. 그뿐만 아니라 이슬람은 중앙 유럽을 공략한다. 그래서 세르비아(Servia), 보스니아(Bosnia), 헤르체고비나(Herzegovina), 그리스(Greece), 루마니아(Roumania), 왈라치아(Wallachia), 몰다비아(Moldavia) 등을 모슬렘 제국으로 바꾸어 놓는다.

이처럼 과거의 방대했던 기독교 세력이 이슬람으로 변화됨으로 인해 기독교 세력은 위축되어 갔다. 그에 반해 모슬렘 세력의 확대는 기독교 영향하에 있는 유럽 국가들로 하여금 강한 긴장감과 함께 정치세력 강화의 필요성을 느끼게 한다.

그 같은 양상이 종교개혁이 이루어진 유럽 여러 나라들에서 활발하게 작용한다. 이 같은 국제적, 정치적 흐름을 간략하게 스케치해 보자.

잉글랜드(England)는 헨리 7세가 자기 딸 마거릿을 스코틀랜드(Scotland) 제임스 4세와 결혼시킴으로 잉글랜드 보호를 노린다. 그뿐만 아니라 헨리 7세(Henry Ⅶ, 1457~1509)는 그의 아들 아더(Arthur)를 스페인(Spain)의 페르디난드와 이사벨라의 딸 캐서린(Katharine)과 결혼시켜 잉글랜드의 안정을 추구한다.

프랑스(France)는 영국과 백년전쟁(1337~1453)을 겪은 후 국가를 지탱할 수 있는 힘은 막강한 왕권에 있다고 믿게 된다. 그래서 국가가 위기를 겪을 때에 종교의 힘은 한계가 있으므로 한 국가의 머리로 왕의 통치 아래 모든 종교도 조정받아야 한다는 신념을 갖게 된다.

이와 같이 교황권도 프랑스 왕의 제재를 받아야 한다는 신념에 의해 유럽 나라들 중 프랑스가 가장 강력한 교황권 저항국가가 된다.

스페인(Spain)은 8세기에 북아프리카의 이슬람 세력이 쳐들어와서 11세기에는 반도의 대부분을 이슬람화시켰다. 스페인은 이슬람 세력을 축출하기 위해 가장 악명 높은 종교재판으로 이단을 억압하고 무어족인 이슬람 세력을 내쫓는 수단으로 사용하였다. 그래서 1492년에 그라나다에서 마지막으로 이슬람 세력을 축출하기에 이르렀다. 이렇게 해서 이슬람 세력을 축출한 5개의 제후들이 스페인의 5개 제후국으로 안정을 찾는다.

이탈리아(Italy)라는 나라는 아주 독특한 나라였는데, 5개의 도시국가로 미묘한 정치체제를 이루어 가고 있었다.

① 베니스(Venice)는 아틸라(Attila)의 훈족(huns)이 라인 강을 건너 오를레앙 근처까지 쳐들어왔을 때 이들을 피해 도망친 사람들이 호수 위에다 세운 도시이다. 베니스는 1천여 년 이상 도시국가 체제로 귀족들에 의해 다스려지던 상업적 공화국이자 이탈리아에서 가장 큰 규모의 예산을 집행하는 도시였다.

② 밀라노(Milano)는 313년에 콘스탄티누스 황제가 기독교를 로마 제국의 국교로 선언한 밀라노 칙령으로 유명한 도시이다. 이 도시는 374년 밀라노의 감독이 된 암브로시오가 수호 성인이다.

암브로시오 감독 이후 밀라노 감독은 점점 세속 권력을 확대하여 10세기 후반 오토 황제 시대부터는 감독이 도시를 다스리는 대봉건 영주가 되었다.

신성 로마 제국의 황제인 카를 5세(Karl V, 1500~1558)가 밀라노를 점령한 후 에스파냐의 가혹한 지배를 받으면서 정치적, 경제적 중요성이 감소되었다.

③ 플로렌스(Florence)는 영어 이름으로 '꽃의 도시'라는 뜻을 갖고 있고 이탈리아에서는 피렌체(Firenze)라고 불린다.

플로렌스는 1215년 귀족이 '겔프당'(교황당)과 '기벨린당'(황제당)으로 분열되어 싸우다가 겔프당과 대상인들이 정권을 잡았다.

1412년 전후에는 구 가문인 '알비티'가와 신흥 세력 '메디치'(Medici)가 간의 대립이 시작되어 메디치 가가 실권을 잡은 후 1512년까지 한 가문이 모든 독재권을 행사하였다.

④ 나폴리(Napoli)는 베수비오 화산, 폼페이의 유적, 카프리 섬, 소렌토 등 많은 명소들이 있는 도시이다. "오 솔레미오", "산타루치아"는 이곳의 대표 민요이다.

나폴리는 1503~1707년 에스파냐 ™합스부르크가∏의 지배를 받다가 나폴레옹 시대 이후 이탈리아에 편입되었다.

⑤ 로마(Roma)는 이탈리아의 도시국가로 시작되었다. 그런데 B.C. 4세기 초부터 주변의 도시국가와 종족을 정복하여 B.C. 2세기에는 지중해 서부와 동부를 지배하는 대제국이 된다. 그래서 공화정 시대(B.C. 509~27)와 제국정 시대(B.C. 27~A.D. 476)를 거친 후 비잔틴 시대(1453)까지 이어진다.

로마 시는 로마 교황청이 이탈리아의 다른 도시들과 전혀 다른 역사를 만들어 갔다. 로마 제국의 황제 콘스탄티누스가 A.D. 330년에는 제국의 수도를 이탈리아 로마에서 콘스탄티노플로 옮기자. 황제가 없는 로마 시에는 로마 교황청이 점점 부상한다. A.D. 590년에 그레고리 1세가 최초로 교황 제도를 만들어 교황의 위신을 높인다. 800년에는 교황 레오 3세가 프랑크 왕국과 제휴하여 카롤루스 대제(Carollus Magnus, 742~814)에게 황제 대관을 한다. 이 사건은 '서로마제국의 부활'이라 일컬어지는 획기적 사건이었다.

그 후 유럽의 패권은 독일로 넘어간다. 독일 작센 왕조 제2대 국왕 오토 1세(Otto Ⅰ, 912~973)가 초대 신성 로마 제국 황제로 등장하면서 로마의 교황권과 황제권의 대립이 시작된다.

독일 국왕 하인리히 4세(Heinrich Ⅳ, 1050~1106)는 교황 그레고리 7세(Gregory Ⅶ, 1073~1085)와의 성직 서임 투쟁 끝에 파문을 당하였다.

그는 비밀리에 이탈리아로 가서 카노사(Canossa) 성 밖에서 교황에게 참회를 함으로 파문 해제를 받았다. 훗날 하인리히 4세는 카노사의 치욕을 복수하여 교황 그레고리 7세를 객사하게 한다.

로마 교황청은 프랑스 왕 필립에 의해 1305~1377년까지 교황청을 프랑스의 아비뇽(Avignon)에 둠으로써 교황시대가 계속되었다. 로마 시가 활기를 회복한 것은 마르티누스 5세(1417) 이후부터이다. 1861년 이탈리아 공화국이 성립된 후 로마 교황청도 이탈리아 공화국에 합류할 것을 제의했으나 교황 비오 9세는 바티칸에 칩거하면서 왕국 정부와의 교섭을 거부하였다.

오늘날의 로마 교황청이 이탈리아 정부에서 독립된 시 국가(City State)가 된 것은 1929년 무솔리니 정권과 교황 비오 11세(Pius XI, 1922~1939) 사이에 라테란 협정이 체결된 후부터이다.

여기서 이탈리아 도시들 중에서 로마 바티칸 교황청이 어떻게 해서 독특한 도시가 되었는가를 개략적으로 살펴보았다. 로마 시는 면적 1,508km²의 이탈리아 공화국의 수도이다. 그 도시 중에 0.44km²의 로마 바티칸 시국이 있다.

로마 시는 이 조그마한 로마 바티칸 교황청으로 인해 역사 속에서 수없는 시련을 당하였다. 앞서 살펴본 것처럼 교황청의 주인인 교황들은 자기 자리가 위험하다고 느낄 때에는 영적 통치권을 내세워 유럽 각 나라의 외국 세력들을 불러들였다. 어떤 때는 프랑스, 어떤 때는 스페인, 어떤 때는 독일……

이렇게 유럽 여러 나라들로 하여금 이탈리아를 쳐들어오게 불러들여서 이탈리아 내 어느 세력도 교황권을 위협하지 못하도록 하였다.

이처럼 교황청이 살아남으려던 역사는 이탈리아 모든 도시국가들 중에서 가장 치졸하고 교활한 역사로 점철되었다. 교황이 이렇게 자기 세력을 확보하고 유지하기 위해 사용한 강력한 무기가 영적 통치권 수단으로 사용했던 파문이라는 무기였다.

중세기 1천 년 동안 교황은 파문이라는 무기로 전 유럽의 제왕들을 공포에 떨게 했다. 이렇게 종교의 이름으로 백성들을 공포에 떨게 함으로써 유럽 여러 국가들은 로마 가톨릭 교회가 이슬람보다 훨씬 잔인하다는 것을 체험적으로 알게 된다. 이 같은 신뢰 상실이 국제적·정치적 종교개혁의 배경이 된다.

2) 독일이라는 특수한 나라

종교개혁의 불꽃은 독일이라는 나라에서 비롯되었다. 유럽의 여러 나라들 중에서 왜 하필이면 독일에서 종교개혁의 불꽃이 일어났는가? 우리는 종교개혁이 성공하게 된 독일이라는 특수한 나라를 살펴볼 필요가 있다.

독일이라는 나라는 한 번도 확정된 국경이나 고정된 중심지를 가진 적이 없는 나라이다. 떠돌이 같은 부족들이 경계가 불확실한 주변 지역을 오랜 기간 동안 유랑하였다. 독일 역사에 보면 어떤 때는 이탈리아 지역이 광대한 신성 로마 제국에 포함되었다. 또 어떤 때는 네덜란드, 오스트리아, 스위스가 독일 지도 안에 들어가기도 했다. 상당 기간은 스페인의 황제들이 게르만 제국을 통치하는 황제로 섬김을 받기도 했다. 그뿐만이 아니다.

독일에는 각각 다른 여러 왕조들의 수도가 있었다. 카롤링거 왕조(Carilingians dynasty)는 751년에 시작되어 수도가 아헨, 비인, 베를린, 본 등으로 옮겨졌다. 그뿐 아니라 프라하도 한때는 독일의 도시였고 황제의 궁성이 있는 곳이기도 했다. 또 영국, 프랑스, 스칸디나비아, 폴란드, 헝가리, 체코, 슬로바키아, 오스트리아, 스위스, 네덜란드, 벨기에의 역사는 모두 각기 자기 나름대로의 역사를 유지해 오면서 시대의 변화에 따라서 독일 역사와 뒤섞였다 떨어져 나가곤 하였다.

따라서 독일이라는 나라는 오랜 기간 동안 로마 제국이라는 이념 아래 한데 연결되어 지탱되어 기독교 황제들에 의해서 로마 교황과 주고받는 관계 속에서 존속했다.

독일은 4~5세기에 걸쳐 게르만 민족의 대이동으로 시작되어 작센, 프랑켄, 알라만 등의 부족이 형성되었다. 클로비스 1세(Clovis I, 466~511)는 프랑크족 출신으로 여러 개의 부족들을 정복한 후 '메로빙거' 왕조를 수립하였다.

이 클로비스 1세가 496년 로마 가톨릭으로 개종하면서 독일 역사이면서 프랑스의 역사가 시작되었다. 이 클로비스가 죽은 후에도 3세기 동안 그의 가문인 메로빙거 왕조가 계속되었다.

725년에 아랍인들이 로느 강 계곡을 타고 프랑크 왕국을 쳐들어감으로써 프랑크 왕국은 기독교 세계인 로마와의 사이가 단절된다. 그런데 재상의 후손인 피핀이 황제가 되어 732년에 이슬람을 격퇴한다. 그의 손자 카를 대제가 프랑크 국왕에 즉위하고 '카롤링거' 왕조가 시작된다. 로마 가톨릭에서는 게르만인의 개종을 큰 과업으로 삼았고, 영국 선교사 윈프릿(후에 그는 보니파키우스로 알려짐)에게 그 임무가 주어진다.

그의 성공적 선교 사역으로 754년에는 독일에 교황령이 시작된다. 피핀의 후계자인 카롤루스 마그누스(Carolus Magnus, 불어로 샤를르 마뉴)는 43년간 통치하다가 800년에 교황으로부터 대관을 수여받는다. 카롤링거 왕조도 911년에 단절된다.

이때 독일의 실권자인 하토 대주교의 운동으로 작센의 하인리히 1세(Heinrich I)가 즉위한다(919). 여기 작센의 황제들 중 오토 대제(Otto I, 912~973)가 로마 교황에 의해 황제 대관을 받은 후 신성 로마 제국을 성립시킨다(962).

오토 대제가 세운 신성 로마 제국은 그 후로 1806년에 해체될 때까지 지속된다. 오토는 자신을 시저와 아우구스투스, 그리고 콘스탄티누스의 후계자로 자처하면서 신성 로마 제국을 수립한 창시자이다.

오토 대제는 반항적인 부족 공들을 누르고 승리를 거둔 후 그 땅을 자기 마음대로 친척과 친구들에게 나누어 주었다. 오토는 관직이나 작위를 주교들에게도 나누어 주었다. 이는 신앙심에서보다는 정책적 이유에서였다.

이렇게 해서 독일에서는 성직이 불가침권으로 보호받으며 넓은 지역들이 상당한 권리를 소유한 성직 제후들의 소유가 되기 시작한다. 오토가 이 무렵 주교들에게 나누어 준 땅은 마그데부르크를 비롯하여 마인츠, 아우구스부르크, 레겐스부르크, 보름스, 밤베르크, 뮌스터, 파데보른, 아이히슈타트, 슈트라스부르크, 메르제부르크 등이었다.

독일의 국내 문제는 이렇게 로마 가톨릭 교회의 주교들이 독일의 국토를 소유하면서 오랜 세월에 걸쳐 문제들이 커져 간다. 그리고 오토는 동쪽의 오스트리아를 신성 로마 제국에 포함시킨다(976).

독일과 이탈리아는 제후와 교권을 나누어서 좋은 관계가 계속되었다. 그래서 996년에는 오토 3세의 사촌인 부사제 브루노가 그레고리 5세라는 이름으로 교황이 된다. 이로써 다 똑같은 독일인이 하나는 세속적 황제가 되고, 다른 하나는 정신적 지배자인 교황이 되었다.

오토 3세는 그레고리 5세가 임종하자 자기 스승이자 친구인 게르베르트를 교황에 앉힌다. 그가 실베스터 2세로, 최초의 프랑스인 교황이다.

이렇게 황제와 교황 사이가 밀월 관계를 유지했으나 승려 출신의 힐데브란트가 그레고리 7세 교황이 되면서부터 관계는 달라진다. 교황의 눈으로 볼 때 황제는 하나의 속인이었다. 속인인 황제가 거룩한 성직을 서임시키는 행위는 용납할 수 없는 불경스런 일이었다. 그래서 독일 황제 하인리히 4세(Heinrich Ⅳ, 1050~1106)의 성직 서임권에 제동을 걸기 시작한다. 그리하여 독일 황제와 이탈리아 교황 간에 성직 서임권 투쟁이 벌어졌는데 그것이 바로 '카노사'의 굴욕이었음을 앞서 설명했다.

신성 로마 제국 안의 황제와 교황은 성직 서임권을 놓고 오랜 기간 투쟁한다. 교황과 황제는 이 세상에서는 오직 자기들뿐인 것처럼 서로 각축전을 계속하고 있었다. 이때 동방 비잔틴 황제로부터 3세기 이상 이슬람의 위협을 받고 있는 콘스탄티노플에 대한 지원 요청이 들어온다.

638년 이슬람의 오마르가 예루살렘과 알렉산드리아를 정복했다. 1075년에는 이슬람이 터키를 점령하였다. 1085년에는 시리아의 안디옥이 이슬람으로 넘어갔다. 1092년에는 최초의 종교회의 장소였던 터키 북단의 니케아가 점령당했다. 여기에 비잔틴 제국의 황제 알렉시우스 1세(Alexius Ⅰ, 1081~1118)가 서방 국가들에게 원조를 요청한 것이다. 이때 동방 비잔틴을 돕고자 나선 것이 교황 우르바누스 2세(Urbanus Ⅱ, 1088~1099)였다.

교황은 1095년 클레르몽(Clermont)에서 종교회의를 소집하고 십자가 아래에서의 전쟁을 선언한다. 이것이 제1차 십자군전쟁의 시작이다. 이렇게 시작된 십자군전쟁은 1096년에서 1270년까지 계속된다.

독일이라는 나라는 신성 로마 제국이라는 이름 아래 가장 훌륭한 지배자들 밑에서 유럽 전체를 장악하고 있다고 믿고 있었다. 그러나 독일이 그 같은 과대망상 속에 세월을 보내는 동안 독일 자체의 단일성이 해체되어 가고 실제로 독일의 꿈이 사라져 갔다. 이탈리아가 신성 로마 제국에서 떨어져 나갔고, 나폴리는 프랑스 왕국이 되었다. 독일이 지방분권으로 흩어질 때 프랑스와 영국은 점점 중앙집권국가가 되었다. 독일의 국왕을 선출해 온 대주교나 제후들은 드디어 황제 선거권이 있는 7명의 선거 제후 제도를 만들었다.

이들 7명의 황제 선거 선제후들은 자기들에게 불편하지 않은 지배자를 선호하였다. 그래서 황제는 가능하면 독일에 거주하지 않고 선제후들에게는 투표권 값을 후하게 치러 줄 수 있는 군주를 뽑으려 했다. 이렇게 해이된 선제후 제도로 인해 1256년부터 1273년까지는 나라를 이끄는 통치자가 없는 내적으로 허약한 대공위(大空位) 시대가 계속된다.

독일의 7명의 선제후는 실제로 기막힌 실책들을 저지른다. 그들은 돈 많은 영국인 콘월백(伯) 리처드나 스페인 국왕 알퐁스 폰 카스티야를 신성 로마 제국 황제로 뽑기도 했다. 이들 선제후 시대에 독일인 가운데에서는 단 한 사람의 황제 지망자도 없었다. 이렇게 황제가 없는 끔찍한 기간에 '도미니쿠스 교단'(1216), '프란체스코 교단'(1209) 등이 무정부 상태의 군중에게 파고들어간다.

이제 안정과 질서를 돌보는 것조차 힘겹고 허약한 황제보다는 신흥도시, 대도시에서 독자적인 조직들이 결성된다. 그래서 도시들에는 수공업자들이 그 회원의 권리를 지키는 동업조합(guild)이 결성되고, 상인들은 그들의 상품 수송 행렬을 지키는 무장된 공동체인 한자(Hanse) 동맹을 결성한다(1283).

이들 동업조합과 한자 동맹 세력은 중세기의 오랜 세월 동안 봉주들이 독점하고 있던 굳은 아성을 물리치고 새로운 신흥세력으로 등장한다. 이들은 중세기 권위주의를 청산하고 근대 산업사회로 전환하는 데 큰 기여를 한다.

독일이 황제가 없는 대공위 시대(1256~1273)를 지내고 드디어 1273년에 오스트리아 구황실의 명가 합스부르크(Habsburger)가의 루돌프를 신성 로마 제국의 황제로 선출하였다.

루돌프를 독일 국왕으로 선출한 선제후들은 루돌프가 그다지 세력 있는 제후가 아니었고 그의 영지도 스위스 북부에 있기 때문에 그가 독일 국왕이 된다 해도 제후들을 성가시게 할 인물이 아니라고 판단했다.

오스트리아 출신인 루돌프가 신성 로마 제국의 황제로 선출되자 가장 거세게 항의를 한 사람이 보헤미아 왕인 오토카르 2세(Ottokar Ⅱ)였다. 오토카르 2세는 독일의 선제후들이 자기를 독일 황제로 선출해 주도록 선제후들에게 정치를 했던 인물이었다. 이렇게 되자 루돌프 황제와 오토카르 사이에 전쟁이 벌어졌다. 이 전쟁에서 오토카르가 모라바 평원 전투에서 살해된다(1278).

그 후 루돌프 황제가 죽자(1291) 선제후들은 작은 제후를 원해서 룩셈부르크(Luxemburg)의 하인리히 7세를 황제로 선출하였다. 하인리히 7세는 이탈리아를 원정하려고 나섰다가 갑자기 수도원에서 죽는다(1313). 거듭되는 실패 끝에 보헤미아 왕 요한의 아들인 카를(Karl Ⅳ, 1347~1378)이 독일 황제로 선출된다.

카를 4세는 제국 기본법인 '금인칙서'를 공포한다(1356). 금인칙서에서 황제를 선출하는 권리가 7명의 선제후들에게 영구적으로 위임된다고 공포하였다. 여기 7명의 선제후는 마인츠 대주교, 트리어 대주교, 쾰른 대주교, 그리고 보헤미아 왕, 팔츠 선제후, 그리고 작센공과 브란덴부르크 변경백 등 7명이었다. 이들 선제후령은 분할될 수 없고 남자 후손에게 상속되었다.

카를 4세의 두 번째 아들 지기스문트(Sigismund)가 마지막 룩셈부르크 사람으로 왕좌에 올랐다. 그런데 그의 부친인 카를 4세가 세운 '프라하 대학'(1348)에서 민족주의 색채가 강조되었다. 프라하 대학 교수인 요하네스 후스(Johannes Hus, 1369~1415)는 영국의 개혁자 존 위클리프(John Wycliff, 1324~1384)의 사상을 가르쳤다. 이때 후스는 이단으로 정죄된 위클리프 사상을 가르친다는 죄목으로 교황의 파문을 당한다. 그러나 독일 황제인 지기스문트의 보호 약속을 받고 콘스탄츠 종교회의에 출두하였다. 여기서 후스는 교황에 의해 산 채로 화형에 처해졌다(1415). 이것을 체코인들은 민족의 모욕으로 여겼다.

그 후 보헤미아는 로마 교회로부터 떨어져 나가고, 1419년부터 1436년까지 로마 가톨릭 세력과 보헤미아 사이에 후스 전쟁이 계속된다. 지기스문트 황제는 체코인들로부터 후스를 내주었다는 이유로 퇴위 선언을 당하고 후스파 교도들이 오스트리아, 바이에른, 프랑켄, 작센의 마을들을 황폐화시켰다.

지기스문트의 후계자로 프리드리히 3세(Friedrich Ⅲ)가 뒤를 이었다. 선제후들이 뽑은 프리드리히 3세는 53년간(1440~1493) 통치하였다. 그러나 프리드리히 3세는 이보다 더 약한 통치자가 선출될 수 없을 정도로 무기력하고 무능한 황제였다. 그는 종교개혁이나 독일 제후들의 반목에도 아랑곳하지 않는 천하태평의 황제였다. 이 프리드리히 3세 재임 중 독일의 많은 땅을 잃게 된다. 독일 영지였던 슐레스비히-홀슈타인이 덴마크로 넘어갔다. 프로이센에 있는 독일 기사단은 폴란드의 신하가 되었고, 오스트리아 합스부르크 가의 영지가 스위스로 쪼개져 나갔다. 동쪽에서는 폴란드와 헝가리가 떨어져 나갔다.

프리드리히 3세 생존 시에 그의 아들이 신성 로마 제국 왕으로 선출되었다. 프리드리히 3세가 죽자 그의 아들인 막시밀리안 1세(1493~1519)가 부왕의 뒤를 이어 신성 로마 제국의 수장이 되었다. 막시밀리안 1세는 에스파냐(스페인)의 부르군트를 신성 로마 제국에 병합시켰다. 막시밀리안 1세는 프랑스 왕과 오래도록 싸워야 했고, 동쪽으로 헝가리와 터키를 저지해야 했다.

그래서 막시밀리안 1세는 광범위한 혼인정책으로 제국을 넓혀 나간다. 그는 황태자 필립 1세(재위 1504~1506)를 에스파냐 왕의 상속녀 후아나와 맺게 하고, 손자 페르디난드 1세(재위 1556~1564)를 1516년에 동방의 보헤미아 헝가리 왕녀 안나와 약혼시켰다.

이러한 혼인정책으로 서방 선진 지대인 네덜란드에서 에스파냐 부르군트와 남북을 관통하는 광대한 영토를 확보하였다. 또 이탈리아를 포함하는 에스파냐 왕국을 합하였고, 보헤미아와 헝가리 왕국도 확보했다. 그러므로 신성 로마 제국은 그야말로 세계 제국을 실현했다고 할 수 있었다.

그런데 막시밀리안 황제가 죽자 프랑스 왕인 프랑수아 1세나 영국 왕인 헨리 8세가 새로운 신성 로마 제국 황제로 선출될 희망을 가졌다.

이 무렵 부유한 은행가들은 돈으로 선제후들을 매수하였다. 그럼에도 불구하고 선제후들은 작센 선제후 프리드리히(Friedrich der weise)를 황제로 선출하였다. 그러나 지혜로운 현자 프리드리히는 황제 선출을 거절하였다. 그리고 에스파냐 카를 5세(Karl Ⅴ, 1519~1556)를 신성 로마 제국 황제로 추대하였다. 카를 5세는 독일어를 전혀 모르는 상태에서 방대한 제국의 황제가 되었다.

루터의 종교개혁은 이와 같은 독일의 독특한 정치적 배경 속에서 시작된다. 카를 5세는 19세에 신성 로마 제국의 황제가 되었으나 곧바로 프랑스 왕 프랑수아 1세와 대립이 격화되었고, 독일 내

정치적인 힘은 선제후들이 장악하고 있었다. 이런 와중에서 루터의 종교개혁의 불꽃이 일어난다(1517). 그리고 독일 내 농민전쟁(1524~1525)이 일어나고, 터키의 오스만 제국과 피할 수 없는 전쟁(1526~1532)을 해야 했다. 이런 정세 속에서 루터의 종교개혁은 차츰차츰 발전되어 나간다.

3) 르네상스(Renaissance)

르네상스(Renaissance)는 14세기부터 16세기까지 이탈리아에서 시작하여 전 유럽을 휩쓴 문화 운동이었다. 르네상스는 처음 이탈리아에서 시작되었다.

11세기에서 12세기까지 이어진 십자군전쟁(1096~1270)으로 동방 무역이 이루어지면서 상인들은 큰 부를 축적하게 되었다. 그중에서도 지도적인 상인들은 금융업에 진출하거나 직물, 유리 등의 초기 공업들을 지배하게 되었다. 이렇게 발전된 상인들은 빠른 시일 안에 도시를 형성하고 상업 활동을 발전시켰다.

도시의 성장과 상업으로 경제권을 획득한 도시 상인들은 중세기 내내 지배를 받아 온 봉건 영주들로부터 자립하여 정치적 공동체를 형성하게 되었다. 이에 시민들은 사회적, 문화적으로 자신감에 가득 차게 되었다. 르네상스는 이들 시민과 상업인들을 주체로 하여 이탈리아의 도시들에서 시작되었다. 특히 과거의 귀족들이라는 부류들이 새로운 예술품, 출판물 등을 구입하는 데 열을 올림으로 르네상스 운동을 지원하게 되었다.

특히 1453년 오스만 제국에 의해 1천여 년 동안 유지돼 오던 콘스탄티노플이 함락되었을 때 이곳의 고전 학자들이 이탈리아로 망명하였다. 이들 고전 학자들의 이탈리아 유입은 고대 그리스어의 학습열을 드높여 주었다. 고대 그리스어 학습열은 외국의 진귀한 문물이 많이 도입되는 촉매 역할을 하였다.

이와 같은 외래 문물의 수입과 도시민들의 봉건 영주들에 대한 자립 정신은 르네상스 운동에 유리하게 작용하였다.

그뿐만이 아니었다. 1305년부터 시작된 교황청의 아비뇽 유수(1305~1377)는 이탈리아 사람들을 자극하여 프랑스에 억류되어 있는 교황청의 로마 귀환을 강력하게 요구했다. 이런 운동은 이탈리아인의 민족주의를 자극하여 문화의 특이성을 깨우치게 하였다. 이런 시기에 나타난 작품이 단테(Dante, 1265~1321)의 《신곡》, 보카치오(Boccaccio, 1313~1375)의 《데카메론》(Decameron), 페트라르카(Petrarca, 1304~1374)의 《칸초니에레》(Canzoniere)이다.

이렇게 이탈리아에서 시작된 르네상스는 14세기부터 15세기 초에 전 유럽을 뒤덮은 전면적 위기의식에서 전 유럽으로 번져 간다. 14세기 중엽에 돌발한 페스트(pest)는 전 유럽을 몇 차례 강타하여 인간의 생활을 황폐하게 하였다. 이로 인해 사회와 인간을 보는 세계관을 변하게 만들었다.

그뿐만이 아니었다. 거듭되는 농산물의 흉작, 전염병으로 인한 인구의 격감, 기존 봉주들의 계급 유지 노력과 새로운 상인들의 대립의 격화, 내란 등 사회적 상황을 기반으로 하여 정신적 생산력을 드높이는 르네상스 운동이 광범위하게 전개되었다.

그렇다면 르네상스 운동이 종교개혁에 어떤 영향을 미쳤는지 미술, 음악, 조각 같은 분야는 제쳐놓고 문학, 철학에 관한 부분만 살펴보자.

(1) 르네상스 문학

① 이탈리아 문학

단테(Dante, 1265~1321)는 르네상스 시대 사람은 아니다. 그는 오히려 중세기 사람이다. 그런데 그가 쓴《신곡》은 위대한 시로서 신비주의와 상상력을 동원하여 중세기 교회의 영적이며 도덕적 수준을 고발하고 비판함으로 중세교회가 깨어나야 함을 설파하였다. 단테는 그의 작품으로 직접적으로는 중세기 교회를 비판하고, 간접적으로는 르네상스 문학의 징조가 그의 작품 속에 싹트고 있었다.

다음으로 보카치오(Boccaccio, 1313~1375)는《데카메론》(Decameron)을 발표했다. 보카치오는 성직자의 비리를 통렬하게 비난하고 인간 사랑이 성직보다 우선임을 강조했다. 앞서 단테가 교황권을 비판하되 그 기준을 하나님의 사랑에 두었다면 보카치오는 그 기준을 인간 사랑에 두었다.

다음으로 페트라르카(Petrarca, 1304~1374)는《칸초니에레》(Canzoniere)를 발표했다. 그는 아우구스티누스의《참회록》을 평생 마음의 양식으로 삼고 늘 몸에 지니고 다녔다. 그러나 그는 종교의식과 믿는 바가 실생활과 불일치되는 데서 정신적 위기에 봉착한다. 그래서 신앙과 실생활의 갈등을 시로써 정리하였다.

다음으로 15세기에 등장한 아리오스토(Ariosto, 1474~1533)가 있다. 당시 정세가 이탈리아를 놓고 프랑스와 에스파냐, 그리고 신성로마 제국과 교황의 삼파전이 벌어지고 있었다. 이때 그는《광란의 오를란도》라는 서사시를 발표하였다. 이것으로 그는 유럽에 널리 알려진 시인이 된다.

다음으로 타소(Tasso, 1544~1595)는 소렌토에서 태어났다. 그가 쓴《예루살렘의 해방》은 제1차 십자군전쟁을 주제로 한 서사시였다(1575). 그런데 그 시 내용이 이단적으로 보일 것을 두려워하여 일부를 개작하였다. 그러나 양심의 고통으로 정신이상이 되어 병원에서 7년을 보냈다. 그의 서사시는 세계적 걸작으로 꼽힌다.

16세기에는 수많은 풍자시와 희극을 쓴 아레티노(Aretino, 1492~1556)가 로마의 은행가와 교황 등 권력자들의 비호를 받으면서 왕후들의 생활을 폭로하는 통렬한 풍자 작품을 잇달아 발표하였다. 그는 자유분방한 생활방식으로 사람들에게 경원시되었으나 그의 인품과 작품이 훌륭하여 넓은 공감대를 확보하였다. 희극 《유녀》, 《철학자》, 시집 《안젤리카의 눈물》, 《풍자문학》, 《서한집》 등이 있다.

이런 이들의 이탈리아 문학은 유럽 전역에 영향을 미쳤다.

② 에스파냐 문학

에스파냐(스페인)의 최대 작가는 《돈키호테》를 쓴 세르반테스(Cervantes, 1547~1616)이다. 정의의 기사 돈키호테는 고매한 이상을 가진 인물이고, 그의 부하 산초 판자(Sancho Panza)는 실제적이며 저속한 물질주의적 인간이다.

여기서 세르반테스는 비속한 현실주의 인간보다는 정의감에 빠져서 앞뒤를 가리지 않고 무조건 돌진해 가는 비현실적, 과대망상적 인간들을 '돈키호테형 인간'이라고 풍자하고 있다. 이런 문학은 중세기 이상주의에 빠져 있는 로마 가톨릭에 대한 비판을 간접적으로 묘사하고 있다.

이보다 앞서 유대인인 로하스(F. de Ro Jas, 1465~1541)가 가톨릭으로 개종하여 《라 셀레스티나(La Celestina)》라는 희비극 형태의 소설을 쓴 것이 유럽 각국에 번역되어 읽혔다.

그 외에도 에스파냐의 국민극을 완성하고 역사를 소재로 한 민족의 사극을 창시한 베가(Lope F. de Vega Caprpio, 1562~1635)가 있고, 또 몬테마요르(Montemayor, 1520~1561)는 《시화집》(1554)을 통해 종교시와 세속시를 발표하였다. 그의 종교시는 신학적으로 의문이 제기되어 이단 심문소에서 금서 처분을 받았다. 그는 에스파냐 최초의 목인(牧人) 소설 《디아나》(Los Siete libros de la Diana) 7권을 발표했다.

에스파냐에서도 중세 가톨릭 교회의 비위를 거스르는 문학작품들이 나와서 이곳에도 르네상스의 영향이 미친 것을 알 수 있다.

③ 프랑스 문학

프랑스의 대표적인 사상가요 모럴리스트인 몽테뉴(Montaigne, 1533~1592)는 그의 대표작인 《수상록》을 3권 107장으로 발표하였다. 그는 보르도 시장에 선출되어 4년간 국왕 앙리와 가까이 지내며 초당파적 안정을 유지시켰다. 그의 "수상록"은 오늘날까지도 수많은 사람들에게 읽히고 있다.

그는 자기가 살아온 인생 체험, 자신의 성질, 인간의 보편성 등을 솔직하게 기술하고 있다. 그는 사실을 병치 대비하고 회의와 판단 전환을 도입하여 선입관이 배제된 객관적 견지에서 진실을 발견하려는 사고법을 채택하였다.

그는 신, 구교가 서로 싸우는 양파 사이에서 관용과 성실을 개인과 사회 전체의 보전을 위한 희망으로 제시하였다. 몽테뉴의 진리 탐구 방법은 데카르트, 파스칼에게 영향을 끼쳐 근대 철학과 과학의 기초를 형성하는 데 이바지하였다. 그리고 관대하고 온화한 교육 사상은 루소에게 전달되었다.

프랑스 인문주의자요 번역가인 아미요(Jacques Amyot, 1513~1593)는 수많은 고대 문헌들을 번역 소개하였다. 그중에서 플루타르코스(Plutarchos, 46~120)의 《대비열전》(통칭 '영웅전')과 《윤리론》을 번역, 출판하여 고대 세계의 생활과 사상을 전달하는 데 공헌하였다.

④ 영국 문학

영국 르네상스의 절정기인 엘리자베스 1세 때 셰익스피어(William Shakespeare, 1564~1616)가 태어났다. 그는 1590년 《헨리 6세》를 비롯해서 《로미오와 줄리엣》, 《베니스의 상인》, 《햄릿》, 《오셀로》, 《맥베스》 등 37편의 희곡들을 발표하였다. 그는 만 52세에 생을 마감했으며, 세계문학사에 최고의 공헌을 하였다.

영국의 르네상스 문학은 모어(Sir Thomas More, 1478~1535)가 쓴 《유토피아》(Utopia)가 대표작이다. 모어는 공상적 사회 소설로 유토피아라는 가상의 섬 나라를 이상적인 국가와 사회로 그렸다. 그는 1529년에 대법관으로 임명되어 왕의 이혼을 끝까지 반대하다가 1534년 반역혐의로 런던 탑에 유폐되었고 그 이듬해 단두대의 이슬로 사라졌다.

모어는 해학과 신랄한 독설가로 알려졌지만 동시에 경건한 크리스천이었고, 명문장가였고 명논쟁가이기도 했다. 그가 죽은 후 400년이 지나 1935년 로마 교황은 그에게 성인 칭호를 주었다.

르네상스 후기의 근대 철학자요 고전 경험론의 창시자인 베이컨(Francis Bacon, 1561~1626)은 《학문의 진보와 권위》, 《뉴 애틀랜티스》 등 유토피아 문학에서 특이한 걸작을 낳았다.

영국의 르네상스 문학은 청교도혁명으로 종지부를 찍는다. 그러나 '흠정 영역 성경'(1611) 번역은 영어가 세계화되는 데 큰 역할을 한다.

⑤ 독일 문학

독일의 르네상스 문학을 대표하는 문인은 작스(Hans Sachs, 1494~1576)이다. 1523년 루터의 종교개혁에 공감하여 이를 예찬한 《비텐베르크의 나이팅게일》(밤 꾀꼬리)을 발표하면서 시인으로 출발하였다. 그는 죽을 때까지 마이스터게장 약 4,300편, 설화시 약 1,700편, 희곡 210편 등 모두 6,200편의 작품을 남겼다.

작스는 그 당시 대두하기 시작한 시민 계급의 왕성한 생활력과 정신을 대표하는 사람으로서, 인문주의 정신으로 작품을 저술하여 온전하고 공정한 처세훈을 설파했다. 그의 대표적인 사육제(謝肉祭) 극인 《사육제와 단식과의 싸움》, 《열한 개째 손가락의 연극》, 《간교한 뚜쟁이 노파와 성당 참사회원》, 《신부님과 장님, 성당 머슴과 그 마누라》는 작스의 이름을 후세에 길이 전하게 하였다.

이상으로 르네상스기에 일어난 문학 운동과 문학 작품을 개략적으로 살펴봤다. 그렇다면 이와 같은 르네상스의 문학 운동과 문학 작품들이 종교개혁에 어떤 영향을 미쳤는가?

르네상스 문학이 종교개혁에 미친 영향들을 정리해 보자.

① 르네상스 문학은 인간을 있는 그대로의 인간으로 긍정하는 문학이었다. 보카치오의 《데카메론》에는 색정과 익살이 담긴 이야기로 끝나는 대목이 있다.

라블레(F. Rabelais, 1494~1553)라는 프랑스 작가는 《가르강튀아와 팡타그뤼엘 이야기》(La Vie inestimable du Grand Gargantua, Père de Pantagruel)에서 출산이나 대소변에 관한 이야기를 다룬다. 여기서 그는 수도원의 금욕주의를 마음껏 조소했다.

이처럼 르네상스인들은 중세기 가톨릭 교회가 인간을 부정적으로 보고 선행으로만 구원받는다고 주장한 환상적 인간관을 마음껏 비웃고 인간의 적나라한 모습을 있는 그대로 표현하였다. 아울러 이 같은 르네상스의 인간관은 중세 가톨릭 교회가 교리적으로 만든 인간관과 배치되는 주장이 되었다.

② 르네상스 문학은 개인의 해방을 고양하는 자유주의적 정신

으로 일관되어 있었다. 기존 가톨릭 교회의 교리를 부정하고 자유로운 입장에서 진리를 탐구하려고 했다. 몽테뉴의 《수상록》은 인간의 자아가 무엇인지를 추구하려고 한 작품이다. 여기서 그는 어떠한 교리나 학설에 구애받지 않고 여러 상황 속에 놓인 인간을 고찰하고 그 속에서 인간이 무엇인지를 규명해 보려고 하였다.

르네상스인들의 진리를 탐구하는 태도는 자유인 동시에 구체적이었다. 따라서 중세 가톨릭 교회가 교리적 권위로 복종을 강요하던 주장은 거부당하게 되었다.

③ 르네상스 문학은 그 모범을 고대 문학에서 찾아내어 그것을 번역하거나 모방했다. 이 무렵 사람들이 봉건적, 농촌적 중세사회보다 훨씬 더 발달한 상업 자본주의의 인간상으로 그리스, 로마 사회의 인간상에서 공감을 얻도록 고무적 역할을 했다.

④ 르네상스 문학은 유럽 각국에서 각 나라의 국어를 성립시키는 데 크게 공헌하였다. 중세기 1천 년 동안 오로지 라틴어로 유럽 각국을 통일하고 로마 가톨릭 교회의 권위를 지키려 했던 속박에서 벗어나 지방어가 개개의 국어가 되었던 것이다. 르네상스 문학으로 인한 각 나라 국어의 성립이 종교개혁에 큰 공헌을 하게 된다.

(2) 르네상스 철학

르네상스기에 이탈리아에서는 과거 중세기의 가톨릭 교회가 인간을 지배해 온 것에서 벗어나 새로운 인간관에 의한 휴머니즘이 시작되었다.

유럽에서의 르네상스기의 철학은 중세에서 근세로 넘어오는 전환기적 시대 정신의 진통기에 해당된다. 이 정신 운동은 페트라르카(Petrarca)와 보카치오(Boccaccio)가 선구적 지도자 역할을 하였다.

과거 중세기의 가톨릭 교회가 신 중심의 인간관을 강조해 왔다면 이들은 세속적 인간을 이상상으로 추구하였다. 그리고 1천여 년 동안 굳어져 있던 가톨릭의 유럽적 틀을 벗어나서 새로운 이상적 모범으로 고대 고전과 문헌에서 규범을 찾았다.

이들이 이렇게 고전에 대해 관심을 가질 수 있었던 데에는 그 시대의 시대적 흐름이 더욱더 자극을 주었다. 하나는 과거의 종교회의가 성직자 중심이었던 것에 비해 제2차 콘스탄츠 회의(1414~1418)는 감독, 대감독은 물론이고 종교계의 저명 인사와 신학자, 왕후와 그 사절 등 무려 5천여 명이 모이는 가장 크고 화려한 회의였다.

그다음에, 1453년에 동로마 콘스탄티노플 함락으로 비잔틴 제국이 멸망하면서 이탈리아로 대거 이주한 비잔틴 학자들이 이탈리아에서 광범위한 그리스 고전에 대한 지식열을 불러일으켰다. 여기서 마침내 플라톤 아카데미의 창설을 보게 되었다.

이때의 '피렌체=플라토니즘'으로 알려진 이탈리아 휴머니즘은 중세 가톨릭교의 전통에 의한 인간상이 아니라 새로운 고전에 의한 새로운 인간관으로, 활력을 주는 인간 중심의 철학이 되었다.

이때 크게 공헌한 두 명의 대표자가 있다. 하나는 피치노(M. Ficino, 1433~1499)로 그는 그리스어를 배워 플라톤의 《대화편》을 이탈리아어로 번역하였고, 플로티노스의 《엔네아데스》도 번역하였다.

당시 로마 가톨릭 교회에서는 스콜라 신학에 의한 아리스토텔레스의 자연학을 둘러싼 논쟁을 계속하고 있었다.

그러나 피치노는 '제2의 플라톤'이라는 평을 받으며 플라톤 전통에 따라 참된 종교성을 추구했다. 피치노는 플라톤에서 시작하여 신플라톤주의를 거쳐 교부와 중세의 사상 속에는 하나의 신학적 전통의 흐름이 있다고 보았다. 그는 플라톤 철학의 기초 위에 기독교 신학을 재건하려는 의도로 《영혼 불멸에 관한 플라톤 신학》(1482)과 《그리스도교에 대해》(1474)를 발표했다. 그는 신, 우주, 인간, 영혼에 관해 신플라톤주의와 기독교를 융합시킨 이론을 전개하였다.

비슷한 시기에 이탈리아 르네상스기의 철학자가 또 있다. 그는 피코델라 미란돌라(Pico della Mirandola, 1463~1494)이다. 그는 스콜라적 아리스토텔레스를 공부했고, 플라톤도 공부하고, 코란도 연구한 끝에 1486년 《철학, 카발라, 신학의 여러 결론》을 출판하였다. 그는 여러 나라의 종교적, 철학적 전통은 공통의 원천을 갖는다는 확신을 갖고 900여 가지의 논제를 정리, 발표하였다. 그의 책 서문에 ™인간의 존엄에 대하여∏라는 글을 보면 온갖 종교와 철학을 종합하려고 한 절충적 특징이 많이 엿보이나 본질적으로는 플라톤 색채가 강하다.

이 두 사람이 르네상스기 이탈리아의 대표적 철학자였다. 이들의 사상은 열성적인 공명자와 추종자들을 얻게 되었다. 그 결과 피렌체는 '꽃의 도시'로서 이탈리아뿐만 아니라 전 유럽으로부터 문화의 중심지로 동경의 대상이 되었다.

이처럼 르네상스기의 철학은 1천여 년 동안 유지해 온 중세 가톨릭 교회의 신학과 신념을 불신하도록 만들었다.

중세 가톨릭 교회를 더욱 난처하게 만드는 사건들이 계속 이어졌다. 그것은 사보나롤라(G. Savonarola, 1452~1498)에 의한 혁명 운동이었다. 그는 도미니크 수도원에서 성서 연구 후 당시 사회악을 비판하는 혁명 운동가가 된다. 그는 당시 플로렌스 도시를 장악하고 있던 메디치(Medici)를 추방하고 플로렌스 시 정부를 수립하였다.

그가 시정 개혁과 교회 개혁을 이끌어 갈 때 역사상 최악의 교황 중 하나인 알렉산데르 6세가 독일, 스페인과 동맹을 맺고 이탈리아를 쳐들어오게 한다. 이때 사보나롤라는 폭도들에 의해 결박

당하고 교황이 보낸 고문 사절단에 의해 '이단이요 분파주의자'라는 죄목으로 1498년 교수형에 처해졌다.

이처럼 사보나롤라의 혁명적 개혁 세력을 꺾기 위해 교황이 불러들인 외국 군대에 의한 외국 세력의 지배 밑에 이탈리아 문화는 중심을 잃는다. 그리고 사상적으로 스콜라시즘, 아리스토텔레스이즘, 플라토니즘 등 사상적 다원화 시대를 맞이하게 된다.

이 무렵 사상적 다원화로 인해 자연히 모든 것을 믿을 수 없는 회의적, 비판적 경향이 생긴다. 이런 회의적 경향 속에서 리얼리즘 (Realism)의 우월성이 돋보이게 된다. 이 무렵에 '마키아벨리즘' (Machiavellism)이 나타난다.

마키아벨리(N. Machiavelli, 1469~1527)는 이탈리아 피렌체의 정치 이론가였다. 그는 《군주론》(On Monarchy, 1513)을 써서 피렌체의 세도가인 '메디치' 가에 헌정했다. 그에 의하면 목적을 위해서는 수단을 가리지 않는다, 그 행위 자체가 비도덕적이라 할지라도 결과의 정당성에 의해서 정당화된다는 논리이다. 마키아벨리즘은 비종교적, 비도덕적이라 하여 1559년 교황청 금서 목록에 수록되었다.

르네상스기의 철학은 이상주의적 휴머니즘이라는 비판을 받고 근대 합리주의적 리얼리즘으로 가는 길을 열어 준다. 여기에다 종교개혁은 휴머니즘적 복음주의의 관용에서 반종교개혁으로 달려가는 구심점을 만들어 준다. 그 결과 16세기에는 자연 철학과 근대 과학적 자연관으로 발전한다.

16세기에 이르러 그리스어 원전에 의한 직접적인 이해를 중시하는 학풍은 문헌 실증 정신으로 일관하였고, 이것이 경험적 합리주의로 발전하게 되었다. 경험적 합리주의 중세교회에서 이단시되었다. 그러나 경험적 합리주의는 중세기 교회의 교리적 우주관을 깨뜨리고 갈릴레이로 이어지는 근대 과학으로 결실을 맺는다.

이상으로 르네상스의 문학과 철학이 종교개혁에 미친 영향들을 살펴보았다. 필자는 앞서 서론에서 종교개혁은 루터(Luther) 한 사람에 의해 이루어진 개혁운동이 아니라고 했다. 국제 정치적 시대 흐름과 십자군전쟁 이후에 불어닥친 문화의 교류가 르네상스라는 결과를 가져왔다. 이 같은 국제적 시대 흐름 속에 독일이라는 특수한 나라에서 독특한 인물인 루터가 종교개혁의 과업을 완성하게 된다.

(3) 르네상스 과학

르네상스 철학으로 인해 경험적 합리성이 철저하게 신봉됨으로 관념적인 모든 것들을 부정하고 의심하는 흐름이 조성되었다. 이에 따라 기독교에서 주장하는 인간의 영혼이 죽지 않는다는 구원을 부정하는 대담한 인간관이 주장되었다.

이 같은 경험주의적 합리주의 인간관이 전통적 교회에서 이단시 되었다. 그러나 경험주의는 자연주의와 지식을 거쳐 근대 과학으로 발전하게 되었다.

'근대 과학의 아버지' 라 불리는 갈릴레이(G. Galilei, 1564~1642)는 중세교회가 지시해 온 천동설(天動說)을 부정하고 코페르니쿠스의 지동설(地動說)을 지지하였다. 그 외에도 망원경을 제작하여 천체 관측에 새로운 발견을 하였다.

또 콜럼버스(C. Columbus, 1451~1506)는 1492년에 남북 아메리카 신대륙을 발견하였다. 콜럼버스의 신대륙 발견은 중세기 동안 천동설에 갇혀서 제한된 세계관에 고착되어 살아온 중세인들의 의식을 바꾸게 만들었다.

종교개혁에 직접적 영향을 미친 것은 독일의 활판 인쇄술을 발명한 구텐베르크(J. Gutenberg, 1394~1468)의 금속 활자 발명이다. 구텐베르크의 납 활자에 의한 활자 주조는 인쇄를 능률적으로 해낼 수 있게 했다. 이 금속 활자로 1464년에 이탈리아에서 인쇄소를 만들어 책을 펴냈고, 1469년에는 밀라노, 베네치아, 1470년에는 파리, 1474년에는 런던에 인쇄소가 세워졌다. 이 같은 인쇄소가 15세기 말에 전 유럽에 200여 개 이상 세워졌다.

독일에서는 인쇄소에서 천문력, 면죄부, 성서 등을 인쇄하여 보급하였다. 이런 인쇄소의 발달로 루터가 교황의 면죄부를 반대하는 '95개조 논제'를 제일 처음 발표한 것이 1517년 10월 31일에 제시되었다.

그리고 2주 만에 전 유럽으로 확산되었다. 이처럼 인쇄술의 발달은 정보의 세계화라는 종교개혁에 큰 영향을 주게 된다.

이제까지 설명한 14~15세기의 국제적, 정치적 상황과 독일이라는 특수한 나라의 정치적, 사회적, 경제적 조건과 르네상스라는 시대적 변화 등이 모두 어우러져 종교개혁이라는 커다란 과업을 달성하게 되었다고 본다.

2. 종교적 배경

종교개혁이 일어날 수밖에 없었던 직접적인 이유는 중세기 유럽 여러 나라들의 정신적·영적 지도력을 이끌어 간 로마 가톨릭 교회 자체에 문제가 있었기 때문이다. 로마 가톨릭 교회를 이끄는 지도자였던 교황들의 부도덕과 타락이 가장 큰 문제였고, 그다음에는 국민과 종교인 모두에게 신뢰를 잃게끔 한 지도자들의 전반적인 문제였다. 여기서는 교황들 중 부도덕하고 타락한 몇 사람들을 살펴보고, 그다음에는 로마 가톨릭 교회를 이끌어 간 일반 대중 지도자들의 실망에 대해서도 살펴보도록 하겠다.

1) 교황들의 부패

교황이 부패했다. 지금 우리들이 체험하고 있는 교황들에 대한 인식과는 전혀 다른 얘기다. 가톨릭 교회는 제1대 교황으로 베드로 사도를 추대한다. 베드로 사도가 과연 로마 교회를 개척했느냐? 이런 주장은 로마 가톨릭 교회만의 일방적인 주장일 뿐, 성경에 나타나는 로마 교회 개척자는 베드로가 아니다. 이 부분에 관해 《중세교회사》에서 성서적 근거로 설명하겠다.

그뿐만이 아니다. 가톨릭 교회가 제1대 교황이라고 하는 베드로는 독신이었느냐? 성경이 소개하는 베드로는 분명하게 결혼한 사람이었다. 마태복음 8장 14절, 마가복음 1장 30절, 누가복음 4장 38절에 보면 베드로는 결혼해서 장모가 있었다. 바울 사도도 고린도전서 9장 5절에서 게바가 믿음의 자매 된 아내가 있음을 말하고 있다. 성경에서의 베드로는 분명 결혼한 사도였다.

그런데 가톨릭 교회의 독신주의는 어떻게 생겼는가?

전 세계에서 독신주의는 기원 전 바빌로니아, 로마, 잉카의 무녀(巫女)들에게서 시작되었다. 그 후 불교와 인도의 자이나교에서 결혼으로 인해 발생하는 가족관계가 종교적 깨달음을 방해한다며 기원 전후에 독신제를 제도화한다.

가톨릭 교회의 독신제도는 4세기 이후 나타난다. 가톨릭 교회에서는 육신보다는 영이 우위라는 금욕적인 발상에서 시작하여 처녀 성모 마리아가 동정녀로 지낼 때 그리스도에 대한 봉사가 필요했다는 데서 출발한다.

그래서 로마 가톨릭 교회는 4세기 때부터 성직자에게 독신제를 요구하였다. 이 같은 독신제도 강요는 드디어 11~12세기에는 성직자의 결혼을 무효로 선언하기에 이르렀고, 트리엔트 종교회의 (1545~1563)에서는 독신제가 법제화되었다. 이와 같은 역사적 산물인 독신제도는 법제화되기 이전까지 수많은 부도덕과 타락을 가져왔다. 여기서는 그런 과정 속에 일어났던 교황들의 부패를 살펴보자.

① 하드리아노 1세(Hadrianus Ⅰ, 772~795)

그는 교황이 된 후 자기 친인척들을 교황청 직원으로 포진시켰다. 그 결과 자기 친인척을 자기 후임 교황으로 등용시키려는 사전 포석이었다는 오해를 받고 국민들로부터 불신을 받게 되었다.

이에 국민들은 레오 3세(Leo Ⅲ, 795~816)를 천거하여 차기 교황으로 선출, 추대되도록 하였다.

그러자 하드리아노 1세는 국민들의 요구를 듣기는커녕 온갖 방법으로 레오를 괴롭혔다. 그래서 레오는 하드리아노의 핍박을 못 견디고 프랑크로 도망했다. 하드리아노의 이 같은 친인척 등용은 그의 죽음으로 끝이 났다.

② 파스칼리스 1세(Paschalis Ⅰ, 817~824)

파스칼리스 1세는 프랑크 왕 루이 1세와 교황권과 제국과의 관계로 시달렸다. 루이 1세는 단호한 교회 개혁, 수도원과 교구의 개편을 요구하였다. 그러나 파스칼리스는 로마 교구의 독립성과 국가들에 대한 교회의 종주권으로 맞섰다. 이 같은 갈등으로 인해 로마에서는 파스칼리스 교황이 주축이 되어 반프랑크운동이 벌어졌다.

이런 운동 속에서 프랑크 왕이 로마 교황청을 지배하려 한다는 음모적 소문이 나돌았다. 이 소문에 자극받은 파스칼리스 교황은 로마에서 활동하고 있는 두 명의 프랑크 당 지도자를 처형하였다. 이에 격분한 루이 왕은 교황을 심문하겠다고 나섰다. 그러자 파스칼리스 교황은 양심 선언으로 응수하고, 어떤 인간도 교황을 판단할 수 없다고 응수하였다. 그러나 파스칼리스 교황은 하수인을 시켜 자기 자리를 엿보는 실력자들을 죽게 만든 장본인이라는 비난을 면할 길이 없게 되었다.

③ 하드리아노 2세(Hadrianus Ⅱ, 867~872)

하드리아노 2세는 교황이 되기 전 이탈리아 산 마르코의 추기경이었다. 그에게는 결혼한 아내와 딸이 있었다.

그가 교황이 된 후 그에게 딸이 있다는 소문이 나자 서로가 교황의 사위가 되려고 했다. 그중에서 교황의 서신 및 도서 담당 비서실장인 아나스타시우스의 동생 엘리테리우스가 교황의 사위가 되겠다고 교황에게 요청했으나 거절당하였다.

엘리테리우스는 교황의 아내와 딸을 납치하여 결혼을 강요했다. 그래도 거절하자 엘리테리우스는 교황의 아내와 딸을 납치하여 도망다니다가 두 사람을 살해하고 만다. 엘리테리우스는 얼마 후 체포당하여 처형당하고, 그의 형 아나스타시우스는 동생과 공모했다는 이유로 파문을 당한다.

이 같은 가족 문제로 비극을 겪은 하드리아노 2세는 그 후 자기 목적을 달성하기 위해서 자기 내연의 처들로 하여금 매춘 행위를 하도록 미인계를 쓴 교황으로 알려진다.

④ 알렉산데르 6세(Alexander Ⅵ, 1492~1503)

그는 1431년 에스파냐의 하비타에서 태어났다.

그의 백부인 갈리스도 3세(Callistus Ⅲ, 1455~1458)가 교황이 되자 백부 덕분에 추기경이 되었고(1456), 이어서 교황청 성청 상서원 부원장이 되었다(1457).

그는 성청 부원장 시절에 여러 관구의 성직록을 차지함으로 많은 사유재산을 축적했다. 그는 축적된 사유재산으로 로마 유력자들과 인맥을 쌓아 가고 여러 명의 여자들과 애정행각을 벌였다. 그래서 여러 명의 여자들 사이에서 6명의 아들과 3명의 딸을 두었다.

그의 부도덕한 생활에 대한 비난은 계속되었다. 또 성직 매매에 대한 소문이 계속되었다. 그는 의로운 혁명가인 사보나롤라를 화형에 처해 단죄했다. 그는 교황청에다 자기 아들 조반니(판)와 체자레 등을 요직에 앉혔기 때문에 네포티즘(Nepotism)이라는 비난을 받았다. 참으로 가소로운 것은 자기 사생아인 아들들을 조카라고 속여서 친족 중용주의를 펼친 것이다.

이와 같은 네포티즘의 기원이 로마 교황들에게서 비롯되었다. 이는 교황들이 자기의 사생아를 조카라는 뜻의 네포스(nepos)라고 부르면서 요직에 중용한 데서 시작되었다. 이 같은 네포티즘은 10~11세기경 교황 때부터 시작되었고, 르네상스 무렵에는 교황들의 타락이 극에 달하였다.

네포티즘의 대표자로 인노첸시오 8세(Innocentius Ⅷ, 1484~1492)와 알렉산데르 6세(Alexander Ⅵ, 1492~1503)를 들 수 있다. 이 같은 네포티즘을 만든 알렉산데르는 가장 사악한 교황으로, 영화화되어 알려지고 있다.

⑤ 바오로 3세(Paulus Ⅲ, 1534~1549)

바오로 3세는 여자 정부가 많기로 소문난 알렉산데르 6세의 정부들 중에서 하나가 바오로 3세의 누이였기 때문에 25세에 추기경이 되는 행운을 얻는다. 이렇게 추기경이 된 그도 추기경이 된 후 수많은 여자들과 애정행각을 벌임으로써 그는 '속치마 추기경'이라는 야유를 받았다. 그래서 로마 귀족사회에 추기경의 권위로 수많은 염문을 뿌리던 중 3명의 아들과 딸을 두게 되었다.

이렇게 방탕하면서도 교황들에 대한 충성은 계속했다. 그는 1468년생인데 그의 나이 66세인 1534년에 교황이 된다. 교황으로 1534~1549년까지 재위하면서 두 가지 공적을 남겼다. 하나는 1535년에 영국 왕 헨리 8세를 파문함으로써 개혁 교황이란 호칭을 얻은 것이고, 또 하나는 1545년 12월 13일 이탈리아 국경 근처에 있는 조그마한 소도시 트리엔트에서 공의회를 소집한 일이다.

트리엔트 공의회는 주변의 상황으로 제3기까지 이어진다. 이 바오로 3세가 미켈란젤로로 하여금 시스티나 성당에 〈최후의 심판〉 등의 벽화를 그리게 했다.

⑥ 레오 10세(Leo X, 1513~1521)

루터가 종교개혁을 시작한 1517년 당시의 교황이 레오 10세이다. 그의 본명은 '조반니 데 메디치'(Giovanni de Medici, 1475~1521)로 피렌체 출신이다.

그는 피렌체 도시에서 당시 최고의 고리대금으로 온 도시민이 경원하기로 유명한 '메디치' 가의 차남이었다. 조반니는 7세에 교적에 입적되고, 13세에 추기경이 되고, 38세에 교황이 되었다.

그는 누구보다도 독특한 신념을 가지고 있었다. 그는 토지든 삼림이든 짐승이든 무엇이든지 교회 이름으로 등기만 되면 영적인 것이라고 믿는 신념이 있었다.

레오 10세는 중세기 로마 가톨릭 교회를 지탱해 준 '성직록'(聖

職祿 : Benefice) 제도를 최대한 활용했다. '성직록'이란 성직자가 사역을 하는 데 필요한 생활비와 사역비를 충당해 준다는 명분으로 땅이나 삼림을 소유케 해준 수입의 원천이었다. 성직록은 성직자가 살아서 현직에 있을 때에만 적용이 되었다. 성직자가 죽고 나면 성직록의 재산 관리를 교황이 하게 되었다.

이렇게 해서 교황의 권리가 된 성직록을 교황이 마음대로 관리하면서 온갖 이권이 개입되었다. 어느 곳에 성직이 공석일 경우 그 자리로 가기 원하는 사제들은 그 자리의 성직록에 해당되는 금품을 미리 교황에게 낸 후에 교황의 재가를 받고 현지로 가게 되었다. 이 같은 사례로 스위스 취리히에서 사역했던 츠빙글리는 미리 금품을 내는 '공석금'을 낸 후에 첫 부임지로 갔다. 그렇게 해서 현지에 부임하면 1년 동안은 자기 전임자에 대한 위로금으로 자기 수입을 내놓아야 했다. 교황 레오 10세는 이렇게 성직록으로 수많은 성직자들에게 원성을 많이 받은 교황이었다.

이렇게 돈과 재물과 성직록으로 추문을 많이 내던 교황 레오 10세는 드디어 그의 본색을 그대로 드러냈다. 그것이 바로 유명한 베드로 대성당을 재건하기 위해서 면죄부(免罪符) 판매를 허락한 것이다. 루터는 종교개혁의 첫 깃발로 교황의 면죄부 판매의 부당성을 들고 일어났다. 이때 레오 10세는 루터를 파문해서 사태를 수습하려 했으나 수습하지 못했다. 레오 10세는 그가 메디치 가문에서 듣고 보고 자란 세속적 물질관을 교황이 된 후에도 그대로 적용하려다가 철퇴를 맞고 말았다.

그렇다면 교황들은 성직록으로 벌어들인 재정을 어디다 사용했는가? 교황 요한 22세(Johannes XXⅡ, 1316~1334)는 프랑스의 아비뇽 교황청 시대의 교황이다. 그는 신성 로마 제국 황제 루트비히 4세

(Ludwig Ⅳ, 1287~1347)를 파문에 처했다. 그러자 루트비히는 이탈리아에 원정해서 교황을 폐위하고 대립 교황을 옹립한 뒤 그에게 제관을 받았다. 이렇게 세상 황제들과 싸운 교황 요한 22세가 교황청 재정을 보고한 지출 내역을 보면 전쟁 비용과 막료 봉급이 75%, 주방, 주대가 2.55%, 복장비가 3.35%, 기타가 19%였다.

우리 주님과 사도들은 매 맞고 투옥당하면서 하나님의 사랑을 증명했는데 예수 그리스도의 대리자라는 교황들은 돈을 모아 세속 황제들과 싸우는 전쟁 비용으로 75%를 사용했다. 이처럼 부패하고 타락한 교황들을 하나님께서 심판하신 것이 종교개혁이었다.

우리가 매우 궁금한 것이 있다.

그러면 중세기 로마 가톨릭 교회는 소위 가톨릭 지배 아래 있었던 나라들에서 어느 정도만큼 '성직록' 땅을 소유하고 있었는가?

참으로 놀라운 사실은 전 유럽 국토의 3분의 1이 교회 이름으로 등기되어 있었다. 필자가 앞서 소개한 이탈리아, 프랑스, 스페인, 잉글랜드, 독일, 네덜란드 영토의 3분의 1이 로마 가톨릭 교회의 재산이었다.

교회가 왜 이렇게 재산이 늘어났는가?

그 시작은 십자군전쟁 때 전쟁에서 죽고 돌아오지 못한 사람들의 재산이 교회 재산으로 귀속된 데 있다.

그뿐만 아니라 황제들이 봉건 영주에게서 빼앗은 땅을 주교들에게 줌으로써 영토가 늘어난 것도 있다.

중세교회는 이렇게 해서 얻은 땅을 가난한 농민들에게 소작을 주었다. 땅 주인인 주교들은 기후와 농작물의 작황과 상관없이 성당 증축, 교육관 증축에 주력했으므로 소작인들과 매년 충돌이 일어났다. 이런 불만들이 드디어 '농민전쟁'(1524~1525)을 가져온다.

여기에다 중세기의 영적 지도자인 사제들 대부분이 무식했다.

1,000명의 사제들 가운데 대학에 가서 제대로 공부한 사제는 단 한 명도 없었다. 당시 사제의 요건은 라틴어로 된 의식 용어를 구사할 줄만 알면 되었고, 기초적인 요리문답과 신학 중 중요한 것만 알면 사제 활동이 가능했다.

이렇게 미개한 사람들에게 사제직을 주어 놓고 교황들은 저들에게 온갖 횡포를 남용했다. 당시 성직을 매매하고 그것을 돈 주고 산 사람은 프리미엄을 덧붙여서 다시 팔았다. 본래 성직 매매(聖職賣買: Simony)는 국왕이 자기 지배하에 있는 교회나 수도원에 종사할 성직자를 임명하고 그 대가를 요구한 데서 시작되었다.

그런데 이와 같은 세속인의 나쁜 제도를 교황들이 그대로 사용했다. 그래서 교회, 수도원의 성직을 교황이 돈을 받고 매매하였다. 종교개혁 직전에는 모든 성직자들이 임명을 받으려면 교황에게 납부금을 바쳐야 했다. 이렇게 부패한 지도자, 부패한 교회는 당연히 개혁되어야 했다. 종교개혁은 타락한 교회에 대한 하나님의 의로운 심판이었다.

2) 종교회의

종교회의는 일찍이 교부시대에 시작되었다.

그리고 종교회의의 소집 책임자는 과거에 로마 제국 황제였으나 중세기부터는 로마 가톨릭 교회 교황이 소집해 오고 있다.

역사적인 제1차 종교회의는 325년 '니케아'에서 모인 회의였다. 이 회의를 소집한 책임자는 로마 제국 콘스탄티누스 황제였다. 회의가 소집되어 회의에서 결정된 사항은 황제의 윤허하에 공포되었다.

이렇게 시작된 종교회의는 제2차 종교회의를 381년에 콘스탄티노플에서 역시 데오도시우스 황제가 소집했고, 회의 결정 사항도 황제가 윤허해야 했다.

제3차 에베소 회의는 431년에 데오도시우스 2세 황제가 소집했고, 제4차 칼케돈 회의는 451년에 마크리누스 황제에 의해 소집되었다. 제5차 콘스탄티노플 2차 회의가 553년 유스티니아 황제에 의해 소집되었고, 제6차 콘스탄티노플 3차 회의가 680년 콘스탄틴 6세 황제에 의해 소집되었고, 제7차 니케아 회의가 787년 콘스탄틴 6세에 의해 소집되었다. 이렇게 해서 제1차 종교회의에서 7차 종교회의는 모두 황제들이 소집했다.

그리고 제8차 종교회의는 동서 교회가 따로 모여 종교회의를 가졌다. 그 후 제9차 라테란 종교회의는 1123년에 교황 칼릭시우스 2세가 소집하여 서로마 가톨릭 교회만이 종교회의 대신 공의회란 이름으로 지금까지 모여 오고 있다. 그래서 1962~1965년까지 교황 요한 23세가 소집한 제2차 바티칸 회의가 제21차 공의회라고 하고 있다.

여기서 우리가 생각해 볼 과제가 있다.

과연 종교회의라는 것이 믿을 만한 근거가 되느냐 하는 사실이다. 제1차에서 제7차까지 세속 정치인인 황제들이 성직자들을 소집해서 결정한 내용들이 어느 정도나 믿을 만한 내용일까?

황제들 대부분이 정치적 목적으로 소집한 종교회의를 어떻게 신앙 내용으로 받아들일 수가 있겠는가?

그리고 교황들 역시 서로마 가톨릭 교회의 정당성과 보호를 위해 소집했거나 시대적 필요에 따라 소집한 종교회의 결정 사항을 신앙으로 받아들일 수 있겠는가?

그럼에도 불구하고 로마 가톨릭 교회는 모든 종교회의에서 결정된 사항을 성경과 동일한 신앙의 권위로 받아들이고 있다.

이제 타락한 교황들이 스스로 신앙의 권위로 받아들이는 종교회의 자체를 완전 불신하게 만든 중세기의 종교회의 사건 몇 가지를 살펴보겠다.

여기서는 주로 종교개혁에 영향을 미친 종교회의로 제한시키겠다.

종교개혁이라는 거대한 변혁을 가져오기까지에는 오랫 동안 거듭된 부패와 타락이 계속 누적되어 왔다. 그 같은 요인으로 타락한 종교회의가 종교개혁의 한몫을 차지한다.

가톨릭 교회에서 공식적으로 인정하는 종교개혁기의 종교회의는 약 4차에 걸친 회의가 주된 회의였다. 첫 번째는 제16차 콘스탄스(Constance) 종교회의(1,414~1,418)로 소집자는 교황 요한 23세(Joannes XXIII)이다. 두 번째는 제17차 바젤(Basel) 종교회의(1,431~1,439)로 교황 마르티노 5세(Martinus V: 1,417~1,431)가 임종 전날 소집 명령했고 에우제니오 4세(Eugenius Ⅳ: 1,431~1,447)가 공회개최하여 니콜라스 5세가 종결했다. 세 번째인 제18차 라테란 종교회의(1513~1518)를 개최한 이는 교황 율리우스 2세(Julius Ⅱ: 1,503~1,513)이다. 네 번째인 제19차 트리엔트 종교회의(1545~1563)는 바오로 3세(Paulus Ⅲ: 1,534~1,549)가 소집했다. 이상 4차의 종교회의는 종교개혁 전후에 모인 회의였다.

이중에서 종교개혁에 영향을 준 제16차와 제17차 종교회의를 중점적으로 살펴보겠다.

(1) 콘스탄츠 종교회의가 열리게 된 배경

우리는 예수 그리스도의 대리자라는 교황들이 세속 권력의 정치세력의 힘에 의해서 타의로 프랑스 황제들에게 억류되어 있었던 부끄러운 과거사를 알고 있다.

이 사건은 '아비뇽 유수'(Avignonese Captivity)라는 사건으로 1309년부터 1377년까지 약 70년을 7대의 교황들이 프랑스 아비뇽에 억류되었다가 풀려난 사건이다.

제1대 교황이 사도 베드로였다. 그가 로마 교회를 개척했기 때문에 로마 교회는 모든 교회들 중 수위권 교회라고 주장하며 로마 교황청을 세웠다.

그런데 그 허구에 찬 로마 교황청이 프랑스 아비뇽으로 강제 이전되었던 것도 따지고 보면 교황 보니파시오 8세(Bonifatius Ⅷ, 1235~1303) 때문이었다. 프랑스 왕 필리프 4세는 전비를 조달하려고 성직자에게 과세책을 세웠다. 여기에 대해 교황 보니파시오 8세는 '우남 상탐'(Unam Sanctum)이라는 교황 칙서로 교회에 대한 왕권의 관여를 비난하고 교황은 세계를 주도해야 한다는 교황 수위권을 주장했다. 이에 필리프 4세는 1303년 9월 아나니에 있는 교황을 급습하여 온갖 모욕을 주고 퇴위를 강요하였다. 이 일로 교황은 정신적 타격을 받고 1개월 후 로마에서 사망하였다.

그 후 프랑스 왕 필리프 4세 주도로 이탈리아 로마의 교황청이 프랑스의 아비뇽으로 이전되어 황제가 프랑스인을 교황으로 임명한 시대가 '아비뇽 유수' 기간이었다.

프랑스 아비뇽 교황청은 1377년에야 어렵게 이탈리아 로마로 귀환하였다. 그러나 로마로 귀환한 교황청은 또다시 추기경단의 분열을 맞게 된다. 교황을 선출하는 추기경들 중 프랑스 출신의 추기경들이 이탈리아 출신의 추기경들과 대립하여 클레멘스 7세(1378~1394), 베네딕토 13세(1394~1423)를 교황으로 세우며 '아비뇽 교황청'을 계속 유지해 나갔다.

이와는 다르게 이탈리아 로마에는 우르바노 6세(Urbanus Ⅵ, 1378~1389), 보니파시오 9세(Bonifatius Ⅸ, 1389~1404), 인노첸시오 7

세(Innocentius Ⅶ, 1404~1406), 그레고리 12세(Gregorius ⅩⅡ, 1406~1415)로 이어지는 교황시대가 계속되었다.

즉 아비뇽 유수가 끝난 후인 1378년부터 1415년까지는 교황청이 로마와 아비뇽 두 곳으로 나뉘어 두 교황시대가 계속되었다. 이렇게 한 시대에 두 곳에서 서로 다른 2개의 교황청과 두 명의 교황시대가 계속됨으로 교황권이 급격하게 쇠퇴된 것은 말할 것도 없다. 이러한 교황권의 쇠퇴는 유럽 전체 종교계의 불신과 권위 추락으로 이어졌다.

이와 같은 종교계 전반에 걸친 권위의 추락을 당사자인 교황들 중 어느 누구도 해결할 능력이 없었다. 그래서 이 같은 문제를 해결하려고 나선 것이 평신도인 파리 대학장 피터 데일리(Peter Daily)였다.

데일리는 문제의 해법으로 세 가지가 있음을 제시했다.
① 두 교황 모두 사퇴하고 새 교황을 선출하는 방법
② 두 교황의 진실과 비리를 가려낼 교회 법정을 구성하는 방법
③ 교회 전체 회의를 소집하여 전체 교회의 결정을 두 교황이 순응하는 방법

그러나 양쪽 두 교황은 순응하지 않았다. 하지만 양 교황을 지지하는 대주교들이 1408년 레그혼(Leghorn)에 모여서 다음 해 피사(Pisa)에서 전체 교회회의를 열자고 결정한다. 이 같은 결정은 두 교황들과의 협상 고집에 지친 추기경들의 결정이었다.

(2) 피사 회의(The Council of Pisa)

피사 회의는 1409년 7월부터 8월까지 계속되었다. 피사 회의에

두 교황은 모두 참석하지 않았다. 이 회의는 추기경들뿐만 아니라 유럽 대부분 국가들의 지지를 받았다. 피사 회의에서는 누가 합법적이냐를 가리지 않고 교황 두 사람에게 교회의 분열을 가져온 책임을 물어 두 교황 모두를 퇴위시켰다.

그리고 제3의 인물인 밀란의 감독 알렉산데르 5세(Alexander V, 1404. 7. 7~1410. 5. 3)를 교황으로 선출했다.

이렇게 됐으면 로마 교황과 아비뇽 교황이 물러남직도 하다. 그런데 로마 교황 그레고리 12세나 아비뇽 교황 베네딕토 13세는 피사 회의의 결정을 부정하고 여전히 자기만이 정당한 교황임을 고집했다. 그렇게 되니까 한꺼번에 3명의 교황 시대가 열리게 되었다. 알렉산데르 5세 교황은 유럽 주민 대부분의 지지를 얻고, 프랑스의 아비뇽 교황청 베네딕토 13세는 프랑스와 스페인의 지지를 얻고, 이탈리아의 로마 교황청 그레고리 12세는 영국과 독일의 지지를 얻었다. 이로써 3명의 교황이 공존하는 수치스런 시대가 열렸다.

그런데 유럽인들의 지지를 얻고 선출된 알렉산데르 5세가 교황으로 선출된 지 10개월 만에 사망한다. 알렉산데르 5세가 죽자 그의 후광으로 요한 23세(Johannes XXIII, 1410~1415)가 선출된다.

요한 23세는 교황의 대분립시대 때 피사 회의에서 선출된 교황이다. 그런데 당시 프랑스와 영국이 전쟁 중이었으므로 두 나라의 협력을 얻지 못한다. 독일 황제 지기스문트(Sigismund)는 교회가 셋으로 분열된 현실을 염려하여 다시 전체 종교회의를 열도록 한다는 조건하에서 요한 23세의 신변 보호를 해준다. 그래서 모인 회의가 콘스탄츠 공의회였다.

콘스탄츠 회의가 열린 후 요한 23세의 야심과 처사를 비난하는 사람이 많자 그는 회의 도중에 도망을 쳤다. 공의회는 요한 23세를 재판에 회부하여 폐위를 결정했다. 그래서 요한 23세는 정통 교황의 명단에서 제외되었다.

그 후 제2 바티칸 공의회를 소집한 요한 23세(Johannes XXⅢ, 1958~1963)는 또 다른 요한 23세이다. 교회에서는 후자 교황을 에큐메니즘 정신의 교황이라고 한다.

(3) 독일의 콘스탄츠 종교회의(The Council of Konstanz, 1414~1418)

가톨릭 교회에서는 추기경 회의가 아닌 일반 신자들에 의해 선출된 알렉산데르 5세와 요한 23세는 가톨릭 교황사에서 제외시키는 경향이 있다. 그러나 잘못 흘러간 과거라도 역사는 엄연한 역사이다.

교황 요한 23세는 신성 로마 제국 황제 지기스문트가 후원하고 황제가 관할하고 있는 독일 땅 콘스탄츠에서의 종교회의에 큰 야심을 가지고 임하였다. 요한 23세는 지기스문트 황제의 지원 아래 중세기 교회 사상 가장 크고 화려한 회의를 열었다. 과거 종교회의는 주로 성직자 중심의 회의였는데, 이번 콘스탄츠 회의는 감독, 대감독은 물론이고 종교계의 저명 인사와 신학자, 왕후와 그 사절 등 무려 5천여 명이 모였다. 회의는 1414년 11월 5일에 시작되어 1418년 4월 22일까지 계속되었다.

신성 로마 제국 황제 지기스문트는 1378년 교황이 아비뇽과 로마로 갈라진 지 39년이 지나도록 교회가 분열된 것을 수습할 목적으로 종교회의를 지원했다. 그런데 두 교황이 회의에 참석하지 않았을 뿐 아니라 피사 회의에서 선출된 요한 23세마저 회의 진행에 불만을 품고 1415년 3월 20일 밤 회의장을 떠나 버렸다.

회의는 황제에 의해서 속행되었다. 회의에서 회의장을 떠난 요한 23세를 폐위시켰다(1415. 5. 29). 같은 해 7월 4일에 로마 교황 그레고리 12세가 자진해서 퇴위를 통고해 왔다. 그런데 아비뇽 교황 베네딕토 13세를 설득하던 황제는 퇴위를 거부하는 아비뇽 교황에 대해 회의에서 폐위 선고를 한다(1417. 7. 26).

콘스탄츠 종교회의는 새로운 교황으로 마르티노 5세(Martinus V, 1417. 11. 21~1431. 2. 20)를 선출한다. 이리하여 장기간에 걸친 교회 분열은 끝나고 종교회의를 소집한 소기의 목적을 달성한다. 그럼에도 불구하고 아비뇽 교황 베네딕토 13세는 한 성으로 도주하여 자기가 교황이라고 고집하다가 1423년에 죽음으로 끝이 난다.

콘스탄츠 종교회의에서 보헤미아 개혁운동의 선구자였던 요하네스 후스가 재판에 회부되어 후스와 히에로니무스 등이 화형에 처해졌다. 이것이 보헤미아인들의 반가톨릭운동으로 점화된다.

(4) 스위스의 바젤 종교회의(Council of Basel, 1431~1449)

독일의 콘스탄츠 종교회의는 유럽의 모든 종교인들이 모였다. 이들은 교회의 분열을 종식시키는 것이 주 목적이었다.

그래서 전체 종교회의는 분열된 교황들을 정리함으로써 소기의 목적을 달성하는 듯했다. 그러나 유럽의 모든 종교인들은 교황 문제 수습으로 진정되지 않았다. 저들은 이러한 기회에 교회 내에 만연되어 있는 부정부패를 척결하고자 했다. 그래서 교황의 힘으로 하지 못하는 교회 내 성직 매매, 성직 중임제, 결석 성직제 등을 개혁하고자 하는 개혁의 열망이 있었다.

그리고 유럽의 가톨릭 세력을 위협하는 영국의 위클리프 세력과 보헤미아의 후스당을 정죄하고 저들을 화형시킴으로 이단을 척결하려고 하였다.

이와 같은 계속적인 개혁 작업을 종교회의에서 이루어 나가려고 했다. 이들 개혁 세력들은 콘스탄츠에서 선출된 마르티노 5세 교황으로 하여금 또다시 종교회의를 소집하도록 하였다. 마르티노 5세는 개혁 세력들의 요구대로 종교회의를 열려는 의지가 없었다. 그래서 종교회의를 미루다가 자기가 불리할 것을 깨닫고 뒤늦게 1431년 스위스 바젤에서 종교회의를 열 것을 선포했다. 그런데 마르티노 5세는 회의 소집 전에 죽는다. 마르티노 5세 사망으로 에우제니오 4세(Eugenius Ⅳ, 1431~1447)가 교황직을 승계한다.

　에우제니오 4세는 전임 마르티노 5세가 선포한 바젤 종교회의 소집을 철회한다. 그러자 종교회의를 주선한 유럽 군중들은 교황을 회의에서 심판하겠다고 나선다. 여기서 지기스문트의 중재로 에우제니오 4세가 해산 명령을 철회하고 회의를 연다.

　이렇게 우여곡절 끝에 바젤 회의가 열렸다. 그런데 회의에 참석한 회원들은 양대 세력으로 팽팽하게 맞서게 되었다.

　두 차례에 걸쳐 종교회의에서 교황을 선출했던 회의 주동 세력들은 최종 권위를 전체 종교회의의 결정에 두자는 공의회 주장자들이었다. 그에 반해 교황의 최종 수위권을 주장하는 교황당은 회원들 각자가 주장하는 난립된 정신은 교회 유지에 좋지 않다고 반대하였다. 이와 같은 긴장 속에 회의가 열렸으나 회의가 구성되지 않았다.

　에우제니오 4세 교황은 전체 종교회의 의장에게 서신으로 정회를 한 후 18개월 후에 다시 열 것을 지시하였다. 그러나 회의 주장 세력들은 교황을 무시한 채 자기들끼리 회의를 열었다. 이때 지기스문트 황제가 교황에게 회의에 출석할 것을 요구했으나 교황은 저들이 사탄의 집회라고 참석하지 않았다.

　이리하여 교황이 참석하지 않은 상태에서 종교회의가 열렸다.

여기서 회의 주장자들은 종교회의가 교황의 권위보다 우위에 있다는 것을 선언하고 몇 가지 사항을 처리한다.

이와 같은 바젤 종교회의는 종교 전체 회의가 교황의 권위보다 우위에 있다는 것을 강조하기 위한 회의였다. 이와 같은 종교회의 주창은 과거 교황 체제의 가톨릭 조직을 종교회의 체제로 바꾸려고 하는 교회 행정의 민주화를 시도하는 회의였다.

종교회의 주동자들은 종교회의에서 개혁적인 여러 내용들을 결정한다. 이 같은 종교회의 주장자들의 개혁 내용대로 로마 가톨릭 교회가 개혁되었더라면 모르긴 해도 종교개혁이 늦어지거나 일어나지 않았을지도 모른다. 하지만 유럽 전 세계가 가톨릭의 개혁을 열망하는데도 교황은 끝내 개혁을 외면하였다.

에우제니오 4세는 종교회의 장소를 이탈리아 페라라(Ferrara)로, 플로렌스로 옮기지만 교황이 소집하는 장소에는 사람이 모이지 않았다. 한편 바젤에서 종교회의를 계속해 온 회의 주장자들은 에우제니오 4세를 교회의 평화를 분열시킨 분열자요 이단으로 몰아 파면을 결의한다(1439).

그리고 회의 주동자들은 새 교황으로 펠릭스 5세(Felix V, 1439~1449)를 선출한다. 플로렌스에서 망명 생활을 하던 에우제니오 4세는 회의 주장자들의 결정에 승복하지 않고 싸우다가 1447년에 죽는다. 그러자 교황당은 그의 후임으로 니콜라오 5세(Nicolaus V, 1447~1455)를 새 교황으로 계승시킨다. 이렇게 되니까 바젤 회의에서 선출한 펠릭스 5세와 교황당이 계승시킨 니콜라오 5세라는 두 교황이 생기게 되었다.

그 후 회의 주장자들이 선출한 펠릭스 5세가 1449년 교황을 포기한다. 교황당이 선출한 니콜라오 5세가 유일한 교황이 되자 회의 주장자들은 힘을 잃고 니콜라오 5세에게 승복하고 만다. 이로써 교황권을 제한하려던 반교황(Anti-pope)운동은 중단되고 모든 종교회의는 영구적으로 교황에게 예속되고 만다.

로마 가톨릭 교회에 주어진 놀라운 변화의 기회가 한 번 있었다. 그것은 피사 회의, 콘스탄츠 회의, 바젤 회의로 이어지는 종교회의 운동이었다. 종교회의 운동이 계속 성공했다면 전 세계 교회사는 새롭게 기록되었을 것이다. 그런데 매우 안타깝게도 역사의 주도권은 처음부터 끝까지 교황 주도 세력에게 있었다.

이렇게 종교회의 운동의 실패는 많은 부작용을 낳았다. 즉 개혁의 1차 대상이었던 교황들이 더욱 오만해져서 드디어 종교개혁이라는 철퇴를 맞는 결과를 가져왔다. 다음으로 1천여 년 동안 계승된 로마 가톨릭 교회가 좀 더 민주화될 수 있는 기회를 상실한 채 닫혀진 역사가 계승되고 만다.

이 같은 종교회의 운동의 실패는 가톨릭뿐만 아니라 모든 종교에 대한 근본적인 회의운동으로 전개된다. 몇 차례에 걸친 종교회의의 실패는 근본적으로 가톨릭 교회에 대한 실망으로 이어져서 드디어 종교개혁의 밑거름이 된다.

3) 개혁 전의 개혁자들

종교개혁 이전의 개혁자들이라고 하면 그 폭이 대단히 넓어진다. 중세기 전통적인 로마 가톨릭 교회의 전통적 교리와 다른 주장을 하는데도 수많은 사람들이 그들을 따른 것이 신비주의였다.

이 신비주의(Mysticism)는 중세기 이전에 구약성경에도 나타나고 신약성경에도 나타난다. 그런데 중세기 신비주의는 성경과 또 다른 신비주의로 나타났다.

신비주의로 많은 영향을 미쳤으나 교황에게 이단으로 정죄받은 신비주의자가 있다. 그는 독일의 신비주의 사상가인 에크하르트(Meister Eckhart, 1260~1327)이다. 에크하르트는 도미니크회에서 공부한 후 작센 지구 관구장, 보헤미아 지방 부주교 등의 요직을 지내며 그의 관할하의 수녀원에서 영적 지도를 맡았다. 그런데 그의 설교와 논설에 범신론적 내용이 있다며 이단 선고를 받았다.

에크하르트의 영향을 받은 타울러(Johannes Tauler, 1300~1361)는 에크하르트보다 진일보한 신비주의자였다. 타울러는 스트라스부르에서 태어나 도미니크 수도사가 된 후 쾰른 대학에서 에크하르트의 영향을 받는다. 타울러는 성령의 역사에 의한 신령한 은혜 생활이란 교회나 전통적 교리의 중재 수단이 필요하지 않다는 주장에 동의했다.

타울러는 단순한 신앙이란 오직 성경에 의한 신앙이라고 했다. 그의 신비주의는 지적인 것보다는 실천적인 면을 강조했고, 올바른 내면 생활은 단순한 선한 행동이나 감정을 피하는 데 있다고 했다. 개혁자 루터가 타울러에게 많은 감화를 받았다.

플랑드르의 신비주의 사상가 로이스부르크(Jan Van Ruysbroek, 1293~1381)와 게르하르트 흐로테(Gerhard Groote, 1340~1384)는 '공동생활 형제단'(the Brother of the Common Life)을 설립하였다. 이 학교는 사회 지도자 양성에 힘썼다. 이 학교에는 1,200~1,600명의 학생이 수학하였다. 이 학생들 중에 드벤터(Deventer)에서 수학하던 토마스 아 켐피스(Thomas a Kempis, 1380~1471)가 있다. 그가 쓴 《그리스도를 본받아》(De Imitatione Christi)는 유명한 경건 서적이 되었다.

이와 같은 신비주의가 유럽 각지에서 일어났다. 왜 이와 같은 신비주의가 생기게 되었는가?

그것은 앞서 설명한 대로 로마 가톨릭 교회가 교황권 확장을 위해 세속 정부와 투쟁하다가 많은 권위를 상실한 후에도 전체 종교회의를 수용하지 않은 데 원인이 있다. 신비주의는 가톨릭 교회에 대한 실망감의 반사작용으로 나타났다. 이 같은 신비주의는 가톨릭 교회에 대해 무관심하게 만드는 반가톨릭적 영향을 미친다.

이와 같이 가톨릭 교회에 간접적 영향을 미친 것 외에 로마 가톨릭에 직접적으로 영향을 미침으로 종교개혁에도 영향을 준 개혁 전의 개혁자들이 있었다. 그들은 영국의 위클리프, 보헤미아의 후스, 이탈리아의 사보나롤라였다. 이들이 종교개혁에 끼친 영향을 살펴보자.

(1) 위클리프(John Wycliffe, 1320~1384)

'영국 종교개혁의 선구자' 라는 호칭을 받는 위클리프는 옥스퍼드 대학에서 공부한 뒤 동 대학에서 철학과 신학을 강의하였다. 당시 영국 왕실은 '아비뇽' 교황청의 통치 및 지배에서 벗어나고자 했다. 이때 논쟁가요 이론가인 위클리프를 로마 가톨릭 교회에 대항하도록 한다.

그는 국왕 에드워드 3세(Edward Ⅲ, 1327~1377)의 궁정 사제로 서임되었다. 이 무렵에는 프랑스와 100년전쟁이 시작되어 국가주의 기운이 높아졌다.

에드워드 왕은 1353년 '교황존신죄법'(敎皇尊信罪法)을 만들어 로마 교황에 대한 반교회적 종교가 생겼다.

그래서 교황권으로부터 정치적, 종교적 독립을 내세워 반교황 정책을 취하는 영국 왕과 랭커스터 공의 보호를 받으며 1374년 교황 측과의 교섭을 위해 위클리프가 파견되었다. 이때 위클리프는 교황 이노센트 3세가 영국에 부과한 종교세가 너무 과중하다고 이의를 제기하였다.

이때 교황청을 방문한 위클리프는 교황들이 너무 사치하고 향락하는 모습을 목격한다. 또 교황이 신령한 문제보다는 온갖 이권에 개입하여 잘못을 저지르는 것도 보게 된다. 이런 모습을 보고 돌아온 위클리프는 사도적 청빈생활을 주장하는 설교가로 명성을 얻는다.

그러나 교회가 재산을 소유한 점 등 로마 가톨릭 교회 체제에 대해 비판하는 것 등을 이유로 교황 그레고리오 11세로부터 19개 항목의 잘못을 지탄받는다.

그는 1378년 교회가 분열되었을 때 교황을 반(反)그리스도라고 판정하였다. 그는 가난한 주교(poor priests) 생활을 하면서 대중에게 설교를 함으로 군중들은 그를 순행 설교자라고 불렀다. 그리고 위클리프의 전도 운동에 가담한 사람들을 '롤라드'(Lollards)라고 불렀다. 그는 "사제에게 고해성사하는 것보다 하나님께 직접 죄를 고백하는 것이 더 성경적이다. 성자숭배나 성자들의 유물숭배는 미신 행위이다. 성지순례함으로 큰 공로가 이루어진다는 것 역시 미신이다. 가톨릭의 7성례 중 중요한 것은 세례와 성찬이다"라고 했다. 그리고 그는 《성찬론》(De Eucharista, 1381)에서 가톨릭이 주장하는 화체설 교리를 부정했다. 그 외에도 면죄부 판매와 죽은 자를 위한 기도 등도 비난하였다.

위클리프의 가장 큰 공헌은 이제까지 라틴어 성경만 사용하도록 제도화된 시대에 영어로 된 성경을 번역한 일이다. 그 외에도 《교회론》(1379), 《트리알로구스》(Trialogus, 1383)에서 자신의 학설을 총정리해서 발표하였다.

이와 같은 위클리프의 주장이 당시 로마 가톨릭 교회의 공식적 교리에 어긋남으로 세속 당국으로부터 경원을 받게 된다. 1382년 블랙프라이어스 교회회의에서 위클리프가 주장한 10개 항이 이단이라는 판정을 받는다.

한편 전년에 있었던 농민 반란의 이론적 지도자 J. 발과의 관계를 의심받아 정부로부터 보호를 받지 못하게 된다. 위클리프는 그가 왕실을 위해 봉사한 대가로 하사받은 라타워스(Lutterworth)로 은퇴하여 은둔생활을 하다가 사망한다.

위클리프가 죽고 난 후 이단 대책이 의회에서 채택되고(1401), 이어서 위클리프가 시작한 롤라드(Lollards) 운동을 반대하는 법안이 통과되었다(1406). 이어서 감독 총회에서 위클리프 교리를 정죄하고 성경 번역 사업과 거리 순회 전도운동을 금하도록 하였다(1409).

1415년 콘스탄츠 종교회의에서 위클리프의 죄목 260개 항목을 지적하여 모든 저서를 불태웠다. 1428년에는 교황의 명령으로 위클리프 유해를 파내서 저서와 함께 불태우고 그 재는 스위프트(Swift) 강에 뿌렸다.

위클리프가 이렇게 죽은 그 뒤에도 롤라드 운동은 근절되지 않았다. 이 운동이 하류 계급에서 계속되었다.

16세기 초 이 운동자들은 사형에 처해진다. 영국의 롤라드 운동은 대륙을 건너 체코슬로바키아 지방인 보헤미아로 점화된다. 그리고 루터가 종교개혁을 일으키기 한 세기 전에 롤라드 운동은 영국, 보헤미아, 유럽 여러 나라에서 종교개혁 이전의 선구자적 역할을 하였다. 따라서 위클리프는 종교개혁 이전 개혁의 원조가 된다.

다음은 프라하에서 일어난 개혁 운동을 살펴보자.

(2) 후스(Jan Hus, 1369~1415)

후스는 오늘날 체코슬로바키아 지방인 보헤미아에서 태어났다. 1346년 보헤미아(체크) 왕이 된 룩셈부르크 가의 카렐 1세가 후에 신성 로마 제국의 황제 카를 4세(Karl Ⅳ)가 된다.

카를 4세는 파리 대학을 모델 삼아 1348년 이곳에 독일 최초의 대학인 프라하(Praha) 대학을 세웠다.

후스는 이 프라하 대학에서 공부하고 1398년 동 대학의 교수가 되었고, 1402~1403년에는 학장을 지냈다. 후스는 프라하에 있는 베들레헴 교회의 주석 사제를 겸직하여 체코어로 설교하여 시민들에게 큰 감명을 주었다. 후스는 대학 교수로 있으면서 대학을 체크 민족의 민족 기관으로 만들려고 노력하였다.

이 무렵 영국으로 유학 갔던 유학생들이 위클리프의 저서를 가지고 돌아왔다. 프라하 대학은 민족주의를 내세울 때여서 위클리프의 개혁 정신이 크게 환영을 받게 된다. 후스는 위클리프의 저서를 통해 그의 사상에 공명하게 된다. 그리하여 위클리프가 외친 성직 매매와 성직자의 타락을 규탄하며 종교개혁 운동의 선두에 나선다.

이로 인해 프라하 대학 내 학생들 중 독일인 학생들은 프라하를 떠나 라이프치히(Leipzig)에 자기들 대학을 세운다. 한편 체코인들은 후스의 민족주의를 겸한 개혁정신에 찬동한다.

1409년 후스는 국민적 지지로 다시 프라하 대학의 학장에 선출되었다. 그런데 1410년 프라하 대주교는 위클리프 저서의 몰수와 소각을 명령하고 후스와 그 일파를 파문했으나 취소되었다.

그러나 당시 프라하 대주교는 피사(pisa) 회의에서 선출된 교황들(알렉산데르 5세와 요한 23세)을 지지하는 사람이었다. 대주교는 교황으로 하여금 위클리프의 저술을 금지하고 그의 작품을 읽지 못하게 하는 교황의 칙령을 받아낸다.

아울러 위클리프에 대한 설교는 성당과 수도원 내에서만 하도록 명령을 내린다. 이때 후스는 교황의 칙령에 순종할 수 없다고 판단하고 학교에서 강의실에서 어디서든지 자유롭게 설교를 계속하였다.

그러자 교황은 1410년 후스가 교황의 명령에 불복종한다는 혐의로 교황청 소환 명령을 내린다. 후스가 교황의 소환에도 응하지 않자 1411년 교황은 후스에게 파문을 선포한다. 그러나 후스는 자격이 없는 교황에게는 복종할 필요가 없다고 맞서므로 보헤미아 국왕과 국민들은 후스에 대한 열렬한 지지를 함으로 파문은 아무런 효과가 없었다.

1412년 교황 요한 23세가 나폴리 왕의 십자군전쟁 비용 조달을 위한 면죄부 판매를 허용한 것에 대해 후스는 교황을 신랄하게 비판하였다. 죄의 용서는 오직 하나님만이 하실 수 있는 것인데 면죄부로 돈을 받고 죄를 사해 주는 행위는 신성한 것을 매매하는 하나님에 대한 반역이라고 주장하였다.

이와 같은 후스의 면죄부 반대 주장에 따라 많은 체코인들은 교황청의 착취 행위에 대하여 공개 시위를 벌였다. 이에 흥분한 교황 요한 23세는 후스를 재차 파문하였다. 후스는 자기로 인하여 조국 전체가 복잡한 신학 논쟁에 휩싸이는 것을 원치 않았다. 그는 남 보헤미아 귀족의 보호를 받으며 저작에 몰두하였다. 그래서 《교회론》(De Ecclesia)을 발표하였다. 이 논리는 위클리프 사상과 비슷하다.

이 무렵 독일 콘스탄츠에서 종교회의가 소집되었다. 이 콘스탄츠 종교회의는 독일 신성 로마 제국 황제 지기스문트(Sigismund)와 교황 요한 23세의 합의하에 열린 대회였다.

이때의 독일 황제 지기스문트는 체코 보헤미아 왕의 제자로, 보헤미아가 이단을 용납하고 있다는 오명을 면하기 위해 후스를 콘스탄츠 종교회의에 참석시켜 그의 입장을 변호하게 하려 했다. 지기스문트 황제는 후스의 통행 안전을 보장하겠다고 했다.

당시 콘스탄츠 종교회의는 성직자만이 아닌 유력 인사들까지 대거 참석하는 가장 큰 규모의 종교회의였다. 앞서 종교회의 항목에서 언급한 것처럼 이때 약 5천 명이 참석하였다. 후스는 대회에 참석하여 개혁을 열망하는 이들에게 조금이라도 공헌할 수 있기를 바랐다. 그래서 후스가 1414년 11월 3일에 콘스탄츠에 도착했다.

후스가 콘스탄츠에 도착하자마자 교황 요한 23세는 회의와 상관없이 후스를 직접 재판하겠다고 했다. 후스는 체포, 투옥된 상태에서 이단 사상의 철회를 강요받았다. 이때 후스는 만약 누구든지 자기가 이단이라는 사실을 증명하기만 하면 기꺼이 응하겠다고 하였다.

이때 지기스문트 황제는 자신이 후스의 신변 안전 보장을 약속했다. 그러나 성난 군중들이 후스에 대해 감정적 격분을 하자 자기가 후스를 보호하려 했다가 자칫하면 자기도 이단 지지자로 보이게 될 것을 알고 손을 뗀다.

후스는 수도원 독방에 연금된 지 수개월 후 1415년 4월부터 심문을 거듭 받다가 6월 5일에 종교회의 앞에 불려 나갔다. 이때는 후스를 체포했던 교황 요한 23세도 그곳에서 도주했다가 다시 붙잡혀 왔다. 그래서 종교회의 지도자들은 요한처럼 강압적이지는 않았다. 종교회의 지도자들은 후스가 종교회의에 순종하고 이단사상을 철회한다면 방면해 주겠다고 설득했다.

그러나 후스는 자기가 이단사상을 철회한다고 한다면 과거의 자기가 이단이었다는 것을 자인하는 결과가 되므로 이를 거부하였다. 많은 이들은 후스에게 종교회의 지도자들의 요구를 들어주고 방면되도록 권면하였다. 그러나 후스는 끝까지 자신의 신념을 바꾸지 않았다.

드디어 1415년 7월 6일 후스는 콘스탄츠 종교회의 운동가들에 의해 장작더미 위에서 화형에 처해진다. 사형 집행관들은 후스의 재를 모아서 호수에 뿌림으로 이단의 흔적을 남기지 못하도록 하였다. 그러나 몇몇 체코인들은 후스가 사망했던 자리의 흙을 약간 파가지고 체코로 돌아가 콘스탄츠 종교회의가 행한 죄악을 기념하였다.

콘스탄츠 종교회의에서 행한 후스에 대한 화형은 보헤미아 전 국민에게 불을 지른 결과가 되었다. 보헤미아의 452명 귀족들이 모여 콘스탄츠 종교회의를 만장일치로 거부하고, 자기들은 후스의 신앙에 동조할 것을 엄숙하게 맹세한다. 그리고 후스가 주장한 대로 자격이 없는 교황에게는 복종할 필요가 없음을 선포한다. 이렇게 후스의 순교는 보헤미아 전 국민이 똘똘 뭉쳐 로마 가톨릭 교회에 저항함으로써 개혁의 불을 붙여 주었다.

보헤미아에서는 로마 가톨릭 교회의 사제들이 교구에서 추방되었다. 1419년에는 프라하의 반란이 전국으로 확대되었다. 당시 보헤미아에서는 국토의 절반을 교회와 수도원에서 소유하고 있었다. 뿐만 아니라 국내 대다수의 요직을 독일인이 차지하고 있었다. 이와 같은 상황에서 보헤미아의 반란은 로마 가톨릭 교회와 독일인에 대한 저항이 체코인의 민족주의 성향으로 돌출되었다. 그래서 보헤미아 전국이 후스파 일색이 되었다.

보헤미아 내에서는 다 같은 후스파였으나 온건파인 '우트라키스트' 파와 급진파인 '타보르' 파로 나뉘어 내부 대립을 안고 있었다. 우트라키스트파는 빵과 포도주를 속인신자(俗人信者)에게도 주라고 요구한 데서 유래된 이름이다. 이들은 하나님에 대한 자유로운 설교, 교회 재산의 몰수, 성직 매매의 악폐 근절 등을 공동 강령으로 내세웠다.

타보르파는 프라하 남쪽에 그들이 세운 성채 도시인 타보르를 투쟁의 거점으로 삼았기에 이 이름이 만들어졌다. 이들 타보르파는 성상숭배, 성 유물숭배를 배격하고 십일조와 교회의 위계질서와 수도원 제도의 폐지를 주장하였다. 그리고 하나님의 심판이 다가왔음을 믿는 우트라키스트파에 비해 훨씬 급진적이었다.

이들 후스파는 자기들을 향해 공격해 오는 독일 황제 군대에 맞서 소위 후스 전쟁을 벌였다(1419~1436년까지 계속된 전쟁). 이때 보헤미아 국왕 원체슬라스(Wenceslas)가 죽었다. 그 후 신성 로마 제국 황제로 있으면서 콘스탄츠에서 후스를 저버렸던 독일 황제 지기스문트가 보헤미아 왕까지 겸직한다.

지기스문트 황제는 로마 교황의 요청으로 보헤미아에 십자군 원정을 파병한다. 이때 지기스문트 군대는 프라하 인근까지 진격하였다. 그러나 타보르파의 지휘자인 존 지스카(John Zizka)는 독일 군대를 대파시켰다. 1년 후 지기스문트 군대는 10만의 병사를 거느리고 다시 보헤미아를 공격했으나 또다시 패하고 만다.

보헤미아에서는 타보르파를 주력으로 하는 후스파 군대가 십자군을 격파하고 한때는 오스트리아, 바이에른, 작센, 브란덴부르크 등 독일 국내까지 침입하였다. 그 후 1427년과 1431년에 황제와 교황의 연합 군대가 보헤미아에 쳐들어갔다가 모두 패하고 만다.

1433년 반란 진압에 실패한 황제와 교황 측이 로마 가톨릭 교회가 신자에게 빵만 주고 포도주는 주지 않는 1종 성찬에 반대하는 보헤미아의 2종 성찬을 인정하는 것으로 화해가 성립된다.

생각해 보라. 우리는 지금 빵과 포도주의 2종 성찬을 당연한 것처럼 가볍게 시행하고 있다. 그러나 이 같은 2종 성찬은 후스가 순교당하고 후스 전쟁(1419~1436)이라는 엄청난 희생을 치르고 난 이

후에 얻어진 결과이다. 루터의 종교개혁으로 우리는 2종 성찬을 가볍게 받아들이게 되었다. 그러나 루터의 2종 성찬 이전에 후스의 순교가 있었기에 2종 성찬이 가능해졌다. 그러므로 루터의 종교개혁은 그 한 사람이 이룩한 개혁이 아니라 개혁 이전에 생명을 빼앗긴 개혁자들이 있었기에 가능했던 것이다. 우리는 이 점에서 후스의 순교의 피를 높이 평가하고 기억해야 한다.

후스파 중 우트라키스트파는 로마 세력과의 화해를 반대하는 과격파 타보르파를 러벤에서 격파하고 1436년 로마 세력과 최종적인 화평 약속을 성립시킨다. 그 결과 우트라키스트파의 신조에 의한 보헤미아 국민교회가 인정되게 된다.

보헤미아(Bohemia)는 체코슬로바키아의 서부를 가리키고, 동부의 모라비아와 대비해서 사용되는 보헤미아는 체코슬로바키아 전체를 가리키는 말로 사용된다. 여기서 보헤미아 형제단(Bohemian Brethren)은 개혁자 후스의 신앙사상을 추종하여 2종 배찬을 지켜오고 있다. 이들은 후년에 '모라비아 형제단'이라고 불린다.

(3) 사보나롤라(Girolamo Savonarola, 1452~1498)

사보나롤라는 1452년 이탈리아 북동부 에밀리아로마 주 페라라(Ferrara)에서 태어났다. 그는 도미니크 수도원에 들어가 성서와 학문을 연구하여 사상적 기초를 닦는다.

1482년 플로렌스에 가서 설교하는 것으로 대중활동을 시작하였다. 그러나 당시 플로렌스 시민들은 사치와 허영에 취해 있었으므로 사보나롤라의 준엄한 설교가 환영받지 못했다. 게다가 당시 플로렌스 시는 '로렌조 데 메디치'(Lorenzo de Medici)가 경제권을 장악하고 있었기에 시에 대한 개혁에 한계가 있었다.

사보나롤라는 수도원의 수도사들에게 성경을 강해하기 시작하였다. 그의 성경 강해는 차츰 인기를 모았고, 강연장이 교실에서 정원으로 옮겨지고, 그다음에는 플로렌스에서 가장 큰 교회당에서 설교하게 된다.

1491년부터 플로렌스(피렌체) 산 마르크(St.Mark) 대성당의 원장이 된다. 사보나롤라는 플로렌스 시에서 제일 큰 성당에서 설교를 통해 당시의 사회악에 대한 비판과 기독교인으로서 향락에 찬 사치생활을 비난했다. 이것이 곧 시내 유력한 재벌가들의 비위에 거슬렸다. 이때 시중 부자인 메디치는 사보나롤라를 꺾기 위해 사보나롤라를 공격하는 전문 설교가를 고용한다. 그러나 플로렌스 시민들은 메디치의 치졸한 행위에 분노하여 더욱더 열광적으로 사보나롤라를 지지한다.

1494년 프랑스 왕 샤를 8세(Charles Ⅷ, 1470~1498)가 이탈리아 나폴리 왕국을 획득하려고 이탈리아에 원정을 감행했다. 이때 사보나롤라는 샤를 8세의 이탈리아 원정이 반드시 실패할 것이라고 예언하였다. 사보라롤라의 예언은 그대로 적중하여 그의 정치적 영향력이 커졌다. 이후에 사보나롤라의 지도하에 메디치 가를 추방하고 피렌체 공화국을 수립하여 국정 쇄신을 할 수 있도록 적극적인 개혁 활동을 전개한다.

사보나롤라는 수도사에서 대중 설교가로, 대성당 원장에서 시정을 개혁하는 개혁자가 되었다. 플로렌스 시 정부는 사보나롤라의 자문을 받아 공화체제의 정부를 수립하였다. 시 정부는 침체 상태에 빠져 있던 시의 경제부흥에 열을 올렸다. 교회들도 그들이 소유한 은금을 팔아 가난한 자들을 구제하는 데 힘쓰도록 했다.

사보나롤라는 시정의 개혁과 교회의 개혁을 함께 추진하였다. 전에는 사치와 허영의 수도원이었으나 이제는 근면과 절약의 수도원으로 새롭게 바뀌도록 했다. 그래서 열광적이고 무지한 수도사들이 모인 곳으로 비난받던 수도원이 새로운 학문을 연구하고 계발을 하는 곳으로 인식될 수 있도록 했다. 이에 따라 마르코 수도원은 그의 지도 아래 라틴어, 헬라어, 히브리어, 아람어, 그리고 갈대아어 등을 가르치기 시작했다.

그리고 사보나롤라는 독특한 사회 개혁 운동을 창안해 냈다. 그것은 당시 부유한 자들이 추구하는 사치와 향락이 허영임은 물론, 물질 탐욕은 모든 죄악의 근원이라고 부르짖었다.

그래서 '허영의 화형식'(burnings of vanities)이라는 화형식을 정기적으로 실시하였다. 이 허영의 화형식은 시 중앙 광장에다 나무로 피라미드를 만들고 그 아래에는 화약이 섞인 짚단과 장작을 쌓는다. 그리고 시민들은 자기들이 갖고 있던 사치스러운 의복, 보석, 가발, 그리고 고가의 가구 등을 피라미드 계단 위에 갖다 버린다. 그러면 그 물건들을 불태우며 허영을 저주하고 찬양을 하며 주변을 행진한다. 이렇게 하여 카니발 대신에 불꽃놀이를 함으로 탐욕을 화형시켜 버린다고 하였다. 이 같은 행사를 정기적으로 실시하여 시민들의 경각심을 일깨우고 탐욕을 갖는 것을 예방하도록 하였다.

사보나롤라의 이와 같은 비타협적인 신정(神政)정치 이상의 실현과 친 프랑스 정책에다 교황에 대한 비판적 개혁은 이탈리아 국내에 많은 적들을 만들어냈다. 그는 자신을 반대하는 분노파와 교황 알렉산데르 6세로부터 설교 중지와 파문을 선고받는다. 그러나 사보나롤라는 당시 플로렌스 신도의 절대적 지원을 받고 오히려 교황의 퇴위를 권고하며 대항해 나갔다.

양쪽의 대립이 계속 격화되었다. 그래서 1498년 4월 사보나롤라가 예언의 능력이 있다는 것을 보여주는 행사로 '불의 심판'을 하기로 대결이 결정되었다. 이때 사보나롤라가 예언의 능력을 발휘하지 못하자 실망한 군중들은 그에게 분노를 쏟아냈다.

산마르코 대성당은 폭도와 분노파에게 습격당하였다. 그는 시 당국에 체포되어 1498년 5월 23일에 시청 광장에서 화형에 처해졌다. 그의 시체를 불살라 아르노(Arno) 강물에 뿌렸다. 그러나 그를 따르던 사람들은 그의 유물들을 간직하고 길이 존경하며 그를 기억해 오고 있다.

사보나롤라에 대한 후세인의 평가는 서로 엇갈리고 있다. 그의 '허영의 화형식' 이라는 주창하에 사치품이라는 명목으로 많은 예술품과 서적들이 함께 소각된 것은 시대착오적이었다는 비판적 시각이 있다.

그러나 다른 한편으로 그의 '허영의 화형식' 은 물질의 탐욕을 정죄하는 개혁 정신의 실현이었다는 긍정적 시각도 있다. 그러나 확실한 것은 사보나롤라가 의롭게 살아간 깨끗한 수도사였다는 것이다. 그런 그가 한 시대의 정치 권력과 타락한 교황의 독선에 의해 순교당하였다.

그 후 양식 있는 가톨릭교 내의 소수를 통해 거룩한 의인인 사보나롤라를 성인의 반열에 모셔야 한다는 주장이 계속되어 왔다. 그러나 그는 교황이 정죄한 사람이므로 의인의 반열에 올릴 수 없다는 교황권 비호 세력 때문에 그 뜻이 실현되지 않고 있다. 그러나 사보나롤라를 정죄한 교황이 어떤 사람인가?

그는 자기 사생아 아들을 조카라고 속여 교황청 요직에 앉혔던 가장 사악한 교황 알렉산데르 6세(Alexander Ⅵ, 1492~1503)였다. 로마 가톨릭의 역사는 객관적, 성경적 입장에서 평가되고 서술되는 역사가 아니라 예수 그리스도의 대리자인 교황이 썩었든지 곪았든지 그가 나쁘다고 하면 나쁘다고 따르는 맹종의 역사이다.

이제까지 종교개혁의 배경을 살펴보았다.

종교개혁은 세속적으로 국제적, 정치적, 국가적 시대 흐름과 르네상스라는 시대 조류가 크게 영향을 미쳤다. 아울러 중세 당시 종교라고 하는 로마 가톨릭 교회가 가장 타락한 상태였다. 교황들의 타락과 부도덕은 일개 평신도만도 못한 저급한 수준이었고, 명예욕에 눈이 어두운 교황들은 전 유럽인이 열망하는 개혁의 요구인 종교회의 결정들을 무시함으로 교황의 권위를 실추시켰다.

여기에다 영국, 보헤미아, 이탈리아 각지에서 양식 있는 개혁자들이 일어났으나 중세교회인 로마 가톨릭 교회는 이들을 무참하게 짓밟았다. 그러나 땅에서부터 호소하는 핏소리(창 4:10)는 드디어 종교개혁으로 나타난다.

제2장
독일에서의 개혁

1. 개혁의 준비
   1) 종교개혁 시기의 독일
      (1) 정치
      (2) 경제
      (3) 사회
      (4) 종교
   2) 루터의 회개
      (1) 출생과 교육
      (2) 루터의 회개
2. 루터의 개혁
   1) 95개조 논제
   2) 면죄부 논쟁
      (1) 아우구스티누스 수도사 총회
      (2) 추기경과의 회담
      (3) 라이프치히 논쟁
   3) 4대 개혁 논문
      (1) 선행에 관하여
      (2) 독일 기독교 귀족에게 고함
      (3) 교회의 바벨론 포로
      (4) 그리스도인의 자유
   4) 교황청 교서와 파문
   5) 보름스 의회에서의 진술
3. 독일 국민의 개혁 참여
   1) 루터의 은둔과 귀환
      (1) 근본적 개혁가
      (2) 루터의 귀환
      (3) 인문주의자와의 분열
   2) 농민전쟁
      (1) 기사전쟁
      (2) 농민전쟁
   3) 최초의 프로테스탄트
      (1) 농민전쟁 이후의 독일
      (2) 슈파이어 제국의회
      (3) 프로테스탄트 운동의 시작
   4) 마르부르크 회담
4. 루터파 교회의 시작
   1) 루터의 제자 멜란히톤
   2) 아우구스부르크 신앙고백
   3) 슈말칼덴 동맹
   4) 루터의 가정생활과 죽음
      (1) 루터의 이력
      (2) 루터의 가정생활
      (3) 루터의 죽음
   5) 루터 사후의 루터 교회
      (1) 독일 교회
      (2) 독일 밖의 루터 교회
         A. 덴마크
         B. 노르웨이와 스웨덴
5. 루터의 핵심신학과 그 문제점
   1) 루터의 신학
      (1) 이신득의
      (2) 만인제사장 신앙
      (3) 성찬론
   2) 루터의 문제점
      (1) 가톨릭 신앙(사도신경, 유아세례, 고해) 계승
      (2) 루터의 동체설과 가톨릭 화체설의 유사성
      (3) 정교분리 원칙을 그르침
      (4) 세속 정치의 힘으로 개혁을 성공시킴

# 제2장 독일에서의 개혁

중세기 1천 년 동안 철옹성처럼 굳게 다져져 온 로마 가톨릭 교회가 어떻게 해서 무너지게 되는가?

그 이유는 독일이라는 특수한 나라의 정치적 상황과 가톨릭 교회 내의 자체적 부패, 르네상스라는 시대적 흐름이 종합된 결과라고 본다. 여기에다 1천 년 만에 한 번 나올까 말까 한 독특한 인물인 루터가 하나님의 도구로 크게 쓰임을 받게 된다.

오늘 우리는 그 과정을 객관적 입장에서 살펴보고 신약 교회 사관에 근거하여 평가해 보려고 한다.

1. 개혁의 준비

1) 종교개혁 시기의 독일

앞에서 종교개혁의 세속적 배경으로 독일이라는 특수한 나라의 과거사와 또 종교개혁기의 정치적 상황을 소개했다.

이제 여기서는 그와 같은 내용을 근거로 해서 독일 국가의 전체적 상황을 간략하게 정리해 보겠다.

(1) 정치

앞서 소개한 것처럼 독일은 현재와 같은 영토를 옛부터 가진 것이 아니었고, 한 곳으로 정해지지 않았었다.

오토 대제(Otto I)가 신성 로마 제국을 성립한 후(962) 독일은 과거 콘스탄티누스 황제가 건설했던 대로마제국을 건설하겠다는 이상을 계승한다. 그런데 대로마제국의 이상을 실천하려면 독일의 황제는 한 왕조로 이어지는 것이 아니라 다양한 왕조들 중에서 선제후들에 의해 선출되어야 했다. 그 같은 정신 아래 오스트리아의 합스부르크 가(Habsburger), 룩셈부르크 가, 그리고 에스파냐 가문 등이 황제로 선출되었다.

루터가 활동할 시기에는 에스파냐의 카를 5세(Karl V, 1519~1556)가 독일의 황제로 선출된 때였다. 카를 5세는 스페인 사람으로 독일어를 전혀 몰랐다.

그가 비록 황제의 자리에서 루터 시대를 지배하는 자였으나 7명의 선제후들에게 실권이 있었고 황제는 이름뿐이었다. 카를 5세는 스페인의 국정을 돌보아야 했고, 프랑스와는 대립을 해야 했고, 동방의 터키 오스만 제국과 전쟁을 해야 했다.

카를 5세는 신성 로마 제국의 황제 자리를 지키기에 급급해서 루터의 종교개혁 같은 종교적 문제에 마음을 쓸 여력이나 관심이 없었다. 그런데 로마 교황청에서 카를 황제로 하여금 루터의 종교 문제를 정치적 문제로 해결해 달라고 요청함으로써 그는 소극적으로 루터 문제에 개입하게 된다.

필자가 보기에 루터가 종교개혁을 프랑스나 영국에서 시도했다면 그의 개혁 사역은 전혀 불가능했을 것이다. 루터의 종교개혁은 독일이라는 국가가 정치적으로 강력한 군주 중심의 정치체제가 아니라 신성 로마 제국의 황제라는 거창하기만 하고 실권이 없는 정치체제를 가졌기에 성공할 수 있었다고 본다. 이것은 가장 좋은 때를 허락하신 하나님의 섭리라고 믿는다. 이 부분에 관한 설명은 앞서 독일 역사의 흐름을 통해 이해되리라 생각된다.

(2) 경제

유럽의 로마 가톨릭 국가는 여러 전쟁과 재난으로 인구 감소 현상이 일어났었다. 십자군전쟁(1096~1270), 영국과 프랑스 간의 100년전쟁(1337~1453), 또 14세기에 중앙아시아로부터 유럽 전역을 휩쓴 페스트(pest), 흑사병으로 유럽 전체 인구의 4분의 1에 해당되는 2,500만 명이 죽어 갔다. 이와 같은 인구 감소로 유럽 전체 노동 인구가 절대적으로 부족하게 되었다.

그런데 유럽 땅의 3분의 1이 교황청 소유로 등록되어 있었다. 교황청 땅은 소작인들로부터 물질을 긁어모아 재정을 해외로 반출해 가는 실정이었다. 가뜩이나 자기 나라를 유지하기도 힘든 판에 국가 재정이 로마 교황청으로 반출되어 가는 것은 각 나라 군주들에게 심각한 문제였다.

특히 독일의 경우는 국민 총수입의 40%가 로마로 유출되고 있었다. 이럴 때 각 나라 군주들 중 프랑스나 영국 같은 군주들은 재산의 해외 반출을 적극적으로 금지하였다.

그런데 유독 독일만은 신성 로마 제국이라는 허울 아래 수많은 해외 재산 반출을 통제할 능력이 없었다. 그러던 차에 루터가 교황권을 거부하고 로마와의 관계를 단절하려 하는 종교개혁 운동을 시작하자 독일의 지각 있는 선제후들이 루터의 개혁운동을 지지하게 된다.

작센의 선제후였던 프리드리히는 신앙심으로 루터의 개혁을 지지한 것이 아니다. 그는 독일이 로마 교황청의 통제를 벗어나고자 하는 정치적, 경제적 원인으로 루터의 개혁을 지지하게 된다.

(3) 사회

우리가 꼭 기억하고 깨달아야 할 사실이 있다. 사도시대 이후 교부시대를 거쳐 중세기 때에는 유럽에 로마 가톨릭 교회만이 존재했을까? 결코 그렇지 않다.

교부시대 때부터 시작된 소수의 기독교 세력들이 있었다. 그들은 로마 가톨릭 교회로부터 온갖 핍박과 박해를 받으며 계승된 순수한 무리들이다.

이들은 몬타너스(Montanus), 노바티안(Novatians), 도나티스트(Donatists), 프리스킬리안(Priscillian), 바울파(Paulicians), 보고밀(Bogomiles), 알비파(Albigeness), 왈도파(Waldeneses) 등으로 이어진다.

이들에 대해서는 《교부시대사》와 《중세교회사》에서 소개된다. 이들의 한결같은 공통점은 당시 교권을 장악하고 있는 황제권이나 교황권을 다 거부한다는 것이다. 이들이 믿는 유일한 신앙 근거는 오직 성경밖에 없었다. 이렇게 주장하는 순수한 기독교 세력들을 황제의 힘을 업은 교부들이 죽이는 데 앞장섰고, 또 교황들이 이들을 척결하는 데 앞장섰다.

이처럼 성경 복귀 운동의 순수세력들을 중세기 때는 교황들이 모조리 제거한다. 그와 동시에 교회에서 성경을 축출한다. 그래서 1229년 발렌시아 교회회의(Council of Valencia)부터 평신도나 하층 성직자에게는 성경 소유와 연구가 금지된다.

그때부터 성경적 기독교는 사라지고 인간들이 고안해내고 편의에 의해 만들어진 갖가지 교훈들이 사회 일반 신자에게 대중화된다.

성경이 사라진 대중사회에는 아무 성경적 근거가 없는 미신들이 대세를 이룬다. 중세교회를 이끌어 간 대중적인 미신이 무엇인가? 그 몇 가지 예를 들어 보자.

A. 성자숭배사상

존엄하신 하나님보다는 성자(聖者)를 통하여 기도하면 도움받을 수 있을 것이라고 상상하여 성자숭배사상이 만들어진다.

성 조지(St. George)와 성 마틴(St. Martin)은 의사와 병사들의 수호신으로, 성 도로시아(St. Dorothea)는 정원사의 수호신으로, 성 바바라(St. Barbara)는 사냥꾼의 수호신으로, 성 바돌로뮤(St. Bartholomew)는 정육업자의 수호신으로, 성 안나(St. Anna)는 광부들의 수호신으로 숭배되었다.

마찬가지로 성모 마리아가 하나님의 어머니로 발전하고, 수많은 성자들이 계속 만들어지고 있었다. 이 같은 성자숭배사상은 성자들은 그들의 공적이 하늘에 쌓여 있으므로 성자들에게 기도하면 성자들의 공적의 혜택을 받는다는 '성자 공적의 축적' 사상으로 발전하였다.

참으로 이상하지 않은가? 왜 예수님이 계시는데 성자숭배사상이 만들어졌을까? 이는 중세기 신앙이 성경에 근거한 신앙이 아니라 인간들이 편리에 의해서 고안해낸 철저히 인위적인 신앙이었기 때문이다.

중세기 가톨릭 교회에서는 우리가 지금 믿고 있는 예수 그리스도가 우리를 구원하는 구속주도 아니고 우리를 돕는 중보자도 아니었다. 중세기 교회는 예수 그리스도가 악한 자를 심판하실 심판자라고 믿었다.

무서운 심판자인 예수와 연약한 인간을 중재할 수 있는 이가 바로 성자라는 것이다. 이렇게 시작된 성모 마리아, 그리고 마리아의 어머니인 성 안나, 그리고 끝없이 계속 만들어지는 수많은 성자들이 온 세계에 가득 차게 되었다. 이들 성자들은 공적이 하늘에 축적되어 있으므로 성자 이름으로 기도가 가능한 것이다.

B. 성물숭배

성물숭배란 주의 사역으로 순교한 사람들의 유물을 섬기는 것이다. 중세기 가톨릭 교회에서는 성자들의 유물인 성물에는 죄를 면해 주는 효과가 있다고 가르쳤다. 그래서 성물을 수집하고 성물에게 참배를 하게 된다.

이 같은 관행으로 지금도 천주교 유명한 성당에 가 보면 과거 한국 초창기에 가톨릭 교회를 위해 희생된 인물의 유적이나 공헌한 선각자의 유물들이 그대로 전시되어 있다.

루터를 정치적으로 후원하였던 작센의 선제후 프리드리히(Frederick)는 1509년에 5,005점의 성물을 모았고 1518년에는 17,443점을 모아 전시하였다. 그 가운데는 베들레헴 마구간에서 뽑아 왔다는 볏짚, 예수께서 유아 시절에 사용했다는 기저귀, 예수께서 달리셨다는 십자가의 한 조각, 그리스도의 피가 뿌려졌다는 옷감 등이 있다. 또 모세가 사용했다는 지팡이, 최후의 만찬 때 사용되었다는 빵조각 등 도저히 신앙이라고 할 수 없는 미신들이 중세사회를 이끌어 가고 있었다.

가톨릭 교회는 이런 성물 하나를 참배하면 100일의 면죄 효과가 있다고 주장하였다.

성 베드로 성당의 높은 제단에 선한 뜻을 품고 순례하면 아버지나 어머니를 살해했다고 하더라도 모든 죄에서 자유롭게 되고 회개 여하에 따라서 죄책과 처벌로부터 자유롭게 된다.

만일 성 그로체(St. Croce)에 가려는 마음을 갖고서 집을 나섰다면 가는 도중에 죽는다 해도 모든 죄가 용서함을 받으며, 만일 그로체 교회를 방문하게 되면 연옥에서의 100년 동안의 고통으로부터 해방을 받는다.

이렇게 중세시대 일반 서민 대중들은 무지와 공포 속에서 가톨릭 교회가 끌어가는 대로 맹종하는 사회였다.

(4) 종교

중세기의 성직자들이 부패하고 타락한 사실은 교황들의 부패상을 다루면서 이미 언급하였다. 교황들이 여러 명의 첩을 거느리고 있으므로 일반 성직자들의 부도덕은 일반화되었다. 성직자들의 부도덕은 당시의 설교와 방문 기록, 벌금형, 장부, 첩을 데리고 살던 성직자에 대한 벌금 제도 등에서 잘 나타나고 있다.

16세기 순시 보고서에 의하면 네덜란드 성직자의 4분의 1이, 라인 강 남부지역에 살던 성직자의 3분의 1이 첩과 동거하고 있었다는 기록이 있다. 심지어 성직자 전용 창녀촌이 있을 정도였다.

왜 이렇게 성직자가 타락했는가? 그 이유는 성경 말씀이 없는 무지와 형편없는 교육 수준 때문이었다. 중세 말에는 라틴어와 기초적인 교리 문답, 미사 드리는 데 필요한 예배의식서 정도만 읽을 수 있으면 누구든지 사제로 임직을 받았다.

중세기 말, 바로 종교개혁이 일어나기 직전에는 극소수의 성직자만이 대학에서 수학을 했고 대부분은 라틴어도 읽을 줄 몰랐다. 15세기 말 울름(Ulm)에 있던 성직자 1,000명 중에서 대학촌을 구경한 이가 거의 없고 학사 학위 소지자는 불세출의 학자 예우를 받았다고 한다. 성직자의 수준 미달과 도덕적 타락은 중세교회를 더욱더 후퇴하게 만들었다.

이처럼 루터가 처했던 당시 독일 내 국가적 상황은 정치적, 경제적, 사회적, 종교적으로 대 개혁을 요청할 수밖에 없는 시대였다.

2) 루터의 회개

기독교 2천 년 역사에서 마틴 루터처럼 많은 논쟁이 된 인물도 별로 많지 않다. 가톨릭 신학자들은 루터를 교회 통일을 파괴한 자요, 주님의 포도밭을 짓밟은 산돼지 같은 자요, 수많은 교파들이 만들어지게 한 분열 분자라고 한다.

그런가 하면 개신교에서는 정반대의 평가를 한다. 루터는 성경적 진리 수호를 위해서 부패하고 타락한 교회를 다시 일으켜 세운 진정한 개혁자라고 한다.

세상 사람들이 어떻게 평가하든 루터는 성경 말씀으로 말미암아 가톨릭의 사제에서 180도 전향하여 회개한 그리스도인이었다. 루터는 말씀을 통한 회개로 이전과 이후가 명백하게 구별되는 사람이었다.

루터 이외의 다른 개혁자들인 츠빙글리나 칼빈에게서는 저들의 인생의 분기점이 되었던 회개자의 감격을 찾아볼 수 없다. 그러나 루터만은 확실하게 거듭나기 이전의 루터와 거듭난 이후의 삶을 명확하게 구분해 소개하고 있다. 이렇게 회개의 시점과 회개하게 되는 내용이 분명한 루터의 생애를 살펴보자.

(1) 출생과 교육

마틴 루터(Martin Luther, 1483~1546)는 1483년 11월 10일 독일 아이슬레벤(Eisleben)에서 아버지 한스 루터(Hans Luther)와 어머니 마가레트 지글러(Margarette Ziegler) 사이에서 8남매 중 둘째 아들로 태어났다.

농민 출신인 아버지는 아이슬레벤에 있는 구리 광산에서 광부로 일하다가 마틴이 태어나고 몇 달 후에 만스펠트(Mansfeld)로 이사하였다. 여기서 한스는 사업에 성공하여 2개의 주물공장을 경영하였다.

루터의 부모는 단순하고 매우 엄격하였다. 루터는 만스펠트에 있는 소학교에 진학하여 십계명과 요리문답, 주기도문, 문법과 찬송 같은 기독교의 기본적인 지식을 배웠다.

1497년 루터는 14세 때 마그데부르크(Magdeburg)에 있는 공동생활형제단이 운영하는 라틴학교에 입학하여 1년간 신앙생활의 경건 훈련을 체험한다. 그 후 1498년 아이제나흐(Eisenach)에 있는 성 조지 학교로 가서 3년 동안 교육을 받았다. 이 학교는 숙박과 교육비의 부담 없이 공부할 수 있었다.

1501년 루터는 만 18세가 채 되지 않았을 때 당시 명망 높은 에르푸르트(Erfurt) 대학에 입학하였다. 이 대학은 매일 아침 기도와 미사로 하루를 시작하는 금욕적인 학교였다. 여기서 기도 훈련과 헬라어, 히브리어와 같은 고대 언어를 배웠고, 성경과 교부들의 글을 읽고 음악을 배웠다.

루터는 이곳 대학에서 처음으로 라틴어 성경을 보았고 많은 복음서와 서신서들이 있는 것을 보고 놀랐다고 한다.

루터는 2년간 수업을 받은 후 1502년 학사(B.A)로 졸업한다. 이때 루터는 졸업생 42명 중 30등으로 졸업하였다. 그리고 같은 에르푸르트 대학원에 진학하였다.

대학원에서 그는 스승들로부터 중세기 가톨릭 신학의 근원자인 토마스 아퀴나스의 실재론과 아리스토텔레스의 철학을 날카롭게 비판하는 교육을 받았다. 이때 루터는 어느 정도 스콜라 철학의 미몽에서 눈을 뜰 수 있었다.

1505년 1월 그는 문학석사 학위로 대학원을 졸업했다. 이때는 17명의 졸업생 중 2등으로 졸업하였다.

1505년 5월 루터는 아버지의 뜻을 따라 에르푸르트 대학 법과에 진학했다. 그런데 어느 날 잠시 집에 다녀오던 루터는 갑작스런 천둥과 벼락을 만나게 되었다. 이때 루터는 죽음에 대한 공포로 떨면서 성 안나에게 서원을 한다. 자기 생명을 살려 준다면 수도승이 되겠다는 것이었다. 이 같은 서원이 있은 후 같은 해 7월 17일에 수도원으로 들어갔다.

에르푸르트 시내에는 22개의 수도원이 있었는데 루터는 그중에서 아우구스티누스파 수도원에 들어갔다. 이때 루터가 부친과 상의 없이 수도원에 들어감으로써 부친과 마찰을 빚는다. 1506년 사제 수업을 시작하였고, 1507년 4월에 사제 서품을 받고 5월에 생애 처음으로 미사를 집전하였다.

루터는 사제 서품 후 수도원장 요한 슈타우피츠(Staupitz)의 천거로 1507년부터 1512년까지 비텐베르크(Wittenberg) 대학에서 공부한다. 그리고 1508년에는 비텐베르크 대학의 도덕 철학 강사로, 1509년부터 1511년까지는 에르푸르트 대학의 문장론 강사로 강의를 한다.

드디어 1512년 10월 비텐베르크 대학에서 신학박사 학위를 받고 슈타우피츠의 추천으로 10월 22일 비텐베르크 대학의 종신적 성경 교수가 된다.

(2) 루터의 회개

루터는 어느 때에 어떻게 해서 회개를 하였는가?
루터의 출생과 교육기간 중에는 회개가 이루어지지 않았다. 그렇다면 그가 지내온 생의 과정들을 살펴보자.

A. 루터의 대학 시절에 대한 추측

루터가 다녔던 에르푸르트(Erfurt) 대학은 1392년에 창설되었다. 당시 많은 대학들이 황제나 제후들에 의해 세워졌다. 그러나 에르푸르트 대학은 에르푸르트 도시민들이 성금으로 세운 대학이었으므로 학교에 대한 관심과 긍지가 대단하였다.

이 대학의 학장은 독일 최고의 성직자인 마인츠의 대주교였다. 교수들 역시 상당수가 성직록에 올라 혜택을 받는 사람이거나 수도사였다. 이곳의 모든 교수들은 로마 가톨릭에 위배되는 사항은 가르치지 않겠다는 서약을 해야 했다.

루터는 이 대학에서 1501년부터 1505년까지 공부를 했다. 루터는 이때 인기 교수였던 휴머니스트 요한 베젤(John Wesel)의 영향을 받았을 것으로 추측된다. 그러나 루터는 대학생활에서 거듭나는 체험을 했다고 말하지 않았다.

B. 성 안나에게 서원기도한 때

루터는 1505년 5월에 에르푸르트 대학 법과대학에 진학했다. 그는 휴가 때 고향을 다녀왔다. 그때 길에서 사고로 다리의 핏줄이 끊어져 많은 피를 흘리면서 거의 죽을 뻔한 공포가 그에게 휘몰아 친 적이 있었다.

그 무렵 자기 급우 중 하나가 전염병으로 죽었던 것이 떠오르고 자기도 죽을 수 있다는 공포로 두려워하고 있었다. 그런데 갑자기 쏟아지는 폭우와 번개로 자기도 금방 죽을 수 있다는 위협을 느꼈다. 이때 겁에 질린 루터는 자기 목숨을 살려 주면 수도승이 되겠다고 서원한다. 이때 성 안나(St. Anna)에게 서원하는 순간이 회개의 순간이었을 것으로 추측해 본다. 그러나 이때는 루터가 회개한 때가 아니었다.

C. 수도원 생활하던 때

루터는 1505년 7월 17일에 아우구스티누스파 수도원의 수도사가 된다. 수도원은 원장 요한 슈타우피츠(Johann Von Staupitz, 1460~1524)의 설교와 성경 연구, 그리고 고행주의로 명성이 있었다.

루터는 이곳 수도원에서 가로 7피트에 세로 9피트 넓이의 난방 시설 없는 방에서 수도생활을 시작하였다. 그 방의 출입문 외에 단 하나밖에 없는 창문 밖으로는 수도사들이 묻히는 수도원 묘지가 있었다. 루터는 수도원의 규칙에 따라 정기적인 기도 시간 이외에 더 많은 금식 기도와 고행을 함으로 완전한 수도사가 되려고 노력했다.

수도원의 규율은 물론이고 루터 자신이 죄라고 느껴지는 것들은 즉시 고백과 참회를 했다. 루터가 하루에도 수차례씩 죄를 고백하겠다고 수도원장을 찾으므로 수도원장에게서 죄를 모았다가 고백하라는 충고도 받았다.

루터는 수도원에만 들어가면 그곳에서 마음의 평정을 얻을 수 있으리라고 생각했다. 그러나 수도원에서 끊임없는 금욕적 규율 생활과 쉴 새 없는 참회를 반복하는데도 마음의 평화가 찾아오지 않았다.

수도원의 수도사들이 시행하는 신비적인 방법이 약간의 도움은 되었으나 근본적인 마음의 평화는 얻지 못했다. 그런 갈등 속에서 때가 되니까 사제 서품을 받았다.

루터의 회개는 수도원에서 수도하던 때에도 이루어지지 않았다.

D. 성지 로마 시를 순례한 때

루터는 1510년 11월부터 1511년 4월까지 약 5개월간 로마 시를 방문한다. 루터는 아우구스티누스파 수도원장의 사절로 로마 교황청을 방문하게 되었다.

로마 교황청은 유럽의 모든 수도원들을 교황청 관할 아래 두려고 하였다. 이에 수도원장들은 교황청 지시에 반발하여 각 수도원 입장을 전하려고 수도원장 사절을 보냈는데 루터가 가게 되었다.

이때 루터는 수도원장 사절보다는 평생 소원이던 성지순례로 기뻐하였다. 루터는 로마 시에서 가장 유명한 성소들을 샅샅이 찾아다니며 참배를 했다. 특히 면죄부까지 약속된 라테란 성당의 성 그로체를 참배하였다.

칼릭스투스(Calixtus) 성당 지하실에 보존되어 있는 40여 명의 교황 유해들과 7만 6천여 명의 순교자 무덤들을 참배하였다. 다른 성당에는 모세가 보았다는 가시 떨기 나무, 헤롯에 의해 죽임당한 어린아이들의 유골, 바울의 쇠고랑, 로마 황제 도미티안이 사도 요한의 목을 잘랐다는 가위, 가룟 유다가 예수를 팔고 받았다는 동전 등등 이루 말할 수 없는 수많은 성물들이 전시되고 있었다.

이런 성물들에는 4,000년의 연옥의 형기를 감해 주는 효과가 있다고 했다. 루터는 '빌라도의 계단'(Praetorium of Pilate)이라 불리는 라테란 성당의 28개 계단을 무릎으로 기어 올라갔다.

빌라도 계단은 교황 레오 4세가 고안하여 만든 것이다. 예수께서 인류의 죄를 짊어지시고 빌라도에게 재판을 받으실 때 28개의 계단을 밟고 올라가셨다는 것이다.

교황 레오 4세는 그 빌라도의 계단을 라테란 성당에 재현해 놓고 모든 이가 무릎으로 계단을 올라가면서 한 계단을 오를 때마다 계단에 입을 맞추어야 한다고 했다. 이렇게 28개 계단을 참회하며 오르면 과거 선조들의 100년 전 죄도 다 용서받는다고 했다.

루터는 빌라도 계단 28개 계단 중 27계단까지 무릎으로 기어 올라갔다. 그런데도 아무런 마음의 평안이 오지 않았다. 그래서 마지막 한 계단은 벌떡 일어나 걸어 올라가면서 모든 것이 거짓이라는 것을 느낀다.

루터는 자기 마음에 의심이 생긴 것을 참회하려고 성당을 찾아갔으나 신부가 고해를 제대로 받지 못하였다. 그리고 로마 시에서 교황들이 첩을 거느리고 있다는 음란한 소문과 부패가 만연한 것을 목격한다.

루터가 이렇게 로마 시에 대한 처참한 풍문을 듣고 낙심 천만했을 때 그가 회개한 것이 아닐까 추측해 본다. 그러나 이때도 루터가 회개한 때가 아니다.

그렇다면 루터의 회개는 어느 때 이루어졌는가?

E. 비텐베르크 대학 교수 시절

루터는 1512년 10월 18일 신학박사 학위를 받고 22일 종신직 교수가 된다. 비텐베르크(Wittenberg)는 대학 도시로 당시 2,000~2,500명 정도의 사람들이 살고 있었다.

비텐베르크 대학은 작센의 선제후인 프리드리히가 세운 학교였다. 루터는 이 대학에서 성경을 가르쳤다.

처음 1513년 8월 1일부터 1515년까지는 시편을 강해했다. 1515년 11월부터 1516년 사이에는 로마서, 1516년과 1517년에는 갈라디아서, 1517~1518년에는 히브리서를 강의했다.

루터는 대학 교수로서의 첫 생활을 성경 강해에 많이 투자하였다. 그 외에 창세기는 1518년, 1535~1545년, 이사야는 1528~1530년, 소예언서는 1524~1526년, 요한복음은 1527년, 디모데전서는 1529년, 디도서와 빌레몬서는 1527년에 강의했다.

우리가 경험한 바이지만 남을 가르치는 강의를 하다 보면 내가 먼저 배우게 된다. 루터는 그의 교수 생활 중에 16개 과목을 강의하였다. 그중에서 13개 과목이 성서였다. 이것은 성경 연구를 중점적으로 했다는 의미이다.

루터가 강의한 것이 양적으로 볼 때 많은 양의 강의는 아니었다. 요즘 우리 주변에 보면 이보다 몇 배 더 많은 강의를 하는 교수들을 볼 수 있다. 루터의 강의는 단순히 지식을 전달하는 강의가 아니었다. 그는 토론과 질의응답을 통한 변론을 통해 학생들에게 실제적 도움을 주는 교수의 사명을 감당하려고 했다.

루터의 회개는 어느 때 이루어졌는가?

그가 저술한 시편 강해서와 로마서 강해, 그리고 갈라디아서 강해에서 그의 회개 시점을 찾아볼 수 있다.

시편 강해는 1513~1515년에, 로마서 강해는 1515~1516년에, 갈라디아서 강해는 1516~1517년에 하였다. 루터는 1513~1517년 사이에 시편, 로마서, 갈라디아서를 학생들에게 가르치기 위해서 공부하던 도중에 회개가 이루어졌다.

여기서 시편을 강해하던 중 그가 변화된 내용과 로마서를 강해하던 중 복음적 신념을 얻게 되는 과정을 살펴보자.

먼저 시편을 강해할 때 깨달음이 있었다.

루터는 수도사 시절에도 성경 여러 곳을 선별해서 만들어 놓은 "성구집"(Psalter)을 통해 시편들을 많이 암송하고 있었다.

"성구집"이란 주로 교회 절기에 맞추어 그리스도의 생애 중 중요 사건들을 편집한 내용이었다. 루터는 평소에 알고 있던 시편 내용을 그리스도에게 초점을 맞추는 기독론적 해석법으로 시편을 강의해 나갔다.

그러던 중 시편 22편 1절을 강해하려다가 고뇌가 시작되었다. "내 하나님이여 내 하나님이여 어찌 나를 버리셨나이까? 어찌 나를 멀리하여 돕지 아니하시오며 내 신음소리를 듣지 아니하시나이까?"

다윗의 시편 22편 1절을 다윗에게 적용해 볼 때 답이 나오지 않았다. 이 시는 마태복음 27장 46절에서 예수께서 십자가상에서 외치신 절규이다. 따라서 다윗은 미래의 예수 그리스도의 고통과 처참한 울부짖음을 미리 예언한 것이라는 믿음이 생긴다.

시편 22편은 예수 그리스도의 고난을 다윗이 예언한 것이다. 그렇다면 하나님의 아들인 예수 그리스도께서 왜 처참한 고난을 당하셔야만 했는가? 루터가 지금까지 배워서 알고 있는 가톨릭 교회의 가르침 속의 예수상과 전혀 맞지 않는 성경 내용에 그는 깊은 고뇌에 빠지게 되었다.

중세기 가톨릭 교회가 가르친 예수 그리스도는 어떤 분인가?

가톨릭 교회는 예수 그리스도는 우주를 심판할 대재판관이고 악을 벌하기를 철장 권세로 징벌하는 무서운 그리스도라고 가르쳤다. 그런데 시편에서 예수는 죽음의 공포 앞에 두려워 떠는 나약한 인간의 모습으로 소개되고 있었다.

그렇다면 어느 것이 예수 그리스도의 실체인가?

가톨릭 교회가 말하는 절대적 권능을 가진 무서운 심판관이 맞느냐? 성경이 가르치는 연약한 인간 예수상이 맞느냐?

고뇌하던 루터는 예수 그리스도는 우리와 같은 연약한 인간의 구원을 위해 정말로 하나님으로부터 저주를 받고 떨어져 나가는 대속의 버림을 받았음을 깨닫게 된다. 전에는 예수님에 관해 악을 심판하는 두렵고 무서운 분으로 우리와 거리가 먼 예수상을 갖고 있었다.

그러나 시편 강해를 통해 예수님은 우리의 구원을 위해서 우리가 겪어야 할 하나님의 저버림을 대신 받으신 친근한 예수상으로 달라지게 된다. 이 같은 깨달음으로 인해 하나님의 사랑하심과 예수 그리스도의 대속의 죽음을 구체적으로 깨닫게 되었다.

이렇게 시편 강해로 예수 그리스도의 고난의 의미를 깨닫게 되었다. 그러나 예수 그리스도의 고난이 나와 무슨 상관이 있는가? 이것을 제대로 깨달은 것은 그 이후 로마서 강해 때에 이루어진 사건이다.

루터는 1515년부터 1516년까지 로마서를 강해했다. 그는 로마서를 강해하는 중에 그리스도의 고난과 나의 관계가 어떤 의미를 갖는지 제대로 깨닫게 된다.

루터가 참된 복음을 깨달은 것은 로마서 1장 17절 말씀이었다. 이 말씀에는 복음에 대한 정의가 나와 있다.

복음이란, 하나님의 의가 나타난 것을 인간이 믿을 때 하나님께서 의롭다고 선언해 주시는 결과를 얻는 것이다. 그것은 하나님의 의에 대해 인간이 믿을 때 거기에 대한 하나님의 은총을 뜻한다.

루터가 로마서 1장 17절을 접하기 이전에 그가 로마 가톨릭 교회로부터 전수받은 '하나님의 의' 란 스콜라 철학자들이 말하는 철학적인 의의 개념이었다. 가톨릭에서 하나님의 의란, 하나님께서 만족하게 여기실 때까지 인간이 할 수 있는 모든 고행을 쌓아 나가야 하는 것이었다.

인간은 처절한 금욕과 고행, 그리고 참회로 하나님이 보실 때 만족할 수준까지 자신을 비워야 하고, 아울러 많은 구제와 선행을 쌓아 올라가야 한다. 믿음으로 구원받는다는 소리는 사탄의 소리이다. 믿음이 있음을 보일 수 있는 선행들이 구체적으로 나타나야 구원이 가능하다. 그렇게 믿고 있었다.

그런데 로마서 1장 17절 말씀은 가톨릭의 주장과 달랐다.

복음, 즉 복된 소식이 무엇이냐? 그것은 '하나님의 의'(디카이오쉬네 데우, δικαιοσύνη θεοῦ)이다. 여기서 말하는 하나님의 의는 율법에 의한 칭의를 말하지 않는다. 율법의 행위로는 단 한 사람도 의롭다 함을 얻을 수 없다(롬 3:20).

믿음의 조상 아브라함이 하나님으로부터 의롭다고 선언된 때가 어느 때인가? 창세기 12장 1~4절에 나오는 갈대아 우르를 떠나는 행위의 때가 아니다. 그는 창세기 15장 6절에 하늘의 뭇별처럼 많은 자손을 주시겠다는 하나님 말씀을 믿을 때 의롭다고 여겨 주셨다.

죄인이 언제 의롭다고 인정받을 수 있는가?

인간이 하나님처럼 될 때가 아니라 아무 죄가 없으신 예수 그리스도께서 죽음에 이르기까지 순종하심으로 구속의 법을 성취하신 그리스도의 구속 사역을 믿을 때 죄인이 얻게 되는 은혜의 의가 성취되는 것이다.

루터가 전에 가톨릭에서 가르쳐 준 '율법에 의한 칭의'에 사로잡혔을 때는 수도승으로 한 점 부끄럼 없이 살려고 온갖 고행을 다 치렀다. 그럼에도 불구하고 하나님 앞에서 죄인이라는 자각 때문에 항상 마음이 괴로웠다. 그런데 '하나님의 의'란 하나님의 구속 사건을 믿는 자에게 은혜로 주시는 '은혜의 의'라는 사실을 깨닫게 된다.

루터는 이와 같은 복음적 진리를 깨닫고 평안을 얻기 시작한다. 루터는 그 이후에도 여전히 교수이며 목회 활동을 하였다. 루터의 회개는 대학 교수 시절에 성경을 가르치다가 이루어진 것이다.

2. 루터의 개혁

지금까지의 루터는 순종심이 넘치는 모범적 수도사였다. 그는 자기에게 맡겨진 일을 부지런히 실천함으로 상급자로부터 칭찬을 받았다. 그러나 로마서를 통해 복음을 깨달은 루터는 잠잠하게 편한 상태로 침묵을 지킬 수 없도록 가톨릭 교회에 대한 의분이 일어났다.

루터는 과거 가톨릭 교회에서 배운 대로 사람이 구원 얻는 길은 일곱 가지 성례에 의해서 구원을 만들어 가는 것으로 믿고 있었다. 그러나 구원이란, 하나님께서 이루어 놓으신 하나님과 인간의 관계를 회복하는 그리스도의 의가 우리에게 전가되는 은혜라는 사실로 바뀌게 되었다.

이렇게 달라진 루터가 제일 먼저 격분한 것은 교황의 지시에 의해 대주교가 직접 팔고 있는 면죄부에 대한 판매 행위였다. 루터는 1516년 면죄부의 위험성을 지적하였다. 1517년 2월에는 면죄부가 신학적으로 목회적으로 죄를 짓게 하는 악한 것임을 설교하였다. 그래도 별 반응이 없자 1517년 9월 초에 97개 조항으로 된 "스콜라 신학에 대한 논박"(Disputation Against Scholastic Theology)을 저술 발표했다.

이 작품에서 중세신학의 대표적 신학자인 토마스 아퀴나스, 둔스 스코투스, 윌리엄 오캄 등 스콜라 신학자들의 가르침을 정죄하고 비판했다. 죄인이 은총의 상태에서 공로를 쌓음으로 구원에 협력한다는 스콜라 신학자들의 사상을 비판하고 구원은 오직 믿음으로만 의롭게 되는 것이라고 주장했다. 이 같은 루터의 개혁적 사상에 대해 비텐베르크 대학의 동료 교수들이 전적으로 동참했다.

그러나 가톨릭 교회는 루터가 설교를 통해 외치고 저술을 통해 잘못을 지적해도 아무 반응이 없었다. 루터는 면죄부 문제가 좀 더 확대되어 다루어지도록 당시 학풍에 따라 자기 주장을 논제의 주제로 제시한다. 그것이 유명한 '95개조 논제' 이다.

1) 95개조 논제(1517년 10월 31일)

루터는 과거 97개 논제에서 스콜라 신학이 가지고 있는 문제점들을 지적했다. 이 97개 논제는 지극히 학문적 범주에 속한 전문적인 내용이었기에 대학 외에는 별다른 호응을 얻지 못하였다. 그러자 다시 95개조 논제를 쓰게 된다.

루터는 비텐베르크의 여러 수도원에서 매 주일 설교하였다. 그는 설교를 통해 고위 성직자들의 죄악을 지적하고 그들의 도덕적 타락을 통렬하게 비난하였다.

그는 교황이 연옥에 있는 영혼들을 해방시킬 능력이 있는 것이 사실이라면 교황은 그 같은 힘을 성당 건축 같은 일에 쓸 것이 아니라고 했다. 교황은 영혼을 사랑하는 마음으로 아무 대가도 받지 않고 교황권을 행사해야 한다, 교황이 세속적인 돈의 힘을 빌려서 죄를 면죄해 준다는 것은 교황의 권한을 타락시키는 파괴 행위라고 하였다.

루터는 95개조 내용을 편지로 작성하여 마이센(Meissen), 프랑크푸르트(Frankfurt), 짜이츠(Zeits) 주교들에게 보냈다. 그래도 아무 반응이 없자 브란덴부르크 주교 제롬과 마인츠의 대주교 알브레히트에게 면죄의 부당성을 지적한 95개조 편지를 보냈다. 그러나 어느 누구도 루터에게 답하지 않고 오히려 알브레흐트 대주교는 루터를 비웃었다.

루터는 설교나 편지 정도로는 문제가 해결될 수 없음을 알게 된다. 그래서 비텐베르크 대학의 교수들에게 면죄부 반대의 성격과 그것이 교회에 미치는 심각성을 함께 토론할 것을 요구하였다. 그러나 교수들마저 교황청이 두려워 나서지 않았다.

당시 교회들의 무반응에 지친 루터는 좀더 과감한 방법으로 95개조 항의문을 비텐베르크 성인의 교회(The church of all saints) 정면 문에다 붙여 놓았다. 이것은 당시 학풍대로 공개적 학문 토론회를 제시하는 토론회 제의 같은 광고였다.

루터의 95개조 논제는 항의문의 성격을 띠고 1517년 10월 31일에 게시되었다. 이날이 종교개혁이 시작된 날로 기록된다. 95개조 논제는 대중이 읽을 수 있는 독일어가 아니었다. 식자를 중심한 라틴어로 쓰여졌다.

루터는 95개조 논제를 제시하면서 자신이 제기한 문제에 대해 토론하기를 원하는 이는 누구든지 나오라고 했다. 이렇게 발표된 라틴어 95개조 논제는 곧 독일의 인쇄업자에 의해 원본과 독일어 번역을 곁들여 독일 전역에 살포되었다. 95개조 논제는 2주 내에 전 독일로 퍼져 나갔고, 4주 후에는 전 유럽으로 확산되었다. 이 같은 상황 전개에 루터 자신도 크게 놀라게 되었다.

그렇다면 95개조 논제가 그토록 삽시간에 전 유럽으로 퍼져 나간 이유는 무엇이었을까?

95개조 항의문의 내용에서 몇 가지 특징을 찾아볼 수 있다.

① 이 논제는 통상적인 학문 토론의 논제가 아닌 당시 모든 이가 신성불가침으로 여기고 있던 교황이 공격의 표적이 되었다.
② 마인츠의 대주교이며 감독인 알브레흐트는 94개조 논문으로 면죄부 판매에 대한 정당성을 제시했다. 그러나 아무도 면죄부 판매가 얼마나 비성서적이고 잘못된 것인가를 학문적으로 대응하지

못하고 있었다. 이런 때 루터의 95개조 논제는 알브레흐트의 허구성을 학문적으로 명쾌하게 제시하면서 반대의견을 제시하였다.

③ 면죄부 판매 대금의 3분의 2가 타국인 로마로 빠져나가는 것은 독일 국민 모두가 원치 않는 국가적 문제였다. 이와 같은 요인들에 의해 95개조 논제는 삽시간에 전 유럽으로 확산되는 대단한 반응을 일으키게 되었다.

여기서 면죄부(Indulgence)의 역사와 95개조 논제의 내용을 간략하게 살펴볼 필요가 있겠다.

(1) 면죄부의 역사

면죄부가 맨 처음 시작된 것은 11~12세기 십자군전쟁 때부터였다. 예수께서 탄생하신 성지 예루살렘을 적군인 회교도 손에서 탈환해야 한다는 거룩한 전쟁인 십자군전쟁은 교황들이 선동해서 일으킨 전쟁이었다.

교황들 중 최초로 전쟁을 일으킨 교황은 우르바노 2세(Urbanus Ⅱ, 1088~1099)였다. 이어서 1270년까지 200년 동안(1096~1270) 약 40여 명의 교황들이 계속해서 전쟁을 일으켰다.

교황들은 전쟁을 선동하면서 대중들에게 달콤한 약속을 해주었다. 즉 십자군전쟁에 참여하는 자나 성지를 순례하는 자에게는 죄가 면죄된다고 약속하였다. 처음에는 죄가 면죄된다는 약속이었으나 이것이 다음에는 교리적으로 발전한다.

13세기 교황 알렉산데르 5세(Alexander Ⅴ, 1254~1261)는 '잉여공로의 보화'(Theasurus meritorious)라는 교리를 만들어냈다. '잉여공로'란 가톨릭 교회가 실시하고 있는 순례, 금욕, 금식, 재산 헌납, 전쟁 참여 등을 그대로 실천하는 자는 고행 없이 평범하게 살아간 일반 신자보다 더 많은 공로가 인정되는 잉여 공로가 있다는 것이다.

이와 같은 '잉여 공로'의 보화 사상은 그다음에 '성자들의 축적된 보화'(Treasury of Saints) 교리로 발전된다. 이와 같은 교리의 근거로 예수 그리스도의 희생이 많은 인류들의 죄악을 씻어 버릴 수 있었던 것처럼 성자들이나 순교자들의 선행이 후세인들에게 영향을 줄 수 있다고 하였다. 그러므로 성자들의 선행과 공적은 그들이 죽은 후에도 하늘의 보화 창고에 축적되어 있다는 논리였다.

이런 교리에서 천국 열쇠를 가진 교황은 하늘 창고에 축적되어 있는 보화를 끌어내려서 산 사람에게 영향을 줄 수 있다고 하였다.

그다음에 15세기 교황 갈리스도 3세(Callistus Ⅲ, 1455~1458)는 교황은 연옥에서 고통받는 자들의 죄까지도 면죄가 가능하다고 했다. 그다음에 식스토 4세(Sixtus Ⅳ, 1471~1484) 교황은 교황의 교서인 '살바토르 노스터'(Salvator Noster : 우리들의 구원)를 1476년에 내렸다. 이 교서에 의하면 면죄부가 죄를 해방하는 대상은 산 자와 죽은 자를 모두 포함한다고 하였다. 물론 면죄부를 작성할 때는 진실한 회개와 고백을 요구하였다. 그러나 실제 시행되는 현장에서는 장사꾼들이 물건 파는 것처럼 돈만 주고 거래되었다. 이렇게 발전되어 온 면죄부는 교황이 발행하는 일종의 면죄증서 또는 속유장(贖宥狀) 또는 속죄부(贖罪符) 등으로 불렸다.

영어 Indulgence는 라틴어의 대사(大使)라는 뜻의 indulgentia 라는 뜻을 잘못 옮긴 데서 비롯되었다.

루터 시대에는 교황 율리오 2세(Julius 2, 1503~1513)가 성베드로 성당의 건축 기금을 조달하기 위해 면죄부를 팔기 시작했다. 그 뒤를 이은 교황 레오 10세(Leo 10, 1513~1521)는 마인츠의 대주교 알브레흐트에게 돈을 받고 대주교직을 팔았고, 또 대주교직을 사기 위해 진 빚을 갚기 위해 8년 동안 면죄부를 판매할 권리를 주었다. 교황은 알브레흐트 대주교에게 면죄부 판매 수익금의 절반은 알브레흐트가 가지고, 나머지 절반은 베드로 성당 건축 기금으로 로마에 보낼 것을 명하였다.

이렇게 해서 면죄부 판매권을 산 마인츠 대주교 알브레흐트는 면죄부 판매책으로 웅변에 능한 요한 테첼(John Tetzel, 1465~1519)을 기용하였다. 테첼은 대중을 현혹하기 쉬운 궤변으로 면죄부를 선전하였다. 그는 베드로, 바울, 그리고 유명한 성자들의 유골이 비와 이슬로 처참한 상황에 놓인 것을 설명하고 적당한 건물을 지어야만 보존된다고 역설하였다.

베드로의 유골 보존을 위한 성당을 지어야 하며 성당 건축을 위하여 면죄부를 사는 자에게는 그 공로가 즉시로 나타날 것이라고 설명했다. 만약 부모 형제 중 연옥에 있는 사람을 위해 헌금하면 동전이 헌금함에 땡그랑 하고 떨어지는 그 순간에 연옥에 있는 영혼이 펄쩍 뛰어 천국으로 올라가게 된다고 하였다. 이렇게 해서 천국에 간 이는 타락 이전의 아담보다 더 깨끗하게 사죄가 이루어진다고 했다.

이러한 거짓된 면죄부 판매가 루터 당시 일반 성당에서 판매되고 있었다. 교활한 면죄부 판매는 루터의 종교개혁으로 유럽의 수많은 나라들이 가톨릭에서 분리된 후에야 뒤늦게 판매가 중지된다.

1545년부터 1563년까지 계속된 트리엔트 공의회에서 면죄부의 남용을 징계하기로 결정한 후에 면죄부는 사라졌다.

(2) 루터의 95개 논제 내용

루터가 가톨릭의 면죄부를 반대하기 전에 마인츠(Mainz) 대주교 알브레흐트는 94개조 논문으로 면죄부가 적법하다는 논문을 발표했다고 했다. 알브레흐트가 주장하는 면죄부 판매의 적법성이란 무엇인가?

알브레흐트의 이론은 이런 것이었다.

사람이 죄를 짓고 번민하다가 사제를 찾아가 고해를 하면 사제는 죄의 사면을 선포한다. 이때 죄인의 죄책감은 사라지나 영원한 처벌까지 취소되는 것은 아니다. 사람이 죄를 지었을 때 그 죄에 대한 처벌은 두 가지다. 하나는 현세적인 형벌로서 지상에서 고통을 당하는 것이고, 다른 하나는 죽은 후에 영원한 처벌 장소에서 받아야 하는 고통이다. 사제에게 고해함으로 사제가 부과하는 고행은 현세적 처벌을 해소하기 위한 것이다. 현세에서 처벌되지 않은 고통은 연옥에서 당한다.

연옥의 고통을 해결할 방법이 무엇인가?

그것은 아트리치오(Attritio : 두려움에서 일어난 통회)와 고해, 그리고 면죄부가 연옥의 고통을 해결해 주는 3대 핵심이다. 그래서 미래의 고통을 해결하기 위해서는 다소 부담이 된다 하더라도 면죄부를 사용해야 한다고 하였다.

이 같은 알브레흐트의 면죄부 옹호를 위한 94개조 논제에 대해서 루터는 95개조 논제로 면죄부의 부당성을 일곱 가지로 제시한다.

① 면죄부는 단순히 교회적인 처벌에 대해서만 사면할 수 있다. 면죄부는 하나님께서 정해 놓으신 처벌을 사면할 수 없다.

② 면죄부는 죄책감을 결코 제거할 수 없다. 교황 자신이라도 그와 같은 일을 할 수 없다. 그 일은 하나님이 자신의 수중에 보전하셨다.

③ 면죄부는 죄에 대한 하나님의 처벌을 사면할 수 없다.

④ 면죄부는 연옥에 있는 영혼에게 아무런 효력이 없다. 교회가 부과한 처벌은 오로지 산 자에게만 적용된다. 연옥에 있는 영혼에게 교황이 할 수 있는 일이란 기도밖에 없다. 교황의 관할권이 연옥에 미치지도 않고 천국 열쇠의 권한도 미칠 수 없다.

⑤ 참으로 회개한 신자라면 면죄부와 상관없이 하나님으로부터 이미 용서를 받은 것이다.

⑥ 축적된 공로의 보화란 옳게 규정된 개념이 아니다. 성자들이라고 해서 공로가 축적될 수 없다. 하늘나라의 창고에는 축적된 공적이 아니라 거룩한 은총과 하나님의 영광만 있을 뿐이다.

⑦ 교황은 성자들의 공적이나 축복을 팔 권한이 없다. 다만 교회의 징벌만을 폐할 수 있는 권한이 있을 따름이다.

이처럼 95개조 논제에서는 교황의 사죄권, 내세 좌우권 등을 모두 부정하고 돈을 받고 파는 면죄부는 회개의 필요성을 약화시킨 거짓된 확신을 주는 것이라고 했다. 회개는 일회적인 고해성사가 아니라 평생에 걸친 마음과 지성의 변화여야 한다고 했다.

95개조 논제는 가톨릭 교리에 관한 전반적인 부정이었다. 이 같은 95개 논제가 확산된 후 당장에 면죄부 구매 의욕이 식어졌고, 판매 중단 위기에까지 도달하게 되었다.

이에 제일 크게 분개한 이가 요한 테첼이었다. 그는 이단자 루터를 3주 내에 화염 속에 처넣겠다고 흥분했다. 또 도미니크 수도사들은 루터를 화형에 처해야 한다고 설교에서 외쳤다. 이제 종교개혁은 돌이킬 수 없는 사건이 되고 말았다.

2) 면죄부 논쟁

루터는 이름 없는 한 수도사에 불과했다. 그런데 그의 95개조 논제는 전 유럽을 시끄럽게 했다.

이렇게 한 무명 수도사의 건방진 행위로 사회와 교회가 소란스러워졌다. 이때 독일 황제요 신성 로마 제국 황제인 막시밀리안 1세(Maximillian Ⅰ, 1493~1519)는 교황 레오 10세로 하여금 루터를 잠잠케 하라고 했다.

교황은 이 문제 수습을 루터가 소속되어 있던 아우구스티누스파 수도회에 해결하도록 지시를 하였다. 이렇게 해서 루터가 소속되어 있던 아우구스티누스파 수도사들이 연례 정기회의 겸 루터문제를 수습하기 위해 하이델베르크 대회를 소집하였다.

(1) 아우구스티누스 수도사 총회(하이델베르크 대회, 1518년 4월27일~5월15일)

루터는 1518년 초 마인츠의 대주교 알브레흐트와 도미니칸 수도회에 의해 로마 교황청에 고소를 당하였다. 거기에다 독일 황제 막시밀리안 1세가 교황 레오 10세에게 유럽을 시끄럽게 하고 있는 루터를 조용하게 하도록 요청했다.

아우구스티누스 수도사들은 매년 정기적으로 정례총회를 열고 있었다. 교황청은 아우구스티누스 수도원 원장으로 새로 선출된 델라 볼타(Gabriel della Volta)에게 루터의 주장을 철회시키라고 명령을 내렸다.

이렇게 해서 루터는 1518년 4월 아우구스티누스 수도사 총회인 하이델베르크(Heidelberg) 대회의 종단 총회 앞으로 소환되었다. 소환일을 앞두고 루터의 동료들은 종단 총회에 출석하지 말 것을 권고했다. 요한 테첼은 면죄부 판매가 급격히 줄어든 데 대한 원인이 루터에게 있으므로 루터가 종단 총회에 참석하면 화형에 처해질 것이라고 감정적 발악을 했다.

이렇게 여러 가지 불안한 분위기 속에서도 루터는 종단 총회에 참석했다. 종단 총회는 95개조 논제 발표 이후 그의 파급 효과로 95개조 논제에 대해 찬성하는 젊은층 수도사와 견제하려는 노년층 수도사로 의견이 나누어져 있었다.

루터는 여기서 40개 항목에 관한 논문을 발표하게 되었다. 과거 중세기 스콜라 신학은 아리스토텔레스의 철학과 토마스 아퀴나스의 자유의지에 밑바탕을 두고 있다고 가톨릭의 중심 신학을 비판했다.

그리고 성경에서 가르치는 바울의 신학은 은총의 신학이며, 그 계승을 아우구스티누스에게서 발견할 수 있다. 성경의 바울 신학은 믿음에 의해 의로움을 받는 은총 신학이다. 그런데 가톨릭 교회에서는 참회, 금욕, 선행 등 행위로 구원받을 수 있다는 율법 신학을 내세운다. 그러나 율법의 행위로는 구원을 받을 수 없다. 사람의 자유의지란 죄에 속박되어 있으므로 자유롭지 않다. 사람은 아무도 하나님이 인정하는 선을 행할 수가 없다. 그러므로 인간이 고안해 낸 선행들이라고 하는 것은 하나님 기준으로 볼 때 무의미하다. 아울러 중세기의 신학은 인간이 영광 받은 인간의 신학이었다.

그리스도인이 추구해야 하는 신학은 십자가의 신학이어야 한다. 그리스도를 모르는 사람은 고난 가운데 숨겨진 하나님을 알지 못한다. 세상의 모든 사람들은 십자가보다는 영광을, 약한 것보다는 강한 것을, 어리석음보다는 지혜를 선호한다. 그런데 성경에서 이런 것들은 "그리스도의 십자가의 원수"(빌 3:18)라고 했다.

성경에 대한 루터의 철저한 신뢰와 질문자에 대한 정중한 태도, 그러면서도 확신에 차 용기 있게 자신의 입장을 당당하게 개진하는 루터를 보면서 총회에 참석한 많은 수도사들은 크게 감동을 받았다.

특히 그의 성경에 근거한 설득력 있는 주장은 도미니칸 수도회의 수도사 마틴 부처(Martin Bucer, 1491~1551)와 뒤에 뷔르뎀베르크의 개혁자가 된 요하네스 브란즈(Johannes Brenz, 1499~1570)를 종교개혁자로 만들었다. 이와 같은 분위기 속에서 아우구스티누스 수도회는 루터를 정죄할 수가 없었다. 오히려 루터는 아우구스티누스 수도회의 대표 신학자로 부상하게 되었다.

(2) 추기경과의 회담

교황은 루터가 회개할 것을 지시했다. 그래서 아우구스티누스 수도회로 하여금 건방진 수도사인 루터를 처리되도록 지시했다. 그런데 결과는 정반대가 되었다.

교황은 1518년 6월에 도미니크 수도원의 프리에리아스 박사(Sylvester Prierias)에게 루터의 글을 연구해서 보고할 것을 명하였다. 프리에리아스 박사는 루터를 연구한 보고서에서 교회의 최종적인 권위가 교황에게 있고 교황이 정한 면죄부를 반대하는 것은 이단이므로 루터를 로마 교황청으로 소환할 것을 건의했다.

이에 따라 교황은 루터에게 60일 안으로 로마에 출두하라고 명령하였다. 교황의 로마 소환 명령은 8월에 루터에게 접수되었다. 이때 루터가 소환 명령대로 로마에 간다는 것은 스스로 무덤에 들어가는 행위였다. 루터는 비텐베르크 대학의 설립자요, 또 독일의 7선제후 중 막강한 힘을 가지고 있는 프리드리히(Elector Frederick the wise)에게 도움을 요청한다.

루터는 선제후의 비서인 슈팔라틴(Spalatin, 1484~1545)을 통해 자기는 학문적 자유를 보장받기 위해 보호받아야 할 권한이 있다고 했다. 그리고 대학의 설립자인 프리드리히는 대학을 보호해야 할 의무가 있다고 했다. 이 사실을 보고받은 프리드리히는 루터의 로마 소환을 저지하게 만든다.

프리드리히는 왜 루터를 보호하려고 했는가?

그것은 순전히 정치적, 시대적 상황에서 배려된 결정이었다. 프리드리히가 세운 비텐베르크 대학은 오랫동안 학생 수급이 잘 되지 않아 존폐의 위기에 허덕이고 있었다. 그런데 루터가 비텐베르크 대학 교수가 된 후부터 점차 학생들이 늘어나고 있었다. 게다가 1517년 95개조 논제를 발표한 이래 비텐베르크 대학은 전 유럽에서 가장 유명한 대학으로 급상승하게 되었다.

이렇게 대학의 명성을 높인 루터를 쉽게 로마로 보낼 수는 없었다. 그래서 프리드리히 선제후는 막시밀리안 황제로 하여금 루터가 로마로 가지 않아도 되는 황제 면책권을 받아냈다.

다른 한편 로마 교황 레오 10세도 독일 선제후 프리드리히를 경솔하게 대할 수가 없었다. 독일 황제 막시밀리안은 늙어서 오래지 않아 새로운 황제를 선출해야 했다. 그런데 차기 황제 후보로 프리드리히 선제후가 독일인들의 존경을 많이 받고 있었으므로 그를 경솔하게 처리할 수 없는 입장이었다.

여기서 로마가 아닌 독일 영토에서 프리드리히의 보호하에 루터가 교황의 대사를 만나도록 절충점이 이루어진다. 이리하여 1518년 10월 아우구스부르크에서 루터와 교황청의 대사 사이에 면담이 이루어진다.

교황청 교황의 대사로 도미니칸 수도사인 카제탄 추기경(Cardinal Cajetan, 1469~1534)이 참석해 아우구스부르크 회의가 열렸다. 추기경은 루터를 만나자마자 루터의 주장을 철회하고 교황의 권위에 항복하라고 명하였다. 이에 반해 루터는 성경적 가르침에 배치되는 면죄부를 폐지하고 교회를 개혁해야 한다고 응수했다.

카제탄은 교황에게 면죄권이 있다고 주장했다. 이에 대해 루터는 교황이라도 실수할 수 있고 또 실수하고 있으며, 종교회의의 권위가 교황 위에 있으며, 종교회의보다 성경이 우위에 있다고 했다. 세 차례에 걸친 지루한 논쟁이 계속되자 크게 분노한 추기경이 루터를 체포할 것이고 로마로 압송할 것이라는 소문이 퍼졌다.

프리드리히는 황제의 경호병에게 루터의 안전을 지킬 것을 지시하였다. 루터를 점차 위기로 몰아가는 카제탄의 음모를 알아차린 루터 지지자들은 루터가 심야에 말을 타고 아우구스부르크를 빠져나가도록 조처하였다. 그래서 루터는 말을 타고 도망하여 10월 31일 비텐베르크로 귀환하였다.

사태가 이렇게 되자 교황 레오 10세는 교황청 주재 독일인 시종 밀티츠(Karl Von Miltitz)를 프리드리히에게 보내어 타협안을 제시하였다. 루터가 교황청에 협조한다면 루터를 추기경에 봉할 것이라고 제의했다. 이 같은 제의에 프리드리히는 물론 루터도 거부했다.

밀티츠는 독일의 수많은 사람을 접해 본 결과 루터의 면죄부 거부는 단지 한 수도사의 문제가 아닌 전 독일 국민의 감정이었음을 알게 된다. 밀티츠는 프리드리히의 비서인 슈팔라틴을 통해 루터와 3자 만남을 주선한다.

여기서 루터는 더 이상의 논쟁을 중지하고 교황에게 복종하여 일반 백성들로 하여금 교황을 존경하도록 한다, 면죄부는 교회법이 제정한 것으로 고행을 사면하는 데 유용하다는 등의 몇 가지를 약속한다. 이와 같은 약속으로 약 6개월간은 침묵을 지킨다.

그동안 루터는 교황의 절대적 권위가 어떤 것에 근거한 것인지 교령집을 연구한다. 루터는 교령집 연구로 교황의 권위가 허위로 가득 차 있음을 발견하고 놀라움과 분노에 가득차게 된다.

루터가 이렇게 놀라움에 처하여 있을 때 자기 대학 논문 지도 교수였고 현재는 비텐베르크 대학의 동료 교수인 칼 슈타트와 경쟁 수도회인 도미니크 수도사 사이에 논쟁이 벌어졌다. 이에 따라 루터는 자연히 동료 교수와 함께 논쟁에 휩싸이게 된다. 그래서 밀티츠와의 약속이 무위로 되고 만다.

(3) 라이프치히 논쟁(1519년 6월27일~7월16일)

이 논쟁은 도미니크 수도사요 잉골슈타트(Ingolstat) 대학의 교수인 요한 엑크(John Mayr of Eck)가 먼저 공개토론을 요청함으로써 시작되었다.

처음 논쟁은 도미니칸 수도사 엑크(Eck)와 비텐베르크 대학 교수인 칼 슈타트(Von Karlstadt, 1480~1541) 사이에 시작되어 6월 27일부터 7월 3일까지 계속되었다. 이 장소가 라이프치히(Leipzig)였기 때문에 '라이프치히 논쟁'이라고도 한다. 논쟁의 당사자는 교황 측 견해를 지지하는 잉골슈타트 대학의 교수들과 개혁 측 세력으로 등장한 비텐베르크 대학 교수들간의 논쟁이 되었다. 이 논쟁에서 논쟁의 명수로 이름난 엑크는 수많은 교부들의 말과 종교회의에서 결정된 내용들을 인용하면서 열심히 칼 슈타트를 공격하였다.

칼 슈타트는 학문 연구로 많은 저술을 발표해서 아는 바는 많았으나 정면에서 언쟁으로 공격하는 엑크의 언변술에는 감당하기 역부족인 것으로 보였다. 그렇게 되자 엑크는 기고만장해졌다. 이때 루터가 밀티츠와의 약속을 깨고 논쟁에 나서게 된다.

루터와 엑크는 7월 4일부터 16일까지 논쟁을 계속하였다. 이 두 사람의 논쟁은 단지 두 사람만의 논쟁이 아니었다. 잉골슈타트 대학에서는 엑크를 비롯한 다른 교수들과 학생들이 참석했고, 비텐베르크 대학에서도 루터 외에 칼 슈타트, 멜란히톤, 요나스, 암스도르프 교수와 학생 등 200여 명이 참석했다.

논쟁은 조지(George) 공작의 넓은 연회실에서 실시되었다. 앞서 칼 슈타트와 엑크는 하나님의 은혜와 인간의 자유의지에 대한 논쟁을 벌였다. 그러나 루터와 엑크는 다음의 몇 가지 주제를 놓고 논쟁을 하였다.

첫째, 교황의 기원과 권위에 관한 논쟁을 벌였다.

엑크는 교황의 기원이 예수님이 베드로에게 위임한 기원이며, 그 권위가 하나님으로부터 나온 것이므로 교황에 대한 순종이 하나님에 대한 순종이라고 주장했다.

여기에 반해 루터는 교황의 권위는 9세기 위조문서인 이시도리안 교령집(Isidorian Decretals)에 의해 만들어진 것이므로 교황의 권위는 허위라고 했다. 또 역사 비평학자인 로렌조 발라(Lorenzo Valla, 1407~1457)의 가짜 콘스탄티누스 증여 문서에 관한 선언(Declamation Concerning the False Donation of constantine, 1440)의 예를 들었다.

콘스탄티누스 황제가 A.D. 330년에 이태리 로마에서 터키의 콘스탄티노플로 수도를 옮길 때다. 콘스탄티누스 황제가 로마 교황에게 이탈리아 중부를 다스리도록 권한을 기증했다는 전승에 따라 교황들은 세속 권력에 대한 주장을 해왔다.

그런데 발라가 문헌을 조사해 보니까 '콘스탄티누스 증여' 문서는 8세기 로마 교회가 위조한 문서였던 것이다. '이시도리안 교령집' 역시 편집자가 누구인지도 모르는 것으로, 그러한 교령집에 근거한 교황의 권위는 허위라고 주장했다. 그러나 엑크는 성 베드로의 지위와 신앙을 소유한 사람은 항상 베드로의 후계자이며 그리스도의 대리자로 대접받는 것이 당연하다고 했다.

　둘째, 성경의 권위에 대한 논쟁을 했다.

　루터는 오직 성경(Sola Scriptura)만이 신앙의 도리와 생활의 규범이 되므로 성경의 가르침대로 교회를 개혁해야 한다고 주장했다. 여기에 대해 엑크는 '오직 성경만'이라는 주장은 중세기 말 현대주의 사조(via moderna)를 따르는 이단이라고 주장하며 루터를 이단이라고 몰아세웠다.

　엑크는 루터가 주장하는 '오직 성경만' 사상은 콘스탄츠 종교회의에서 이단으로 정죄된 영국의 위클리프나 보헤미아의 개혁자 후스의 사상과 일맥 상통한다고 했다. 여기에 대해 루터는 위클리프나 후스가 이단 사상을 가진 것이 아니라 개혁자들을 정죄한 종교회의가 잘못을 범한 것이라고 주장했다.

　셋째, 연옥에 관한 논쟁을 했다.

　엑크는 마카비 2서(Macabee 2) 12장 45절을 연옥사상의 근거로 제시했다. 이에 대해서 루터는 마카비서는 정경이 아니고 외경이므로 신적인 권위가 없고, 연옥의 교리는 잘못된 것이라고 주장했다.

　넷째, 면죄부와 고해성사에 대해 논쟁했다.

　엑크는 면죄부와 고해성사가 교회의 전통에 근거한 것이므로 교회가 따라야 한다고 했다. 루터는 교회 전통이라는 종교회의 결정 사항이나 교황들의 교서들은 전부가 인간들에게서 비롯된 것이므로 잘못된 것들이고 오직 성경만이 오류가 없다, 면죄부와 고해성사는 성경에 근거 없는 것이므로 폐지되어야 한다고 했다.

　두 사람의 논쟁에서 차이점이 확실하게 드러났다. 엑크는 중세 신학에 익숙해 있었다. 그는 "중세 교회가 결정한 결정사항은 절대성을 가질 만한 중대한 것이다. 교회가 정한 로마 교회는 사도적 전승을 이어받은 수위 교회이다. 교황은 절대 무오한 거룩한 권위를 가지고 있다"고 주장했다.

이에 반해 루터는 성경 지식에 뛰어났다. 그는 ⓡ성경만이 최상의 유일한 권위가 있고 교황이 성서보다 우월할 수 없다. 교회의 결정이나 종교회의 전승 등은 교회 내 질서와 평화를 위해서 참고 사항이 될 따름이다ⓒ라고 강조했다.

이렇게 두 사람의 견해가 완전히 다르게 나타났다. 종교회의의 결정사항을 성경과 동일한 권위로 믿는 엑크의 입장에서 볼 때 루터는 과거 종교회의에서 이단으로 규정한 후스를 지지하는 이단자였다.

엑크는 계속해서 루터를 이단 동의자요 이단이라고 몰아붙였다. 변증적 설전에 능란한 엑크는 루터를 이단이라고 몰아세움으로 논쟁의 승리는 엑크에게 있는 것처럼 보였다. 루터는 우울한 심정으로 비텐베르크로 돌아오고 말았다.

그러나 루터는 이제 아우구스티누스파의 한 수도사가 아니었고, 또 비텐베르크 대학의 교수 정도가 아니었다. 엑크를 중심한 도미니크 수도사들이 로마 교황청을 지지하는 교황당이라고 한다면 루터는 독일의 개혁 세력을 총 진두지휘하는 독일 개혁 세력의 대표 지도자가 되었다.

루터가 비텐베르크로 돌아온 후 그는 더 이상 로마 가톨릭에 미련을 가질 수 없게 된다. 루터는 이때부터 보다 더 철저한 성경 수호자로 나설 것을 결심한다.

한편 엑크는 루터에게서 41가지의 이단적 오류가 있다고 지적하고 교황 레오 10세로 하여금 루터에게 파문 교서를 내리도록 건의한다. 교황 레오는 엑크의 자문을 얻어 "주여 다시 일어나소서" (Exsurge Domine)라는 교서를 발표하여 루터의 모든 저작품을 불태우도록 명령한다.

3) 4대 개혁 논문

1519년 7월 4일부터 7월 16일까지 루터는 잉골슈타트 대학 교수 엑크(Eck)와 라이프치히 논쟁을 벌였다. 라이프치히 논쟁 후 루터는 종교개혁에 관한 4대 개혁 논문을 발표한다. 이렇게 발표된 개혁 논문 외에도 수많은 소논문을 발표한다.

루터의 개혁사상은 논문들을 통해 정리되었고, 많은 논문들을 발표함으로 투쟁 속에서 그의 사상이 점차 발전되어 갔다. 그래서 루터는 1516년부터 논문을 발표하기 시작하여 30년이 지난 1546년에는 400여 편의 논문을 발표한다. 이것은 한 달에 한 편의 논문을 썼다는 계산이 나온다.

여기서는 1520년 한 해 동안에 썼던 4대 개혁 논문에 관해 간략하게 살펴보도록 하겠다.

(1) 선행에 관하여(A Treatise on Good Works)

이 논문은 1520년 5월에 발표되었다.
이 소책자는 주로 일반 평신도를 대상 삼은 내용이었다. 당시 로마 가톨릭 교회가 주장하고 있는 선행의 통념을 성경에 근거해서 정면으로 부정하는 내용이었다.

가톨릭 교회가 옛날이나 지금이나 말하고 있는 선행은 과연 무엇인가?

저들은 일반인들이 어려운 이를 돕는 구제, 불쌍한 이를 돕는 자선, 재난을 당한 자들을 돕는 의연금 등을 포함해서 기도하고 금식하고 구제하는 모든 것을 선행이라고 했다. 저들은 이와 같은 선행으로 구원이 가능하다고 믿고 있다.

이 같은 가톨릭의 주장에 대해 루터는 그 같은 선행이란 타 종교에서도 얼마든지 가능하다고 보았다. 기독교와 타 종교의 차이점이 무엇인가? 타 종교는 그들이 믿고 있는 신의 노여움을 진정시키기 위해서 선행을 실천하거나 자신이 지은 죄책감을 다스리기 위해서 선행을 한다. 그러나 기독교의 선행이란 인간 편에서 결정되는 것이 아니고 하나님께서 보실 때 선하다고 인정될 수 있는 것이어야 한다.

마가복음 10장 18절을 보면 하나님 외에는 선한 이가 없다. 요한복음 6장 39~40절에 아버지의 뜻은 아들을 보고 믿는 자마다 영생을 얻는 것이라고 했다.

선행이란 하나님을 믿는 믿음에서 시발되는 것이다. 따라서 선행이란 예수 그리스도를 믿음으로 말미암아 하나님의 사랑에 대한 감격에서 실천되는 모든 것이 선행이다.

사람의 믿음이란 크고 작을 수 있음같이 믿음에 의한 행위 역시 크고 작거나 많고 적을 수 있다. 그러나 그들의 근본 출발이 신앙이기 때문에 결국은 다 하나이다.

가톨릭이 주장하는 인간의 공로가 쌓여진다든가, 하늘에 축적되어 있다는 주장들은 성경에 근거 없는 비성경적인 것이고 신앙적 요소가 아니다. 구원을 얻기 위해서는 그리스도에 대한 단순한 신앙만이 필요하고, 그리스도에 대한 믿음은 모든 선행 가운데 최초이며 최고이며 가장 중요한 선행이다.

루터는 그리스도를 믿고 믿음에 의해 행하는 모든 행위를 선행이라고 하였다. 이 같은 루터의 선행 사상은 다음에 믿음으로 행하는 모든 직업은 신성하다는 소명 사상으로 발전하게 된다.

(2) 독일 기독교 귀족에게 고함(The Address to the Christian Nobility of German Nation)

이 논문은 1520년 8월 18일에 출판된 지 몇 달 안에 4,000여 권이 팔려 나갔기 때문에 출판이 수요를 공급해 주지 못할 정도였다. 이 논문은 독일 사람들의 가톨릭에 대한 원한을 명쾌하게 정리해 주었다.

루터는 이 논문에서 가톨릭이 유럽 각 국가들을 신비할 정도로 지배해 온 교황의 초자연적 권력을 집중적으로 공격하였다. 루터는 이 논문에서 교황청이 독일을 착취하고 있는 분노를 세 개의 커다란 옹벽으로 설명해 나갔다. 이 옹벽은 외관상 아주 얇지만 실제적으로 가공할 만한 위력의 벽이라고 했다.

첫째 성벽은 교황의 영적 권한이 세상의 군왕 제후들의 세속권까지도 교황 관할이라고 주장하는 성벽이다. 로마 가톨릭주의자들은 교황, 주교, 사제, 수도사들은 영적인 신분에 속하는 구성원들이며, 그 반면에 군왕, 제후, 군주, 노동자, 농민들은 영적 신분에 예속되는 세속적인 신분이다. 따라서 영적 신분의 최고 대표인 교황은 그리스도의 대리자이므로 세상의 황제, 군왕, 제후들을 관할해야 한다고 주장한다.

루터는 이처럼 영적 계급과 세속적 계급을 분리하는 것은 몇몇 기회주의자들이 자아낸 허울 좋은 말에 불과하다고 보았다. 루터는 "고린도전서 12장 12절에 '몸은 하나인데 많은 지체가 있고 몸의 지체가 많으나 한 몸'이라고 한 것처럼 모든 그리스도인은 다 똑같이 하나이다. 다만 한 몸에서 다른 일에 종사하는 지체만 있을 따름이다. 우리는 다 똑같은 한 성령, 한 침례, 한 믿음으로 다 한 몸이다. 그렇기 때문에 세속의 군주나 관리나 군인들도 복음적 의미에서는 영적 주교이며 사제의 직분을 감당해야 한다. 신령한 사람과 세속적인 사람의 사이에는 직무의 차이만 있을 뿐 지위나 신분이나 차이가 없다. 모든 그리스도인들은 다 똑같은 사제로 부름을 받았다. 고로 사제만이 영적 일을 해야 하는 것이 아니라 세속 통치자도 사제처럼 교회 개혁에 앞장서야 한다. 교회 개혁의 일차적 책임이 성직자들에게 있지만 그들이 그 의무를 다하지 않는다면 황제와 영주는 그리스도인의 한 사람으로 교회 개혁을 위해 일어나야 한다"고 주장했다.

이와 같이 루터는 '만인제사장' 이론에 근거하여 교황이 황제보다 우위에 있다는 교권 우위사상을 부인하였다. 이렇게 해서 루터는 '만인제사장' 이론(벧전 2:9-10)을 전개하고 교황권이 세속권을 지배해야 한다는 성벽이 무너져야 한다고 했다.

둘째 성벽은 교황만이 성서 해석을 할 수 있다는 사상이다. 그리스도를 주라고 고백하는 모든 그리스도인은 누구든지 성경을 해석할 수 있어야 한다. 성경은 하나님이 모든 인간들에게 주신 자기 계시이므로 누구든지 읽고 묵상하고 해석함으로 자기 생활의 원리로 삼아야 할 교재이다.

성경은 일부 계층이 아닌 모든 그리스도인을 위하여 쓰여졌고, 그 내용이 명확하므로 모든 사람은 성경을 읽고 해석할 수 있다. 만일 성경 해석권이 교황에게만 있다면 성경은 한 개인을 위한 기록물이 되므로 더 이상 개인이나 교회가 읽거나 연구할 필요가 없어진다.

요한복음 6장 45절에 '아버지께서 이끌어 주시는 그들이 다 하나님의 가르침을 받으리라'고 했고, 고린도전서 14장 31절에 "너희는 다 모든 사람으로 배우게 하고 모든 사람으로 권면을 받게 하라"고 했다. 그러므로 교황만이 성경을 해석할 수 있다는 가톨릭의 주장은 사특하고 간악한 것이라고 했다.

셋째 성벽은 교황만이 종교회의를 소집할 수 있다는 주장이다. 앞서 소개한 대로 제1차 종교회의인 니케아 회의(325)부터 제7차 종교회의까지는 로마 황제들이 종교회의를 소집했다. 그런데 제8차 종교회의가 동서 두 곳에서 따로 모인 후 제9차 종교회의부터는 로마 가톨릭의 교황이 소집해 오고 있다.

그런데 루터는 성경과 역사에서 평신도가 종교회의를 소집할 수 있음을 제시했다. 마태복음 18장 15-18절에 형제가 죄를 범하거든 '교회'에 말하라고 했기 때문에 누구든지 회의를 소집할 수 있음을 암시했다.

또 사도행전 15장 6절에 보면 최초의 교회회의인 예루살렘 총회는 사도와 장로들, 즉 여러 사람들의 발의에 의해서 이루어졌다. 예루살렘 총회 역시 베드로 한 사람이 소집한 회의가 아니었다.

그뿐만 아니라 동서방 모든 교회들이 모였던 제1차 종교회의는 평신도인 콘스탄틴 황제가 소집해서 모인 회의였다. 그 이후 제7차 종교회의까지는 모두가 평신도인 황제들이 소집해서 모인 회의였다. 따라서 교황이 기독교에 대하여 반역을 할 때는 세속권을 가진 황제들이 교회회의를 열어 교회를 개혁하는 것이 성경적이며 하나님의 뜻을 이루는 것이라고 했다.

루터는 로마 가톨릭 교회가 허물어야 할 세 가지 성벽과 가톨릭이 시행하고 있는 온갖 오류들을 비판한 다음에 교회 개혁안을 몇 가지로 제시하였다.

교황은 세속 통치를 포기하고 종교적인 일에만 관심을 가져야 한다. 교황청의 온갖 이권 개입이 차단되어야 한다. 전 유럽 땅의 3분의 1이 가톨릭 교회의 이름으로 등기되어 있고 그 땅에서 나오는 수입이 국가 예산을 능가한다.

교황은 성직록이란 이름으로 그 많은 땅을 자기에게 충성하는 추기경에게 관리하도록 하였다. 이 같은 제도는 개혁으로만 시정이 가능하다. 교황청에다 내는 각 국가들의 세금은 교황의 사치와 교황청 내 3천여 명의 직원 관리에 지출되고 있으므로 교황청에 세금을 내지 말 것을 제안했다.

그 외에도 성직자에게 결혼을 허용하고 창녀촌의 폐지를 제안했고, 로마로 호출시키는 소송과 성지순례의 금지, 죽은 자를 위한 미사 폐지, 주일을 제외한 모든 축제일의 축소 등을 제안하였다.

(3) 교회의 바벨론 포로(The Babylonian Captivity of Church)

이 논문은 1520년 10월에 발표되었다.

구약성경의 바벨론 포로는 B.C. 605년부터 535년까지 70년 포로생활 후 귀환했던 사건을 말한다.

그런데 A.D. 1309년부터 1377년까지 약 70년간 이탈리아 로마 교황청이 프랑스의 아비뇽(Avignoness)에 억류되어 있던 시기를 교회역사가들은 '바벨론 포로기'라고도 했다.

그런데 루터는 이 말을 전혀 새로운 의미로 사용한다.

즉 가톨릭 교회가 시행하고 있는 일곱 가지 성례 중 네 가지를 마치 바벨론 포로와 같다고 했다. 루터는 가톨릭이 시행하고 있는 일곱 가지 성례 중 세 가지는 인정하였다. 그것은 성찬, 세례, 그리고 참회이다.

우리가 이해할 수 없는 사실이지만 루터는 가톨릭의 고해성사를 성례라고 인정하였다. 고해성사가 성례의 외적 표징이 결여되어 있으나 매일 세례를 받은 상태로 돌아갈 수 있고, 또한 억눌린 양심을 치료할 수 있기 때문에 성례의 가치가 있다고 보았다. 이런 면에서 루터의 개혁은 불완전한 면이 드러나고 있다.

이에 반하여 나머지 네 가지 성례를 바벨론 포로로 비유했다.

첫째, 가톨릭의 첫 번째 성례의 과오는 1종 성찬만 실시하는 것임을 지적했다.

예수님은 마태복음 26장 26-28절에서 최초의 주의 만찬을 제정하실 때에 떡과 포도주의 2종 만찬을 실시하셨다. 고린도전서 11장 26절에 바울 사도 역시 떡과 포도주의 2종 만찬을 가르쳐 주셨다. 그래서 초대교회는 떡과 포도주의 2종 만찬이었다.

교회 역사는 계속 2종 만찬이 실시되어 왔는데 가톨릭 교회는 1414년 플로렌스 종교회의 이래 평신도들에게 포도주 잔을 주지 않고 있다. 그렇지만 사제들은 떡과 포도주 잔을 다 취하고 있다.

왜 사제는 2종 성찬을 실시하면서 평신도에게는 1종 성찬만 실시하게 하는가? 그것은 사제와 평신도는 근본적으로 영적인 구별이 있다는 것을 주지시키기 위한 권위주의적 산물이다. 루터는 이같은 것이 성도를 사제와 다르다고 믿게 하는 포로 정신의 산물이라고 했다.

둘째, 가톨릭 교회는 성찬식 때 사용하는 떡과 포도주가 사제의 축성에 의해서 실제로 예수님의 살과 피로 변한다는 화체설(Transubstantiation)을 믿고 있다. 이 같은 교리는 제4차 라테란 종교회의에서 채택되었다.

루터는 가톨릭 교회가 사제에게 위임된 특권적 힘에 의해서 떡과 포도주가 2천 년 전 갈보리 언덕 위의 예수의 몸과 피로 변한다고 한 화체설 교리를 마술적이고 이교적인 것이라고 비난했다. 루터는 화체설을 부인하고 공재설, 또는 동체설(Consubstantiation)을 주장했다.

즉 루터는 떡과 포도주를 마치 주님의 살과 피라는 믿음을 가지고 먹는다면 그리스도께서 그 떡 위에, 떡 안에, 떡 옆에 육체적으로 임재하신다고 했다. 이 같은 루터의 동체설이나 가톨릭의 화체설은 거의 비슷한 내용이다. 따라서 루터의 성례전 사상은 신약성경 경지에 완전하게 도달하지 못하고 있다. 여기에 루터의 한계점을 발견하게 된다.

셋째, 가톨릭 교회는 미사(Mass)가 예수 그리스도의 계속되는 희생의 반복이라고 믿는다. 가톨릭 교회는 매주 드리는 미사는 그리스도께서 우리 죄 대신 매번 반복하시는 희생이라고 한다. 그런데 성경 로마서 6장 10절에 그리스도께서 죽으심은 죄에 대하여 단번에 죽으심으로 그리스도께서 희생을 반복하지 않는다고 했다.

또 히브리서 9장 26절에도 그리스도께서는 자기를 단번에 드려 죄를 없이하시려고 세상 끝에 나타나셨다고 했다. 루터는 이 같은 성경적 근거로 미사가 그리스도의 희생의 반복이라는 미사 교리를 교회의 바벨론 포로라고 하였다.

그 외에도 견진성사, 혼인성사, 서품성사, 종유성사와 같은 것을 전부 비판했다. 결혼이 대단히 중요하지만 혼인식이 성례가 될 수 없다. 성직을 서품하는 것은 교회에서 직분자에게 직분을 주는 임직식이지 성례가 될 수 없다. 죽은 자의 시신에 기름을 바르는 것을 종유성사라고 해서 성례라고 하는데, 그것은 주님이 제정하신 성례가 될 수 없다.

성경 마태복음 19장 7절에는 조건부적인 이혼이 허용됨을 말하고 있다. 결혼 금지 규정이 성경에 없는 것처럼 이혼은 억제해야 할 것이로되 금지 규정도 없다. 이렇게 상대적인 결혼을 성례라고 묶어 놓은 것이 교회의 바벨론 포로라고 하였다.

(4) 그리스도인의 자유(Treatise on Christian Liberty)

1520년 11월 초에 루터를 교황청과 화해시키기 위한 밀티츠의 요청에 의해서 이루어진 논문이다.

이 논문에서 모든 그리스도인의 신앙생활을 총체적으로 진술하였다. 루터는 그리스도 안에서 믿음으로 얻는 자유의 성격을 설명하였다. 그리스도인의 진정한 자유가 무엇인가?

"그리스도인은 아무에게도 종속되지 않는 완전히 자유로운 주인이며 누구에게도 예속 받지 않는다. 그리스도인은 모든 사람 중 가장 충실한 종이며 누구에게든지 봉사해야 한다."(A christian man is the most free Lord for all, and subject to none : a christian man is the most dutiful servant of all, and subject to everyone.)

그리스도인의 자유는 무엇이든지 마음대로 행할 수 있는 방종이 아니라 다른 사람을 위해 자신을 희생하는 자유다. 그것은 '무엇으로부터의 자유'가 아니라 '무엇에게로의 자유'를 의미한다. 그리스도인은 자신 안에 살고 있는 것이 아니라 그리스도 안과 이웃 안에서 살고 있다. 그렇지 않으면 그는 그리스도인이 아니다.

믿음으로 구원받은 모든 그리스도인에게는 사제와 같은 권세가 주어졌다. 구속받은 그리스도인은 자유로운 왕일 뿐 아니라 영원한 사제이다. 사제로서의 그리스도인은 다른 이를 위해 기도할 수 있으므로 어떤 왕보다도 뛰어나다. 사제, 성직자, 교직자라는 단어들이 모든 그리스도인을 지칭한다. 그런데 소수의 교권주의자들이 스스로를 교황, 주교, 사제라고 부르면서 교권을 독점하고 있다. 성경에는 섬기는 자(ministers), 종(servants), 청지기(stewards)라고 했다. 바울이 고린도전서 4장 1절에 '우리는 그리스도의 일꾼'이라고 말한 것처럼 모두가 그리스도의 종이어야 한다.

그리스도인들을 성직자와 평신도로 구별하는 것은 잘못이다. 그리스도인의 자유는 영적 노예 상태에서 해방되는 것과 동시에 이웃과 하나님에 대한 사랑과 봉사로 종이 되어야 한다고 하였다.

루터는 이 같은 공개적인 글을 통해 교황제도를 둘러싸고 있는 잘못된 교리와 부패를 바로잡고자 하는 데 뜻이 있으며 교황 개인을 비난하기 위함이 아니라고 밝혔다.

4) 교황청 교서와 파문

루터가 개혁에 필요한 저작활동을 하고 있던 1520년에 루터의 논쟁자였던 잉골슈타트 대학의 엑크는 루터에 대한 파문 교서를 추진한다. 그래서 엑크와 추기경 카제탄에 의해 교황의 교서가 작성된 듯하다. 교황의 교서 '엑스우르게 도미네'(Exsurge Domine)는 교황 레오 10세 이름으로 1520년 10월 10일 루터에게 보내졌다. 이 교서에는 60일 이내에 모든 주장을 철회하고 로마로 오라는 소환장이었다. 이 교서가 루터에게 전해지자 그는 12월 10일 교황의 교서를 공개적으로 불태우는 화형식을 거행하였다.

교황의 교서 내용을 보자. "일어나소서. 오, 주여. 당신이 소송 사건을 제기하소서. 어리석은 자가 어떻게 주님을 힐문하는지 기억하소서. 산돼지 한 마리가 숲 밖으로 뛰쳐나와 포도원을 망하게 하며, 들판의 야생 짐승들도 당신의 포도원을 먹어치웁니다……"

이렇게 계속되는 교서 속에는 루터의 저작에서 41가지의 잘못들을 지적하고 이 같은 행위는 이단적이고 미친 것이라고 하였다. 모든 신실한 자들은 루터의 책을 닥치는 대로 소각하라고 명했다. 만일 교황의 교서대로 행하지 않으면 이단으로 취급되어 행정관리에 의해 체포 구금될 것이고, 이런 자를 숨겨 준 도시나 마을들은 파문에 처한다고 했다.

이 같은 교황의 교서가 발표되자 독일 국민들의 반응은 엇갈렸다. 교황청을 지지하는 엑크 동조세력은 교서대로 루터 저서들의 화형식을 실시했다. 그런데 독일 내 많은 주교들은 교황의 교서가 출판되어 일반 국민들에게 보급되는 것을 기술적으로 반대하였다. 그리고 교황편에 서서 비열한 교서를 만들도록 한 엑크에 대해서 전 국민적 조롱과 비난이 쏟아졌다. 비텐베르크 대학에서는 교서를 거부하고 루터에게 확신을 가지고 일어설 것을 격려했다.

이때 루터는《적 그리스도의 저주스런 교서를 반대하며》(Against the Execrable Bull of Anti-Christ)라는 소책자로 교황교서에 맞선다. 그리고 1520년 12월 10일 오전 9시 엘베 강과 성벽 사이에 있는 엘스터 문 밖의 공터에서 수많은 학생, 교수, 도시민들이 참석한 가운데 교황의 교서와 교황청의 헌장을 불태우는 화형식을 거행한다. 루터는 교서를 커다란 모닥불 속에 던지면서 "네가 하나님의 진리를 파괴하였으니 하나님께서 오늘 이 화염 속에서 너를 멸하시기를 원하노라"라고 하였다.

한편 교황청에서는 일개 수도사가 교황의 교서를 불태웠다는 소식을 듣고 크게 분개하였다. 그래서 1521년 1월 3일에 교황은 루터를 파문한다는 파문교서(bull of Excommunication)를 발행하고 루터는 법외에 있는 이단자임을 선언한다. 이제 교황의 파문장에 대한 집행여부는 독일 황제의 손에 좌우되게 되었다. 루터는 정부로부터 신변보호를 받을 수 있는 공민권을 박탈당한 자가 되었다. 그러자 독일 내에서 루터에 대한 공격이 점차 거세지게 되었다. 루터의 저작들이 독일의 쾰른, 네덜란드의 루방 등에서 불태워졌다.

이 무렵의 독일 황제는 누구였는가? 1519년 막시밀리안(Maximilian) 황제가 죽고 이미 스페인의 왕으로 있는 카를 5세가 스페인

왕과 독일 황제를 겸임한다(1519. 6. 28).

카를 5세는 1520년 10월 23일에 20세의 젊은 나이로 신성 로마 제국 황제 대관식을 거행하였다. 카를 5세가 독일의 황제가 되긴 했으나 그는 독일어를 모르므로 독일 국민과 친해질 수가 없었다. 그래서 1년에 한두 번 독일을 잠시 방문하는 정도였고, 독일의 실제적인 정치는 7명의 선제후들에 의해 이루어지고 있었다. 이런 상황에서 루터의 파문 처리가 독일 사회를 시끄럽게 하였다.

카를 5세는 21세의 젊은 나이로 루터 문제 해결을 위해서 1521년 4월 16일에 보름스(Worms) 의회를 소집하게 된다. 황제는 의회를 소집하고 교황청 특별대사와 제후들 앞에서 루터가 출두하여 그의 의견을 진술하라고 명한다. 황제와 교황청 사이에는 루터가 교황에 의해 파문 선고된 자이므로 국법대로 시행될 수 있도록 사전에 치밀하게 음모되었다. 이때 황제를 비롯한 교황청 특별대사들은 루터가 이미 파문된 자이므로 법대로 시행만 해야 된다고 주장하였다. 그러나 선제후 프리드리히와 독일 국민들은 루터의 입장을 들어 보지 않고 일방적 판결을 내리는 것은 부당하므로 루터의 주장을 들어 봐야 한다고 루터를 옹호했다. 이렇게 해서 '보름스' 의회가 열린다.

루터가 파문을 당할 때 본인은 담담하였다. 그러나 루터를 매우 슬프게 한 것은 그의 영적인 아버지인 아우구스티스누스파 수도원 원장이었던 슈타우피츠와의 이별이었다. 슈타우피츠는 루터가 파문당했다는 소식을 듣고 수도원장직에서 물러나 짤츠부르크 시골에 가서 여생을 보내기로 한다. 슈타우피츠는 1524년 12월28일에 세상을 떠났다. 그가 세상을 떠나기 전 마지막 유서에는 그의 사랑하는 애제자 루터를 향한 자기의 사랑이 여자에 대한 사랑보다 더했다고 썼다. 루터는 슈타우피츠 원장을 향해, 자기가 돼지나 먹는

쥐엄열매 찌꺼기에서 허덕이고 있을 때에 생명의 초장과 구원의 말씀으로 새롭게 인도받은 바 혜택이 컸다고 회고하였다.

5) 보름스 의회에서의 진술

앞에서 설명한 것처럼 로마 가톨릭 교회는 건방진 수도사 루터를 제거하려고 여러 가지로 시도했다. 추기경 카제탄이 루터를 만나 회담한 후 루터를 로마로 압송하려다 실패했다. 교황의 교서와 파문장으로 루터를 죄인 취급해서 개혁을 중단시키려 했으나 막지 못했다. 이제 마지막으로 죄인 된 루터를 독일 황제가 법대로 처리하기를 시도한다. 그래서 로마 교황청은 독일 황제 카를 5세에게 법대로 루터를 처형시키기를 요구하였다. 독일 황제 카를 5세는 스페인의 국내 사정으로 인해 스페인을 떠나지 못하고 있었다. 그러던 때에 프랑스와의 전쟁을 준비해야 하는 국가적 문제도 있었고, 이단자로 파문된 루터의 처리 문제로 1521년 보름스 의회를 소집하게 되었다.

1521년 4월 16일에 보름스 의회에 출두하라는 황제의 명령과 회기 중에는 루터의 신변을 보호한다는 황실의 전령이 3월 26일 루터에게 전달되었다. 독일 황제의 출두명령을 놓고 루터 진영 사람들은 한결같이 반대하였다. 선제후 프리드리히를 비롯하여 루터의 친구들은 과거 1415년 콘스탄츠 종교회의 때에 보헤미아의 후스(John Hus)가 독일 황제 지기스문트의 신변 안전 보장을 받고 참여했다가 순교당한 예를 들었다. 그래서 루터의 보름스 의회 출두를 만류했다. 하지만 루터는 살기 위해 비굴하게 숨는 것보다는 죽더라도 자신의 입장을 정확하게 밝히기를 원하였다.

이때 루터는 같은 대학의 동료 교수이자 제자인 멜란히톤에게 유명한 말을 남긴다. "형제여, 내가 만일 원수들에 의해서 살아 돌아오지 못한다면 군이 살아남아서 진리에 굳게 서서 끝까지 가르치라. 나를 죽이려 드는 원수들이, 보름스 성의 기왓장처럼 많은 악마들이 나를 막을지라도 나는 진리를 위해서 가리라"라고 했다고 한다.

루터는 독일 황제가 제공해 준 마차를 타고 1521년 4월 2일 부활주일 후 비텐베르크 도시를 출발하였다. 루터가 라이프치히를 통과할 때는 시민들로부터 이단자라는 냉대를 받았다. 엘볼트에 도착했을 때는 그곳 대학 총장과 40여 명의 기마대와 교수, 학생, 시민들의 열렬한 환영을 받았다. 여기서 그는 "평강이 그대들과 같이하기를"이란 제목으로 설교했다.

다른 한편 보름스에 먼저 도착한 교황청 사절단들은 루터가 의회에 출석하지 않은 채 황제 명령으로 처형이 선포되도록 운동하였다. 그러나 카를 5세는 전통적 가톨릭 신앙을 고수하는 데는 교황청과 같은 의견이었으나 교황이 절대적 지상권을 가지고 황제권을 장악하려 하는 교황사상에는 동의하지 않았다. 그래서 루터가 이미 교황으로부터 파문된 상태였으나 보름스 의회에서의 루터 진술을 허용하였다.

루터는 자기 마음을 안정시키려고 류트(현악기 일종)에 의한 음악으로 "내 주는 강한 성이요 방패와 병기 되시니"라는 찬송을 만들면서 1521년 4월 16일에 보름스에 도착하였다.

보름스는 독일 내에서 가장 오래된 도시 중 하나였다. 이 도시민들은 거칠고 자기들의 권리를 강력하게 주장함으로 주교로부터 여러 번 수찬 정지를 받은 바 있었다. 그래서 시민들 대부분이 반성직자적 투쟁 성향의 시민들이었다. 그렇기 때문에 루터가 교황에 의해 파문당하고 황제에 의해 재판된다는 사실에 대해 강한 저항의식을 갖고 있었다. 그리고 때마침 프랑크푸르트에서 열리고 있던 박람회를 참관했던 스페인인, 프랑스인, 이탈리아인 등 많은 상인들이 루터의 소문을 듣고 보름스로 몰려들었다. 이들은 자기가 믿는 바를 주장했다고 해서 루터를 처형시키려는 교황청의 의도에 대해 전적으로 반대하는 입장에 서 있었다.

1521년 4월 16일 오전 10시경 보름스 성당의 높은 탑 위에서 루터가 보름스 성문에 도착했다는 나팔이 울려 퍼졌다. 이때 보름스 시민 2만여 명이 루터를 환영하는 지지표시를 하였다. 루터는 피로를 풀 겸 10여 명의 지지자들과 함께 식사를 나누었다. 루터는 다음 날, 즉 4월 17일 오후 4시에 황제와 의회 앞에 나서기로 통보되었다. 여기서도 교황청 사절단들은 루터가 이미 파문되었으므로 의회에 출두할 필요없이 처벌만 집행되어야 한다고 주장했다. 그에 반해 독일 제후들은 루터의 말도 들어야 하고, 로마 교황청에 대한 독일 민족의 불평도 의회에서 제기되어야 한다고 주장했다. 이처럼 양쪽의 엇갈린 주장 속에 드디어 루터가 보름스 의회에 서게 되었다.

루터가 보름스 의회에 출두한 것은 1521년 4월 17일 오후 6시경이었다. 회의장에는 루터를 구경하러 온 유럽 각국 사람들과 보름스 시민 등 무려 5,000여 명이 가득 모이게 되었다.

보름스 의회에는 이제 21세 된 젊은 독일 황제 카를 5세와 독일의 영주 제후들, 그리고 교황청의 사절단과 여러 명의 추기경들이 참석하였다. 회의장 중앙에는 루터의 저서들이 책상 위에 놓여 있었다.

청문회 첫날, 의회 사무관이 황제와 교황청 특사 앞에서 루터에게 질문했다. 사무관은 모든 이가 다 알아들을 수 있도록 처음에는 라틴어로, 다음에는 독일어로 말했다. 사무관은 책상 위에 진열한 루터의 저서들을 소개한 후 루터에게 물었다. 사무관은 루터 앞에 수북이 쌓인 책들을 가리키며 "이것이 네가 쓴 책이냐?"라고 묻자 루터는 "예"라고 대답했다.

그다음에 사무관이 "너는 이 책을 취소하겠는가, 아니면 지지하는가?"라고 묻자 루터는 "내가 예 혹은 아니오를 대답하기 전에 설명이 필요하다"라고 말했고, 서기관은 "예, 아니오 둘 중에서 하나만 대답하라"고 하였다. 루터는 결코 그럴 수 없다고 응수했다. 이렇게 옥신각신하다가 루터가 "여기 이 책들은 신앙과 영혼에 관한 문제를 내포한 책들이다. 이것은 지상과 하늘에서 가장 큰 문제이며 모든 사람이 믿고 따라야 할 하나님의 말씀과 관련되어 있으므로 본인이 심사숙고함이 없이 선언한다면 그것은 위험스럽고 조잡한 것이 될 것이다. 이런 이유로 본인에게 심사숙고할 시간적 여유가 필요하다"라고 했다.

이때 루터와의 논쟁자였던 엑크는 루터가 지금에 와서 시간을 달라는 것은 온당치 않다고 반대하였다. 그러나 황제는 다음 날까지 생각하도록 여유를 주었다. 그리하여 다음 날 오후 4시에 다시 소환하기로 하였다.

다음 날인 4월 18일 오후 4시에 다시 의회가 모였다. 이날에는 전날보다 더 많은 5,000명 이상이 모여들었다. 독일 황제 카를 5세가 독일 선제후들과 제후들을 대동하고 접견실에 들어선 때는 오후 6시였다.

사무관은 루터가 생각할 시간적 여유를 달라고 요청했음을 상기시키면서 이제는 루터가 자신의 책이라고 인정한 그 책들의 내용을 고수할 것인지, 아니면 취소할 것인지를 말할 시간이라고 했다. 루터 앞에는 카를 5세 황제와 그의 동생 페르디난드가 있고, 그 옆에는 선제후들과 제국의 제후들이 있고, 그 옆에 교황청 사절단이 앉아 있었다.

루터는 자신의 저서들에 대해 세 가지로 설명했다.

"이 책 중 첫째 부류의 내용은 신앙과 생활을 구별하여 매우 알기 쉽게 복음적으로 서술한 내용들이 있다. 이런 부류의 내용들은 나의 편이나 나의 대적하는 편이나 모든 사람들에게 기독교 복음적인 내용이므로 가치가 있다고 믿는다. 그렇기 때문에 이런 내용의 책들을 부인한다면 적의 편이나 나의 편이나 모든 사람들이 신앙으로 고백할 수 있는 진리를 다 부인하는 것이 된다. 따라서 철회할 필요가 없다. 두 번째 부류의 내용은 교황파들의 그릇된 생활과 교리 때문에 기독교계가 황폐된 것을 격렬하게 비난한 내용들이다. 교황들의 법에 의해서 모든 사람들이 양심의 고문을 받고 있는 것은 전 세계가 모두 다 불평, 불만하고 있는 것에서 사실이 증명되고 있다."

이때 황제가 "아니, 그런 것은 아니다"라고 루터의 말을 가로챘다. 그러나 루터는 더 침착하게 자기 말을 이어갔다.

"만일 내가 이렇게 사악한 것을 취소한다면 나는 한층 더 포악하고 불경건한 문을 열어 놓는 사람이 될 것이다. 내가 만일 신성 로마 제국의 요구에 복종하여 그런 일을 한다면 그것은 신성 로마 제국을 더욱 악한 제국으로 만드는 결과가 될 것이다. 그러므로 이것 역시 취소할 수 없다.

세 번째 부류의 내용에는 개인에게 보낸 비판이 있다. 개인에게 너무 감정적으로 공격을 한 점이 있는데, 이것은 나의 직업에 적합하지 않은 것이므로 그것을 지적한다면 철회할 수 있다. 이 모든 저서들은 나의 생활에서 비롯된 것이 아니고 그리스도의 교훈에 의한 것이기 때문에 이런 저작물을 철회할 수가 없다.

그리스도께서 안나스의 법정에 서셨을 때 '내가 말을 잘못하였으면 그 잘못한 것을 증언하라'(요 18:23)며 잘못한 것이 없음을 증언을 요구하셨다. 만일 나의 잘못된 것이 명백히 지적된다면 내가 누구보다도 먼저 나의 책자를 불에 던질 것이다. 나의 가르침으로 인해 사람들 간에 의견의 대립이 있는 것을 잘 알고 있다. 주님도 '내가 세상에 화평을 주러 온 줄로 생각하지 말라 화평이 아니요 검을 주러 왔노라'(마 10:34)고 하셨다."

이때 엑크가 나섰다.

"마틴 씨! 성경말씀이라고 하는 당신의 주장은 이미 이단으로 규명된 위클리프나 후스 같은 잘못을 되풀이하는 데 지나지 않는다. 그대는 그대만이 성서의 진의를 이해한 단 한 사람이라고 어떻게 가정할 수 있는가? 그대는 과거 유명한 많은 사람들의 판단보다도 그대의 판단이 옳고 저들보다 더 많이 알고 있다고 주장하는가? 그대는 신성한 전통신앙에 대하여 다른 말을 주장할 권리가 없다. 신성한 전통은 완전한 법률 제정자이신 그리스도에 의해 제정되었고, 사도들에 의해 온 세계에 선언되었고, 순교자들에 의해 봉인되었고, 거룩한 교회 회의에서 확인하여 교회에서 확정된 것이다. 이것을 우리 조상들은 끝까지 믿고 유산으로 우리에게 전해 주었다. 여기에 대하여 제한 없는 논쟁 같은 것이 일어나지 않도록 하기 위하여 교황과 황제로부터 논의하는 것이 금지되어 있다. 그대에게 묻노니 솔직하게 대답하라. 그대는 그대의 책자와 그 안에 포함되어 있는 잘못을 부인하는가, 혹은 인정하는가?"

이때 루터가 대답한다.

"폐하와 각하들은 간단한 대답을 요구하시기 때문에 그대로 대답한다. 성서와 명백한 이성에 의해서 잘못이라 느끼지 않는 한, 나는 교황과 종교회의를 인정하지 않는다. 왜냐하면 그들은 서로 모순되기 때문이다. 나의 양심은 하나님의 말씀에 사로잡혀 있다.

나는 아무것도 취소할 수 없고, 취소하려고 생각하지도 않는다. 왜냐하면 양심에 반하는 것은 옳지 않고 완전하지도 않기 때문이다. "나는 여기 있노라. 나는 달리 말할 수 없다. 하나님이여, 나를 도우소서. 아멘."(Hie Stehe ich, ich Kann nicht anders thun, Gott helfe mir, Amen.)

루터는 진술을 끝내고 그 자리에 꿇어 앉았다.

이때 사무관이 다시 물었다. "과거 독일 전체 국민들이 모인 콘스탄츠 종교회의에서 위클리프나 후스를 이미 이단이라고 결정을 내렸다. 루터의 견해도 저들 같은 이단적 요소를 취소할 수 없느냐?"

여기에 대해 루터는 "과거의 종교회의가 지금까지 많은 오류를 범해 왔다. 과거 종교회의가 오류라고 믿는 양심이 있는데 그것을 취소하는 것은 양심이 허락하지 않는다"라고 했다. 이때 황제가 회의를 끝내도록 하고 자리를 떠났다.

이렇게 되자 독일인들은 루터를 보호하기 위해 루터를 둘러쌌다. 루터는 군중에게 둘러싸여 장내를 빠져나와 숙소로 돌아왔다.

다음 날은 4월 19일이었다.

카를 황제는 선제후들과 제후들을 초청하여 그들의 의견을 물었다. 그리고 자신의 의견서를 한 장의 글로 읽어 주었다.

"나는 죽기까지 로마 교회에 충실할 것이다. 지금 한 수도사가 큰 과오를 범하고 있다. 나는 루터의 항변을 들어 보니까 그가 그릇된 교리자라는 것을 확실하게 알게 되었다. 지금까지 루터의 처리를 연장시킨 것이 후회스럽다. 그에게 여행 안전을 보장했으니 돌아가게 하는 것이 좋겠다. 나는 그를 이단자로 고소하니 제후들은 각자의 의견을 발표하라"고 했다.

이때 황제의 의견을 들은 대다수의 제후들은 루터에게 사형을 제청하였다. 6명의 선제후 중 4명이 황제에 동조하고 프리드리히

공과 루드빅 공은 서명하지 않았다. 이때 루터 옹호자들 가운데 루터를 끝까지 수호하겠다는 400명의 기사 명단이 발표되었다.

여기서 황제는 루터에게 4월 26일 이후 21일 이내에 보름스를 떠날 것을 명하고 그 이후에 체포되면 이단으로 처형된다는 조정안을 마련하였다. 그리고 1521년 5월 26일 황제의 칙서로 루터를 이단으로 정죄하고 루터의 모든 책을 불사르도록 명령하였다.

이와 같은 황제의 칙서가 내려졌으나 당시의 행정체제는 영주의 관할이었으므로 영주의 뜻을 어길 수 없었다. 이 같은 상태에서 조정안이 루터에게 전달되기 전에 루터가 갑자기 없어졌다.

루터가 보름스를 떠났는지 행방을 알 수 없었다. 이때 보름스에서는 교황청 사절단들이 루터가 도착하자마자 줄기차게 루터의 체포를 추진하였다. 그런데 루터가 의회를 들어오고 나갈 때마다 독일 군대가 그를 호위하므로 뜻을 이루지 못하고 있었다.

이런 때에 루터 처벌에 관한 황제의 칙령이 내려졌다. 이때 루터의 신변 위험을 가장 크게 느낀 것이 선제후 프리드리히였다. 선제후 프리드리히는 교황청 사절단이 루터의 체포를 추진함을 간파하고 저들이 손을 쓰기 전에 아무도 모르게 루터를 자기의 비밀 성채인 발트부르크(Wartburg)로 피신시켰다.

루터는 발트부르크 성채에서 10개월간 유배 같은 은둔생활을 하게 되었다. 이 사이에 루터의 행방이 알려지지 않은 채 루터가 죽었을 것이라는 소문이 무성하게 퍼졌다. 루터가 교황청 특사의 손에 의해 죽었다는 소문이 계속되었다.

루터는 발트부르크 성채에서 10개월간 은둔생활을 하며 기사 융켈 게오르크(Junker Georg)라는 가명으로 숨겨 지냈다. 루터는 이곳에서 10개월간 독일어 성서 번역을 하며 하나님과 가까이 지냈다. 다른 한편 독일에서는 루터를 비롯한 종교개혁 세력을 줄기차게 공격하는 가톨릭 세력의 공세가 더욱 강해졌다.

그런가 하면 루터가 없는 독일에서는 루터보다 더 과격한 개혁 운동이 여기저기서 일어났다. 이제는 종교개혁이 루터 한 사람에 의한 개혁이 아니라 독일인들 다수가 참여하는 독일인의 종교개혁으로 확대되었다. 루터가 불을 붙인 종교개혁의 불길이 독일인의 개혁으로 확대된 것이다.

3. 독일 국민의 개혁 참여

1) 루터의 은둔과 귀환

루터가 발트부르크(Wartburg) 성에서 은둔하고 있었으므로 겉으로 보면 개혁운동이 중단된 것처럼 보였다. 그러나 독일 내 국민적 개혁 참여는 계속 넓게 퍼져 나가고 있었다. 그 증거로 루터의 95개조 논제와 4대 개혁 논문들이 책으로 꾸준하게 대량 발행되고 있었다.

과거 1518년 이전까지 독일의 연간 서적 출판은 50여 종을 넘지 못하였다. 그런데 1518~1523년 사이에 수백 종의 책이 발행되었다. 1521년부터는 루터의 제자, 동료, 적대자들까지도 개혁자의 깨우침에 대한 각종 다양한 의견서들을 내놓았다.

이러한 전체 독일 국민들의 개혁에 관한 관심은 여러 곳에서 드러났다. 잉골슈타트 대학에서 엑크(Eck)의 제자로 가장 신임을 받고 있던 교수 우르반 레기우스(Urban Rhegius)가 루터의 신학이 옳다고 믿고 소속 종단을 떠났다. 또 성서에 대한 루터의 글을 연구하던 아르굴라 그룬바하(Argula Grunbach)는 잉골슈타트 대학 앞에서 엑크 박사와 공개토론을 하자고 도전하였다. 또 각종 자유로운 대중문학은 종교인, 정치인들이 부패하고 무능한 데 반해 농민들은 정직하고 솔직한 사람들이라고 높게 평가하였다.

예술가들도 많은 만화를 통해서 개혁자의 이론과 목적을 보통 사람들도 이해할 수 있도록 평이하게 설명했다. 이런 종류의 만화책 중에 "고난받는 그리스도와 적그리스도"라는 책이 있었다. 이 만화책에서 예수님은 제자들의 발을 씻기시는데, 교황은 발가락을 내밀면서 입을 맞추라고 한다. 예수께서는 상처 난 자와 병든 자를 치유하시는데 교황은 마상 경주를 주재한다. 예수께서는 돈 바꾸는 자들을 성전에서 내쫓으시는데 교황은 그 시종들에게 면죄부를 팔게 하므로 교회를 시장으로 전락시킨다. 그리고 돈 궤짝에 동전을 가득 채운 것으로 만족해하고 있다.

이렇게 독일 각 영역에 개혁의 기운이 안 미치는 곳이 없었다. 루터가 발트부르크 성채 안에 은둔하고 있었으나 독일 전체에는 더 큰 개혁들이 진행되어 가고 있었다. 이것은 루터의 개혁이 독일 국민의 개혁으로 발전된 양상이었다.

루터가 발트부르크에 은둔해 있는지 모르는 상태에서 개혁이 계속 진행되어야 한다고 나선 사람들이 있다. 그가 칼 슈타트와 츠빌링이었다.

(1) 근본적 개혁가

루터는 발트부르크에 은둔하여 성경을 번역하고 있었다.

그런데 루터가 없는 비텐베르크에서는 루터의 대학 동료 교수인 여러 사람들이 루터가 없는 상태에서 개혁 운동을 하게 된다. 이중에서 가장 두드러진 개혁 선봉자는 칼 슈타트(Andreas Bodenstein of Kalstadt, 1480-1541)였다. 칼 슈타트는 1512년 루터의 박사학위 논문 지도교수였고, 루터가 95개조 논제를 발표하기 이전에 120개조를 발표했던 석학이었다.

　칼 슈타트가 처음에는 루터의 종교개혁에 동참하였다. 그러나 칼 슈타트는 교회 내 계급주의적 제도를 완전 배격하는 성경적 평등주의 신봉자인 면에서는 루터와 달랐다.

　그는 평등주의를 내세워 평신도와 성직자로 구별하여 성직자의 복장이 다른 것을 반대했다. 자신이 '박사'라고 불리는 것보다 '안드레아스 형제'로 불리는 것을 좋아하였다. 또 칼 슈타트는 이것이냐, 저것이냐 둘 중에서 어느 한쪽을 선택하기를 좋아하였다. 물질이냐, 영적이냐 둘 중에서 영적인 것이 아닌 것은 모조리 배척하였다. 그래서 물질로 표현되는 모든 것을 신앙 영역에서 제외시키고자 하였다.

　그는 예배 때 교회에서 음악은 물론 성찬까지도 다 없애려고 하였다. 이와 같은 신념 하에 성찬식 때 떡과 포도주에 그리스도께서 육체적, 실제적으로 임한다는 루터의 동체설(또는 공재설)을 비성경적이라고 했다.

　그뿐만이 아니었다. 교회의 독소적 요소라고 생각되는 서약, 성직자의 독신주의, 미사 제도, 예배 의식에 대해서 계속 비판하였다. 그는 하나님과 직접 대화할 수 있으며 장래를 예견하는 은사가 있다고 주장하여 자신의 입장을 강화하려고 하였다.

　그는 목회자가 교회로부터 사례비 받는 것을 반대하여 스스로 농장에서 일하였다. 1521년 성탄절에 사제복 대신 농부들이 입는 회색옷을 입고서 2,000여 명에게 빵과 함께 포도주를 나눠 주었다. 가톨릭 성당의 제단, 성상, 화상 등이 어떤 형상도 만들지 말라는 제2계명에 금지된 것들이라고 모두 파괴하였다.

또 성직자의 결혼을 찬성하던 칼 슈타트는 1522년 1월 솔선하여 결혼을 하였다. 그는 교회 수입을 평신도위원회에 맡겨서 가난한 자들의 구제금과 가난한 처녀들을 위한 결혼 지참금으로 분배하였다.

공중예배 때 성화는 물론 오르간과 성가의 사용을 금하였다. 예배 때는 라틴어가 아닌 독일어로 예배드리게 하였고, 시 정부가 빈민 구제를 하도록 하며 매음굴과 구걸 행위를 금하였다.

비텐베르크의 급진적인 개혁은 칼 슈타트에 이어 아우구스티누스 수도사 가브리엘 츠빌링(Gabriel Zwilling, 1487-1558)이 합세함으로 더욱 격화되었다. 츠빌링은 1521년 12월 27일 츠비카우(Zwickau)에서 비텐베르크로 옮겨옴으로 개혁 작업이 본격화되었다. 그는 자신이 하나님의 계시를 받았다고 주장하면서 유아세례를 반대하였다.

그의 임박한 종말을 강조하는 설교로 교인들의 긴장감을 불러일으켰다. 츠빌링 역시 미사를 배척하고 평신도에게도 떡과 포도주를 나눠 주는 2종 성찬을 실시했다. 그리고 은둔생활을 추구하는 수도승과 수녀들을 비판했다. 이 같은 그의 혁명적 설교로 수많은 이들이 수도사의 직분을 버리고 급진적인 개혁운동에 폭동으로 동참했다.

1522년 1월 13일 츠빌링은 동료들과 함께 비텐베르크의 아우구스티누스 수도원을 습격하여 수도원을 개혁하는 데 실제적으로 앞장섰다. 그는 수도사들을 인도하여 수도원의 제단을 부수고 성자들의 화상을 불살랐다.

칼 슈타트와 츠빌링의 급진적인 개혁운동은 비텐베르크 전역으로 확산되었다. 시 의회는 주민들의 요구에 따라 복음적 교리에 일치하는 종교 공동체를 만들고 1522년 1월 24일 새로운 법안을 통과시켰다. 새 법안은 칼 슈타트가 시장에게 강압적으로 요청한 것이었다.

이때 통과된 새로운 법안의 내용은 성당 내 수많은 제단을 세 개로 축소시킨다, 가난한 자를 위해 공공기부금을 마련한다, 종교적 공제 조합을 폐지하고 그 자산을 공동 기부금으로 운영한다, 구걸과 매춘을 폐지한다는 것이었다. 이처럼 칼 슈타트의 급진적 개혁은 시민들을 불안하게 만들었고, 시민들은 자신들의 불안함을 선제후들에게 진정하게 되었다.

칼 슈타트의 급진적 개혁으로 비텐베르크에 소요가 계속되자 많은 사람들이 루터를 찾게 되었다. 제후와 귀족들 역시 이 같은 과격한 개혁을 반대했다.

1521년 11월 조지 공작은 그의 아우이며 선제후인 삭소니의 요한 공작에게 비텐베르크에서 2종 성찬이 시행되고 있는 점을 국가에서 해결해 줄 것을 요청하였다. 드디어 독일 황제는 선제후 프리드리히와 몇 명의 주교를 파송해서 비텐베르크의 소요를 수습하도록 전권 위원을 구성했다.

(2) 루터의 귀환

비텐베르크의 소요 사태로 가장 큰 동요를 느낀 사람은 지금까지 루터를 후원해 준 선제후 프리드리히였다. 프리드리히는 비텐베르크 대학의 설립자이다. 프리드리히는 비텐베르크 대학을 세웠으나 학생이 충원되지 않으므로 경영에 많은 어려움을 겪고 있었다.

그러던 차에 루터가 이 대학의 교수가 되면서 학생 충원이 잘되었고, 루터가 95개조 논제를 발표한 후에는 이 대학이 유명 대학이 되었다. 비텐베르크 대학이 발전함과 동시에 비텐베르크 도시도 발전하였다. 프리드리히 선제후는 비텐베르크 대학을 발전시키는 데 루터가 필요하였다. 그래서 루터가 위험에 빠질 때마다 루터를 도와주었다.

프리드리히는 루터가 교황으로부터 로마로 소환 명령을 받았을 때 당시 막시밀리안 황제를 움직여 교황에게 불려가지 않도록 정치력을 발휘했다. 또 루터가 황제의 명으로 보름스 의회에 출두했을 때 교황청 특사들의 체포 위험을 감지하고 독일 군대를 동원해 그의 신변을 보호해 주었다.

그리고 황제가 루터를 죄인으로 칙령을 내리자 국가로부터 보호받을 수 없게 된 루터를 자기 비밀 성채인 발트부르크에 은신시키고 있는 상태였다. 선제후 프리드리히의 도움 없이는 살아남을 수 없었던 것이 루터의 과거였다.

이런 상태에서 루터가 없는 비텐베르크 도시에서 칼 슈타트와 츠빌링에 의해 과격한 개혁이 이루어지고 있다는 세상 여론이 돌고 있었다. 여기서 우리가 생각해 볼 점이 있다.

여기 소개되고 있는 칼 슈타트와 츠빌링의 개혁이 과연 과격하고 급진적인 개혁이었느냐 하는 판단이다. 칼 슈타트의 개혁은 이미 궤도를 이탈하여 탈선한 로마 가톨릭 교회를 개혁하는 개혁의 일부분에 불과하다.

개혁이라고 하면 모든 것이 성경적으로 돌아가야만 한다. 루터가 지향해 오고 있는 개혁은 로마 가톨릭의 잘못된 것들을 일부 개선하는 데 급급하고 있는 실정이다. 그래서 칼 슈타트는 보다 근본적인 성경적 개혁을 추진했다. 그 같은 칼 슈타트의 개혁운동은 당시 시민들이나 선제후들이 볼 때에는 과격하고 급진적 개혁이라 거부감을 불러일으켰음을 알 수 있다.

이 같은 상황에 대해 가장 현명한 선제후 프리드리히는 자기 의지를 반영해 줄 개혁자는 자기가 지금까지 후원해 준 루터뿐이라고 판단했을 것이다.

이런 때에 마침 황제의 이름으로 비텐베르크의 소요를 진정시키라는 지시를 받았다. 프리드리히 선제후는 황제의 지시를 받고 자신의 자문관을 칼 슈타트와 츠빌링에게 보내 사태를 수습해 보려고 했다. 그러나 근본적 개혁 의지에 불타고 있던 두 개혁자에게는 아무 효험이 없었다. 이때 프리드리히는 발트부르크에 은신해 있는 루터에게 '훈령서'(Instruction)를 보낸다.

프리드리히의 훈령서가 무엇인가?

그것은 프리드리히 선제후의 의견 제시와 함께 루터가 어떤 결정을 할 것인가에 따라 자기도 태도를 바꿀 수 있다는 일종의 반강요적 요청서였다.

프리드리히 선제후는 그 당시 비텐베르크에서 벌어지고 있는 칼 슈타트나 츠빌링 같은 과격한 개혁은 원치 않았다. 칼 슈타트의 과격한 개혁에 대해서는 프리드리히만 반대한 것이 아니다. 루터의 제자요 같은 대학의 동료 교수인 멜란히톤도 칼 슈타트의 해박한 성경 지식과 직접 계시 사상에 처음에는 매료되었다. 그런데 칼 슈타트가 2종 성찬은 물론 유아세례까지 부인하자 더 이상 칼 슈타트를 지지하지 않았다. 이럴 때 루터가 해야 할 일이 있을 것이다.

루터가 잘 판단해서 같은 대학 동료 교수인 칼 슈타트와 같은 과격한 개혁을 계속할 것인지, 아니면 독일 국민이 원하고 황제가 원하고 자신이 원하는 원만한 사태 수습을 할 것인지 훈령서를 받고 선택하라고 요청하게 된 것 같다.

프리드리히의 훈령서를 받은 루터는 곧 귀환을 서두른다. 발트부르크 성채에서 10여 개월 은둔해 있으면서 루터는 성서 번역가로서 자신의 영적 생활에 귀중한 시간을 보냈다. 그러나 개혁사역이 산더미처럼 앞에 보이는 루터에게 발트부르크 성채의 은둔생활은 더 큰 의미가 없었다. 그리고 루터는 이제까지 자기를 보호하고 후원해 준 프리드리히의 요청을 거절하고 다른 선택을 할 만한 입장도 아니라고 판단했을 것이다.

루터는 비텐베르크로 돌아가서 국민들이 열망하는 안심된 개혁은 전개하되 국민들이 불안해하는 과격한 개혁은 하지 않겠다는 결심을 하고 발트부르크 성채를 떠난다. 그가 발트부르크를 떠나면서 선언한 말이 있다.

"나는 선제후의 힘을 믿고 비텐베르크로 돌아가는 것이 아니다. 나는 선제후보다 더 강하고 높은 분의 보호 밑에서 비텐베르크로 돌아간다. 나는 선제후의 보호를 요청하지 않으려 한다. 나는 사람의 보호나 협조 없이 하나님의 보호만 의지한다."

그의 선언인즉 참으로 옳은 말이다. 그러나 지금까지 선제후의 보호를 받아 왔으면서 이런 선언은 얼마나 공허한 소리인가?

루터는 교황청으로부터 파문을 당했고 황제로부터도 국법으로 보호받을 수 없는 죄인이라는 칙령을 받은 상태이다. 그래서 공공연하게 나타날 수 없는 몸이었다.

루터는 프리드리히 선제후가 마련해 준 여러 명의 기사들을 동반하고 갑옷과 투구를 쓴 기사 융켈(Junker)로 변신하고 1522년 3월 6일에 비텐베르크로 돌아왔다.

루터는 비텐베르크에 돌아오자마자 한 주간에 여덟 차례의 설교를 하였다. 그리고 칼 슈타트에 의해 과격하게 진행되어 온 비텐베르크의 급진적 개혁에 대해 자신의 입장을 분명하게 제시하였다.

루터는 급진적 개혁보다는 개혁 작업으로 상처받은 믿음이 약한 이들을 위로해 주는 설교를 하였다. 그는 죄에 대한 각성, 그리스도를 통해 얻는 죄 사함의 용서, 이웃 사랑을 설교하며 종교적인 문제는 힘이 아닌 설득으로 해결하는 것이라고 하였다.

그뿐만이 아니다. 루터는 급진적인 개혁은 사회 혼란을 초래하고 적그리스도가 좋아할 만한 빌미를 제공한다, 성경적인 개혁은 혁명적인 것이 아니라 점진적인 것이어야 한다고 하였다. 그래서 칼 슈타트가 추진했던 모든 개혁 작업을 과거로 되돌려 놓았다.

루터는 이전처럼 미사 제도를 복원했다. 비텐베르크에서는 고해성사가 다시 시작되었으며, 성당 내 성상과 성화들이 예배 장소에 세워졌다. 루터는 복음의 중심은 영적 교훈이며 이 진리를 적용하는 중요한 대상은 신자의 마음이다, 그러므로 의식이나 성상, 교회 유물 등은 복음의 메시지에 반대를 초래하지 않는 한 그것을 배격할 아무 근거가 없다고 하였다.

여기서 루터는 아디아포라(Adiaphora) 이론을 제시한다. 아디아포라란 상징들이란 뜻이다. 종교에는 여러 가지 아디아포라가 표현된다. 그런데 종교적 상징은 각 시대, 환경, 장소에 따라 자유롭게 나타난다. 결혼, 장례식, 예배의식, 언어 등은 각 시대와 환경과 장소에 따라 그 의식이 달라졌다. 성당 안의 성상, 성화 등도 단순한 상징물에 불과하다.

상징물에 불과한 것들은 모든 사람에게 다 똑같아야 하는 것은 아니다. 복음의 핵심은 영적 상태와 마음의 상태가 주된 핵심이다. 성찬에 있어서 제일 중요한 것은 성찬을 받을 만한 영적 준비가 되어 있느냐 하는 것이고, 떡과 함께 잔을 주는 것은 성경에 근거 있는 아디아포라라고 하였다.

그리고 칼 슈타트의 과격한 개혁에도 분명하게 반대 입장을 취하였다. 루터는 다음과 같이 주장하였다. "그리스도인은 어떤 조건이나 동기에서도 폭력을 행사해선 안 된다. 하나님의 말씀만이 우리들의 생각을 지배하게 해야 하고 개혁도 하나님의 말씀으로만 완성해야 한다. 바울 사도가 그리스 아테네에 갔을 때 아테네 거리에 있는 수없이 많은 이단 종교의 신당들과 제단들을 보고 헤아릴 수 없이 많은 우상들을 보았을 때 어떻게 하였는가? 바울 사도는 설교를 통해 무력으로 그것들을 파괴해야 한다고 선동하지 않았다. 도리어 그들로 하여금 우상이 나쁜 것임을 깨닫고 그들 스스로 자진하여 죄 된 것을 없애도록 하였다. 나는 면죄증과 교황권을 반대한다. 그러나 그것을 힘으로나 완력으로 대항하라고 하지 않았다. 나는 단지 하나님 말씀을 가르치고 설교하고 저술한 것뿐이다. 나는 하나님 말씀에 모든 것을 맡겨 버린다."

이와 같은 루터의 정책에 대부분의 개혁자들이 루터를 지지했다. 여기에 반해 칼 슈타트는 루터가 너무 무기력한 개혁자라고 비난하고 루터와의 화해를 거부하였다. 루터는 사회 질서와 자유에 기초를 둔 온전한 개혁을 추구했고, 칼 슈타트는 근본적인 개혁만이 영과 육이 사는 길이라고 믿고 루터를 떠나 자기들 취향에 맞는 다른 길을 걸어갔다.

여기서 우리는 한번 생각을 하고 넘어가자.

루터는 사회 문제를 일으키지 않는 점진적 개혁을 추구했다. 그래서 가톨릭 미사를 복원시키고 성당의 성상을 설치하고 성화를 부착했다. 이런 것들은 종교의 본질이 아닌 상징(Adiaphora)이므로 크게 집착하지 않아도 된다고 하였다. 그렇게 해서 당시 프리드리히와 군주들과 시민들을 만족시켜 주었다. 그리고 저들의 지원을 계속 받아 드디어 종교개혁을 완성했다.

거기에 반해 칼 슈타트는 다른 견해를 가졌다. 개혁이란, 현존 질서를 부정하는 데서 출발한다고 보았다. 가톨릭 교회가 시행하고 있는 모든 것들이 제대로 잘된 것이라면 개혁한다고 할 필요가 있겠는가?

개혁은 잘못된 것을 제대로 된 것으로 환원시키는 혁명적 과업이다. 미사가 그리스도의 희생 반복이 아니라고 믿으면 미사를 폐지해야 개혁이다. 성상과 성화가 형상을 만든 우상에 속한다면 그것을 없애야 개혁이 되는 것이다. 잘못된 것임을 알면서도 묵인하는 것은 현상 유지를 위한 타협에 불과하다. 칼 슈타트로서는 얼마든지 할 말이 있을 수 있다.

그러나 역사는 항상 승자의 입장에서 기록되기 마련이다.

루터가 프리드리히의 힘을 이용했는지, 아니면 세태가 그렇게 굴러갔는지는 알 수 없다. 루터는 종교개혁의 완성자로 그가 한 일만이 정당한 것으로 역사는 기록되어 있다. 그에 반해 칼 슈타트는 시대를 읽을 줄 모르는 돈키호테 같은 과격분자로서 그는 실패자로 낙인되어 전해져 오고 있다.

그러나 루터보다는 칼 슈타트가 제대로 된 개혁자였다는 것이 필자의 생각이다.

(3) 인문주의자와의 분열

루터의 독특함은 인문주의자인 에라스무스와의 분열이었다. 에라스무스(Desiderius Erasmus, 1466~1536)는 네덜란드 로테르담 주교의 사생아로 태어났다.

소년 시절 '공동생활형제단'에서 경건심을 익혔다. 1488년 에스파냐의 아우구스티누스파 수도원에 들어가 수도사로 지내다 환속을 하였다. 그는 영국에서 인문학자들과 교제 중 많은 자극을 받았다.

그는 1511년 영국에서 "우신예찬"(愚神禮讚)이란 희문을 발표했다. 책 내용은 어리석은 여신이 이 세상에 얼마나 어리석은 일이 많은가를 헤아리면서 자랑을 늘어놓는 형식으로 철학자, 신학자의 공허한 논리와 성직자의 위선 등을 날카롭게 풍자한 작품이었다.

그는 교회의 타락을 신랄하게 비판하고 성서의 복음 정신으로 복귀할 것을 주장했다. 이 무렵 루터가 95개조 논제와 개혁 논문을 발표하자 루터를 전폭적으로 지지했다.

그런데 루터가 성찬의 동체설(공재설)을 주장할 때 에라스무스는 의견을 달리했고, 루터가 보통 시민에게 라틴어 대신 독일어를 사용할 것을 권면했는데, 에라스무스는 루터의 이신칭의와 예정의 교리가 그릇되었다고 비난하기 시작했다.

드디어 《자유의지론》(Diatribe de libero arbitrio, 1524)을 저술하여 루터의 예정 사상을 비판하였다. 에라스무스는 루터의 예정 사상이 중세기의 극단적 예정론과 비슷하다고 평가하면서, 그는 인간의 자유의지와 하나님의 은혜가 동시에 있어야 한다고 주장했다.

여기에 반해 루터는 《노예의지론》(De Servo arbitrio, 1525)을 통해 에라스무스의 자유의지론을 비판하고, 모든 것을 다스리시는 하나님에 대한 인류의 절대적 의존이 있을 때에 하나님의 은혜가 대가 없이 주어진다고 주장했다. 이렇게 에라스무스와 루터의 견해는 달랐다.

루터가 이신득의에 의해 하나님께서 모든 것을 해결하신다고 믿는 것에 반해 에라스무스는 산상복음과 같은 신약 윤리를 회복함으로 원시 기독교 회복이 가능하다는 실천 윤리를 강조했다. 이렇게 견해가 다른 에라스무스는 1525년 루터가 결혼하는 모습을 보고 루터와 결별한다.

루터는 같은 개혁 의지를 가졌던 칼 슈타트와 결별하고, 또 인문주의자로 알려진 에라스무스와도 결별한다.

루터는 오로지 자기가 추구하는 개혁 목표를 위해 자기 갈 길만

간다. 이 같은 독선은 츠빙글리와의 대담에서도 그대로 나타난다.

2) 농민전쟁(Deutscher Bauerkreig)

지금까지 우리는 독일의 종교계에서 일어난 역사들을 살펴왔다. 독일은 신성 로마 제국에 의한 정치에 종교는 로마 가톨릭 교회와 뒤섞여 있는 나라였다. 이 같은 정치와 종교를 뒷받침해 주는 다수의 국민이 누군가? 그들이 바로 농민들이었다.

농민들은 땅에서 농산물을 생산하는데 땅의 주인이 전통적 특권 세력인 영주들과 주교들이었다. 생산의 현장에 종사하는 농민들은 땅의 주인인 영주들과 주교들의 횡포로 수세기 동안 불만이 쌓여 왔다. 그러나 순진하기만 한 농민들은 자기들의 정당한 권리 주장을 못하고 불만을 체념으로 억눌러 오고 있었다.

이렇게 순진한 농민들에게 분노를 터뜨릴 수 있는 기회가 찾아 왔다. 농민들은 기사전쟁(Knights War)이 1522~1523년에 일어나서 불만을 무력으로 표출하는 것을 보게 되었다. 여기에다 1517년 루터의 종교개혁으로 "모든 사람은 하나님 앞에 평등하다"는 만인 사제직 사상은 농민들에게 큰 자극을 주었다.

그리고 농민들에게 실제로 폭력을 선동하는 토마스 뮌처 같은 종교지도자가 있었다. 독일의 농민전쟁은 1524년에서 1525년까지 독일 서남부를 중심으로 일어난 독일 역사의 가슴 아픈 사건이다. 이 내용을 차례대로 살펴보자.

(1) 기사전쟁(1522~1523)

기사란, 전쟁 때 나라를 어려움에서 지키기 위해 필요한 존재들이다. 그러나 전쟁이 끝난 다음에는 효용성을 잃게 된다. 이들 기사들이 효용성을 잃고 난 후에는 그들의 모습이 여러 가지로 달라진다. 한 부류는 농사를 짓거나 부동산 관리자로 전환한다. 또 다른 부류는 영주들 수하에 들어가 관리자가 된다. 이것도 저것도 아닌 소수는 산적으로 변해서 강도와 약탈을 업으로 삼고 살아가기도 했다.

기사전쟁은 이런 산적으로 변한 사람들에 의해 일어난 독일 라인 지방의 기사들이 일으킨 반란이었다.

팔츠(Pfalz) 제국의 직속 기사 지킹겐(F. Von Sickingen)은 자기 영지 내에 있는 광산의 수입과 상인들의 마차를 약탈하여 상당한 재산을 축적하였다. 그는 자기의 재산을 이웃 제후들에게 빌려주기도 하였다. 또 프랑스 왕의 요구로 1천 명의 병사를 거느리고 로레인 지경까지 원정 약탈도 하였다.

지킹겐을 사상적으로 돕는 저명한 인문주의자 U. 폰 후텐의 지원으로 드디어 1522년 8월 27일 기사반란이라는 반란을 일으켰다.

이들은 루터의 종교개혁을 통한 개혁운동에 크게 자극을 받았다. 몰락해 가는 기사 계급들이 경제적, 사회적으로 몰락해 가는데 대한 저항운동이 반란으로 분출되었다. 이들이 맨 처음 표적으로 삼은 것은 반봉건적 존재인 트리어의 대주교 겸 선제후였다.

저들은 대주교인 사제의 압박에서 신음하고 있는 인민들을 해방시켜 자유를 주겠다고 했다. 그러나 저들의 속셈은 대주교의 영지를 탈환하려는 것이었다. 기사들의 반란은 독일 사회를 불안하게 하였다. 이때 제후 연합군이 저들을 반격하여 다음 해인 1523년에 진압되었다.

지킹겐은 본거지인 탄트슈트르 성으로 후퇴하였다가 부상으로 사망하고, 후텐은 스위스로 망명하였다가 곧 사망하였다.

기사전쟁은 황제를 정점으로 하고 기사들을 그 중추세력으로 했던 중세 제국 조직으로 회귀하려던 전쟁이었다. 기사전쟁은 황제나 제후들의 군대가 아닌 일반 세력도 힘으로 목적을 달성할 수 있다는 각성을 준 셈이다.

(2) 농민전쟁(1524~1525)

독일의 사회적 갈등은 농민전쟁이 일어나기 50여 년 전부터 존재했다. 토지를 소유하고 있는 왕이나 영주들이 농민들과 지켜 오던 관례들을 무시하고 자기들 마음대로 토지 소유권을 확대해 나갔다.

토지법이 영주들에게 유리하게 개정될 때마다 농민들은 토지개혁운동을 선도해 줄 만한 지도자를 애타게 기다리고 있었다. 이러한 농민들의 요구를 감지한 여러 군주들이 농민들의 지지를 얻기 위해 토지개혁을 약속했으나 그 약속은 번번이 무의미해졌다.

계속되는 토지개혁 약속이 계속 공수표가 되자 농민들의 실망만 가중되었다. 토지개혁의 실패들은 드디어 농민들의 결집을 일으켜서 1493년 농민 조직이 만들어지고, 농민들은 조직을 통해 자신들의 권리를 옹호하고자 하였다. 이런 때 루터가 종교개혁으로 인간은 누구나 평등하며 사제와 평신도 사이에 중보자가 필요없고 누구나 만민이 제사장이라고 가르쳤다.

루터가 말하는 만인제사장 개념을 농민들은 정치적, 경제적, 사회적 개념으로 이해했다. 농민들은 루터를 자기들의 지도자로 끌어들이며 농민운동을 이끌어 갔다. 루터는 농민들의 요구를 무시하는 영주들, 또 매점매석하여 고리대금을 즐기는 상인들을 비판하였다. 그러자 농민들은 루터를 적극 지지하였다.

농민들의 폭동은 1524년 8월 튀링겐 농민 봉기로 시작되었다. 농민전쟁은 시간이 갈수록 전 독일로 확대되었다. 발트슈트, 뷔르템부르크, 레이크곤스탄스와 슈바비아 지역으로 확산되었다.

1524년 말경에는 독일의 3분의 1이 농민의 수중에 들어갔다. 1525년 초반에도 농민들은 폭력을 사용하지 않고 사회개혁을 요구하였다. 농민들의 요구는 무리한 것이 아니었고 사회적인 개혁을 요청하였다.

1525년 2월에 작성된 농민들의 요구 12개항 중 몇 가지 중요한 것만 살펴보자.

① 곡물의 십일조는 정부에 낼 수 있지만 가축의 십일조 제도는 폐지되어야 한다.

② 농노는 그리스도에 의하여 구속된 자유인들이므로 더 이상 소유물처럼 취급되어서는 안 된다.

③ 귀족들이 약탈해 간 수렵권, 어획권, 벌목권을 농민들에게 되돌리도록 법이 개정되어야 한다.

④ 봉건제도 아래서 농노에게 부과되었던 강제노역은 폐지되어야 하고 정당하게 보수로 지불되어야 한다.

⑤ 귀족들에 의한 새로운 법 제정을 반대하며 공정한 법의 집행과 성문화된 독일의 법으로 환원되어야 한다.

⑥ 영주들이 돈을 지불하지 않고 소유한 모든 공유지는 영주와 농민이 공동으로 소유해야 한다.

⑦ 위의 요구 가운데 하나님의 말씀에 저촉되는 것은 무엇이든지 철회되어야 한다.

농민들은 이러한 제안이 루터의 복음과 일치한다고 보고 화해를 통한 문제해결을 기대하였다. 이와 같은 12개 조항문은 체바스찬 롯저(Sebastian Lotzer)가 농민들의 요구를 구체적으로 대변하여 발표한 것이었다. 이 같은 농민들의 요구에 제후와 영주들은 무력 준비의 불충분으로 농민들의 요구를 고려하기로 약속하였다.

그런데 1525년 4월 독일 남서부에 있는 슈바벤(Schwaben) 동맹군이 농민들에게 공세를 취하였다. 이에 농민군들 역시 영주제의 폐지와 토지의 공유 등을 내걸고 혁명화되어 갔다. 이때 농민군들을 크게 고무시킨 토마스 뮌처(Thomas Müntzer, 1490-1525)의 선동하에 농민운동은 폭력으로 변질되었다.

농민폭동은 작센(Sachsen)과 투링기아(Thuringia)에서 과격한 혁명가 뮌처의 지도를 받던 사람들에 의해 한층 확산되었다. 오스트리아에서는 가이스마이어(M. Gaismaier) 같은 혁명가에 의해 수많은 귀족들이 화형에 처해졌다.

가이스마이어는 교회 재산의 몰수와 공동소유, 무역, 산업, 광산의 국유화, 성경에 정통한 사람들에 의한 통치, 무신론자의 처단을 설교하면서 폭력에 의한 새로운 시대를 약속하였다. 알자스(Alsace)와 로레인(Lorraine)에서는 농민들이 토지 주인의 승인 없이 토지를 공동분배하는 등 사회적 혼란이 야기되었다.

농민전쟁에서 빼놓을 수 없는 인물이 있다. 그가 바로 토마스 뮌처(T. Müntzer)이다. 뮌처는 슈트르베르크 태생이다. 1506년경 라이프치히 대학에서 신학을 공부하다가 프랑크푸르트 대학과 마인츠 대학으로 옮겨서 공부를 하였다.

그는 학위가 없었지만 성경과 교부들, 독일 신비주의자들의 글을 광범위하게 연구한 까닭에 가톨릭 교회에서 사제로 서품 받았다. 1519년 라이프치히에서 루터와 엑크가 논쟁하는 모습을 목격한 뮌처는 종교개혁의 근거로 성경을 주장하는 루터의 영향을 받아 루터의 제자가 되었다. 뮌처는 처음에 작센 지방의 여러 곳에서 하급 성직자로 일하였다. 그 후 루터의 추천으로 1520년에 츠비카우(Zwickau) 시의 목사가 되었다.

그런데 1521년 12월부터 개인적인 계시를 내세우며 성례 제도들을 반대하였고, 특히 유아세례를 배격하고 성인세례만 주장하였다. 그는 성령의 은혜가 자아가 죽어지는 고통을 체험하고 성령으로 거듭나서 그리스도의 십자가를 지는 자에게만 주어진다고 하였다. 그는 성령이 각 개인에게 내적으로 임해 오는 성령이 내주하는 세례만 진정한 세례이므로 물 세례는 필요없다고 주장하였다. 그리고 "가톨릭과 루터가 서기관처럼 성경을 문자적으로만 의존하는 것은 내적인 말씀을 억누르는 것에 불과하다. 교회는 성령이 중심이 되어야 하므로 루터의 성경 중심 운동은 잘못"이라고 했다.

이처럼 루터와 대립함으로 1521년에는 그곳에서 추방당한다. 그 후 뮌처는 보헤미아 중부의 프라하에 가서 활동한다(1522). 여기서 그는 "신학자와 사제들의 배신으로 교회의 순수성이 상실되었다. 우리들에게 주어진 사명은 새로운 사도적인 교회를 세우는 것"이라고 역설하였다.

1523년에는 아른슈타트에서 전도활동을 하였다. 여기서 그는 하층 시민이나 광부 및 농민에게 급진 사상을 전파하며 전직 수녀와 결혼했다. 그런데 이곳에서도 1524년에 다시 쫓겨난다. 그 후 뮐하우젠으로 간 그는 시 의회를 장악하여 이 도시를 농민전쟁의 유력한 거점으로 삼았다.

뮌처는 신령주의로 성령의 계시가 지금도 나타나며 자신은 하나님께 직접 계시를 받는다고 하였다. 그는 "하나님의 계시는 신비한 환상과 꿈 같은 내적인 빛(inner light)을 통해 주어지며, 이러한 계시에 의하면 머지않은 장래에 투링기아에서 천년왕국이 이루어질 것이다. 이를 위해서는 선택받은 성도들이 적그리스도에 의하여 지배받고 있는 이 세상을 정복하는 일에 앞장서야 한다"고 주장하였다.
 여기서 뮌처가 말하는 적그리스도란 교황들을 뜻했다. 그리고 선택받은 성도들은 하나님으로부터 수시로 계시를 받는 자유자이므로 그들을 구속할 수 없고, 오히려 그들이 세상을 지배할 것을 역설하였다. 성도는 거듭남의 체험을 통하여 성령 안에서 구원받은 자와 구원받지 못한 자로 구별할 수 있다고 하였다.
 그다음에 뮌처의 주장은 놀랍게 발전한다.
 천년왕국은 모든 인간이 평등한 대접을 받는 곳이다. 현재 전 국토를 주교와 영주, 제후들이 점유하고 있는데 폭력으로 저들이 소유한 땅을 빼앗아 농민들이 소유하는 농민왕국을 세우는 것이 천년왕국의 실현이다. 그래서 농민들에 의한 의회가 구성되어야 하고 모든 인간은 평등한 대접을 받아야 하며 모든 재산은 공동소유가 되어야 한다고 하였다.
 뮌처는 엘리야가 바알의 제사장들을 쳐 죽였듯이 복음을 조롱하는 신부들과 수도사들을 무자비하게 죽여야 한다고 했다. 뮌처의 이와 같은 선동적 설교에 힘을 얻은 농민들은 방화와 약탈을 일삼고 살인도 불사하는 농민전쟁을 일으켰다.
 이때 루터는 1525년 4월 "슈바비아 농노들의 12개 조문에 대한 답변인 평화의 권고"(An Exhortation to peace in Reply to the Twelve Articles of the Swabian Peasants)를 발표했다. 이때 루터는 농민들의 편에서 농민들의 주장이 공평하고 정당한 반면에 영주와 주교들은 야만적이고 독재적인 전제 군주와 같다고 했다. 한편 농민들에게 칼을 쓰는 자는 칼로 망한다고 하면서 어떤 경우에도 폭력을 사용해서는 안 된다고 하였다.
 1525년 5월이 되자 농민들은 뮌처의 선동에 빠져 폭도로 변하였다. 약탈과 방화가 독일 전역에서 일어났다. 많은 귀족들이 농노들에게 살해당했다. 농노들의 학살 방법은 매우 잔인하였다. 바인스베르크의 어떤 여인은 자녀들이 보는 가운데 가슴이 잘려졌고, 헬펜슈타인의 백작은 아내와 어린 아들의 면전에서 창에 찔려 죽임을 당하였다. 이러한 살인적 폭동에 충격을 받은 루터는 영주와 농민을 중재하는 것은 불가능함을 깨닫는다.

이때 루터는 영주들 입장을 지원하는 글을 발표한다. "강도질하는 살인적인 농민 폭도에 대하여"(Against Robbing and Murderous Peasants Bands)라는 글로 영주들이 반란자들을 진압할 것을 주장하였다.

루터의 지지를 얻은 영주들은 농민 폭동 진압에 나선다.

작센의 공작 게오르크와 헤센(Hessen)의 영주 필립은 농민들에게 거짓 선지자 토마스 뮌처를 양도하면 그들의 목숨만은 살려 주겠다고 했다. 그러나 농민들은 방백군의 제의를 받아들이지 않았다.

1525년 5월 15일 프랑켄하우젠(Frankelhausen) 전투에서 5천 명의 농민들이 죽임을 당하였다. 뮌처는 생포되어 뮐하우젠(Mühlhausen)으로 이송되어 네 토막으로 참살당하였다.

뮌처의 종교 사상은 성서보다는 신비주의 색채가 강하여 신으로부터의 직접적인 계시를 중시하였다. 그러한 종교적 체험을 얻기 위해서는 현세적인 욕망 일체를 버려야 한다고 했다. 참된 신자들에 의한 평등한 천년왕국의 실현은 역사적 필연이며 농민전쟁이 바로 그것이라고 주장하였다.

농민 폭동이 진압되면서 천년왕국의 환상은 무산되었다. 그 이후 농민들은 계속 당국의 철저한 감시를 받게 되었다.

반면 루터도 칼 슈타트의 과격한 개혁을 반대했다가 농민전쟁에서는 과격한 자가 되는 모순을 범하였다. 이로부터 농민들은 다시 봉건적 지배에 굴복되고 중소 영주들보다는 연방 군주에 의한 절대주의 체제가 강화되었다.

농민전쟁으로 가장 큰 피해를 입은 사람이 루터였다.

앞서 언급한 대로 농민전쟁을 대하는 루터 입장은 처음과 나중이 달랐다. 농민들이 1525년 2월에 '12개 요구사항'을 제시했을 때 루터는 "슈바비아 농노들의 12개 조문에 대한 답변인 평화의 권고"에서 농민들의 편에서 영주와 주교들을 독재적 전제 군주라고 비난했다.

그런데 같은 해 5월 "강도질하는 살인적인 농민 폭도에 대하여"라는 글에서는 완전히 영주 편에 서서 농민들을 비난했다. 여기서 루터는 농민 반란자들을 억압하고 목을 매달아 강경하게 탄압해야 한다고 적극적으로 영주들을 고무시켰다. 이때 루터 반대자들은 루터가 예수를 유대인의 손에 넘겨주고 손을 씻었던 빌라도 같은 존재라고 비난하였다.

농민전쟁의 사태 수습 후에 다시금 루터는 농노들을 관대하고 자비롭게 처벌하도록 요청하는 글을 썼다. 그러나 그가 행한 실수는 그의 일생에 큰 오점이 되었고, 그 후로 계속 그 일을 후회하게 된다.

그뿐만이 아니다. 반란이 끝난 후 농노들 사이에는 루터가 자기들의 배반자라는 거부자가 생긴다. 루터가 계속 농민들에 대한 관심을 폄으로 대다수는 루터의 복음주의적 종교를 받아들인다. 그러나 끝까지 루터를 오해한 사람들은 재 침례파에 합류한다.

이때 루터는 많은 사상적 변화가 일어난다. 그는 사람에 대한 신뢰에 깊은 회의를 갖고 인간에 대한 불신이 깊어진다. 그래서 교회를 복음적, 민주적으로만 이끌어 가기에는 한계가 있음을 깨닫는다. 이 같은 사상적 변화는 종교개혁도 복음적, 민주적 방법만이 아니라 세속적인 통제와 결부시켜 세속 정부가 반 감독적 기능을 소유하는 국교 형태로 이끌어 가게 된다.

농민전쟁의 후유증으로 루터의 사상에 큰 변화가 생기는 것을 알 수 있다. 이 같은 요인으로 루터의 종교개혁은 드디어 독일 국교의 형태로 발전하게 된다.

이것은 루터가 크게 잘못된 판단을 한 것이다. 그가 아무리 종교개혁을 성공시키고 싶었다 할지라도 그가 믿은 것처럼 처음부터 끝까지 성서주의로 계속 전진했어야 한다. 성서에는 종교와 정치가 분리되어 있음을 잘 알면서도 그가 시작한 종교개혁 작업을 성공시키고자 하는 인간적 발상에서 실수를 한 것이다.

3) 최초의 프로테스탄트

(1) 농민전쟁 이후의 독일

농민전쟁이 한창 진행되던 1525년 5월에 작센의 선제후요 루터의 후견인이었던 현자 프리드리히 선제후가 죽는다. 그리고 선제후직은 그의 동생 요하네스(Johannes, 1525~1532)가 승계하였다.

농민전쟁이 끝난 후 독일 내 정치 세력은 영주 제후들이 보다 실질적인 통치 세력으로 등장하게 된다. 영주들은 정치적 연합세력을 구축해 나가는데, 그들이 종교개혁에 대해 어떤 입장을 취하느냐에 따라서 연합 성격이 다르게 나타난다.

먼저 로마 가톨릭에 우호적인 인식을 가지고 있던 제후들은 루터의 종교개혁을 전면 반대하는 입장으로 돌아선다. 저들이 볼 때 종교개혁을 추진하는 세력들 속에는 사회적 혁명을 감행하는 폭동적 요소가 있다고 생각하게 된 것이다.

이 같은 인식에 근거하여 종교개혁을 저지하려는 움직임이 나타난다. 로텐의 공작 안토니는 루터주의 설교자들은 소요를 선동하는 자라고 하면서 죽이는 데 나섰다. 슈바비안(Schwabian) 동맹군의 헌병 사령관이었던 아이킬리(Aichili)는 루터파 설교자 40여 명을 교수형으로 죽였다.

이와 같은 상황을 기다렸다는 듯이 로마 교황청에서는 농민전쟁은 루터가 전쟁을 불러일으킨 것이라고 악선전을 하였다. 루터의 종교개혁은 과거 보헤미아 이단이었던 후스파와 같은 사회주의의 부활이라고 공격하였다.

이처럼 농민전쟁 이후 독일은 로마 가톨릭을 지지하고 루터의 개혁을 반대하는 신앙 입장에 따라 정치세력으로 결속되었다.

1525년 6월 작센(Sachsen : 삭소니)의 게오르크(Georg) 공을 중심으로 남부의 레겐스부르크 영주, 마인츠와 브란덴부르크의 선제후, 브라운슈바이크의 공작 등이 독일 중동부 할레 주에 있는 데사우(Dessau) 시에 모여서 가톨릭 동맹을 결성하였다. 그리고 이들은 루터파 세력에 반대하고 가톨릭을 지지하겠다는 동맹 결성을 황제에게 보고하였다.

이와 같은 가톨릭 세력의 동맹을 보자 루터의 개혁을 지지하는 개혁 지지 제후들도 동맹을 결성한다. 이때 개혁 세력의 선두자로 헤센의 필립(Philip of Hessen), 작센의 요하네스(Johannes of Sachsen), 오토 공작 일가 에르네스트, 그리고 뉘른베르크의 프란스와 만스펠트(Mansfeld) 백작 등이 루터파 연맹을 결성하였다.

이렇게 되니까 다 같은 작센 지역 내에서도 영주들의 신앙 입장에 따라 주민들의 신앙이 가톨릭이냐 루터파냐로 갈라졌다. 이러한 대결 국면이 계속되자 1526년 독일 황제 카를 5세와 프랑스 왕 프랑수아 1세는 종교개혁 운동을 더 이상 진행하지 못하도록 금지령을 내렸다. 그래서 종교개혁의 전도가 암담하게 보였다.

그런데 이와 같은 위협적인 상황은 오래가지 못하였다. 이탈리아에서 가톨릭의 교황은 독일의 신성 로마 제국의 세력이 강화되는 것을 두려워한 나머지 교황이 이탈리아 연맹을 만들어 카를 5세에게 대항하였다. 독일 황제 카를 5세는 이탈리아 연맹에 반격하느라 독일의 종교 문제에 개입할 만한 여유가 없었다.

엎친 데 덮친 격으로 오스만 투르크의 터키 군대가 헝가리를 쳐들어오므로 카를 5세는 독일을 지키기 위해서 각 지방 정부에게 행정적 자치권을 주어 터키와 싸우게 했다. 오스만 투르크와의 전쟁은 1526년에서 1532년까지 계속되었다.

독일 황제 카를 5세는 밖으로 터키 군대와 싸워야 했고 안으로는 종교로 인해 분열된 제국을 수습하고자 제국 의회를 소집한다. 이것이 제1차, 2차 슈파이어 제국의회다.

(2) 슈파이어 제국의회(Diet of Speyer)

슈파이어 의회는 제1차로 1526년에 모였고, 제2차는 1529년에 모였다. 그런데 제1차 의회 성격과 제2차 의회 성격이 완전히 달랐다. 여기서 슈파이어 의회 내용을 보자.

A. 제1차 슈파이어 의회(1526년)

카를 5세는 과거 1521년 보름스 의회에서 루터가 죄인이므로 죽여도 무방하다는 칙령을 내렸었다. 그런데 황제의 칙령은 시행되지 않고 세월이 흘렀다.

카를 5세는 그동안 자기 조국인 스페인의 내란을 수습해야 했고 프랑스와 전쟁을 해야 했고, 터키의 공격을 막아야 했다. 그와 같은 당면 문제로 독일을 방문하지 못하였다.

그러나 당면한 국제 문제 수습과 국내 분열 문제를 수습하려고 슈파이어 의회를 소집하였다. 이렇게 해서 슈파이어 의회는 독일의 종교계가 분열된 상태에서 모이게 되었다.

그런데 슈파이어 의회를 앞두고 아주 미묘한 현상이 나타났다. 그것은 농민전쟁이 왜 일어났는가에 대한 여러 가지 분석이 나타났다. 놀라운 사실은 농민전쟁 동안 전국 각곳에서 참혹한 살육과 파괴가 벌어졌는데 똑같은 지역이라도 세속 지주들이 점유하고 있는 영지보다는 소위 성직자라고 하는 가톨릭의 주교들이 점유하고 있는 영지에서의 농민 폭동이 훨씬 잔혹했던 것이다.

이것은 무엇을 뜻하는가?

그것은 가톨릭 주교들이 세속 군주들보다도 훨씬 더 잔혹한 착취를 해왔다는 것을 의미한다. 그래서 성직자 계열 밑에 소속된 농민들이 다른 곳의 농민보다도 훨씬 더 열악한 환경에서 착취당해 왔다는 것이 드러났다. 그래서 농민전쟁 후 로마 가톨릭에 대한 저항감이 확연하게 드러나게 되었다.

이 같은 여론에 의해 슈파이어 의회 소집을 앞두고 가톨릭을 지지하던 제후들은 의회에 참석하지 않기로 결정을 한다. 그렇게 되니까 가톨릭을 반대하고 루터의 개혁을 지지하는 제후들이 중심이 된 슈파이어 의회가 되고 말았다.

카를 5세는 의회를 통해 종교개혁을 저지하려고 했다. 그런데 의회 결과는 황제의 의도와 정반대가 되었다. 슈파이어 의회에 참석한 개혁 찬성 제후들은 개혁에 유리한 결정을 하게 되었다. 이때 루터는 1526년 슈파이어 제국 의회 앞으로 "독일 미사와 예배 순서"(German Mass and Order of Divinity Service)를 발표하였다.

이때 개혁 지지 제후들이 내린 결정 사항은 다음과 같다.

① 1521년 보름스 의회에서 루터를 이단으로 정죄한 의회의 결

정은 취소되어야 한다.
　② 성직자에게 결혼은 합법적인 것이다.
　③ 성찬 때 떡과 포도주를 평신도에게도 분배한다.
　④ 예배에서 라틴어와 더불어 자국어인 독일어를 사용한다.
　⑤ 교회 성일들의 숫자를 대폭 삭감한다.
　⑥ 성서 해석은 성서대로 해석한다.
　⑦ 각 제후들은 하나님과 황제에 대하여 소신대로 행동한다.
　⑧ 평신도들은 영주의 종교에 따라 가톨릭이든 개혁 신앙이든 따르도록 한다.

이런 내용들이 슈파이어 의회에서 결정되었다. 이와 같은 슈파이어 의회 결정에 따라 구체적인 시행령 등이 뒤따르게 되었다.

1527년 작센 선제후 요하네스는 목회자의 교리와 행위를 심사하기 위한 관료들을 임명하였고 주교의 관할권을 폐지하였다. 이때부터 독일에서는 통일된 예배가 드려졌고, 무자격자나 영주에게 불순종하는 목회자들이 추방되었다. 또 수도원의 재산, 제단 장식과 제단들이 당국에 몰수되었다. 이러한 과정을 거치면서 루터의 개혁 교회들은 독일의 국가 교회로 발전되어 갔다.

슈파이어 의회에서 자기 목적을 달성하지 못한 카를 5세는 1527년 이탈리아 지배권을 강화하기 위해 로마를 공략하였고, 프랑스와도 전쟁을 벌였다. 그리하여 1529년 6월에는 교황과 바르셀로나 강화조약을 체결하였고, 8월에는 프랑수아와 깡브레 강화조약을 맺음으로 전쟁을 종결시켰다. 카를 5세는 이러한 여세를 몰아 제1차 슈파이어 의회의 결정을 무효화시키려고 제2차 슈파이어 제국의회를 소집한다.

　B. 제2차 슈파이어 의회(1529년)

카를 5세는 제1차 슈파이어 의회의 결정을 무효화하기 위해서 잉골슈타트 대학 교수인 요하네스 엑크에게 개혁자들의 이단성을 의회에 제출하라고 명령하였다. 이때 제1차 슈파이어 의회 결정에 불만을 품고 있던 가톨릭 제후들이 대거 제2차 슈파이어 의회에 참석한다. 가톨릭 제후들은 제2차 슈파이어 의회에서 루터파 제후들을 공격하려고 오랫동안 벼르고 있었다.

이때 카를 5세가 나서서 전권 위임 대표로 가톨릭 측 제후를 지명한 뒤 그를 통해서 제1차 슈파이어 의회가 결정한 루터파 위주의 법령을 황제의 권위에 의해 폐지한다고 선언한다. 그리고 1차 의회 때의 결정사항들을 대거 참석한 가톨릭 제후들의 투표로써 취소시키고 루터파에게는 어떠한 관용도 베풀 수 없도록 새로운 법안을 통과시킨다. 여기서 결정한 내용들은 다음과 같다.

① 개혁운동은 어떠한 면으로든지 더 이상 발전시킬 수 없다.
② 과거 보름스 의회에서 채택한 황제의 칙령은 그대로 준수되어야 한다.
③ 가톨릭 지역이 더 이상 개혁 지역으로 떨어져 나가지 못하도록 한다.
이 말은 당시 북부 독일에는 개혁 세력이 강했고, 남부 독일에서는 가톨릭 세력이 강했는데 남부 그 어느 곳도 더 이상 개혁 세력이 될 수 없다는 것이다.
④ 개혁 세력이 살고 있는 곳에 가톨릭은 살 수 있어도 가톨릭 지역에서 개혁 세력은 살 수 없다.
⑤ 개혁 세력들이 목사를 세울 때는 반드시 가톨릭에 의논해야 한다.

이와 같이 제1차 슈파이어 의회 결정이 무시되고 가톨릭의 미사는 어디에서나 허용될 것과 과거 몰수되었던 재산들이 예전 상태로 회복할 것 등을 결의했다.

(3) 프로테스탄트(Protestant) 운동의 시작

카를 5세의 개혁 저지 정책이 슈파이어 제국의회 결정으로 나타났다. 이에 대해 개혁 세력들은 가톨릭과의 대결을 위해 전열을 정비하게 되었다. 1529년 개혁 세력들은 카를 5세에게 공식적으로 항의하는 문서를 의회에 제출하였다. 그리고 성경에 근거하지 않은 권위에 대해서는 복종할 수 없음을 선언하였다.

이들은 "이미 한 의회(1526)에서 만장일치로 채택하여 결정된 사항들을 뒤늦게 다른 의회(1529)에서 다수의 횡포로 취소할 수 없다. 아울러 개혁 지지자들이 참석하지 않은 법령에는 자신들이 순응할 수 없다. 또 성경에 근거해서 하나님께 대한 순종이냐, 황제에 대한 순종이냐를 선택하라고 강요한다면 자신들은 하나님께 대한 순종을 선택하겠다"라고 선언하였다. 이렇게 황제에게 항거하는 개혁 세력들을 향해 '항거자'(Protestant)라는 모독적인 별명이 붙었다.

이들 개혁 세력들은 자신들의 방어를 위해서 서로 연합하게 되었다. 이때 항거에 참여한 지역과 인물들은 다음과 같다. 작센의 요하네스 선제후, 헤센의 필립, 뤼네부르크의 에른스트, 브란덴부르크-안스바하의 게오르크, 안할트의 볼프강 등이었다.

나중에 스트라스부르, 울름, 콘스탄츠, 뉘른베르크, 린다우, 켐프텐, 멤밍겐, 뇌르들링엔, 아일브론, 이스니, 생갈렌, 로이틀링겐, 바이센부르크, 빈츠하임 등의 도시들이 가세하였다. 이와 같은 개혁 세력들은 신교 동맹군(League of Schmalkald)을 결성하여 전쟁을 미리 대비하였다.

이와 같은 개혁 세력들은 외부의 공격이 황제로부터 오든지 또는 의회의 결의로부터 온다 할지라도 그 어떤 외부 공격 세력에 공동방어와 상호 지원을 약속하였다.

이처럼 제2차 슈파이어 의회 이후 개혁 세력들은 제국의 법을 떠나 자신들을 보호하겠다는 결의와 행동을 계속한다. 이와 같은 결의와 행동은 1555년 의회에서 합법적으로 인정될 때까지 계속적으로 효력을 유지하였다.

이와 같은 항의서를 제출했는데도 불구하고 제2차 슈파이어 의회 결정대로 황제가 강행할 수 없는 상황이 벌어졌다. 그것은 때마침 회교도인 터키군 수만 명이 다뉴브 강 언덕에 집결하여 독일 침략의 기회를 엿보고 있었기 때문이다.

카를 5세는 외적이 쳐들어오는 마당에 국내 종교 문제로 분열되어 싸울 수가 없었다. 카를 5세는 독일 공동의 적인 터키를 대적하기 위해 마음에도 없는 개혁 세력들의 요청을 들어주게 된다. 이때 개혁 세력들은 가톨릭보다 더 용맹하게 터키군과 싸워 터키군을 물리친다. 이렇게 해서 개혁 세력들은 또다시 위기를 넘기게 된다. 참으로 오묘한 하나님의 섭리라고 아니할 수 없다. 독일의 종교개혁은 이렇게 한 단계씩 위기를 넘겨 가면서 성공을 향해 나아가게 된다.

오늘날 우리나라를 비롯한 한자 문화권에서는 가톨릭을 구교라고 하고 그 외에 루터나 칼빈에 의한 종교개혁으로 이루어진 기독교를 개신교라고 한다. 또 개신교라는 의미로 프로테스탄트 교회(Protestant church)라고 한다. 이 프로테스탄트라는 용어는 1529년 제2차 슈파이어 제국의회에서 카를 5세에 의해 결정된 사항을 부인하고 저항하는 데서 비롯되었다.

황제에게 저항한다, 항의한다는 라틴어 protestari에서 영어의 protestant가 되었다. 이 말은 그 이후 복음적이라는 말과 함께 가톨릭 교회에 반대하는 개혁 찬성파의 모든 교회를 총칭하는 말로 쓰이고 있다. 그러나 450년이 지난 오늘날에는 성서의 복음주의에 입각하여 부단하게 그 실현을 지향하는 전체를 프로테스탄트라고 말하고 있다.

4) 마르부르크(Marburg) 회담(1529년 10월)

독일에서 개혁 세력들이 연맹을 결성하여 황제와 의회에 대해 항거운동을 진행하고 있을 때였다.

스위스 취리히(Zurich)에서 츠빙글리(Zwingli)가 개혁운동을 슬기롭게 진행시켜 나간다는 소문이 들려왔다. 츠빙글리의 개혁은 독일 북부에서 추진하고 있는 루터파 교회보다 더 타당성이 있다는 소문도 전해졌다. 이 같은 소문으로 남부 독일의 도시들이 츠빙글리의 개혁을 선호하게 되었다.

이때 독일 개혁 세력의 가장 유능한 정치 지도자 헤센의 필립(Philip of Hessen)이 개혁 세력의 공동 동맹은 독일 국내에서만이 아니라 국제적으로도 이루어진다면 더욱 좋겠다는 판단을 한다.

그래서 헤센의 필립은 독일과 스위스가 연합하는 국제적 공동 방어 동맹을 추진한다. 그 일을 위해서 독일의 루터 진영 신학자와 스위스의 츠빙글리 사이에 서로 화합할 수 있는 신앙 회담을 추진한다. 그것이 유명한 독일 헤센이 주도한 마르부르크 회담이다.

이 회담은 필립이 1529년 10월 1일부터 3일까지 헤센의 영지 마르부르크에서 독일과 스위스의 양측 신학자들을 모이게 하여 이루어졌다. 독일에서는 루터와 멜란히톤, 카스팔 쿠르키거(Caspar Cruciger), 요하네스 브렌즈(Johannes Brenz), 유스투스 요나스(Justus Jonas)와 안드레아스 오시안더(Andreas Osiander) 등 6명이 참석하였다. 그리고 스위스에서는 츠빙글리와 요하네스 외콜람파디우스(Oecolampadius), 마틴 부처(Martin Bucer), 헤디오(Karspar Hedio) 등

4명이 참석하였다.

 이들 두 나라 신학자들의 모임을 주선한 필립은 어떻게 하든지 독일과 스위스가 좋은 공동 연합운동을 이루기를 기대했다. 그런데 독일 측의 루터와 멜란히톤은 츠빙글리와 만나려고 하지 않았다. 이유인즉 츠빙글리가 성찬에 관해 어떤 사상을 갖고 있는지 피차 밝혀진 상태였고, 또 농민전쟁으로 큰 피해를 입은 독일과 루터는 전에 농민들이 요구한 요구 사항들이 츠빙글리의 사상에 영향을 받았다는 심증을 가지고 있었다. 그래서 루터와 멜란히톤은 츠빙글리를 만나려고 하지 않았으나 필립 백작의 정치적 요구에 의해 마지못해 만나게 된다.

 그에 반해 츠빙글리는 루터가 1517년 종교개혁의 횃불을 높이 들고 난 이후 그의 저서들에 의해 많은 도움을 받았다. 그렇기 때문에 루터와 만나는 것을 크게 기뻐하였다.

 회담 첫날 한쪽에서는 츠빙글리와 멜란히톤이 만났고, 다른 쪽에서는 루터와 외콜람파디우스가 예비 회담을 가졌다. 그리고 난 후 필립 백작이 제공한 마르부르크 성의 대강당 양편에 마주앉아 토론을 전개하고 다른 신학자와 고관들은 토론을 경청하였다.

 첫날 토론에서 츠빙글리와 멜란히톤은 상당한 효과를 거두었다. 성찬론 문제를 제외한 대부분의 견해에서 의견 일치를 보았다. 이들은 그리스도의 중보사역, 믿음에 의한 칭의, 세례에 관한 문제 등 14개 조항에 대하여 상호 의견 일치를 보았다.

 둘째 날에는 루터와 츠빙글리가 주 토론자였다. 두 사람은 미사가 그리스도의 희생의 반복이라는 가톨릭 사상을 배척하였고, 떡과 포도주를 함께 주는 것이 성찬의 요소라는 데 의견 일치를 보았다. 그런데 떡과 포도주가 성도에게 어떻게 효력을 주느냐 하는 문제를 놓고 두 사람의 의견이 좀체로 좁혀지지 않았다.

가톨릭 교회는 떡과 포도주에다 사제가 축복하면 신비적 능력이 전달되어서 참된 그리스도의 살과 피로 변화된다는 화체설을 믿고 있다. 루터는 화체설은 반대했다. 그러나 "이것은 내 몸이다" 하신 그리스도의 말씀을 문자적으로 믿어야 한다고 했다.

루터는 성찬식의 최우선적인 용도는 성찬 참여자에게 그리스도를 직접 만져 보게 하는 것이 되어야 한다고 강조했다. 이 같은 목적을 이루기 위해서는 영광 받으신 그리스도의 몸이 지역적으로 임재(Local presence)해야 된다고 했다. 성찬 참여자가 그리스도의 몸의 연장인 성물에 접촉하면 지금도 성도들이 하늘의 그리스도와 교제를 갖게 된다고 하였다.

그리스도의 지역적 임재는 그리스도의 편재성(ubiquity)에 의해 사제의 도움 없이도 어디에나 자연스럽게 접할 수 있다. 루터는 가톨릭의 화체설을 부인한다고 했으나 그가 주장하는 동체설(공재설)은 떡과 포도주가 곧 그리스도 몸의 연장이라고 하는 화체설과 비슷한 주장이었다.

이에 반해 츠빙글리는 그리스도인은 성찬을 통하여 그리스도와 영적인 교제를 갖는 단지 상징뿐이라고 하였다. "이것은 내 몸이니라"(마 26:26)라는 주님의 말씀 자체가 주님의 몸을 상징하는 의미였다. 고로 우리는 입으로 먹고 마시는 떡과 포도주와 믿음으로 받아들이는 그리스도는 구별할 줄 알아야 된다고 했다.

츠빙글리는 "성찬식 때의 떡과 포도주는 그리스도의 살과 피를 상징하는 것이다. 죄의 용서는 성물(떡, 포도주)의 참여로 얻어지는 것이 아니고 그리스도를 믿는 데 있다. 그리스도가 이룩하신 사역의 은혜는 성찬식을 통해 획득되는 것이 아니고 믿음에 의해서 얻어지는 것이다. 그렇기 때문에 성만찬에서 떡과 포도주는 십자가에서 죽음을 당하신 그리스도의 몸을 상징하므로 성물의 참여는 그리스도와 항상 새롭게 갱신되는 연합을 상징한다"라고 했다.

이렇게 두 사람은 성찬을 놓고 팽팽하게 맞섰다. 루터는 어디까지나 성찬식에서 그것이 질적으로 양적으로, 혹은 공간적으로 임하지 않지만 그리스도의 몸과 피가 본질적이고 실체적으로 임한다고 주장하였다. 여기에 반해 츠빙글리는 루터의 사상을 거부하고 성찬의 성물은 순전히 영적, 상징적인 성격을 띠고 있을 뿐이라고 하였다.

스위스 교회는 츠빙글리의 영향을 받아 대체로 영적 상징설을 지지하고 있었다. 마침내 루터는 츠빙글리와 화해하는 것을 포기하였다. 루터는 츠빙글리와 그의 지지자들을 '적그리스도의 영을 가진 자'라고 비난하였다. 이에 대해 츠빙글리는 루터가 로마 교황청의 대변자인 엑크보다 더 나쁘다고 맞섰다.

양쪽의 토론은 더 이상 진행되지 않았다.

서로 본지에 돌아가 서로의 견해를 존중하며 상대방을 향해 악평하거나 악감을 가지지 않기로 약속하였다. 그리고 성찬론을 제외한 14개조의 합의 내용이 협정문으로 작성되었다. 14개조 합의문에는 양측 대표 10명이 모두 서명하였다. 이렇게 해서 독일과 스위스의 개혁 세력을 연합하려던 필립의 시도는 실패로 끝나고 만다.

루터는 신앙의 동지를 잃어버렸고 츠빙글리는 개혁 세력에서 고립되었다. 가톨릭 측은 개혁 세력의 분열을 기뻐하며 독일과 스위스 간의 분열을 더욱 조장하였다. 루터 역시 개혁 세력의 약화를 가져와 개혁의 본거지였던 작센이 합스부르크 가의 가톨릭 세력에게 점령당하는 비극을 보게 되었다.

성찬 논쟁으로 인한 두 지도자의 분열은 기독교 역사에 가장 부끄러운 오점으로 남게 되었다.

4. 루터파 교회의 시작

1) 루터의 제자 멜란히톤

멜란히톤(Philipp Melanchthon, 1497~1560)은 독일 남부의 한 마을에서 태어났다. 1509년 하이델베르크 대학교에 입학하여 공부하다가 1512년 튀빙겐 대학으로 옮겨 연구를 계속하였다. 1518년에 독일 인문주의자 J. 로이힐린의 추천으로 루터가 있던 비텐베르크 대학의 그리스어 교수가 되었다.

멜란히톤은 자기 친척인 J. 로이힐린의 영향을 받아 에라스무스의 인문주의 정신의 교육을 받았다. 그런데 비텐베르크 대학에서 루터를 만나 그의 신앙과 인격에 감화를 받고 철학에서 성서학으로 옮겨 루터의 동료이며 같은 종교개혁 운동의 지도자가 되었다.

1519년에는 라이프치히에서 루터와 엑크 간에 있었던 신학 논쟁에 참여하였고, 1521년 루터가 발트부르크 성 안에 은둔하고 있는 동안에는 루터 신학을 대변하는 학자로 활동하였다.

멜란히톤은 1521년에 《신학 총론》(Loci Communes) 제1판을 발표했다. 이 책은 종교개혁의 교의(教義)를 처음으로 명료하게 조직한 최초의 조직신학 저서였다. 그는 이 책에서 그의 신학 사상을 표현하였다.

멜란히톤은 중세기의 사변적인 성경 해석을 배척하였다. 그는 성경 해석에서 역사적 의미를 찾으려 하였고, 이를 위해 고고학의 도움이 필요하다고 했다. 그는 신학은 사변적이 아닌 목회적이며 실천적인 것이 되어야 한다고 했다. 그는 하나님, 하나님의 일체성과 삼위성, 창조의 신비, 성육신의 방식 등등의 신성의 신비를 탐구하는 것보다는 그것을 찬양하고 감사하는 것이 훨씬 낫다고 하였다.

멜란히톤이 사변적인 것을 거부하고 단순한 목회적인 신학으로 개혁하고자 하였으나 그럼에도 불구하고 그의 신학은 사변적인 면이 강하였다.

여기 멜란히톤의 대표적인 주장 한두 가지를 살펴보자.

그에게 있어서 대표적 주장 중 하나가 율법에 대한 이해이다. 그는 율법을 ① 자연법 ② 하나님의 법 ③ 인간의 법으로 나누었다. 이 모든 율법의 기능은 죄를 깨닫게 하는 것이다.

자연법은 모든 사람이 동일하게 동의할 수 있는 공통된 판단으로 태초에 하나님에 의하여 사람들의 양심에 각인되어 있다.

하나님의 법은 도덕법, 재판법, 의식법으로 구성되어 있다. 인간의 법은 시민법과 사제의 법이 있다. 시민법은 정당한 권위가 인정되지만 사제법이란 정당한 권위가 없다.

멜란히톤은 복음과 율법을 대립 관계로 보았다. 그는 "율법은 죄를 보여 주고 복음은 은혜를 보여 준다. 그러나 구약 안에 복음이 있고 신약 안에도 율법이 있으므로 구약을 율법으로 보거나 신약을 복음과 동일시하는 것은 잘못이다. 구약과 신약에는 율법과 복음이 혼재하기 때문에 모든 시대가 율법시대이며, 동시에 복음시대"라고 보았다.

또한 그리스도께서는 율법 없이 은혜를 설교할 수 없기 때문에 율법과 복음을 강조하셨다고 주장하였다. 그는 "율법은 우리를 교정하는 대신 정죄하고 죽이고 비난하며 죄의 근원을 드러낸다. 인간의 본성은 죄를 인식할 수 없기 때문에 죄인은 먼저 죄로 인한 벌을 받아야 하며, 죄를 증오하는 단계로 나아가야 한다. 기독교는 율법의 기능으로부터 사역을 시작하지만 복음은 상한 양심을 하나님의 은혜와 자비의 품으로 인도한다. 그리스도는 이러한 복음의 보증이요 완성"이라고 주장하였다.

멜란히톤은 루터의 동체설 이론을 거부하였다. 예수 그리스도는 빵 안에 계시는 것이 아니라 빵과 함께 계신다고 주장하므로 물질적 수용보다는 영적 수용을 강조했다.

멜란히톤은 성찬의 효과를 그리스도께서 성도들에게 영적으로 내주하는 데 있음을 강조하였다. 그는 또 루터의 '노예의지론'을 수정하여 에라스무스의 '자유의지론'에 가까운 주장을 하였다. 뿐만 아니라 구원이 말씀과 성령과 인간 의지의 공동 작용의 산물이라는 '신인협동설'(Synergism)을 주장하였다.

그래서 그는 인간 스스로 하나님의 은혜를 받거나 거절할 수 있는 능력이 있다고 보았다. 이는 원죄가 단지 인간의 본성이 상처를 입은 것으로 간주하는 펠라기우스주의, 아르미스주의와 비슷한 논리이다. 그래서 멜란히톤은 선행이 구원의 기초가 아니라 구원의 필수불가결한 증거이며 영생에 필요한 것이라고 하였다.

이처럼 멜란히톤 사상은 루터와 달랐으나 루터는 그에 대해 관대하게 대하였기에 불화를 일으키지 않고 지냈다.

멜란히톤이 가장 크게 두각을 드러낸 것은 1530년 6월 25일에 카를 5세와 영주들 앞에서 루터를 지지하는 루터파 신앙고백을 발표했다는 사실이다. 이 신앙고백을 '아우구스부르크' 의회 앞에서 발표했기 때문에 통칭 '아우구스부르크 신앙고백'이라고 한다.

이 아우구스부르크 신앙고백은 프로테스탄트 결성 이후 최초의 신앙고백이고, 이 신앙고백 이후 루터파 교회가 합법적으로 선언된 기점이 된다. 그래서 루터의 종교개혁의 시작점은 1517년이지만 루터 교회가 시작된 시점은 1530년 아우구스부르크 신앙고백으로 본다.

멜란히톤은 이렇게 루터파 교회를 시작하게 하는 공헌을 하였다. 그러나 그의 신학사상은 루터가 살아 있는 동안에도 루터와 달랐고, 루터 사후에는 순수 루터파와 너무나 두드러지게 달랐다. 그래서 수많은 논쟁을 불러일으켰고, 드디어는 1588년에 반멜란히톤 신학인 '예나 대학'을 세우게 되었다. 이제 우리는 루터파 신앙백서를 발표한 '아우구스부르크 의회'를 살펴보자.

2) 아우구스부르크 신앙고백

신성 로마 제국의 황제 카를 5세는 1530년 4월 8일에 아우구스부르크 제국의회를 소집하였다.

카를 5세는 1521년 보름스 의회에서 교황의 요구로 루터를 처형하도록 칙령을 내렸다. 그런데 그 후 10여 년 동안 칙령은 시행되지 않고 독일 내 종교계는 교황청을 따르는 제후들과 루터를 지지하는 세력으로 나누어졌다.

카를 5세는 최근에 보헤미아와 헝가리의 왕이 된 자기 동생 페르디난드(Ferdinand Ⅱ:1578~1637)가 장차 신성 로마 제국의 황제로 계승되려면 자기 황제권이 강화되어야 한다고 판단한다. 그래서 두 세력으로 나누어진 독일의 종교를 하나로 통일시키려고 아우구스부르크 의회를 소집하였다.

카를 5세는 의회가 열리기 전에 황제 접견실로 개혁을 지지하는 제후들을 초대하였다. 이때 황제 접견실에 참여한 제후들은 작센의 선제후 요하네스, 브란덴부르크의 게오르크, 헤센의 필립, 그리고 뤼네부르크(Lüneburg)의 프란시스였다.

이때 카를 5세는 이번 의회 기간에 루터파 설교가들이 잠잠하게 해달라고 요청하였다. 그러자 개혁 지지 제후들은 황제의 요청을 거절하였다. 다시 황제는 루터파 설교가들이 논쟁적 내용이 될 만한 설교는 금지시켜 줄 것을 요청했다. 그러나 이 요구도 제후들은 거절했다.

마지막으로 자신이 제국의 황제이므로 자신이 설교자를 직접 지명하겠고 설교는 허용되지 않고 성서 낭독만 허용하겠다고 했다. 여기에 대해 개혁 제후들은 의견 일치가 되었다. 황제는 다음 날 있을 예정인 성체 미사 행진에 개혁 제후들이 동참해 줄 것을 요청했다. 이때 개혁 제후들은 거절하였다.

이때 나이 많은 브란덴부르크 선제후가 일어서서 자신은 하나님의 복음을 부인하는 잘못을 저지르기보다 차라리 황제를 복종하지 않고 죽고 싶다, 그러니 어서 내 목을 자르라고 무릎 꿇고 탄원을 했다. 이렇게 의회 개혁 전에 개혁 제후들을 설득시켜 독일의 종교를 하나로 통합하려는 작업은 어려운 일인 것으로 예견되었다.

이때 카를 5세는 그렇다면 당신들이 믿는 신앙 내용을 서면으로 의회에 제출하라는 명령을 내렸다. 이로 인해 6월 24일 루터파들은 '신앙에 관계된 자신들의 항의와 견해서'를 마련하게 된다. 이때 개혁 지지자들은 멜란히톤이 중심이 된 신앙백서를 만들게 된다.

당시 루터가 살아 있었는데 왜 멜란히톤이 신앙백서를 만들었는가? 그 까닭은 1521년 보름스 의회에서 루터를 죄인으로 선언한 카를 5세가 이번 아우구스부르크 의회의 소집자이기 때문에 여전히 범법자인 루터는 이곳에 나설 수가 없었던 것이다. 오히려 개혁 선제후들은 루터에게 코부르크(Coburg) 성 안에 은신해 있기를 요청하였다.

루터가 참여할 수 없는 아우구스부르크 의회에 루터가 가장 신임하는 멜란히톤이 루터의 의견을 대신 제시할 수밖에 없었다. 멜란히톤은 아우구스부르크 의회 앞에 제시해야 하는 공식적 신앙백서를 작성할 때 자기의 독자적 주장을 내세우지 않고 전에 루터가

1529년 슈바비아(Swabia)에서 초안한 것을 기초하여 작성하였다. 하지만 루터는 코부르크에 은신해 있으면서 멜란히톤이 복음의 핵심적 요소를 다른 것으로 바꾸지 않을까 많은 염려를 하였다.

아니나 다를까, 멜란히톤은 많은 부분을 가톨릭 측에 양보하는 신앙백서를 만들었다. 멜란히톤이 여러 번 수정을 가하고 루터보다 가톨릭에 화해를 노리는 듯한 신앙백서는 지금까지 루터가 주장해 온 것보다는 훨씬 약화된 신앙백서였다.

멜란히톤의 신앙백서는 두 부분으로 설명되었다.

첫 부분은 개혁을 지지하는 신앙 내용을 21개 조항으로 설명하였다. 여기서 멜란히톤은 자기들은 하나님, 원죄, 세례 등에 관해서 가톨릭과 같은 입장임을 설명하고 자신들도 고대로부터 전승되어 오는 우주적 가톨릭 교회에 속해 있으며, 가톨릭이 믿는 사도신경과 니케아 신조를 다 똑같이 믿는다고 했다.

멜란히톤은 자기들도 전통적인 중세기 가톨릭 교회와 공통된 점을 설명하였다. 그러나 칭의, 성찬, 선행과 같은 부분에서는 다른 의견을 말했다. 그리고 초대 교회 이후 가톨릭 교회가 정죄한 모든 이단들을 그대로 수용하고 츠빙글리와 재세례파와도 어떻게 다른가를 밝혔다. 그러면서 루터가 평생 동안 생명 걸고 외쳤던 성경만의 권위는 언급하지도 않고 교황직에 대해서도 확정적으로 정죄하지 않았다.

루터가 내세운 만인제사장직 이론이나 화체설의 부인이나 연옥 교리의 반대 등도 전혀 언급하지 않았다. 오직 은혜, 오직 신앙에 의한 칭의만을 강조하였다. 이 같은 가톨릭 측과 화해하려는 멜란히톤의 표현들은 루터 교회가 다른 개신교들과 출발이 달랐음을 보여준다.

둘째 부분은 후반부로 7개 조항으로 구성되었다. 여기서는 중세

교회의 견해와 행습 가운데 자신들이 불일치할 수밖에 없는 개혁의 대상들을 언급하였다. 가톨릭이 믿고 있는 성자에 대한 기도, 성찬 중 일반 평신도에게 포도주잔을 금한 것, 성직자에게 강요된 독신제도, 미사가 희생의 반복이라는 잘못, 고해를 의무적으로 해야 되는지의 필요성 문제, 수도원의 서약, 영적 권위자가 세속적 권위까지 독식하려는 주장 등 가톨릭 교회의 악습을 열거하고 비판하였다.

이와 같은 멜란히톤의 루터파 신앙백서는 1530년 6월 25일 아우구스부르크 궁정에 있는 의회 강당에 제출되었다. 이 신앙백서는 작센(삭소니)의 대법관(chanceller)인 크리스찬 바이엘(Christian Bayer) 박사가 의회 앞에서 낭독하였다. 이 문서에는 작센의 선제후 요하네스, 브란덴부르크의 후작 게오르크, 뉘른부르크의 프란시스, 공작 에르네스트, 헤센의 필립 백작, 안할트의 제후 볼프강, 그리고 뉘른베르크와 로이트링겐 시에서 파견된 대표들이 서명하였다.

신앙백서가 의회 앞에 낭독된 후 라틴어로 된 사본을 황제에게 바쳤다. 이때 카를 5세 황제를 옹호하는 가톨릭 제후들은 루터 측 대표자인 작센의 선제후 요하네스의 선제후권을 황제 권한으로 박탈해서 다른 가문에 줘야 한다고 하였다. 그러나 황제는 요하네스를 향해 "삼촌, 삼촌이 나를 이렇게 대해 주실 줄은 전혀 기대하지 못했습니다"라고 조용하게 작별하였다.

멜란히톤의 신앙백서가 의회 앞에서 선언문 형식으로 발표되었다. 이때 황제와 가톨릭 제후들은 즉각 백서를 거부하였다.

멜란히톤이 의회에다 신앙백서를 제출했다는 소식을 들은 스위스의 츠빙글리도 자신의 입장을 담은 《신앙의 원리》(Ratio Fidei)를 제시하였다. 그러나 츠빙글리 주장은 별 관심을 끌지 못하였다. 이에 영향을 받은 독일 남부의 4개 도시(스트라스부르, 콘스탄츠, 멤밍겐, 린아우)는 7월 9일에 《4대 도시 신앙고백서》를 만들어 의회에 제출하였다. 이 신앙고백서는 마틴 부처가 주로 작성한 것으로 멜란히톤 백서보다 더 철저한 개혁을 요구하였다.

이렇게 아우구스부르크 의회에는 몇 개의 신앙백서가 제출되었다. 이때마다 신앙백서에 대한 반박을 거듭하던 가톨릭 측은 엑크를 비롯한 가톨릭 신학자들이 아우구스부르크 신앙백서에 대한 반박서를 제출한다. 이때 교황청 특사로 파견된 캄페지오(Campeggio) 추기경은 개혁 세력에 필요한 것은 오직 강력한 무력뿐이라고 주장한다.

그러나 카를 5세는 독일에서 황제권을 발동해 무력을 사용하는 것은 독일 제후들이 용납하지 않을 것임을 알고 의회의 목적을 달성하는 것이 어렵다고 판단한다. 황제는 교황주의자들이 주장하는 무력 사용을 거부하고, 개혁 세력들이 교회의 악폐를 고칠 수 있는 1년 이내의 교회 회의 소집안도 거부한다.

그리고 1531년 4월 15일까지 의회를 휴회하는 쪽으로 이끌어 갔다. 이에 개혁 세력들은 휴회 추진을 받아들이지 않고 의회를 떠나 버렸다. 그러자 남아 있는 교황청주의자들은 개혁 세력에 아주 불리한 법령을 통과시켰다. 이 법령의 내용은 "보름스 의회에서 결정한 황제의 칙령을 그대로 실행한다. 교회의 사법권을 보전한다. 교회의 모든 재산을 회복한다. 제국 내 모든 법적 소송은 황제의 항소 법원을 부활시켜 시행한다"는 것이었다. 이중에서 마지막 항목은 개혁 세력에 결정적으로 불리한 조항이었다.

당시 루터파 교회들은 자체적으로 재정을 마련하여 사용하고 있었다. 이때 만일에 교회 문제를 반대하는 자가 재판을 요청하면 중앙재판소에 항소할 수 있게 하였다. 중앙재판소의 직원들은 모두가 로마 교황 측 지지자들이었다. 그러므로 루터파 개혁 세력에게는 매우 불리한 결정이었다.

만일 개혁 세력 제후들이 중앙재판소의 결정을 무시한다면 황제는 자신에게 부여된 권리로 저들을 제국 헌법을 범한 범법자로 다룰 수 있었다. 이처럼 개혁 세력에 아주 불리한 법령이 결정되었다. 황제는 이 법령을 1530년 11월 19일에 공포하였다.

의회를 떠난 후 개혁 세력에 불리한 법령이 결정되어 공포된 데 대해 개혁 제후들은 황제령에 대한 대처 방안을 의논하기 위해 모이게 된다. 이 모임이 슈말칼덴 동맹으로 이어진다.

3) 슈말칼덴 동맹(Schmalkanden League)

루터는 아우구스부르크 의회가 가톨릭 쪽으로 기울어진 모습을 보고 크게 실망한다. 그는 지금까지 황제에 대한 폭력 저항운동을 금해 왔었다. 그러나 아우구스부르크 의회 이후 루터는 황제에 대한 저항의 합법성을 인정하였다. 이에 힘을 얻은 루터파 개혁 영주들과 도시들이 정치적인 동맹을 결성하고자 모이게 된다.

1530년 12월 22일부터 31일까지 작센의 주도로 남서쪽 국경도시인 조그마한 산악도시 슈말칼덴에서 모임을 가졌다.

개혁을 지지하는 제후들은 자신들의 생명과 재산의 위험에 대해 공동으로 대처해 나갈 방법을 숙의하였다.

여기에 참여한 제후들은 작센의 선제후, 헤센의 백작, 뤼네부르크 공작, 안할트의 제후, 만스펠트의 두 백작, 마그데부르크와 브레멘에서 파송된 대표자들이었다. 그리고 마틴 부처가 프로테스탄트 동맹을 적극 지지하면서 스트라스부르 시 정부를 설득하여 아우구스부르크 신조를 수용하게 하였다. 이에 따라 남부 독일의 스트라스부르, 콘스탄츠, 울름, 로이틀링겐, 멤밍겐, 린다우, 이스니, 비베라하, 마그데부르크, 브레멘, 뤼벡 시 등이 참여해 1531년 2월에 슈말칼덴 동맹이 만들어졌다.

그 후에 북쪽의 함부르크와 로슈토크가 가입하였고 중앙의 고슬러와 괴팅겐도 가입하였다. 독일뿐 아니라 덴마크도 가입을 희망하였고 영국의 크롬웰도 가입해야 한다고 했다. 이렇게 개혁 세력들이 전 유럽적으로 동맹을 형성하는 모습을 본 카를 5세는 자신의 힘으로 개혁 세력을 물리칠 수 없음을 깨닫는다.

카를 5세는 아우구스부르크 의회에서 1531년 4월 15일까지 개혁 세력들이 자신의 뜻을 따르지 않으면 칼과 불로 처단하겠다고 공포했다. 그러나 황제의 공포가 무력해지는 현상이 벌어졌다. 그것은 1532년 봄 터키의 슐레이만이 30만 대군을 이끌고 비엔나와 오스트리아의 네덜란드인을 침공해 온 사건이었다.

카를 5세는 이런 때에 개혁 세력들을 끌어안을 수밖에 없었다. 이때 카를 황제는 뉘른베르크(Nurenburg) 의회를 모으고 모든 독일인들은 황제를 도와 터키군을 축출하는 데 앞장서라고 하였다.

이때 개혁 제후들은 뉘른베르크 의회에서 자신들의 입장을 황제에게 건의한다. 그것은 "과거 아우구스부르크 의회에서 가톨릭 제후들이 결정한 종교적 결정을 무기한 연장하라, 개혁 세력에 불리한 중앙재판소 항소 결정을 무효화하라, 종교상의 견해 차이를 정치가 결정하지 말라"는 것이었다. 이 같은 개혁 제후들의 요구 사항을 교황청 지지 제후들은 거부하였다.

그러나 개혁 제후들은 자기들이 제안한 것을 황제와 의회가 수용할 것을 믿는다고 선포한 후 비엔나를 방어할 군대를 파송하여 터키군과 싸우게 하였다. 여기에 반해 교황청을 지지하는 제후들은 터키군과 싸우는 데 소극적이고 비협조적이었다. 이런 상황을 지켜보던 황제는 평소 자기와 가까이 지내 온 교황청 지지 제후들은 비애국적이었고, 자기가 제압하려는 개혁 제후들이 훨씬 더 애국적인 것을 알게 된다.

개혁 제후들이 터키군을 물리치자 개혁 제후들의 주장은 자연스럽게 시행되게 되었다. 이때 루터는 1536년에 '슈말칼트 신조'(Schmalcald Articles)를 작성하여 가톨릭 교회와 성경적인 기독교 신학의 차이점을 설명하였다.

그 후 루터와 부처 사이에 비텐베르크 협약(Wittenberg Concordia)을 결성한다. 1531년 스위스 개혁자 츠빙글리가 가톨릭 연합군에 의해 전사당하였다. 츠빙글리 사후 그의 추종자들은 부처(Martin Bucer)를 따랐다. 이렇게 스위스나 남부 독일 사람들이 선망하던 부처가 루터와 비텐베르크 협약을 결성했다는 소문은 독일 전역에 퍼져 나갔다. 이 같은 소문에 의해 수많은 북부 독일인들이 비텐베르크 협약에 가입한다.

작센의 공작 조지가 죽고 그의 동생 헨리가 형의 자리를 계승하였다. 헨리는 전에 형이 루터에 대해 비협조적이었던 것과 달리 개혁 세력으로 바뀌었다.

그뿐만이 아니다. 마인츠, 쾰른, 트리에르 대주교가 개혁 지지자가 되었다. 한때 강력한 가톨릭주의자였던 브레스타우가 열광적인 루터파가 되었다. 이와 함께 독일 전역에서 로마 가톨릭 계열의 대학에 학생들이 지망하지 않았고 성직자가 되겠다는 지망생도 가난뱅이 외에는 없었다. 이렇게 전국적이고 국제적으로 번져 가는 개혁 세력의 확대는 황제로 하여금 크게 근심하게 하였다.

이런 모든 상황에서 황제는 루터 세력에게 장기간 휴전을 하든가, 아니면 교리적으로 협상을 통해 독일 민족 교회를 추진시켜 가기 위해 독일 민족의회를 소집하든가 해야 했다. 황제는 1530년 아우구스부르크 의회 이후 약 10년의 장기간을 무방비로 방치한다. 카를 5세는 이탈리아를 거쳐 스페인으로 갔고, 1541년까지 독일에 돌아오지 않았다. 이 같은 공백기간에 개혁자들의 세력은 점점 커져 갔고 교회 연합은 신속하게 이루어졌다.

카를 5세는 스페인에 머물면서 교황이 소집한 교회회의에 독일의 개혁자들에게 참석하라고 명령을 내렸다. 그러나 개혁 세력들은 교황 바울 3세가 소집한 교회회의에 참석해 보았자 불리할 것을 알고 황제의 명을 따르지 않는다.

황제는 1540년 6월, 12월, 1541년 4월 등 여러 차례 교황이 소집하는 교회회의에 개혁 세력들이 참석하여 가톨릭과 개혁 세력간에 타협할 것을 기대하였다. 그 같은 황제의 기대는 갈수록 불신만 더 커져 갔다. 황제는 프로테스탄트 세력이 시간이 흐를수록 군사적, 정치적으로 결속됨으로 정치적 권위에 큰 위협을 느꼈다. 그래서 개혁 세력을 약화시키기 위해 슈말칼덴 동맹을 정치적으로 분열시킬 계획을 추진한다.

카를 5세가 슈말칼덴 동맹을 붕괴시키려고 맨 처음 손을 댄 것이 슈말칼덴의 중심 인물인 헤센의 영주 필립이었다. 필립은 작센의 게오르크 공의 딸과 결혼하여 7명의 아들을 두었으나 아내와의 불화로 1526년에서 1539년 사이에 단 한 번의 성찬에도 참여하지 못하였다.

필립은 17세의 귀족 처녀와 결혼할 계획을 세운 뒤 루터와 멜란히톤, 부처에게 재혼 허락을 요청하였다. 만일 재혼이 허용되지 않는다면 황제와 교황에게 요청하겠다고 위협하였다. 개혁자들은 일부다처제가 그리스도께서 세우신 창조 질서에 어긋나지만 필립처럼 고통을 당하는 경우에는 예외가 된다며 간음이나 이혼보다 중혼을 권하였다.

결혼은 비밀리에 진행하고 두 번째 부인은 첩인 것처럼 하라고 단서를 붙였다. 그러나 비밀은 없었다. 당시에 중혼은 법에 의해 금지되어 있었고 중혼한 영주는 통치권을 박탈하도록 규정되어 있었다. 기회를 포착한 황제는 1541년 6월 사태를 악화시키지 않겠다는 조건으로 필립을 만났다. 여기서 황제는 필립의 약점을 근거로 필립이 더 이상 슈말칼덴 동맹의 대표로 활동하지 않겠다는 확인을 받아낸다. 이때부터 슈말칼덴 동맹은 이름만 있을 뿐 기능이 둔화된다.

카를 5세는 영국 헨리와 연합하여 프랑스를 쳐들어가서 프랑스와 강화조약을 맺으므로 프랑스가 독일의 개혁 세력을 지원할 수 없게 하였다. 또 카를 5세는 1545년 10월에 터키와 휴전을 하여 위협적인 요소를 제거하였다. 이럴 때 루터가 1546년 2월 18일에 63세로 세상을 떠난다.

카를 5세는 프로테스탄트 세력을 분열시키려고 작센의 모리츠를 이용하였다. 황제는 모리츠에게 작센의 선제후 자리를 주겠다고 유혹하여 그를 배신자로 나서게 하였다.

1546년 6월 모리츠는 작센의 선제후 프리드리히 가에 대항하여 전쟁을 일으켰다. 모리츠는 황제의 유혹에 넘어가 배신자로서 동맹군 세력을 와해시키는 악역을 하고 있었다. 황제 자신도 교황 바오로 3세의 지원군과 자기 동생 페르디난트 공, 바바리의 윌리암 공, 작센의 모리츠 등이 합세하여 개혁 영주들을 공격하기 시작했다.

이와 같은 황제 연합군이 독일 내 개혁 영주들을 공격하는 전쟁을 시작한 지 1년이 못 되어 남부 독일을 거의 다 휩쓸어 가는 추세였다. 황제는 연합군만으로 전쟁을 하지 않고 스페인의 자기 휘하에 있는 보병들을 끌어다 전쟁을 하였다. 그는 남부 독일의 개혁 세력의 도시들을 차례로 함락시켜 나갔다.

그후 북쪽으로 진군하여 1547년 4월 24일에는 뮐베르크(Mühlberg)에서 루터파 군대를 대파하게 되었다. 여기서 작센의 선제후 요하네스와 헤세의 필립이 사로잡히게 된다. 5월 19일에는 개혁의 본산지인 비텐베르크를 함락시킨다. 루터는 이 같은 참극을 당하기 전에 죽었으므로 화를 당하지 않고 넘어갔다. 이제 독일 내 개혁 세력이 완전 꺾이는 것 같은 위기가 닥쳐 왔다.

1548년 6월 황제는 세 사람을 선정했다. 가톨릭 측의 신학자, 루터파의 신학자, 에라스무스 등 3파의 신학자들로 하여금 세 가지 신학이 조합된 아우구스부르크 협정(Augusburg Interim)이라는 신앙고백문을 작성케 하였다.

황제는 이 신조를 전 독일인의 신조로 강요하였다. 그러나 황제의 신앙 강요가 백성들에게 먹혀 들어가지 않았다. 오히려 황제가 스페인 군대를 끌어들여 독일을 스페인화하려 했다는 오만한 처신에 대해 반기를 들기 시작하였다. 1548년부터 1552년 사이에 황제의 인기는 급격하게 추락하였고 나라의 정치는 무정부 상태로 치달았다.

이런 와중에서 작센의 모리츠(Maurice of Sachsen)는 각종 수법을 동원하여 슈말칼덴 동맹의 영수 자리를 차지하였다. 이 모리츠는 참으로 알 수 없는 인물이었다. 그는 처음에 슈말칼덴 동맹 회원이었다. 그런데 카를 5세가 작센의 선제후를 주겠다고 유혹하니까 슈말칼덴 동맹을 배신하고 개혁 세력에 전쟁을 일으켜서 황제군으로 전 독일을 휩쓸었다.

그런데 황제에 대한 독일 국민의 인기가 퇴락하자 이제는 또 황제군을 배신하고 개혁 세력인 슈말칼덴 동맹의 영수가 되었다. 모리츠는 슈말칼덴 동맹군 영수로 황제의 제국 군대를 쳐서 이긴다. 카를 5세는 제국 군대가 항복하고 자신이 모리츠 군대에게 거의 체포당하기 직전에 간신히 위기를 넘기고 가까스로 피신을 하게 되었다. 황제가 이때 겪은 수모는 평생 크게 작용한다.

1552년 8월에 파사우(Passau)에서 평화 회의가 열린다. 이곳에 독일 제후들이 모이게 되면서 구금되어 있던 헤센의 필립과 작센의 선제후 요하네스가 석방된다. 이때 카를 5세는 자신이 개혁 세력을 무력으로 분쇄하려고 하였던 것이 역부족임을 인식하고 루터파 교인들에게 종교의 자유를 허락하고 만다.

1553년 2월에 아우구스부르크 의회가 열려 몇 달간 논쟁 끝에 루터파도 합법적인 종교이고 가톨릭도 동등한 종교로 인정한다고 함으로써 안정을 찾게 된다.

카를 5세는 1555년 급격하게 의욕을 잃고 모든 것에 지치게 된다. 그는 자기의 독일 황제 지배권을 그의 동생 페르디난트에게 넘겨준다. 그리고 스페인, 네덜란드, 이탈리아 일부는 그의 아들 필립에게 넘겨준 뒤 자신은 스페인의 산 제로니모 드 유스테 수도원 별장에서 은거를 한다. 그곳에서 인생의 무상함에 젖어 번민하다가 1558년 9월에 사망한다.

한편 독일의 새 군주가 된 페르디난트는 자기 형이 시행한 강압적인 종교정책을 거의 전면적으로 포기하고 온건 정책을 펴 나간다. 1555년 페르디난트(Ferdinand) 황제는 교회 개혁을 위한 의회 소집의 필요성을 내세워 아우구스부르크 의회를 소집하였다. 이 의회는 가톨릭과 개혁 세력 간의 갈등을 해결하고 화해하기 위해 모였으며, 화해를 위해 부단히 노력하였으므로 아우구스부르크 평화회의(The Peace of Augusburg)라고 부른다. 평화 회의는 루터파를 승인하고 영주들의 영토는 1552년 이전 상태를 인정하였다.

여기서 한 영주에는 하나의 신앙, 한 명의 영주, 하나의 법만이 존재한다는 개념에 따라서 통치자의 종교가 백성의 종교(cuius regio eius religio)가 되도록 하였다. 이 협약에 따라 주민들은 영주의 신앙을 따르게 되었다. 이후부터 가톨릭과 루터파에게 동등한 권리가 주어졌다. 그러나 칼빈주의자나 재 세례파는 인정받지 못하였다. 이 같은 평화회의는 1563년까지 계속되었다.

페르디난트의 온건 정책은 그의 후계자인 막시밀리안 2세 때도 계속되었다. 그래서 프로테스탄트주의는 계속 확장을 거듭하였다. 개혁 세력은 세월이 갈수록 증대되어 가고 가톨릭 세력은 점점 줄어 갔다.

여기서 가톨릭 세력은 항상 위기의식을 느꼈고 평화회의가 언제까지나 계속되지는 않았다. 드디어 양쪽 세력의 긴장의 연속은 다음 세기에 30년전쟁(1618~1648)으로 이어진다.

독일에서 루터가 종교개혁을 완성하기 위해서 수많은 이들이 죽고 죽이는 전쟁이 이어졌다. 그 후에 비로소 종교적 안정을 얻게 되었다.

역사는 참으로 아이러니컬하다. 종교는 국민을 편안하게 해주는 안정제 역할을 해야 한다. 그런데 종교가 안정되려면 먼저 흡혈귀처럼 피를 흘려야만 가능하다. 독일의 종교개혁사를 보면서 참 종교가 무엇인가를 고민하게 된다.

4) 루터의 가정생활과 죽음

2천 년 교회사에서 가장 위대한 공헌을 한 루터는 63세로 그의 생을 마쳤다. 루터는 한평생 시련, 투쟁, 핍박으로 점철된 인생을 살아갔다. 여기 루터의 이력을 살펴보고 그의 가정생활과 죽음을 정리해 보자.

(1) 루터의 이력

1483년 11월 10일 독일 아이슬레벤(Eisleben)에서 출생. 출생 후 몇 달 후에 만스펠트(Mansfeld)로 이사.
1497년 14세 때 마그데부르크(Magdeburg) 라틴학교 입학, 공동생활 경험.
1498년 아이제나흐(Eisenach) 성 조지 학교에서 3년 교육.
1501년 에르푸르트(Erfurt) 대학 입학.
1502년 에르푸르트 대학 학사(B.A).
1505년 에르푸르트 대학 문학 석사(M.A) 1월에 학위, 5월에 법학대학, 7월에 수도원 입단.
1506년 사제 수업.
1507년 사제 서품.
1507-1512년 비텐베르크 대학 수학.
1508년 비텐베르크 대학 도덕, 철학 강사.
1509-1511년 에르푸르트 대학 문장론 강사.
1512년 비텐베르크 대학 신학 박사 학위, 10월 비텐베르크 대학 교수.
1515-1516년 루터의 회심.
1517년 95개조 논제 발표.
1519년 도미니크 수도사 엑크와 라이프치히 논쟁.
1520년 4대 개혁 논문.
1521년 보름스 의회에서의 진술, 교황의 파문.
1524-1525년 농민전쟁.
1525년 수녀 출신인 캐더린 본 보라(Katherine Von Bora)와 결혼, 3남 2녀를 둠.

1526년 제1차 슈파이어 의회.
1529년 제2차 슈파이어 의회.
1529년 츠빙글리와 마르부르크 회담.
1530년 멜란히톤에 의한 아우구스부르크 신앙백서.
1546년 2월 18일 63세로 세상을 떠남.

이렇게 해서 역사 속의 위대한 거인은 큰 족적을 남기고 역사의 한 획을 그어 놓았다.

(2) 루터의 가정생활

루터는 1525년 42세 때 수녀 출신의 캐더린 본 보라(Katherine Von Bora)와 결혼하였다. 이들은 3남 2녀를 낳았다. 장남 한스는 1526년에 출생하여 후일에 법률가가 되었다. 둘째 아들 마틴은 1531년에 출생하여 신학을 배웠으나 몸이 약하여 결혼 후 젊은 나이로 세상을 떠났다. 셋째 아들 바울은 1533년에 출생하여 의사가 되었다. 처음에 브란덴부르크 제후를 받들었고 후에는 작센 제후를 받들었다.

큰딸 마가레트는 귀족과 결혼하여 가정주부로 일생을 보냈고, 작은딸 막달리나는 14세 때 죽음으로 루터에게 슬픔을 안겨 주었다. 루터는 3남 2녀를 낳았으나 작은딸을 일찍 잃은 것으로 3남 1녀라고 말한다. 루터는 자기보다 둘째딸이 먼저 세상을 떠났고, 또 둘째아들도 자기보다 먼저 세상을 떠났다. 그뿐만 아니라 부인인 캐더린이 남편보다 먼저 세상을 떠났다.

최근에 발간된 독일의 족보에 의하면 루터 사후 500여 년이 지난 후 루터의 후손이 약 1,834명 이상 2,000명에 육박하는 것으로 조사되었다.

(3) 루터의 죽음

루터는 1517년 95개조 신학 논제를 발표한 후 1521년 보름스 의회에서 자기 신앙을 진술할 때까지 가장 행복한 세월을 보냈다. 그는 1525년 결혼 후에는 매일 아침 가족과 같이 십계명, 사도신경, 주기도, 시편을 읽었고 매일 세 시간씩 기도하였다. 계속하여 성경에 정통하려고 노력하였으며, 독일어 신약성경 번역(1522) 등 일생 동안 4,000여 편의 저술과 37편의 찬송시를 발표하였다.

그러나 보름스 의회 이후 교황청 외교가들의 끝없는 농간으로 피곤하며 고달픈 세월을 살아야 했고, 농민전쟁(1524~1525)은 그에게 치명적 상처를 주었다. 하나님에 대한 신뢰는 변함없었으나 인간에 대한 불신은 갈수록 증대되었다. 그래서 츠빙글리에 대한 편협한 기질이 그의 약점으로 작용했다.

루터가 평소 즐겨 읽던 성경구절은 시편 118편 17절이었다. "내가 죽지 않고 살아서 여호와께서 하시는 일을 선포하리로다." 이 말씀대로 그는 63년간 하나님께서 하시는 일을 선포하는 삶을 살아갔다.

루터는 자기 고향 만스펠트 백작들의 재산 분쟁을 중재하러 갔다가 죽었다. 만스펠트의 두 백작은 재산 분쟁으로 계속 논쟁을 하다가 루터의 중재라면 받아들이겠다고 합의를 했다. 이 소식을 들은 루터는 자기가 기필코 가서 해결하겠다고 나섰다. 그러나 루터는 이미 계속되어 온 독일 내 개혁 세력들 간의 긴장으로 몸이 허약해져 있었고, 더구나 그의 건강을 돌보던 캐더린도 타계한 상태였다.

그는 한번 자기 마음속에 품은 주장을 이루기 위해서는 자신을 돌보지 않았다. 루터는 1546년 1월의 추운 일기 속에 고향 아이슬레벤을 찾아갔다. 루터가 자기 고향 아이슬레벤에 도착한 때는 1월 말경 혹독한 추위 때였다. 루터는 아이슬레벤에 도착한 후 두 백작을 교대로 만나면서 두 백작이 만족스런 데까지 중재를 계속해서 성공리에 마무리지었다. 그리고 두 백작은 루터에게 수고비를 주었다. 루터는 이것을 만스펠트 지역의 마을학교 건립기금으로 내놓았다. 이들 두 백작은 1546년 2월 17일 양쪽 증서에 서명하였다. 그런데 루터는 그날 밤 과로로 심장병을 일으켰다.

루터는 1546년 2월 18일 새벽 2시 45분에 그의 고향 아이슬레벤에서 파란 많은 일생을 끝마쳤다. 그는 만스펠트의 알브레흐트 백작과 그의 부인, 그리고 친구 요나스 박사, 루터의 자녀들과 친구들이 보는 앞에서 마지막 운명을 하였다.

임종을 지켜보던 루터의 친구이자 동료인 요나스 박사가 "존경하는 아버지, 지금까지 설교하신 예수 그리스도와 가르침을 고수하시렵니까?"라고 울먹였다.

이때 루터는 몸을 바로 세우게 한 후 "그렇다네"라고 했다. 이것이 루터의 마지막 말이었다. 그 후 20분쯤 지나서 루터는 깊은 숨을 내쉬고 운명하였다. 그의 시신은 비텐베르크로 운반되어 약 30년 전 그 역사적인 95개조 논제를 제시하였던 성인교회에 안장되었다.

루터는 독일인들에게 하나의 민족교회로 독립하게 했을 뿐 아니라 1천여 년 동안 철통같이 굳게 닫힌 로마 가톨릭 교회를 두 동강으로 갈라 놓고 전 세계에 바른 신앙을 수립하게 하였다.

5) 루터 사후의 루터 교회

(1) 독일 교회

루터의 사상을 계승한 사람은 멜란히톤이라고 하였다.

멜란히톤(Philipp Melanchthon, 1497~1560)은 루터보다 14년을 더 살았다. 루터는 살아 있을 때 멜란히톤이 자기 사상과 다른 것을 알고 있으면서도 자기 단점을 보완해 주는 좋은 사람으로 멜란히톤을 관대하게 대하였다.

루터는 자기와 멜란히톤을 이렇게 비유했다.

"나는 거칠고 사납고 성급하고 싸우기를 잘하는 성질을 가졌고 무수한 괴물과 악마들과 싸우도록 태어났으니 그루터기와 거치는 돌들을 옮겨야 한다. 그러나 필립은 유순하고 점잖고 기쁨으로 씨를 뿌리고 물을 주는 사람이다."

이렇게 멜란히톤을 극찬하였다. 그럼에도 불구하고 멜란히톤은 인문주의 사고의 영향을 받아 루터와 점점 멀어져 갔다.

멜란히톤과 순수 루터파의 관계가 악화된 것은 1548년 6월 '아우구스부르크 협정'(Augusburg Interim)에 황제가 만든 조합 신앙고백문을 동의하면서부터였다. 앞에서 언급한 것처럼 카를 5세는 무력을 동원해 독일의 개혁 세력들을 정복한 다음에는 가톨릭 신학자, 루터파 신학자, 에라스무스 등 3파 신학자들이 절충해서 만든 신앙고백문을 독일 국민들에게 강요했다.

여기에 대해 독일 국민들은 거세게 반항하였다. 그런데 멜란히톤은 아우구스부르크 협정이 무난하다고 수용했다. 멜란히톤은 가톨릭이 주장하는 라틴어 예전, 일곱 가지 성례, 사제의 복장, 금식 기간 등이 복음의 핵심적 교리에 침해되지 않으므로 가톨릭의 예전과 의식을 수용할 수 있다고 하였다.

멜란히톤은 신앙을 본질적인 것과 비본질적인 것으로 구분하였다. 기독교 신학에 있어서 본질적인 것은 변할 수 없지만 비본질적인 것은 시대와 상황에 따라서 변할 수 있다고 보았다.

예컨대 삼위일체 같은 기독교 교리는 본질적인 것이므로 변할 수 없으나 예배의식은 시대와 문화적 배경에 따라 바뀔 수 있는 비본질적인 것이라고 하였다. 그래서 가톨릭의 예배의식과 관례가 복음과 배치되지 않는 한 수용할 수 있다고 하였다. 이 같은 멜란히톤의 사상은 루터의 사상과 너무 많은 차이가 나는 주장이었다. 그 결과 순수 루터파들은 멜란히톤의 사상이 너무 문제가 되므로 자연히 멜란히톤과 사상적인 논쟁이 벌어지게 되었다.

순수 루터파 사상을 가지고 멜란히톤을 비판한 사람은 비텐베르크 대학의 히브리어 교수인 일리리쿠스(Matthias Flacius Illyricus, 1520-1575)와 암스돌프(Nikolaus Von Amsdorf)였다.

일리리쿠스는 "마그데부르키 세기"(The Magdeburg Centuries)를 저술 발표하였다. 그는 이 책에서 초대교회로부터 종교개혁 시대에 이르기까지의 교회 역사를 설명하였다. 그는 교회 역사를 복음적인 교회와 거짓된 교회의 갈등으로 보고 두 교회가 싸우는 투쟁사가 곧 교회 역사라고 설명하였다.

이 같은 신념을 가지고 있는 일리리쿠스는 멜란히톤이 예배가 시대에 따라 바뀔 수 있는 비본질적인 것이라고 한 것에 대해 강하게 들고 일어났다. 그는 "타락한 인간들이 시대적 상황에 따라 고안해 낸 중세시대의 예전들은 그 속에 본질적인 것이 있을 수 없다. 예배는 시대와 상황에 따라 변할 수 있는 것이 아니라 성경에 명한 대로 드려져야 한다"라고 하며 멜란히톤을 호되게 비판하였다.

일리리쿠스와 암스돌프가 멜란히톤을 비판할 때 멜란히톤은 비텐베르크에서 작센의 선제후 요하네스를 배신한 모리츠 밑에 있었다. 이로 인해 멜란히톤이 과거 아우구스부르크 신앙고백문을 작성했던 인물로 기억되기보다는 마치 배신한 모리츠처럼 섭섭한 감정을 갖게 되었다. 이로 인해 작센의 선제후 일행은 1588년 예나 대학을 신설하고 일리리쿠스를 교수로 임명하여 반멜란히톤 신학을 세우게 하였다.

이때부터 예나 대학교와 쾨니스베르크 대학은 인문주의자인 멜란히톤을 반대하는 순수 루터파 중심의 보수대학이 되었다.

멜란히톤과 아디아포라(adiaphora : 상징물) 논쟁을 했던 순수 루터파 신학교에서는 이 학교 교수들로 인해 또 혼란에 빠졌다. 루터파 교수인 오시안더(Andreas Osiander)는 칭의가 죄인이 의롭다고 선언되는 것만이 아니라 실제적으로 의롭게 되는 것이라고 가르쳤다. 또 스코틀랜드 학자인 메이저(John Major)는 선행이 믿음으로 얻는 칭의를 유지하는 데 필요하기 때문에 선행 없이 구원받는 것은 불가능하다고 하였다. 이러한 주장들은 순수 루터파인 암스돌프에 의해 비판이 제기되었다.

루터가 죽은 후 루터파의 사상은 멜란히톤을 비롯해서 여러 사람에 의해 계속 흔들렸다. 여기서 루터파 전체가 동의할 수 있는 권위 있는 신조의 필요를 느끼게 된다.

루터파에서는 가장 권위 있는 신조 작성을 추진하였다. 그래서 튀빙겐의 야콥 안드레아(Jacob Andrea), 부룬스빅의 마틴 켐니츠(Martin Chemnitz), 라이프치히의 니콜라스 젤네커(Nicholas Selnecker) 등이 1577년 '일치신조'(Formular of Concord)를 채택하였다.

그 후 1580년 6월에는 "일치서"(Book of Concord)를 출판하였다. "일치서"에는 고대 3대 신조(니케아 신조, 콘스탄티노플 신조, 칼케돈 신조), 아우구스부르크 신앙백서, 슈말칼트 신조, 루터의 대소요리문답서 등이 모아져서 일치서가 되었다. 이 "일치서"에는 독일 전역에 있던 개혁 지지 영주 51명과 35개 도시 대표자들, 그리고 8,000

명 이상의 목사들이 승인하였다.

이렇게 해서 "일치서"(1580)가 독일 루터 교회의 신조가 되었다. 이 일치서는 루터의 사상을 따르고 있으나 루터가 살아생전에 배제하려고 애썼던 스콜라 신학의 색채가 짙게 배어 있는 신조가 되어 버리고 말았다.

오늘날의 루터파 신학은 일치서가 정통파로 계승되어 오고 있다.

(2) 독일 밖의 루터 교회

루터의 영향력은 전 유럽으로 확산되었다. 영국은 독자 노선을 취하고 프랑스, 네덜란드, 스코틀랜드는 칼빈주의를 따른다. 루터의 영향의 열매는 스칸디나비아로 연결된다.

A. 덴마크

1397년 '에릭'(Eric)은 덴마크, 스웨덴, 노르웨이의 세 왕국 대표자들과 귀족들의 총회인 칼마르 연합(Union of Kalmar)에서 한 사람의 군주 아래 영원한 연합을 계속하기로 선언했다.

그런데 왕은 덴마크에 살면서 세 나라 통치를 한다고 믿었으나 명목상에 그칠 뿐이었다.

1513년 작센의 선제후 프리드리히의 조카이며 카를 5세의 여동생 남편인 크리스티안 2세(Christian Ⅱ, 1513~1523)가 덴마크 왕위에 즉위하였다. 그는 세 나라 통치자가 명목상의 왕이라는 위치를 깨뜨리고 강력한 왕국 수립을 추진한다. 그는 과거 가톨릭 교회의 주교들이 종교 직분과 세속직을 겸전한 채 독재를 자행함으로 야기된 국민들의 참담한 모습을 심각하게 받아들였다.

그는 반항하는 스웨덴의 주교들을 스톡홀름에서 잔인하게 살해하였다(1520). 이로 인해 덴마크와 스웨덴이 갈라지고 만다.

크리스티안은 덴마크의 무역과 농업을 장려하였다. 또 학문을 장려하기 위해 독일의 자기 삼촌인 프리드리히 선제후가 추천하는 루터파 설교자들을 불러들였다.

루터파 설교자들은 덴마크에서 통역자를 내세워 설교해야 했으므로 백성들에게 큰 감동을 주지 못하였다. 왕은 덴마크의 귀족들과 교회들을 왕에게 예속시키도록 새로운 법을 만들었다. 모든 수도원은 교회의 검열을 받아야 했고 무식한 성직자는 퇴출시켰다. 코펜하겐에 종교재판소를 설치하고 그것이 최고 교회 법원이라 하였다. 이렇게 강력한 사회 개혁은 유틀란트인들(Jutlanders)의 반발을 불러일으켜 왕은 덴마크에서 추방당하게 되었다.

유틀란트인들은 크리스티안 왕의 삼촌인 슐레스비그 홀스타인(Schleswig-Holstein)을 덴마크와 노르웨이 왕으로 모셔들였다(1523). 슐레스비그는 프리드리히 1세(Frederick Ⅰ, 1523~1533)로 왕위에 오르면서 개혁을 구체화시켜 나갔다.

프리드리히는 종교 선택권을 백성들에게 허용함으로 루터파를 확장시켰다. 왕은 덴마크의 루터라 불리는 한스 타우젠(Hans Tausen, 1494~1561)을 적극 후원하였다. 한스는 비텐베르크 대학에서 공부한 수도사였다. 그는 비텐베르크 대학에서 루터의 영향을 받아 개종한 후에 종교개혁의 전파자가 되었다.

1527년 왕이 주교 임명을 하도록 법으로 정하고 사제의 결혼을 허락했으며, 1529년에는 덴마크어 신약성경을 출판하였다.

1530년에는 주교들의 충동에 의해서 코펜하겐에 민족 총회가 모이게 되었다. 가톨릭 주교들은 21명의 루터파 설교가들이 이단을 전파했다는 죄목으로 고소를 했다. 이때 타우젠과 그의 추종자들은 43개의 코펜하겐 신조를 의회에 제출하였다. 그리고 가톨릭

주의자들과 공개 토론을 제의했다. 그러나 가톨릭주의자들은 덴마크어로 자신들의 견해를 논의하지 않겠다고 거부하였다. 이런 일이 있은 후 루터주의는 더욱더 급속하게 모든 계층에게 퍼져 나갔다.

1533년 프리드리히가 죽자 덴마크의 개혁이 잠시 주춤했다. 1536년 프리드리히의 장남인 크리스티안 3세가 덴마크와 노르웨이의 왕이 되었다.

새로 왕이 된 크리스티안 3세는 보름스 의회에서 살생권을 가진 황제 앞에서 자기가 믿는 바를 소신 있게 진술하던 루터의 모습을 보고 루터를 크게 존경해 왔다.

새 왕은 열렬한 루터 신봉자였을 뿐만 아니라 부친 프리드리히가 죽었을 때 자기 동생 한스를 덴마크 왕으로 추진한 주교들을 모두 투옥시켰다. 그래서 주교들의 권리를 박탈한 후 주교들의 재산인 교회 재산을 왕이 몰수할 수 있다는 법령을 만들어 의회 승인과 민족 총회 인준을 받았다(1536. 10. 30).

왕은 루터에게 백성을 이끌어 줄 지도자를 요청하였다. 1537년 루터의 동역자 요하네스 부겐하겐(Johannes Bugenhagen)이 루터의 파송으로 코펜하겐에 도착한다. 여기서 덴마크의 종교개혁은 과거 타우젠의 신앙고백이 밀려나고 보수적인 루터파 노선으로 수정되어 아우구스부르크 신앙이 채택된다. 이로써 덴마크는 완전히 루터교로 재조직되었다.

B. 노르웨이와 스웨덴

노르웨이, 스웨덴은 칼마르 연합(Union of Kalmar)으로 덴마크 지배 아래 있었다. 크리스티안 3세 때 노르웨이와 덴마크령인 아이슬란드인이 명목상의 루터파 종교인이 되었다. 한편 덴마크와 결별했던 스웨덴에는 구스타프 에릭슨(Gustaf Ericsson)이 1521년에 덴마크인을 모두 추방시키고 왕이 되었다(1523~1552).

스웨덴에는 1세기 동안 확립된 정부가 없었다. 토지의 3분의 1을 군주들이, 3분의 2를 교회가 소유하고 있으면서 나라는 계속 오랫동안 가난을 면치 못하였다. 이런 상황에서 왕이 된 구스타프는 막대한 재산이 교회에 편중되어 있음을 알게 된다. 구스타프는 교회 재산을 간섭하는 방편으로 루터주의가 필요함을 깨닫는다.

구스타프는 비텐베르크에서 공부하고 1519년 귀국한 대장장이 두 아들 올라프 페터손(Olaf Peterson)과 라르 페터손(Lars Peterson) 형제를 지원하여 루터 교회가 스웨덴에 뿌리를 내릴 수 있도록 하였다.

올라프는 1524년 가톨릭 지지자들과 공개토론을 통해 가톨릭의 허구성을 드러냄으로 개혁의 기초를 놓았다. 그리고 1525년에는 공개적으로 결혼함으로 중세교회에 도전하였다. 1526년에는 스웨덴어로 신약성경을 번역하였고, 1541년에는 동생의 도움으로 구약성경을 번역하여 성경전서를 발행하였다. 그 결과 일반인들도 주교의 가르침이 성경과 일치하는지를 알 수 있게 되었다.

그러자 주교들과 귀족들의 연합적인 저항이 거세어졌다. 저항이 시작된 이유는 왕이 재정 조달의 한계를 교회 재산에서 해결하려고 법령을 내렸기 때문이었다.

구스타프 왕은 종교적 일 외에 불필요한 모든 교회와 수도원 재산을 왕실에게 귀속시킬 것을 지시했다. 또 성직자는 순수한 하나님의 말씀만 설교할 것, 왕의 권위 아래 교회를 재조직할 것 등을 명하였다. 이로부터 왕이 교회의 머리가 되었고, 고위 성직자를 임명할 수 없지만 해직할 수 있는 권한을 가지게 되었다. 이렇게 하여 스웨덴 국가 교회가 세워졌다.

구스타프의 아들 요한 3세(John Ⅲ, 1568-1592) 때 잠시 가톨릭으로 돌아갔다. 그러나 그가 죽은 후 그의 아들이 왕이 되었다. 그는 가톨릭 교인이었으나 국왕의 섭정이 칼빈주의자였다. 스웨덴은 종교를 정하기가 어려웠다.

이때 백성들은 가톨릭교도 아니고 칼빈주의도 아닌 중도인 루터 교회를 수용할 것을 건의하였다. 1593년 왕은 백성들의 요구대로 루터파 교회를 스웨덴의 국교로 정하게 되었다. 그리하여 스웨덴은 아우구스부르크 신앙고백을 스웨덴 신앙고백으로 채택하게 된다. 이렇게 하여 덴마크, 노르웨이, 스웨덴은 큰 싸움 없이 루터교가 국교가 된다.

5. 루터의 핵심 신학과 그 문제점

1) 루터의 신학

현재 개신교 신학의 가장 중심이 되는 핵심적 신학은 루터에게서 비롯된 것이 많다. 예컨대 "행함이 아닌 믿음으로 의롭게 된다", "모든 그리스도인은 다 똑같은 만인제사장이다", "오직 성경, 오직 믿음, 오직 은혜로만 구원 얻는다." 사상은 1천여 년간 바벨론 포로에 갇혀 있던 교회를 다시금 새롭게 회복시켜 준 위대한 공헌을 했다.

루터는 로마 가톨릭 교회가 기독교 이름으로 가장 사악한 사탄 노릇을 하던 악마적 요소를 생명을 걸고 비판하며 전 세계 그리스도인들에게 복음의 진수를 되찾아 주었다. 그는 당시 교황의 비호를 받고 길거리에 난무하는 면죄부 판매의 부도덕을 목격하고 95개조 논제로 교황권에 도전장을 냈다. 그의 투쟁을 추기경이나 제후들이 짓밟으려고 공격해 왔음에도 불구하고 루터는 보름스 의회 앞에서 당당하게 자기 소신을 밝혔다. 그래서 독일 교회를 국민 교회로 만들었고, 유럽과 전 세계인에게 평등 사상을 심어 주었다.

루터의 폭넓은 공헌은 이미 다 언급했다. 여기서는 루터가 전 세계인에게 깨우쳐 준 그의 대표적 신학 몇 가지만 지적해 보자.

(1) 이신득의

루터 자신이 가톨릭 사제에서 개혁자로 변화된 신앙의 출발점이 이신득의이다. 루터는 이신득의 신앙을 머리로만 깨달은 것이 아니고 일생 동안 영적 평안을 찾아 헤매다가 많은 고투 속에 얻은 진리의 평안이었다.

여기서 우리는 중세 신학자들이 가르쳐 준 믿음의 개념과 루터가 발견한 믿음의 개념이 전혀 다른 것임을 기억할 필요가 있다.

먼저 중세 신학자들이 말하는 믿음의 개념이 무엇인가? 그것은 성경에 근거하지 않은 교부들과 중세 신학자 사상에서 비롯되었다. 교부들 중 모든 교부들의 사상을 총집결한 어거스틴(Augustine, 354~430)에게서 중세 신학의 근원을 찾아볼 수 있다.

어거스틴은 하나님의 은총에는 하나님께서 직접 활동을 통해 주시는 활동의 은총(gratia operans)이 있고, 또 하나는 인간이 하나님의 일에 협동함으로 얻어지는 협동의 은총(gratia co-operans)이 있다고 했다. 이 같은 주장에다 14세기 스콜라 신학자인 존 둔스 스코투스(John Duns Scotus, 1266-1308)는 인간의 원죄를 본래적 의의 상실 정도로 보았다. 인간의 타락으로 의는 상실되었으나 하나님의 형상은 남아 있다. 하나님의 형상의 회복은 인간 스스로 회개함으로 가능하다. 인간이 하나님의 형상을 회복하는 방법으로 잘못을 회개해 나가는 습관의 은총(gratia habitualis)이 있다고 했다.

이와 같은 두 사람의 신학으로 '협동의 은총', '습관의 은총' 이 어떻게 사람에게 전해지는가? 그것은 교회가 제정해 놓은 각종 성례전(7성사), 사제의 축사, 고해, 선행 등을 통해서 하나님의 은총이 통로를 타고 기계적으로 주입된다고 믿게 했다.

이렇게 가르친 하나님 은총을 받으려고 루터는 모든 노력을 다 했었다. 수도원에 들어가 하루에 수없이 많은 참회도 해 보았고, 상급자의 명령을 따라 혹독한 금식과 절제를 실천해 보았다.

가톨릭 교회가 제정한 복잡한 속죄제도(expiations)도 다 수행해 보았다. 심지어 성지순례까지 가톨릭이 제정한 모든 것을 실천했으나 그가 얻은 것은 아무것도 없었다.

루터는 가톨릭이 제정한 각종 제도를 통해서는 하나님께서 주시는 평안의 은총을 받을 수가 없었다. 루터는 가톨릭의 은총 신학이 잘못되었음을 깨닫는다. 하나님의 은총은 사람이 노력해서 얻어지는 것이 아니고 하나님께서 사람에게 주실 때 받게 됨을 깨닫는다. 하나님의 은총이 어떻게 주어지는가?

여기서 '오직 믿음으로만' (sola fide) 신학이 나온다. 루터가 말하는 믿음과 가톨릭이 말하는 믿음은 전혀 다른 개념이다.

가톨릭이 말하는 믿음이란, 인간이 하나님에 관해서, 하나님에 대해서 깨닫고 말해 놓은 어떤 종류의 교리이며 그 같은 지식에 대해 동의하는 것을 말한다. 여기에 반해 루터는 인간이 성경 속에 말씀되고 있는 하나님 속으로 투신해 들어가는 것을 믿음이라고 한다.

믿음은 하나님께 대한 절대적 신뢰이고, 많이 알면 알수록 경외심을 갖게 되고, 미지의 세계에 대해 모험적 결단을 하게 하는 것이다. 따라서 루터의 믿음은 정적인 것이 아니라 능동적인 것이다.

의롭게 된다는 개념도 가톨릭과 루터가 다르다. 가톨릭은 교회가 제정한 각종 제도, 성례전, 사제의 축사, 선행 등을 통해서 자연스럽게 하나님 은총이 흘러 들어오는 것이라고 한다. 이에 반해 루터는 자신이 하나님을 만난 후에 계속적으로 하나님과의 교제를 경험하는 것이 의롭게 되는 것이라고 했다.

가톨릭에서는 외부적인 수단들에 의해서 은총이 주어지기 때문에 그 은총은 간헐적이고 점진적인 것이다. 이 같은 은총은 일생 동안 쉬지 않고 노력해야 얻어지는 곤고한 은총이다.

그에 반해 루터가 말하는 하나님의 은총은 자신과 하나님의 만남에서 시작되는 개인적인 경험에서 출발한다. 개인의 경험은 자신만이 느낄 수 있는 지속적인 경험이다. 루터는 사람의 노력에 의한 은총이 아닌 그리스도의 보혈의 능력을 믿는 믿음에 근거함으로 설사 죄의 고통과 죄책감이 남아 있어도 믿음의 은총은 계속 유지되는 것이다.

루터가 깨우쳐 준 이신득의 진리는 중세교회의 교리와 조직과 행위신학의 포로에서 완전한 자유와 해방을 가져다준 위대한 신학의 결과라고 자신 있게 힘주어 말할 수 있겠다.

(2) 만인제사장 신앙

루터가 깨우쳐 준 또 하나의 놀라운 신앙이 있다. 그것은 교회 다니는 교인들뿐만 아니라 일반 모든 시민들, 즉 모든 인간이 평등하다는 만인제사장 신앙이었다.

중세 가톨릭 교회가 유럽 세계로 하여금 얼마나 무겁고 벗어날 수 없는 정치적, 제도적 포로생활을 강요했는가?

가톨릭 교회는 7성례로 전 국민을 묶어 놓고 있었다. 여기 한 인간이 새 생명으로 태어났다. 그러면 출생 후 가톨릭 사제에게 유아세례를 받아야 출생신고가 가능하다.

유아가 성장해서 세상에서 인정받을 연령이 되면 견진성사를 받아야 한다. 성인이 된 남녀가 결혼을 하려면 혼배 성사로 가톨릭식 결혼예식을 해야 정욕으로부터 죄 씻음 받는 정당한 결혼이 된다.

고해성사는 젊은이나 성인이 세상을 살다보면 타의에 의해서 지은 죄를 고해성사로 다시 은총이 회복된다고 믿는다. 매주마다 드리는 미사에서는 사제가 축복한 떡과 포도주로 2천 년 전의 예수 그리스도의 살과 피로 변해진 성체를 먹는 것이다.

그리고 죽은 자는 살아생전에 예수 그리스도를 믿지 않고 죽었어도 성자들의 공로가 하늘나라에 공적이 쌓여진 게 있어서 사제가 축복하면 안 믿고 죽은 그런 자도 천국행이 가능하다. 이 얼마나 사악한 미신 신앙인가?

이 모든 신학의 핵심이 무엇인가?

그것은 베드로의 후계자인 사제들은 인간과 하나님의 중간에 있는 중재자(mediation of priest)라는 신학이다. 한 시간 전에 빵집에 있던 빵과 포도주를 제단에 올려다 놓고 사제가 축복하면 한 시간 전의 빵과 포도주가 2천 년 전 예수님의 살과 피로 바뀐다는 것이다. 그 같은 힘은 빵에 의해서가 아니라 사제만이 가진 신비한 능력 때문이라는 것이다.

그런데 이렇게 신비한 능력을 가졌다는 사제의 생활을 보면 평범한 세상 사람만도 못한 부도덕한 생활을 하는 이가 있다. 그런데도 사제는 죄를 사해 주는 선포권이 있다고 한다.

이렇게 사제권을 주장한 가톨릭 교회는 온갖 독선과 죄악을 저질렀다. 교황이 영국 국민들에게 성례전을 금지시키므로 새로 태어난 신생아가 유아세례를 못 받아 하나님의 은총을 못 받게 함으로 영국 국민을 괴롭혔고, 젊은이들의 적령기에 혼배성사가 금지되어 가정을 이루지 못하게 했고, 사람들이 죽어도 장례가 집행되지 못하게 했다.

교황은 유럽 각 나라의 제왕이나 군주들이 자기 비위에 안 맞으면 파문하고 성례전을 정지시켰다.

이와 같은 악법과 제도를 루터는 만인제사장 신학으로 무너뜨렸다. 사제, 성직자, 교직자, 평신도라는 직책은 특별한 기능을 감당하도록 구별된 것일 뿐 서로 차별이 있는 것이 아니다.

우리 모든 성도는 영적 신분에 있어서 만인이 다 똑같은 제사장이다. 이러한 루터의 신학 천명은 전 세계가 평등사상을 갖게 되는 데 위대한 공헌을 했다.

(3) 성찬론

루터신학의 또 다른 특징의 하나는 그의 성찬론이다. 루터와 다른 개혁자들이 신학적으로 달랐던 것이 성찬론이다. 루터와 츠빙글리가 마르부르크 회담에서 끝내 결별하고 만 핵심이 성찬론의 차이였다. 여기서는 두 사람의 견해 차이를 살펴보겠다.

먼저 루터의 주장을 보자.

① 성만찬의 최우선적 의미는 신앙하는 성도가 성찬에 참여함으로 살아 부활하신 그리스도를 직접적으로 만져 보게 하는 것이다.

② 이 같은 목적을 이루기 위해서는 영광 받으신 그리스도의 몸이 지역적인 임재로 떡과 포도주에 있어야 한다.

③ 그리스도의 이 같은 지역적 임재는 사제의 어떤 기적적 조건으로 이루어지지 않는다. 왜냐하면 그리스도의 편재성에 의해서 그리스도의 부활하신 영광스러운 몸은 어디에서나 자연스럽게 있

으므로 결국 떡과 포도주에도 있는 것이다.

④ 이 같은 자연스러운 임재는 성만찬에 대한 존경심과 신앙하는 마음으로 참여하는 자에게 하나님께서 주신 약속에 따라 성만찬의 임재를 이룬다.

루터는 이처럼 가톨릭의 화체설에는 반대했으나 "이것은 내 몸이다"라는 말씀을 문자적으로 믿어야 한다고 주장했다. 루터의 성찬론에 의하면, 떡과 포도주를 먹는 자가 이것이 주님의 살과 피라는 믿음을 가지고 먹는다면 떡과 포도주가 실제로 그리스도의 살과 피가 된다는 것이다. 이것은 화체설을 부인한 것 같으나 실제로 그리스도의 살과 피가 된다는 화체설 주장과 대동소이한 주장이다.

다음으로 츠빙글리의 주장을 보자.

① 주의 만찬은 십자가에 죽으신 그리스도의 희생을 반복하는 것이 아니고 과거에 한 번에 바쳐진 희생을 기념(commemoration)하는 것이다. 그리고 떡과 포도주는 새롭게 바쳐지는 그리스도가 아니고 갈보리에서 단 한 번으로 모두를 위해서 바쳐진 그리스도의 살과 피를 상징(signs)하는 것이다.

② 죄의 용서는 새롭게 바쳐진 그리스도에 참여(partaking)로써 얻어지는 것이 아니라 단번에 바쳐진 그리스도를 믿는(believing) 데 있다.

③ 그리스도의 사역의 은혜는 그리스도께서 우리의 음식이 되신다고 믿는 믿음에 의해 획득될 뿐이다. 그 음식은 살코기도 아니고 신체적인 것도 아니므로 입으로 먹어서 취할 수 있는 것이 아니고 영혼 안에 거주하는 신앙에 의해서만 취할 수 있는 것이다. 성만찬에 내재하는 그리스도의 임재는 신체적인 것이 아니라 영적인 임재이다. 신앙에 의해서만 그리스도의 진정한 임재가 가능하다.

④ 주님께서도 자신을 신체적으로나 혹은 육고기적으로 먹는다

고 생각하는 것을 금하셨다(요 6:63). 따라서 주께서 주의 만찬으로 제정하신 규범은 엄격한 문자적 형태로 받아질 수 없다.

츠빙글리는 성만찬을 영적 상징이라고 주장하였다.

이 두 사람이 성만찬에 대한 견해 차이로 14개 항목에 다 합의하고도 끝내 결별한 사실을 앞서 설명했다. 이때 두 사람 간의 합의는 독일과 스위스 간의 합의를 이룩할 수 있는 일이었고, 이 같은 합의를 이루었다면 개신교 역사도 달라졌을 것이다. 그러나 두 사람의 결별은 끝없는 개신교 간의 분열을 거듭하는 좋지 않은 전례를 남겼다.

2) 루터의 문제점

루터에게는 위대한 장점이 훨씬 많았다. 하나님께서는 루터라는 위대한 거인을 통해 전 세계 교회의 흐름을 바꾸어 놓으셨다. 그러나 루터 역시 연약한 인간이었다.

그에게도 연약한 인간적 약점이 많이 있었다. 예를 들어, 농민전쟁 초기에는 농민들 편에서 지주들을 비판했다가 나중에는 농민들이 행하는 횡포를 보고 태도를 바꾸었다. 그래서 제후들에게 폭행하는 농민들을 잔인하게 타도하라고 했다. 루터는 이 사건으로 본인도 상처를 많이 받지만 많은 국민들에게 실망을 주었다.

또 헤센의 필립이 결혼생활에 어려움을 겪을 때 중혼을 허락함으로 상황에 따라 신앙을 지도한 오점을 남겼다. 또 전 국민적 열망으로 스위스와 독일의 개혁 세력 간의 연합의 기회를 자신의 고집으로 깨버리는 옹졸함도 보였다.

그뿐만 아니라 멜란히톤이 초안한 아우구스부르크 신앙백서는 상당 내용이 가톨릭에 타협한 내용으로 자기가 평생 믿고 주장해 온 가르침과 많이 달랐다. 루터는 그 사실을 잘 알면서도 개혁을 성공시켜야겠다는 자신의 야망 때문에 타협안을 수용하고 말았다.

이로써 루터 신학에 많은 문제점이 남게 되었다. 여기서는 루터가 남긴 신학적 문제점을 몇 가지 지적하겠다.

(1) 가톨릭 신앙(사도신경, 유아세례, 고해) 계승

사도신경(Apostles Creed)은 누가 만들었는가?

가톨릭의 주장에 의하면 A.D. 55년에 12사도들이 한 문단씩 만들었다고 한다. 그러나 이런 주장은 역사적 근거가 없다.

최초의 공인된 신조가 A.D. 325년 니케아 신조이다. 니케아 신조 이전에 만일 사도신경이 존재해 있었다면 니케아 신조 같은 불완전한 신조가 나올 수가 없다. 니케아 신조가 불완전했기 때문에 다음에 다시 수정해서 만든 것이 A.D. 451년의 칼케돈 신조이다.

사도 신조는 A.D. 750년경 로마 가톨릭이 자기 교회의 교리들을 정당화하기 위해 만든 가톨릭 교회의 신앙고백이다. 여기에 대한 역사성과 내용의 문제점들은 필자의 교회사 1권인 《초대교회사》를 참고하기 바란다.

유아세례가 성경적인가, 아닌가? 이 문제에 관해서는 본서 제4장 '유럽의 재침례교 운동'에서 다루었다. 그 내용을 참고하기 바란다.

고해는 가톨릭 교회가 일곱 가지 성례 중의 하나로 믿고 있는 성례전 중 하나이다. 가톨릭 교회는 모든 신자가 1년에 한 차례씩 의무적으로 사제에게 고해를 해야 한다. 루터는 고해라는 말 대신에 참회라고 하였다.

지금의 루터 교회는 성례전으로 세례, 성찬식, 참회를 실시하고 있다. '오직 성경'이라고 개혁의 불을 붙인 루터가 성경적 근거가 빈약한 사도신경, 유아세례, 참회를 인정한 것은 개혁의 미완성이었다고 말할 수 있다. 이는 루터 자신이 가톨릭의 사제였기에 극복하지 못한 한계점이라고 본다.

(2) 루터의 동체설과 가톨릭 화체설의 유사성

가톨릭 교회는 1215년 라테란 공회에서 성찬식 때 떡과 포도주가 실제로 그리스도의 몸으로 변한다는 화체설을 교리로 채택하였다.

가톨릭은 빵과 포도주를 "이것이 나의 몸이다"라고 사제가 들어올리는 순간 종이 울리고 동시에 실제로 사제의 손 안에서 그리스도의 몸과 피가 된다고 하였다. 이 같은 가톨릭의 화체설을 루터나 츠빙글리는 다 반대한다.

그런데 루터는 왜 가톨릭과 같은 동체설을 고집하였는가?

루터는 성경을 전문적으로 배우고 가르친 성서신학 박사였다. 문제가 되고 있는 것은 마태복음 26장 26절의 "이것은 내 몸이니라"($\tau o\hat{v}\tau\acute{o}\ \acute{e}\sigma\tau\iota\nu\ \tau\grave{o}\ \sigma\hat{\omega}\mu\acute{a}\ \mu o\nu$: This is my body)라는 말씀이다.

이 문장을 어떻게 해석해야 하는가?

여기서 루터는 '……이니라'에 해당되는 '에스티'($\acute{e}\sigma\tau\acute{\iota}$)가 영어의 is에 해당된다고 보고 주의 만찬은 곧 주님의 몸과 피라는 문자적 해석을 하였다. 이에 반해 츠빙글리는 '에스티'($\acute{e}\sigma\tau\acute{\iota}$)는 '……을 나타낸다'(Significative)로 이해해야 한다고 했다.

루터는 "이것은 내 몸이니라"(마 26:26)라는 구절에 강조점을 둔 것에 반하여 츠빙글리는 고린도전서 11장 24절의 '이것은 너희를 위하여 찢긴 내 몸이니'라는 부분에 강조점을 두었다.

이것(빵)은 나의 몸을 나타내는 것이다(significative). 빵은 그리스도인들에게 십자가의 사건을 기억하도록 요청하는 비유적인 것이라고 해석한 이가 츠빙글리였고, 문자적인 것으로 해석한 이가 루터였다. 두 사람의 차이는 결국 성서 해석 방법의 차이였다.

우리가 아는 바와 같이 성서 해석 방법에는 여러 가지가 있다. 고대로부터 전승되어 온 문자적 해석 방법이 가장 안전하고 좋은 방법이다. 그러나 바울 사도는 그의 편지에서 과거의 구약 성경들을 문자적으로만 해석하지 않았다. 상당히 많은 부분을 영적으로 교리적으로 해석하였다. 따라서 문자적 해석만이 절대로 맞는 것도 아니다.

예수님도 상당히 많은 경우에 영적 상징적 교훈을 하셨다. 예수님은 "내가 문이다"(요 10:9), "내가 곧 길이다"(요 14:6), "나는 참 포도나무다"(요 15:1)라고 말씀하셨다. 이런 표현들을 루터처럼 문자적으로만 해석해야 한다면 어떤 결과가 따를 것인가?

루터는 떡과 포도주가 영적 임재가 아니라 육체적 임재라고 믿었다. 그래서 성찬식을 집전하다가 실수로 마룻바닥에 떨어진 포도주를 즉시 무릎을 꿇고 핥아 먹었다.

루터가 이처럼 성만찬 신앙에 미신적인 행동을 한 것은 그의 개인적 믿음이기 이전에 그것은 성서 해석에 문제점을 남겼다는 증거가 된다. 이런 면에서 루터의 개혁이 불완전했다는 평가를 할 수밖에 없게 된다.

(3) 정교분리 원칙을 그르침

루터는 어떤 국가관을 갖고 있었는가?

여기에 관한 전문 연구서가 있다. 존 스테픈슨(John R. Stephenson)의 《The Two Governments and the Two Kingdoms in

Luther's Thought), Scottish Journal of Theology 34(1981), pp. 321-337을 참고했다.

루터는 두 왕국의 설명으로 그의 국가관 이론을 제시했다. 루터에 의하면 하나님은 사람들 사이에 두 왕국을 세우셨다고 한다. 하나는 영적인 왕국이고, 또 다른 왕국은 세상의 정치적 왕국이라는 것이다.

루터는 이 같은 논리적 근거로 로마서 13장 1~7절과 베드로전서 2장 13~14절을 제시했다. 영적인 왕국은 칼을 가지고 있지 않으나 말씀을 가지고 있다. 하나님은 설교자들을 통해 사람들을 선하고 의롭게 인도하여 영생을 얻게 한다. 또 하나님은 세상 정치적 왕국을 사용하신다.

세상 왕국은 칼을 통하여 선하고 의롭게 되기를 원하지 않는 사람들을 선하게 되도록 강요한다. 루터는 세상 정치적 국가가 악을 억제하고 세상의 평화와 질서를 보존하기 위해서 하나님이 세우신 한 기관이라고 보았다. 그렇기 때문에 세상의 통치자들은 하나님께 쓰임 받는 집행인들이다.

루터가 세상에 하나님의 영적인 왕국과 세속적인 국가의 왕국을 세우셨다고 말할 때 그것은 이중주의가 아니라 둘 다 하나님의 주권 역사 안에 시행되는 이중 수단으로서 두 왕국임을 나타낸다. 루터는 하나님의 두 통치 방식을 다른 비유로 설명한다.

그리스도의 왕국인 교회는 하나님의 오른손이고 세속적인 왕국의 국가는 하나님의 왼손이다. 그렇기 때문에 세속적인 통치자는 하나님의 가면을 쓰고 변장한 모습으로 하나님께 쓰임 받는 왼손과 같은 존재이다.

여기서 루터의 국가관의 특징이 나타난다. 국가는 하나님의 정해진 뜻에 의해 움직이는 하나님의 가면이다.

이 세상의 국가 흥망성쇠를 인류의 역사가들은 모두 다 사람들에 의해 이루어진 것처럼 역사를 기술해 놓았다. 그러나 국가는 권력에 의한 것도 아니고 통치받는 사람들에 의한 것도 아니다. 모든 것은 하나님께서 정해진 뜻에 의해서 이루어질 뿐이다.

교회와 국가, 그것은 하나님의 오른손과 왼손의 두 왕국이다. 이들 두 사이가 혼합되어서도 안 되지만 양자의 구별이 너무 날카로워서 다른 한쪽이 위축될 정도로 날카롭게 구별되어서도 안 된다. 교회와 국가는 서로 구별되게 존재하되 두 영역은 서로를 견제하고 서로를 강화시켜야 한다.

루터는 이 같은 논리에 근거하여 가톨릭 교회가 영적인 영역을 벗어나 세속적인 영역까지 지배하려고 한 교황권의 타락을 비판하였다. 교황은 황제나 다른 세속적인 통치자들에 대하여 지배권을 가져서는 안 된다. 교황은 영화롭게 되신 그리스도의 대리자가 아니라 고난받으시는 그리스도의 대리자여야 한다.

루터는 이렇게 교황과 세상 정치와의 분리를 강력하게 주장하였다. 루터가 이처럼 영적인 왕국과 정치적 왕국의 분리를 주장했으나 오늘날의 루터 교회는 교회와 국가가 분리되기는커녕 국가 아래 교회가 예속되어 있다. 잘 아는 바와 같이 독일의 국교는 루터교이기 때문에 전 국민들은 루터교에 세례와 함께 국가에 종교세를 지불하고 있다. 루터 교회 목사들은 정부로부터 공무원 예우를 받고 있다. 루터교가 이렇게 된 원인이 무엇인가?

그것은 루터의 두 왕국에 근거한 국가관에 문제가 있다고 본다. 세상을 하나는 영적인 왕국이고, 다른 하나는 세상의 정치적 왕국으로 본 것은 루터 이전의 어거스틴(Augustine, 354~430)이 시작한 이론이다.

어거스틴은 "하나님의 도성"(The City of God, 426)에서 세상을 가인의 후예인 국가와 아벨의 후손인 교회로 분류했다. 힘을 근거로 한 가인의 후예인 국가라는 것은 참된 정의나 공의가 있을 수 없다. 그러므로 아무리 위대한 제국이라도 인간의 힘에 근거한 국가는 언제든지 망할 수 있다.

그러나 아벨의 후예인 교회는 하나님에 대한 사랑과 인간에 대한 희생으로 이루어졌기 때문에 교회가 아무리 연약해 보여도 하나님의 영원한 목적과 계획 속에 이루어져 가므로 교회는 하늘의 새 예루살렘을 향해 가는 거룩한 순례자와 같다고 했다.

루터의 두 왕국 이론은 어거스틴의 하나님의 도성 이론과 비슷하다. 루터나 어거스틴이 이처럼 국가와 교회를 이분법으로 설명한 것은 똑같다. 그러나 성경의 원리는 무엇일까?

성경에 보면 하나님의 나라는 근본적으로 세상과 다른 차원에 있다. 마태복음 22장 21절에 "가이사의 것은 가이사에게, 하나님의 것은 하나님께"라고 해서 세상의 정치와 하나님 나라가 전혀 별개임을 말하고 있다. 요한복음 18장 36절에도 "내 나라는 이 여기(세상)에 속한 것이 아니니라"고 했다.

루터는 세상 정치가 하나님의 왼손이라고 했으나 성경은 하나님 나라는 이 세상에 속한 것이 아니라고 했다. 오늘날 루터교가 독일의 국교가 된 것은 성경에서 말씀하고 있는 하나님 나라 것이 아닌 국가를 하나님의 것으로 격상시켜 놓은 루터의 국가관에 문제가 있다.

그렇다면 필자가 믿는 국가관은 무엇인가?

성경에 기록된 대로 국가와 종교는 근본적으로 분리되어야 한다. 국가와 종교가 분리되면 현실적으로 존재할 수 없지 않겠는가 염려할 수 있다. 그러나 국가와 종교에 대해 어거스틴이나 루터처럼 이분법 이론에 고착되면 해답을 얻기 힘들다. 필자는 국가, 종교, 사탄의 세력으로 된 삼각형 이론을 믿는다.

국가와 종교는 서로 완전히 분리되어 있으면서 국가든 종교든 사탄의 세력과 합세할 때에는 그것은 이미 국가도 종교도 아니다. 바람직한 것은 국가든 종교든 사탄의 세력에 야합하지 않고 종교는 종교 본연의 업무에 충실해 나가고 국가는 국가 본연의 업무에 충실해 나가야 한다. 그리고 종교는 훌륭한 종교인들을 만들어 국가가 하나님의 뜻대로 운영되도록 인재를 지원해야 한다. 이것이 성경이 말하는 가이사의 것과 하나님의 것의 분리라고 생각한다.

(4) 세속 정치의 힘으로 개혁을 성공시킴

우리는 루터가 하나님의 힘을 믿고 개혁 작업을 완성했다고 말할 것이다. 물론 루터가 하나님의 도움으로 개혁을 완성시킨 것에는 틀림이 없다. 그러나 루터는 오직 하나님의 힘만이 아니라 정치인들의 후원과 협조 속에서 개혁을 완성시킨 것이 사실이다.

루터는 작센의 선제후 프리드리히의 도움을 받지 않고서는 살아남을 수가 없었다. 루터가 1517년 10월에 95개조 논제를 발표하였다. 이로 인해 전 유럽이 들끓게 되었다. 이때 교황은 60일 이내에 루터가 로마로 소환되도록 명령을 내렸다. 이때 루터가 로마에 소환되었다면 개혁은 끝이 난 것이다. 그런데 비텐베르크 대학의 설립자인 선제후 프리드리히가 막시밀리안 황제로 하여금 루터가 로마에 가지 않아도 되는 면책권을 받아냈다.

그 후에도 카제탄(Cajetan) 추기경과의 면담에서 추기경이 루터를 체포해서 로마로 압송하려는 것을 프리드리히 선제후가 독일 군대를 이용해 루터의 신변을 보호했다. 1521년 보름스 의회에서 루터는 황제와 독일 제후들과 추기경들 앞에서 당당하게 자기 소신을 진술했다. 이때에도 루터의 신변이 위험하자 프리드리히 선제후는 루터를 비밀리에 발트부르크 성채로 피신시켰다. 루터는 일생 동안 수많은 위기 때마다 정치가인 선제후 프리드리히의 도움을 받았으므로 종교개혁이 진척되었다.

선제후 프리드리히가 죽고 난 다음에는 또 수많은 개혁을 지지하는 정치가들의 도움을 받았다. 그 대표자가 헤센의 필립(Philip of Hessen)이었다. 루터는 필립이 이미 결혼해서 아내와의 사이에 7명의 자녀까지 두었는데도 필립의 요구대로 17세 된 처녀와 결혼하는 것을 허락했다.

그렇게 허락된 필립의 중혼은 필립의 정치 생명에 결정적 타격을 입힌다. 왜 루터는 잘못된 것임을 알면서도 필립의 중혼을 허락했을까? 루터는 이미 필립으로부터 많은 도움을 받았고 앞으로도 정치가의 도움이 필요하기 때문에 잘 알면서도 잘못을 저지른 것이다.

루터는 개인적으로 스위스의 츠빙글리를 만나고 싶지 않았다. 그러나 필립의 줄기찬 요청에 마지못해 만났다. 그 결과는 만나기 이전에 이미 예측된 것이었다. 루터는 종교개혁을 성공시키기 위해서는 부도덕한 필립의 힘도 도움이 된다고 믿었던 것이다.

종교개혁을 성공시켜야 한다는 목적을 위해서는 모든 개혁자들이 정치인들의 힘을 활용하였다. 루터는 선제후인 프리드리히와 헤센의 필립의 힘을 의지했고, 츠빙글리는 취리히(Zuerich) 시 의회의 시 의원들의 힘을 의지했고, 칼빈 역시 제네바(Geneva)의 시 의회 시 의원들로 하여금 교회 개혁을 시행하게 하였다. 영국의 크랜머(Thomas Cranmer, 1489~1556)는 헨리 8세와 에드워드 6세의 도움 하에서 영국 국교회 개혁을 성공시켰다.

그런데 참으로 불가사의한 일이 있다. 루터나 츠빙글리나 칼빈과 동시대에 또 다른 특징의 개혁 세력이 있었다. 그들을 이름하여 "재세례파"라고 통칭한다. 그러나 '재세례파' 라는 표현이 적당한 표현이 아니다. 저들은 이미 약식 세례받은 세례가 가톨릭 의식이므로 다시 침수에 의한 침례를 받으라고 주장했다. 그러므로 이들을 세례를 두 번 받으라는 뜻의 '재세례파' 라고 부르는 것은 옳은 표현이 아니다.

필자는 이들이 다시 침례를 받으라고 했기 때문에 '재 침례파' 라고 한다. 이들 재침례파는 스위스, 독일, 네덜란드에서 동시에 일어났다. 그런데 이들은 종교개혁을 추진할 때 전혀 정치가들의 힘을 고려하지 않았다. 성경의 가르침대로 가이사의 것과 하나님의 것을 완전 분리한다. 그렇게 순수하게 하나님만 의지하고 개혁을 추진하던 이들은 모두 실패하였다. 재 침례파 개혁자들은 로마 가톨릭에 의해 참형당하고, 또 개혁자들이라는 사람들에게도 핍박을 당한다.

루터는 재침례교도들을 광신자라고 공격했고, 칼빈은 재 침례 교도들을 광신자, 미혹된 자, 두뇌가 산만한 자, 악당들, 미친 개라고 하였다.

종교개혁을 순수하게 한 재침례교도들은 성공한 승자들의 기록에 의해서 광신자가 되었고, 정치적 힘과 결탁해서 개혁을 성공시킨 사람들은 위대한 개혁자가 되었다. 이처럼 불공평한 역사 기록을 제4장에서 새롭게 살펴보도록 하겠다.

제3장
스위스에서의 개혁

1. 스위스의 특징
   1) 지정학적 특징
   2) 정치적 특징
   3) 종교개혁이 성공할 수 있었던 장점
2. 취리히에서의 츠빙글리
   1) 츠빙글리의 교육과 사역
      (1) 출생과 교육
      (2) 츠빙글리의 사역
   2) 츠빙글리의 개혁 운동
      (1) 로마 가톨릭과의 논쟁
      (2) 재침례교도와의 유아 세례 논쟁
   3) 개혁 전쟁과 츠빙글리의 죽음
      (1) 스위스에 퍼진 개혁 운동
      (2) 제1차 카펠 전쟁
      (3) 제2차 카펠 전쟁
   4) 츠빙글리의 유훈
      (1) 애국적 신앙
      (2) 문제점
      (3) 후계자
3. 제네바에서의 칼빈
   1) 칼빈의 교육과 개혁성향
      (1) 출생과 교육
      (2) 칼빈의 개혁 성향
   2) 칼빈의 초기 사역
      (1) 기독교 강요 초판
      (2) 파렐에 위압된 칼빈
      (3) 제네바와 파렐
      (4) 칼빈의 제네바 제1차 사역
      (5) 스트라스부르 목회
   3) 칼빈의 제2차 제네바 사역
      (1) 다시 제네바로
      (2) 제네바 교회법
      (3) 제네바 시 의회를 통한 교회 권징들
      (4) 반대자들에 대한 박해
      (5) 씻을 수 없는 과오
   4) 칼빈의 공적
      (1) 유럽 교회들에 미친 영향
      (2) 제네바 아카데미
      (3) 기독교 강요
   5) 칼빈 신학의 문제점
      (1) 카톨릭 신앙의 잔재
      (2) 장로 직능 후퇴
      (3) 사찰 공화국 제네바
      (4) 교회 권징을 세속 정치와 야합 시킴
      (5) 성경의 예정사상과 칼빈의 예정사상

# 제3장 스위스에서의 개혁

우리는 종교개혁자라고 하면 루터, 츠빙글리, 칼빈을 생각한다. 다 같은 시기에 개혁 운동을 했던 재침례교도들은 종교개혁자들로 인식되어 있지 않다.

왜냐하면 앞서 말하는 3대 지도자는 그들이 처한 국가적, 정치적 상황에 의해서 개혁을 성공시킨 결과를 가져왔다. 그에 반해서 같은 시대에 개혁운동을 전개한 재침례교도들은 저들의 신앙상 국가적, 정치적 상황을 외면하는 개혁운동을 하였기에 실패를 가져왔다.

여기서 우리는 반드시 기억하고 넘어가야 할 몇 가지가 있다.

하나는 루터나 츠빙글리나 칼빈이 종교개혁을 성공시킬 수 있었던 요인은 저들이 처한 독일이나 스위스라는 나라가 국가적, 정치적으로 독특한 환경을 조성해 주었기 때문이라는 사실이다. 우리는 이 점을 확실하게 이해할 필요가 있다.

두 번째로 3명의 개혁자 중 선배들로부터 가장 많은 혜택을 받은 사람이 칼빈이다. 루터는 1483년 11월 10일에 태어났다. 그는 아무것도 없는 황무지에서 개혁을 일구어 나갔다.

츠빙글리는 1484년 1월 1일에 태어났다. 그렇기 때문에 츠빙글리와 루터는 52일 차이가 있는 동년배였으므로 주고 받는 영향이 부분적이고 제한적일 수밖에 없었다.

그러나 칼빈은 루터보다 26년 뒤인 1509년 7월 10일에 태어났다. 칼빈은 츠빙글리의 유산이나 루터의 사상을 충분하게 활용할 수 있는 여유 있는 개혁자였다. 그렇기에 칼빈은 루터의 것이든 츠빙글리의 것이든 마음껏 취사선택할 수 있는 특혜 속에서 개혁을 완성해 나간다.

필자는 앞서 루터의 종교개혁을 설명하면서 루터의 종교개혁의 성공 요인은 독일이라는 국가가 신성 로마 제국이라는 허울 좋은 정치 체제하의 국가였고, 거기에다 당시 독일의 정치를 이끌어 가는 정치가들의 후원이 있었기에 종교개혁이 성공했다고 하였다.

스위스에서 종교개혁을 성공시킨 츠빙글리나 칼빈도 스위스라는 국가가 처해 있던 당시 정치 형태가 저들의 종교개혁을 성공시켰다고 믿는다. 그 점을 여기에서 살펴보도록 하겠다.

1. 스위스의 특징

1) 지정학적 특징

스위스는 지정학적으로 강대국들의 틈바구니에 끼어 있다. 북쪽에는 독일이 있어서 여러 차례 스위스 일부를 독일에 포함시켰기에 독일 사람들은 스위스를 '슈바이츠'(Schweiz)라고 부른다.

남쪽에는 이탈리아가 스위스를 넘나들었기에 이탈리아 사람들은 스위스를 '스비체'라고 한다. 동쪽에는 독일어를 쓰는 '오스트리아'가 있다. 프랑스는 스위스를 '스위스'라고 하는데 잉글랜드에서는 스위스를 '스위칠란드'라고 한다.

스위스는 이처럼 프랑스, 독일, 오스트리아, 이탈리아 등의 강대국들 틈바구니에 끼여 있다. 국토의 면적은 4만 1,293km²인데 국토의 60%가 알프스 산지인 나라이다. 스위스는 알프스 산, 쥐라 산맥, 레만 호(湖), 보덴 호, 라인 강이 자연 공간의 골격을 형성하고 있다. 따라서 스위스의 국경은 3분의 2가 분수계, 하천, 호소(湖沼) 등으로 이루어져 있다. 깊게 파인 골짜기는 독립성을 지녀서 그 풍토가 다양하고 23개 주(그중 3주는 2개의 준 주로 나뉘어 있으므로 준 주를 포함하면 26주)가 자치적으로 움직인다. 중앙 알프스에 수원(水源)을 가진 유럽의 주요 하천은 4개가 있다. 그중 라인 강은 국토의 68%를 유역으로 하며, 이곳에 내린 비와 눈을 북해로 배수한다. 그 외에 론 강(18%), 포 강(9.3%), 도나우 강(4.4%)의 유역이 하천을 통해 서부 유럽과 연결되어 있다.

스위스가 이렇게 작은 국토인데도 각 나라마다 호칭이 다른 것은 그만큼 독자적 개성을 유지하지 못하고 오랜 세월 동안 주변의 강대국들에 의해 영향을 받았다는 것을 의미한다.

2) 정치적 특징

스위스는 주변의 여러 나라들이 왕정제도에 의한 정치제도를 택하고 있을 때에 13세기부터 이미 자치단체에 의한 공화정치를 실시하고 있었다. 스위스는 1291년 8월 1일 '우리'(Uri), '슈비츠'(Schwyz), '운터발덴'(Unterwalden) 등 3개 주가 외적에 대한 상호 간 무상 원조를 서약하였다. 이날이 현재 스위스 연방의 건국 기념일로 되어 있다.

독일의 신성 로마 제국 합스부르크 가는 1315년 3개 주 동맹을 무력으로 제압하려고 시도했으나 슈비츠 주가 중심이 되어 스위스

군이 승리하였다. 그 후 1332년에 루체른(Luzern)이, 1351년에는 취리히(Zürich)가 동맹에 가입하였다.

1352년에 글라루스(Glarus)와 추크(Zug)가, 1353년에 베른(Bern)이 동맹에 가입하여 이른바 8개 주 동맹이 성립되었다. 1481년에 프리부르(Fribourg), 졸로투른(Solothurn) 2개 주가 동맹에 가담함으로 10개 주 동맹이 되었다. 그 후 1501년에 바젤(Basel), 샤프하우젠(Schaffhausen)이 동맹에 가담하였고, 1513년에 아펜첼(Appenzell)이 동맹에 가담하므로 13개 주 동맹이 형성되었다. 그 후 1516년 스위스는 프랑스와 영구 동맹을 체결하고 중립국을 시작한다.

우리가 관심을 갖는 종교개혁 당시의 스위스는 정치적으로 어떠했는가?

종교개혁 당시 스위스는 13개 주가 각각 개별적인 공화정치를 하면서 스위스 연맹으로 동맹을 이루고 있었다. 이 같은 13개 주의 스위스는 이름이 연맹이었을 뿐 각 주가 독립된 지방자치제에 의해 독자적인 성격으로 이끌어 가고 있었다. 이와 같이 각 주마다 지방자치제 성격을 가졌기에 종교개혁에 대한 입장도 각각 달라졌다.

1519년 츠빙글리가 취리히를 중심으로 종교개혁을 시작하였고, 1528년에 베른 주가 종교개혁을 실시했다. 1529년에는 가톨릭을 지지하는 5개 주와 개혁에 찬동하는 주로 나누어진다. 1531년에는 츠빙글리가 이끄는 개혁 군대와 가톨릭의 카펠 전쟁에서 츠빙글리가 전사함으로써 개혁 작업이 둔화된다.

그런데 1536년 제네바(Geneva) 시가 베른(Bern)과 동맹을 맺자 칼빈이 시작하는 개혁 작업이 시작된다. 1541년 칼빈의 제2차 제네바 사역으로 '제네바 시의 헌법'과 함께 장로회가 시작되어 1553년에는 칼빈이 이끄는 신정정치(神政政治)가 확립된다.

이와 같은 수난 속에 현재의 스위스는 23개 주로 나누어져 있다.

인구 700만밖에 안 되는 작은 나라 스위스에서 츠빙글리, 칼빈, 그리고 재침례교도들이 신앙의 열정을 뿜어내서 전 세계로 확산시켰다.

스위스는 정치적으로 아주 독특한 나라이다.

① 스위스 전체에는 23개 주의 주권을 가진 주(cantons)가 그 주권의 일부를 연방에 위임하여 연방국가를 이루고 있다. 연방 주권을 행사하는 국민의회는 200명으로 구성되는데, 국민의회 200명 의원은 각 주에서 선출된다. 그리고 전체 주의 의회는 각 주에서 2명씩 독자 선출한다.

② 스위스 정치의 특징은 직접 민주제를 채택하고 있다. 유권자 10만 명 이상의 서명으로 연방 헌법의 전면 및 부분 개정을 의회에 요구할 권리가 있다.

③ 스위스는 영세 중립국이다. 스위스는 주변 국가들이 모두 다 강대국들이므로 국가 체제를 유지하기 위해서는 중립 정책을 취하지 않을 수 없었다.

스위스는 무장 중립을 위해 국민 개병제(皆兵制)와 민병제를 취하고 있다. 국민들은 평생 동안 합계 1년간의 군사 훈련을 받아야 한다. 스위스는 중립국이지만 700만 인구 중에서 48시간 내 기동 병력이 62만 5천 명이 동원될 수 있다. 이중 육군이 58만 명, 공군이 4만 5천 명이다.

3) 종교개혁이 성공할 수 있었던 장점

스위스는 교육제도가 지방분권 정신으로 일관되어 있다. 그래서 연방으로서 교육부 같은 기능은 존재하지 않고 각 주마다 교육을 관할하는 교육부가 있고, 또한 군이나 지방자치제의 교육청, 교육위원회에 그 책임이 위임되어 있다. 이렇게 스위스는 정치적으로나 교육제도나 모든 것이 지방 각 주 중심의 지방자치제가 활발하게 계속되어 왔다.

스위스에는 1460년에 창립된 바젤 대학 외에는 아무 대학도 없었다. 여기에 칼빈이 1559년에 세운 제네바 대학이 그 뒤를 잇는다. 지금은 7개 종합대학이 있다. 그리고 스위스 국민의 65%가 독일어, 18%가 프랑스어, 10%가 이탈리어를 사용하고 있다. 그리고 레토로만어가 1% 미만 사용되고 있다. 이들 4개 언어는 헌법에 의해 국어로 인정되어 있다.

이렇게 정치적으로 교육적으로 분권이 되어 있는 스위스가 츠빙글리나 칼빈에 의해 전 세계로 알려지기 전까지는 유럽 여러 나라들 중 묻혀 있는 조그마한 나라에 불과했다. 모든 면에서 열악한 조건 중에도 스위스가 유럽 주변국과 특히 교황청과의 관계에서 자기 목소리를 낼 수 있는 한 가지가 있었다. 그것은 스위스 군대가 가장 용맹스런 군대라는 인식이었다.

스위스는 14세기에 오스트리아 합스부르크 가의 마라톤 전쟁으로 불리는 1315년, 1386년, 1388년에 계속된 침략을 모두 다 물리쳤다. 그 후 프랑스 왕 루이 11세와 찰스 공의 전투도 물리쳤다.

스위스 군대가 왜 이렇게 강한 군대가 되었는가?

그 이유를 추적해 보면 14세기 스위스 작가 요하네스 존 밀러에 의해 전해지고 있고 소설 '윌리엄 텔' 이야기가 크게 작용한다. 활을 잘 쏘기로 유명한 윌리엄 텔은 오스트리아 총독의 명을 거역한 죄목으로 6세 된 아들 머리 위에 사과를 올려놓고 화살로 사과를 명중시켰다. 그 후 윌리엄 텔은 오스트리아 총독 게슬러를 활로 쏘아 죽였다. 이 같은 소설이 스위스 국민을 달라지게 하였다.

스위스 국민은 작은 자기들 나라를 지키려는 용기는 물론이고 외국과의 싸움에도 탁월하게 용맹하다는 인정을 받게 된다. 이때부터 스위스 군대에 돈 받고 외국을 위해 싸워 주는 용병 제도가 생긴다.

스위스 군대에게 돈을 주고 용병으로 쓰는 나라는 세 나라가 있었다. 가장 대표적인 나라가 로마 교황청이었고, 그다음에 프랑스와 이탈리아였다. 프랑스 황제와 로마 교황청 사이에 전쟁이 벌어지면 로마 교황청을 위해 싸워 줄 수 있는 유일한 군대는 스위스 용병밖에 없었다.

교황청에서는 스위스에서 용병을 구하는 일이 쉽도록 스위스에 교황청의 용병을 조달해 줄 수 있는 전문 관리를 파견하고 있었다. 교황청은 자기들의 용병을 계속 유지하려고 스위스에만은 온갖 유화 정책을 쓰고 스위스 국민들의 비위를 상하지 않게 하려고 온갖 저자세를 취하였다. 스위스 용병을 얻으려는 역대의 교황들은 스위스 국민들에게 인기 있는 사제는 추기경으로 출세시켜 주었고, 스위스가 요청하는 각종 종교적 요구는 다 들어주었다. 이처럼 스위스는 종교개혁을 하기에 가장 좋은 장점을 가지고 있었다.

이렇게 시작된 스위스 용병은 500년이 지난 지금도 바티칸 시국을 지키는 수위 군대로 계속되고 있다. 이런 용병 제도가 스위스에서 종교개혁을 하는 데 도움이 되었다고 본다.

이렇게 교황청이 저자세로 스위스 용병을 고용하는 데 혈안이 되어 있었다. 그렇게 해서 돈을 받고 외국을 위해 생명 걸고 싸웠던 용병들이 전쟁에서 승리한 후에는 어떻게 되었는가?

이들 용병들은 전쟁 후 고향의 산골짜기로 돌아간 후 할 일이 없었다. 그러자 저들은 받은 돈으로 난폭한 생활을 하여 사회를 불안하게 만들었다. 뿐만 아니라 전쟁터에서 배운 나쁜 버릇이 스위스 전체를 부패하게 만들었다. 많은 젊은이들이 전쟁터에서 성병에 전염되어 돌아와 가정을 병들게 하였다. 이 같은 사회 풍조는 종교계마저도 침식시켰다. 그래서 당시 사제들이 첩을 통해 자녀가 태어나면 자녀 한 명에게 벌금 4길티를 내게 하는 법이 만들어졌다.

1522년 루터가 보름스 의회에서 황제 앞에 진리를 외칠 때 스위스 사제들이 축첩으로 인해 벌금으로 낸 돈이 7,500길티였다는 기록이 있다. 필자는 7,500길티가 한화로 얼마나 되는지 계산할 수 없다. 모르긴 해도 몇억 대에 이르렀을 것이다. 이 얼마나 가슴 아픈 사실인가?

평화의 사도가 되어야 할 교황들이 자기들이 만들어 놓은 교황청을 지키고 교황청을 위협하는 프랑스나 이탈리아나 스페인이나 독일 세력을 무력으로 제압하려고 교인들이 헌금한 돈을 용병 사용에 낭비했다. 그렇게 부도덕하게 이용당한 스위스 군대들은 전쟁의 후유증으로 젊은 청년들이 병들어 죽어 가고 있었다. 이와 같은 용병들의 타락은 사제들까지도 타락하게 만들었다.

츠빙글리는 자신이 직접 이탈리아 용병으로 군목 같은 신분을 갖고 전쟁 체험을 하였다. 츠빙글리가 종교개혁을 진행할 때 그는 스위스 국민이 다 실시하고 있는 용병 제도에 관해 단호하게 반대하고 나섰다. 그런데 츠빙글리의 최후는 어떻게 끝났는가?

츠빙글리는 종교개혁을 반대하는 가톨릭 칸톤(cantons)들의 용병들에 의해서 비참하게 죽고 말았다. 우리는 이제부터는 츠빙글리의 개혁 과정과 칼빈의 개혁을 살펴보도록 하자.

2. 취리히에서의 츠빙글리

1) 츠빙글리의 교육과 사역

(1) 출생과 교육

츠빙글리(Ulrich Zwingli)는 루터보다 52일 늦은 1484년 1월 1일에 태어났다. 그가 태어난 곳은 빌트하우스(Wildhaus) 혹은 빌덴하우스(Wildenhaus)라고 불리는 조그마한 마을이었다.

이 마을은 해발 3,600피트의 높은 고원 지대로 과일이 잘 맺히지 않는 곳이었다. 이 마을에는 교회도 없고 마을 주민들 대부분이 양치기로 살아가는 초라한 마을이었다.

부친 이름이 울리히(Ulrich)였고 어머니는 마가레타(Margaretha Bruggman Meili)였다. 아버지는 할아버지 때부터 이곳 마을의 촌장(Ammann)이었다. 어머니는 이 지역의 사제였다가 후에 수도원장이 된 존 마일리(John Meili)의 누이였다. 츠빙글리의 삼촌 바돌로뮤(Bartholomew)는 이 지역 교구의 사제였다.

츠빙글리는 이 같은 부모 밑에서 2명의 딸과 6명의 아들 가운데 셋째 아들이었다. 츠빙글리는 친가나 외가가 모두 가톨릭 신앙이 철저한 가문에서 태어난 것이다.

츠빙글리의 아버지는 자녀 교육열이 탁월했다. 그래서 자기의 동생 바돌로뮤가 베센(Wesen)에 있는 학교장이 되자 8세 된 어린 츠빙글리를 삼촌 학교로 보내 교육을 받게 하였다. 그 학교에서 조숙하게 성장하는 츠빙글리를 본 바돌로뮤는 츠빙글리가 10세 때에 바젤(Basel)에 있는 세인트 시오도어(St. Theodore) 라틴학당으로 전학을 시킨다.

츠빙글리는 이 학교에서 라틴어 문법, 음악, 변증법을 배웠다. 츠빙글리는 이 학교에서 얼마 되지 않아 선생의 실력을 따라잡을 정도가 되었다. 츠빙글리는 13세 때 베른(Berne) 대학에 입학하여 3년간(1496~1498) 공부하는 중에 인문주의자요 개혁 정신을 가진 뵐프린(Heinrich Wölfrin) 밑에서 고전과 음악을 공부했다. 그 후 도미니칸 수도회에서 츠빙글리의 비범한 자질을 알아차리고 자기들 수도원에 들어올 것을 적극 권하였다.

이것을 안 가족들은 츠빙글리를 강제로 빼내어 비엔나 대학으로 보낸다. 비엔나 대학은 신학, 법학, 의학으로 유명한 학교였다. 츠빙글리는 비엔나 대학에서 2년간(1500~1502) 대학생활을 하게 되는데, 여기서 고전문학과 음악에 대한 더 깊은 지식을 쌓으며 좋은 친구를 만난다. 여기서 츠빙글리는 일생 동안 절친했던 로리티(Heinrich Loriti)를 만나고 루터의 대적자인 요한 엑크(Johanan Eck)도 만난다.

츠빙글리는 독일에 대해 언짢은 감정을 느끼고 스스로 충실한 스위스인임을 자부하며 2년 후 다시 스위스 바젤로 돌아온다.

바젤에 돌아온 츠빙글리는 바젤 대학의 인문주의 교수 비텐바하(Thomas Wyttenbach, 1472~1526) 밑에서 인문주의 사상을 배운다. 그리고 신약 및 교부 연구와 당시 스콜라 철학과 수도사들의 기계적인 성례전 실시에 관한 비판 의식을 배운다.

비텐바하는 또 성경의 유일한 권위와 면죄부의 무용론 등을 가르쳤다. 츠빙글리는 이곳 바젤 대학에서 문학사 학위(1504)와 문학석사(1506)를 취득하였고, 박사 학위는 취득하지 못했다.

츠빙글리는 라틴어로 교부들의 글을 읽을 수 있었고, 여러 가지 교회 신조들을 암송했으며, 미사를 집전하고 고해성사를 청취할 수 있었다. 드디어 1506년 9월에 로마 가톨릭 교회로부터 사제 서품을 받았다.

(2) 츠빙글리의 사역

A. 첫 목회지 글라루스(Glarus, 1506~1516)

츠빙글리는 1506년 콘스탄츠 주교에 의해 사제 서품을 받았다. 그리고 그의 첫 사역지로 글라루스 칸톤의 주도인 글라루스의 사제로 가게 된다. 이때 한 사역지를 놓고 취리히의 괼들리(Göldli)와 경쟁을 하게 되었다. 츠빙글리는 괼들리에게 100길티 이상의 돈을 지불하고 그의 양보를 얻었다.

츠빙글리의 첫 사역지인 글라루스는 인구 1,300여 명이 되는 마을이었다. 이곳 주민들은 직조업에 종사하는 일부 주민 외에는 대부분이 우유, 치즈, 술을 생산하는 일을 하였다.

츠빙글리는 글라루스에서 교인들을 돌보면서 성경과 교부 연구에 전념하였다. 특히 1513년부터 고전언어 연구에 전력을 기울여 헬라어와 히브리어로 된 원전 성경을 읽을 수 있게 되었다. 그리고 아리스토텔레스 등 헬라 철학자와 오리겐, 제롬, 아우구스티누스 등 교부들의 글을 라틴어로 읽을 수 있었다.

특히 헬라어 공부를 많이 하였다. 그래서 그의 친구들은 그를 가리켜 '우리 시대의 키케로'(Cicero)라고 별명을 지어 주기도 했다.

츠빙글리는 이곳에서 사역하는 중 세 차례에 걸친 전쟁에 군종 신부로 참전하였다. 앞에서도 설명한 것처럼 스위스의 용병들은 천하무적이라 불릴 만큼 용감하여 유럽 여러 나라들로부터 용병 지원 요청을 받았다.

스위스 연방정부는 1만 명의 정규군이 있었고 이들은 1476년, 1477년 전투에서 백전백승의 군대라는 명성을 얻었다. 당시 스위스가 용병으로 벌어들인 수입은 오늘날 금융업으로 버는 수입보다 많았다.

츠빙글리는 1512년 이탈리아 서북부 파비아(Pavia) 전투, 1513년 노바라(Novara) 전투, 1515년 밀란(Milan) 전투에 교황 레오 10

세에게 고용된 종군 신부로 참전하였다.

츠빙글리가 이렇게 여러 차례 교황청을 위한 전쟁에 참여한 것이 교황청의 인정을 받아 매년 50플로린의 연금을 받았다. 이때 츠빙글리는 종군 생활을 통해 용병 제도의 폐해를 깨닫게 된다. 전쟁이 끝났으나 용병들이 피정복자를 약탈하는 것을 목격하고 크게 실망하였고, 또 전쟁에서 젊은이들이 육체적으로 부상을 당하거나 죽거나 산 자는 영적, 도덕적으로 부패해지는 것을 보게 된다.

그래서 츠빙글리는 훗날 용병 제도의 모순점을 비판하고 용병 제도를 반대하게 된다. 이로 인해 용병 제도의 적극 옹호자인 친불파로부터 많은 적을 만들게 된다.

1510년 츠빙글리는 첫 작품으로 "미로"(Labylinth)라는 독일어 시를 발표하였다. 이 시는 당시 유럽의 모든 나라들에 만연되어 있는 부정부패를 비판한 시였다. 외눈박이 사자 같은 스페인, 관을 쓴 독수리 형제, 날개 달린 사자 베니스, 수탉 같은 프랑스, 황소 같은 스위스, 곰 같은 사보이 각국을 풍자적으로 설명했다.

글라루스 교인들은 이 같은 츠빙글리를 곱지 않게 보아 왔고, 그가 용병 제도까지 반대하자 친불파들의 공격으로 츠빙글리는 글라루스를 떠나게 된다. 이 무렵 츠빙글리는 사제로 지내면서 당시 사제들 사이에 창궐하고 있던 부도덕한 생활에 빠져들었다. 여러 이유로 글라루스 사역 10년을 마치고 그는 다음 사역지로 옮긴다.

B. 두 번째 사역지 아인지델른(Einsiedeln, 1516~1518)

용병 제도를 반대하다가 글라루스에서 쫓겨난 츠빙글리는 글라루스에서 서쪽으로 30마일 떨어진 아인지델른으로 사역지를 옮겼다.

이곳 아인지델른은 "동정녀 마리아의 검은 초상"(Black Image of the Virgin)을 보려고 매년 수천 명의 순례자들이 찾는 미신이 만연한 마을이었다. 츠빙글리는 이곳 아인지델른 마인드로드의 동정녀 성당에서 사제로 일하였다. 츠빙글리는 이곳에서 정신적으로나 경제적으로 많은 고통을 겪게 된다. 그는 폭넓은 독서를 통해 그 고통스러운 상황을 극복하려고 했다.

츠빙글리는 헬라어 신약성경과 교부들의 글을 읽고 바젤에 있는 인문주의자나 히브리어 대가들과 신학적 의견을 교환하였다.

1516년 에라스무스가 헬라어 신약성경을 번역하자 츠빙글리는 주야로 헬라어 성경을 애독하여 바울 서신의 일부를 암송할 정도가 되었다. 츠빙글리는 루터가 그러했던 것처럼 성경 연구를 통하여 인문주의자에서 종교개혁자로 변신해 간다.

츠빙글리는 요한복음에 대한 아우구스티누스의 글을 읽다가 신앙에 눈을 떴고, 신약성경 연구를 통하여 새로운 기쁜 소식으로 가득 차게 되었다고 한다. 이 무렵 그는 과거에 성경보다는 오리겐, 제롬, 크리소스톰, 아우구스티누스 등 교부들 얘기를 더 많이 인용했던 과오를 인정하였다.

그리고 1518년에는 이곳으로 면죄부를 판매하기 위해 왔던 프란시스파 수도사요 교황청 직원인 삼손(Bernardin Samson)을 강단에서 비판함으로 그가 이곳에서 면죄부를 팔지 못하고 떠나게 되었다. 츠빙글리는 가톨릭이 주장하는 선행이나 순례가 구원에 아무 도움이 안 된다며 가톨릭 교리를 정면으로 비판하였다.

츠빙글리는 1516년에서 1518년까지 아인지델른에서 사역하는 기간 동안 회심한 것이 아닐까라고 추정해 본다. 츠빙글리는 이렇게 성경 중심의 사역자로 변해 가고 있었다. 그러나 1517년 루터가 95개조 논제를 가지고 개혁을 선언하였을 때 츠빙글리는 루터의 개혁에 공감하지 않았다. 츠빙글리는 여전히 충실한 가톨릭의 사제였다.

츠빙글리는 아인지델른에서 뛰어난 설교가로 이름이 났다. 이 무렵 아인지델른의 유명한 "동정녀 마리아"의 검은 초상을 숭배하러 왔던 많은 사람들이 츠빙글리의 인상적인 설교를 듣게 된다.

츠빙글리의 설교를 통해 감동받은 미코니우스(Oswald Myconius)는 1518년 취리히의 그로스뮌스터(Großmünster) 성당의 사제가 공석이 되자 츠빙글리를 그곳 담임 사제로 추천하였다. 츠빙글리는 1518년 12월 취리히에서 가장 큰 성당의 사제가 될 기회가 왔다. 그래서 츠빙글리의 설교를 들어 본 이들은 그를 초청하였다. 그러나 음악과 오락을 즐기고 방탕하다는 소문을 들은 이들은 츠빙글리 초청을 반대하였다.

사실 츠빙글리는 음악에 재질이 있어서 하프, 바이올린, 풀루트, 코넷과 루트 등을 연주하고 작곡할 수 있었으며, 그가 한 시민의 딸을 농락했다는 여자 문제도 있었다.

이때 츠빙글리는 취리히 참사회에 편지를 보냈다. 츠빙글리는 "다윗과 같은 성경 인물도 음악을 사랑했다. 고로 음악을 애호하는 것이 목회자의 자질을 평가하는 기준이 될 수 없다"고 했고 자신의 부도덕한 소문은 솔직하게 시인했다. "여자 관계는 원래 행실이 단정하지 못한 여자의 유혹을 받아 넘어진 일이다. 그녀의 주장대로 임신한 아이가 자기에게 책임이 있는지도 모른다. 그 여자는 스스로 일컫기를 숫처녀이거나 좋은 가문의 여자가 아니라 낮에는 처녀 행세를 하고 밤에는 부인 행세를 하는 여인이었다"고 자신의 입장을 변명했다.

츠빙글리의 편지를 받은 그로스뮌스터 교회 참사회는 3명의 첩을 거느리고 슬하에 8명의 자녀를 둔 슈바비아 지방의 후보보다는 츠빙글리가 도덕적 흠이 있으나 솔직하고 죄의 질이 약하다고 판단해 츠빙글리를 선택한다. 이때 24명의 참사원 중 17명이 츠빙글리를 지지하였다. 이로써 츠빙글리는 1518년 12월 27일 그로스뮌스터 성당에 부임하였다.

C. 세 번째 사역지 취리히(Zurich, 1519~1531)

취리히 도시의 인구는 6천 명 정도 되었다.

츠빙글리는 1519년 신년 첫 주일부터 마태복음 헬라어 원전 성경을 놓고 강해 설교를 시작하였다. 1520년에는 사도행전, 1521년에는 디모데전서와 갈라디아서, 베드로전후서, 그리고 히브리서를 설교하였고, 1523년에는 다시 복음서로 돌아와 누가복음과 요한복음을 설교하였다.

츠빙글리의 설교 방식은 독특하였다.

먼저 라틴어 성경을 읽고 그다음에 히브리어로 된 구약성경이나 헬라어로 된 신약성경을 읽은 후 성경 번역상의 차이점을 지적했다. 그리고 초대 교부들이 성경을 해석했던 것을 소개하며 성경을 강해하였다. 그는 정해진 형식에 얽매이지 않고 농담과 비유를 곁들여 가면서 생동감 있게 설교하였다. 이러한 강해설교는 종전까지 기록된 설교 내용을 낭독해 나가는 당시의 전통과는 전혀 달랐다.

츠빙글리는 스위스 사람들이 이해할 수 있도록 독일어로 설교하였다. 이렇게 해서 1519년부터 1526년 사이에 요한계시록을 제외한 신약성경 전부를 강해하였다. 이와 같이 츠빙글리는 강해 설교자로 명성을 날리며 금요일에는 시장터에서 설교하고, 취리히와 이웃해 있는 작은 마을에서도 설교하였다. 아울러 젊은이를 좋아했고, 명랑하고 너그럽게 손님 대접하기를 즐기는 헌신적 사역으로 사역의 기반을 닦았다.

그렇다면 츠빙글리의 개종은 언제쯤 시작되었을까? 그것은

1519년 8월 취리히를 강타한 흑사병과 밀접한 관련이 있는 것으로 추정된다. 이때 흑사병이 번지면서 츠빙글리의 동생 안드레아스(Andreas)를 비롯한 취리히 시민의 3분의 1이 생명을 잃었다.

대부분의 의사들은 생명을 유지하려고 서둘러 취리히를 떠났다. 츠빙글리는 위험을 무릅쓰고 죽어 가는 시민을 간호하다가 그도 1519년 9월에 흑사병에 전염되었다. 그래서 1년 가까이 죽음의 문턱에서 고생하다가 1520년 여름에야 건강을 회복하였다.

츠빙글리는 동생의 사망과 자신의 1년여의 투병 경험을 통해 가톨릭 신앙에 대해 많은 회의를 품게 된다. 가톨릭의 가르침에 의하면 성모 마리아의 신앙과 성자들의 중보기도로 병이 나을 수 있다고 하였다. 그러나 츠빙글리의 체험에 의하면 모든 질병은 하나님만이 치유하실 수 있다는 것을 확신하게 된다.

1520년 츠빙글리는 교황청에서 받던 연금을 포기하고 교황청과의 관계를 스스로 단교하였다. 그리고 복음서 설교를 통해 사랑의 윤리, 그리스도인의 철학과 생활, 기독교와 인위적인 종교의 차이점을 설명하였다. 또한 기회 있을 때마다 가톨릭의 부정과 부패를 지적하고 종교적 남용을 비판하였다. 이때 프란시스, 도미니크, 아우구스티누스 수도회에서 츠빙글리에 대한 반대운동을 제기했으나 복음적 설교에 우뚝 선 그에게 별 영향을 주지 못했다.

츠빙글리는 1521년에 루터의 글을 읽었다. 그 후 교황청에 바치는 십일조를 비판하였다. 십일조는 기쁜 마음으로 드려야 하는 것을 교황청은 억지로 뺏어간다고 했다. 같은 해 프랑스 왕 프랑수아가 스위스 정부에 1만 6천 명의 용병 지원을 요청했다. 이때 츠빙글리는 용병 반대운동을 주도하였다.

취리히 의회는 1523년 1월 용병 제도를 완전 폐지하게 되었다. 이와 함께 취리히는 점차 스위스 연방 내에서 영향력을 행사하는 지도자적 위치로 부상하게 되었다.

2) 츠빙글리의 개혁 운동

(1) 로마 가톨릭과의 논쟁

츠빙글리의 개혁 운동은 공개적인 논쟁을 통해서 대중을 설득시키는 논쟁 방법을 사용했다. 츠빙글리는 로마 가톨릭 측과 세 차례에 걸쳐서 논쟁을 한다. 여기서는 츠빙글리가 자기 소신을 밝히는 논문 발표와 공개적 토론을 통한 논쟁의 방법 등 츠빙글리의 개혁운동 전체를 차례대로 살펴보도록 하자.

A. 사순절 기간의 금식 규정 문제(1522년 4월9일)
로마 가톨릭 교회는 지금도 사순절(Lent) 기간에는 하루 한 끼 음식을 절제하고 마지막 수난절에는 금식하며 무육일인 금요일에는 고기를 먹지 않는다.
그런데 1522년 4월 수난주간의 수요일이었다.
이날 츠빙글리는 아인지델른의 사제 레오 주드(Leo Jud), 로렌스 켈러(Lawrence Keller)의 등과 인쇄업자 프로사우어(Christopher Frosch-auer) 집에 모였다. 프로사우어는 독일어 대역본 신약성경을 부활절 전까지 출판하여 프랑크푸르트 전시회에 출품하려고 추진하고 있었다.
이때 프로사우어는 자기 집에 모인 손님들에게 돼지고기로 된 소시지를 내놓았다. 이때 츠빙글리를 제외한 다른 이들은 소시지를 먹었다. 이것은 곧 커다란 화제로 확대되었다. 교회 지도자들이 수난절에 지켜야 하는 금식 규정을 깨뜨렸기 때문이었다. 이 소문이 취리히의 시 의회에 보고되었다.

취리히의 종교 문제를 담당하고 있던 콘스탄스(Constance) 주교는 크게 격분하여 금식 규정을 어긴 자들을 의회에서 처벌할 것을 요청하였다. 의회는 이들을 검거한 후 벌금형에 처하였다.

이렇게 되자 함께 동석했던 츠빙글리가 가만히 있을 수 없었다. 츠빙글리는 돼지고기로 된 소시지를 먹고 검거된 교회 지도자들을 옹호하기 시작했다. 3주 정도 후에 츠빙글리는 "음식의 선택과 자유에 관하여"(Concerning Freedom and choice of Food)라는 소책자를 출판하였다.

츠빙글리는 고린도전서 8장 8절, 10장 25절, 골로새서 2장 16절, 디모데전서 4장 1절, 로마서 14장 1~3절, 15장 12절 등의 성경을 근거로 성경에 근거하지 않은 육식 금지 규정은 필요없는 것이므로 교회가 이를 명령할 권한이 없다고 주장하였다.

한편 콘스탄스 주교는 교회가 지켜 온 거룩한 규칙들은 그대로 시행되어야 한다며 시 의회로 하여금 이단 교리가 확산되지 않도록 나서라고 했다. 여기에 대해 츠빙글리는 금식 규정은 그리스도 안에서 자유이며 의무가 아니라고 했다. 그는 이같은 태도로 인해 수차례 암살 위협을 받는다.

츠빙글리는 1522년 8월 "아르케텔레스"(Archeteles : 처음과 끝)라는 논문으로 교회와 정치에 관한 견해를 밝히면서 하나님의 말씀을 제대로 전달하기 위해서는 교회 종교회의나 교황의 도움 없이 오직 성경의 도움만 필요하다고 하였다.

B. 하나님 말씀의 명확성과 확실성(1522년 8월)

츠빙글리는 "하나님 말씀의 명확성과 확실성"(The clarity and certainty of God's Word)을 발표하여 가톨릭 신학을 비판하였다. 츠빙글리는 이 책에서 참된 종교는 성경에 근거하며 성도들은 성경에 없는 어떤 것에도 얽매여서는 안 된다고 강조했다.

츠빙글리는 성경에 근거가 없는 인간적 권위를 부정했다. 자신이 성경 연구를 할 때 항상 신학과 철학이 자기를 가로막았다. 성경을 바로 알기 위해서는 신학자나 교황이나 교회회의의 도움이 아닌 성령의 조명을 받아야 한다고 했다.

성경의 명료성을 확인하기 위해 다음 것들이 필요하다고 했다.

① 성경을 직접 읽는다.

② 성경을 겸손히 연구하며 인간 주석가나 인간의 판단을 따르지 않는다.

③ 하나님의 조명을 구한다.

④ 인간이 성경의 판단자가 되어서는 안 된다.

⑤ 말씀을 신뢰해야 한다.

츠빙글리는 1522년 7월에 다른 10명의 사제들과 함께 연명으로 독신주의를 폐지해 달라는 청원서를 냈다. 이러한 청원은 받아들여지지 않았다. 그러자 몇몇 사제들은 수녀와 결혼을 하였다.

츠빙글리도 자기보다 두 살 연상인 안나 라인하르트(Anna Reinhartin)라는 세 자녀를 가진 미망인과 사실혼을 하였다. 세 자녀는 모두 츠빙글리 자녀로 입적되었다.

이런 일들로 츠빙글리를 대적하는 많은 대적자들의 여론에 의해서 가톨릭과 개혁 세력들 사이에 갈등이 심해졌다. 츠빙글리는 갈등을 해결하기 위해 공개 토론을 요청했다. 취리히 시 의회는 츠빙글리의 제안을 받아들였다. 가톨릭에서는 콘스탄스 주교가 파송한 파베르 박사(Dr. Faber)와 여러 명의 사제들이 함께 참석하기로 하였다. 이리하여 취리히 시 이외의 다른 도시에서 몰려온 시민들 600여 명이 참석한 가운데 공개토론이 실시되었다.

C. 제1차 공개토론(1523년 1월29일)

가톨릭 측에서는 파베르 박사가 시 의원을 대표해서 질문을 해 나갔다. 이때 츠빙글리와 같은 견해를 가진 바디안(Vadian), 세바스찬 마이어(Sebastian Meyer), 호프마이스터(Hofmeister) 등이 참가하였다.

츠빙글리는 토론장에서 자기가 1522년에 작성한 '67개조 신조'(The 67 Articles)를 중심으로 그의 입장을 설명하였다. 츠빙글리는 라틴어, 헬라어, 히브리어의 세 성경을 펼쳐 놓고 가톨릭 신학자들과 논쟁을 하였다.

츠빙글리는 '67개조 신조' 초반 15개 조항에서 복음의 본질을 설명하고 중보자 그리스도, 교회의 의미 등을 설명했다. 후반에는 교황, 미사, 성자의 중보기도, 의무적인 금식, 순례, 사제의 서약, 사제의 독신생활, 의식적인 기도, 면죄부, 고해성사, 연옥 등 가톨릭의 모든 관행을 모조리 비판하였다.

츠빙글리는 "복음의 요점과 본질은 예수 그리스도만이 유일한 구원자이다. 성모 마리아, 성인 등 다른 이를 가르치는 것은 영혼의 강도요 도둑이다. 그리스도만이 인간과 하나님 사이의 유일한 중보자이다"라고 주장했다. 츠빙글리는 교황을 거짓 사도요, 시몬과 발람의 동료이며 사탄의 화신이라고 했다. 그리고 교황이 베드로를 계승한다는 거짓, 기념이 아닌 희생의 반복이라는 미사, 성자들의 중보기도가 효력 있다는 미신, 사제들의 축제, 의무적인 금식, 성지순례, 성직자의 제복, 성직자의 독신 강요, 파문 오용, 면죄부 판매, 연옥의 교리 등 취리히가 종교개혁을 진행해야 할 방향을 제시하였다.

토론이 진행되면서 말문이 막힌 특사가 교황과 교회회의의 권위에 의지하여 논리를 재개하자 취리히 대의기관인 라트(Rath)는 츠빙글리의 판정승을 선언하였다. 아울러 취리히 시 의회는 츠빙글리와 그의 설교를 합법적으로 인정하였고, 주(canton) 안에 거주하는 사제들에게 성경에 근거한 것만 설교하도록 명하였다. 이렇게 되어 복음적인 설교가 보장되면서 개혁의 기초가 세워져 갔다.

D. 제2차 공개토론(1523년10월 26~28일)

제2차 공개토론 때는 스위스 각 도시와 각 지방의 대표들에게 공개토론에 참석해 달라는 공문이 보내졌다. 이 모임에는 10여 명의 신학박사와 350여 명의 사제들, 그리고 시 의원 및 각 도시의 유명인사 등 900여 명의 시민이 참석하였다.

첫날(10월 26일)에는 "성상(Images)을 교회 내에서 사용해야 하는가, 철거해야 하는가?"에 대해서, 둘째 날(10월 27일)에는 "미사가 그리스도의 죽음을 기억하는 것인가, 희생을 반복하는 것인가"에 대해서 토론을 하였다.

츠빙글리는 레오 주드(Leo Jud)와 함께 개혁을 주장하는 입장에 섰고, 가톨릭 측에서는 신학자 스타인리(Martin Steinli)와 슈미트(Konrad Schmid)가 개혁 세력에 맞섰다.

이날 논쟁에서 츠빙글리는 성경 지식으로 상대방을 탁월하게 압도했고, 가톨릭 신학자들은 오랜 역사와 전통에 기초한 것을 고집했다. 그리고 가톨릭 신학자들이 화체설 교리를 주장하는 데 반해 츠빙글리는 화체설 교리의 잘못과 미사가 희생의 되풀이라는 주장이 비성서적임을 주장했다.

공개토론은 츠빙글리의 승리로 끝났다. 그러나 취리히 시 의회는 신중하게 움직였다. 시 의회는 계속해서 라틴어 미사와 성찬 때 1종 성찬을 고집하였다. 교회로부터 개인적으로 소장하고 있는 성상 제거만이 허락되었다.

공개토론을 통해 성상이 잘못되었고 미사가 잘못되었음을 깨달았으나 오랜 세월 계속 실시해 오던 것을 갑자기 바꾸는 데는 신중을 기했다. 그 대신 취리히 전 교회들은 같은 시간에 예배할 것을 명령하였다.

시 의회의 결의에 따라서 예배에서 의식적인 요소들은 배제하기로 하였다. 간단한 형식의 예배로 성경봉독, 기도, 설교 중심의 예배가 드려지게 되었다. 제2차 공개토론이 끝난 후 츠빙글리는 백성들을 성경으로 바로 지도하기 위해 《요약 기독교 입문서》(Short Christian Introduction)를 출간하였다. 이 책에서 츠빙글리는 가톨릭의 공로사상을 비판하고 연옥사상, 성화와 성상숭배 등은 우상숭배이므로 반드시 제거되어야 할 것임을 역설하였다.

E. 제3차 공개토론(1524년 1월 19~20일)

제2차 공개토론 후에도 여전히 미사가 인정되고 있었다. 이에 츠빙글리를 따르던 사람들이 츠빙글리에게 과감한 개혁을 요청하게 되었고, 행동하지 않는 통치자들에게 불평을 토하였다. 그러나 츠빙글리는 급진적인 개혁보다는 점진적인 개혁을 주장하였다.

제3차 공개토론에는 전에 비해 소수의 사람들이 모였다. 이때 츠빙글리는 "목자"라는 제목의 저서를 발표하였다(1524. 3). 그는 요한복음 10장의 선한 목자로서의 그리스도 모습과 삯꾼 목자를 대조시켰다. 여기서 그는 설교하지 않고 행정 감독만 하는 주교들, 하나님 말씀 대신에 자신들의 헛된 망상을 가르치는 사제들, 말씀을 가르친다고 하면서 교황의 권위만 세우는 자들, 자기들의 말과 행동이 일치하지 않는 설교가들, 자기의 영광을 위해서 사역하는 자들 등등 이 모두가 우상숭배자요 삯꾼이라고 하였다.

츠빙글리가 이렇게 책을 발표하고 공개토론을 통해 잘못된 것을 밝혀내었지만 실제로 개혁이 실현되어 눈에 보이는 것은 별로 나타나지 않았다.

여기에 대해 츠빙글리의 지도력에 회의를 표하는 급진 세력이 있었다. 그들이 바로 재 침례파들이었다. 그들은 츠빙글리의 미온적 개혁에 드디어 유아세례 문제를 가지고 공개토론을 하게 된다 (1525. 1. 17-18).

그러나 츠빙글리가 주장하는 점진적 개혁이 1524년 오순절부터 시작되어 6월 20일까지 눈에 보이는 결과가 나타났다. 취리히 시의회에서 국가를 대표하는 이들과 교회 대표자들이 취리히 시내에 있는 각곳 성당 내의 장식들을 제거하기 시작했다. 성당 내에 설치된 성화, 유물, 십자가 고상, 제단, 촛불 등 일체의 장식들을 건축가, 석공, 목수를 동원해 제거하였다.

벽화들은 하얀 페인트로 덧입혀졌다. 성인들의 유골은 매장되고, 파이프 오르간은 제거되고, 라틴어 찬양대가 폐지되고 일상 용어를 사용하는 찬양으로 대치되었다. 성당에 비치되었던 금은 기명이나 유물들은 녹이거나 팔거나 나눠 주었다.

취리히에는 제단대와 미사가 사라졌다. 그 대신에 성경이 설교되었고, 전 회중이 참여하는 성찬식이 시행되었다. 성찬식은 1년에 네 차례 부활절, 여름철, 가을철, 성탄절에 시행되었다. 1525년 수난 주간 이후에 미사 제도가 완전히 사라졌다. 교회에서는 모국어로 예배가 드려졌다. 이러한 취리히의 개혁으로 로마 가톨릭과 완전한 결별이 이루어졌다.

(2) 재침례교도와의 유아세례 논쟁(1525년 1월17~18일)

츠빙글리는 가톨릭의 그릇된 신학에 관해 여러 가지 많은 책을 썼다. 그뿐만 아니라 재침례교도들의 도전을 받고 거기에 상응하는 소책자도 발표하였다. 1525년 "세례에 관하여"(of Baptism), "재세례와 유아 세례에 관하여"(of Re-baptism and Infant Baptism, 5월), "세례에 관한 후프마이어의 소책자에 답하여"(Answer to Hubmaier's Booklet on Baptism, 11월) 등을 출판하였다.

츠빙글리는 세례에 대하여 이렇게 많은 관심을 표현하였다. 여기서 츠빙글리의 '세례관' 과 '유아세례관' 을 살펴보자.

A. 세례

츠빙글리는 "세례에 관하여"라는 글에서 죄를 용서하는 것은 종교의식이 아니라 그리스도의 피라고 하였다. 그러면서 구약의 성례였던 할례와 유월절 절기가 신약의 성례인 세례와 성찬에 상응한다고 하였다. 그리고 성례는 언약의 표징이라고 하였다.

츠빙글리는 세례를 ① 물세례 ② 성령세례 ③ 가르침의 세례로 나누었다. 물세례는 물에 잠기는 것으로 세례 요한에 의해 보편화되었고, 성령세례는 하나님을 알고 하나님을 신뢰할 때에 내적인 조명과 부르심을 받는 것이고, 가르침의 세례는 물세례를 수반하는 구원에 대한 외적인 가르침이라고 했다.

이 같은 물세례, 성령세례, 가르침의 세례는 동시에 주어지는 것이 아니라 각기 별개로 주어질 수 있는 것이다. 즉 가르침이나 성령이 없는 물세례가 가능하고, 물이나 가르침이 없는 성령세례도 가능하다고 하였다.

츠빙글리는 "사도행전 19장 1~5절에서 에베소 교인들이 물세례는 받았으나 성령세례를 받지 못하였다가 후에 성령을 받은 것처럼 세례의 순서는 다양하다. 따라서 구원의 표시인 성령세례를 받은 후에 물세례를 받아야 한다는 원리에 기초하여 유아세례를 부정하는 재 세례파의 주장은 옳지 않다"고 하였다.

츠빙글리는 물세례나 가르침의 세례는 구원이 수반되지 않지만 성령세례는 내적인 가르침과 부르심을 동반하기 때문에 성령세례가 가장 중요하다고 하였다. 이러한 전제에 근거하여 다음과 같은 결론을 내렸다.

① 물세례는 신앙의 입문을 의미한다.
② 물세례는 전후로 가르침의 세례를 동반한다.
③ 세례 요한이나 사도들이 가르침의 세례와 물세례를 줄 수 있었으므로 그들이 베푼 것도 동일한 세례이다.
④ 그들이 준 세례는 내적인 성령세례의 증거가 되지 못한다.
⑤ 하나님은 물세례, 또는 가르침의 세례 이전에 내적인 세례를 주실 수 있다.
⑥ 유아들이 내적인 성령세례를 받을 수 있다는 것을 배제할 수 없으므로 유아들에게 물세례를 줄 수 있고, 적정한 나이에 도달하였을 때 가르침의 세례가 합당한 과정으로 수반된다.

츠빙글리는 이러한 논리로 유아세례의 합법성을 주장하였다.

츠빙글리는 로마 가톨릭 교회에서 세례받아야만 구원받고 세례받지 않고 죽은 자는 지옥에 간다는 교리는 믿지 않았다. 그리고 마가복음 16장 16절 "믿고 세례를 받는 사람은 구원을 얻을 것이요"라는 구절을 볼 때에 복음을 듣고 이를 받아들일 수 있는 성인에게 세례가 가능하고 유아에게 주는 물세례는 그가 철들 때까지 연기하는 것이 좋다고 생각했다.

그러나 목회 경험상 거듭난 그리스도인인 진정한 신자들로만 이루어진 완전하고 이상적인 교회는 이룩할 수 없다는 것을 깨닫는다. 그래서 자신이 유아에게는 세례가 해당되지 않는다고 알면서도 가능하면 최선을 다해 교회를 이루어 나가는 방법으로 유아세례를 주장한다.

그러나 츠빙글리는 재침례교도와의 유아세례 논쟁에서 완전하게 실패한다. 츠빙글리는 논쟁에서는 실패하지만 취리히 시 의회를 장악하는 정치적 힘으로 재침례교도들에게 온갖 핍박을 가한다. 그러면서 재침례교도들을 과격 급진주의자라고 매도하였다.

B. 유아세례 논쟁(1525년 1월17~18일)

츠빙글리를 소개하는 대부분의 역사 기록을 보면 츠빙글리가 재세례파의 급진적 주장을 공격했다고 주장하면서 그 내용은 소개하지 않는다. 이것은 바른 태도가 아니라고 본다.

이제 우리는 가장 중요한 사실 앞에 서 있다. 개신교 전체가 실시하고 있는 유아세례가 과연 성경에 근거한 올바른 제도인가? 아무 문제 의식을 느끼지 않은 채 유아세례를 실시하는 것이 정말 유아들을 위한 축복된 방법인가? 유아세례는 이미 500년 전에 금지되었어야 하는데도 오늘까지 시행되고 있는 것은 개혁자들이라는 루터, 츠빙글리, 칼빈의 신학적 오류에서 비롯된 것임을 제대로 알고 있는가? 오늘 우리의 잘못된 실수의 원인을 과거 역사 속에서 바르게 규명해야겠다.

앞서 언급한 것처럼 츠빙글리는 공개토론을 통해 가톨릭의 잘못을 들추어 놓고도 그것을 실천하는 데는 소극적이었다. 여기에 대해 불만하는 세력이 재침례교도들이었다고 했다.

스위스 취리히에서 츠빙글리에게 불만을 품던 재침례교도들은 누구였는가? 그들은 스위스 형제단(Swiss Brethren)을 이끌고 있는 세 사람이었다. 콘라드 그레벨(Konrad Grebel, 1498~1526), 펠릭스 만츠(Felix Manz, 1498~1527), 수도사 요르크(Jorg) 또는 게오르게 블라우록(George Blaurock, 1491~1529) 등이었다.

이들 재침례교 지도자들에 관한 내용은 다음 장인 '유럽의 재침례교 운동'에서 보다 자세히 설명하도록 하겠다.

이들 재침례교 지도자들은 한때 츠빙글리 문하에서 헬라어 원문 성경을 공부한 때가 있었다. 그래서 츠빙글리와는 잘 아는 사이였다. 그런데 츠빙글리의 미온적인 개혁 작업에 불만을 품었다가 드디어는 신학 논쟁까지 하게 되었다.

여기서는 츠빙글리와 재침례파의 논쟁의 쟁점이 되었던 핵심 내용을 소개하겠다. 츠빙글리와 재침례교도와의 논쟁 내용을 보면서 독자들이 정직하게 판단해 보기 바란다.

과연 당시 성경의 대가여서 가톨릭의 모든 교리를 원문 성경을 놓고 공개 논쟁을 했던 츠빙글리가 과연 결함이 없는 성경 대가였는가를 살펴보기 바란다.

《츠빙글리와 재침례교도의 유아세례 논쟁》

츠빙글리 : 교회에 나오는 사람들은 반드시 하나님의 자녀를 만들어야 한다. 그렇게 되기 위해서는 기독교 가정을 이루는 유아세례가 필요하다. 유아들에게 세례를 줌으로 하나님의 자녀를 만들 수 있다.

재침례파 : 교회에 나오는 사람들이라고 해서 그들이 다 하나님의 자녀이냐? 유아들에게 세례를 줌으로 하나님의 자녀가 만들어지느냐? 요한복음 1장 12절에 "영접하는 자 곧 그 이름을 믿는 자들에게 하나님의 자녀가 되는 권세"를 주신다고 했다.

츠빙글리 : 구약 때 어린 유아에게 낳은 지 8일 만에 할례를 베풀었다. 골로새서 2장 11절에 너희가 손으로 하지 아니한 할례를 받았다고 했다. 구약 때 유아에게 할

례를 베푼 것처럼, 신약 때 유아에게 손으로 하지 아니한 할례인 유아세례를 줄 수 있다.

재침례파 : 구약의 할례는 하나님과의 언약의 표징(창 17:10~14)으로 남자에게만 실시하였다. 신약의 침례는 주님을 믿는 사람으로(막 16:16) 남녀의 구별 없이 주님과 함께 죽고 주님과 같이 부활될 것을 믿는(롬 6:3~5) 신앙고백적 의식으로 침례를 받는다.

구약의 할례는 택한 선민의 기호로 받은 것이며 신약 때에는 선민이 없어졌다. 구약의 할례는 이스라엘 민족에게 국한된 선민의 표징이었으나 신약의 침례는 전 세계 누구든지 주를 믿으면 다 받을 수 있다. 구약의 할례는 남자에게만 실시하였다. 신약의 침례는 남녀가 다 똑같이 받을 수 있다. 구약의 할례와 유아세례는 아무런 연결성이 없다.

츠빙글리 : 사도행전 16장 30~34절에 보면 신약의 사도들이 어린 유아에게 세례를 실시한 암시가 있다. 특히 33절의 '온 가족'이란 말에는 유아들이 포함된다. 또 사도행전 18장 8절에 고린도의 회당장인 그리스보가 '온 집안'과 더불어 주를 믿고 침례를 받았다고 했다. 그리스보의 '온 집안' 속에는 유아가 포함된다.

재침례파 : 사도행전 16장 33절에 간수의 가족들이 침례를 받기 전에 32절에는 "주의 말씀을 그 사람과 그 집에 있는 모든 사람에게 전했다"고 했다. 사도행전 18장 8절에도 그리스보 가족이 침례받기 전에 "주를 믿었다"고 했다. 신약의 침례는 주님의 복음을 들은 사람이고 주님의 말씀을 믿은 사람들에게 침례를 실시했

다. 복음을 들을 수 없고 주님을 믿을 수도 없는 무의식의 유아들에게 부모의 믿음을 보고 유아세례를 준다는 것은 가톨릭 교회가 실시하는 대부(godfather), 대모(godmother) 같은 잘못된 관행이다.

츠빙글리 : 재세례파 너희들은 성경 어느 곳을 근거로 재세례를 주장하느냐?

재침례파 : 사도행전 19장 1~5절에 아볼로가 성령이 없는 요한의 물침례를 실시했다. 그 후 바울 사도가 성령이 없는 물침례가 잘못임을 깨우쳐 주고 다시 성령침례를 베푼 기록이 있다.

우리가 주장하는 재침례란 침례를 두 번 받으라는 뜻이 아니다. 과거 가톨릭 교회에서 복음을 전하지도 않고 믿지도 않는 자에게 성령이 없는 물세례(sprinkling)를 준 것이 잘못된 것이므로 물에 잠기는 침례(Baptism)를 다시 받아야 한다고 주장한다(롬 6:1~6 참조).

츠빙글리 : 성경에 죄가 된다고 명시하지 않은 유아세례가 본인과 가족들에게 큰 축복이 되는 좋은 전통이라면 계속 시행해도 좋은 것이다.

재침례파 : 성경에 말하지 않은 것을 교부들이 말한 것, 교황이 말한 것, 종교회의에서 제정한 것들이 너무 넘쳐나고 있다. 성경에 말하지 않은 것들을 교회에서 시행해 왔기 때문에 교회가 부패해 왔다. 성경에서 말하지 않은 것은 될 수 있는 대로 하지 말아야 한다.

츠빙글리 : 예수께서는 마태복음 19장 14절에 어린아이들이 내게 오는 것을 금하지 말라고 하셨고, 마가복음 10장

16절에는 어린아이들을 안수하시고 축복하셨다. 그런 어린아이들인만큼 그들에게 유아세례를 주면 더 큰 복이 된다.

재침례파 : 예수께서 어린아이를 축복하셨다면 그보다 더 큰 축복은 있을 수 없다. 예수께서 축복하신 것을 사람이 한다면 무엇을 해도 예수님보다 더 큰 축복을 만들 수 없다.

츠빙글리 : 고린도전서 7장 14절에 믿는 부모들은 자녀들을 거룩하고 깨끗하게 해야 할 의무가 있다고 했다. 부모가 자녀를 거룩하게 할 의무는 유아에게 세례를 줌으로 시작된다.

재침례파 : 부모가 자녀를 거룩하게 하는 것은 디모데후서 3장 14~17절에 나오는 대로 어려서부터 주의 교훈과 책망과 바르게 함과 의로 교육하는 모범을 통해서만이 가능하다. 유아세례를 받은 자녀들이 장성해서 방탕하게 되는 것은 유아세례가 거룩하게 해주는 것이 아니라는 증거이다.

츠빙글리는 성경을 가지고 가톨릭 교회 사제들을 완전 제압하였었다. 그러나 재침례교도들과의 논쟁에서는 어느 한 대목도 재침례교도들의 이론을 능가하지 못하였다. 재침례교도들이야말로 츠빙글리를 능가하는 성서주의자들이었다.

츠빙글리와 재침례교도 사이의 유아세례 논쟁은 내용상으로 보면 재침례교도들이 월등하였다. 그런데 논쟁의 결과는 정반대로 이끌어 가졌다. 재침례교도들은 성경을 제대로 아는 것 외에는 정치적 힘이 없었다. 그러나 츠빙글리에게는 자기를 후원하고 있는 취리히 시 의회와 정치가들이 있었다. 츠빙글리는 재침례교도들과의 논쟁에서 당한 분함 때문에 시의회 의원들과 정치가의 힘으로 재침례교도들은 법 질서를 교란시킨 죄인들로 몰아간다. 취리히 시 의회는 츠빙글리의 주장대로 재침례파는 유아세례를 부정함으로 사회적 혼란을 부추기는 법 질서 교란자로 매도한다. 그리고 츠빙글리가 논쟁에서 승리한 자라고 선언한다. 뿐만 아니라 츠빙글리의 주장에 의해 시 의회는 재침례교도들에게 국법 질서 교란죄로 추방령을 내린다.

이후에 재침례교도들은 시 의회 결정과 츠빙글리의 주장을 거부한다. 논쟁을 끝낸 재침례교도들은 1525년 1월 21일 만츠(Mans) 집에서 20여 명이 목욕탕에서 재침례를 실시한다. 그리고 '스위스 형제단'을 구성한다.

이들 스위스 재침례교 지도자들은 1527~1532년 사이에 츠빙글리의 지휘를 받는 취리히 시 의회를 통해 전원이 다 처형당하였다. 스위스 재침례교도들은 가톨릭 교회에 핍박을 받았고, 개혁자의 정죄 아래 처형당한 것이다.

이것이 과거 500년 전 츠빙글리가 행한 죄악사이다. 그럼에도 불구하고, 개혁주의자들은 츠빙글리의 죄악사를 애써 감추고 츠빙글리의 위대함만 드러내려고 한다. 우리는 솔직하지 못한 역사는 그것을 은폐하는 자에게까지 화가 미친다는 역사의 법칙을 바로 깨달아야 하겠다.

3) 개혁 전쟁과 츠빙글리의 죽음

(1) 스위스에 퍼진 개혁 운동

츠빙글리는 취리히에서 1519년부터 1531년까지 12년간 사역했다. 12년 동안 츠빙글리가 줄기차게 진행한 것이 애국과 개혁이었다. 이렇게 줄기찬 그의 사역은 스위스 내 다른 지역이 개혁에 동참하는 놀라운 성과들을 거두게 되었다.

취리히에서는 츠빙글리가 직접 개혁을 이끌어 갔고, 스위스의 중심 도시인 베른(Bern)에서는 부처(Bucer)가 개혁을 지도해 나갔고, 바젤(Basel)에서는 외콜람파디우스가 개혁을 진행해 나갔다. 또 글라루스(Glarus)에서는 추디(Tschudi)가 개혁을 진행시켰다. 이 같은 개혁 운동은 스위스를 넘어 남부 독일지방 도시들로까지 번져 갔다.

베른은 제네바 호수 주변 프랑스어 사용 지역의 지배권 문제로 사보이(Savoy) 공작과 불편한 관계를 가지고 있었다. 사보이 공작은 1416년에 공국(公國)이 되었는데 국토는 알프스 지방의 프랑스와 스위스 방면으로 치우쳐 있었다.

사보이 공국이 가톨릭을 지지하자 베른은 종교개혁 세력의 도움을 얻기 위해 베른에서 가톨릭과 개혁 세력 간의 공개토론을 개최하였다.

1528년 1월 19일 베른의 공개 토론에서 가톨릭 측으로 루터의 대적자 엑크(Eck)가 참여하였고, 개혁 측으로 츠빙글리와 히브리어 대가인 외콜람파디우스(Oecolampadius, 1482~1531)가 참여하였다.

여기서 가톨릭을 곤경에 몰아넣었다. 그 후 베른은 개혁을 지지하고 나섰다. 베른을 시작으로 스위스 여러 도시들은 공개토론을 벌인 후 개혁에 참여하였다. 바덴(Baden)은 4주간에 걸친 공개토론을 벌인 후 개혁을 받아들였다. 1527년 2월에는 바젤(Basel)에서, 3월에는 콘스탄츠에서 공개토론이 벌어져 개혁자들이 승리하였다.

바젤은 인문주의자들의 집결지였다. 이곳은 1521년 에라스무스에 의해 개혁 성향이 나타났다. 그 후 츠빙글리의 스승인 비텐바하

(Wyttenbach)가 개혁을 계승하였고, 현저한 개혁은 1522년 외콜람파디우스로 시작되었다.

외콜람파디우스는 1515년 바젤에 있는 한 성당의 사제로 사역을 시작하였다. 그런데 그가 성경공부를 통해 인문주의적 개혁자로 변모하였고, 그 후 멜란히톤과 츠빙글리의 영향을 받아 1522년 프로테스탄트로 개종하였다. 외콜람파디우스는 바젤에 있는 성 마틴(St. Martin) 교회에서 성경을 강해함으로 교회 개혁의 기반을 닦았다.

그는 1528년 베른의 공개토론에 참여하여 베른을 개혁도시로 만드는 데 공헌하였다. 그는 1529년 2월에는 바젤 교회의 계급 질서를 타파하도록 시 의회를 설득하였다. 그래서 미사를 폐지하고 츠빙글리 식 성찬론을 받아들여 상징설을 주장하였다.

생 갈렌(St. Gallen)은 인문주의자인 발디아누스(Valdianus) 혹은 요아킴 바트(Joachim Von Watt)에 의해 개혁이 이루어졌다. 이어서 샤프하우젠, 글라루스, 알자스, 콘스탄스, 뮐하우젠 등이 개혁에 동참하였다. 이처럼 개혁 물결은 전 스위스로 번졌고, 독일 남부의 스트라스부르도 츠빙글리의 영향권 안으로 들어왔다. 이렇게 스위스 전역이 교황 세력으로부터 멍에를 벗어 버리고자 하는 열망으로 가득 채워지고 있었다.

그러나 스위스에서 개혁 세력이 확대되는 것에 반대하는 세력이 나타난다. 그것은 취리히가 득세하는 것에 큰 질투를 느낀 3개 지역의 삼림 칸톤(Forest Cantons)이었다. 이들 3개 삼림지역 칸톤은 자기들이 스위스 연맹에서 누리던 지도적 위치를 계속 고수하기를 원했다. 그래서 3개 삼림지역 칸톤인 '우리'(Uri), '슈비츠'(Schwyz), '운터발덴'(Unterwalden)은 로마 교황청을 지지하겠다고 선언했다.

3개 주는 1524년 4월 개혁을 거부하기로 하고 1529년에는 취리히를 견제하기 위해 '쭉'(Zug), '루체른'(Lucerne) 주와 함께 스위스의 숙적인 오스트리아 합스부르크 가의 페르디난트 공작과 동맹을 맺었다.

여기에 대항하여 개혁 지지자들도 힘을 규합하였다. 1528년 콘스탄츠, 베른, 취리히 등의 도시들이 프로테스탄트 시민 연맹을 결성했다. 그러자 1529년 생 갈렌, 비엘, 뮐하우젠, 바젤, 샤프하우젠이 참여하였고 1530년에는 스트라스부르가 가입하였다.

이렇게 되니까 스위스 전체 13개 주 가운데 개혁에 적극적인 4개 칸톤과 개혁 성향을 가진 4개의 칸톤이 합쳐져서 8개 주가 개혁 성향의 칸톤이 되었다. 그리고 나머지 5개 주는 가톨릭 칸톤으로 나누어졌다. 이렇게 양분된 스위스 종교계에서는 계속 충돌이 일어났다. 이중에서 누구보다도 가장 공격적인 지도자가 츠빙글리였다.

츠빙글리는 세인트 갈(St. Gall)에 있는 부유한 수도원을 탈취하였다. 그러자 가톨릭 측 칸톤들에서는 자기들 구역 내에서 개혁 설교가들의 활동을 엄격하게 금지시켰다. 그럼에도 불구하고 칸톤 순회 설교자인 취리히의 야콥 카이저 목사가 가톨릭 지역에서 설교를 했다고 개혁 목사를 슈위즈 시에서 공개적으로 화형을 시켰다(1529. 5). 이것이 도화선이 되어 가톨릭을 지지하는 칸톤과 개혁을 지지하는 칸톤 사이에 전쟁이 벌어진다.

(2) 제1차 카펠(Kappel) 전쟁(1529년 6월9일)

전쟁은 츠빙글리가 시작하였다. 츠빙글리가 주도하는 취리히 시 의회는 1529년 6월 9일에 전쟁을 선포하였다. 츠빙글리가 전쟁을 주도한 이유는 순회 설교 목사를 처형시킨 것 때문이라기보다는 스위스의 용병 제도를 반대하는 츠빙글리의 애국정신이 큰 원인이 되었다.

츠빙글리는 스위스 국민이 프랑스나 이탈리아나 교황청을 위해서 돈을 받고 생명을 상품화하는 용병 제도를 일찍부터 반대하였다. 그러나 명예와 돈을 탐하는 교황청에서는 항상 상주하는 자체 군대보다는 필요 때마다 활용할 수 있는 용병 제도가 반드시 필요했으므로 계속 용병 제도를 찬성해 왔다.

프랑스 역시 용병 제도를 선호하기는 마찬가지였다. 1512년부터 1531년까지 20여 년 동안 프랑스 정부가 스위스 용병들에게 지급한 금화는 113만 3,547크라운이었다. 이 같은 용병 제도를 츠빙글리는 애국심에 의해 처음부터 반대하였다. 그러나 용병 제도를 활용하는 프랑스나 교황청은 스위스 내 가톨릭을 지지하는 5개 칸톤들에게 돈을 지불하고 계속 용병을 끌어가고 있었다.

이 같은 문제의 심각성을 알고 있던 츠빙글리는 순회 목사 화형 사건을 계기로 일방적인 전쟁을 선포하였다. 취리히에서는 4,000명의 병사들이 카펠에 집결하였다. 베른 시에서는 5,000명의 병사들이 동원되었으나 이들은 정당방위만 위해서 전투하라는 명령을 받았다.

이들이 1529년 6월 9일에 전쟁을 선포하고 삼림 칸톤이 있는 국경을 향해 진군하고 있었다. 이렇게 해서 개혁을 지지하는 병력은 9천 명이 되었으나 베른 병사들은 선제공격을 하지 않겠다고 했다.

다른 한편 가톨릭 측 병사는 이탈리아 속령군들의 증원군이 합세하여 1만 2천 명에 이르렀다. 이렇게 시작된 카펠 전쟁은 다 같은 스위스인들이 가톨릭과 개신교로 나누어져 동족 간에 일어난 전쟁이 되었다.

이때 츠빙글리의 친구인 램더맨 애블리가 동족 간의 유혈 사태는 막아야 한다고 주장하며 전투 없는 평화 협상을 추진했다. 그러나 가톨릭 측 칸톤 배후에는 오스트리아가 있어서 협상이 쉽지 않았다. 양쪽 스위스인들은 동족 간의 유혈을 막으려고 수차례 협상을 계속하였다. 그 사이에 가톨릭 병사들은 경계를 건너와 일부러 개신교군의 포로가 되어 주기도 했고, 식량이 풍부한 취리히인들은 저들을 배불리 먹여서 식량과 의복을 주어 돌려보내기도 하였다. 이렇게 해서 전체적으로 평화를 원하는 추세였다.

그 결과 1529년 6월 25일 전쟁하지 않고 평화협상이 조인되었다. 개혁 측에는 취리히, 베른, 바젤, 세인트 갈, 뮐하우젠, 비엘 등의 6개 칸톤이 협상에 임했고 가톨릭 측에서는 5개 칸톤이 협상에 응하였다. 나머지 칸톤들은 양 세력 간의 중재 역할을 하였다.

협상 조건은 "하나님의 말씀이 스위스 전체 모든 곳에서 자유롭게 설교되도록 한다. 외국 용병 제도를 폐지한다. 삼림 칸톤들은 전쟁 준비에 소요된 비용과 화형시킨 순회 목사 가족에게 부양비와 교육비를 지급한다"는 것이었다. 이 같은 협상 조건에 개혁 측은 만족해했으나 가톨릭 측은 불만하는 가운데 휴전이 이루어졌다.

이 카펠 평화조약은 내면적으로 또 다른 전쟁을 일으킬 불씨를 남긴 채 전쟁은 마무리되었다. 츠빙글리는 이 전쟁 후 3개월이 지나 루터와 마르부르크 회담에 참여하였다.

(3) 제2차 카펠 전쟁(1531년 10월)

제1차 카펠 전쟁을 경험한 츠빙글리는 여러 가지 깨닫는 바가 많았다. 개혁전쟁에 나타난 양상을 통해 개혁을 위해서는 가톨릭이라는 공동의 적을 대항하기 위해 공동세력의 결집이 필요하다는 것을 느낀다. 그래서 독일 헤센이 추진하는 독일 개혁 세력과의 제휴가 필요하였다.

츠빙글리는 1529년 9월 29일부터 10월 3일까지 독일 마르부르크에서 루터와 회담에 임한다. 그런데 루터의 완강한 고집으로 회담의 목적을 이루지 못하였다. 하지만 츠빙글리는 회담을 주선했던 헤센과 비밀리에 서신을 교환했다. 그리고 스트라스부르, 베른, 바젤 등과 취리히 사이에 동맹을 맺는다.

또 프랑스 왕 프란시스 1세에게 "진정한 종교와 오류에 찬 종교에 대한 주석"이라는 논문을 보낸다. 이 작품이 츠빙글리의 최후 작품이었고 그가 죽은 후 사위인 불링거에 의해 출판되었다.

제1차 카펠 전쟁을 종결하는 평화조약은 제대로 지켜지지 않았다. 삼림 칸톤들은 개혁 세력이 확장되는 것을 인정하려 하지 않고 그곳을 찾아드는 복음주의 설교가들을 계속 핍박하였다.

한편 취리히 시민들은 자기들 구역 내에서 미사가 시행되는 것을 용인하지 않았다. 그러자 가톨릭 측 삼림 칸톤들은 적국인 오스트리아와 반역적 접근을 시도하고, 독일 황제의 원조를 요청하였다.

여기에 뒤질세라 개혁 세력도 베니스, 프랑스, 독일의 헤센에게 원조를 구하였다. 스위스 연방의회가 모이면 종교가 나뉘어 상호 비방과 비난이 그칠 날이 없었다. 이때 스페인이 스위스를 침입하였다. 개혁 측은 스페인군을 저지하려고 했으나 가톨릭 측은 환영을 하였다. 이렇게 분쟁이 계속되는 소용돌이 속에서 문제의 수습은 공개적인 전쟁 외에는 다른 방법이 없겠다고 판단한 츠빙글리는 큰 결단을 내린다.

1531년 7월 26일 취리히 대의회에 츠빙글리가 참석하였다. 그리고 다음과 같이 밝힌다.

"나는 11년 동안 이곳 취리히에서 복음을 선포하였다. 그동안 복음을 증오하는 5개의 가톨릭 칸톤과 외국 연금에 의존하는 용병 제도의 위험을 수없이 경고해 왔으나 당신들은 나의 말에 귀를 기울이지 않았다. 오히려 복음의 대적자들에게 동정적인 인물들을 대표자로 선출해 왔다. 그러면서 스위스 비극의 원인을 나에게 돌리고 있다. 그러므로 나는 취리히 목회직을 사임하고 다른 곳에서 사역을 하겠다."

그는 눈물을 흘리며 사직서를 내고 떠났다. 그러나 취리히 시 의회는 사직서를 반려하고 츠빙글리의 의견을 존중할 것을 알린다.

이 무렵에 베른에서는 자기들의 영토를 통과해서 삼림 칸톤으로 가는 생필품 통로를 봉쇄하였다. 삼림 지구에는 포도주, 소금, 철 등의 반입이 금지되었다. 삼림 칸톤들은 생필품 봉쇄 정책에 대한 분노로 굶주리는 가족에 대한 보호를 위해 자기들이 살 길은 전쟁밖에 없다고 판단한다. 이로 인해 크게 격앙된 삼림 지구 칸톤들은 8천 명의 병력을 소집하여 1531년 10월 9일 취리히 국경을 향해 진군해 나갔다.

삼림 지구 칸톤 병력은 로마 가톨릭의 지원군이 합세하여 8천 명의 병력이 되었으나 개혁 측 병사는 1,500명에 불과했다. 과거 2년 전 취리히에서만 5천 병력이 동원되었으나 지금은 완전히 달라졌다.

제2차 카펠 전쟁은 가톨릭 측 8천 명과 개혁 측 1,500명과의 싸움이었다. 이때 츠빙글리는 무기를 사용하지 않고 병사들을 격려만 하였다. 츠빙글리는 적이 던진 돌에 맞아 쓰러졌다. 그가 일어서면 또 돌에 맞고 창에 찔리기도 하였다. 츠빙글리는 머리에 흐르는 피를 보면서 "아, 이 무슨 불행인가? 그들이 육체를 죽일 수는 있으리라. 그러나 영혼을 멸하지는 못할 것이다"라고 했다. 이것이 그의 마지막 말이었다.

그는 피를 쏟으며 근처의 배나무 아래 누워서 기도하는 자세로 손을 모으고 하늘을 향하고 있았다. 이때 운터발덴 출신의 용병장교 보킹거가 칼로 츠빙글리를 찌르면서 "죽어라, 이 고집쟁이 이단자여"라고 외쳤다. 츠빙글리는 그렇게 죽은 채 그곳에 누워 있었다.

다음 날 아침 승자들은 죽은 츠빙글리의 얼굴에서 과거 강단에 올라가 정열에 넘쳐 설교하던 모습을 발견한다. 용병들은 츠빙글리의 시체를 그대로 두지 않았다. 그의 시체를 네 조각으로 찢어서 불태운 후 돼지의 재와 섞어서 사방으로 뿌렸다. 이렇게 해서 츠빙글리는 47세에 비참하게 죽고 만다. 이때에 취리히 측에서는 400여 명이 전사하게 되었다.

이 전쟁으로 츠빙글리의 동서, 양자, 사위, 절친한 친구들이 다 죽었고, 취리히 시 의원 26명과 개혁 목사 25명이 사망하였다. 이렇게 많은 전사자를 낸 가톨릭 측은 취리히의 저력을 의식하고 11월 20일에 제2차 카펠 평화조약을 맺는다. 그 내용은 제1차 카펠 평화조약을 무효로 한다는 것으로 프로테스탄트 지역에 가톨릭의 포교가 허용되지만 삼림주 가톨릭 주에서는 프로테스탄트의 예배가 금지된다는 것이었다. 츠빙글리의 죽음으로 취리히의 종교개혁은 심각한 위기를 맞게 되었다. 그러나 취리히 사람들 중 가톨릭으로 돌아가는 이는 하나도 없었다.

4) 츠빙글리의 유훈

우리는 47세로 짧게 살아간 츠빙글리에게서 무엇을 배울 수 있는가? 필자는 긍정적인 면과 부정적인 양면을 생각해 본다.

(1) 츠빙글리의 애국적 신앙

츠빙글리는 25년간(1506~1531) 목회 활동을 했다. 츠빙글리의 25년 목회는 단지 교회를 위한 목회가 아니었다. 그의 목회는 교회 사역을 통해 하나님의 뜻에 맞는 성도가 되고, 한 걸음 더 나아가서 스위스 국민들이 국가를 사랑하는 애국자가 되는 데 초점을 맞추었다.

그 대표적인 예가 스위스 국민들이 프랑스나 이탈리아나 교황청을 위해 용병으로 나가 싸우는 용병 제도를 없애려고 노력한 일이었다. 츠빙글리의 목회 목적은 신앙에 근거한 애국자가 되는 것이었다.

기독교 윤리학자 라인홀드 니버는 그리스도인에게 국경이 없으나 한 나라의 국민으로서는 반드시 국경이 있다고 하였다.

우리가 아는 바 성경의 많은 인물들이 모두 애국자들이었다. 모세는 자기 백성들의 죄를 사해 주실 수 없다면 생명책에서 자기 이름을 지워 달라고 기도한다(출 32:32).

바울 사도는 자기 동족의 구원을 위해서 자기 자신이 저주받아 그리스도 안에서 끊어질지라도 원하는 바라고 했다(롬 9:1~3).

구약의 눈물의 예언자 예레미야 역시 대단한 애국자였고 다니엘, 느헤미야, 에스라, 에스더, 학개 등 수많은 하나님의 사람들이 자기 조국과 동족을 위한 애국자였다.

츠빙글리도 대단한 애국자였다. 츠빙글리가 수많은 논쟁과 설교를 통해 부르짖은 것은 일차적으로는 가톨릭 신앙에서 벗어나 복음적인 성도가 되는 것이고, 그다음에는 조국을 사랑하는 애국자가 되는 것이었다.

이렇게 줄기차게 스위스 용병 제도를 없애려던 츠빙글리의 노력은 그가 죽은 후 300년이 지나서야 이루어져 그제서야 스위스 국민들의 의식이 바뀐다.

1848년 스위스 연방의회는 헌법을 수정해서 공인 받은 신앙고백에 의한 자유로운 예배가 실행되도록 했고, 스위스의 독립성을 약화시켰던 외국에 대한 용병 제도가 완전하게 폐지된다. 그러나 과거 츠빙글리를 대결하여 카펠 전쟁을 일으켰던 5개의 삼림 칸톤들은 지금도 여전히 용병 제도를 실시하고 있다.

우리가 TV로 볼 수 있는 바티칸 시국에 고대 복장을 하고 바티칸 교황청을 경비하는 경비병들 200여 명은 스위스 삼림 칸톤 출신의 용병들이다.

츠빙글리의 죽음은 애국적이었을 뿐 아니라 더 이상 크게 확대되지 않게 하는 희생적 죽음이었다. 종교개혁 후 전 유럽에서는 가톨릭과 개신교 사이에 수를 헤아릴 수 없는 수많은 종교전쟁이 벌어졌다. 1616~1648년까지 독일, 오스트리아, 네덜란드, 보헤미아, 덴마크, 스웨덴에서는 신교와 구교 간의 종교전쟁이 계속되었다.

이 무렵 최고 격전지였던 보헤미아 지방은 전쟁 전에 비해 인구의 5분의 4가 없어졌다. 프랑스에서는 1572년 개신교 지도자인 마거릿 공주의 결혼 축하를 위해 모여든 이들을 공격했다. 이 ®성 바돌로뮤 대학살©로 5일간 개신교도 7만 명이 죽었다. 그런데 스위스에서는 츠빙글리와 함께 400여 명이 희생함으로 더 이상의 희생은 진행되지 않았다.

지금의 스위스는 전 세계에서 가장 자유스러운 종교가 유지되고 있다. 이 같은 모든 혜택이 츠빙글리의 공적임을 인정하고 1885년 8월 25일 취리히는 그가 목회했던 뮌스터 교회 앞에 츠빙글리 동상을 세웠다.

(2) 츠빙글리의 문제점

츠빙글리는 카펠 전쟁에서 처참하게 죽음을 당하였다.

이때 루터는 츠빙글리의 죽음을 애도하기는커녕 계속해서 츠빙글리의 죽음을 험담하고 비난하였다. 루터가 얼마나 편협하고 남의 입장을 이해하지 못하는 폐쇄적인 사람인지 드러내는 서글픈 사실이다.

그렇다면 츠빙글리가 종교개혁을 완성하기 위해서 칼을 사용하고 전쟁을 일으켰던 일은 합당한 처신이었는가? 결코 그렇지 않다.

츠빙글리는 성경에 해박하여 성경을 잘 가르치고 사람들을 설득시키는 데 대단한 능력이 있는 사람이었다. 그러나 말씀대로 실천하여 예수님의 제자가 되는 일에는 거리가 멀었다. 그는 자기가 믿는 바 자기 소신에 대해서 너무 철저한 확신을 가지고 있었기 때문에 자기와 다른 상대방을 이해하지 못하는 독선에 사로잡힌 자였다. 그래서 자기 소신에 맞지 않는 재침례교 젊은 지도자 6명을 다 죽이는 데 앞장섰고, 그 독선이 확대되어 가톨릭 세력을 칼로 굴복시킬 수 있다고 전쟁을 일으켰다.

우리는 주님께서 마태복음 26장 52~53절에서 말씀하신 것처럼 칼을 가지는 자는 칼로 망하게 되는 원리를 알아야 하겠다.

주님은 하늘에 있는 열두 군단이 더 되는 천사들을 불러들여 자기를 해하려는 원수들을 처리할 능력이 있으셨다. 그러나 주님께서는 털 깎는 자 앞에서 잠잠한 양처럼(사 53:7) 자기를 내려놓으셨다. 츠빙글리 역시 계속 말씀을 전파하여 사람들을 변화시키려는 사역에만 전념했어야 했다.

츠빙글리는 자기 자신에 대한 지나친 확신으로 인해 남을 용납하지 못하는 과오를 저질렀다. 츠빙글리 역시 우리와 똑같은 연약한 인간의 모습을 그대로 나타낸 것이다.

(3) 츠빙글리의 후계자

츠빙글리가 비참하게 참사당한 후 취리히 교회는 츠빙글리의 사위인 하인리히 불링거(Heinrich Bullinger, 1504~1575)가 종교개혁을 이끌어 갔다. 불링거는 취리히에서 가까운 브렘가르텐에서 출생한 후 쾰른에서 성서와 교부들을 연구하였다. 그는 루터와 멜란히톤의 책에서 개혁의 영향을 받았다. 1522년에 귀향하여 교사를 거쳐 1528년에 설교자가 되었다.

그는 1531년 츠빙글리가 사망하자 그 후임자가 되어 취리히 교회를 충실화하기 위하여 힘썼다. 불링거는 정치와는 무관하게 오로지 교회 목회에만 관심을 두었다. 그리고 스위스의 다른 교회들과 좋은 관계를 유지하려고 노력하였으며, 스위스 신앙고백을 만들고 설교를 통해 교회 개혁을 이끌어 갔다.

불링거는 기독교의 중요한 교리들을 각 주제별로 10편씩 해설한 설교집을 발표했다.

"열 가지 설교들"(Decades)을 1549년에 1권, 1550년에 2권을 출판했다. 1551년에는 다른 주제들로 구성된 설교를 모아 제3권으로 출판하였다. 이렇게 만든 "열 가지 설교들"은 영어, 프랑스어, 네덜란드어로 번역되어 사람들에게 큰 감화를 주었다.

불링거는 온건한 이론과 풍부한 학식을 갖춘 당대 일류 신학자로 1549년에는 제네바를 대표하는 칼빈과 취리히 협정을 맺고 개혁파의 성찬론을 통일시켰다.

1536년에 불링거는 다른 스위스 개혁자와 함께 '제1 스위스 신앙고백'을 발표했다. 그런데 1562년에 개인적으로 그의 신학적 유언으로 '제2 스위스 신앙고백'을 발표한다. 이 신앙고백은 공적으로 채용되어 개혁파에서 가장 널리 쓰이는 신앙고백이 되었다.

불링거 이후에는 스위스의 종교개혁을 제네바의 칼빈이 이끌어 간다. 칼빈은 루터와 츠빙글리가 닦아 놓은 기초 위에서 더 많은 영역으로 발전시킨다.

3. 제네바에서의 칼빈

우리는 이제 독특한 인물을 살펴보려고 한다. 그는 살아 있는 동안에는 많은 반대와 대적자들 속에서 인기 없이 살아갔다. 그러나 그가 죽고 난 후 그의 영향력은 전 세계적으로 퍼져 나갔다. 그를 따르는 사람들은 칼빈주의(Calvinism)자라는 명칭을 만들어냈고, 그의 신학은 계약신학을 만들어냈다.

이와 같은 계약신학으로 영국에서 청교도주의(淸敎徒主義)가 만들어졌으며, 청교도주의는 개인의 생활뿐 아니라 국가, 사회 전반에까지 영향을 미쳤다. 한 사람의 신학 사상이 어떻게 전 세계에 영향을 미칠 수 있었는가? 그것은 칼빈의 개인적 독창성보다는 그보다 앞선 두 개혁자들이 쌓아 놓은 업적이 크게 도움이 되었다고 본다.

루터와 츠빙글리는 칼빈보다 25년 전 인물이다.

루터와 츠빙글리는 황무지 같은 허허벌판에서 완전히 새로운 것들을 캐내어 놓았다. 칼빈은 두 선배들이 이루어 놓은 귀한 자산들을 바탕으로 그의 독특한 암기력으로 프로테스탄트 전반에 해당되는 종합 신학을 만들었다. 칼빈의 신학이 프로테스탄트 전반에 적용되는 것은 그의 사상 속에 루터의 것과 츠빙글리의 것이 종합되어 있기 때문이다. 루터나 츠빙글리는 일생 동안 그의 신념이 바뀌어 가고 새롭게 만들어져 갔다. 이처럼 칼빈 역시 1536년 "기독교 강요" 초판을 시작해서 1559년까지 제5판을 만들면서 그의 신학을 수정하고 보완해 가면서 발전시켜 나간다.

이렇게 칼빈 신학은 모든 종교개혁자들의 사상을 질서정연하게 잘 편집해 놓은 종합 신학이라고 할 수 있다.

그리고 칼빈은 자기 신학을 만드는 데 그치지 않았다. 그는 제네바 대학을 만들어 수많은 반대자와 절대자들의 저항을 받으면서 자기의 신학체계를 후학들에게 전수하였다. 칼빈 사상이 세계화 될 수 있었던 것은 그의 사상을 그대로 계승하도록 제자들을 제대로 양육했기 때문이다.

칼빈 신학은 개혁자들 신학의 종합화와 자기 신학을 계승하고 발전시키도록 하는 제자화에서 성공의 기초를 볼 수 있다.

칼빈은 이렇게 개혁자로서는 성공했으나 그가 28년간 목회한 사역은 결코 선한 목자상은 아니라고 할 수 있다.

칼빈은 자기 신학과 행정 치리에 동의하지 않는 많은 이들에게 고통을 주고 그들을 추방하고 죽이는 데 서슴지 않았다.

칼빈의 개혁이 성공한 것은 그가 달성하고자 하는 목표를 향해서 수단과 방법을 가리지 않고 혹독하고 살벌하게 추진했기 때문이었다.

칼빈이 세상을 떠난 지 500년이 지났다. 우리는 칼빈이 이룩해 놓은 그의 업적을 인정한다. 아울러 칼빈이 행한 잔인한 역사도 동시에 볼 수 있어야 한다. 그래서 칼빈이 주님의 영광을 독차지하는 무지에서 벗어나 칼빈 역시 우리와 똑같은 죄인의 모습임을 알아야 한다.

필자가 체험하고 보고 들은 바에 의하면 한국 교회는 칼빈에 대한 우상화가 심각하다. 이번 기회에 칼빈의 우상화가 달라지기를 바라는 마음으로 칼빈의 역사를 살펴보도록 하겠다.

1) 칼빈의 교육과 개혁 성향

(1) 출생과 교육

칼빈(John Calvin, 1509~1564)은 1509년 7월 10일 프랑스 파리의 북동쪽 약 100km에 위치한 피카르디(Picardy)의 누아용(Noyon)에서 태어났다.

그는 부친 게라드 칼뱅(Gerad Cauvin)과 모친 르프랑스(Jeanne Lefrance)의 다섯 명의 자녀 가운데 넷째 아들로 태어났다.

아버지는 변호사였고 자수성가한 신흥 중산층으로 누아용 주교 비서관과 성당 참사회의 법률 자문관을 맡았다. 그의 어머니 르프랑스는 칼빈이 3세 때 세상을 떠났다. 그 후 칼빈의 아버지는 재혼하여 두 딸을 더 낳았다.

칼빈의 프랑스 식 본명은 장 칼뱅(Jean Cauvin)이다. 라틴어로 칼비누스(Calvinus)이고 영어로 존 칼빈(John Calvin)이다.

누아용(Noyon)은 수도사와 신부들을 많이 배출하였고 십자가 원정을 이끌어 간 지도자, 개혁자, 여러 혁명가, 반동 정치가들을 무수히 배출하였다. 그래서 '성자들의 누아용' 이라고 불렀다.

부친은 고위 성직자들에게 신임 받는 법률 자문관이었다. 그런데 칼빈이 대학에 다닐 무렵 교회 재정의 부정에 연루되어 이단 혐의를 받고 교회로부터 출교당하였다. 부친은 칼빈이 대학에 다닐 때 병석에서 오랫동안 고생하다 1531년에 사망한다. 칼빈의 형 샤를(Charles)은 부친의 출교 해제를 위해 많은 노력을 함으로 불신자들의 묘지에 묻히는 것을 면했다.

칼빈에게는 자기 외에 4명의 남자 형제와 2명의 자매가 있었다. 칼빈의 형 샤를은 아버지 덕분에 젊은 나이에 일찍이 사제가 되었다. 그는 1518년 루피 성당의 사제가 되었으나 1531년 이단 혐의를 받고 파문처분을 당하였다가 1537년 사망하였다.

칼빈의 동생 앙뜨앙느(Antoine)는 트레비시 근처 성당의 사제가 되었다. 그러나 형의 복음적 신앙에 귀의하여 막내 여동생 마리에와 함께 1536년에 형이 있는 제네바 시로 이주하였다.

앙뜨앙느는 제네바에서 책방을 경영하며 형의 도움으로 제네바 시민권을 획득하고(1546) 제네바 시의 200인 시 의회 의원(1558), 60인 의회 의원(1570)에 선출되었다. 그런데 앙뜨앙느는 죽기 전까지 세 차례 결혼을 했다. 피난민의 딸인 둘째 아내가 간통 혐의로 유죄판결을 받자 그녀와 이혼하는 등 칼빈의 동생은 제네바에서 계속 추문에 시달린다. 칼빈의 큰 누이 동생은 고향 누아용에서 가톨릭 신자로 살아간 것 같고, 막내 누이동생은 칼빈과 함께 제네바에서 생활하였다.

칼빈은 아버지의 보살핌 가운데 성장한다.

아버지 칼뱅은 귀족 앙제(Hangest) 가문과 가까이 지냈다. 그의 부친은 칼빈이 어려서부터 상류사회의 생활양식에 익숙할 수 있게 하였다. 칼빈의 부친은 칼빈이 11세 때(1521) 누아용 교회의 주교 샤를 드 앙제(Charles de Hangest)의 서기로 일하면서 교회와 밀접한 관계를 갖게 하였다.

칼빈은 11세 때 누아용 성당에 있는 '라 게진느'(La Gesine) 채플의 사제 보조직에 임명받고 교회 성직록(聖職祿)을 받게 되었다. 칼빈이 어린 나이에 성직록을 받는 것은 교회법에 위반되는 일이었으나 그 당시 공부를 잘하는 아이에게는 장학금 형식으로 성직록이 제공되었다. 칼빈은 이때 사제의 표시로 삭발식(tonsure)을 거행했으나 사제로 서품은 받지 않았다.

칼빈은 누아용에서 초등교육을 마치고 파리에 나가서 대학을 졸업할 때까지 교회 성직록의 혜택을 12년간 받으며 공부를 한다.

칼빈은 그가 14세 때(1523) 누아용 주교의 친척이던 앙제 가(Hangest de Montmors)의 아이들과 함께 파리로 나가 유학하였다. 칼빈은 대장장이로 일하던 삼촌의 집에 기거하면서 라 마르세 대학(College of La Marche)에 등록하여 당시 라틴어의 대가인 코르디에(Mathurin Cordier) 밑에서 라틴어와 문장력의 기초를 닦고 인문주의 사상에 접할 수 있었다.

여기서 칼빈은 19세까지 라틴어를 배운다. 칼빈은 후에 데살로니가전서 주석을 자기에게 라틴어를 가르쳐 준 코르디에에게 헌정한다(1550).

코르디에는 후에 개신교로 개종하였고 제네바 대학의 학장으로 일하다가 칼빈이 죽던(1564) 해에 85세 나이로 세상을 떠난다.

칼빈은 그 후 사제가 되겠다는 결심으로 엄격한 몽테귀 대학(College de Montaigue)으로 전학한다.

몽테귀 대학은 학구적이고 종교적이었으나 지나치게 금욕주의적이었다. 소량의 식사를 제공하고 짧은 수면을 허락하고 엄하게 공부시켰다. 이러한 생활규칙 때문에 칼빈은 소화불량에 걸려서 평생 고생하였다. 몽테귀에서 스코틀랜드 출신의 오캄주의자 존 메이저(John Major)를 만난다. 메이저는 파리에 온 박식한 스콜라 철학자였다. 그는 "영국의 역사"(1521), "복음서 주석"(1529) 책을 저술하였다. 메이저는 이런 책들을 통해 존 위클리프, 존 후스, 루터의 종교개혁 사상들을 소개하고 비판하였다.

칼빈은 몽테귀 대학에서 1527년까지 수학한다. 메이저가 종교 개혁자들에 대한 비판을 함으로써 어린 칼빈으로 하여금 종교개혁에 대한 관심을 불러일으킨 것으로 보인다.

칼빈은 몽테귀 대학 시절에 많은 친구들을 사귄다. 이때 드 몽트 모르의 3형제와 프랑스 국왕 주치의 아들인 기욤 콥(Guillaume Cop) 과 그의 사촌 형제 로버트(Pierre Robert) 등을 사귄다.

칼빈은 1527년에 고향 누아용 성당의 참사회에서 학문의 진보를 이룩한 업적으로 포상을 받고, 마르트빌(St. Martin de M artiville)의 사제보로 임명받았다. 2년 뒤 칼빈은 마르트빌 사제보 직분을 누아용에서 가까운 퐁 레빅(Pont L'Eveque) 사제보와 교환하였다. 칼빈이 아직 사제 서품은 받지 않았으나 앞으로 사제가 될 것을 믿고 모든 혜택을 주었다.

1528년 초반에 칼빈은 몽테귀 대학에서 문학 석사 학위를 받는다. 칼빈은 이곳을 떠난 후에 1528년에 유명한 제수이트 수도회 창시자인 이그나티우스 로욜라 같은 교수 밑에서 수학한다.

1528년 3월 칼빈의 아버지는 누아용 교회 참사회와 불편한 관계가 된다. 칼빈의 아버지는 칼빈에게 신학 수업을 중단하고 법률을 공부하라고 한다. 칼빈은 부친의 명에 따라 신학을 중단하고 법률 공부를 하기 위해 유명한 오를레앙(Orleans) 법과대학으로 전학한다. 칼빈의 아버지 칼뱅은 자기가 일하고 있던 누아용의 교직자와 말다툼을 하였다. 이때 칼뱅은 두 개의 유언장을 유언장 내용대로 집행하라는 교직자의 말을 듣지 않고 끝까지 고집함으로 재정에 부정이 있다는 판단을 받고 출교를 당한다.

아버지는 교회에서 쫓겨나 더 이상 아들에게 후원해 줄 수 없음으로 법과대학 공부 후에 아들이 부자로 잘살기를 바랐다.

칼빈은 오를레앙(Orleans) 대학에서 1년간 공부를 한다. 여기서 칼빈은 법률 공부보다는 보수주의 교수 레토왈(Pierre de L'Eoile)의 영향으로 고전문학에 관심을 가지게 된다. 칼빈은 1년 후인 1529년에 당시 국제법학자로 유명한 알키아티(Andrea Alciati, 1493~1550) 교수가 있는 부르제(Bourges) 대학으로 옮겨간다. 부르제 대학에서 훗날 칼빈의 후계자가 되는 베제(Theodore de Beze)를 만난다.

이곳 부르제에서 명목상 루터파 사람인 볼마르(Wolmar) 밑에서 희랍어를 배운다. 칼빈은 훗날 자기의 고린도후서 주석을 볼마르에게 헌정한다.

1531년 5월 26일 아버지의 죽음을 경험한 뒤 칼빈은 진로를 다시 바꾼다. 아버지의 권유로 법률을 공부했으나 아버지가 죽자 신학 공부를 다시 시작한다. 칼빈은 1530년 프랑스 왕 프랑수아 1세가 설립한 '포르테'(College Fortet)의 왕립 강좌(Royal Lecture)에 등록하였다. 여기서 칼빈은 헬라어와 히브리어를 배움으로 신학 공부를 재개하였다.

그런데 이곳 포르테 대학의 궁정강사들은 소르본느 대학 측으로부터 의심을 받는 개혁 성향의 강사들이었다.

칼빈은 법률에 관계된 직업을 가질 마음이 없었으나 법률 공부를 중단하지 않고 계속하여 1532년 1월 14일 오를레앙 대학에서 법학 박사 학위를 받았다. 그리고 칼빈의 처녀작인 《관용에 관한 세네카의 두 저서에 대한 주석》(Commentary on Lucius Senecas Two Books on Clemency)을 발표한다. 이때 칼빈의 나이 갓 23세였다.

칼빈은 이 책에서 네 가지 종교 문제를 다루었다. 이교와 기독교, 미신과 종교의 진정한 차이점, 인간 영혼의 기원과 성격, 하나님의 통치와 인간 통치의 차이점을 다루었다.

칼빈의 첫 작품은 학자들로부터 호평을 받지 못하였고 팔리거나 읽히지도 않았다. 그러나 이 책은 스토아 철학에 대한 사랑, 헬라와 로마 문학에 대한 깊은 이해, 독재의 악과 사법 제도의 약점 등을 원숙한 라틴어로 저술한 책이었다.

그는 세네카에 관한 저서를 출판한 후 오를레앙 지방에 1년 정도 머물다가 1533년 10월에 다시 파리로 돌아간다.

(2) 칼빈의 개혁 성향

칼빈은 언제 회심하게 되었는가?

여기에 대한 칼빈주의자들의 해설은 다양하다. 어떤 이는 칼빈이 성직록을 포기하기 위해 1534년 4월 5일과 5월 4일에 고향 누아용에 돌아왔을 때 회개가 일어났을 것으로 본다. 또 어떤 이는 칼빈의 첫 작품인 "세네카 주석"에서 이교와 기독교의 차이점 등을 썼을 때 이미 개종하였을 것으로 본다. 또 어떤 이는 그의 "시편 주석"(Commentary on the Pslms) 서문에 나타나듯이 그가 과거 왈도파 교인 '포르쥬'(Etienne de la Forge) 집에서 하숙생활을 하며 전도자의 복음적인 팜플렛을 보고 종교개혁에 관심을 가지게 되었고 이 시기에 회심한 것으로 본다.

칼빈의 회심에 대해서 왜 이렇게 의견이 다양한가?

그것은 칼빈 자신이 정확하게 회심을 언급하지 않았고 회심의 계기에 대해서도 밝히지 않기 때문이다. 그래서 어떤 이는 칼빈이 정말 회심한 사람인가를 의심하기도 한다. 칼빈이 훗날 제네바 도시를 신정정치에 의한 거룩한 도시로 만들겠다고 하면서 자기를 반대하는 자에게 잔인한 형벌을 가한 것을 보면 칼빈의 회심이 의심 가는 면이 있는 것이 사실이다.

칼빈은 1533년 10월에 파리에 돌아왔다.

파리에 돌아온 칼빈은 파리 시대 소규모의 개신교도 무리들의 모임에 참석한다. 이곳의 모임은 비밀리에 모이는 집회였다. 칼빈은 그 무리들을 통해 복음주의적인 설교를 듣게 된다. 이때 무리들은 칼빈에게 성경을 해석해 달라는 부탁을 자주 하였다.

그 무렵에 놀라운 사건이 벌어졌다. 칼빈이 전에 몽테귀 대학에 다닐 때 사귀었던 니콜라스 콥(Nicholas Cop)이라는 친구가 있었다.

이 친구는 파리의 성 파르보(St. Barbo) 대학의 교수이며 학장이었다. 학장은 재직 기간 중 매년마다 대학에 보내는 메시지를 발표해야 했다. 콥은 자기 연설문을 칼빈에게 작성해 달라고 하였다. 칼빈은 이때 "심령이 가난한 자는 복이 있나니"(마 5:3)라는 본문으로 기독교 철학(christian philosophy)을 전개하였다.

메시지의 내용은 "공적이나 행위를 중히 여기면 마음에 자만이 생겨 순수한 복음을 들을 수 없다. 세상은 순수하고 진지하게 복음을 전하는 자들을 이단, 미혹하는 자, 그리고 사기꾼이라고 부르고 있다. 그러나 환난 가운데서도 하나님께 감사하며 모든 것을 참고 견디는 자가 복이 있다. 그리고 교회는 짐이 아닌 하나님 말씀에 기초한 성경적 개혁이 이뤄져야 한다"는 것이었다.

콥은 11월 1일 만성절 날(All Saints Day) 학장에 취임하면서 칼빈이 초안해 준 연설문을 낭독했다. 이 연설문은 프랑스 종교개혁에 관계된 내용이었다. 연설문의 내용은 루터의 개혁정신과 에라스무스의 인문주의 사상이 종합된 것이었다. 이렇게 볼 때 칼빈의 개혁성향은 콥의 연설문에서 최초로 나타났다고 할 수 있다.

콥의 연설문이 발표되자 프랑스 왕 프랑수아 1세는 크게 노하였다. 프랑수아 1세는 "우리 왕국의 수도에서 저주받을 루터파 이단들이 득실거리고 있다. 우리는 그들이 더 이상 확산되는 것을 막기 위해 모든 대책을 강구해야겠다"고 했다.

왕명이 내려지자 칼빈과 콥을 소환하였다. 왕의 소환에 응하게 되면 처형될 것을 안 콥은 바젤로 피신하였다. 경찰은 칼빈이 머물던 포르테 대학(College Fortet) 숙소를 포위하였다. 칼빈은 침대보를 꼬아서 옆 건물로 도망함으로 생명을 구하였다.

칼빈은 파리를 떠나 이리저리 피신했다. 칼빈은 고향 누아용에 내려갔다. 거기서 종교적 평화를 교란시키는 자라는 죄목으로 잡혀 얼마 동안 투옥되었다. 1534년 5월 4일 누아용 성당에서 자기를 소년시절 부터 공부할 수 있게 도움을 준 성직록을 포기하는 서명을 한다. 칼빈의 성직록 포기는 가톨릭과의 단절을 의미하였다.

1534년 10월 18일 과격파 프로테스탄트들은 ™플래카드 사건∏ (The Affair of the Placards)으로 폭발한다. 이때부터 프랑스에도 개혁을 요구하는 세력이 거세어졌다. "교황 군주제 아래 실시되는 미사의 잘못된 사용에 관한 조문" 으로 시작되는 벽보들이 파리 및 다른 도시들에 나붙었다.

팜플렛은 국왕이 잠들고 있던 폰테블루 궁정 안의 왕의 침실 문에도 붙여졌다. 국왕은 크게 분노하여 개혁 혐의자들을 체포하라고 명령하였다. 1535년 1월 29일 국왕은 3명의 왕자와 함께 행렬을 이끌었다. 대주교는 성찬을 행하는 모습으로 참가했고 왕족, 추기경, 주교, 대사들이 루브르에서 노트르담까지 촛불 행렬을 하였다. 국왕은 개혁에 물든 자는 자기 아들의 경우에도 목을 베겠다고 공언하였다. 이날 횃불 행렬은 개신교 신자 6명을 화형하는 것으로 막을 내렸다.

이렇게 플래카드로 시작된 개신교 박해로 인해 1534년 10월 10일부터 이듬해 1535년 5월 5일 사이에 개신교 신자 24명이 공개 화형을 당하였다. 죽지 않은 이들은 벌금을 물거나 투옥되거나 악형의 고문을 당하였다.

2) 칼빈의 초기 사역

(1) 《기독교 강요》 초판(1536년 3월)

칼빈은 포르테 대학 숙소에서 침대보로 줄을 만들어 창문을 타고 빠져나왔다. 그는 파리를 벗어난 후 포도원 일꾼으로 변장을 하고 호미를 등에 메고 도망해 나왔다고 한다.

칼빈은 거의 3년여 동안 여러 개의 가명들을 사용하였다. d Espeville, Lucanius, Passelius, Calpurnius 등 가명을 쓰면서 남부 프랑스와 스위스, 이탈리아 등지로 피신하였다.

칼빈은 1533년부터 1534년까지 나바르 여왕 마르그리테의 보호 아래 있는 앙 고르메 시에서 부유한 친구인 루이 드 틸렛과 함께 살았다. 그의 친구는 3, 4천 권의 장서를 소장하고 있었다. 이때 칼빈은 친구의 장서를 이용해 《기독교 강요》 초판을 쓰기 시작한다.

1534년 말 칼빈은 용기를 내어 파리로 갔다. 그곳에서 스페인 출신 의사 셀베투스를 만났다. 그는 《삼위일체의 오류》라는 이단적 서적을 출판한 인물이었다. 세르베투스가 칼빈에게 논쟁을 제안하였다. 칼빈은 신변의 위협을 무릅쓰고 이단 사상가와의 대결의 필요성을 느낀다. 세인트 안톤 가의 지정된 집에서 세르베투스를 기다렸으나 그는 끝내 나타나지 않았다. 이 일로 인해 세르베투스를 20년 후 화형을 시켜 죽이는 악의 고리가 연결되었다.

칼빈은 1534년 오를레앙(Orleans) 모교에서 최초의 신학 서적을 저술한다. 그 책은 《영혼 수면설에 관하여》(Psychopannychie)라는 재침례교도 주장을 비판하는 내용이었다.

당시 '영혼 수면설'은 루터가 받아들였고 프랑스 일부 재침례 교도가 받아들인 주장이었다. 이 주장은 마태복음 9장 24절에 죽은 소녀를 잔다고 한 것, 요한복음 11장 11절에 나사로가 잠들었으니 깨우러 가자고 한 것, 고린도전서 15장 18, 20절에 죽은 자들을 그리스도 안에서 잠자는 자라고 표현한 것을 근거로 삼는다.

그래서 인간이 죽으면 부활 때까지 무자각, 무감각 상태로 수면 상태를 유지한다는 주장이었다. 칼빈은 이 같은 재침례파의 '영혼 수면설'이 잘못되었음을 지적하였다. 칼빈은 이 책을 1534년에 저술했고 8년 후 책으로 출판했다.

'영혼 수면설'은 루터나 프랑스 재침례교도 일부가 수용했다가 뒤에 버린 과정의 산물이었다. 오늘날 '영혼 수면설'은 안식교 외에는 받아들이는 곳이 없다.

칼빈은 1534년 10월 18일 개혁자들의 플래카드 사건으로 35명이 처형되는 것을 보게 되었다. 이때 칼빈의 형제 하나가 처형당하였다. 그는 고국 프랑스에서 사역이 어려울 것으로 판단한다. 1535년 2월 15일에는 칼빈이 전에 파리에 있을 때 하숙집 주인이었던 에티네 드 라 포르쥬(Etienne de la Forge) 외에 몇 명이 화형에 처해졌다는 소식을 듣게 된다.

이렇게 많은 개혁자들이 프랑스 국왕의 명령으로 가혹한 탄압을 받았다는 소문으로 인해 독일을 비롯한 유럽 여러 나라들로부터 프랑스 종교정책을 비판하는 여론이 높아진다. 그러자 프랑스 가톨릭 교회 당국자들은 자기들의 비리를 은폐한다. 그리고 1535년 2월 말경 소책자를 유포시켰다. 그 내용은 국가에 의해 처형된 자들은 재침례파 선동자들이며 처형된 이유는 헛된 꿈과 거짓된 생각으로 종교만이 아니라 정치 질서까지 전복하려 했기 때문이라고 하였다. 칼빈은 개혁자들의 죽음이 가톨릭 당국에 의해서 악의적으로 왜곡되게 선전되는 것을 보고 참을 수가 없었다.

칼빈은 그의 거처를 스위스에서 찾아보려고 하였다. 칼빈은 1535년 1월부터 1536년 3월까지 약 1년 남짓 바젤(Basel)에서 생활한다. 여기서 전에 초안을 잡았던 ®기독교 강요©를 완성한다. "기독교 강요"(The Institues of Christian Religion) 초판은 1536년 스위스 바젤에서 완성되었고, 3월에 바젤의 인쇄업자 플래터(Thomas Platter)에 의해 처음 출판되었다.

"기독교 강요"는 박해받는 성도들의 진상을 밝히는 변증서였다. 너무도 값진 내 형제들이 의롭지 못한 자들에 의해 죽음을 당한 것을 옹호하고, 이들의 슬픔과 아픔을 위로하며, 또한 동일한 위험이 수많은 사람들 앞에 놓여 있으므로 이 책을 썼다고 진술하였다.

그리고 이 책을 프랑스 왕 프랑수아 1세에게 헌정하였다. 칼빈은 이때 신변보호를 위해 '루카니우스'(Martinus Lucanius)라는 가명을 썼다.

칼빈은 이 책을 통해 프랑수아 1세에게 박해받는 종교개혁자들에게 관용을 베풀 것을 탄원하고, 가톨릭 교도들이 프로테스탄트를 비판하는 네 가지 조항에 대해 반론을 제시했다. 칼빈은 주장하기를, 가톨릭은 개혁 세력을 새로운 종교이고 미지의 것이며, 불확실하며, 기적에 의하여 확증되지 않는다고 잘못 판단하고 있다고 했다.

다음으로 가톨릭 교회는 교부들의 가르침과 전혀 다른 교회이고, 오히려 교부들의 신앙을 계승하는 것은 프로테스탄트라고 하였다. 마지막으로 종교개혁자들에 대한 왕의 자세 변화를 촉구하고, 만약 왕이 신실한 하나님의 백성들을 계속하여 박해한다면 하나님께서 왕에게 직접 보복하실 것이라고 경고하였다.

1536년 출판된 "기독교 강요" 초판은 전체가 140페이지에 6장으로 구성된 당시 흔히 사용되는 포켓판 정도였다.

제1장 율법 : 십계명 강해에서 율법은 인간의 무능함을 깨닫게 한다고 했다.
제2장 믿음 : 사도신경 강해로 믿음의 본질을 다루고 있다.
제3장 기도 : 주기도문 강해로 기도를 설명했다.
제4장 성례 : 세례와 성찬만이 성례이다. 그는 재침례파나 도나

투스파의 세례관을 비판했다. 세례는 사람들 앞에서 신앙고백하는 상징이요 표지라고 했다.

제5장 잘못된 성례들 : 여기서 가톨릭의 7성례를 다루면서 고해성사와 서품심사를 많이 비판하였다.

제6장 기독교인의 자유 : 교회와 정부는 하나님이 세우신 동등한 기관이다. 칼빈은 통치자와 백성의 관계를 설명한다. 폭군이 나타났을 때 그리스도인은 저항하지 말고 폭정이 사라지기를 위해 기도해야 한다. 모든 나라에는 최고 통치자가 있고 그를 견제하는 중간 통치자가 있는데(로마의 집정관 밑의 원로원처럼), 중간 통치자가 폭군의 만행을 제어하지 않는다면 직무를 유기하는 것이다.

이와 같은 "기독교 강요" 초판은 기독교 신자들의 신앙과 새로 입교한 교인들을 교훈하기 위한 교재의 역할을 하였다. "기독교 강요"는 1536년 초판 후 1539년 증보판에서는 17장 436쪽으로 확대되었고, 그 후 계속 증보와 수정을 거듭해 1559년 최종판이 나왔다.

1559년 최종판은 본래 내용의 5배가 늘어났다. 그래서 4권 80장으로 마지막이 이루어졌다. 칼빈은 30년 동안 5회의 수정을 가하였다. 현재 "기독교 강요" 제1권은 성부 하나님, 제2권은 성자, 제3권은 성령, 제4권은 교회에 대하여 다루었다.

최종판은 제네바 에띠네(Robert Etinne) 출판사에 의해 출판되었다. 1541년에 나온 증보판은 프랑스어로 출판되었다.

프랑스 당국은 이 책을 금서 목록에 올리고 1544년 노트르담에서 불태웠다. 그럼에도 불구하고 1543년, 1545년, 1553년, 1554년에 계속해서 재판되었다. 1543년 라틴어판은 21장으로 증보되어 출판되었다.

(2) 파렐(Farel)에 위압된 칼빈

칼빈은 바젤에서 "기독교 강요" 초판을 발행한 후 스트라스부르로 가려고 일단 고향 누아용을 찾아갔다. 칼빈은 고향에 있는 남동생 앙뜨앙느(Antoine)와 여동생 마리(Marie)를 데리고 프랑스를 떠나 바젤이나 스트라스부르에 영구히 정착하려고 자기 계획을 동생들에게 설명하였다. 그는 그곳에서 동생들과 함께 학자요 저술가로 조용한 생애를 보내려고 하였다. 칼빈은 아버지가 남긴 유산을 정리하고 동생들과 함께 파리에 돌아가 신변을 정리하였다.

이들은 파리에서 스트라스부르로 향해 가고 있었다. 그런데 때마침 합스부르크 발루아(Habsburg-Valois)와 프랑스 왕 프랑수아 1세 사이에 전쟁이 벌어지고 있었다. 이들이 가려던 로레인의 직통 도로가 전쟁으로 막혀 우회로인 제네바에서 단 하룻밤을 거쳐 지나가려고 제네바에 도착했다.

제네바에 묵고 있던 칼빈에게 개혁자 기욤 파렐(Guillaume Farel, 1489~1565)이 찾아왔다.

칼빈은 너무 뜻밖의 방문객을 맞이했으나 파렐은 제네바를 개혁해야 할 동지가 절실하게 필요한 형편이었다.

파렐은 칼빈에 대해 소문을 들어 익히 알고 있었으며, 칼빈이 자기와 함께 제네바 개혁에 동참해 줄 것을 적극적으로 간청하였다. 하지만 칼빈은 학문 연구에 몰두하기 위해 스트라스부르로 갈 계획임을 설명하고 파렐의 요청을 거듭 사양하였다.

칼빈은 당시의 일을 이렇게 기억했다.

"파렐은 나를 제네바에 머물도록 강권하였다. 그가 사용한 수단은 상담이나 권면이 아니라 무시무시한 협박이었다. 나는 이러한 폭언이 마치 하나님께서 그의 전능하신 손을 내밀어 나를 붙드시는 것처럼 느껴졌다. 복음을 전하려는 열정에 매여 있던 파렐은 나를 붙잡아 두려고 최선의 노력을 기울였지만, 나는 개인적 연구에 전력할 것을 결심한 뒤여서 다른 일에는 매이고 싶지 않았다."

간청 정도로 아무 소득을 얻을 수 없다는 것을 깨달은 파렐은 끝내 무서운 선언을 했다. "그렇다면 나는 전능하신 하나님 이름으로 당신의 학문 연구가 하나의 구실에 불과함을 선언하오 당신이 만일 주의 사역이 이처럼 급박하게 요구되는 때에 우리와 함께 동참하기를 거절한다면 하나님은 당신을 저주할 것이오. 왜냐하면 당신은 그리스도를 추구하지 않고 당신 자신을 추구하기 때문이요."

파렐은 이처럼 저주할 것이라고 칼빈을 협박하기 시작했다. 파렐의 강압적 엄포에 칼빈은 많은 두려움과 공포를 느끼게 된다. 그리하여 칼빈은 파렐의 강권으로 인해 제네바에 정착하게 되었다. 1536년 9월 1일 칼빈은 제네바 교회에 부임하였다.

(3) 제네바와 파렐

A. 제네바

제네바(Geneva)는 스위스 남서부 제네바 주의 주도(州都)이다.

제네바는 영어이고 프랑스어로는 주네브(Genéve)이고 독일어로는 겐프(Genf)이다. 이곳은 스위스 남서단의 레만(제네바) 호에서 론 강이 흐른다. 프랑스와 국경이 가까워 프랑스풍의 사고나 영향을 받아 '스위스의 파리'로 알려졌다. 주민의 70%가 프랑스어를 사용하며 신교와 구교의 수는 거의 비슷하다.

이곳 제네바는 로마 제정시대인 A.D. 400년경부터 주 교구 소재지가 되었다. 1032년 이래 신성 로마 제국에 속하였으나 도시 지배권을 둘러싸고 이 고장의 영주(領主) 주네브 백작과 주교 사이에 오랜 기간 분쟁이 있었다. 1124년의 협정에 따라 비로소 주교가 도시의 영주 자리를 차지한다. 13세기 후반부터는 사보이 왕가(House of Savoy)가 제네바에 지배적 기반을 구축하기 시작하여 사보이 가문과 주교 사이에 투쟁이 계속되었다. 15세기에는 시 참사회가 생겨난다.

한편 사보이 가는 주변의 토지를 장악하고 주교 자리에는 자기 가문 출신을 앉힘으로 도시 자치제가 위협을 받게 되었다. 1533년 주교는 마침내 도시 제네바의 지배권을 사보이 왕가에 넘겨 주려 하였으나 시민들은 오히려 주교를 추방하였다.

1536년 이후 파렐과 칼빈에 의한 종교개혁의 도입은 주교로부터 정치적 교회적 자립을 완성시킨다. 그러나 개신교의 도시가 된 제네바는 스위스의 연방에 가입된 가톨릭파 여러 주의 완강한 반대로 연방에 가입하지 못하였다. 17세기 초엽 사보이 왕가는 기습적으로 반격을 시도하였으나 실패하고 정식으로 '도시공화국 제네바'의 독립이 인정된다.

제네바가 스위스 연방에 가입한 것은 나폴레옹 체제가 붕괴된 후인 1815년이다. 제2차 세계대전 후인 1946년 국민 투표에 의해 공화제가 탄생되자 사보이 가는 자동으로 끊어지고 말았다.

이 도시 출신인 H. 뒤낭이 창설한 적십자의 국제위원회가 이 도시에 소재하고, 제1차 세계대전 후에는 국제연맹의 자리에 국제연합 유럽 본부가 있다. 그 밖에 국제노동기구(I.L.O), 세계보건기구

(W.H.O), 세계기상기구(W.M.O)를 비롯한 많은 국제기관이 자리 잡고 있는 국제도시이다. 이곳은 시내에 거주하는 4분의 1이 외국인들인 국제도시이다.

제네바는 다른 자치주들의 모델을 따라서 칼빈이 사역할 당시에는 시민들이 매년 총회를 열어 평의회원(Syndics) 4인과 회계 담당자를 선출하여 시정을 돌보았다. 일상적인 일은 시민 총회에서 뽑힌 자들과 그해 전년도 평의회로 구성된 '25인 소위원회'(Little Council)가 맡아 관리했으며, 중요한 업무들은 '60인 위원회'가 다루었다. 1527년에는 소위원회(25인 소위원회)와 소위원회가 지명한 175인이 모인 200인 의회가 신설되었다. 제네바는 알프스 산맥을 횡단하는 주요 무역도시로 프랑스와 이탈리아가 교역하면서 거쳐야 하는 교역 중심지였다.

B. 파렐(Guileaume Farel)은 어떤 사람인가?

지금 스위스 제네바에 가면 제네바를 개혁도시로 만든 4명의 개혁자 동상이 세워져 있다. 한 사람은 파렐이고 그다음은 칼빈, 그다음은 낙스, 그리고 베자의 동상이다. 이제 우리는 파렐에 대해 알아보자.

기욤 파렐(1489~1565)은 프랑스 동남부의 왈도파가 극성했던 두피네(Dauphine), 현재는 이제르 주의 가프(Gap)에서 가난한 귀족 집안의 7남매 중 맏이로 태어났다.

그는 루터와 츠빙글리보다는 5년, 칼빈보다는 20년 먼저 태어났다. 그는 선조들의 신앙유산을 계승한 열렬한 가톨릭주의자였다. 그는 파리의 왕실대학에서 공부하던 중 인문주의자 교수 자크 르 페브르 테라틀(Jacques Lefévre d Étaples, 1455~1536)의 영향을 받아 개혁자가 되었다.

르페브르 교수는 프랑스 종교개혁의 선구자요 성경번역가이기도 했다. 르페브르 스승의 영향으로 구원은 오직 그리스도를 통해서만 올 수 있고, 성경만이 유일한 기준이 되고, 로마 가톨릭의 관습과 전통은 인간들이 조작해낸 것에 불과한 것을 확신하게 되었다.

파렐은 1517년 문학사 학위를 취득하고 르 모앙(Le Moine) 대학에서 교사로 일하였다. 소르본느 대학에서 이단 혐의를 받은 르페브르는 1521년 은퇴하여 그의 친구인 주교 그리손네가 사는 모오(Meaux) 지방에 피신하여 이름을 밝히지 않고 1523년에 프랑스어 성경 번역을 하였다. 이것은 루터의 독일어판 성경이 출간된 때와 거의 같은 시기이다.

파렐은 그의 스승이 있는 모오 지방에 가서 개혁정신을 배운다. 파렐은 모오 지방에서 스승이 허락한 강단에서 설교가 너무 과격하다고 설교 금지를 당할 정도로 과격한 개혁자가 된다. 그 후 고향 가프에 가서 형제 넷과 몇 명을 개종시켰다.

파렐은 루터만큼이나 용감하였고, 겁을 모르는 면에서는 루터보다 훨씬 과격하였다. 파렐의 체구는 작고 연약해 보였으며 안색은 파리하면서도 햇볕에 그을려 있었다. 그는 불타는 듯한 눈동자와 표현력이 풍부한 입술을 가지고 있었다. 파렐은 뛰어난 웅변가가 갖춰야 하는 모든 조건들을 고루 갖추고 있었다. 강하고도 음악적인 음성, 자연스러운 태도, 유창한 언변, 진실한 태도 등으로 그가 설교하는 곳마다 청중들을 감동시켰고 확신을 주었다.

그러나 파렐의 약점은 중용을 모르고 필요할 때 자기 성격을 다스릴 줄 모르는 것이었다. 파렐은 무엇인가를 짓고 건축하기보다는 파괴하고 부수는 데 능하였다. 그는 정복자였으나 정복지를 조직하고 다스리는 인물이 못 되었다. 이 같은 파렐은 프랑스 곳곳에서 배척당하고 추방당하였다. 결국 스위스 서북쪽 프랑스가 가까운 곳에서 순회사역을 하다가 스위스 바젤로 도주했다.

그는 바젤에서 츠빙글리와 같은 개혁자인 외콜람파디우스의 영접을 받는다. 외콜람파디우스의 건의에 따라 1524년 2월 가톨릭주의자들과 논쟁을 벌인다. 이때 파렐은 라틴어로 열세 가지 항목을 논쟁하였다.

파렐은 성경의 완전성, 이신칭의의 교리, 성상, 독신주의, 유대인의 명절 등을 반대했다. 이때 히브리어와 헬라어에 뛰어난 프란시스파 신부였던 펠라칸이 개종하여 취리히에서 신학 교수로 일하게 되었다. 파렐은 바젤에서도 너무 과격하다고 거부당하자 스트라스부르에 가서 부처와 함께 1년 가량 머문다.

1526년 파렐은 다시 스위스로 돌아온다. 파렐은 베른 논쟁에 참가하여 그의 실력을 인정받고 베른과 스트라스부르에서 종교개혁을 촉구하는 많은 지지자를 얻었다. 1527년 3월부터 파렐은 순수한 하나님의 말씀만 설교한다는 조건으로 베른의 설교자가 된다.

파렐은 호위대의 보호를 받으며 광범위한 순회 설교자가 된다. 이때 로잔에 있는 가톨릭 주교는 파렐의 사상에 문제를 제기하고 그를 추방하려고 하였다. 그러나 베른의 주민들은 주교를 쫓아내고 베른이 개혁도시로 바뀌도록 하였다.

이렇게 하여 파렐은 서부 스위스의 프랑스어 사용권 지역에서 개혁 지도자로 등장하게 되었다. 이때부터 서부 스위스의 무라, 로잔, 뉴사텔, 발랄긴, 이버둔, 비엘, 오르네, 그랜손, 세인트 블레이즈 등 도시를 순회하는 순회 설교자로 활약한다. 그는 바위나 나무 그루터기를 강단으로 사용했고, 모든 시장과 광장을 예배당으로 사용했다.

그러나 사제들, 수도사들, 가톨릭의 편견에 사로잡힌 여성들로부터 이단, 사탄이라고 욕을 먹고 얻어맞고 침뱉음을 당하고 돌에 맞아 두 번이나 생명의 위험을 넘겼다. 그럼에도 불구하고 파렐이 가서 외치는 곳에는 사람들의 의식을 흔들어 복음에 찬성하거나 적극 반대하는 현상들을 만들어냈다.

파렐은 프랑스 남부 피이드몽 계곡에 있는 왈도파를 방문하고 제네바로 갔다(1532). 공교롭게 파렐이 제네바에 도착한 다음 날 왈도파 전도자들이 제네바를 방문했다. 이들 전도자와 파렐은 함께 성경을 펴들고 전도를 하였다. 이때 제네바 시민들은 크게 경악하여 파렐을 더러운 사탄이라 모욕하고 도시를 떠날 것을 명령했다. 파렐이 제네바 시 의원들을 설득하려 하자 더 큰 모욕을 당하며 얻어맞고 심지어 총질까지 당하였다.

파렐은 가까스로 제네바를 빠져나온 후 제네바에 개혁자가 꼭 있어야겠다는 것을 절실하게 깨닫고 베른으로 돌아왔다.

1534년 1월 29일 베른의 소의회와 대의회, 베른 시의 대표자들이 제네바 시청에 모인 가운데 가톨릭 대표자와 파렐 간의 논쟁이 있었다.

가톨릭 측은 소르본느 대학의 교수이자 학식 있는 도미니크 수도사 가이 푸르비티를 초청하여 파렐과 논쟁을 벌이게 하였다.

파렐은 푸르비티가 질문하는 질문에 다 대답할 수 없었으나 그는 줄기차게 성경으로 증명할 수 없는 것은 믿을 수 없다고 공격하였다. 푸르비티는 자기 주장이 토마스 아퀴나스의 《신학대전》에 있는 내용임을 강조했다. 이 논쟁에서 파렐은 부분적으로 승리했다고 할 수 있다.

그 후 파렐은 제네바에 대한 선교열을 식힐 수가 없었다. 그래서 그의 수제자 앙뜨앙느 S. 프로망(Antoine Saunier Froment)을 제네바에 프랑스어 교사로 보냈다. 프로망은 제네바에 가서 현수막을 내걸고 누구든지 프랑스어를 읽고 쓰기를 원하는 이들에게 프랑스어를 가르쳐 주겠다고 선전하였다. 프로망은 제네바 시의 영향력 있는 시민의 부인들에게 복음주의에 입각한 프랑스어 교습을 하여 개혁세력을 점점 늘려갔다.

이런 상태에서 베른의 지원 아래 파렐과 푸르비티 간의 공개 논쟁이 있었다. 파렐에 의해 제네바에서 개혁운동이 전개되는 것을 본 사보이 공은 베른 시에게 전쟁을 일으키겠다고 위협했다.

제네바 주교는 베른 의회의 결정을 무시하고 제네바 전 시민에게 성경 읽는 것을 금지하고, 라틴어 성경 이외의 모든 성경을 압수해 소각하라고 명령했다. 이로써 베른과 제네바 간의 갈등이 점점 커져 가기만 하였다. 그럼에도 불구하고 파렐과 비레는 가톨릭과 1년 이상 계속된 교리논쟁을 하였다. 파렐과 비레는 무능한 가톨릭 대변자들을 제압해 나갔다(1535. 6).

1535년 파렐과 비레가 가톨릭 대변자들과 1년 이상 교리논쟁을 하는 것을 듣고 있던 제네바 시민들이 성당을 파괴하는 현상이 벌어졌다. 1535년 8월에 시 의회 200인 의회는 종교개혁을 칙령으로 선포한다. 1536년 1월에 베른의 지원 아래 사보이 가문을 격퇴시킨다. 1536년 5월 제네바 시 의회의 직접 민주정치에 따라 미사를 폐지하고 성상을 제거하며 복음주의를 채택할 것을 만장일치로 정한다. 제네바의 드 리베 수도원은 어린아이를 위한 종교교육 학교로 설립된다. 성 클레어에는 병원이 설립되고, 과거 주교의 저택은 감옥으로 전환되었다.

제네바에서는 종교개혁자들과 가톨릭 사이에 계속되는 갈등으로 사회가 혼란스럽게 되자 1534년과 1535년 사이에 두 차례의 공개토론을 갖는다. 1535년 6월 2차 공개토론이 있은 후 개혁을 요구하는 데모를 벌였다. 8월에는 성 피에르의 중앙 성당 등 여러 성당을 과감하게 접수하였다. 데모 군중들은 성당의 채색 유리창을 부수고 성자들의 상을 우물 속에 던져 버림으로 미신적인 미사에 대한 혐오감을 표현하였다.

파렐이 미사 폐지를 역설하자 설교에 감동받은 제네바 200인 의회가 미사집전을 중지할 것을 명령하였다. 가톨릭 지도자들은 제네바를 떠나기 시작하였고 제네바에는 개혁자들로 가득 차게 되었다.

200인 의회는 종교개혁 심의를 위해 1536년 5월 21일 피에르 성당에서 각 가정의 대표로 구성된 시민 총회를 열었다. 총회는 만장일치로 제네바 시 의회는 복음주의대로 살 것을 채택한다. 하나님의 말씀을 따라 살 것, 우상을 버릴 것, 미사와 교황청의 여러 가지 의식과 악폐 성상과 우상을 폐지할 것을 서약하였다. 시 의회가 교회재산을 관리하며, 교회와 정부체제가 동일한 형태를 취하는 취리히와 동일한 형태가 되었다. 이렇게 해서 제네바 시는 수백 년 간 가톨릭의 주교나 사보이 왕가에 의해 지배받아 오던 정치가 독립하는 결과를 가져왔고, 종교적으로 개혁파 신앙이 수립되었다.

그러나 제네바에는 산적된 문제가 너무도 많았다. 그것은 전 시민에게 깔려 있는 부도덕성이었다. 과거 수백 년 동안 방탕한 주교들의 독소와 난폭하고 부도덕한 성직자들의 파행은 도시 전체의 도덕성을 무너뜨려 놓고 말았다.

새로 수립된 제네바 개혁을 위해 파렐은 온 정열을 다 쏟았다. 그는 학교를 세우고 병원을 조직하였다. 그래서 도시 주민들의 건전한 도덕생활에 불을 붙여 주려고 갖은 수고를 아끼지 않았다. 그렇지만 그의 역량에는 한계가 있었다. 파렐은 눈앞에 전개되는 현상보다는 미래에 집착하는 탁월한 지도자였다. 그는 유식한 신학자였으나 자제력이 부족하였고, 이론 전개에 세심한 주의를 기울이지 않으므로 계속 오해가 생겼다.

파렐은 조금도 사심이 없는 사람이었다. 그는 개척자의 어려운 생활을 하기 위해서는 아내와 자식이 없어야 한다고 생각하고 69세까지 결혼을 하지 않았다. 그러다가 신앙을 위해서 남편과 재산을 잃고 겨우 목숨만 연명해 가는 가난한 과부를 만났다. 파렐은 그 과부의 딸과 결혼함으로 불쌍한 모녀에게 가정을 회복시켜 주고 보호자가 되는 친절을 베풀어 주었다.

파렐은 자기 생애의 마지막 때가 되면 사랑하는 조국 프랑스로 돌아가 개척자의 삶을 마무리하려고 했다. 그로서는 제네바에 대한 개혁작업이 너무 힘에 넘치는 일이었다. 그래서 제네바 개혁을 할 수 있을 만한 새 사람을 찾고 있었다. 그런 중에 제네바를 경유해서 스트라스부르로 가려는 칼빈을 만나게 되었다. 처음에 칼빈은 자기 학문 연구를 이유로 파렐의 요청을 거부하였다. 그러나 더욱 강경해진 파렐은 칼빈에게 제네바 개혁을 거부하면 하나님이 저주할 것이라고 강경하게 압박하였다. 그래서 칼빈은 제네바에 남게 된다.

(4) 칼빈의 제네바 제1차 사역(1536~1538)

A. 성경 교사 칼빈

칼빈은 제네바 복음교회에서 1536년 9월 5일부터 사역을 시작하였다. 이때 칼빈의 나이 27세였다. 칼빈은 성 베드로 교회의 성경 교사로 사역을 시작하였다. 파렐이 제네바 시 의원들에게 칼빈을 소개했다. 그러나 제네바 시 의회 지도자들은 별로 달갑지 않게 여기는 듯하였다. 칼빈의 인상은 거만스러우면서도 창백한 얼굴에 검은 머리털을 가진 연약한 청년 철학가 정도로 인식되었다.

파렐은 칼빈이 목회자직을 갖기를 원했으나 칼빈은 학문을 가르치는 교수로 활동하려고 했다. 칼빈은 성 피에르(St. Pierre) 성당에서 바울 서신을 매일 강해함으로 그의 개혁사역을 시작하였다. 그는 성경을 쉽게 가르치고 설교와 토론을 통해서 개혁을 확산시켜 나갔다.

칼빈의 성경 강해는 주민들에게 강한 인상을 심어 주었다. 이 무렵 칼빈에게 커다란 도전과 함께 그의 능력이 인정받게 되는 계기가 왔다. 1536년 10월 스위스 서부에 있는 로잔(Lausanne)에서 가톨릭 측과 개혁주의자들 간에 공개토론회를 갖게 된 것이다. 때는 칼빈이 제네바 사역을 시작한 지 한 달째 되는 1월 첫 주간이었다.

이때 베른 자치주에서는 새롭게 개혁주의로 점령한 지역의 337명의 사제, 13개 수도원, 수녀원의 기거자들, 또 25명의 수도원장, 2명의 성당 참사회원들을 로잔으로 초청하였다. 그리고 어떤 나라의 누구든 자유롭게 참석할 수 있게 하였다. 여기서 파렐과 비레에게 10개의 복음주의 논제를 제시케 하였고 가톨릭 측에서는 누구든지 논제를 반박할 수 있게 하였다.

초청한 337명의 사제 중 174명만 모습을 나타내고 그 가운데서 4명만이 토론에 참석하기로 했다가 한 사람만이 개혁 세력과의 논쟁에 맞서게 되었다. 파렐과 비레는 개혁의 기수로 개막 설교와 토론을 진행하였다. 이때 칼빈은 선임자 파렐을 따라 단지 구경꾼으로 참석하였다.

월요일부터 로잔 대성당을 꽉 메운 가운데 토론이 시작되었다. 토론회는 월요일부터 목요일까지 진행되었다. 칼빈은 발언할 의사도 없었고 기회도 주어지지 않았다. 목요일 날이었다. 가톨릭 지지자인 한 사제가 세심하게 준비된 서류들을 가지고 나와서 옛 교부들의 글을 인용하면서 자기들은 교부들의 가르침을 따르고 있는데 개혁자들은 옛 교부들을 등한시하고 있다고 지적하면서 개혁자들은 권위를 두려워하고 있다는 말로 공격하였다.

이때 구경꾼으로 있던 칼빈이 자리에서 벌떡 일어섰다. 칼빈은 교부들의 글도 모르면서 교부들의 권위를 주장하는 어리석은 사람을 풍자적으로 지적하고 교부들의 글을 제대로 읽어 보고, 교부들을 제대로 알고 난 후 교부들을 존경한다고 해야 말이 성립된다고 하였다. 칼빈은 준비된 원고도 없이 교부들의 글을 하나씩 인용해 나갔다.

"우리가 지금 논의하는 것은 키프리안 교부에 관한 내용이다. 키프리안의 제2 서신집에서는……라고 말했고, 제3 서신집에서는……라고 말했다. 또 터툴리안은 마르시온 오류 논박에서……라고 말하였고, 크리소스톰은……라고 말했는데 사람들은 오해하고 있다. 아우구스티누스는 그의 23번째 편지 마지막 부분에서……라고 말하였다."

칼빈은 그 당시 어느 누구보다도 교부들을 정확히 알고 있었다. 여기서 군중들은 칼빈의 박식함을 알게 되었다. 칼빈은 그 순간에도 자기보다 20년 연상인 파렐 목사를 선배의 예의로 존중해 주었다. 파렐은 젊은 칼빈의 천재성에 스스로 자기 자리를 양보하려고 겸양해하였다. 파렐은 자기가 복음의 미개척지인 제네바를 복음으로 개척해서 칼빈이 일할 수 있게 만든 사역에 만족했다. 그리고 제네바의 정치적, 종교적 혼란을 극복하고 질서를 세워 나가는 데 칼빈이 적임자라고 생각하게 되었다.

1537년 초반 칼빈은 제네바 목사회에 가입한다. 칼빈이 언제, 어디서, 누구에게 목사 안수를 받았는지는 알 길이 없다. 아마도 1537년 이전일 것이라고 추측한다. 마틴 부처(Martin Bucer)가 1536년 11월 칼빈을 동료 목사라고 부른 점 등을 참고해서 추측할 수밖에 없다.

제네바의 종교개혁을 이끌어 온 개혁자는 파렐, 비레, 칼빈 그리고 코랄드가 있었다. 코랄드는 나이가 많아서 눈이 거의 보이지 않는 상태였으나 젊은 동역자들 못지않게 정열을 보였다. 또 칼빈이라 마르세(College of La Marche) 대학을 다닐 당시 라틴어 교수였던 코르디에(Cordier)가 제네바 학장으로 학교 행정을 맡으면서 목회자들을 돕는 일을 하였다. 칼빈을 찾아온 동생 앙뜨앙느(Antoine)와 그의 사촌 울리베란도 제네바로 와서 개혁 세력을 점점 넓혀 나갔다. 이런 좋은 일들로 칼빈에 대한 시 의원들의 시각은 전혀 새로워졌다.

1537년 3월에는 재침례교도들이 이곳 제네바에 와서 논쟁이 있었다. 재침례교도들과 개혁 세력들은 양측 모두 논쟁이 너무 쟁쟁했다. 제네바 200인 의회는 두 세력의 논쟁을 중지시키고 과격한 개혁을 주장하는 재침례교도들에게는 위험성이 있겠다고 판단한다. 그래서 칼빈과 파렐은 재침례교도와의 논쟁을 21개 조문으로 작성하여 '교훈과 신앙고백'(Instruction and Confession fo Faith)이라 하여 제네바 시민들에게 소개하였다. 이 내용은 그릇된 신앙과 바른 신앙을 구별할 수 있는 기준을 설명하였다. 이 때 제네바 시 의회는 파렐과 칼빈의 판단에 따라 재침례교도들을 도시 밖으로 추방한다.

또 소르본느 대학 출신인 신학 박사 피터 카롤리가 논쟁을 즐기며 개혁자들을 괴롭혔다. 그는 처음에 파리에서 뉴사텔로 도망하여 목사 신분으로 결혼을 했다. 그 후 로잔에 갔다가 제네바로 돌아와서는 파렐과 칼빈을 삼위일체를 모르는 아리우스주의자라고 비난하였다. 그는 다시 가톨릭으로 돌아가 자기 정식 아내라며 첩을 데리고 사는 것을 교황으로부터 특별 사면을 받았다고 떠들고 다녔다. 이런 무질서가 계속되는 제네바를 어떻게 새로운 도시로 조직할 수 있는가 파렐은 고심하였다.

파렐은 칼빈이 배운 법학을 근거로 제네바 개혁의 초안을 시 의회 앞에 제출하게 했다. 칼빈은 1531년 1월 14일 오를레앙(Orleans) 대학에서 법학사 학위를 취득했다. 1년 후 1532년 2월 14일 대학을 졸업할 때는 교수들이 만장일치로 명예 법률학 박사 학위를 주자고 하였다. 그래서 칼빈은 명예 법률학 박사 학위를 소지하고 있었다. 칼빈은 상식에 근거하여 제네바 개혁 초안을 1537년 1월 25일 200인 의회에 제출하였다.

칼빈이 본 제네바의 시급한 과제는 교회 개혁에 의한 제네바 시민들의 강력한 도덕적 기반을 마련하는 일이었다. 제네바 시민들은 기분에 좌우되는 기분파 기질을 갖고 있었다. 각종 춤, 노래, 가면무도회 등이 대중적으로 즐기는 문화였고 거리에는 도박, 음주, 방탕, 싸움 등이 일반적인 생활이었다. 정부에 의해 매춘이 공인되었고 포주장들은 창녀들을 감독하고 있었다. 시민들은 무식했고, 수백 년 동안 사제들이 시민들을 제대로 가르친 적이 한 번도 없었다. 더구나 모범을 보여야 할 사제들의 사생활은 문란해서 혀를 내두를 정도였다. 칼빈은 제네바 시민의 의식 개혁은 교회 개혁에서 그 기틀을 잡아가야 되겠다는 판단을 하게 되었다.

칼빈은 교회 개혁안을 네 가지 사항으로 제시하였다.

다음에 칼빈이 제시한 교회 개혁안을 살펴보자.

B. 교회의 조직과 예배에 관한 개혁안

칼빈은 교회 개혁안을 만들어 소의회를 통해 200인 의회로 전달하였다. 칼빈은 교회 예배와 의식에서 네 가지 사항을 제시했다.

① 주의 만찬에 관한 사항

칼빈은 "매 주일마다 성찬이 거행되는 것이 사도 시대 교회의 관례였으므로 매주마다 성찬이 실시되어야 한다. 그러나 가톨릭이 매주 미사로 성찬의 뜻을 흐려 놓았다. 그러므로 그대로 하기에는 문제가 따른다. 성찬예식은 성도들로 하여금 그리스도의 피와 살, 그리스도의 죽으심, 그리스도의 생명과 성령 등 그리스도인 모두에게 유익하므로 모든 신자가 다 참여케 해야 한다"라고 했다.

당시 제네바에서는 매주일 예배가 세 곳에서 드려지고 있었다. 칼빈은 "성 베드로(St. Peter), 성 제르베(St. Gervais), 드 리브(de Rive) 세 교회에서 한 달에 한 번씩 성찬식을 실시한다. 이 같은 성찬식은 제네바 모든 시민을 대상으로 한다. 특별한 것은 불합당한 사람이 성찬식에 참여한다면 거룩한 성찬이 오염되며 더럽힘을 받게 되므로 이것을 방지하기 위해서 성경에 출교에 관한 치리(마 18:15~20 참조)가 있는 것처럼 우리도 마땅히 그 법을 따라야 한다. 이 제도를 실천하는 최상의 방법은 제네바 도시를 여러 구역으로 나누어서 충분히 인정받을 만한 가치 있는 인물이 구역 내 죄악된 생활을 하는 자를 목회자에게 책임 보고하게 하고, 목회자는 보고된 사람에게 성찬식에 참여하지 못하도록 경고하고, 경고를 잘 따르지 않는 자에게는 출교를 명한다"고 주장했다.

이와 같은 칼빈의 교회 개혁안은 처음부터 강제성과 비위자를 색출하고 수사력으로 억누르는 듯한 강한 거부감을 느끼게 하였다. 주일예배가 사랑의 하나님을 만나는 즐거운 날이 아니라 참석하지 않으면 제지당한다는 강제성으로 인해 사람들을 불안하게 하였다.

② 공중예배에서의 찬양

칼빈은 당시 가톨릭 교회가 주로 성가단의 찬양이 위주가 되었던 것을 회중들의 찬양으로 바꿀 필요를 느낀다. 그런데 공중예배 때에 회중들의 찬양이란 전혀 새로운 조치이기 때문에 처음에는 훈련시킬 필요가 있었다. 그래서 칼빈은 "그것은 어린이들로 구성된 어린이 찬양대를 만들어 회중 앞에서 맑고 분명한 목소리로 찬양하도록 하고 회중들은 어린이들의 노래를 듣고 입으로 마음으로 따라 부르게 한다. 이 같은 방법을 계속하다 보면 점진적으로 익숙해진다. 시편은 공중 기도이며 동시에 회중이 불러야 할 찬양이다. 찬송이 예배의 한 부분이 되어야 한다"라고 주장했다.

칼빈이 회중들의 찬양이 예배의 한 부분이 되게 한 것은 상당히 발전되고 새로운 개혁의 방법으로 매우 좋은 의견이었다.

③ 어린이 종교 교육

칼빈은 "기독교 교리의 순수한 보전을 위해서 어린이들에게 일찍부터 자신들의 신앙 내용을 정리해서 발표할 수 있도록 교육시키는 것이 필요하다. 어린이들을 가르칠 간략한 요리 문답이나 신앙고백문 작성이 절실하게 요청된다. 1년 중 일정한 계절에 어린이들을 위한 요리 문답을 목회자가 시험한 다음, 그 가르침을 해석해 주도록 한다"라고 했다.

④ 결혼 규율

과거 가톨릭의 혼배성사는 교황청의 악하고 비성경적인 법에 의해 곡해된 것이다. 이 부분은 전반적으로 다시 검토한 후 하나님의 말씀에 일치하는 새로운 규범을 제정할 필요가 있었다.

이상과 같은 칼빈의 교회 개혁안은 전혀 새로운 것이 아니었다. 칼빈보다 25년 앞선 루터가 이 모든 것을 이미 제정해서 사용하고 있었다. 특히 성만찬의 매달 실시와 회중 찬양은 루터가 이미 시행한 것이었다. 그런 까닭에 제네바 시 의회는 칼빈의 교회 개혁안을 전체적으로 인정하였다. 200인 의회에서는 칼빈의 교회 개혁 초안을 대체로 채택하였다. 저들이 성찬식을 1년에 네 차례로, 결혼 광고는 예식 거행에 앞서 3주 동안 계속 광고한다는 것등을 첨가하였다.

C. 치리에 관한 개혁안

칼빈의 개혁 초안이 200인 의회에서 채택된 후 초기에는 목회자들이 기대한 대로 모든 일이 잘 이루어져 나갔다. 제네바 시의 세 교회에서는 매주 다섯 차례, 주일에는 두 차례의 설교를 실시하였고 시민들도 예배에 많이 참석하였다.

학교도 잘 운영되었고 공중도덕도 점차 향상되었다. 관리들도 치리를 유지하기 위해 열심히 협력하였다. 도박자가 발견되면 그는 보고되어 목에 사슬을 걸고 형틀에 묶이게 되었다. 머리를 지나치게 치장한 3명의 여성이 시 의원들로부터 처벌을 받았다. 방탕한 생활을 하는 자는 경고를 받았다. 묵주를 소지했거나 성상을 간직한 이는 처벌되었고, 주일을 범한 이도 처벌되었다. 모든 것이 칼빈이 제시한 개혁안 대로 순조롭게 진행되어 가고 있었다. 그러나 개혁안 실시 1년 후에는 칼빈이 더욱 완강하게 나왔다. 칼빈은 자신의 완강한 고집으로 제네바를 떠나야 하는 큰 시련을 겪게 된다.

1537년 7월 29일은 칼빈이 최초로 제네바 사역을 시작한 1536년 9월 5일로부터 약 1년이 지난 때였다. 칼빈은 200인 의회를 통해 제네바의 모든 시민들은 남녀를 불문하고 모두 성 베드로 교회에 나와서 10명씩 관원들 앞에 나아가 칼빈이 만든 신앙고백을 고백하며 준수하겠다는 서약을 하도록 하였다. 이와 같은 칼빈의 강압적인 서약 요구는 제네바 시민들의 저항을 받게 되었다.

또한 칼빈은 교회가 치리해야 하는 교회 권징권은 교회 고유의 업무이므로 정부가 관여해서는 안 된다고 주장했다. 칼빈은 권징권을 놓고 시 의회와 불편한 관계가 되었고, 또 신앙고백의 강제 서명 요구로 시민들과도 불편한 관계가 되었다. 이 같은 불편한 관계로 인해 교회 내에서와 교회 밖에서 칼빈을 반대하는 세력들이 형성되었다.

먼저 교회 내에서 반대가 일어났다.

칼빈의 권징 중심의 개혁 운동을 반대하는 이는 피에르 카롤리(Pierre Caroli)였다. 카롤리는 프랑스인으로 한때 로잔에서 목회하며 종교개혁을 이끌었다. 그러나 연옥설 같은 그릇된 교리를 가르치고 제네바의 개혁자 파렐이나 로잔의 설교자 비레를 비난하는 등 좌충우돌하였다. 이때 칼빈은 비레를 돕기 위해 로잔을 방문한 후 카롤리에게 바른 신앙으로 돌아올 것을 권면하였다. 그는 칼빈의 권면을 받아들이기는커녕 오히려 칼빈을 이단자라고 정죄했다.

1537년 5월 로잔(Lausanne)에서 교회 회의가 열렸다. 여기서 카롤리는 칼빈이 아리우스(Arius)주의자이며 반삼위일체적 경향이 있다고 위증하였다. 그의 증언이 사실 무근임이 드러나고 카롤리는 부도덕한 자로 고발되어 설교 금지 처분을 받게 되었다. 그 후 그는 다시 가톨릭으로 돌아가고 말았다.

칼빈에 대한 강한 반대는 시 의회로부터도 왔다. 칼빈이 요청한 시민들의 강제 서약 사건은 제네바 시민들에게 결코 좋은 방법으로 받아들여지지 않았다. 인간은 끝없이 자유하기를 추구하는 동물이다. 아무리 좋은 의도라도 자기들의 생활을 속박하는 법에 대해서는 저항하기 마련이다. 제네바 시민들은 과거 사보이 백작이나 주교가 통치자로 있을 때 저들의 멍에를 벗고 자유를 찾기 위해 독립 쟁취를 위한 수단으로 종교개혁을 지지했다. 제네바가 과거 수백 년간 교황청의 멍에 속에 신음해 오던 것을 종교개혁으로 그 멍에를 벗어 버렸다고 안도했다.

그런데 이제는 파렐과 칼빈이 인간이 만든 신앙고백에 순종하겠다고 서명하라고 하니, 자기들의 지성과 양심을 구속하려는 이율 배반이요 모순이라 느끼지 않을 수 없었다. 더구나 파렐과 칼빈은 모두 다 프랑스인들이었다. 저들이 제네바를 프랑스 왕국의 일부로 병합하려는 음모가 있을 수 있다는 의심이 날로 증가되었다. 그래서 제네바 시민들은 칼빈의 의도를 이해하기보다는 칼빈이 점점 무서운 사람으로 보이게 되었다.

제네바 시민들 중 신앙고백에 서약하지 않으면 추방당할 수 있는 위협을 알면서도 자유파 애국자들은 서명하지 않았다. 칼빈이 요구한 신앙고백의 서명에 반대하는 이들 가운데는 제네바 시 정부의 유력한 시민들이 포함되어 있었다. 그중의 가장 막강한 반대자가 장 필립(Jean Philipe)이었다. 장 필립은 칼빈 식의 종교개혁을 반대하였다. 그는 칼빈이 강제로 신앙고백을 하도록 강요한 사실을 비판하면서 칼빈에 대항하였다.

1538년 2월에 제네바 시 의원을 선출하였다. 이때 파렐과 칼빈의 개혁을 반대하기로 소문이 난 사람들이 4명의 특별 정회원에 선출되었고, 칼빈을 반대하는 장 필립이 시 의회의 지도자가 되었다.

이들 칼빈 반대 세력들은 정치적으로 파렐과 칼빈을 배척하는 운동을 벌였다. 가톨릭에서는 세례식 때 소위 성수를 담은 성수반 그릇을 성당 현관이나 입구 쪽에 놓아 두었다. 그리고 성찬식 때는 가톨릭 전용의 무교병을 사용한다. 그런데 파렐은 이 모든 것을 없애 버렸다. 그 후 베른 시 의회 주선으로 모였던 로잔 토론회에 가 보니까 베른에서는 성수반과 무교병을 그대로 사용하고 있었다.

1538년 2월의 제네바 시 의원 선거에서 성직자를 반대하는 다수 의원들이 선출되었다. 이들은 베른을 모범으로 삼고 성 휴일들(성탄절, 신년, 수태고지, 승천일)을 연례적으로 지키고 성찬식에는 무교병을 사용하고, 세례식에는 교회 입구의 성수반에 베풀 것 등을 강요하였다. 파렐과 칼빈은 이러한 요구를 꺼리고 유보시켰다.

　이 같은 시 의원들의 행동에 개혁 설교자들은 한 치의 양보도 하지 않았다. 설교자들은 설교에서 시민들의 악덕을 비난하고 시 의회의 무기력을 지적했다. 그러자 설교자들에게 정치 문제에 관여하지 말라는 시 의회의 결정이 떨어졌다. 이때 시 의회 결정에 노인 목사 코랄드는 파렐을 능가하는 맹공격을 하였다. 그러자 시 의회는 코랄드 목사에게 설교 금지령을 내렸다. 그러나 코랄드는 시 의회의 설교 금지령을 무시하고 4월 7일 강단에 올라 제네바를 비난하고 시민들을 신랄하게 모욕하였다. 그는 결국 투옥되었고 6일 후에는 파렐과 칼빈의 항의에도 불구하고 제네바에서 추방되었다.

　이 노인은 제네바 호수 근처 토논에서 은퇴해 지내다가 10월 4일 세상을 떠났다. 파렐과 칼빈은 동료 목사가 가혹한 처벌을 받는 것을 보고 크게 분개하였다. 그래서 강단에서 제네바 시 의회를 맹비난하였다. 칼빈은 제네바 시 의회를 사탄의 회라고 표현하였다. 이런 싸움 속에 온갖 헛된 소문들이 나돌았다. 칼빈은 대로상에서 모욕을 당하였고, 개혁자들의 저택에 돌이 날아들고 개혁자들을 배반자라 욕하고 론(Rhone) 강에 던지라는 구호가 난무했다.

　이런 움직임 속에서 제네바 시 의회는 개혁자들에게 부활절 성찬식을 베른 식으로 집전하라고 명령했다. 파렐과 칼빈은 시민들의 반항적이고 방탕한 분위기를 보고 순응하기를 거부했다. 이들 개혁자들은 부활주일에 평소처럼 설교만 하고 반항적인 시민을 위한 성찬 시행은 성찬 모독 행위이므로 행할 수 없다고 하였다.

그다음 4월 22~23일 제네바 시 의원 200인 의회는 성 베드로 강단에 모였다. 여기서 파렐과 칼빈에 대한 재판도 거치지 않고 파렐과 칼빈을 파직시킨 후 3일 내 도시를 떠나라는 명령이 떨어졌다. 이때 칼빈은 인간을 섬기는 것보다 하나님을 섬기는 것이 옳다고 사태를 받아들인다. 파렐이 애써 개혁해 놓은 것들이 다시 옛날로 돌아갔다. 세례 성수반이 다시 세워졌고, 주일에는 무교병으로 성찬식을 행했다.

파렐과 칼빈 이외의 다른 목회자들이 베른을 찾아갔으나 별로 대접을 받지 못했다. 파직된 목사들이 취리히를 찾아가서 자기들에 대해 선처를 부탁하였다. 불링거가 타협안을 만들어 베른과 제네바에 가지고 갔으나 제네바 시 의회는 제네바의 모든 설교자들을 다 추방한다는 더 큰 제재만 받고 말았다. 파렐은 수주 후인 7월에 그가 전에 사역하던 뉴샤텔로 청빙을 받아 갔고, 칼빈은 두 달 후 제네바를 떠나 전에 가려고 했던 스트라스부르로 갔다. 이때 칼빈의 여행 동반자였던 온유한 성품의 루이 두틸렛은 종교개혁의 성공 가능성에 대한 신념을 상실하고 파리로 돌아가 결국 가톨릭으로 돌아갔다.

(5) 스트라스부르 목회(1538~1541)

A. 스트라스부르

스트라스부르(Strasbourg)는 프랑스 북동주 알자스 지방의 중심 도시로 바랭 주의 주도(州都)이다.

이곳 스트라스부르를 독일어로는 슈트라스부르크라고 한다. 16세기에는 독일 인문주의 중심 도시였다가 1522년 종교개혁이 행해지고, 1681년에는 루이 14세에 의해 프랑스에 합병되어 국제 도시의 성격을 유지했다. 프로이센-프랑스 전쟁에 의해 1870년 이후에는 독일의 지배를 받다가 제1차 대전 후 다시 프랑스에 귀속되었다. 제2차 대전 중에는 독일의 지배하에 있었으나 1944년 프랑스가 다시 탈환했다.

스트라스부르가 이처럼 독일령이었다 프랑스령이었다를 반복함으로 이곳은 독일이나 프랑스 사람들이 자기 조국을 떠나지 않고 적당한 피난처가 될 수 있는 곳이었다. 칼빈 당시에는 독일의 남서부 도시였다. 이때 프랑스의 프랑수아 1세의 개혁 세력에 대한 대대적인 탄압으로 수십 명이 화형을 당해 죽었다. 이때 화를 면한 사람들은 스트라스부르로 피신을 했다. 이렇게 해서 스트라스부르에는 프랑스인 피난민들이 400여 명이 있었다. 이들 피난민들은 정치적 이유나 종교적 이유로 국제 도시 성격을 띤 스트라스부르에 모여 살고 있었다.

칼빈은 제네바를 개혁하고자 하는 파렐의 정열에 의해 자의반 타의반 제네바에서 3년여간(1536~1538) 개혁 사역을 했다. 그러나 그는 쓰라린 상처만 받고 제네바를 떠나게 되었다. 파렐은 뉴사텔 교회 목사로 초빙되어 갔으나 칼빈은 뚜렷하게 갈 곳이 없었다. 칼빈은 제네바를 떠나 베른, 취리히를 거쳐 바젤에 도착했다. 칼빈은 바젤에 은신하며 학문 연구를 계속할 생각이었다

칼빈이 뜻을 두고 바젤에 정착하려고 할 때 전부터 잘 알고 지내던 부처(Martin Bucer)가 칼빈을 스트라스부르로 초청했다. 부처는 본래 도미니크 수도사였으나 에라스무스에 심취했다가 루터의 영향으로 개혁자가 되었다. 그는 스트라스부르크 독일 도시의 개혁에 힘쓰는 한편 성찬론으로 분열된 가톨릭과 신교의 재통합을 위하여 혼신의 노력을 다했다.

부처는 이 같은 신념하에 모든 사상을 너그럽게 포용하고 조화

하는 평화주의자였다. 그래서 그는 루터의 성찬론이나 츠빙글리의 성찬론 중 어느 한 쪽에 서지 않았다. 그는 두 개를 조화하는 중간 노선을 추진했다. 부처는 설사 무자격자라 해도 성찬에 참여해서 격려가 된다면 저들을 참여할 수 있게 하였다.

이 같은 중용과 평화주의자인 부처는 칼빈이 제네바에서 추방된 소식을 알고 칼빈을 스트라스부르로 초청했다. 칼빈은 부처의 인격을 존중하고 있었기에 그의 초청을 받고 1538년 7월 초 스트라스부르에 갔으나 스트라스부르에서의 사역은 거절하였다.

칼빈은 모처럼 얻어진 자유로 모든 속박에서 벗어나려고 했다. 그래서 공적인 책무의 부담과 염려로부터 벗어나 개인적인 생활을 즐기려고 하였다.

이때 과거 파렐이 칼빈에게 위압적으로 강요했던 것처럼 부처가 칼빈에게 "하나님께서는 요나같이 반항하는 종을 다루는 방법을 아신다"라고 경고하자 칼빈은 바젤로 돌아왔다가 1538년 9월 초에 다시 스트라스부르로 간다. 이렇게 해서 칼빈은 1538년 9월 8일 난민교회에서 첫 설교를 함으로 그의 스트라스부르 사역이 시작되었다. 칼빈은 이곳에서 1541년까지 3년여 동안 사역을 하게 된다.

한편 스트라스부르의 개혁자인 마틴 부처는 그가 추구하는 신·구교의 재통합을 위한 사역이 독일 황제 카를 5세의 종교정책과 상치되어 황제의 미움을 산 끝에 끝내 독일에서 추방당했다(1549). 그 후 영국 캔터베리 대주교 크랜머의 초청을 받아 영국으로 건너갔다. 거기서 에드워드 6세에 의해 케임브리지 대학의 흠정 교수(regius professor)로 활동하며 신학운동으로 후대 청교도들에게 큰 영향을 미쳤다. 그가 1551년 영국에서 죽은 지 6년 후 피의 여왕 메리는 부처가 행한 영국 개혁의 과거를 문제 삼아 시체를 꺼내어 형틀에 매달고 화형을 시켰다. 그러나 메리의 후임자인 엘리자베스 여왕은 부처의 무덤을 영광스럽게 중건하였다.

B. 이민 목회

칼빈은 1538년 9월에 스트라스부르 독일령에서 프랑스인들을 상대로 목회를 시작하였다. 당시 스트라스부르에 모인 이들은 프랑스 정부가 개혁 세력을 탄압하고 죽이므로 살길을 찾아 망명한 종교적 이민자들이었다. 이들 대부분은 프랑스 개혁 교회에 속해 있었다.

칼빈은 9월 첫 주일부터 세인트 니콜라스 교회당에서 설교를 시작하였다. 이곳에서 부처, 카피토, 헤디오, 스투름, 니게르 등 독일 교회 지도자들의 환영을 받고 사역을 진행하였다.

칼빈은 주일 낮에 두 차례, 주일 저녁과 수요일 저녁에 한 차례씩 일주일에 네 차례의 설교를 하였다. 또 성경공부반도 개설하였다. 특히 가난한 사람들에게 많은 관심을 가졌다.

칼빈이 처음 몇 달은 사례비도 받지 못하고 관대한 친구 집에서 숙식만 제공받았다. 이곳 난민들 모두가 가난했기 때문에 사례비를 줄 여유가 없었다. 그러다가 1539년 5월부터 겨우 52길더(200마르크) 정도의 사례비가 지불되었다.

칼빈의 사정을 안 루이 두틸렛이 칼빈을 가톨릭으로 끌어들이려고 경제 지원을 자청했으나 칼빈은 거절했다. 스위스 사람 중에 칼빈의 사정을 알고 파렐을 통해 도운 이가 있었다. 그러나 칼빈은 사람들에게 도움을 받기보다는 소장한 장서를 팔아 생활에 보탰다. 그는 비록 가난하지만 아무것에도 매이지 않는 자유를 기뻐하였다.

칼빈은 교회 목회만 아니라 스트라스부르 대학에서 강의도 하였다. 1539년 정월에 신학 조교수가 되었다. 스트라스부르 신학교에는 신약에 부처, 구약에 카피토, 역사와 신학에 헤디오, 수학에 헤를린, 헬라어에 야곱 베드로, 페드로투스, 히브리어에 유대인 중에 개종한 이가 교수가 되었다.

칼빈은 요한복음, 로마서 등 성경을 강의했다. 그리고 전에 썼던 《기독교 강요》를 전체적으로 개정해서 보다 월등하게 좋아진 것을 개정판으로 출판하였다.

칼빈은 여기서 과거 선배들의 모든 것을 참조하여 종합적인 예배의식을 만든다. 그는 루터란 교회가 실시하는 예배의식, 츠빙글리가 실시했던 예배형식, 그리고 제네바에서 파렐이 실시했던 모든 것을 참조하여 예배의식을 만든다. 그는 예배 속에서 예술성, 상징성, 장식적 요소 등 비성경적 전통들에 관해서는 전혀 신경쓰지 않았다. 그는 설교를 예배의 중심으로 삼았다. 그래서 설교자의 자리인 강당의 위치를 사제들이 사용하던 제단보다 높이 올렸다.

칼빈은 루터처럼 회중의 찬양을 적극 도입하였다. 칼빈이 스트라부르에서 실시한 예배순서는 다음과 같다.

맨 처음 기원(invocation)으로 시작되는 예배는 그다음에 죄의 고백과 간단한 사죄 기도, 그리고 성경 봉독과 찬양과 자유 기도를 실시한다. 그 뒤에 설교가 있고 설교 후 긴 일반기도, 주기도문 암송, 찬양과 축도로 끝맺는다. 이 같은 예배 순서는 개혁 교회 전체가 일반적으로 실시하고 있는 현행 예배순서와 거의 비슷하다.

성찬은 한 달에 한 번씩 전체 회중에게 엄숙하게 진행되었다. 성찬 참여자들은 미리 알려 줘서 그들의 신앙 형편에 따라 가르치고, 경고하고, 위로하고, 성찬 받을 자격이 없는 자는 제외시켰다. 여기서 칼빈은 "주님의 성만찬에 관한 논문"(Tract on the Lord's Supper)를 집필하였다.

칼빈은 루터가 동체설로, 츠빙글리가 상징설로 서로 의견을 달리하여 화합을 이루지 못했던 사실을 잘 알고 있었다. 칼빈은 두 사람의 사상을 종합한 중도 노선인 그리스도의 영적 임재를 주장하였다. 이것을 흔히 영적 현현설이라고 한다.

칼빈은 여기서 개혁자로서의 활동도 한다.

1539년 2월 독일 황제 카를 5세가 기독교 전체 재연합을 위해 소집한 프랑크푸르트 회의에 부처와 함께 참석하였다. 여기서 칼빈은 프랑스에서 박해받고 있는 동족들에 대한 도움을 호소하였다.

1540년 11월에는 보름스 회의에 참석하였다. 이곳 보름스는 20년 전 루터가 교황의 반대에도 불구하고 황제 앞에서 자신의 소신을 외쳤던 곳이었다. 여기서 칼빈은 파사우 대학 로버트 모삼 학장과 논쟁을 하였다. 이때 칼빈이 모삼 학장을 논쟁에서 물리침으로 멜란히톤을 위시한 루터란 신학자들로부터 대단한 신학자임을 인정받는다. 그 뒤로 칼빈과 멜란히톤은 아주 가까운 친구가 된다.

1541년에는 라티스본 그리고 레겐스부르크(regensburg) 회의에 참석하였다. 이들 모임은 가톨릭과 프로테스탄트 간의 화해를 모색하는 회의였다. 이때 가톨릭 측 대표는 잉골슈타트 대학의 엑크, 마인츠의 참사 줄리우스 풀록(후에 나움부르크의 주교가 됨), 교회법 교수 존 그룹퍼 등이었다.

개신교 측 대표로 비텐베르크 대학의 멜란히톤, 스트라스부르의 부처, 헤센 지방의 피스토리우스 등이었다.

이곳 레겐스부르크 회의에 참석한 칼빈은 양쪽 세력이 성만찬 이론으로 결렬되는 모습을 보았고, 또 멜란히톤과 부처가 지나치게 가톨릭 측에 굴종하는 태도가 싫었다. 칼빈은 어설픈 종교 간의 평화나 통일보다는 진리의 일관성을 선호했다.

칼빈이 스트라스부르 사역 중 가장 큰 유익을 얻은 점은 멜란히톤과의 친밀한 교제였다. 루터는 멜란히톤보다 열세 살 연상이었고 멜란히톤은 칼빈보다 열두 살 연상이었다. 칼빈은 멜란히톤을 누구와도 비교할 수 없는 뛰어난 지식과 경건, 모든 덕목에 있어서 모든 시대에 추앙받을 인물이라고 했다.

멜란히톤은 겸손하고 여성적이며 융통성이 풍부하고 시대의 추세에 민감하여 항상 새로운 경향과 사조에 개방적이었다. 거기에 비해 칼빈은 본성은 겸손하고 부끄러움을 타지만 원칙과 신념에 타협을 모르고 결과를 두려워하지 않는 신경질적 인물이었다.

멜란히톤과 칼빈은 신학적 입장이 각기 달랐다. 멜란히톤은 성찬론에서 루터가 완성한 동체설 교리보다는 칼빈의 임재설 이론을 선호했다. 그러나 멜란히톤은 자기로 인한 루터파의 분열을 원치 않기에 그대로 따랐다. 한편 멜란히톤은 칼빈의 신적 예정론에 관한 이론이 숙명적 입장이라며 따르지 않았다. 멜란히톤은 칼빈이 주장하는 하나님의 절대 주권에 의한 하나님의 예정과 선택에 따라 구원이 결정된다는 주장에 동의하지 않았다. 인간의 회심은 하나님의 영과 하나님의 말씀과 인간의 의지 등 3자가 합력적으로 작용하는 결과라고 보았다.

칼빈이 인간의 자유의지를 완전 무시하고 하나님의 절대 주권만 강조할 때 멜란히톤은 인간의 구원에 있어서 인간이 복음을 받아들이거나 거부할 수 있는 자유가 있다고 했다. 아울러 멜란히톤은 인간의 의지가 작용하지 않고 거저 주시는 은혜를 받아들이기만 하는 행위는 선행이 될 수 없다고 하였다.

멜란히톤은 칼빈이 하나님의 주권과 인간의 자유의지 문제에 있어서 지나치게 한쪽만 치중하여 보고 있음을 지적하였다. 이렇게 멜란히톤과 칼빈은 분명한 신학적 차이가 있었다.

그럼에도 불구하고 계속해서 좋은 우정으로 아름다운 관계를 이어갔고, 칼빈이 훗날 '세르베투스' 사건으로 전 유럽에 걸쳐 나쁜 여론에 빠졌을 때 멜란히톤은 칼빈을 두둔하였다.

C. 지도자 없는 제네바

파렐과 칼빈을 내쫓은 제네바 교회와 제네바 도시는 어떻게 되었는가? 겉으로 보면 지도자들이 있을 때나 없을 때나 똑같아 보였다. 시 의회 행정관들은 신앙조항을 더 강화하는 조치를 내렸고, 재침례파나 교황주의자들을 정죄하였다. 도시의 사치를 단속하는 법을 정하고 교회 훈련법을 범한 모든 사람들에게 정죄를 선포했다. 그리고 제네바 모든 가장들에게 교회 참석을 강요하였다. 이렇게 해서 종래의 생활이 지속되는 것처럼 보였다. 시내도 전과 똑같은 모습으로 보였다.

그러나 교회 목회자들의 위치는 완전히 달라졌다. 시 의회와 평의원들은 새로 불러들인 목회자들을 마치 자신들의 종처럼 취급하면서 교회 내 문제들은 자기들이 결정하였다. 그리고 자기들이 결정한 것을 목회자들이 순순히 순종할 것만 강요했다. 제네바 시 의원들은 신앙을 정치적 사무 중 한 부분으로 간주하였다.

이렇게 되자 도시의 도덕성은 날로 악화되어 갔다. 칼빈이 떠난 다음 해인 1539년 2월 선거에서 특별 평의원들이 선출되지 못하는 이변이 생겼다. 이때부터 제네바 시 의회원들은 칼빈이 다시 제네바로 돌아와야 한다는 생각을 하기 시작하였다. 이럴 때 제네바는 내적으로 정신적 혼란이 생기고, 밖으로는 제네바를 다시 탈환하려는 가톨릭의 반격이 거세어졌다. 실로 내우외환이라고 표현해야 하는 상황들이 벌어졌다.

① 가톨릭의 반격

제네바는 과거 수백 년 동안 가톨릭 주교가 도시의 행정 책임자가 되어 도시를 다스렸다. 그런데 파렐과 비레가 이끄는 가톨릭과의 몇 년에 걸친 논쟁 끝에 가톨릭 주교와 많은 성직자들을 추방시켰다. 제네바에서 쫓겨난 가톨릭은 다시금 제네바를 회복하려고 온갖 유혹과 강요를 계속해 왔다. 그중에 대표되는 사건이 추기경 사돌레토(Jacopo Sadoleto, 1477~1547)의 지능적이고도 호소력 있는 편지였다.

사돌레토는 1477년 이탈리아 북동부 에밀리아로마냐 주 모데나(Modena)에서 출생하였다. 그는 교황 레오 10세의 비서를 역임했고, 1517년 다피니 지방 카펜트라스의 주교였고, 1523년에는 교황 클레멘트의 비서였다가 1536년 이후에는 추기경으로 지냈다. 사돌레토(라틴명) 추기경은 교황을 위해 프랑스 왕, 독일 황제들 사이에서 외교 문제를 담당하는 사절 역할을 하였다.

그는 학자요, 시인이었다. 그는 성품에 흠이 없고 헌신적인 경건으로 널리 알려진 인물이었다. 그는 루터교 신학자 멜란히톤과 인문주의자 에라스무스를 존경하는 가톨릭 교회 안에 온건한 반복음주의적 성향의 사람이었다.

그는 자기가 쓴 "로마서 주석"에서 하나님의 의지와 인간의 자유의지에 대한 이론을 전개한 것이 로마 신학자나 스페인 신학자의 심기를 건드려 경고를 받기도 하였다.

사돌레토는 자기 교구 내에 있던 제네바가 칼빈, 파렐에 의해 개혁 세력으로 떨어져 나가는 것을 방지하려고 칼빈이 제네바를 떠난 후 1539년 5월에 제네바 시 의회 앞으로 10절판 20페이지에 달하는 공개서한을 보냈다. 편지 내용은 아주 절도 있는 예의를 갖추면서 정확하게 자기 의사를 전했다.

사돌레토 추기경은 제네바 시민들의 기품을 칭찬했다. 제네바 시민들의 외국인과 나그네에 대한 환대를 칭찬했다. 그리고 개혁가들의 성품과 개혁 동기를 의심하며 비난했다. 그는 믿음으로 구원받음을 인정하면서 동시에 선행의 필수성도 강조했다.

그리고 과거 1,500년간 계승되어 온 가톨릭의 전통성과 보편성, 통일성, 무오성의 이론을 전개한 후 이제 겨우 25년밖에 안 된 개신교들의 난립상을 지적했다.

ⓡ진리는 하나이다. 오류는 다양하고 복잡하다. 올바른 것은 단순하다. 구부러진 것은 많은 것을 주장하고 다양하지만 허위성이 많다. 하나님이 원하시는 것은 하나 되는 것이다. 사탄의 장난은 분열을 추구하는 것이다. 제네바 시민들은 사탄의 장난 속에서 더 이상 희생되지 않기를 바란다. 내가 제네바를 위해 할 수 있는 일이 있다면 큰 보람으로 생각하겠다.ⓒ

이러한 제네바 시민들의 결단을 촉구하는 사돌레토 추기경의 공개 서신이 제네바 시 의회에 접수됐다. 사돌레토 추기경의 서신을 받은 제네바 시 의회는 서신에 대해 어떤 반응을 해야 할지 몰라 여론이 들끓기 시작하였다. 이때 파렐과 칼빈에 의해 1537년 7월 29일자로 신앙고백에 서명했던 시민들 일부가 당시 서약을 파기하겠다고 나섰다.

이렇게 되니까 과거 칼빈과 파렐의 독단적 개혁을 싫어하고 옛 로마 주교가 다스리던 편하고 안일한 과거를 그리워하는 시민들이 반항하고 나섰다. 그러나 제네바 내에서는 추기경의 서신에 대해 답변할 만한 인물이 없었다.

제네바 시 의회는 속수무책으로 이 문제를 베른 시 의회로 이첩시켰다. 베른 시 의회 역시 추기경 서신에 답변할 인물이 없었다. 베른 시는 베른 시의 개신교 목사 술저를 통해 추기경 서신의 사본을 칼빈에게 전했다. 칼빈은 사돌레토 추기경이 보낸 서신의 두 배 길이에 해당되는 장문의 서신을 6일 만에 작성해서 제네바로 보냈다.

칼빈이 사돌레토 추기경에게 보낸 서신은 그 후 사돌레토의 편지와 함께 출판되었다. 초판은 라틴어로 스트라스부르에서 출판되었고, 다음 판은 1540년에 프랑스어로 번역되어 제네바 시 의회가 출판비를 부담하여 출판하였다. 칼빈은 추기경의 서신을 순서대로 조목조목 반박하여 개진하되 모든 것을 사실적 증거와 이론으로 예의를 잘 갖추어 답신하였다.

칼빈은 종교개혁을 할 수밖에 없는 결정적 이유 중 하나로 로마가톨릭 교회의 부정과 부패를 사실에 근거하여 지적했다. 한 예로 교황 알렉산데르 6세(Alexander Ⅵ, 1492~1503)가 여러 교구들의 성직록을 통해 재산을 축적한 다음 여러 명의 축첩 행위를 벌인 사실과 그에게 6명의 아들과 3명의 딸이 있었던 사실, 자기 아들을 형님의 아들인 조카라고 속여 교황청 요직에 앉힌 사실을 지적했다. 또 바오로 3세(Pulus Ⅲ, 1534~1549)는 자기 누이를 교황의 정부로 상납한 뒤 추기경 임명을 받음으로 ™속치마 추기경' 이라고 비난받던 인물이 교황이 된 점 등 모든 사람들에 의해 사실로 밝혀진 내용을 말하였다.

그뿐만 아니라 루터나 에라스무스가 로마 교황청을 방문했던 목격담과 마키아벨리 같은 중립적 인사가 교황들의 부패 때문에 로마 종교가 거의 다 멸망하게 되었다고 한 내력들을 근거로 제시하였다. 그리고 칼빈은 로마 교황과 가짜 주교들은 목회자의 자리를 찬탈한 굶주린 늑대들이라고 주장했다. 또 살아 있는 목회자의 양심을 갖고 현실 가톨릭 교회들을 바라보면 모든 교회들이 죽어서 반쯤 땅에 묻혀 있음을 깨달을 수 있을 것이라고 했다.

칼빈은 엑크처럼 가혹한 언어와 증오에 가득찬 표현을 하지 않았다. 위엄 있고 신사적인 신학 논쟁적 서신을 보냈다. 루터는 이 같은 칼빈의 서신을 보고 자신이 교황청과 벌인 전쟁을 끝낼 인물을 일으키게 하신 하나님께 감사드린다고 했다.

이와 같은 사돌레토와 칼빈의 서신이 전 유럽에 퍼져 버렸다. 가톨릭은 칼빈의 공개서한으로 다시 일어설 희망을 갖지 못하였다. 아울러 제네바에서는 다시금 칼빈을 초청해야 된다는 여론이 들끓기 시작하였다. 그러나 칼빈은 스트라스부르 사역에 만족하였고, 문제가 많은 제네바로 다시 갈 생각이 없었다. 칼빈은 단지 제네바를 사랑하는 마음으로 할 일을 한 것뿐이었다.

② 제네바의 내부 분열

칼빈이 떠난 후 제네바 시 의회는 3개의 주요 당파로 분열되었다. 3개의 주요 당파 밑에 또 여러 개의 분파들이 저마다 각각 다른 주장을 내세웠다.

하나는 정부파였다. 이들은 교회를 제네바 시 정부에 귀속시키자는 데 뜻을 같이하는 세력이었다. 이들을 '아르티차우트'(Artichauds)라고 불렀다. 이 이름은 이웃 베른 시와 맺은 21개 조문의 협약서에서 비롯되었다. 이들의 대표는 아미 드 차푸루제, 장 룰린, 모나톤 등이었다. 이들은 시 정부가 시의 질서를 책임져야 한다고 주장했으나 그들 주장대로 시의 질서가 유지되지 못하였다. 유능한 교사였던 개혁 지도자들을 축출하고 시 정부가 질서를 유지하겠다고 나섰으나 시의 전반적 교육의 질이 떨어짐으로 타락한 과거로 되돌아갔다. 시내는 오락, 유희, 춤, 도박, 술 취함, 가면 무도회, 음탕한 노래, 음란 등 악과 부도덕이 넘쳐났다.

새로 불러들인 새 설교가들의 설교는 시민들의 비위 맞추는 데 주력함으로 시민들로부터 경멸과 무시의 대상이 되었다. 또 제네바 시와 베른이 맺은 협약 내용을 아는 이는 제네바를 베른에게 양보하는 저자세의 주권 양보라고 하며 200인 의회에서 비준하지 않으려 했다. 그런데 베른 시는 베른과 제네바 간의 비준 내용은 제네바인들이 부담해야 한다는 고자세였다.

영문을 몰랐던 시 의원들은 베른과 제네바 간의 협약 비준 추진이 시 정부를 이끌어 온 '아르티차우트' 책임자 3명이 추진한 불평등 조약임을 알고 저들을 탄핵하게 되었다. 시 의원들은 시 정부파 3명을 체포하라고 했다. 이들은 도주하였으나 곧 체포되어 반역자라는 사형 판결을 받았다. 개혁자들을 추방하고 시 정부가 교회를 장악하는 데 앞장섰던 소위 정부파 4명의 장관들이 2년 만에 다 죽게 되었다.

파렐과 칼빈을 추방하는 데 앞장섰던 장 필립페(Jean Phillipe) 시 총사령관은 그의 불같은 성격으로 살인죄를 저지르고 1540년 6월 제네바를 반역한 죄가 추가되어 참수되었다. 시 의원 차푸루제와 장 룰린은 반역자요 사기죄로 사형선고를 받았다. 리카르뎃은 법망을 피해 도망하다가 얻은 상처로 죽고 말았다. 이렇게 하여 2년 전 개혁자들을 내쫓는 데 앞장섰던 대표자들은 다 같이 사라지고 말았다. 이러한 사건은 시민들 의식 속에 개혁자를 반대한 자들이 하나님의 징계를 받은 결과라는 생각을 갖게 했고, 하나님의 섭리에 놀라움을 갖게 되었다.

두 번째는 로마 가톨릭 당이 있었다. 개혁자들을 제네바에서 쫓아낸 후 가톨릭 당이 한동안 세력을 회복하는 듯했다. 사돌레토 추기경이 보낸 서신을 통해 용기를 얻은 상당수 사제들과 사보이 백작의 후예들이 프랑스에서 다시 제네바로 귀환하였다.

그러나 칼빈의 답신으로 이들의 모든 희망과 가능성은 무너져 버리고 말았다.

세 번째는 기욤당이 있었다. 기욤은 파렐의 이름을 딴 개혁가들에게 우호적인 이름이다. 이들 지도자는 펠린, 폴랄, 레프펌프, 셉트 등이었다. 이들은 단결하여 종교개혁을 이루어야 한다는 뚜렷한 목적을 가지고 있는 가장 활동적인 사람들이었다. 이들은 뉴사텔에서 목회하고 있는 파렐과 서신 왕래를 계속하면서 그의 자문과 지도를 받고 있었다. 이들은 파렐, 칼빈 등 프랑스 사람들을 좋아하는 친프랑스 사람으로, 애국심이 부족하다는 오해를 받으면서 계속 활동하였다.

이제 제네바 시민들은 칼빈을 도시의 구세주로 바라보았고, 그가 돌아오기만 하면 곧 교회와 국가가 질서를 회복하고 평화와 개혁을 이룰 인물로 기대했다. 이 같은 흐름 속에서 정부파들이었던 사람들까지 1540년 6월 17일 시민 총회에서 옛 개혁 질서로의 회복을 제안하였다.

그리고 교황 제도는 제네바 시 정부에 적용될 수 없다고 가톨릭을 반대했다. 정부파의 추천에 의해 그동안 설교자로 활약하던 3명의 목사도 사임하고 모두 칼빈이 귀환해 달라고 요청하게 되었다. 이와 같은 칼빈의 귀환 요청은 전 제네바 시민의 요청으로 확대되었다.

D. 칼빈의 가정생활

칼빈에게 귀환해 달라는 제네바의 요청이 계속되는 중에 독일 스트라스부르에서는 독신으로 거주하던 칼빈이 1540년 8월에 결혼을 한다. 칼빈은 30세까지 결혼을 급하게 생각하지 않았다. 그런데 칼빈을 돌보던 하녀가 성질이 난폭해도 참고 견디었으나 그녀가 집을 나간 후에 고독감을 느끼고 결혼을 생각하게 되었다.

파렐이 칼빈에게 결혼을 권면할 때 자기는 여성의 아름다움보다는 정숙하고 순종하며 사치를 좋아하지 않고 인내심이 많으며 자기 건강을 돌보아 줄 여자면 좋다고 했다. 그런 중에 귀족 출신 아가씨를 소개받았는데 그 여자는 재산이 많으나 프랑스 말을 이해하지 못하였고, 자기 집안의 교육 정신에 집착하고 있는 문제가 있었다. 그럼에도 결혼하려고 날짜를 잡았다가 깨진다.

  그 후 칼빈은 세 자녀를 둔 과부 이델레트 드 부레(Idelette de Bure)를 만났다. 이델레트는 네덜란드에서 박해를 피해 온 재침례파였으나 부처의 영향을 받아 개혁주의 신앙으로 개종한 여인이었다. 그녀의 남편은 그해 2월에 전염병으로 죽었다. 그 후 여인은 가난하며 몸이 약한 중에도 자녀들 3명의 교육에 전념하고 아무 곳에도 나서지 않는 조용한 여자였다. 칼빈은 결혼하기 전에 교회 목사로서 그녀의 가정을 자주 방문하면서 그녀를 관찰했다. 그때마다 겸손하고 상냥한 성품을 좋게 생각하고 자기가 원하던 여인상으로 믿고 결혼을 했다. 칼빈은 "이델레트는 경건한 신앙, 헌신적 사랑, 가사에 능통한 모습 등을 가진 내 인생의 동반자요 내 사역에 항상 충실한 내조자로 보기 드문 여성©이라고 칭찬하였다. 칼빈의 제자인 베자는 이델레트를 침착하고 명예스러운 여성이라고 했다.

  칼빈과 이델레트와의 결혼생활은 고작 9년으로 끝이 난다. 그녀는 몸이 허약하여 오랜 투병 끝에 제네바로 옮긴 후 1549년 4월 제네바에서 숨진다. 칼빈은 아내를 잃고 크게 상심하였고 많은 일 속에서 위로를 찾았다. 그 후 15년간 독신으로 살다가 생을 마친다. 칼빈은 자기는 셀 수 없는 많은 영적 아들을 가지고 있다며 위로받고 살아갔다고 한다.

3) 칼빈의 제2차 제네바 사역(1541~1564)

(1) 다시 제네바로

스트라스부르에서 프랑스 이민자들을 위한 칼빈의 목회는 대단히 만족스러운 사역이었다. 칼빈은 교회 목회만이 아니라 스트라스부르 신학교에서 지도자들을 가르치고 요한 스투름이 세운 인문학교에서 성경을 가르치면서 목사 후보생을 양육하였다. 이 학교는 후에 폭넓은 교과 과정을 가진 대학으로 확장되었다. 이 같은 스트라스부르의 사역은 다양성이 있었다. 게다가 독일의 개혁 지도자인 멜란히톤과의 친교나 마틴 부처와의 학문적 깊이를 소재로 한 교제는 칼빈을 젊게 살 수 있게 해주었다.

거기에다 스트라스부르는 독일이면서 프랑스 국경에 위치해 있었기에 어느 국가로부터 일방적인 제재를 받지 않고 자유롭게 활동할 수 있었다. 그래서 독일을 위해서는 개혁자들을 통해 일할 영역이 많았고, 또 꾸준하게 몰려오는 프랑스 난민들을 잘 보살펴서 다시 프랑스로 되돌아가게 함으로 조국인 프랑스에 대한 사역을 할 수 있었기에 칼빈은 스트라스부르 사역을 만족하게 여겼다.

거기에다 이제 갓 결혼한 이델레트와 신혼 생활로 즐거운 곳이었다. 칼빈이 추기경 사돌레토의 서신에 답신을 한 것은 과거 한때 머물렀던 제네바에 대한 애정을 마음으로 도우려고 했던 정도였다. 그래서 제네바에서 자기를 초청하는 데 나서고 있는 파렐과 비데에게 자기를 초청하려는 제네바의 노력들을 막아 달라고 부탁했다.

그러나 제네바의 사정은 달랐다. 제네바 시 의회는 제네바의 무정부 상태를 수습할 수 있게 준비된 자는 칼빈뿐이라는 확고한 믿음이 갈수록 커져 갔다. 칼빈의 귀환 노력에 관한 의제가 제네바 시 의원들의 의제로 시작된 것은 칼빈이 제네바를 떠난 후 1년도 안 된 1539년 초의 일이었다. 그 후 1년이 지난 1540년 2월에 다시 시 의회 의제로 상정되었고 그해 9월에는 시 의회의 공식 결론이 났다. 그래서 이때부터 칼빈에 대한 구두 초청, 사절 파견, 파렐과 부처 등에게 설득을 부탁하는 등 계속 작업이 진행되고 있었다.

칼빈의 제네바 초청은 제네바냐, 스트라스부르냐 하는 두 도시 문제가 아니라 스위스냐, 독일이냐 하는 두 나라 간의 경쟁으로 확대되었다.

칼빈의 귀환을 위해 적극적으로 나선 사람은 역시 파렐이었다. 그가 전에 칼빈을 설득해 제네바에 머무르게 했던 것처럼 제네바 시 의회의 초청을 하나님의 인도하심으로 받아들이게 했다. 부처도 요나를 예로 들면서 제네바로 귀환하되 한시적으로 귀환했다가 다시 스트라스부르로 돌아와야 한다는 조건을 달았다.

칼빈은 여러 가지 생각 속에 주저하다가 주변에서 자기와 가까이 지내는 사람들의 적극적 권유로 드디어 1541년 9월에 제네바로 귀환하게 된다. 칼빈은 제네바를 떠난 지 3년 후에 다시 제네바로 금의환향한 것이다.

제네바 시 의회는 칼빈에게 성 베드로 교회 근처의 거리에 정원이 있는 집을 제공하고, 제네바 소위원회는 칼빈의 연봉을 250플로린스(florins)와 12가마니의 밀과 250갤런(gallon)의 포도주로 정해 주었다. 그 외에 다른 공무에는 다른 보상을 지급하였다. 칼빈은 제네바를 떠난 지 3년 4개월 만에 다시 제네바로 돌아왔다. 이때 그의 나이 32세였다. 그는 과거 파렐 밑의 조수가 아니라 책임적인 지도자로 열광적인 환영을 받으며 귀환하였다.

칼빈은 1541년 9월 13일 제네바 시청에서 시 의원들과 시 행정장관들 앞에서 부임 인사를 하였다. 이때 과거에 대한 불평이나 섭섭함은 일체 말하지 않았다. 다만 제네바 교회를 조직할 제네바 교회법 제정자들을 속히 준비해 줄 것을 요청하였다.

(2) 제네바 교회법(1541년 11월 20일)

여기서 우리는 중요한 사실을 알고 넘어가야 하겠다. 그것은 칼빈이 제네바 교회법을 세운 그날이 오늘날 장로교가 시작된 날이라는 사실이다. 필자가 한국과 외국에서 장로교 목회자들에게 공개적으로 장로교가 언제 시작되었는가를 물었을 때 학생들이고 목회자고 제대로 아는 이를 거의 보지 못했다.

저들은 마치 장로교가 구약 때부터 존재해 왔던 것처럼 착각하고 지내면서 굳이 장로교의 시작에 대한 관심조차 없었다. 그러나 장로교는 지금부터 약 500년 전 칼빈이 주도하는 제네바 시 의원들에 의해서 1541년 11월 20일에 제정되었다.

시 의원들은 칼빈의 요청에 따라 시 의원들 중 소위원회에서 6명, 대의원회에서 2명의 평신도들과 목사가 협의해서 제네바 교회법을 제정하기로 했다. 이때 목사는 칼빈 혼자였다.

물론 그다음 해 1542년에는 목사 4명이 임명되었고, 1544년에는 19명의 목사가 임명되어 그중 6명은 제네바 주변 촌락 교회들을 담당했다.

제네바 교회법은 1541년 칼빈과 평신도 8명이 제정하여 1541년 10월 27일에 소위원회가 통과시켰고, 11월 9일에 대의원회가 추인하였다. 그리고 1541년 11월 20일 제네바 시민 총회가 성 베드로 교회에 모여서 압도적 다수로 비준하였다 그 후 사소한 부치과 수정안이 포함되어 1542년 1월 2일 세 위원회(200인 의회, 60인 의회, 25인 의회)에 의해 정식으로 채택되었다.

이때 만들어진 제네바 교회법은 장로들이 제네바 교회를 중심으로 제네바 시민들에 대한 치리를 시행하도록 만든 법이었다. 오늘날 장로회의 당회가 바로 제네바 교회법의 치리회에서 비롯되었다. 따라서 장로교의 시작은 1541년 11월 20일 제네바 교회법 제정 때로 보는 것이 옳다. 그리고 이 같은 제네바 교회법의 완성은 칼빈이 주도한 제네바 시 의원들의 협조하에 이루어졌으므로 장로회의 시작은 칼빈이 창시자라고 할 수 있다.

이제 최초의 장로회가 어떻게 시작되었는가를 제네바 헌법을 근거로 살펴보자. 여기 말하는 '제네바 교회 규범'(Ecclesiatical ordinance of Geneva)은 '교회에 관한 칙령'이라고도 한다.

〈제네바 교회법 서문〉

'우리는 주님의 거룩한 복음의 교리를 보전하고 젊은이들을 성실하게 가르치며, 가난한 자들을 제대로 돌볼 수 있는 구제소를 마련하는 것이 급선무라고 생각한다. 이러한 작업은 정확한 생활의 질서와 규칙이 없이는 불가능하다.

왜냐하면 정해진 법이 있어야 모든 계층이 그 직분의 임무와 의무를 배울 수 있기 때문이다. 이러한 이유 때문에 우리는 주님께서 보여주시고 그 말씀으로 수립하신 영적 통치를 성문화하여 우리가 다 함께 지켜야 한다고 생각하게 되었다.

이에 따라 우리는 우리 시와 그 영역에서 예수 그리스도의 복음으로부터 비롯된 다음과 같은 교회 정체를 준수하고 보전하도록 결의한다.

이렇게 시작된 서문 다음에 교회 규범의 내용으로 첫째, 교회 직분, 둘째, 치리기관을 설명한다. 두 가지 내용을 나누어서 살펴보자.

A. 교회 직분

칼빈은 고린도전서 12장 28절과 에베소서 4장 11절을 근거로 복음사역의 권위와 책임을 네 가지 직분으로 구분하였다.

① 목사(복음의 사역자)

이들은 하나님의 말씀을 설교하고 가르치고 권면하고 훈계하며 징계하고 성례를 집행하고 장로들과 함께 치리를 실시한다. 목사는 성경 지식, 건전한 교리, 순수한 동기, 진실한 성품이 증명된 자로 시험을 통과한 후 회중의 추천 동의를 받고 사역지에 청빙받은 자라야 한다. 목사들은 상호 교훈, 건덕, 격려, 훈계를 위해 매주 정기적 모임을 갖는다.

목사들에게 있을 수 없는 이단, 분파, 질서 반역, 신성모독, 거룩하지 못한 생활, 거짓말, 거짓 맹세, 고리대금, 탐욕, 춤, 성경 연구 게으름 등은 치리의 대상이 된다. 목사는 주일 오전 예배, 정오에 아이들을 위한 요리 문답 교육, 오후 3시에 두 번째 설교, 주중에는 월, 화, 금요일에 설교하도록 한다.

목사는 그 직분이 그 범위와 권위만을 제외하고 사도들의 직분과 같다고 했다.

② 교사

칼빈은 에베소서 4장 11절의 '목사와 교사'라는 근거에서 교사직을 추출해냈다. 교사란 공식적으로 치리에 상관하지 않고 성례 집행, 권면, 훈계에도 관계하지 않는다. 다만 성경 해석을 담당할 따름이다. 목사를 옛날 사도들로 비교한다면 교사란 옛 선지자들에 비교할 수 있다고 했다. 교사는 소위원회 심사를 받고, 목사회에서 재가를 받아 시험을 통과해야 한다. 그리고 두 시 의원의 보증을 받아야 한다.

교사를 목사와 분리할 수 있느냐 하는 문제는 주경신학적으로 많은 문제가 되고 있다. 이 문제는 칼빈 신학 비판 때 살펴보겠다.

③ 장로

칼빈은 디모데전서 5장 17절을 근거로 '잘 다스리는 장로'로 평신도 지도자를 세웠다. 그래서 장로를 1. 가르치는 장로인 목사 2. 다스리는 장로인 평신도 지도자 장로로 분류했다.

이것은 칼빈이 디모데전서 5장 17절 내용을 바르게 해석한 제도인가? 여기에 대해서는 원문 비판과 칼빈 신학 비판 때 살펴보겠다.

④ 집사

집사제도는 사도행전 6장 3, 5~6절과 디모데전서 3장 2~13절에 근거하고 있다. 집사들은 가난한 자들을 돕고 병자들을 돌보며 구제원을 맡아 관리한다. 집사는 구제금 관리자와 가난한 자, 병자를 돌보는 집사의 두 가지로 구분하였다.

⑤ 기타

세례, 성찬식, 혼인, 장례, 병자 심방, 감옥 심방에 대한 사항들이 조례로 이루어진다.

B. 치리기관(Consistory system)

① 치리에 관한 이론

칼빈의 교회 정치에 있어서 핵심적 주제가 되는 것이 치리이다. 칼빈이 처음 제네바 사역을 시작했을 때(1536) 3년 만에 반발을 일으켜 추방을 당하게 된 주요 원인이 치리 문제였다. 또 그가 독일 스트라스부르 이민 교회에서 목회할 때 많은 환영을 받고 교회가 번성했던 이유 역시 치리 정치 때문이었다. 그가 제2차로 제네바에 다시 초청되어 가장 힘들게 부딪침으로 또다시 14~15년 동안

험악한 세월을 보낸 것도 치리 문제 때문이었다.

칼빈이 사투를 벌이며 이룩하려고 했던 치리의 근거는 무엇인가? 칼빈은 교회의 순수성과 거룩함을 최대한 실현하려는 야망이 있었다. 칼빈은 이 세상에서 이상적 교회를 수립한다는 것은 전혀 불가능한 사실이라는 것을 철저하게 믿은 사람이다.

칼빈의 사상으로 집약된 칼빈주의 5대 강령 중 맨 첫째가 인간의 전적인 타락이다. 칼빈은 타락한 인간성에 대해 철저한 부정으로 인간을 보기 때문에 교회를 순수하게 보는 이상주의자들과 견해를 달리한다.

루터는 사람에게 복음만 충실하게 전파해서 사람들이 변화되기 시작하면 그 뒤에 수많은 변화들이 뒤따를 것으로 믿으며 인간성을 신뢰했다. 과거 역사 속에 보면 아우구스티누스와 줄기차게 논쟁한 도나티스트들(Donatists)이 있다. 도나티스트들은 인간 속에는 하나님의 형상이 담겨 있으므로 인간을 믿어야 한다고 했다. 그에 반해 아우구스티누스는 인간의 타락으로 하나님의 형상이 부서졌기 때문에 인간을 믿을 수 없다고 했다. 여기 칼빈 사상은 아우구스티누스의 사상을 그대로 계승한다.

그래서 인간성에 대한 철저한 부정적 시각에서 칼빈의 학문이 시작되었다. 그렇기 때문에 인간성이 불완전하므로 완전을 향해 사람이 할 수 있는 노력으로 치리를 해야 한다는 것이다. 칼빈은 치리의 근거로 마태복음 18장 15~18절과 마태복음 13장 47~50절의 각종 물고기 잡는 그물 비유를 든다.

지상 교회에는 그물 안에 들어온 좋은 것과 못된 것이 있다는 것이다. 고로 지상 교회 안에는 위선자들이 섞여 있으므로 불순한 것들을 제거하는 노력이 있어야 한다는 것이다.

교회에서 온당한 치리가 없이는 바람직한 상황이 보전될 수 없다. 교리에 저항하는 자들을 제어하고 제한하고 자극해야 교회에서 참혹한 무질서를 방지할 수 있다고 했다. 바울도 고린도전서 5장 13절에서 밖에 있는 사람들은 하나님 소관이지만 교회 안에 있는 사람들은 너희 소관이므로 악한 자는 너희 중에서 내어쫓으라고 했다.

밀라노 감독이었던 암브로시우스는 데오도시우스 황제가 고린도 시민들을 대량 학살한 사건을 근거로 성찬 참여를 거부하였다. 출교는 저주(anathema)와 다르다. 출교는 개선과 복귀를 염두에 두지만 저주는 일체의 용서를 배제한다.

② 치리회 구성

치리회(consistory system)는 ① 목사회 ② 당회로 구성한다. 목사는 전혀 정치적 권한을 갖지 못하고 당회는 성직자와 평신도가 연합하여 구성한다. 칼빈은 당시 목사 5명에 12명의 장로들로 당회를 구성했다.

장로 12명은 200인 의회에서 10명, 60인 의회에서 2명의 장로를 선출했다. 이렇게 목사 5명, 장로 12명을 숫자로 보면 장로가 많다. 그러나 성직자들은 항상 고정적 숫자를 유지하지만, 장로들은 성직자의 영향하에서 매년 새로 선출하였다.

이렇게 칼빈이 최초로 시작한 스위스 제네바의 장로의 원조들은 매년 선출되는 1년직 장로였다. 그런데 칼빈 밑에서 장로교를 배우고 돌아간 스코틀랜드 존 낙스는 장로 선출을 1년으로 했다. 그리고 청교도에 의해 신대륙에 실시한 장로들은 6년 시무 후 반드시 안식년을 거친 다음에 다시 선출하게 하고 있다. 한번 장로로 선출되면 그것을 항존직으로 여기고 평생 죽을 때까지 장로직을 고수하는 곳은 한국밖에 없을 것이다.

제네바 교회 당회는 매달 한 번씩 정기적으로 모였다. 당회가 모이면 한 달 동안 시민들의 영적 생활 여부를 감찰한 후 그들의 죄질에 따라서 벌을 정하였다. 당회는 제네바 시민들에 대한 효과적 감찰 시행을 위해 도시를 성베드로 교구, 막달렌 교구, 성 저베 교구 등 세 구역으로 분담케 하였다.

제네바 시민들은 1988년 말 16만 5천 명 정도였다. 지금부터 500년 전 제네바 인구는 2만 미만이었던 것으로 기록되고 있다.

이들 2만 미만의 제네바 시민을 당회원들이 자기가 책임진 교구 내에서 영적 생활에 순종하지 않는 자들을 가려냈다. 이것은 마치 공산당 세계에서 반동분자를 색출해 내는 것과 비슷한 작업이었을 것이다. 그들을 색출한 다음 그들의 죄질에 따라 장로 법원은 규정 위반자, 이단성 여부, 목사에 대한 반항 여부, 반도덕적 윤리 문제 등을 토의한다. 그래서 죄질이 경미할 때는 장로 법원에서 처리하고 죄질이 무거운 것은 벌을 정해 준 후 소위원회에서 처결하도록 하였다. 그래서 최종 제재는 출교(excommunication)를 선고하고 시 정부로부터 시민권을 박탈하도록 하였다.

이것은 자발적으로 우러나 교인이 되는 성령이 주인 되는 교회가 아니라 인간의 모든 강압적 제도로 강요해서 교인이 되게 하는 독재적 권징 방법이었다.

이 같은 장로 법원이 교회의 영적인 문제가 아닌 일반 시민의 문제까지 관여하자 시 의회로부터 강력한 반발이 일어나기 시작했다. 그런데도 칼빈은 결코 양보하지 않았다. 칼빈의 성품대로 장로 법원은 도시 내의 각종 부도덕한 사건을 감시하는 데 중추적 역할을 담당하였다.

(3) 제네바 시 의회를 통한 교회 권징들

장로 법원인 당회에서 문제를 색출하여 죄질에 따라 교회가 시행해야 하는 교회 권징들을 세속 기관인 시 의회가 시행하였다. 시 의회는 어떤 권징들을 시행했는가?

칼빈의 수치스럽고 부끄러운 치부들이 나타나는 대목이다. 칼빈은 성경 해석자로 최후의 판결권을 독점한 왕자의 지위에 있었을 뿐 아니라 실제로는 종교 법원을 좌우할 수 있는 판사의 역할까지 담당하였다. 그의 성경 해석 여하에 따라 모든 죄의 유무와 경중이 결정되었다.

그는 엄격하게 시정을 관리하여 음주, 방탕, 저속한 노래 등을 금지하고 교회 규율을 엄격히 하기 위하여 수많은 신도들을 투옥시키고, 추방하고, 사형도 서슴지 않았다. 가톨릭의 종교재판을 보고 자란 그는 특히 종교적 범죄자를 잔인하게 처벌하였다.

제네바 시 의회가 칼빈이 정해 준 당회에서의 결정에 따라 시행한 징계의 몇 가지 실례를 살펴보자. 나귀가 우는 것을 보고 "그 녀석 멋진 시를 읊으면서 기도하는구만"이라고 농담했다는 이유로 한 시민이 3개월간 추방당했다.

설교 시간에 웃었다는 이유로 세 사람이 3일간 감옥에 갇혔다. 세 명의 아이가 교회 밖에서 놀면서 케이크를 먹었다고 해서 처벌받았다. 자기 어머니를 도둑이라고 말했다고 해서 한 어린아이가 공중 앞에서 채찍질을 당했다. 자기 어머니를 때린 한 소녀는 실추된 제5계명의 명예를 회복하기 위해 참수당했다. 한 사람은 자기 아이 이름을 성경 이름 대신 가톨릭 성자의 이름으로 부르고 싶다고 한 이유로 4일간 투옥되었다.

술 취한 자는 벌금을 지불했고 상습 도박꾼은 목에 밧줄을 매고 칼을 씌웠다. 우상숭배, 신성모독죄는 사형에 처했고, 간통죄를 두 번 범하면 사형에 처했다. 공공예배에 불참하면 벌금이 부과되고,

거리에서 행한 말과 행동이 그대로 당회에 보고되었으며 당회원들은 매년 1회씩 모든 가정을 방문하여 가족들의 신앙과 도덕성을 검토했다.

이렇게 각 종류로 시행된 권징들이 스위스 제네바 시 의회 회의록에 공식 기록으로 보존되어 있다. 1542년부터서 1546년까지 4년 동안에 온갖 죄목으로 58명이 사형을 당했으며 76명이 시외로 추방을 당하였다. 1545년 한창 역병이 기승을 부릴 때는 20명 이상이 마술과 역병을 퍼뜨렸다는 이유로 당회 결정에 의해 화형을 당했다. 1558년부터 1559년까지 1년간 처벌 건수가 무려 414건에 달했다. 이 같은 처벌은 도시민이 1만 3천 명에서 2만 명 정도밖에 안 되는 상황에서 매일 몇 건씩 추방당하고, 벌금을 내고, 사형당했다는 계산이 나온다. 이상은 《기독교 죄악사》(조찬선 지음, 평단문화사) 하권 pp. 88~95에 소개되는 내용이다.

칼빈주의자들은 칼빈의 부끄러운 행적들을 의도적으로 밝히지 않는다. 오히려 칼빈이 이단이었던 세르베투스를 죽이지 않으면 안 되었다고 당시 상황을 불가피한 선택이었다며 칼빈을 비호한다. 그러나 칼빈의 죄악상을 그렇게 덮어 버린다고 해서 역사에서 사라질까? 그렇지 않다. 가인이 아무도 모르게 동생 아벨을 죽였으나 아벨의 핏소리가 땅에서부터 하나님께 호소하였다(창 4:10).

우리는 공적은 공적대로 인정하고 과오는 과오대로 인정해야 역사가 발전되는 진실의 법칙을 깨달아야 하겠다.

(4) 반대자들에 대한 박해

칼빈이 스트라스부르에서 다시 제네바로 초청된 후 처음 5년간(1541~1546)은 평온했다. 그러나 전염병이 시작된 1545년부터 1555년까지 약 10년간 칼빈은 가장 가혹하게 시민들을 박해하였다. 이 기간 동안 1553년 자기를 반대한 세르베투스를 사형시킨 후 제네바 시민들은 칼빈에게 대항했다가는 사형당할 수 있다는 공포심에 떨었다. 칼빈의 생애 중 가장 힘들었던 시기가 시민들을 가혹하게 박해한 10년의 세월이었다.

칼빈이 시민들을 가혹하게 박해한 만큼 자신도 시민들로부터 온갖 반대를 당하였다. 시민들은 칼빈에게 '카인' 이라 별명을 붙이고 거리의 개들에게 '칼빈' 이라는 이름을 붙여서 칼빈을 조소했다.

칼빈이 강의실로 가는 도중에 군중들은 모욕적인 경멸로 야유 함성을 터트리고, 그가 자는 침실에는 야밤에 50개의 불꽃을 터트리기도 했다. 설교하려 강단에 선 그에게 위협을 가하고 성찬을 베풀려는 그에게서 성찬기를 빼앗으려 하는 대적들 앞에서 칼빈은 자기 일을 해 나갔다.

한번은 칼빈을 저주하며 외치는 군중 속에 뛰어 들어가 단검을 들고 자기 가슴을 열어제치고 자기를 찌르라고 응수했다. 이렇게 자기를 반대하는 사람들에게 칼빈이 행한 박해 역시 무자비했고 잔인하였다. 칼빈이 과연 하나님의 말씀을 전하는 목회자였는가, 아니면 자기 소신을 관철시키려는 독재자였는가 판단이 안 될 정도로 그가 행한 제네바 시민에 대한 박해는 개혁자 중 어느 누구도 흉내낼 수 없는 잔인한 것들이었다.

칼빈을 옹호하는 칼빈주의자들은 칼빈이 제네바를 하나님이 다스리는 거룩한 신정정치의 이상 도시로 만들기 위한 거룩한(?) 야망이 있었기 때문이라고 옹호한다. 그러나 구약 때 신정정치를 실현한 그 어느 왕도 칼빈처럼 잔인하지 않았다. 우리는 개혁의 이름 아래 칼빈이 행한 표독하고 잔인한 살생 행위들을 기억하면서 인간 칼빈에 대한 연민을 느끼지 않을 수 없다.

이제 칼빈이 행한 일반적인 박해와 교리적인 박해를 분류해서 살펴보겠다. 그리고 도저히 씻을 수 없는 그의 과오도 살펴보도록 하겠다.

A. 일반적 박해

① 작크 크루에

크루에는 제네바에서 악명 높은 세리였다. 크루에는 칼빈이 만든 당회의 치리회에서 반역죄와 신성모독죄 판결을 받고 사형을 당한 최초의 인물이다.

크루에는 제네바의 유서 깊은 존경받는 가문의 후손이었다. 그의 직업은 세무 공무원으로 제네바 참사역을 맡은 자였다. 그는 개인적 자유가 침해를 받는 일에는 국가이거나 교회 법규이거나 일체의 모든 것을 거부하는 정치적, 종교적 자유인이었다.

그는 예배당에서 반항적으로 정면에 앉아 설교자를 주시하고, 당회의 금지령을 알고도 무릎 위까지 살이 보이는 짧은 바지를 입고 예배당을 출입했다. 크루에는 자기와 뜻을 같이하는 펠린의 아내를 통해 1547년 6월 27일 성 베드로 예배당 강단 위에다 메모 쪽지를 붙여 놓았다. 그 내용은 다음과 같다.

"추악한 위선자여! 너와 네 일당이 아무리 노력해도 아무런 성과를 얻지 못할 것이다. 만약 즉시 도망하지 않으면 아무도 그대의 멸망을 방지할 수 없을 것이며, 너는 수도원을 떠난 날을 저주하게 될 것이다. 이미 사탄과 그 졸개 사제들이 모든 것을 멸망시키기 위해 이곳을 찾으리라는 경고가 주어진 바 있다. 그러나 시민들이 오래 고난을 참은 후에는 복수를 꾀하게 될 것이다. 우리는 여러 주인을 섬기려 하지 않는다. 그러니 내 말을 명심하여라."

이 같은 메모 쪽지가 칼빈이 설교하려는 강단에 붙여졌다. 이 메모 쪽지의 작성자로 크루에가 시 의회에 체포되었다.

그는 전에도 사석에서 칼빈을 교만하고 야심에 찬 위선자이며, 사람들의 칭찬받기를 좋아하는 인물이라고 험담하였다. 크루에는 시 의회에 체포된 후 한 달 동안 비인간적인 고문을 당했다. 그는 강단에 써 붙인 메모 작성자가 자기였음을 자백하고 자기와 공모한 공모자들의 이름을 밝히기를 거부했다.

그는 종교적, 도덕적, 정치적 혐의자로 고소되었다. 종교적 죄란 종교 지도자와 종교를 공개적으로 모욕했고, 율법은 인간의 변덕이 자아낸 결과라고 비난한 죄이며, 도덕적 죄란 남녀가 서로 동의한 성관계는 죄가 될 수 없다고 주장한 죄이며, 정치적 죄란 성직자들과 의회를 모독한 죄라고 했다. 이런 이유로 1547년 7월 26일 시 의회에 의해 참수되었다.

이렇게 크루에가 참수당하자 자유주의자들은 숙연해지기는커녕 오히려 더욱 광분했다. 자유주의자들이 칼빈과 그의 동료들을 론 강에 집어 던지려 한다는 음모가 제보되었다. 칼빈은 거리에 나설 때마다 시민들로부터 모욕과 위협을 당해야 했다.

크루에가 죽은 지 2~3년 후에 그의 집에서 종교에 대한 신성모독이 가득한 논문들이 발견되어 그 논문을 소각시켜 버렸다.

② 아미 펠린(Ami Perrin)

펠린은 공화국의 군사 지도자였으며 애국 당원 중 가장 인기 있고 영향력 있는 자였다. 그는 종교적 동기가 아니라 정치적 목적으로 가톨릭이 파렐 목사에게 폭력을 행사할 때 파렐을 보호했다.

그뿐만 아니라 칼빈이 스트라스부르에 있을 때에 칼빈을 다시 제네바로 초청해 오도록 활동한 제네바 사절단의 일원이었다. 그리고 칼빈이 다시 제네바로 귀환해 첫 제네바 교회법을 만든 1542

년 교회법 제정 의원 중 하나인 평신도 대표자 중 하나였다.

그렇게 그는 한동안 칼빈의 개혁 지지자였다. 그런데 펠린 가족이 칼빈과 적대 관계로 악화되었다. 펠린의 아내 프란체스카가 자유와 방종을 혼동하고 벨 리베 지역에 있던 발타자르 미망인 집에서 거행된 결혼식에서 춤과 지나친 여흥으로 당회에 처벌 대상자로 고발되었다.

펠린, 그의 아내, 장인 등 펠린 가족이 1546년 4월 몇 주 동안 투옥당하였다. 이때 칼빈은 펠린에게 제네바에 거주하는 이상 과거에 왕관을 썼던 자라도 제네바 법을 준수해야 한다고 했다. 이후부터 펠린은 칼빈의 반대파 선두에 나선다.

그는 당회를 가톨릭의 종교재판소라고 비난했다. 그리고 자기가 소속된 시 의회 200인 의원의 힘으로 1547년 3월 교회가 행사하고 있는 제네바 치리권을 시 의회가 행사하도록 가결케 했다.

칼빈이 거세게 저항함으로 치리권은 원래 조례대로 교회가 유지하게 했다. 그런데도 펠린은 계속 칼빈이 하는 일에 반대했다. 펠린은 1547년 4월 파리 대사로 파견되었다.

이때 프랑스 추기경은 스위스에 대한 독일 황제의 야심을 막기 위해 프랑스 군대 200명을 펠린의 지휘 아래 제네바에 주둔시키고자 제안했다. 이때 펠린이 제네바 정부의 동의 없이 자기가 프랑스 병사들을 지휘하겠다고 허락했다.

이 일로 펠린은 제네바 정부로부터 반역죄로 고발되었다. 의원직이 박탈되고 총사령관직도 해임된 채 투옥되었다가 놓였다.

자유파들은 폭력으로 칼빈을 타도하려고 했다. 1547년 12월 16일 자유파들은 200인 의회를 통해 칼빈을 타도하려고 했다. 칼빈은 이날 생명의 위협을 무릅쓰고 상·하 원로원에 나타났다. 칼빈은 자기를 폭력으로 타도하려는 폭도들을 향해 누구든지 피를 흘리기 원한다면 자기를 먼저 치라고 외쳤다.

칼빈은 200인 의회 앞에서 용기와 달변으로 광풍을 가라앉히며 참혹하게 벌어질 뻔한 유혈극을 정열 어린 눈물의 호소로 진정시켰다. 이로써 애국당이 칼빈을 타도하려는 시도는 끝이 났다.

그러나 칼빈에 대한 펠린의 반격은 계속되었다. 1555년 당시 소의회 의원이었던 펠린은 그의 친구들인 애국파들과 함께 칼빈과 최후의 일전을 벌였다. 이들은 주일날 시민들이 예배당에 모였을 때에 이곳에 정착해 살고 있는 종교적 피난민들과 그들에게 동정적인 시민들을 한꺼번에 학살할 계획을 세웠다. 펠린의 친구요 애국파인 피터, 반델, 필리벗 등이 이 음모를 추진했다. 그러나 이 음모는 시행되기 전에 적발되었다. 이 음모 사건이 200인 의회에 상정되자 펠린과 그의 친구들은 자신들이 시 의원임을 내세워 재판관 자리에 앉으려 하다가 사태가 여의치 않자 제네바에서 도주했다. 이들 5명은 재판을 받고 반역죄로 사형선고를 받았다. 펠린에게는 폭도들과 손을 잡았던 오른손을 잘라 버리라는 판결이 내려졌다.

1555년 펠린의 오른손이 잘려지는 형이 집행되었다. 칼빈을 반대하던 펠린은 끝내 오른손이 잘리고 말았다. 펠린은 그 후 회개하고 돌아온 것이 아니라 죽을 때까지 칼빈의 반대자로 활동했다.

③ 피에르 아모(Pierre Ameux)

트럼프 제조업자인 아모는 제네바 200인 의회 의원이었다. 그는 아내와의 이혼 허락을 받았다. 그의 아내는 각종 쾌락을 정당화하는 자유파 정신을 가진 여인으로 시 의회에서 종신형을 선고받았다.

아모는 자택의 만찬회에서 술을 지나치게 마시고 취중에 칼빈을 비난했다. 칼빈은 헛된 교리를 가르치는 자요, 악한 자요, 촌놈에 불과하다고 악평하였다. 이것이 1546년 1월 당회에 보고되어 의회는 두 달의 금고형과 60달러의 벌금을 물게 하였다.

그는 의회에서 자기 말을 사과하고 취소했다. 그러나 칼빈은 그에 대한 시 의회의 처벌이 만족스럽지 않다고 재심을 청구했다. 의회는 아모에게 1월의 추운 겨울에 내의만 입은 채로 손에 촛불을 들고 거리를 행진하면서 많은 시민들이 보는 곳에서 무릎을 꿇고 하나님과 의회와 칼빈에게 용서를 구하라고 했다.

이때 시 의회는 모든 재판은 칼빈이 바라는 대로 되지 않으면 칼빈에 의해 다시 재판해야 한다는 인식을 갖게 된다. 이 혹심한 판결은 성 저베 지구 주민들의 큰 폭동을 불러일으켰다. 하지만 의회는 폭동에 맞서 지역 전체 술집 문을 닫게 하고 폭도들은 교수형에 처하겠다며 교수대를 설치해 놓았다. 이런 일은 제네바 시민들로 하여금 칼빈에 대한 적개심을 갖게 하였다.

④ 피에르 반델

반델은 허영심이 가득한 기사였다. 그는 자기를 따르는 많은 수행원과 종자들을 거느리고 다니기를 좋아했고, 손가락에는 많은 반지를 끼고 가슴에는 금사슬 목걸이를 차고 다녔다. 그는 칼빈을 제네바에서 추방하는 데 앞장섰고, 칼빈이 다시 제네바로 귀환한 후에는 칼빈을 대적하기를 계속했다.

그는 당회 앞에서 건방지게 행하고 방탕한 생활을 했다는 죄목으로 재판을 받고 감옥에 갇히게 되었다. 그 후 반델은 1548년 제네바 시의 행정관직을 맡기도 했다.

반델은 칼빈과 계속 적대 관계로 지내다가 1555년 펠린이 주동한 종교적 난민 대학살 음모에 가담했다가 적발되었다. 그는 이때 도망하여 죽을 때까지 망명자로 떠돌아 다녔다.

⑤ 필립 베르텔리(Philip Berthelier)

베르텔리는 저명한 애국파의 아들이었다. 그런데도 칼빈을 가장 강력하게 반대했던 적수 중의 하나다.

그는 의사로 칼빈의 예정 교리를 반대한 볼섹의 요청에 따라 칼빈의 고향 누아용에 찾아가 칼빈의 청소년 시절에 있었던 나쁜 소문을 수집해 왔다고 한다. 베르텔리가 수집해 준 정보를 가지고 볼섹은 칼빈이 죽은 지 13년 후 칼빈의 비행을 책으로 출판하였다. 베르텔리는 이처럼 헛된 소문의 유포자였다.

베르텔리가 칼빈을 비방하고 교회에 출석하지 않는 것을 사과하지 않음으로 1551년 당회에 의해 출교 처분을 받았다. 베르텔리는 칼빈이 병으로 당회 참석을 못할 때 시 의회에 항소함으로 시 의회는 처음에 당회 결정을 지지했다가 펠린의 영향으로 그를 석방해 주고 사면장을 발행했다.

이 일로 칼빈과 의회가 정면 대결하게 되었다. 몇 달 동안 시 의회와 칼빈의 싸움이 계속되며 200인 의회는 출교권이 시 의회에 속한다는 주장을 계속하였다. 이듬해 1554년 의회와 재판관들은 종교개혁의 신조를 준수하겠다고 화해함으로 치리권을 당회에서 계속 유지하게 되었다. 베르텔리는 종교 법원을 판단한 죄로 교수형을 당하였다.

⑥ 그레이트(Gryet)

1546년 6월이었다. 성 피에르 예배당 강단 위에서 목사들을 비방하는 글과 칼빈의 설교에 대한 시정을 요구하는 글이 발견되었다. 칼빈은 그 글을 쓴 주모자가 누구인지 시 의회로 하여금 색출하도록 했다. 시 의회는 평소 회의주의자요 불신앙인의 서적을 휴대하고 다니던 그레이트를 의심하였다. 시 의회는 그레이트를 체포하여 고문한 후 참수해 버렸다.

이와 같이 칼빈을 반대하는 반대자와 대적자들의 수는 계속 늘어만 갔다. 앞서 언급한 대로 1542년부터 1546년까지 4년 동안에 58명이 사형을 당했고 76명이 시외로 추방되었다. 만일 칼빈이 더 오래 살았다면 이보다 훨씬 더 많은 이들이 사형을 당했을 것이다.

한 사람의 생명을 죽이는 일도 평생 잊을 수 없는 가슴 아픈 일인데 이렇게 수십 명을 당회에서 종교의 이름으로 죽이게 한 일은 도저히 납득이 안 된다. 칼빈의 이 같은 잔인한 살인 행위는 그 어떤 이유로도 합리화될 수 없다.

우리는 이 점에 있어서 칼빈에 대한 인식을 균형 있고 바르게 가질 필요를 느낀다.

B. 교리적 박해

① 볼섹(Jerome Hermas Bolsec)
볼섹은 파리 출생으로 칼멜 수도회 수도사였다. 그러나 로마 가톨릭 교회 신앙에 회의를 품고 개혁에 동조적인 펠라 공주의 보호 아래 머물게 되었다. 공주는 그에게 시여물 분배관이란 직책을 주었다. 그런 중에 자칭 의학박사라 부르며 흉폭한 성격으로 사람들에게 미움을 받게 되었다. 그는 결국 물품 관리의 부정이 드러나 공주에게서 쫓겨났다.

1550년 볼섹은 아내와 직원을 거느리고 제네바에 들어와 의사로 개업을 했다. 볼섹은 의사 생활을 하며 여가에 성직자들이 이끄는 매주 금요일의 신학 토론회에 참석했다. 여기서 볼섹은 칼빈의 예정론에 관한 의문을 제기했다. 볼섹의 예정론에 관한 의문은 신학 토론회에서 계속 제기되었다.

이 같은 볼섹의 처신으로 처음에는 목사회에서 권면을 받고 다음에는 당회에 소환되어 15명의 목사들 앞에서 근신하라는 견책을 당하기도 했다. 하지만 볼섹은 칼빈의 예정론을 계속 반대했다. 그는 많은 사람들 중 일부 사람들이 하나님에 의해 구원받도록 선택되었다는 사실은 인정하지만 일부 사람들이 멸망으로 예정되었다는 사실은 부인했다.

하나님의 선택 범위가 전 인류에게 미치는 것은 믿을 수 있으나 구원을 이루는 은혜는 모든 이에게 다 적용되는 것이 아니라 하나님의 은혜를 받아들이느냐, 거부하느냐는 인간의 자유의지이기 때문이라고 하였다. 하지만 칼빈은 "하나님께서 일부를 선택했다면 일부는 선택되지 못한 채 버려진 것이다. 성령의 능력에 의해 그리스도에게로 나오는 자들은 택함을 받은 자이고 그렇지 못한 자는 선택되지 못한 채 멸망하도록 버려진 것이 분명하다"고 했다.

1551년 10월 16일 성 베드로 교회에서 매주 금요일 시행되는 종교 집회가 있었다. 이날 존 드 세인트 안드레 목사가 요한복음 8장 47절의 "하나님께 속한 자는 하나님의 말씀을 들나니 너희가 듣지 아니함은 하나님께 속하지 아니하였음이로다"라는 구절로 예정론을 설교하고 있었다.

목사가 설교하는 도중에 볼섹은 설교를 방해하며 자기 주장을 외쳤다. "인간들은 택정함을 받았기 때문에 구원받는 것이 아니라 신앙이 있기 때문에 선택받는 것이다. 하나님께서 인간이 태어나기도 전에 일부는 죄와 벌로 선택하고 일부는 영원한 행복으로 선택하여 그들의 운명을 결정한다는 것은 거짓이요 불신앙이다. 설교자들은 교인들을 잘못된 길로 인도하지 말라"고 욕설을 퍼부었다. 그는 전에도 칼빈을 위선자요 거짓말쟁이요 범죄자들의 수호신으로 사탄보다 더 악한 자라고 비난한 적이 있었다. 볼섹이 이처럼 예배 도중 소란을 피우자 경찰은 볼섹이 목사를 모욕하고 질서를 소란시킨 죄로 볼섹을 체포하였다.

동시에 목사회에서는 볼섹에 대한 17개 항목의 잘못을 작성하여 시 의회에 제출하고 볼섹의 처벌을 요구하였다. 이때 볼섹은 자기 같은 주장은 자기만이 아니라 멜란히톤, 불링거, 브렌즈 등 다른 개혁 교회 지도자들도 동조하고 있다고 주장했다. 볼섹의 주장에 따라 칼빈과 그의 동료들은 볼섹이 주장하는 5개 항목에 대해 스위스 주변과 다른 나라들 지도자에게 회람을 돌렸다.

이때 스위스 교회들은 칼빈 편을 들었으나 독일과 프랑스 교회들은 구원에 이르는 하나님의 값없는 선택은 인정했으나 하나님께서 구원에 이르지 못하도록 한다는 유기(버림)에 대해서는 침묵하였다. 이로 인해 칼빈과 멜란히톤은 10여 년을 소원하게 지낸다.

제네바 당회에서는 볼섹에게 반란을 선동하고 펠라기우스주의인 자유의지를 주장했다는 죄목으로 제네바에서 영구 추방한다는 판결을 내렸다(1551. 12). 볼섹은 제네바를 떠나 베른 인근 토논으로 은퇴했으나 이곳에서도 소동을 일으킴으로 또다시 추방 당한다(1555). 그는 프랑스 개혁파 교회로 가서 목회하려 했으나 받아주지 않았다. 그러자 그는 결국 가톨릭으로 되돌아가고 말았다. 그는 면직된 목사, 악랄한 거짓말쟁이, 배교자라는 이름을 달고 리용 근처에 살다가 죽었다.

그는 죽기 전에 칼빈의 명예를 훼손할 목적으로 칼빈 사후 13년 때 "칼빈의 생애"라는 악의에 찬 내용을 출판하여 복수했고, 또 "베자의 생애"를 출판하여 베자를 비방했으나 오히려 자신의 수치만 더 드러내고 말았다.

② 카스텔리오(Sebastian Castellio)

카스텔리오는 칼빈보다 6년 늦게 1515년 프랑스 사보이 지방의 차띠온에서 출생하였다. 그는 리용 대학에서 열심히 공부하여 고전학과 성경학을 배웠다. 특히 언어에 천재성을 보여서 라틴어, 헬라어, 히브리어를 통달했다.

1540년 리용에서 《성경 역사 요람》이란 책을 출판한 후 이 책은 1731년까지 라틴어와 프랑스어로 수차례 걸쳐 중판되었다. 그 외에도 요나의 예언, 시편과 구약의 시가들, 오경 등 성경 내용을 라틴어로 번역하기도 했고, 주해를 단 프랑스어 번역판도 출판했다(1555).

이 같은 카스텔리오가 칼빈이 스트라스부르에서 목회할 때 그를 만나 한 집에 기거했다(1540). 칼빈은 카스텔리오의 천재성과 학자적 자질을 알고 제네바로 귀환한 후 그를 라틴어 학당 교장으로 초빙했다.

카스텔리오는 칼빈이 제네바에서 행하는 혹독한 교회 치리와 1인 독재를 싫어했다. 그러면서 차츰 신학적 견해차로 사이가 벌어졌다.

드디어 칼빈은 카스텔리오가 구약의 아가서를 음탕하고 성애적인 시가이므로 마땅히 정경에서 삭제되어야 한다고 했다는 것을 문제 삼았다. 또 칼빈이 사도신경에 예수께서 음부(Hedes)에 강림하셨다는 대목을 그리스도께서 십자가상에서 영원한 고통을 대리적으로 미리 맛보신 것이라고 해석한 것을 카스텔리오가 반대했다.

이런 이유로 칼빈은 카스텔리오에게 성직 임명은 반대하고 봉급 인상만 추천했다. 그러자 시 의회에서는 학당 질서가 제대로 지켜지지 않는 자에게 봉급 인상을 거부했다. 이렇게 되자 카스텔리오는 칼빈과 결별하게 된다.

카스텔리오는 "지식을 얻는 근원으로 경험, 계시, 이성의 세 가지가 있다. 처음 두 가지는 이성의 제어를 받아야 한다"고 주장했다. 이에 대해 칼빈은 "계시도 인간의 이성의 도움을 받아야 된다"고 주장하며 반대하게 된다.

또 칼빈이 삼위일체 불신자 세르베투스를 처형시키자 카스텔리오는 세르베투스를 옹호함으로 둘 사이는 완전 결별하게 된다. 하지만 카스텔리오의 세르베투스를 옹호한 《이단들에 대한 박해》라는 책은 133판을 거듭하며 장기간 베스트셀러가 되었다.

이 책에서 카스텔리오는 재침례교도에 대한 박해를 강하게 비난했다. 카스텔리오는 칼빈이 인도하는 성경 토론회에서 60여 명의 제네바 목회자들은 불경건하며 편협한 술을 즐기는 자라고 공격하였다. 이 일로 의회에 소환되어 중상모략죄에다 전통적 신앙을 부인하는 자로 판결받고 추방령을 당한다(1544). 그는 바젤로 가서 1553년까지 하과다 대학의 헬라어 교수가 되었다.

여기서 발신 미상으로 칼빈을 비난하는 내용의 편지가 제네바 시민들에게 보내졌다. 또 칼빈의 예정론에 관한 극단적인 글 등이 칼빈을 모략하는 논문으로 프랑스 개신교도들에게 보내졌다. 이런 글들로 인해 프랑스 개신교도들은 칼빈에 대한 불신을 갖게 되었다.

이 같은 글을 본 칼빈과 베자는 성난 상태에서 온갖 비방으로 답변했다. 칼빈은 그런 글을 쓴 자는 비방꾼, 성경을 더럽힌 자, 신성모독자, 부랑자, 도둑놈이라고까지 비난했다. 그런 와중에 카스텔리오는 유니테리안(일신론)과 일부다처제에 우호적인 오키노의 "대화편"을 번역함으로 바젤 당국의 의심을 사게 되었다(1563).

그러자 그는 가족을 부양하기 위해 번역을 했을 뿐이라고 해명했다. 카스텔리오는 1563년 12월 29일 48세로 두 아내에게서 난 4명의 아들과 4명의 딸을 남기고 가난하게 생을 마쳤다. 그의 자녀들 중 가장 어린 아들 프레데릭 카스텔리오가 아버지를 따라 언어

학자요 시인이 되어서 바젤 대학에서 헬라어 교수와 웅변학 교수를 역임했다.

카스텔리오는 칼빈주의가 하나님을 폭군이자 위선자로 만들고, 칼빈주의가 지닌 엄격성이 모든 인간의 자유로운 종교의 자유를 가로막는다고 믿었다. 이 같은 카스텔리오 사상은 다음에 이어지는 소치니안(Socinian)과 알미니안에 상당한 영향을 미쳤다.

③ 소치니 주의(Socianism)
칼빈 시대 때 칼빈주의를 거부하는 사람들이 여기저기에서 일어났다.

• 이탈리아 출신 반삼위일체주의자들
종교개혁은 독일에서 루터에 의해 성공하였고 스위스 제네바에서 칼빈에 의해 성공하였다.

그러나 프랑스, 이탈리아, 영국, 스페인 등에서는 개혁이 성공하지 못한다.

이들 종교개혁이 성공하지 못한 나라 사람들 중에 일부는 종교적 동기나 지성적 동기에 의해 양심의 평화를 얻으려고 조국을 떠나 종교적 피난지로 스위스를 찾았다. 그리고 이들 중 일부는 바젤에, 일부는 제네바에 정착하였다.

제네바 시에 이탈리아 난민 교회가 1542년에 설립되었다. 1558년 제네바 시는 279명의 외국인 피난민들에게 시민권을 수여했다. 프랑스인 200명, 영국인 50명, 이탈리아인 25명, 스페인인 4명이었다. 이들 외국인들은 제네바 시민이 되어 취리히, 바젤 등에서 뛰어난 가문 이름을 유지하며 후손이 계승되어 오고 있다.

이 중에 이탈리아 종교 피난민들은 대부분 교육을 받은 지성인들이었다. 이들은 르네상스를 통해 종교개혁의 맛을 알았고 루터, 츠빙글리, 칼빈의 저서를 통해 가톨릭의 신앙의 오류를 알고서 개신교 신앙의 기초를 마련한 사람들이다. 이들은 제네바에 찾아와 칼빈주의 밑에서 개혁 신앙으로 자리를 잡았다. 그러나 이들은 가톨릭의 통제를 거부하듯이 지나친 칼빈주의의 엄격함도 거부하였다. 그래서 몸은 칼빈주의 아래 있으면서 정신은 인문주의적인 에라스무스를 동경했다. 이들은 제네바 교회 회원으로 살면서 그들의 정신은 항상 회의론자들이었고 불가지론자들이 되었다.

이들 이탈리아 난민 교회 지도자로 랠리우스 소시누스(1525~1562)가 있었다. 그는 가톨릭을 불신하고 개신교로 왔으나 개신교에서 부활, 예정론, 원죄, 삼위일체, 속죄론, 성례론 등 모든 것이 의심스러웠다. 그는 칼빈에게 "개신교 신자가 가톨릭 신자와 결혼하는 것이 합당한가? 가톨릭에서 받은 유아세례가 유효한가?" 등 칼빈의 예정론과 자유의지에 대한 각종 회의를 계속 질문하다가 세상을 떠났다.

랠리우스의 조카 되는 소치니(Fausto Sozzini, 1539~1604)가 삼촌의 사상을 계승 발전시켜 하나의 신학 체계를 만든다. 이 젊은 소지니가 소치니주의(Socianism) 체계의 창설자라고 할 수 있다. 소치니는 1550년 폴란드에서 소개혁파 교회를 설립하고 반삼위일체운동의 거점을 삼았다.

그는 신학자와 목회자들을 모아 신학 토론회를 개최하였다. 소치니주의는 스콜라 신학자 둔스 스코투스와 에라스무스 사상에서 비롯된다. 이들은 자연주의, 인문주의, 합리주의의 독특한 결합을 시도하였다. 이들은 구약성서를 중하게 여기지 않고 신약성서만을 계시의 유일한 근원으로 간주한다. 신약성서는 이성을 초월한 어떤 것이 있을 수 있으나 이성과 상충되는 것은 없다.

소치니주의는 합리적 초자연주의를 추구했다. 하나님 한 분만이 참된 유일한 신이시요, 그리스도는 인간이되 보통 인간과 다른 성령으로 처녀에게서 난 하나님의 아들 인간이라고 주장했다. 이같은 소치니주의는 17~18세기에 하나의 신학체계로 발전하였다.

• 유니테리안(Unitarianism)의 원조
소치니주의는 19세기 영국과 미국의 사상과 문학에 많은 영향을 미쳤다. 이들이 오늘날 유니테리안의 원조가 된다. 유니테리안을 우리말로 옮기면 일신론(一神論)이라고 할 수 있다. 이들은 삼위일체 신앙을 부인하고 예수의 신성을 부인하는 개신교 극좌파에 속하는 자유주의파다.
이들이 왜 생겼는가?
그것은 앞서 지적한 대로 지나치게 엄격한 칼빈주의에 대한 반론자들이 이해되지 않는 칼빈주의를 강압적으로 요구하는 것에 반발하여 만든 것이다.
이들 소치니안들은 칼빈이 주장하는 것은 다 반대한다. 칼빈의 전적 부패 주장을 보편적 부패로 주장하고, 칼빈의 절대적 예지, 예정의 전체를 부인하고 인간의 도덕적 능력, 자유의지, 제한적 신적 예지를 주장한다. 하나님은 필연적 미래만을 예지하시고 예정하셨을 뿐 인간의 자유의지에 따라 이루어지는 부수적 미래는 예정되지 않았다고 믿는다. 이들은 삼위일체를 머리가 셋인 괴물이라고 거부하였다.

C. 씻을 수 없는 과오

칼빈의 생애 중 가장 큰 실수로 거론되는 문제가 바로 세르베투스 사건이다. 여기서 세르베투스 사건을 제대로 잘 살펴보자.

A. 세르베투스라는 인물

마이클 세르베토 혹은 라틴어로 세르베투스(Michael Servetus, 1511~1553)는 스페인의 아라곤 지방의 빌라노바에서 칼빈과 같은 해에 태어났다. 그의 부친은 스페인 귀족 가문이었고 왕실의 공증인이요 변호사였다. 그의 체구는 연약하고 마른 편이었으나 조숙하고 영민했으며, 상상력이 풍부했고 독립적, 신비주의적, 열광적 성격을 갖고 있었다.

그는 사라고사(Saragossa) 대학교의 도미니크 수도원에서 초등교육을 받았고 부친의 권유에 따라 유명한 툴루즈(Toulouse) 법대에 진학하여 2~3년간 법철학을 공부하였다.

세르베투스는 툴루즈 대학에서 엄격한 정통 노선을 지키는 학풍에 따라 당시 유행되고 있는 루터란 이단 사상에 접하지 못하도록 감시를 받았다. 세르베투스는 이곳에서 처음으로 성경을 보게 되었다. 이때부터 성경에 관해 깊이 연구하며 자기의 사변적 상상력을 적용해 해석하기 시작하였다. 그는 성경이야말로 모든 철학과 과학의 근원이라고 주장하고 성경을 천 번 이상 읽어야 한다고 했다. 그는 성경 다음으로 니케아 종교회의 이전에 활동했던 교부들을 중요시했다.

세르베투스는 프란시스코 수도사요 카를 5세 황제의 고해 신부였던 후안 퀸타나에게 고용되었다. 그로 인해 교황 대관식에도 참여했고(1529) 독일 아우구스부르크 의회(1530)에도 참석하면서 가톨릭의 정체를 알게 된다. 그는 퀸타나 신부로부터 이단성을 의심받자 그를 떠나게 된다.

세르베투스가 언제 어떻게 해서 회심을 했는지, 도덕적 번뇌가 있었는지 알 길이 없다. 그런데도 그의 나이 21~22세의 젊은 나이에 종교개혁의 개혁자로 나선다. 세르베투스는 독일을 거쳐 스위스 바젤로 갔다. 여기서 종교개혁자 외콜람파디우스를 만난다. 세르베투스를 만난 외콜람파디우스는 그가 삼위일체와 구세주의 신성을 부인하는 주장을 하는 것을 듣고 놀라움을 금치 못한다.

이때 외콜람파디우스는 부처와 츠빙글리에게 세르베투스를 경계하도록 한다. 세르베투스는 개혁자들의 권면을 무시하고 1531년 7월 《삼위일체의 오류에 관하여》라는 책을 출판하였다.

이 책에서 그는 삼위일체에 관한 전통적 신앙을 정면으로 부인하였다. 그는 성경, 니케아 이전의 교부들, 스콜라 신학 등을 근거로 7권의 삼위일체 반대에 관한 저서를 발표했다. 세르베투스는 삼위일체론자를 가리켜 삼신론자, 무신론자라 했고 삼위일체란 머리가 셋 달린 괴물에 불과하다고 했다.

그는 자기 이론을 증명하기 위해 성경 여러 곳을 자기 식으로 해석했다. 요한복음 10장 30절의 "나와 아버지는 하나이니라", 요한 14장 11절의 "내가 아버지 안에 거하고 아버지께서 내 안에 계신다", 로마서 11장 36절 "만물이 주에게서 나오고 주로 말미암고 주에게로 돌아감이라"라는 구절을 자기 식으로 교묘하게 설명했다. 그래서 침례 집전을 위한 삼위 이름(마 28:19), 사도의 축도(고후 13:13)에 나오는 삼위는 위격이 아니라 하나님의 세 가지 경향이라고 해석했다.

또 1532년에는 2개의 대화집을 출판했다. 여기서 루터의 이신칭의 교리를 부인하고 성례전에 관한 루터와 츠빙글리의 견해도 부인하였다. 이런 책이 시중에 유통되자 츠빙글리, 외콜람파디우스, 부처 등은 일제히 경악하고 이런 책의 판매 금지를 주장하였다.

스위스와 독일 개혁자들로부터 버림받은 세르베투스는 프랑스로 가서 '미셸 드 빌레누브'란 가명으로 20여 년간 기거한다. 이로써 세르베투스란 이름이 세인들의 관심에서 사라지게 되었다.

그는 1534년 파리에 거주하면서 수학, 지리학, 의학, 점성술을 공부한다. 그는 여기서 각 국가, 각 지방에 대한 성향을 발표한다. 또 1536년 파리에서 의사 면허를 얻고 폐의 혈액순환, 심장의 우심방에서 폐동맥을 거쳐 좌심방으로 혈액순환하는 것을 발견하였다. 그는 대학에서 지리학과 점성술도 강의하였다.

그는 1540~1553년까지 프랑스 남동부 리옹 남쪽에 있는 인구 2만 정도 되는 비엔(Vienne)에서 의사생활을 했다. 세르베투스의 생애 중 이 시기가 가장 행복한 시기였을 것이다. 그는 이곳에서 가톨릭의 고위 성직자들과 좋은 관계를 유지하였다. 비엔 시민들은 그가 악명 높은 《삼위일체의 오류》의 저자 세르베투스인 것을 모르고 있었다. 세르베투스는 이곳 비엔에서 계속 저술활동을 했다. 그리고 칼빈에게 여러 가지 질문 편지를 보냈다.

여러 질문 편지를 받은 칼빈은 간단하게 답변을 해보냈다. 이때에도 세르베루스는 자기 본명을 안 밝히고 30여 통의 편지로 칼빈을 괴롭혔다. 그러면서 칼빈을 구원받지 못할 자, 신성모독자, 천국에 관해 무식한 자라고 비난함으로 칼빈은 세르베투스에게 답신을 중지한다. 세르베투스는 1553년 《기독교의 재건》(The Restoratin of Christianity)이라는 책을 출판한다. 기독교 재건은 가톨릭과 개신교에 대한 선전포고였다. 이 책에서 유아세례가 마귀적이고, 원죄와 삼위일체 교리는 믿을 만한 것이 못 되고, 예수는 하나님의 영원한 아들이 아니라 단순한 인간으로 하나님이 되었다고 했다.

요한계시록 12장의 '해를 옷 입은 한 여자'가 진정한 교회요 그녀의 아기는 기독교 신앙이라고 했다. 그는 "7개의 머리를 가진 거대한 붉은 용은 다니엘, 바울, 요한이 예언한 적그리스도. 콘스탄틴 황제가 이끈 니케아 종교회의 때부터 한 하나님을 세 부분으로 나누었을 때 붉은 용은 진정한 교회를 광야로 내쫓기 시작했다. 적그리스도는 1260일 또는 1260년 동안 세력을 잡고 있다. 그러나 이제 그의 통치는 종말을 고하고 있다. 교황청과 개신교의 적그리스도 독재를 전복시키고 기독교를 원시적 순수성으로 복구시켜야 한다"고 했다. 그는 자기가 멜란히톤과 칼빈에게 보냈던 편지들도 책에 포함시켰다. 세르베투스는 이 책을 칼빈과 멜란히톤에게 도전장으로 보냈다.

B. 세르베투스의 신학

세르베투스는 과연 죽여 없애지 않으면 안 될 정도로 심각한 인물이었는가? 그는 기독교 신앙을 파괴하는 결정적 위험 인물이었는가? 칼빈은 왜 그를 체포해서 몇 달간 심문한 끝에 최고 악형인 화형에 처해 죽였는가? 칼빈이 무슨 명분으로 젊은 사람을 생으로 죽이는 데 앞장섰는가?

우리는 500년 전 종교개혁의 이름으로 억울하게 죽은 세르베투스가 믿은 바를 알아보자.

① 기독론

그는 예수 그리스도가 하나님의 본질에 의해 동정녀 마리아에게서 하나님의 아들로 태어난 것을 믿었다. 그러나 그분이 영원한 하나님의 아들이라고는 믿지 않았다. 예수 그리스도가 하나님의 아들임은 믿지만 그 예수가 곧 하나님과 같은 분에서 분리되었다고는 믿지 않았다. 하나님 한 분만이 언제나 영원하시다. 그런데 삼위일체 교리는 하나님의 아들을 둘로 만들어 놓았다.

하나는 불가시적이요 영원한 아들이 천상에 존재하고, 다른 하나는 가시적이요 일시적인 아들이 지상에 존재했던 것으로 두 아들을 만들었다. 이렇게 해서 예수 그리스도를 신성과 인성을 가진 2개의 성질로 설명한 것이 전통적인 정통 교리이다.

인간 예수는 하나님과 동일한 본질이다. 남편과 아내가 결혼해서 아들을 낳으면 그 아들은 부모가 합쳐진 하나이듯이 하나님과 인간 예수는 그리스도라는 하나를 만든 것이다. 고로 그리스도의 육신은 거룩하며 하나님의 본체이다. 이 같은 기독론은 예수 그리스도의 인성을 부인하고 처음부터 끝까지 신성만 가졌다는 단성론 또는 일신론(유니테리안)의 이론이다. 그의 기독론은 단성론을 주장했다.

② 신론

하나님이 세 분(성부, 성자, 성령)이 계신다. 이것은 삼신론자요 무신론자라고 했다. 그런 하나님은 조합적이고 연계적인 하나님이다. 삼신을 보면 하나는 잉태되지 않고 스스로 계시고, 하나는 잉태되었고, 하나는 발현되었다. 삼신 중 하나는 죽었고 둘은 죽지 않았다.

삼위격을 개별적으로 고려하면 신이 셋이 아닌 넷이 될 수 있다. 세르베투스는 이 같은 신성모독의 신앙은 폐기되어야 한다고 했다. 그는 교부들과 스콜라 신학자들이 인용한 성경 구절들, 즉 창세기 18장 2절, 출애굽기 3장 6절, 시편 2편 7절, 110편 1절, 이사야 7장 14절, 요한복음 1장 1절, 3장 13절, 8장 58절, 10장 18절, 골로새서 1장 15절, 2장 9절, 베드로전서 3장 19절, 히브리서 1장 2절 등을 비교 연구 검토한 후 성경의 표현은 계시나 현신의 삼위격 표현일 뿐 본체의 삼위격은 아니라고 했다. 그는 '위격'이란 표현 대신 원어 그대로 배우들의 마스크로 생각했다.

그래서 세르베투스는 성령을 말씀과 동일시했다. 성령은 하나님의 영이므로 성령이 우리 안에 거하심은 하나님이 우리 안에 거하심이라고 믿었다(고전 3:16, 6:19; 고후 6:16; 엡 2:22). 이 성령은 그리스도의 영, 혹은 아들의 영(갈 4:6; 롬 8:9; 벧전 1:11)으로도 불린다. 아울러 구약 때의 성령은 알려지지 않았고 성령의 발현시기가 오순절 때라고 했다(요 7:39; 행 19:2). 또 구약의 영은 노예적이요 두려움의 영이었고 양자의 영, 사랑의 영은 아니었다(롬 8:15; 갈 4:6). 그는 하나님께서 선만 창조하신 것이 아니라 악도 역시 하나님의 본질로 구성되었다는 기독 범신론을 주장했다(사 45:7).

③ 인간론
타락한 상태의 인간은 아직도 자유의지, 이성, 양심을 가지고 있으며 이것들이 그를 하나님의 은혜와 연결시켜 준다. 인간은 아직도 하나님의 형상을 가지고 있다. 고로 하나님의 형상을 가진 인간을 살해하는 살인은 처벌해야 한다. 하나님은 모든 피조물에 공정하시다. 하나님은 스스로를 저주하지 않는 자는 저주하시지 않는다고 믿고 예정론을 거부한다. 아울러 이신칭의를 거부하고 인간은 믿음과 아울러 선행으로 칭의를 받는다고 했다.

④ 성례론
세례에는 복음 전파, 성령의 조명, 회개가 선행되어야 하며 세례가 중생된다는 가톨릭의 견해는 따랐으나 유아세례는 거부했다. 삼위일체 교리와 함께 유아세례가 교회 부패의 근원이라 했다. 성찬에 대해 그는 츠빙글리 같은 상징설을 따랐다.

이상에서 세르베투스의 신학 체계를 살펴보았다. 여기서 두드러지게 문제가 될 만한 것은 그가 전통적인 삼위일체 교리를 믿지 않은 점과 유아세례를 믿지 않았던 것으로 확실하게 나타난다. 우리가 현재 믿고 있는 기독론 교리는 A.D. 325년 니케아 종교회의 때 채택한 교리이다.

또 우리가 믿고 있는 삼위일체 교리는 A.D. 451년의 칼케돈 종교회의 때 채택된 교리이다. 유아세례는 가톨릭과 개신교만 믿는 신앙이고 재침례교도들은 믿지 않는 제도이다.

이렇게 볼 때 삼위일체 신앙이나 기독론 신앙이 종교회의에서 채택된 것이라 해도 그것을 믿지 않는다고 해서 죽여야 할 만큼 대역죄라고 하기에는 지나친 감이 많다.

세르베투스를 1553년 8월 15일부터 시작해서 두 달간 집중적으로 심문했던 심사위원들이 여러 명이 있었다. 칼빈 자신이 세르베투스를 직접 심문했고 새셋, 트레첼, 바우어 도르너, 하르낙 등 뛰어난 심사위원들이 약 두 달간 심문한 결과 결론은 한결같았다. 세르베투스는 회의론자나 이성주의자가 아닌 기독교 진리에 대한 절대적 확신을 가진 자였다. 그는 성경을 절대무오한 진리의 원천으로 믿었고, 전통적인 정경으로 믿었다.

그렇다면 무엇이 문제였는가? 그는 성경 이외의 로마 가톨릭 교회가 만든 각종 신조나 교리, 심지어 종교개혁자들이 만들어낸 교리들의 오류를 축출하고 원시 기독교를 복구해야 한다고 믿었다.

그렇기 때문에 세르베투스는 성경을 기초로 하여 기존 모든 신조나 교리를 부정하는 개혁자들보다 더 극단적인 혁명을 꾀하였다. 이 같은 세르베투스를 보는 칼빈은 세르베투스가 과거 역사에서 이단으로 정죄되어 오고 있는 아리우스주의(단성론), 아폴리나리우스주의, 사벨리우스주의 등과 같은 일신론자였고 자유의지를 믿는 펠라기우스주의와 같고, 당시 대표적 이단인 재침례교도처럼 보였을 것이다.
 그렇다고 치더라도 세르베투스를 죽인 잘못은 영원히 씻을 수 없는 과오라고 할 수 있다.

C. 세르베투스의 재판

 칼빈이라면 무조건 옹호하는 칼빈주의자들의 역사 기록을 보면 세르베투스를 죽인 것은 칼빈이 아니라 당시 살생권을 갖고 있던 시 의회였다고 변명한다. 과연 칼빈은 세르베투스를 죽이는 데 무관했는가?
 세르베투스의 재판 과정을 살펴보자. 세르베투스는 프랑스 비엔에서 로마 가톨릭에 의해 제1차 재판을 받고 그 후 제네바에서 칼빈에 의해 체포된 후 제네바 시 의회로부터 제2차 재판을 받았다. 여기서 두 곳의 재판 과정을 보자.

 ① 비엔에서의 제1차 재판
 세르베투스는 프랑스 비엔(Vienne)에서 '미셸 드 빌레누브'라는 가명으로 의사생활을 하고 있었다. 그런데 세르베투스가 "기독교의 재건"이란 저서를 발표한 지 얼마 되지 않아 리용에 있는 로마 가톨릭 당국에 의해 고발을 당하였다.
 세르베투스가 가톨릭 당국에 고발된 것은 당시 열렬한 가톨릭 신자로 리용에 거주하고 있던 알네스와, 그의 사촌으로 제네바에 살고 있는 트리에(Jean Trolliet) 간의 서신 왕래에서 비롯되었다.
 알네스는 자기 사촌 트리에가 제네바의 칼빈 밑에서 개신교로 개종하여 목사가 된 것을 다시금 가톨릭으로 되돌리려고 열심히 노력하였다. 그러면서 자기 사촌이 살고 있는 제네바를 폄하하고 개혁 도시란 소문에 비해 교회가 허약하다고 비난하였다.

그러자 트리에는 제네바야말로 범죄자가 즉각 응징받는데 프랑스야말로 삼위일체를 모독하고 유아세례를 부인하는 이단이 건재하는 무법천지라고 응수했다. 그런 문제의 인물이 마이클 세르베투스인데 그는 지금 비엔에서 '빌레누브'라는 가명으로 의사 노릇을 하고 있다고 했다.

그리고 "기독교의 재건"을 출판한 출판업자는 비엔의 발타사르 아눌렛이라고 지적했다. 제네바의 트리에는 이 같은 정보를 어떻게 알았는가? 트리에는 전직 수도승이었는데 제네바에 와서 다시 신학교육을 받고 1552년에 목사가 되었다. 트리에는 칼빈 수하에서 목사로 지내며 칼빈이 세르베투스를 지독하게 혐오하고 있었던 내용을 잘 알고 있었다.

세르베투스는 칼빈에게 30여 통의 편지를 보내며 칼빈을 괴롭힘으로 칼빈은 '빌레누브'라는 자가 세르베투스임을 심증으로 알고 있었다. 그래서 칼빈이 세르베투스의 정체를 감추고 빌레누브라는 가명의 의사에 대한 정보를 트리에에게 주었기 때문에 그가 알고 있었던 것이다.

트리에는 칼빈을 통해 알게 된 빌레누브의 정보를 자기 사촌 알네스에게 주었고 알네스는 로마 가톨릭 당국자들에게 제보했다. 이렇게 해서 세르베투스가 아닌 빌레누브는 당시 리용의 대 주교였던 투르논 추기경에 의해 종교재판관인 마티아스 오리를 통해 즉각 재판을 받게 되었다.

빌레누브란 가명을 쓴 세르베투스는 1553년 3월 16일 비엔의 세속 재판정에 출두 명령이 떨어졌다. 세르베투스는 재판관들을 2시간이나 기다리게 하면서 모든 증거물들을 없애버렸다. 그리고 아무 수치감 없이 당당하게 재판정에 나섰다.

그는 비엔에 오랫동안 거주하면서 성직자들과 가까이 지냈고 이단의 혐의를 받은 일이 없으며 소동을 일으킬 만한 일이 없다고 주장했다. 경찰이 그 집을 수색했으나 유죄를 밝힐 만한 물적 증거가 발견되지 않았다. 다음 날 아눌렛의 인쇄소를 수색했으나 증거가 나오지 않았다. 오리 재판관은 알네스에게 제네바의 사촌 트리에를 통해 증거물을 찾아오라고 했다.

트리에는 칼빈에게서 세르베투스가 보낸 몇 통의 편지를 구해서 보내줬다. 칼빈은 그가 정말 목사라면 세르베투스가 위험에 직면한 것을 알고 과거 자기에게 보낸 세르베투스의 편지들을 감추고 내놓지 않았어야 되는 것이 정상적인 처신이었다.

그러나 칼빈은 세르베투스에 대한 원한으로 가득 차 있었기에 적극적으로 쉽게 협조했다. 그리고 세르베투스가 칼빈의 《기독교 강요》에다 유아세례를 반대한다는 의견들을 낙서해 놓은 증거물들을 다 보내 주었다. 참으로 서글픈 칼빈의 처신이었다. 오리 재판관은 《기독교의 재건》을 저술한 저자가 빌레누브라는 가명을 쓴 세르베투스이며 아눌렛이 그 출판업자였다는 증거를 확보했다.

리용 추기경, 비엔 대주교, 오리 재판관은 1553년 4월 4일 빌레누브와 아눌렛을 체포하라고 명령했다.

빌레누브는 자기가 계속 세르베투스가 아니라고 거짓말을 했다. 그러자 재판관은 칼빈이 보낸 《기독교 강요》 여백에 적은 세르베투스의 낙서들을 제시하자 그 글은 자기가 썼다고 인정했다. 그리고 그 글은 단지 토론이 목적일 뿐 교회의 가르침과 교훈을 떠난 일이 없다고 발뺌을 했다.

칼빈이 자기를 세르베투스라고 의심하나 자기는 세르베투스가 아니라고 했다. 사태가 점점 불리해짐을 간파한 세르베투스는 도주하기로 결심한다. 심문이 계속되던 4월 7일 새벽 4시경 용변을 보겠다는 구실로 간수에게서 열쇠를 받아 변소에 들어간 뒤 변소

지붕에서 담을 넘어 도주하였다.

그가 도주한 지 2시간 후에야 탈주한 것이 알려졌다. 그는 자기 친구들을 통해 충분한 돈을 준비하고 론 강을 건너 도주에 성공했다. 세르베투스가 도주한 후에도 재판은 계속되었다.

그래서 6월 17일 세속 법정은 종교 재판관들의 판결을 기다리지 않고 세르베투스는 이단 교리를 가르친 자, 왕의 칙령을 어긴 자, 감옥에서 탈출한 자 등의 죄목으로 1,000리브의 벌금과 그의 책과 그를 불로 태우는 화형에 처할 것을 판결하였다.

그의 재산 4천 크라운과 주거는 압수되었고 재판장에게 하사되었다.

② 제네바에서 제2차 재판

세르베투스는 비엔에서 죽음의 고비를 넘기고 탈주했다. 그는 프랑스에서 약 석 달간 머물러 있었다. 그런데 자기가 결정적으로 함정에 빠진 이유가 칼빈에게 보낸 편지와 증거물들이 제시되었기 때문임을 알게 되었다. 세르베투스는 칼빈과 대결전을 벌여 볼 심산이었는지 제네바를 찾아간다.

1553년 7월에 그는 제네바에 도착했다. 그리고 호숫가 있는 조그만 여관에 여장을 풀었다. 그는 이곳에서 한 달 정도 머문 후에 취리히로 떠나려고 했다. 그는 이곳을 떠나기 전 마지막으로 8월 13일 주일 예배에 참석하러 교회에 나갔다가 칼빈의 주도하에 예배 도중 시 의원들에게 체포되었다.

칼빈은 어떻게 세르베투스를 알아보았을까? 칼빈이 이끌어 가는 제네바 시는 시 전체에 장로들에 의해서 각 지역에서 일어나고 있는 모든 일이 매주 당회에 보고되었다. 좋게 말하면 보고였으나 엄밀하게 말하면 사찰이었다. 그런 영문도 모르는 세르베투스가 여관에 머물면서 행했던 경박한 언행과 몸가짐이 여관 주인에 의해 그대로 보고되었다.

세르베투스가 호수를 건널 수 있는 보트를 구해 달라고 했다. 이 같은 수상쩍은 행동들이 그가 의심 받을 만한 보고거리가 되었다. 세르베투스는 주일 예배를 드리고 조용히 떠나려고 했다. 그런데 미리 보고된 사전 정보에 의해 예배 도중에 체포를 당하였다.

이것은 칼빈이 주도한 일이었다. 당시 제네바 법은 원고와 피고가 함께 감옥에 들어가야 했다. 만일 피고가 혐의가 없으면 원고가 피고 대신 처벌을 받도록 하기 위함이었다. 세르베투스의 원고는 칼빈이 되어야 했다. 이때 칼빈은 자기 개인 비서였던 프랑스인 신학생 니콜라스 드 라 폰테인을 자기 대신 원고로 세웠다. 원고인 니콜라스의 변호사는 저메인 콜라돈이라는 프랑스인으로 칼빈을 도와 제네바 헌법을 기초한 인물이었다.

재판은 8월 15일에 시작되어 약 2개월 이상 걸렸다. 재판 장소는 주교관 관저였던 집을 감옥으로 사용하고 있는 세인트 피에르 교회 근처에 있는 곳이었다.

세르베투스는 이곳에 억류된 채 소의회, 시의 대변인, 참관인들이 참석한 가운데 계속 재판을 받았다. 여기서 칼빈에 의해 제기된 세르베투스의 죄목은 38개였다. 가장 중요한 죄목은 그가 삼위일체 교리 반대자다, 예수 그리스도의 위격 부인자다, 유아세례 반대자라는 죄목이었다.

칼빈이 이 같은 죄목으로 고소하자 세르베투스는 전에 자기가 칼빈에게 편지를 보낸 것은 칼빈에게 피해를 입히고자 함이 아니고 단지 그의 오류와 실수를 지적해 주기 위함이었다, 칼빈의 오류를 모든 회중들이 보는 앞에서 성경과 합리적 이성에 근거하여 증명할 수 있다고 했다.

이때 칼빈이 기꺼이 응하겠다고 나섰으나 시 의회는 이를 거부했다. 8월 17일, 21일에는 칼빈이 직접 원고로 나서서 세르베투스와 논쟁을 벌이기도 했다. 세르베투스는 학식이나 이론에 있어서 칼빈의 적수가 되지 못하였다.

8월 23일 세르베투스는 의회 앞에서 자기를 변론했다. 자기는 육체적으로 성 불구자이기 때문에 부도덕한 죄를 범한 일이 없다, 자기의 저술이 기독교권에 평화를 어지럽히기는커녕 오히려 진리를 밝히는 데 도움이 되리라고 생각한다, 자기는 형사적 처벌을 받지 않아야 한다, 콘스탄틴 황제 이전에는 이단 사건이 세속 법정에서 취급된 일이 없다, 자기는 반역죄나 난동죄를 범한 일이 없으며 자기 논문들은 모두 식자층과 학자들을 대상으로 한 학문적 토론을 위한 의미가 있을 뿐이라고 했다. 그리고 만약 석방되지 않을 경우 현지 법률과 관습에 정통한 변호사를 선임해 달라고 요청했다.

8월 말에는 세르베투스를 1차 재판한 비엔에서 빌레누브란 가명을 쓴 자에 대한 재판 결과를 제네바에 전달했다. 비엔 의회는 빌레누브를 비엔에서 화형시킬 수 있도록 신병 인도 요청을 했다. 제네바 시 의회는 비엔의 신병 인도를 거부하고 공정한 재판을 약속했다.

9월 1일 칼빈은 세르베투스 저서에서 38개의 조항을 지적하며 문제점을 제출했다. 세르베투스도 24시간 내에 칼빈의 38개 조항에 대한 자기 변증을 서면으로 냈다. 그러자 칼빈은 이틀 후에 23페이지에 달하는 반박문을 제시했다.

이렇게 두 신학자들은 서로의 논쟁을 계속하였다. 9월 19일 제네바 소의회는 세르베투스 문제를 스위스의 베른, 취리히, 샤프하우젠, 바젤에 있는 개혁파 교회의 목사와 관리들에게 회부하였다.

이제 세르베투스는 제네바 이웃 도시의 결론에 따라 사건이 판결되도록 되었다.

10월 18일 네 개의 도시에 보냈던 질의에 대한 응답이 도착하였다. 스위스 네 도시 교회들은 만장일치로 세르베투스의 신학적 교리를 정죄하고 그가 위험한 존재이므로 반드시 해악이 제거되어야 한다고 했다. 그러나 이들 교회 중 어느 하나도 사형을 제안한 교회는 없었다. 저들은 세르베투스의 처형을 제네바의 재량에 맡겼다.

10월 26일 세르베투스의 처벌을 놓고 상당한 토론을 벌였다. 시의회 사회를 맡고 있던 펠린은 세르베투스를 도우려고 했다. 그래서 세르베투스가 죽지 않고 추방되는 것을 원하는 대로 200인 의회에 넘기려고 했다. 그러나 소위원회는 이를 반대했다.

소위원들 다수가 세르베투스의 사형을 원하는 분위기였다. 소위원회는 세르베투스에게 이단과 신성모독죄를 적용하여 만장일치로 화형을 하도록 결정을 내렸다. 화형 대신 참수형으로 처리하라는 칼빈의 의견도 받아들여지지 않았다.

D. 세르베투스의 처형(1553년 10월27일)

제네바 법정에서 세르베투스에 대한 처형 결정이 내려졌다. 세르베투스가 삼위일체를 가리켜 머리가 셋 달린 괴물이라고 한 점, 기독교 신앙을 공격한 점 등을 열거한 다음 마이클 세르베투스를 밧줄로 묶어 참펠로 끌고 가서 말뚝에 묶고 산 채로 불태울 것을 판결한다고 했다.

10월 27일 아침 세르베투스는 예상치 않은 화형 판결 소식을 듣고 공포에 질려 미친 사람처럼 스페인어로 '자비, 자비'를 외쳤다. 경건한 노인 파렐 목사가 칼빈의 요청에 의해 죄수에게 마지막 목사 사역을 하기 위해 세르베투스가 갇혀 있는 감방을 찾아갔다.

파렐은 아침 7시부터 세르베투스가 죽을 때까지 함께 있었다. 파렐은 세르베투스를 납득시키려고 노력했다. 그러나 세르베투스는 그리스도께서 성육신하기 이전에 '하나님의 아들'이라고 불린 성경 구절이 하나라도 있으면 인용해 보라고 했다.

세르베투스는 사형장으로 끌려가면서 "나에게는 죄가 없다. 사형당할 일을 한 적이 없다"고 항의하며 마지막 순간에 순교자로서의 용기와 일관성을 보여주었다.

형 집행 장소인 참펠은 제네바 남쪽에 있는 작은 언덕이었다. 사형 집행인이 장작 속에 세워진 말뚝에 그를 쇠사슬로 묶고 유황을 바른 나뭇잎을 그의 머리 위에 얹었다. 그의 옆에는 그의 저서들이 묶여 있었다. 그는 불타오르는 횃불을 보자 스페인어로 "미저리 코르디아"(misericordias : 자비)라고 날카롭게 외쳤다.

타오르는 불길은 곧 그의 몸을 살랐고 최후의 순간 연기 속에서 ®예수 그리스도 영원하신 하나님의 아들이여! 나를 불쌍히 여기소서©라고 외쳤다. 이것이 세르베투스 최후의 말이었다. 그는 44세로 인생이 끝이 났다. 그의 화형이 끝났을 때 12시가 되었다. 사람들은 조용히 집으로 돌아갔고 파렐 역시 칼빈을 찾지 않고 뉴사텔로 돌아갔다.

세르베투스는 과연 화형당해 죽을 정도로 여론이 악화됐는가? 당시 프랑스 비엔의 가톨릭 교회나 스위스의 여러 개혁파 교회들이 이단자에게 중형을 가해야 한다고 하는 것이 일부 여론이었다. 그러나 그 당시에도 이탈리아 출신의 난민들과 자유사상가들(렐리오 소치니<Lelio Socini>, 오키노, 카스텔리오 등의 바젤 대학 교수들)과 재침례교도들은 칼빈의 독선적 결정에 모두 반대했다. 세르베투스를 처형한 후 칼빈을 욕하고 비난하는 글들이 쏟아졌다. 칼빈은 새로 생긴 새 교황 독재자요, 새로운 종교재판관이라는 비판을 받게 되었다. 이제까지 종교의 자유 피난처로 소문났던 제네바는 새 로마 교황청이라는 조소를 받게 되었다.

세르베투스의 처형에 불만을 품은 자는 칼빈의 적수들이나 일부 분파주의자들이 아니다. 정통파 경건한 인사들 중에서 세르베투스 처형을 근거로 잔인한 종교박해가 정당화될 것을 크게 우려했다.

아니나 다를까, 세르베투스의 처형이라는 서글픈 분위기가 몇 달이 지났다. 이때 칼빈은 세르베투스의 처형에 관한 자기 행동을 변호하는 글을 발표하고 당시 제네바에 있었던 15명의 목사들에게 서명하도록 했다. 이때 칼빈은 상대가 자기와 같은 나이의 젊은이로 죽게 된 결과에 대해서 단 한마디라도 겸손하게 용서를 구하는 인간적인 면이 전혀 없었다.

그는 세르베투스가 하나님의 심판에 의해 처형된 것은 정당하다고 항변했고, 이단자를 처형한 것을 공의롭지 못하다고 주장하는 자들은 세르베투스와 똑같은 죄를 범하는 자들이라고 항변했다.

그는 하나님의 영광을 위해 마땅히 제거되어야 할 자가 제거되었다며 원수에 대한 원한이 가득 찬 글들을 남겼다. 이 같은 칼빈을 칼빈주의에 중독된 사람이 아니고서는 결코 납득할 수 없을 것이다.

칼빈의 많은 공로 못지않게 칼빈이라는 인간 자체에 대한 환멸을 느끼게 되는 대목이다. 세르베투스의 마지막 죽는 모습을 보라. 그는 ®영원하신 하나님의 아들이여! 나를 불쌍히 여기소서©라고 했다. 세르베투스는 무신론자도 아니고 칼빈이 주장한 것처럼 이단도 아니었다.

삼위일체 교리를 안 믿으니까 이단이라고 했는데 오늘날 하버드 대학을 비롯한 유니테리안들은 모두 삼위일체를 안 믿는다. 유아세례는 가톨릭과 개혁 교회만 믿을 뿐 침례교도 안 믿는다. 칼빈은 자기가 믿는 신앙 교리만이 절대 완벽하다는 지독한 독선에 빠져 자기와 다른 신앙은 용납하지 못하는 폐쇄적 유아독존자였다.

이단을 처벌해야 한다는 칼빈의 사고는 구약의 율법주의자의 사고로는 가능할지 모르지만 복음적인 신약성경 어느 곳에도 우상숭배자나 신성모독자를 사형시키는 것이 하나님의 영광이라고 표현된 곳이 없다. 칼빈은 하나님의 영광이라는 미명으로 자기 영광을 추구한 철저한 독선주의자였다. 그 같은 독선이 그의 후세 신학에 계속 계승되고 있다.

참으로 가슴 아프다 못해 통탄할 일이 하나님의 이름으로 역사 속에 실현되었다. 세르베투스가 억울하게 비명에 사라졌다. 그가 죽은 지 수백 년이 흘렀다. 그런데 그의 죽음을 안타까워하는 자유파 개신교도들이 있다. 1903년 11월 1일에 제네바 동편 프랑스령인 안누마스에 세르베투스의 동상과 추모탑이 세워졌다.

동상의 정면에는 "1519년 9월 29일 아라공 주(나바라 주) 뷔르누(투데라)에서 출생한 자유 신앙의 사도요, 자유사상의 순교자인 미카엘 세르베투스는 칼빈에게 고발되어 1553년 10월 27일 제네바에서 산 채로 분살되었다"고 기록되었다. 비문 후면에는 "각국에서 모인 기부금으로 된 미카엘 세르베투스의 동상을 세울 것을 제네바 시 참사회가 거부했으므로 위원회는 이것을 안누마스에 세우기로 결정하였다. 1903년 10월 25일 안누마스 시장 J. 큐르사, 조역 베레, 조역 롤랄산"이라고 기록되었다. 그리고 비문 좌우에는 세르베투스가 감옥 안에서 인간 이하의 고문으로 고생한 내용들이 묘사되었다. 칼빈이 이렇게 세르베투스를 공개적으로 화형시킨 다음에는 아무도 그를 반대하는 사람이 없었다. 칼빈의 권위로 인해 스위스의 다른 칸톤의 신학자들까지 그를 두려워하게 되었다.

이와 같은 칼빈을 후세 사람들은 뭐라고 말하는가? 미국의 저명한 교회사 학자 롤란드 베인톤은 "가톨릭에 의해서 허수아비가 태워지고 개혁주의자들에 의해서 실체가 화형을 당했다"라고 했다. 또 다른 이는 민주주의 원조를 칼빈에게서 찾을 수 있다고 하나 아무리 보아도 칼빈은 민주주의와는 먼 사람이었다고 했다.

우리는 몽테뉴(Motagne)가 말한 것처럼 모든 인류는 세르베투스에게 큰 빚을 지고 있다는 말을 상기할 필요가 있다. 세르베투스 같은 자유사상가나 재침례교도들 같은 성서주의자들은 전통적 교리라 해도 성경에 맞지 않는 것은 거부하였다.

세르베투스는 삼위일체의 전통 교리를 거부하고 유아세례를 거부했다. 그는 이런 교리를 거부함으로 희생되어 사라졌다. 현재 우리들이 누리고 있는 온갖 고상한 자유들은 저들의 희생 위에 피어난 결실들이다.

당시 시 의회라는 막강한 힘을 가지고 있던 집권 세력인 칼빈은 정통 신앙 수호라는 이름으로 소수파의 의견을 짓누르고 그들의 사상을 뿌리째 뽑으려고 하였다. 그래서 그들의 당대에는 자기들이 제거하려는 세력들을 제거한 것인 양 의기양양하였다. 그러나 그들의 잔인한 행위들은 그대로 그 결과를 거두게 되었다.

칼빈주의에 중독된 한 부류 외에는 칼빈이 행한 잔인한 피의 역사를 더 많은 후예들이 증언하고 있다. 오늘날 세르베투스의 사상적 후손들이 더 크게 소리를 내고 있는 것이 현실이다.

4) 칼빈의 공적

(1) 유럽 교회들에 미친 영향

세르베투스를 처형하고 난 후 칼빈은 자기가 이단을 처단한 행위를 옹호하는 책자를 발표한 것으로 많은 파문을 일으켰다. 칼빈이 자유사상가를 이단이라고 죽여 놓고도 조금도 뉘우침이 없을 때 경악한 사람들이 종교의 자유를 옹호하는 저자 미상의 글을 출판 했다.

이 책은 마르티누 벨리루스라는 이름의 편집자가 편찬한 내용이었다. 이 책 속에는 전에 칼빈에 의해 제네바에서 추방당하고 바젤 대학에서 언어학 교수로 있는 카스텔리오의 글도 들어 있었다. 이 책의 내용은 종교의 자유가 보장되어야 한다는 일련의 논문들이었다.

루터, 에라스무스, 세바스찬 프랭크, 크리소스톰, 제롬, 아우구스티누스 등등 과거 교부들과 사상가들이 각 개인의 종교의 자유를 허용했다는 폭넓은 종교의 자유에 대한 견해가 편집되어 있었다.

이중에 마지막 부분이 카스텔리오의 글이었다. 그는 종교 박해에 관한 성경과 교부들의 글을 인용했다. 그는 성경 해석에 관해 서로 이견을 갖고 있는 여러 분파들의 존재를 열거했다.

그리고 "이렇게 서로 다른 성경 해석의 현실을 인정하지 않고 저들을 자기와 다른 해석을 한다는 이유로 종교의 자유를 인정하지 않고 한 의견만 따른다면 결국에는 한 파만이 존재해야 한다는 독선과 오류에 빠지게 된다. 왜냐하면 한 파 외에는 모두 소멸시켜야 하기 때문이다. 이와 같은 오류를 과거 아우구스티누스가 고집함으로 도나투스파에게 끝까지 박해를 계속하였다. 그와 같은 아우구스티누스의 고집이 어떤 결과를 가져왔는가? 결국은 아리우스파 반달족의 침략으로 아우구스티누스의 고국이 이교국이 되고 말았다. 이것은 아우구스티누스의 독선에 따른 벌을 받은 결과이다 복음과 종교 개혁의 이름으로 종교의 자유가 실현되어야 한다.©

라고 주장했다.

이와 같은 카스텔리오의 주장으로 자유주의를 외치는 무신론자 루소와 볼테르가 나왔고, 종교의 자유를 깃발로 내세운 퀘이커교도와 침례교가 나오게 되었다. 이렇게 종교의 자유에 대한 주장은 칼빈에 대한 간접적 반발이었다.

이때 칼빈의 충실한 제자 데오도레 베자가 종교 자유에 대한 반론의 저술을 내놓았다. 베자의 글은 종교의 자유를 옹호한 마르티누 벨리루스의 책이 나온 지 다섯 달 후에 나왔다.

이때 베자는 35세의 젊은 나이로 자기 스승 칼빈을 적극 옹호했다. 베자는 종교의 자유 자체를 반박했다. 그는 제네바에서의 세르베투스 사건에 대해 칼빈을 옹호했다.

그는 종교의 자유라는 미명하에 오류를 용인하는 것은 치리에 대한 무관심을 말하며, 이러한 행위는 교회 내의 모든 질서와 권징을 해친다고 하였다. 그는 교황청의 강제된 통일이 무질서 상태보다 낫다고 하였다.

그리고 이단은 살인보다 더 악한 것이다, 그것은 영혼을 살해하기 때문이라고 하였다. 베자는 영적 권세를 가진 모세가 율법 속에서 신성모독자를 처벌케 한 사실과 요시아 왕 등 유대 왕들이 신성모독자나 거짓 선지자들을 처벌했던 사실을 예로 들었다. 그리고 콘스탄틴 황제 이후 기독교 통치자들인 황제들이 이단을 처벌한 예도 들었다.

이와 같은 베자의 주장은 이단의 정의와 처벌의 정도를 제외하고는 과거 중세기 때 종교재판을 통해 무차별하게 살해한 것과 거의 다름없는 의견이었다.

칼빈과 베자가 세워 놓은 이단의 개념과 박해의 수단이 저들의 사후에도 오랫동안 개혁 교회 안에 계승되었다. 그것이 30년전쟁이었고, 청교도 혁명이었고, 미국 건국 초기의 개척정신이었다.

세르베투스를 처형시킨 이후 제네바는 극히 평온해 보였다. 하지만 세르베투스 처형 이후 약 2년간 시 의회와 칼빈 간에는 무서운 적대 관계가 계속되었다. 시 의회 정권을 잡은 애국당과 자유파들이 칼빈의 치리권을 무시하고 시 의회가 치리권을 행사하려고 하였다.

사람들은 칼빈을 이단자라 불렀고 거리에는 그에 대한 욕설이 그치지 않았다. 모든 상황이 칼빈 반대자들에게 유리하게 돌아가고 있었다.

이때 칼빈은 그의 관심을 제네바에서 유럽 대륙 전체로 돌린다. 그는 자기를 반대하는 코앞의 제네바를 의식하지 않고 세계를 향해 국제적 관심을 갖기 시작한다. 그것은 그가 국제적으로 다양한 사람들에게 보낸 편지에 나타난다. 그는 독일의 개혁자 멜란히톤, 부처, 취리히의 불링거, 뉴샤텔의 파렐, 비레, 영국의 크랜머, 스코틀랜드의 녹스 등과 군주들과 고위 관리들에게 수많은 편지들을 보냈다. 그가 쓴 편지는 4,271통으로 무려 10권의 책을 이룰 정도였다.

이러한 그의 국제적 관심은 제네바를 오늘날과 같은 국제도시로 만들게 된다. 16세기 초인 1543년에 제네바 인구는 1만 3천 명을 넘지 못했다. 그러나 1543년부터 1550년까지 7년 동안 인구는 2만 명으로 늘어났다. 매년 1천 명씩 늘어난 셈이다. 이들은 프랑스, 이탈리아, 잉글랜드에서 종교적으로 박해를 받던 난민들이었다. 그리고 스페인, 네덜란드까지 추가되어 가히 국제도시로 발전하게 된다.

여기서 칼빈이 유럽 각 나라에 미친 영향을 대략적으로 살펴보자. 칼빈의 영향력은 스위스, 프랑스, 독일, 폴란드, 보헤미아, 헝가리, 네덜란드, 영국, 스코틀랜드, 미국 등에 미쳤고, 그 중에 유럽과 아메리카 신대륙에 미친 영향이 가장 크다. 여기 각 나라별로 칼빈의 영향을 살펴보자.

① 프랑스

칼빈의 고국은 프랑스다. 그러나 그가 제네바에 정착한 후로는 다시 프랑스 땅을 밟지 못했다. 파리에 세워진 개혁 교회에서 목사로 청빙을 받았으나 거절했다.

하지만 기회가 있을 때마다 프랑스 교회를 위하여 여러 면으로 돕는 일을 하였다. 프랑스에서 종교적 박해를 받는 위그노들에게 신앙고백과 교회정치에 관해 자기 의견을 작성해 주었다. 그리고 프랑스에서 가장 많은 핍박을 받는 중세기 때의 왈도파들을 도왔다. 이들 왈도파가 1540년 11월 사형선고 받은 것을 국왕에게 간청함으로 사형을 연기시켰다.

그 후 1545년 4월 프로방스의 군사령관 도페레 후작과 잔인한 추기경 투르농의 지도 아래 왈도파 28개 촌락이 약탈당하고 여인들이 능욕을 당해 약 4천 명이 학살당했다. 이때 살아남은 4천 명이 제네바로 이주했다. 칼빈은 이들 왈도파 난민들이 스위스 여러 칸톤에서 살 수 있도록 주선해 주었다.

왈도파 사람들은 피이드몽 산악 지방에 본거지를 두고 계속 핍박을 받다가 1848년 자유를 획득하였고, 1870년 이후에는 이탈리아에 열렬한 전도 활동을 전개하여 로마 시에 이들의 교회가 생겼고, 플로렌스에는 왈도파 신학대학이 생겼다.

② 독일

칼빈은 독일 스트라스부르에서 3년간 목회했다. 그때부터 독일 루터란 교회와 우호적이었다. 그는 독일 개혁자 멜란히톤과 가장 친한 친구 관계를 유지하였다.

그것으로 인해 멜란히톤의 제자 우르시누스와 칼빈의 제자 올레비아누스가 합작으로 하이델베르크 요리문답을 완성했다. 이 요리문답은 독일, 네덜란드의 전체 개혁파들을 위한 중요한 신앙고백이 되었다. 이 내용에는 성찬, 선택에 관한 칼빈 사상이 잘 나타나지만 유기에 관해서는 침묵하고 있다.

이런 요리문답이 장로교회의 교회 정치 조례가 루터란 교회에 유입되어 변형되게 해주는 역할을 하게 되었다. 독일의 슐라이허마허는 칼빈주의 목회자의 아들이었고 모라비안 신자로 독일 신학의 개혁자 역할을 하였다. 이런 요인들로 인해 독일 신학은 루터주의의 편협성에서 칼빈주의로 많은 진보 형태가 나타났다.

③ 네덜란드

네덜란드는 독일로부터 종교개혁 정신을 받아들였고, 신학과 교회 정치 체제는 스위스 칼빈주의와 프랑스 개혁파 사상을 받아들였다. 네덜란드의 칼빈주의는 루터란과 재침례교를 능가했다.

그런데 네덜란드가 칼빈주의가 월등한데도 역사 속에 희생당한 세력은 침례교도였다. 1523년 2명의 아우구스티누스 수도사가 브뤼셀에서 이단 혐의로 화형을 당했다.

이것에 자극 받은 신성 로마 제국 카를 5세와 필립 2세는 약 80년을 계속해서 10만 명 이상의 개신교 신자들을 죽였다. 이들 10만 명 희생자 절대 다수가 침례교도들과 분파주의자였다. 네덜란드에서 80년 동안 10만 명이 희생된 것은 기독교가 처음 시작되어 300년 동안 로마 황제들에 의해 희생당한 숫자보다 더 많은 희생이었다. 이렇게 희생된 끝에 1561년 벨기에 신앙고백이 작성됨으로 네덜란드는 공식적으로 개혁파가 국교가 된다.

침례교는 가톨릭 황제들에게 수난만 당하고 저들이 누려야 할 영광은 정치와 종교의 분리 원칙 때문에 개혁파가 차지한다.

그 후 17세기 초에 칼빈주의에 대한 반동으로 알미니안주의가 발생한다. 알미니안에 대한 반격이 1619년 도르트 총회에서 칼빈주의 5대 강령으로 나타난다. 이 같은 칼빈주의 5대 강령은 미합중국 내 네덜란드 개혁파 교회로 옮겨간다.

네덜란드에서 패배한 듯한 알미니안주의는 스튜어트 왕조 때 영국으로 건너간다. 영국에 건너간 알미니안주의는 존 웨슬리에 의해서 칼빈주의를 능가할 정도로 영국과 미국에 큰 성과를 이룬다. 칼빈주의는 하나님의 주권과 값없이 주시는 은혜를 강조하고, 알미니안주의는 인간의 책임을 강조한다. 이 두 가지 사상이 모두 네덜란드에서 만들어져서 전 세계에 보급되었다.

④ 스코틀랜드

칼빈의 가장 큰 영향은 스코틀랜드에 미쳤다. 스코틀랜드의 장로교회는 제네바 개혁 교회의 후손이라 할 수 있다.

스코틀랜드 종교개혁은 존 녹스에 의해 이루어졌다. 그는 칼빈보다 4년 연상이었으나 메리 여왕의 핍박을 피해 제네바에 가서 칼빈에게 신학을 배웠다. 그는 귀국하여 스코틀랜드에 제네바보다 철저한 장로교회를 만들어 유럽의 개혁파 교회들 중 가장 왕성한 개혁파 교회를 이루었다.

스코틀랜드 장로교회는 전도열, 경건성, 학문 등에서 어떤 교파에도 뒤떨어지지 않는다. 17세기 스코틀랜드 장로교회는 잉글랜드의 청교도와 연합하여 보다 과격한 개혁을 이루었다. 그래서 1647년에 완성된 웨스트민스터 요리문답, 신앙고백은 엄격한 칼빈주의적 장로교회를 이루었다.

이들의 교리, 권징, 예배는 엄격해서 영국, 미국의 회중파 교회, 독립 교회, 정통 침례파 일부에게 영향을 미쳤다.

스코틀랜드 장로교회를 이룬 녹스는 스위스 제네바에 세운 4대 장로교회 개혁자 중 하나로 기념되고 있다.

⑤ 잉글랜드

칼빈은 크랜머 대주교의 요청에 따라 영국 왕 에드워드 6세에게 잉글랜드의 개혁에 관한 편지를 보냈다.

칼빈은 영국이 엉거주춤한 개혁 상태에 머물러 있지 않도록 보다 적극적인 개혁을 권면했다. 칼빈의 이 같은 권면은 에드워드 왕이 일찍 죽으므로 진척되지 못하였다. 그 후 메리 여왕 때 많은 개신교 지도자들이 제네바로 피난을 왔다.

칼빈과 베자는 잉글랜드 개신교 지도자들의 도움으로 '제네바 영어 성경'을 1560년에 번역했다. 제네바 영어 성경은 160판을 거듭하며 큰 인기를 누렸다. 그 후 1611년 킹 제임스 성경 번역이 나오자 제네바 영어 성경의 인기는 줄어들었다. 칼빈은 이렇게 킹 제임스 성경 이전의 제네바 영어 성경으로 영어권에 대한 관심을 불러일으키게 하였다.

칼빈의 이와 같은 국제적 관심은 1558년 제네바로 피난 온 종교적 피난민들 279명에게 제네바 시민권을 수여케 하였다. 칼빈은 세르베투스 화형 이후에 국제적으로 나쁜 여론을 보다 적극적인 국제적 관심으로 극복해 나갔다.

(2) 제네바 아카데미

제네바에는 1428년 성직자들을 훈련하기 위한 베르소빅스라는 설립자의 이름을 딴 대학이 설립되어 있었다. 그러나 칼빈이 제네바 사역을 시작할 때는 100년 이상된 퇴락한 상태의 학교였다. 1541년 칼빈이 제2차 제네바 사역을 시작할 때 이 대학을 재정비한다. 처음에는 약간의 학비를 받다가 1571년부터 베자의 제의에 따라 학비를 받지 않았다. 그 후부터 많은 학생들이 입학하기 시작하였다. 뿐만 아니라 도시의 4구역에 초등학교를 설립했다.

1559년 처음 4명의 교수를 채용하고 정식 대학을 설립하려 했으나 제네바 시의 재정 상태가 허락지 않아 제네바 아카데미로 개교하였다. 제네바 아카데미의 설립을 위해 칼빈이 집집을 돌며 모금을 했다. 몇몇 외국인들이 상당한 금액을 헌금했다. 그래서 모든 교과 과목과 학과목, 교칙 등은 칼빈이 작성하였다. 제네바 아카데미는 1559년 6월 5일 성 베드로 교회에서 모든 의회원들과 목사들과 600명의 학생이 참석한 가운데 개원되었다.

학과목은 문법, 논리학, 수학, 물리학, 음악, 고대 언어를 가르치고 학교 학장에 베자가 임명되었다. 10명의 경험 있고 유능한 교수가 칼빈과 베자와 동역하게 되었다.

처음 이 학교는 교수와 학생 모두가 사도신경과 신앙고백에 서명해야 했다. 그러나 1576년부터 루터란이나 가톨릭 신자들에게도 문호를 개방하기 위해서 신앙고백 서명을 철폐했다.

이 학교는 성공적으로 운영되었다. 첫해에 전 유럽에서 거의 900여 명의 학생들이 몰려와 공부했다. 그래서 프랑스, 영국 등 외국 학생들이 본국에 돌아가 전도자가 되었다. 이곳은 개신교 목사들과 교사들을 위한 가장 중요한 훈련기관이 되었다.

이곳에서의 학위는 네덜란드 대학의 학위와 동등하게 취급되었다. 그래서 네덜란드 학생인 알미니우스가 암스테르담 학교에서 제네바 학교로 파송되었다(1652). 알미니우스는 베자에게 수학하고 돌아가 칼빈주의의 반대자가 되었다.

1873년 제네바 대학으로 승격됐고 교육부 관할 하에 있으며 국가에서 재정을 지원하고 있다. 학과는 이학, 문학, 경제 및 사회학, 법학, 의학, 신학, 심리학, 교육학, 건축학, 번역학, 물리교육 학부가 있고 교수 언어는 프랑스어다.

(3) 기독교 강요

칼빈의 대표적인 작품이 《기독교 강요》이다. 그는 26세인 1536년 스위스 바젤에서 최초의 "기독교 강요"를 출판하였다.

"기독교 강요" 초판은 십계명 강해, 주기도문 강해, 사도신경 강해 등 모두 6장으로 구성된 140페이지 정도의 소책자였다. 1539년 스트라스부르에서 발행한 제2판은 1판에 비해 두 배로 늘어났다. 이렇게 시작된 라틴어판은 8판(1536, 1539, 1543, 1545, 1550, 1553, 1554, 1559)을 거듭했고 프랑스어판은 4판(1541, 1545, 1551, 1553, 1560)을 거듭했다. 따라서 그의 최종판은 1559년 8판이 된다.

이렇게 칼빈은 일생 동안 한 권의 책을 계속 보완하고 수정해서 최종판에는 4권 80장으로 완성하였다.

칼빈은 30여 년 동안 한 권의 책 속에 자기 사상을 압축시켜 나갔다. 그래서 그의 최종 《기독교 강요》를 보면 제1권은 창조주 하나님(성경, 삼위일체, 창조, 섭리), 제2권은 구속주 하나님(타락, 인간의 죄성, 율법, 구약과 신약, 중보자 그리스도 예언자, 제사장, 왕)과 사역(속죄)], 제3권은 성령 하나님(신앙과 중생, 회개, 기독교인의 생활, 칭의, 예정, 부활), 제4권은 거룩한 교회(교회, 성례, 시민 정부) 등으로 구성되었다.

칼빈의 《기독교 강요》는 어떤 가치가 있는가?

① 이 책은 최초의 복음적 교리에 의한 조직신학 같은 책이다. 이 책이 나오기 전 로마 가톨릭 교회의 핵심 신학 뼈대가 되는 책이 토마스 아퀴나스의 《신학 대전》(Summa Theologica)이었다.

"신학대전"의 내용은 제1권 신론 119장, 제2권 인간론 189장, 제3권 그리스도론 90장, 제4권 성례전, 교회론 등으로 구성되었다. 아퀴나스의 《신학 대전》은 중세 가톨릭 신학의 골격이었다. 그 후에 루터가 "소요리문답", "대요리문답"을 발표했으나 규모도 작고 내용도 제한적이었다.

그 후에 칼빈이 저술한 《기독교 강요》는 과거 교부들의 신학과 개혁자들의 신학과 자신의 신학을 집대성한 최초의 개신교 조직신학과 같은 책이다.

따라서 오늘날 개신교의 모든 조직 신학은 《기독교 강요》에서 비롯되었다고 할 수 있다. "기독교 강요" 내용을 근거로 그대로 따르든가, 그 내용과 다른 내용이 나오든가 해서 개신교의 모든 신학이 이 책에서 비롯되었다고 할 수 있다. 그러므로 《기독교 강요》의 영향력은 막강하다.

② 이 책은 미국 건국 초기에 막강한 영향력을 미쳤다.

잘 아는 바와 같이 미국 건국의 기초자들은 유럽의 청교도 사상을 가진 사람들이었다. 미국을 건설한 초기의 청교도들과 필그림단(Pilgrims)의 사상적 기초는 유럽에서 한창 무르익은 개혁 교회 사상이 밑받침이 되고 있다. 따라서 미국 건국 초기의 교육, 정치, 사회, 문화, 종교 등 모든 분야의 사상적 기초가 《기독교 강요》 사상에서 비롯되었다고 할 수 있다.

③ 오늘날 대부분의 개신교 일반 신학 사상 역시《기독교 강요》에서 비롯되었다. 칼빈주의의 상대주의인 알미니안 주의도《기독교 강요》에 따른 칼빈주의에 대한 반동으로 생겨났다.

지금 개신교 내 모든 신학의 뿌리는《기독교 강요》에서 비롯되었다. 따라서 칼빈주의는 오늘날 모든 개신교들 속에 긍정적 요소 혹은 부정적 요소로 작용하고 있는 것이 사실이다.

(4) 칼빈의 최후

칼빈은 원고를 써서 설교하지 않았다. 그런데도 그의 설교와 성경 주해가 칼빈 저작전집으로 60여 권이 전해지고 있다. 이것은 1549년 칼빈을 따라온 프랑스인 속기사인 라그니에(Denis Reguenie)가 칼빈의 비서로 일하면서 칼빈의 설교를 속기하여 오늘날 우리가 볼 수 있는 설교집을 출판해낸 것이다.

칼빈은 1540년 결혼했다가 1549년 부인과 사별한 후 평생을 혼자 지냈다. 그는 극히 간소한 저녁 식사 후 밤늦게까지 연구에 몰두했다. 그리고 아침에 눈을 뜨면 자리에서 움직이기 전에 전날 밤에 읽었던 내용을 기억하기 위해 명상을 했고, 전날 밤에 읽었던 내용들이 다 떠오르면 그때부터 활동을 시작하였다.

그는 계속적인 철야 연구와 뛰어난 기억력으로 충실한 지식을 얻을 수 있었던 반면 건강을 잃고 요절하게 만드는 많은 병을 얻었다. 그는 만성적인 위궤양으로 밤마다 포도주를 약용으로 사용했다. 병이 깊었을 때는 들것에 실려 교회당으로 가서 강단에 앉아서 설교하기도 하였다.

칼빈은 1564년 2월 6일에 마지막 설교를 하였다. 그리고 5월 27일 55세를 일기로 그의 제자 베자의 품에 안겨서 임종하였다. 칼빈은 그의 유지를 따라 플랭 팔라시(Plain-Palasis)라는 일반 묘지에 묘비를 세우지 않은 채 매장되었다.

지금은 단지 J.C의 머리글자만 새겨진 작은 비석이 제네바 공동묘지에 남아 있다. 칼빈은 완강한 고집, 성급함, 갑자기 폭발하는 분노, 충동성과 너그러움과 개방성의 부족 등 모든 인간적 결함이 많은 사람이었다.

그는 중간 키에 창백한 인상이었으며 검은 머리와 수염을 지니고 있었다. 의복은 소박하였으며 음식도 약간만 먹었고 잠도 적게 자는 편이었다. 그는 굉장히 재치가 있었고 관찰력이 뛰어났으며 특히 놀라운 천부적인 기억력을 갖고 있었다.

그는 극히 드물게 명랑할 때가 있었는데 그는 동음이의어를 이용해서 웃음을 자아내는 데 소질이 있었다. 보통 때 그의 태도는 엄숙했으며 어조는 단순하고 직접적이었다. 그의 어법은 심사숙고한 후에 심각하게 말을 꺼냈다. 그는 살아서보다도 죽어서 더 많은 영향력을 남기게 되었고 그의 영향력은 전 세계적이라 할 수 있다.

칼빈주의(Calvinism)로 대표되는 칼빈의 영향은 여러 말로 표현되고 있다. 그의 대표적 신학 사상이라 할 수 있는 예정론, 구약과 신약을 동등하게 보는 계약(Testament)사상, 생활의 성화를 지향하는 청교도주의(Puritanism), 칼빈주의의 5대 강령 등 그의 사상은 넓게 퍼진 채 계승되어 오고 있다.

5) 칼빈 신학의 문제점

칼빈주의자들은 칼빈의 신학에 문제점이 있다는 말만 하여도 알레르기성 반발을 한다.

칼빈 신학이 유럽과 세계에 기여한 점이 많다. 칼빈 신학이 세계에 기여한 점은 칼빈주의자들에 의해 수없이 밝혀졌다. 필자는 칼빈 신학의 역기능을 지적하려고 한다.

칼빈주의자들이 미처 생각지 못하는 점들을 깨우침으로 보다 순기능이 향상되기를 기대하는 마음으로 필자의 소견을 밝히도록 하겠다.

(1) 가톨릭 신앙의 잔재

칼빈이 소년 시절부터 대학을 졸업할 때까지 가톨릭의 성직자들에게만 혜택이 돌아가는 '성직록'으로 공부한 사실은 이미 앞서 밝힌 바 있다. 칼빈은 가톨릭 가정과 가톨릭 교육 배경에서 성장한 후 개혁자가 되었다. 그러했기에 그에게서 가톨릭의 잔재가 완전히 청산되지 못하고 계승되고 있는 점이 있다. 그 대표적인 예가 가톨릭 교회의 신앙고백인 사도신경을 그대로 계승한 것이다.

사도신경의 정체가 무엇인가? 여기에 대한 역사성과 내용상의 문제점은 필자의 교회사 제1권《초대 교회사》에서 취급했으므로 그 책을 참조하기 바란다.

필자는 사도신경은 A.D. 750년경 로마 가톨릭 교회가 가톨릭 교회의 정통성을 옹호하기 위해 만든 가톨릭 작품이라고 했다. 그리고 내용적으로도 성경에 위배되는 마리아의 영원성, 그리스도의 음부 하강설, 성자의 공로가 산 자에게 영향을 준다는 사상 등 성경과 배치되는 내용임을 밝혔다. 그리고 신앙의 대상에게는 기도를 드릴 뿐 신앙고백이란 말이 성립되지 않는 사실도 밝혔다.

사도신경은 명백한 가톨릭 교회 작품이다. 칼빈이 이것을 후세에 전해 준 것은 칼빈 신학에 지대한 오점이 되는 사실이다.

그 외에 유아세례 역시 가톨릭 신앙이다.

유아세례가 실시되기 시작한 것은 6세기 이후부터였다. 가톨릭이 만든 유아세례를 재침례교도가 반대했다. 유아세례 논쟁을 벌였던 츠빙글리는 재침례교도들에게 어느 항목 한 가지도 제대로 반론을 제시하지 못했다. 칼빈이 유아세례를 구약의 할례와 연계해서 설명한 것은 성서 석의학적으로 볼 때 전혀 걸맞지 않은 주장이었다.

칼빈은 개혁자로서 새로운 많은 것을 개척해 내는 과업을 현저하게 이루었다. 그러나 그가 몸담고 자라서 공부한 가톨릭의 잔재들을 완전히 극복하지 못한 한계점이 있음도 사실이다. 사도신경, 유아세례는 가톨릭의 신앙이고 성경의 신앙은 아니다.

이 점을 우리는 확실하게 인식할 필요가 있다. 이 문제는 다른 곳에서 많이 설명했으므로 간략하게 넘어가겠다.

(2) 장로 직능 후퇴

칼빈은 1542년 1월 2일 제네바 교회법을 발표했다. 그의 대표작인 《기독교 강요》 제4권 3장 4에서 교회 직분으로 네 가지를 말했다.

그는 에베소서 4장 11절을 근거로 ① 목사 ② 교사 ③ 평신도 지도자 혹은 장로 ④ 집사의 네 가지 직분을 만들었다.

여기서 목사와 교사가 구별되어야 하는가 하는 성경 원문의 해석도 문제이지만 그보다는 평신도 지도자로 장로를 세운 것이 큰 문제로 남게 되었다.

잘 알다시피 장로교회는 디모데전서 5장 17절을 근거로 하여 '잘 다스리는 장로'와 '말씀과 가르침에 수고하는 장로'의 두 가지 장로를 말한다.

과연 디모데전서 5장 17절은 두 가지 장로제도를 만들 만한 성경적 근거가 되는가? 우리는 칼빈이 디모데전서 5장 17절로 두 가지 장로를 만들면서 신약의 장로가 아닌 구약의 장로제도로 후퇴시킨 사실을 알 수 있다.

여기서 우리는 구약에서부터 시작된 장로 제도가 신약성경에서 어떻게 달라지는지 성경 전체의 장로제도 발전사를 살펴볼 필요가 있다.

구약성경에 맨 처음 장로가 언급된 곳은 이방인 나라 애굽에서 시작된다. 창세기 50장 7절에 보면 요셉의 부친이 죽었을 때 애굽의 장로들이 찾아와 요셉에게 문상을 한다.

여기 창세기 50장 7절의 장로들은 히브리어로 '지크네'(זקנים)로 '노인' 또는 '어른', '장로'(the elders)라는 뜻이다. 이들 장로들은 궁궐에 있는 관리가 아니라 애굽 전역에 흩어져 백성들을 지도하는 고위 관리자들이었다. 이들 장로들은 지방의 덕망 있는 연장자였고 정신적 지도자였다.

이스라엘 민족에게 있어 최초의 장로 호칭은 출애굽기 3장 16절에 나온다. 여기 이스라엘 장로들 역시 '지크네'로 이들도 the elders였다. 그 후 모세가 백성들에 대한 직무를 분담하기 위해서 70인 장로를 뽑음으로 장로제도는 광야 시절에 정착된다(민 11:16~17).

그 후 사사시대, 왕정시대의 장로들은 분쟁을 해결하는 재판관 역할을 하였고, 사회 기강을 세우는 제반 업무와 중요한 정치, 종교, 사법적인 일에 관여한다.

이 같은 구약의 장로제도는 애굽에서 시작된 장로제도를 출애굽 후에 이스라엘이 채용함으로 신약 시대까지 계승되어 왔다.

예수님 생전의 이스라엘 장로들은 여전히 구약적 장로 개념으로 예수님을 박해하고 예수님을 죽이기 위해 대제사장들과 공동 노력한(마 27:1) 구약의 장로들이었다.

그런데 신약성경 중 특히 사도들 시대에는 과거 구약의 장로(the elders) 개념이 다르게 바뀐다. 사도행전 10장 이전의 장로는 여전히 구약적 장로였으나 사도행전 11장 30절부터 달라지기 시작하여 사도행전 14장 23절의 장로는 교회를 목회하는 목회자를 가리킨다. 신약의 장로가 교회 감독자요 목회자로 발전된 것이 사도행전 20장에 확실하게 나타난다. 사도행전 20장 17절의 에베소 교회 장로들은 하나님이 자기 피로 사신 교회를 보살피는 교회의 감독자였다(행 20:28).

사도 베드로 자신이 자신을 장로라고 했고(벧전 5:1), 사도 요한도 자신을 장로라고 한다(요이 1절; 요삼 1절). 디도는 장로와(딛 1:5) 감독이(딛 1:7) 같은 직분자임을 말하고, 디모데전서 3장에는 교회 직분은 감독과 집사만 있음을 말하고 있다.

그렇다면 디모데전서 5장 17절은 '잘 다스리는 장로'와 '가르침에 수고하는' 장로로 나누어야 되는 구절인가?

'잘 다스리는 장로'는 '호이 칼로스 프로에스토테스 프레스뷔테로이'(οἱ καλῶς προεστῶτες πρεσβύτεροι)다. 여기 말하는 '장로'는 '프레스뷔테로이'(πρεσβύτεροι)로 디도서 1장 7절에 언급된 '감독'(에피스코폰, ἐπίσκοπον)과 같은 의미이고, 사도행전 20장 17절에 나오는 에베소 교회에서 목회하는 감독들을 말한다.

'다스린다'는 원어 '프로에스토테스'(προεστῶτες)는 '통치하다, 다스리다'라는 뜻으로 장로들이 교회의 일반적인 감독권으로 행정적인 활동을 의미한다. 이들 장로들은 교회를 다스리는 행정적 활동을 할 뿐만 아니라 성도들에게 말씀과 가르침에 수고를 많이 하니까 배나 존경하라고 하였다. 여기 '존경'은 '티메스'(τιμῆς)

다. 이 말은 가치와 가격 또는 보상을 의미한다.

교회 장로들은 교회를 다스리는 행정적 감독 활동을 할 뿐만 아니라 말씀을 가르치는 수고까지 하므로 그들에게 물질적으로 존경의 예우를 해주라는 것이다.

디모데전서 5장 17절이 목회하는 장로 감독들에게 물질적 존경을 해야 됨을 18절 말씀이 뒷받침하고 있다.

여기 디모데전서 5장 17절의 '잘 다스리는 장로'란 가르침에 수고하는 목회자를 뜻한다. 그런데 칼빈은 이 구절을 근거로 '다스리는 장로'인 평신도 지도자와 '가르침에 수고하는' 목사로 분리를 시켰다. 이것은 성경 본문에 대한 명백한 이탈이다. 칼빈이 제네바 교회에 도입시킨 '다스리는 장로'와 '가르치는 장로'의 분리는 누가 봐도 정상적 성경 해석이 아니다.

그리고 에베소서 4장 11절의 '목사와 교사'를 둘로 나눈 것도 그렇다. 원문은 '태 포이메나스 카이 디다스칼루스'($\delta\epsilon$ $\pi o\iota\mu\epsilon\nu\alpha\varsigma$ $\kappa\alpha\iota$ $\delta\iota\delta\alpha\sigma\kappa\alpha\lambda o\upsilon\varsigma$)다.

목사와 교사 앞에 쓰인 관사가 하나다. 이것은 목사이며 교사라는 뜻이지, 목사와 교사가 다르다는 뜻이 아니다. 칼빈은 자기 기호에 맞게 성경을 임의로 해석해서 목사와 교사를 구별했고, 또 '다스리는 장로'와 '가르치는 장로'로 새로운 장로제도를 만들었다.

이 같은 칼빈의 임의적인 성경 해석에 의해 신약성경 전체에 흐르고 있는 장로 개념을 과거 구약의 장로제도로 후퇴시켜 놓았다. 칼빈은 성경 말씀을 따르고 지키려고 한 사람이 아니다. 성경을 자기 목적대로 이용하고 그릇되게 해석해서 잘못된 길로 오도한 '맹인이 되어 맹인을 인도한' 자였다(마 15:14).

그렇다면 오늘날 '목사'라는 호칭은 어디서 비롯되었는가? 성경에 목사라는 관용어는 없고 '목자'(Shepherds)만 있을 뿐이다.

에베소서 4장 11절의 목사의 원문은 목자라는 '포이메나스' (ποιμένας)다. 신약 성경에는 목자라는 말은 많이 쓰이고 있다(마 9:36, 26:31; 막 6:34, 14:27; 눅 2:8; 요 10:2, 14 등).

이 같은 목자라는 개념을 1547년 7월 영국 에드워드 6세 때 종교개혁 훈령으로 사용하기 시작했다. 왜 영국교회는 '감독'(bishop)이란 성경적 호칭이나 '장로'(presbyter)라는 호칭을 사용하지 않았는가? 그것은 중세기 가톨릭 교회가 '감독' '주교' '신부' 등의 호칭으로 백성을 억압한 데 대한 거부 현상에서 나온 발상이었다고 본다.

여기서 우리는 제대로 확실하게 알아야 한다. 성경의 장로는 목회하는 목사를 뜻한다. 성경의 장로는 다스리는 행정적 기능과 말씀을 가르치는 목양의 이중적 직능을 수행하는 목자를 뜻한다. 장로를 '다스리는 장로'와 '가르치는 장로'로 구별해 놓은 것은 칼빈이 성경을 잘못 해석해서 만들어 놓은 잘못된 가르침이었다.

훗날 스코틀랜드 장로교 신학자 멜빌(A.Melville:1545~1623)은 "스코틀랜드 제2권징서"(4575)에서 감독, 장로를 한 직분으로 교정하였다. 멜빌은 성경에 근거해 교회직분을 장로와 집사 두 가지만 정하였다. 그러나 장로교는 칼빈이 제정한 두 가지 장로 분리를 따르고 있다. 이것은 분명한 성경 진리의 탈선이다. 이 사실이 밝혀져야 한다.

이것을 바로 깨우쳐 주고 수백 년간 잘못 걸어오고 있는 장로제도에 대해서 자중하고 절제할 줄 아는 겸양이 필요하다고 본다.

(3) 사찰공화국 제네바

칼빈은 성경에 근거 없는 '다스리는 장로'를 만들었다. 그 장로들로 하여금 무엇을 하게 했는가? 칼빈은 그 장로들로 하여금 제네바 시민들은 사찰(査察)하게 만들었다.

장로들에게 제네바 시민들의 영적인 관리 지도를 하게 한 것이 아니고 제네바 시민들의 사생활을 모조리 사찰한 후 당회에 보고하게 했다. 칼빈에 의해 추방당하고 사형당한 사람들 중 영적 범죄보다 칼빈에 대한 개인적 반대자가 더 많은 것이 이를 증명한다.

칼빈은 무엇에 근거해서 제네바 교회를 사찰공화국으로 만들었는가? 필자의 짧은 소양으로 신·구약성경 모든 곳을 유추해 보았다. 구약의 족장들 시대에 다른 이를 사찰했다는 근거를 찾을 수 없다. 모세가 이스라엘 백성을 이끌어 간 광야 시대에 장로들로 백성들을 사찰케 했다는 기록이 없다. 사사시대나 열왕들 가운데 그 어느 사악한 왕도 백성들을 사찰했다는 기록이 없다. 예수님이나 사도들도 자기 목적을 이루기 위해 다른 사람들을 뒷구멍으로 사찰케 했다는 아무 근거를 찾아볼 수 없다.

칼빈이 제네바 시민들의 사생활을 장로들로 하여금 사찰하게 한 것은 성경적 근거에 유추된 것이 아니다. 칼빈이 제네바 시민들을 뒷구멍으로 사찰하게 한 것은 중세기 가톨릭 교회보다 더 지독한 법학박사인 칼빈 개인의 신념에서 비롯된 것이다.

로마 가톨릭 교회는 종교재판소를 만들어 이단이라고 발각된 자를 변호할 기회를 주지 않고 인민재판 형식으로 즉결 처분을 했다. 그런데 칼빈은 장로들로 하여금 제네바 시에 구역을 정해서 죄인을 색출해내는 그야말로 무서운 사찰 정치를 시행하였다. 이 같은 사찰 정치는 군주들이나 독재자들이 시행할 파렴치한 정치 형태로는 가능할지 몰라도 종교의 이름으로, 더구나 백성들을 섬기러 오신 예수님의 정신과는 전혀 걸맞지 않은 독재자의 발상이다.

혹자는 칼빈이 이룬 제네바 도시가 결과적으로 신정정치를 이루지 않았느냐, 유럽 각 나라의 종교적 피난민들이 제네바로 대거 집결된 것은 칼빈의 제네바 정치가 성공한 것 아니냐고 결과론으로 칼빈의 당위성을 설명할지 모르겠다.

그러나 제네바에 종교적 피난민들이 집결된 것은 칼빈이 제네바 도시 정치를 잘했다기보다는 그 당시 프랑스, 영국, 이탈리아 등 본국에서 핍박으로 죽기보다는 살아남기 위해 선택한 본능 때문이었다고 보는 것이 보다 정직한 판단이다.

칼빈의 제네바 교회는 세상의 무서운 독재자들이나 시행할 수 있는 사찰에 의한 공포정치였다. 우리는 칼빈이 이룩한 결과만 가지고 평가할 것이 아니라 그가 시행한 무서운 방법도 함께 기억해야 할 것이다.

(4) 교회 권징을 세속 정치와 야합시킴

칼빈은 그의 《기독교 강요》 제4권 제12장에서 '치리와 권징'에 관한 문제를 다루었다. 그의 주장을 그대로 옮겨 보자.

"온당한 치리가 없이는 어떤 사회나 가정도 바람직한 상황으로 보전될 수 없다. 교회는 가장 질서 있는 사회가 되어야 한다.

그리스도의 구원하시는 교리가 교회의 영혼이듯이 치리야말로 각종 기관들을 연결하여 그 합당한 장소와 위치에 보존하는 신경과 힘줄 역할을 한다.

이는 그리스도 교리에 저항하는 자들을 제어하고 제한하는 고삐와 같은 역할을 한다. 또한 게으른 자들을 자극하는 박차의 역할도 담당한다. 그리고 어떤 경우에 중한 죄를 범한 자들을 위하여는 그리스도 정신의 양순함과 자비를 따라 아들을 경책하는 아비의 편달 역할도 한다. 이는 교회의 참혹한 무질서를 방지할 수 있는 유일한 치료책이다."

이렇게 치리를 설명한 칼빈은 로마 가톨릭 교회가 계속 악의 세력이 침범되는데도 불구하고 전혀 치리를 하지 않았다고 비난하였다. 만약 교회 전통적 교회법대로 치리와 권징이 시행된다면 로마 주교 중 파문 처벌을 받지 않을 주교는 하나도 없고, 사제들 100명 중 단 하나도 구제받을 수 없다고 했다.

칼빈은 마태복음 18장 15~17절을 근거로 교회 범죄자에게 ① 개인적 권면 ② 증인과 교회 앞에서의 권면 ③ 계속 불순종자에게 수찬 정지 등 3단계를 설명했다. 그리고 고린도전서 5장 9~13절에 나오는 "교인 중 잘못한 이는 너희 중에서 내어쫓으라"는 말로 오염된 자를 처리하는 것이 정당하다고 했다. 또 밀라노 교회 감독이었던 암브로시우스가 당시 데오도시우스 황제에 대해 데살로니가 시민을 학살케 한 범죄를 이유로 성찬 참여를 금지시킨 것을 예로 들었다.

이렇게 시작된 제네바 교회는 당회에서 결정된 권징들을 세속 정부인 시 의회로 하여금 시행하도록 하였다. 처음 얼마 동안은 당회와 시 의회가 각종 부도덕을 제거한다는 명분으로 서로 경쟁적으로 열심히 치리에 참여하였다.

그러나 이 같은 일은 처음부터 잘못된 출발이었다. 마태복음 18장 15~17절이나 고린도전서 5장 9~13절의 경우는 어디까지나 교회 내에서 교인들을 위한 권징과 치리였다. 그런데 칼빈이 도입한 제네바 교회법은 교회가 정한 교회의 권징들을 시 의회인 세속 국가가 실시하게 한 교회와 국가의 야합된 치리였다.

제네바 시민들은 모두 교인이 되지 않았다. 불신자들이 많은데도 제네바 시민이라는 이유만으로 당회원들에게 사찰을 받았고, 심지어는 시 의회의 권징을 받았다.

이렇게 제네바 교회 당회가 교인도 아닌 일반 시민들에 대한 사소한 문제까지 사찰을 하고 권징을 결정한 결과 1542년부터 1546년까지 5년 동안에 58명이 사형을 당했고 76명이 추방을 당했다. 1545년부터 1559년까지 2년 동안 시 의회에 의해 414건이 처벌을 받았다. 이것은 인구 2만 명 정도 되는 제네바 시민들이 거의 매일 한두 건씩 범죄자로 처벌받았다는 계산이 나온다.

칼빈은 이와 같은 처벌 이론을 어디서 만들었는가? 그는 그의 이론의 근거를 구약에서 실시한 신정정치에서 찾았다.

구약의 이스라엘 나라를 표면적으로 다스리는 자는 임금이다. 그런데 이스라엘 나라가 지향해 나가는 정신적 방향은 제사장과 선지자에게 있었다. 마찬가지로 제네바도 유대 국가는 아니지만 교회와 국가가 오직 한 하나님이라는 수장 아래서 다스려져야 한다고 주장했다. 칼빈은 이 같은 정치를 신정정치라고 했다.

이 같은 칼빈의 정치이론은 구약의 율법적 정치이론은 될지언정 신약에서 교회와 국가가 완전 분리된 복음적 정치이론은 아니었다.

이러한 구약적 신정정치 원리를 바탕으로 한 제네바 교회는 마치 구약시대 정치와 종교가 하나 된 것처럼 믿는 가정 하에서 국교적 형태로 출발하였다.

그렇기 때문에 국교가 되지 않았는데도 당회가 결정한 것을 시 의회인 국가로 하여금 시행토록 하였다. 이런 가상적 전제 위에서 정통 신앙을 보호하고 이단을 처벌하는 책임이 정부기관인 시 의회에 있다고 믿게 하였다.

이 같은 국교적 형태의 정치 원리는 로마 가톨릭의 교황이 우주의 아버지이므로 세상 황제들도 교황에게 승복해야 한다는 원리와 똑같다. 로마 가톨릭에서 모든 황제들도 교황에게 순종해야 한다는 신정정치 이론이 배타적인 신정정치 이론이라면 칼빈의 신정정치 이론은 모든 신자가 다 똑같은 신분이라는 만인사제설에 근거한 신정정치 이론이었다.

칼빈은 이런 논리로 추호의 가책도 느끼지 않고 당당하게 자기가 세운 이론대로 신정정치를 이끌어 갔다. 그리고 이단들을 처벌할 권한과 의무가 제네바 시 의회에 있다고 믿고 세르베투스의 처형을 밀어붙였다.

그는 이단을 죽여야만 하는 이론의 근거로 구약의 우상숭배자를 죽이라고 한 율법의 조항들과 신성모독을 다스린 이스라엘 왕을 예로 들었다.

그리고 신약성경 몇 곳을 자기 행위의 정당화 근거로 제시했다. 누가복음 14장 23절 "주인이 종에게 이르되 길과 산 울타리로 가로 나가서 사람을 강권하여 데려다가 내 집을 채우라"는 구절로 자기 행위가 강권함을 행한 정당한 행위였다고 주장했다.

이 구절은 사람들을 도덕적 힘으로 구원을 이루라는 강력한 주장에 해당되는 말이지, 칼빈처럼 물리적 폭력을 써서 사람을 죽이라는 뜻은 아니다.

또 로마서 13장 4절 "그가 공연히 칼을 가지지 아니하였다"는 구절을 근거로 세속 관리가 살인이 가능하다고 해석했다. 또 마태복음 21장 2절에 예수께서 성전 안에 사고 파는 자들을 내쫓고 돈 바꾸는 자들의 탁자와 비둘기 파는 자들의 의자를 뒤엎은 예, 사도행전 5장의 아나니아와 삽비라 사건, 사도행전 13장 8~12절의 마법사 엘루마 사건, 디모데전서 1장 20절의 후메내오와 알렉산더를 사탄에게 넘겨준 것의 예, 마태복음 13장 30~49절의 가라지와 그물 비유, 사도행전 5장 34절의 지혜로운 가말리엘의 충고 등을 예로 들면서 자기가 이단 세르베투스를 죽게 한 것을 가장 정당한 성경적 근거였다고 주장하면서 자기를 옹호했다.

성경에 정통하다는 칼빈이 이런 성경구절들을 가지고 아전인수 격으로 자기를 옹호한 모습을 보면 그가 과연 지도자로 존경받을 만한 인물인가 깊은 회의가 생긴다.

칼빈이 그렇게 성경을 잘 안다면 그런 내용과 정반대되는 구절들을 왜 몰랐을까? 누가복음 9장 54절에 야고보와 요한이 하늘로부터 불을 내려 예수를 핍박하는 자를 멸해 달라고 요청하자 예수님은 저들을 꾸짖으셨다. 그리고 마태복음 26장 52절에서는 예수님을 잡으러 온 대제사장의 종의 귀를 쳐서 떨어뜨린 베드로에게 칼을 가진 자는 칼로 망한다고 책망하셨다.

요한복음 18장 36절에서 예수님은 빌라도에게 "내 나라는 이 세상에 속한 것이 아니다"라고 하셨다. 마태복음 22장 21절에서, 바리새인들이 예수를 시험하여 가이사에게 세금 바치는 것에 대해 질문했을 때 주님은 "가이사의 것은 가이사에게, 하나님의 것은 하나님께"라고 말씀하셔서 교회와 국가가 완전하게 분리되어야 함을 말씀하셨다.

성경 어느 곳을 보아도 교회 권징 문제를 믿지도 않는 세속 정부로 하여금 처리하게 할 만한 근거를 유추해 볼 수 없다. 칼빈이 말하는 신정정치 원리는 이스라엘의 국가가 하나님의 사람들로 이루어진 종교가 국교인 상황에서의 원리이다.

제네바는 국교가 이루어진 도시도 아니다. 제네바 시민 중 절반 가량은 가톨릭 신앙으로 머물러 있었다. 칼빈이 정말 복음적 목자였다면 범죄자를 색출해서 처벌하는 데 정열을 쏟을 것이 아니라 자기는 속아 주고 피해당하고 실수를 반복한다 해도 끝까지 사랑으로 목회를 했어야 한다. 예수님은 가룟 유다가 자기를 배신할 것을 다 아시면서 문제를 삼지 않고 그대로 당하셨다. 예수님은 베드로가 자기를 부인할 것을 아시면서도 그를 실망시키지 않으시고 사랑으로 포용하셨다.

우리 모든 목회자들은 나에게 어려움이 닥쳐오고 쓰라린 상처가 닥쳐온다 하여도 그것을 그대로 당하고 맞아야 한다. 칼빈처럼 죄인을 색출하고 그에게 죄를 정해서 처벌하는 것은 법학박사인 칼빈은 할 수 있어도 목자인 칼빈이 할 노릇이 아니다. 칼빈은 제네바의 수많은 영혼들을 영혼의 죄인만이 아니라 세상 법정의 죄인으로 몰아간 죄인 제조자였다.

우리는 칼빈의 사랑 없고 율법만 있던 제네바 사역을 주님이 어떻게 평가하실 것인지 곰곰이 생각해 봐야 하겠다.

(5) 성경의 예정사상과 칼빈의 예정사상

예정사상은 신·구약성경에 있는 성경의 사상이다. 성경의 예정사상은 구약과 신약에서 명백하게 드러나고 있다. 그러나 칼빈의 예정사상은 성경에 근거가 없다. 이 차이를 구별하기 위해서 필자는 두 가지 사상을 비교해 보겠다.

A. 성경의 예정사상

성경의 예정사상은 모세에게서 시작되었다. 모세는 B.C. 1450년경 사람이다. 모세는 그의 생애 동안 모세 오경이라는 다섯 권의 구약에 처음 나오는 책들을 기록했다.

모세가 기록한 창세기 중에 예정사상이 나타난다. 모세는 창세기 25장 22~23절에서 리브가의 뱃속에 있는 에서와 야곱의 출생에 관한 내용을 설명하고 있다.

모세가 에서와 야곱의 출생을 기록할 당시 이미 300~400년 전 과거사를 모세 신앙으로 해석한 두 사람의 출생 내용이다. 모세는 현재 되어지는 사건이나 미래에 이루어질 사건을 설명하는 것이 아니라 이미 수백 년 전에 이루어진 과거의 족장사를 믿음으로 해석하며 에서와 야곱이 태어나기 이전에 이미 복중에서 큰 자가 어린 자를 섬기게 되었다고 설명하고 있다.

모세가 이 내용을 설명할 때는 어린 자가 역사의 주인이 되어서 애굽에서 큰 민족이 형성된 결과를 보면서 설명하고 있다. 모세의 예정사상은 창세기 45장 4~15절에서 그 절정을 이룬다. 요셉은 자기를 팔아 버린 형들을 향해서 위대한 신앙고백을 한다.

요셉은 "하나님께서는 우리 가족의 생명을 구원하시려고 나를 당신들보다 먼저 애굽으로 보내셨다. 나를 이리로 보낸 이는 당신들이 아니요 하나님이시라. 나를 팔아 애굽으로 보낸 것은 형님들의 행위가 아니라 우리 가족의 생명을 구원하시기 위한 하나님의 역사였다라고 한다. 모세는 요셉이라는 인물을 등장시켜 요셉의 과거사를 하나님께서 예정하신 사건이라고 해석한다.

구약의 대표되는 예정사상은 이처럼 이미 지나간 역사를 믿음으로 재해석하는 것이다.

신약성경의 예정사상은 바울에게서 나타난다. 바울은 A.D. 57~58년경 고린도에서 로마서를 기록하였다. 바울은 로마서 9장 11~19절에서 모세가 기록한 창세기 25장을 소재로 해서 말라기 1장 2~3절로 예정사상을 설명하고 있다.

바울이 설명하는 예정사상은 현재 얘기도 아니고 미래 얘기도 아니다. 바울이 말하는 예정사상의 근본은 과거 수천 년 전에 있었던 족장들의 과거사를 믿음으로 해석하는 것이다. 바울은 또 에베소서 1장 3~5절에서 창세 전에 그리스도 안에서 우리를 택하셨다는 과거사를 믿음으로 해석하고 있다.

바울은 하나님께서 창세 전에 우리를 택하신 것을 목격한 사람이 아니다. 바울은 과거사를 믿음으로 해석해서 하나님의 신비를 믿음으로 설명하고 있다.

성경의 예정사상이 무엇인가? 성경의 예정사상은 두 가지 범주 안에서만 설명되고 있는 내용이다.

① 성경의 예정사상은 모세든, 말라기든, 바울이든 하나님의 사람으로 구원받은 사람에게만 적용되는 내용이다. 다시 말하면, 성경의 예정은 하나님에 의해 구원받은 하나님의 사람들에게만 적용되는 내용이고 세상 밖의 믿지 않는 자에게는 전혀 적용될 수 없는 사상이다.

② 성경의 예정사상은 어디까지나 과거에 있었던 사건들을 믿음을 가진 자가 믿음으로 해석하는 것에 국한된 사상이다. 성경은 미래에 누가 어떻게 예정되었다는 식의 미래 사항에 대해서는 완전 침묵하고 있다.

성경에는 예정과 선택 사상이 있다. 성경의 예정과 선택은 ① 반드시 믿는 자들에게만 적용되는 사상이고, ② 반드시 과거사를 믿음으로 해석하는 과거적 사건에 국한된다.

이렇게 두 가지 범주를 지키는 범위 안에서 예정사상이 설명될 때 예정사상은 성경 안에 안전하게 유지된다.

B. 역사 속의 예정사상

성경 안의 예정사상이 교회 역사 속의 여러 학자들에 의해서 차츰 변질되기 시작하였다. 예정사상이 최초로 변질된 것은 교부 시대 마지막 신학자인 고대 로마 말기의 라틴 교부인 아우구스티누스(Aurelius Augustinus, 354~430)에게서 나타난다.

그는 펠라기우스(Pelagius, 354~420)와의 논쟁에서 인간은 영원

전부터 어떤 사람은 구원받도록 예정되어 있고, 어떤 사람은 형벌을 받도록 예정되어 있다고 주장하였다.

사실 '이중예정'(Double Predestination)의 창시자는 아우구스티누스다. 아우구스티누스는 세례받지 못하고 사망하는 유아들은 아담의 원죄로부터 유전된 원죄로 인하여 영원히 저주로 떨어진다고 했다.

중세기 로마 가톨릭 교회도 855년 발렌스 회의와 860년 회의에서 이중예정을 인정하였다. 중세기 스콜라 신학자들은 죽은 후의 세계의 고통을 경험하지 않는 '포에나 담니'(Poena Damni)와 고통이 수반되는 '포에나 센수스'(Poena Sensus)를 구별해서 유아들은 고통당하지 않는 '포에나 담니'로 간다고 했다. 그래서 지옥에서도 불과 유황으로부터 약간 떨어진 '유아 림보'(Limbus Infantum) 특별 구역을 설명했다.

16세기 종교개혁자인 루터나 츠빙글리도 다들 예정론 지지자들이었다. 유아 구원 문제에 있어서 개혁자들 간에는 견해를 달리했다. 츠빙글리는 만인을 위해 돌아가신 그리스도의 구속에 의해 모든 유아들이 다 구원받는다고 했다. 재침례교도들은 마태복음 19장 14절에 "어린아이들을 용납하고 내게 오는 것을 금하지 말라 천국이 이런 사람의 것이니라"는 예수님의 말씀에 근거해서 유아 구원을 주장했다.

칼빈은 하나님의 주권적 택정 사항으로 비택정되어 유기된 유아는 지옥에 가고 택정함을 받은 유아들은 구원받는다고 했다.

유아 구원을 주장한 재침례교도는 가톨릭과 칼빈으로부터 이단으로 핍박을 받았다.

C. 칼빈의 예정사상

칼빈은 로마서 9장의 세 구절과 로마서 11장 5, 7, 25절, 갈라디아서 3장 22절, 에베소서 1장 4~11절, 2장 8~10절, 데살로니가전서 1장 4절, 데살로니가후서 2장 13~14절, 디모데후서 1장 9절, 베드로전서 1장 2절 등을 근거로 선택과 예정의 교리를 설명했다.

여기서는 칼빈의 로마서 9장의 세 구절 해석이 제대로 된 잘된 해석인가를 검토해 보도록 하겠다.

① 로마서 9장 13절의 "기록된 바 내가 야곱은 사랑하고 에서는 미워하였다"는 구절을 통해 칼빈은 본인의 의지와 상관없이 하나님의 일방적인 사랑과 일방적인 미움이 된 사실을 설명한다. 그래서 칼빈은 이 구절을 근거로 에서의 영원한 운명까지 설명하고 있다.

그런데 과연 에서의 미움이 에서의 버림받은 운명을 뜻한다는 칼빈의 해석은 바르게 된 해석인가?

여기 '미워했다'는 헬라어는 '에미세사'($\epsilon\mu\iota\sigma\eta\sigma\alpha$)이다. 이 말은 사랑에 대한 상대 개념으로 '덜 사랑하다'라는 뜻이다. 에서는 야곱보다 덜 사랑을 받았기에 동생을 주로 세우고(창 27:37) 애원하는 에서에게 칼을 믿고 살 것과 아우를 섬길 것과 네가 매임을 벗을 때에는 그 멍에를 네 목에서 떨쳐 버리리라는 정도의 축복을 받았다(창 27:40). 또 수십 년 만에 만난 동생을 받아 주는 친절도 베풀 수 있었다(창 33:4). 에서의 후손이 버림받은 것이 아니라 에돔 족에서 유대 나라를 통치한 헤롯 왕 가문도 나왔다.

칼빈이 '에서는 미워했다'는 구절로 에서의 운명이 유기되어 버림받은 자인 것처럼 성경의 예로 설명한 것은 성경의 내용과 부합되지 않는 칼빈의 지나친 비약적 해석이다. '미워했다'는 구절이 에서의 운명의 유기라고 해석한 칼빈의 해석은 우리가 알고 있는 성경 해석과 다른 논리임을 알 수 있다.

② 로마서 9장 17절에 기록된 이 내용은 출애굽기 9장 16절의 인용이다.

칼빈은 이 구절을 근거로 바로 왕이 마음이 강퍅해진 것은 하나님께서 바로를 유기하셨기 때문이라고 설명했다. 그러나 바로의 마음이 점점 강퍅해진 것은 하나님께서 바로의 운명을 유기하기로 포기하셨기 때문이 아니다.

하나님은 바로의 마음을 최고조로 강퍅해지도록 계속 부추기셨다(출 7:3, 8:15, 32, 9:34). 이토록 바로가 이스라엘에 대한 집착이 강할수록 하나님 역시 이스라엘의 해방에 대한 요구가 완강해짐을 뜻한다.

이 구절을 하나님께서 바로의 운명을 유기한 것으로 설명하는 칼빈의 설명은 지나친 무리한 해석임이 역력하다.

③ 로마서 9장 22~23절에 보면 22절에 '멸하기로 준비된 진노의 그릇'이 따로 있고, 23절에 '영광 받기로 예비하신 긍휼의 그릇'이 따로 있다.

칼빈은 이 구절을 통해 '멸망을 위해 준비한 진노의 그릇'이란 곧 유기로 버림받게 한 하나님의 예정이라고 설명했다. 칼빈은 이 구절로 '멸하기로 준비된 진노의 그릇'은 유기된 자를 뜻하고, '영광 받기로 예비하신 긍휼의 그릇'은 구원하기로 예정된 택한 자들이라고 했다.

그러나 이 본문이 그런 뜻일까? 22절의 '멸하기로 준비되었다'는 '준비'란 헬라어 '카테르티스메나'($\kappa\alpha\tau\eta\rho\tau\iota\sigma\mu\acute{\epsilon}\nu\alpha$)이다. 이 말은 미완료 수동태이다.

마태복음 4장 21절에서는 이 말이 '그물을 깁는다, 수선한다'는 뜻으로 쓰였고, 갈라디아서 6장 1절에서는 '바로잡는다, 회복한다', 히브리서 11장 3절에서는 '지어졌다, 준비한다', 베드로전서 5장 10절에는 '견고하게 한다, 완성한다' 는 뜻으로 쓰였다.

이 말은 뭘 하기로 과거에 미리 준비되었다는 뜻이 아니라 멸망을 향해 익어 가고 준비되어 간다는 피동태의 뜻이다. 따라서 이 본문은 유기나 멸망할 자가 하나님이 먼저 준비하셨기 때문에 멸망하는 것이 아니라 스스로 범죄한 죄가 점점 더 멸망을 향해 진행되어 간다는 뜻이다.

칼빈은 이와 같은 성경 석의에 근거해서 그의 "기독교 강요" 제3권 21장 5에서 이렇게 결론을 내린다.

"우리는 예정을 가리켜 하나님의 영원하신 섭리라고 부른다. 이에 따라 하나님께서는 그의 지혜 안에서 각 사람의 운명을 결정하셨다. 왜냐하면 이들은 모두 동일한 상황에서 창조된 것이 아니기 때문이다. 어떤 이들을 위해서는 영생이, 다른 이들을 위해서는 영원한 멸망이 예비되어 있다.

이처럼 모든 이들은 이 두 가지 중 한 가지 길을 위해 창조되었다. 즉 어떤 이들은 생명으로, 어떤 이들은 죽음으로 예정되어 있다고 할 수 있다. 이 같은 원리는 개인들에게만 아니라 국가에도 적용된다. 만약 하나님께서 왜 그렇게 행하셨느냐고 묻는다면 그 이유는 다름 아닌 그가 원하시기 때문이라고 해야 할 것이다.

그가 왜 그렇게 원하시느냐고 묻는 것은 하나님의 뜻보다 한층 더 높고 심오한 것을 찾는 셈이 되며, 우리는 이를 결코 발견할 수 없다. 따라서 인간의 만용으로 하여금 존재하지 않는 것을 탐하지 않고 단념하도록 하자.

하나님께서 그가 원하시는 대로 원하는 자들에게 자비를 베푸

시거나 혹은 그 마음을 강퍅하게 하실 때에 인간들은 그의 뜻 배후에 있는 이유를 찾지 말라는 가르침을 받아야 한다. 실제로 많은 사람들은 그 어떤 인간도 버림받지 않았다는 식으로 택정을 인정하려고 한다. 그러나 이는 유치하고 불합리한 짓이다.

왜냐하면 택정(선택과 예정)은 유기에 배치되는 상태와 개념이 아니면 존재할 수 없기 때문이다."

칼빈의 예정과 유기이론은 이렇게 설명되었다. 이 같은 칼빈의 유기 이론을 계승한 신학자는 마이어(Heinrich August Wilhelm Meyer, 1800~1873)가 신약 주석 9권에서 계승했고, 또 베이스(Bernhard Weiss, 1827~1918) 베를린 대학 신약학 교수가 계승 발전시켰다.

이와 같은 칼빈의 예정론은 하나님께서 그가 원하시는 바에 의해 구원과 죽음으로 예정하셨다는 이중예정이론을 수립해 놓았다. 그러나 성경 어느 곳을 봐도 하나님께서 특정인을 죽을 자로 예정해 놓으셨다는 암시적 구절을 찾아볼 수 없다.

하나님의 예정은 어디까지나 구원받은 자들이 하나님의 은총에 감격하여 지나온 과거사를 믿음으로 해석하는 데 그치고 있다.

칼빈의 예정론은 ① 구원받지 않은 세상 사람들에게도 적용시킴으로 하나님을 독재자로 오해케 만드는 독소를 만들었고, ② 구원받은 자가 지나온 과거를 믿음으로 해석하는 은혜로운 진리를 미래까지 확대시킴으로 신앙의 확신을 흐려 놓았다.

이처럼 성경을 벗어난 인간의 상상적 신학은 수백 년 동안 선교에 장애를 주고 있는 게 현실이다.

제4장
유럽의 재침례교 운동

1. 스위스의 재침례교 운동
   1) 십자군 전쟁스위스 재침례교의 기원
   2) 스위스 재침례교의 지도자
      (1) 콘라드 그레벨
      (2) 펠릭스 만츠
      (3) 게오르게 블라우록
   3) 스위스 재침례교도들의 신앙
2. 독일의 재침례교 운동
   1) 다양한 재침례교 운동
   2) 독일의 성서적 재침례교 지도자
      (1) 발타자르 후프마이어
      (2) 마이클 자틀러
      (3) 한스 뎅크
      (4) 필그람 마펙
      (5) 그 외의 순수 신앙 운동가들
   3) 광신적 천년왕국주의자들
3. 네덜란드의 재침례교 운동
   1) 복잡한 나라 네덜란드
   2) 네덜란드 재침례교 지도자
      (1) 필립스 형제
      (2) 메노 시몬스
4. 재침례교의 후예들
   1) 직접적인 후예들
      (1) 메노나이트들
      (2) 후터라이트들
      (3) 아미쉬들
   2) 간접적 후예인 영국 침례교
      (1) 영국에서의 종교개혁 운동
      (2) 영국에서의 재침례교 운동
      (3) 영국 침례교의 시작
5. 침례교 기원에 관한 학설들
   1) 전승설 또는 계승설
   2) 재침례교 영혈설
   3) 영국 분리주의자 후예설
   4) 증언자설

# 제4장 유럽의 재침례교 운동

필자는 1985년 사우스웨스턴 침례신학대학원의 역사 신학 교수였던 윌리엄 이스텝(William R. Estep) 박사가 쓴 《The Anabaptist Story》를 《재침례교도의 역사》라고 번역, 출판하였다(서울: 요단출판사).

이 책에서 필자는 스위스, 독일, 네덜란드 등에서 일어났던 재침례교도들의 역사를 소개한 바 있다. 《재침례교도의 역사》는 많은 사람들의 관심을 받게 되었고 보다 많은 자료를 요청하는 일이 쇄도했다. 그러나 필자는 자료 요청에 부응하지 못했다.

그 후 필자는 1993년에 《새 교회사》 II 권을 서울 규장문화사에서 출판하였다. 여기서 필자는 일반 교회사에서 '재세례파'라는 항목으로 매우 소규모로 설명된 일반 교회사 경향을 무시하고 재침례교 운동을 한 장(chapter)로 할애하여 설명하였다. 그래서 학교에서 '재세례파'라는 용어 대신 '재침례교도'라는 용어가 쓰이도록 각 신학교에서 열심히 보급하였다.

최근 2011년에 침례신학대학교의 김승진 교수가 쓴 16세기 성서적 아나뱁티스트들에 대한 전문 연구서인 《근원적 종교개혁》(침례신학대학 출판부)을 접하게 되었다. 김승진 교수의 아나뱁티스트 전문 연구로 최근의 자료까지 소상하게 알게 되었다 필자는 과거에 저술한 《새 교회사》 II권에서 미처 취급하지 못한 많은 부분을 김승진 교수의 연구서로 보완해서 유럽의 재침례교도들의 역사를 보다 자세하게 소개하도록 하겠다.

기독교 2천 년 역사에서 재침례교도들만큼 억울하게 핍박당하고 희생된 무리들은 많지 않을 것이다. 이들은 로마 가톨릭에 의해 이단으로 정죄받고 종교재판에 의해 유럽 각지에서 죽어 갔다. 특히 네덜란드에서 80년 동안 10만 명 이상의 재침례교도들이 가톨릭 황제들에 의해 죽어 갔다.

그뿐만이 아니다. 재침례교도들은 종교개혁자들에 의해서도 죽어 갔다. 스위스의 개혁자 츠빙글리는 재침례교도들을 여러 면으로 핍박하였고, 심지어 부모가 보는 앞에서 재침례교 자식을 물에 빠뜨려 익사시켜 죽게 했다. 루터와 칼빈도 재침례교도들을 핍박한 데는 예외가 아니었다.

이들 재침례교도들에 대한 평가도 정당한 평가가 아니라 자기들 신앙에 맞지 않는다는 그 한 가지 이유로 가장 왜곡되고 편파적이고 부당한 기록을 남겼다. 이들 개혁자들의 불편하고 부당한 왜곡된 기록은 그대로 후계자들에 의해 가감 없이 왜곡되어 전승되어 왔다.

그런데 이들 재침례교도에 대한 새로운 평가가 19세기 후반 미국 학계에서 일어나기 시작하였다. 미국 학계에서 그동안 국가 교회(State Church)로 전승되어 오는 루터 교회, 영국 국교회, 개혁 교회들만이 존재했던 것이 아니라 국가와 아무 관계를 갖지 않은 자유 교회(Free Church) 운동들을 새롭게 조명하기 시작한 것이다.

이 같은 학계의 연구 결과 재침례교가 떠오르게 되었다.

과거 역사가들의 재침례교도에 대한 평가는 저마다 다르다.

독일의 역사가요 종교사회학자였던 에른스트 트뢸치(Ernst

Troeltsch, 1922)는 재세례파들은 완전주의와 성결(holiness)을 목표로 지향하는 분파(sects)주의자였다고 했다.

또 역사가 알브레히트 릿츨(Albrecht Ritschl)은 경건주의의 역사를 설명하면서 재세례파들은 엑스터시(ecstacy)를 추구하는 영적 수도자들과 같았다고 하였다.

그런가 하면 교회사의 대가인 필립 샤프(Philip Schaff)는 재 세례파를 과격한 복음주의자들이며 극단의 프로테스탄트(Ultra Protestant)라고 하였다.

그 외에도 스피츠(Lewis W. Spitz)는 과격한 개혁자들이라 하였고, 린제이(Thomas M. Lindsay)는 경건한 기독교 공동체의 직접적인 계승자들이었고 말썽을 일으키지 않고 조용하게 하나님을 경외하는 삶을 산 자들이라고 했다.

또한 래토레트(Kenneth S. Latourette)는 재세례파는 높은 도덕을 요구하여 열렬한 선교열을 가진 급진적 개혁주의자들이었다고 하였다. 그 외에 루터와 칼빈은 재 세례파를 이단이요 광신자라고 했다.

이들 재세례파에 대한 평가가 왜 이렇게 다양한가?

이들에 대한 호칭인 '재세례파' 라는 용어 자체가 적당한 표현도 아니다. 저들은 믿음의 고백이 없는 무지 상태의 유아세례나 거듭난 체험 없이 받는 성인세례는 성경에 근거가 없다고 보았다.

성경은 물과 성령으로 거듭난 믿음을 가진 자만이 물 속에 잠기는 침례를 받았다고 했다. 그러므로 믿음 없이 받은 유아세례나 성인세례 받은 자는 다시 물속에 잠기는 침례를 받으라는 뜻으로 '아나뱁티스트' (Anabaptist)라고 했다.

이 같은 '아나뱁티스트' 운동은 한두 곳에서 일어나지 않았다. 스위스, 독일, 모라비아, 네델란드 등 유럽 전역에서 동시다발적으로 일어났다.

그렇기 때문에 재침례교 운동 자체가 다양하다. 재침례운동은 각 곳에서 제각각 다르게 일어난 자발적이고 다양한 운동이었다.

다양하다는 말은 통일성이나 조직 구성이 다 각각이었다는 뜻이다. 재침례운동은 각각 다른 환경에서 출발하여 심한 박해를 받음으로 저들의 발전 과정은 각양각색이다. 이런 면에서 재침례교도들은 통일성이 없었다. 그래서 각 곳마다 자유 교회(Free Church)가 되었고, 개혁자들처럼 국가 교회(State Church)가 되지 못하였다.

종교개혁에 성공한 개혁자들을 보자. 루터는 면죄부 판매라는 신앙적 문제로 종교 개혁을 시작하였다. 그는 신앙 문제를 실현하기 위해 교황권과 싸워야 했고 황제와도 싸워야 했다. 루터의 종교개혁은 개혁 세력이 정치적으로 뭉치는 '슈말칼덴' 동맹이라는 정치적 힘에 의해 개혁을 완성했다.

츠빙글리도 마찬가지다. 그는 취리히에서 설교와 논쟁을 통해 종교개혁을 시작하였다. 츠빙글리는 논쟁만 가지고 종교개혁을 완성할 수 없었다. 츠빙글리는 취리히의 시 의회라는 정치적 조직력을 통해서 다른 칸톤들과 정치적 연합을 펼쳐 나갔다. 츠빙글리는 정치적 조직력으로 개혁을 완성하겠다며 전쟁으로 개혁을 하려다가 실패하고 말았다.

이 점에서 칼빈도 마찬가지다. 그는 제네바 교회를 순수한 하나님 말씀대로 개혁하지 않았다. 칼빈은 교회 당회에서 결정된 사항을 믿지 않는 제네바 시 의회로 하여금 시행하도록 하였다. 교회 권징 사항을 믿지 않는 세속 정부로 하여금 시행하게 한 것은 종교와 정치가 혼합된 야합정치를 뜻한다. 칼빈의 개혁 성공은 종교를 정치와 야합시킨 합작의 결과였다.

루터나 츠빙글리나 칼빈이 종교와 정치를 야합시킨 국가 교회(State church)를 만들어 나갈 때 재침례교도들은 종교와 정치를 엄정하게 분리시켰다.

재침례교도들은 순수한 종교개혁만을 고집하였다. 그러다 보니 재침례교도들은 신앙으로 출발해서 신앙만 고집하다가 힘을 가진 세력들에게 다 희생당하였다. 재침례교도들은 로마 가톨릭에 의해 희생당하고 또 개혁자들이라는 세력들에 의해서도 희생당한다.

희생당한 재침례교도들은 정당하게 평가되지 않았다. 개혁자들이 재침례교에 대한 박해를 하면서 모두가 자기 기준에서 재침례교도들을 혹평하였다.

오늘 우리가 전승해 온 재침례교도에 대한 혹평은 개혁에 성공한 승자들에 의한 기록에 근거하고 있다. 그런데 재침례교도에 대한 새로운 평가는 당시 재판을 통해 이단으로 취급받고 처형시킨 재판관들의 기록에 의해서 다시금 재평가되기 시작하였다.

재침례교도들에 대한 사료는 두 종류가 있다. 하나는 개혁에 성공한 승자들에 의해 왜곡된 재침례교도에 대한 사료로, 이것이 과거사의 주종을 이루고 있다. 다른 하나는 당시 죄인으로 취급받고 억울하게 죽어 간 재침례교도들의 희생을 기록한 세상 법정의 재판 기록이 있다.

지금까지 수많은 과거사는 거의가 역사의 승자인 가톨릭이나 개혁자들의 기록에 근거해서 설명되었다. 그러나 필자는 억울하게 죽어 간 재침례교도들에 대한 재판 기록을 소재로 해서 재침례교도들을 다시 설명해 나가겠다.

1. 스위스의 재침례교 운동

1) 스위스 재침례교의 기원

스위스의 재침례교도들은 언제 시작되었는가? 일반적으로 스위스 재침례교도들은 1525년 1월 21일 밤 펠릭스 만츠의 집에서 모인 스위스 형제단의 출발 때로 보는 경향이 있다.

이때는 재침례교도들과 츠빙글리 간의 격렬한 유아세례 논쟁 이후였다. 그러나 스위스 재침례교도들은 츠빙글리가 아인지델른(Einsiedeln)으로 오기 이전부터 공동체를 형성하고 있었다. 이들은 중세기 때 시작된 왈도파(Waldenses)의 후예들일 가능성이 많다.

종교개혁(1517)이 일어나기 이전에도 스위스 형제단 같은 기도회 모임들이 여기저기에서 일어났던 것이 드러나고 있다. 이들에 대한 기록은 주로 종교재판을 통해 이단으로 취급하여 사람들을 처형시킨 종교재판관들의 기록이다. 현재 발견된 종교재판들의 기록은 1514년 바젤에서, 1515년 스위스에서, 1518년 마인츠에서, 그리고 아우구스부르크에서 기도 모임이 있었다는 문헌이 나와 있다.

그리고 1524년에는 스위스 형제단 같은 모임이 프랑스, 네덜란드, 이탈리아, 삭소니 프랑코니아, 슈트라스부르크 그리고 보헤미아에서 있었다는 기록이 있다. 그렇기 때문에 스위스 재침례교도들의 기원이 언제, 어디서부터 시작되었는가를 규명하기에는 많은 어려움이 있다.

역사 속에 스위스 형제단이 자기 정체를 드러낸 것은 츠빙글리가 취리히에서 젊은이들을 위한 헬라어 원전 공부를 시작한 1520년경이라고 할 수 있다. 이들 스위스 형제단은 츠빙글리의 10월 논쟁(1523.10) 때에 공식적으로 모습을 나타낸다. 이때 스위스 형제단은 성상 논쟁, 미사 논쟁을 통해 그것들이 잘못되었다는 사실을 밝혀 놓고도 개선하지 않는 우유부단한 츠빙글리에게 논쟁에서 밝힌 대로 실천하기를 종용한다. 이때부터 츠빙글리와 스위스 형제단 사이에는 균열이 생기기 시작한다.

그래서 1525년 1월17~18일에 츠빙글리와 스위스 형제단은 유명한 유아세례 논쟁을 벌였다. 그리고 이어서 1월21일 만츠의 집에서 성인 침례의식과 함께 스위스 형제 교회가 최초로 시작된다.

취리히 시 의회는 스위스 형제단인 재침례교도들이 성인 침례를 실시했다는 보고를 받았다. 그리하여 2월 8일 이후로 재침례를 받는 자에게는 은화 1마르크의 벌금형에 처하며, 이후에도 계속 재침례를 시행할 경우에는 추방형에 처한다고 경고한다.

여기서 재침례교도들인 스위스 형제단은 시 의회의 결정을 알면서도 계속해서 침례를 실시한다.

시 의회를 주도하는 츠빙글리는 시 의회로 하여금 재침례교 두 지도자를 구속하게 한다. 하나는 만츠였고 다른 하나는 블라우록이었다. 블라우록은 취리시 시민이 아니었으므로 사형 선고를 집행할 수 없어 공개적인 모욕을 주고 채찍질을 가하고 도시 밖으로 추방했다. 취리히 시민인 만츠는 1527년 1월 5일 취리히 시민과 그의 어머니가 지켜보는 앞에서 사지가 묶인 채 강제로 익사를 당한다. 이렇게 종교개혁자인 츠빙글리에 의해서 재침례교도들이 죽어 갔다.

더욱 가공스런 사실이 있다. 츠빙글리의 사위이자 후계자인 불링거(Heinlich Bullinger, 1504~1575)는 독일 농민전쟁의 주모자인 토마스 뮌처와 스위스 재침례교도의 연계성을 주장함으로 독일 농민전쟁이 재세례파 토마스 뮌처의 소행이라고 주장하였다.

불링거는 무슨 근거로 스위스 재침례교도와 독일 농민전쟁의 주모자 토마스 뮌처의 연계성을 주장하였는가? 그것은 농민전쟁의 발발 시기가 1524~1525년이었는데, 이것이 스위스에서 최초로 성인 침례식을 1525년 1월 21일에 실시한 것과 겹친다는 것이었다. 그래서 스위스 재침례교도와 독일 토마스 뮌처를 연계하였다.

이 밖에도 불링거는 재침례교도 사이에는 13개의 서로 다른 분파가 있었다고 하였다. 미국 하버드 대학교의 교회사 교수였던 조지 윌리엄스(George Hunston Williams) 박사가 쓴 "The Radical Reformation", (Philadelphia, Westminster Press, 1962)에 의하면 16세기 재침례교도가 펼친 각기 다른 여섯 가지 운동들이 있었다고 한다.

① 복음주의적 재침례교(Evangelical Anabaptists)
② 명상적 재침례교(Contemplative Anabaptists)
③ 혁명적 신령주의자들(Revolutionary Anabaptists)
④ 영적 복음주의(Evangelical Spiritualists)
⑤ 영적 이성주의(Rational Spiritualists)
⑥ 영적 혁명주의(Revolutional Spiritualists)

재침례교 운동은 단순하지가 않았다. 불링거는 13개 다른 분파들을 말하였고, 윌리엄스는 6개 다른 운동들을 말하였다. 우리는 이렇게 다양한 재침례 운동들을 단지 독일 농민전쟁을 일으킨 분파들로 이해하고 있다는 것은 너무도 잘못된 왜곡임을 알 수 있다.

이제 재침례교에 대한 보다 상세한 이해를 위해서 유럽 각 나라에 일어났던 다양한 재침례교도들을 개별적으로 고찰해 보자.

2) 스위스 재침례교도의 지도자

(1) 콘라드 그레벨(Konrad Grebel, 1498~1526)

A. 출생과 교육

그레벨은 1498년경 취리히 동쪽 그뤼닝겐(Grueningen) 시에서 2남 4녀의 자녀들 중 하나로 태어났다.

아버지는 융커 제이콥 그레벨(Junker Jacob Grebel)이었고, 어머니는 도로시아 프리즈 그레벨(Dorothea Fries Grebel)이었다. 아버지는 그뤼닝겐 시에서 고위 공무원으로 재직하였고, 나중에는 취리히의 시 의원이 될 만큼 능력 있는 사람이었다.

그레벨은 어린 시절 취리히 시의 그로스뮌스터 성당에서 운영하는 캐롤라이나(Carolina)에서 6년 동안 초등 교육을 받았다. 그리고 16세 되던 1514년에 바젤 대학에 진학하였다. 그레벨은 이곳 바젤 대학에서 기숙사 사감으로 있는 글라리안(Heinrich Loriti Glarean) 교수에게서 기독교 인문주의 사상을 접하게 된다. 이듬해 1515년 그레벨은 그의 아버지가 오스트리아 비엔나 대학에서 제공해 주는 풍부한 장학금 혜택을 받도록 해줌으로 비엔나 대학으로 전학한다.

비엔나 대학에서 의사이며 지리학 교수인 세인트 갈의 바디안(Vadian)이라고 불리는 요아킴본 바트(Joachim Von Watt of St. Gall) 교수를 통해 인문주의 사상을 깊게 영향 받는다. 바디안 교수는 1519년 그레벨의 여동생과 결혼하여 그레벨의 가족이 된다.

그레벨이 이곳 비엔나 대학에서의 3년 동안 인문주의 사상에 많은 영향을 받았으나 그는 술과 여자들로 얽힌 부도덕한 생활을 계속한다. 그레벨은 비엔나 도시의 환경을 벗어나려고 1518년 9월 30일 프랑스 파리로 갔다. 파리에서 남은 대학생활을 마무리하려고 하였으나 건강이 나빠졌고 약속된 장학금도 삭감되고 유학생들과의 잦은 패싸움으로 더욱 복잡한 생활이 된다. 1520년 분노 섞인 아버지의 귀향 소환 통보를 받고 고향 취리히로 돌아온다.

고향에 돌아온 그레벨은 자신이 인생 낙오자와 실패자라는 절망감을 안고 의욕상실증에 걸려 칩거하고 있었다. 이 무렵 취리히 목회자인 츠빙글리가 젊은이들에게 헬라어 원전에 의한 성경을 가르친다는 소문을 듣는다. 그레벨은 종교적 관심에서가 아니라 학문적 관심으로 츠빙글리의 성경 공부 모임에 참여하게 된다.

1522년 2월 그레벨은 바바라(Barbara)라는 여자와 결혼을 한다. 그러나 부친은 여자가 신분이 낮고 가난한 가문 출신이라는 이유로 결혼식에 참여하지 않는다. 이로써 그레벨은 가족 간에도 어려움이 가중된다.

1522년 7월 그레벨은 공개적으로 복음을 선포하고 스스로 복음 사역자가 되고자 하는 희망을 표현한다. 그레벨은 츠빙글리 밑에서 원어 성경을 읽고 젊은 친구들과 함께 토론하는 과정 속에서 서서히 복음을 깨닫게 된 것 같다. 성경 공부 모임에 처음 참석할 때 가졌던 주된 관심은 인문학적이고 학문적인 것이었으나 성서 언어들을 공부하는 중에 종교적인 것들로 깨어난 것 같다.

이들은 성경 공부 모임을 '예언 모임'(prophecy meeting)이라고 하였다. 그레벨은 이 성경 공부 모임에서 예수님을 알게 되었고 구원 받았을 것으로 추측된다. 그는 여기서 그리스도를 만났고 인생의 참 의미를 발견하게 된다.

B. 사역과 죽음

그레벨과 같은 성경 공부 모임 회원이었던 만츠(Felix Manz)는 자기들의 스승인 츠빙글리가 참석한 1523년 10월의 논쟁에 참여한다. 그런데 츠빙글리가 성경 공부 때 보여주었던 순수함과 달리 10월 논쟁을 한 후 완전 다른 모습을 나타낸다.

성경 공부 때는 성경의 가르침대로 순종해야 함을 역설했으나 10월 논쟁을 한 후 그의 행동은 시 의회 정부의 눈치를 보는 데 급급하였다. 여기서 제자들과 츠빙글리 사이에 금이 가기 시작한다. 그리하여 츠빙글리와 스위스 재침례교도 사이에 유아세례 논쟁으로 1525년 1월에 격돌하게 된다.

그레벨은 츠빙글리과 결별하고 약 1년 8개월 동안 스위스 재침례교 지도자로 활동한다. 그레벨이 썼던 저작물 중에 빼놓을 수 없는 귀중한 것이 있다. 그것은 1524년 9월에 스위스 형제단을 대표하여 독일 토마스 뮌처에게 보낸 편지이다. 이 편지는 윌리엄스와 메르갈(Williams and Mergal)이 편집한 "Spiritual and Anabaptist Writers"에 소개되고 있다.

재침례교도들을 반대하거나 핍박했던 사람들은 스위스 형제단과 독일 농민전쟁의 주동자 토마스 뮌처를 연관시켜 비난하고 있다.

그런데 그레벨이 토마스 뮌처에게 보낸 편지에 의하면 스위스 형제단들은 무기를 사용하는 토마스 뮌처의 폭력적 행동을 강하게 비판하고 있다. 그레벨은 뮌처에게 무기를 사용해서는 안 된다는 것을 강하게 훈계하였다. 그레벨은 뮌처에게 십자가의 원리로 개혁을 이루어야 한다고 했다. 그리고 뮌처의 개혁 방법이 구약적임을 비판하였다. 스위스 형제단은 구약보다는 신약에 우선적 권위를 두고 있음도 피력하였다. 이 같은 스위스 재침례교도들의 뚜렷한 신앙 원칙이 있었음에도 불구하고 개혁자들은 뮌처가 유아세례를 반대하는 내용의 글을 썼다는 그 이유 하나로 뮌처를 재세례파로 몰고 있다.

그레벨의 약 20개월 사역은 간결하다. 1525년 1월에 츠빙글리와 유아세례 논쟁의 적수가 되자 츠빙글리는 그레벨과 다른 스위스 형제단에게 '아나뱁티스트들의 두목'(Ringleader of Anabaptists)이라는 모욕적인 별명을 선사한다.

그 후 1525년 1월 21일에 펠릭스 만츠의 집에서 최초의 신자의 뱁티즘(believers baptism)을 게오르게 블라우룩(George Blaurock)에게 베푼다. 그레벨의 성인 신자의 침례는 머리 위에 물을 붓는 관수례(affusion)였으나 이것은 수천 년 시행해 온 중세기의 영세와 완전 다른 의식이었다. 그리고 만츠의 집에서 시작된 스위스 형제단 교회는 국가 교회(State Church) 형태를 벗어난 자유 교회(Free Church)의 첫 시작이었다.

1525년 2월에 만츠의 집에서 그레벨은 또 다른 사람에게 침례를 실시한다. 세인트 갈 출신의 가브리엘 기거(Gabriel Giger), 만츠의 부인인 애나 만츠(Anna Manz)에게 침례를 베푼다.

또 샤프하우젠(Schaffhausen) 근처 라인(Rhine) 강에서 전직 가톨릭 신부였던 볼프강 울리만(Wolfgang Uliman)에게 침수례(immersion)에 의한 침례를 베푼다. 그레벨은 이곳 샤프하우젠 지역에서 약 두 달 동안 복음 전도 활동을 한다.

1525년 4월 9일 그레벨은 지터(Sitter River) 강에서 약 500명의 새 신자들에게 침례를 베풀었다. 같은 해 6월부터 10월까지는 그의 출생지 그뤼닝겐(Grueningen)에서 축호 전도와 설교 사역을 한다.

10월에 그레벨과 블라우록은 유아세례를 부인하고 성인 침례를 주장했다는 죄목으로 그뤼닝겐 감옥에 감금된다. 1525년 11월 18일 두 사람은 재판에서 무기징역 선고를 받는다. 이들의 죄목은 유아세례를 부인하고 성인 침례를 주장했다는 것이었다.

1526년 3월 5~6일에 있었던 두 번째 재판에서도 무기징역이 선고되었다. 14일 후 누군가 이들에게 도망칠 길을 열어 주었다. 도망친 그레벨은 아펜젤(Appenzell)과 그라우분던(Graubunden) 지역에서 펠릭스 만츠와 순회 전도를 하였다.

그레벨은 1526년 8월경 흑사병에 의해 객사하고 만다. 그레벨은 26세의 젊은 나이로 스위스 형제단을 이끌다가 일찍 세상을 떠남으로 큰 업적을 남기지 못한다. 그러나 그레벨은 최초의 성인 침례와 최초의 자유 교회를 시작한 선각자로 역사에 기억되고 있다.

(2) 펠릭스 만츠(Felix Manz, 1498~1527)

A. 출생과 교육

펠릭스 만츠는 1498년에 취리히에서 출생하였다. 그의 아버지는 결혼이 금지된 가톨릭의 신부였다. 그의 아버지는 취리히 주교좌 성당인 그로스 뮌스터(Gross Muenster) 성당의 참사회 회원으로서 보조 신부 사역을 감당하고 있었다. 따라서 만츠는 에라스무스(Erasmus)나 불링거(Heinrich Bullinger)처럼 사생아로 자랐다.

만츠는 사생아였으나 어린 시절 아버지 덕분으로 라틴어, 희랍어, 히브리어 등 성서의 언어를 배울 수 있는 특권이 주어졌다. 특히 그는 히브리어에 있어서 출중한 실력을 드러냈다.

1522년 츠빙글리가 이끌어 가는 성경 원어 공부 모임인 '예언 모임'에 참여하였고 츠빙글리의 사랑받는 제자가 되었다.

그런데 1523년 10월 논쟁에서 츠빙글리가 성경 공부 때와 다른 처신을 하는 모습을 보면서 만츠 역시 다른 스위스 형제단처럼 불만을 갖기 시작한다.

1524년 12월13~28일 무렵에 만츠는 취리히 소의회와 대의회에 자신과 동료들의 신앙을 변호하는 글인 〈항의와 변론〉(Protest and Defense)을 보냈다. 이 글 속에서 자신이 유아세례를 부정하기 때문에 기존의 기독교 사회 질서를 무너뜨리는 혁명가요 짐승 같은 자라고 비난받는 것을 강력하게 항변했다. 만츠는 자신이 폭동을 야기할 의도가 없으며 누군가를 선동할 목적으로 말을 하거나 가르친 적이 없음을 강조했다.

그는 전통적인 유아세례를 반대하고 신앙고백에 근거한 성인 침례를 베푸는 것은 결코 사회나 정부의 안정을 위협하거나 깨뜨리는 일이 아니라고 역설하였다. 그는 사도행전 9장 17~19절을 예로 들면서 아나니아가 사울에게 침례를 베푼 것처럼 하나님의 말씀을 통해서 회심하여 마음의 변화를 따라 이제부터는 새로운 삶을 살고자 하는 열망을 가진 사람에게 침례를 베풀어야 한다고 했다.

이 같은 만츠의 사상은 최초의 성인 침례가 이루어진 1525년 1월 21일 이전에 그가 이미 성경적 신앙고백에 근거한 침례에 대한 확신을 갖고 있었음을 뜻한다.

B. 사역과 죽음

만츠의 사역은 1525년 1월 17~18일 스승이었던 츠빙글리와의 유아세례 논쟁 때 나타난다.

이때 스위스 형제단은 츠빙글리와의 논쟁에서 내용적으로 승리했다. 그런데 취리히 시 의회는 츠빙글리의 승리를 선언했다.

그 후 1525년 1월 21일 만츠의 집에서 스위스 최초의 형제 교회가 출발되고, 아울러 이날 그레벨이 신앙을 고백하는 블라우록에게 관수례에 의한 침례식을 거행하였다.

첫 번째 성인 침례식을 거행한 후 그레벨이 샤프하우젠에서 복음 전도 활동을 하는 동안 만츠는 블라우록과 함께 졸리콘(Zollikon)에서 농부들과 장인들에게 전도 활동을 하였다. 그 후에는 추르(Chur)와 아펜젤(Appenzell)에서 복음을 전하였다.

만츠와 블라우록은 1525년 10월 8일에 그뤼닝겐의 힌빌(Hinwil, Grueningen) 감옥에 갇혔고 그레벨도 함께 같은 감옥에 갇혔다. 만츠는 일시 탈옥하였으나 10월 31일에 다시 체포되었고, 그 이후 이들 셋은 취리히의 위치 타워(Witchs Tower) 감옥으로 옮겨진다. 위치 타워를 탈출한 후 두 달 후에 만츠와 블라우록은 그뤼닝겐에 가서 복음을 전한다.

1년 후인 1526년 10월 12일에 만츠는 또 체포되어 세인트 갈(St.

Gall)에 투옥되었고, 감옥에서 풀려난 후 블라우록과 함께 그뤼닝겐 숲속에서 또다시 체포된다.

1527년 1월 5일 재판 결과 만츠에게 사형 선고가 내려졌고, 취리히를 가로지르는 리마트 강(Limmat River)의 강물에 빠트려 죽임을 당하는 사형 방법이 정해졌다. 만츠의 사형이 집행되는 강 좌우편에는 많은 구경꾼들이 지켜보고 있었다.

만츠를 이렇게 강물에 빠트려 죽게 한 것은 유아세례를 거부하고 침례를 고집하는 그를 강물에 익사시킴으로 침례를 모독하려고 한 츠빙글리의 의지가 작용한 것으로 추측된다.

만츠는 비록 죄인의 몸으로 익사형을 당하면서도 담대하였다. 그리고 만츠의 익사형을 지켜보던 그의 어머니는 "시험 때에 그리스도께 끝까지 신실하여라"(remain true to christ in the hour of Temptation)라는 격려의 말을 보냈다. 만츠의 마지막 말은 "오 주님, 당신의 손에 저의 영혼을 맡깁니다"라는 기도였다.

1527년 1월 5일 토요일 오후 3시 펠릭스 만츠의 몸은 강물 속으로 밀쳐졌고, 1월 초의 차가운 리마트 강물은 만츠의 몸을 삼켜 버렸다.

펠릭스 만츠는 자신의 신앙을 피력한 "항의와 변론"이라는 글과 18절로 이루어진 찬송가 가사 한 편을 남겼다. 그는 자신의 집을 스위스 최초의 재침례교도 모임 장소로 제공하였고, 취리히를 중심한 인근 여러 도시들을 방문하여 재침례교 신앙을 선포하는 사역을 하였다. 그리고 29세의 젊은 나이에 처형되었다.

그는 프로테스탄트 교도들의 손에 의해서 죽게 되는 최초의 순교자가 되었다. 그의 장렬한 순교는 그 이후로 성서적 재침례를 주장하는 침례교도들에게 매우 소중한 귀감이 되었다.

(3) 게오르게 블라우록(George Blaurock, 1491~1529)

A. 출생과 교육

블라우록은 1491년경 스위스 그리슨스(Grisons) 주의 보나두즈(Bonaduz)에서 게오르게 카야코프(George Cajacob)라는 이름으로 태어났다. 부모는 농부였다.

그는 공부하고자 하는 열의로 라이프치히 대학에 다녔다. 1516년에는 로마 가톨릭의 사제가 되어 추르(Chur) 교구에 속한 트린스(Trins)에서 주임 신부를 대신하여 목회를 돕는 보조 신부가 되었다. 그는 2년 후 사제직을 포기하였다. 가톨릭 교회의 엄격한 규율과 전통이 자신을 옭아맨다고 거부했던 것 같다.

블라우록이라는 이름은 그가 푸른 코트(blue coat)를 즐겨 입고 다녔기 때문에 붙여진 별명이라고 한다. 그는 푸른 코트(blue coat)에다 건장한 조지(Sturdy George)라고도 불렸다.

블라우록은 신학적인 주제에는 무관심하였고 하나님의 뜻을 알고 하나님의 뜻을 행하고자 하는 열망이 있었다. 그는 다소 다혈질적인 열정의 사람이었다. 블라우록은 신앙의 궁금증을 가지고 고뇌하다가 츠빙글리를 만나게 된다. 여기서 다른 성경 공부 모임 회원이었던 그레벨과 만츠를 만나 스위스 형제단원이 된다.

블라우록은 1524년경 취리히에 왔을 때 이미 결혼한 상태였다. 그리고 1525년 1월17~18일 츠빙글리와 유아세례 논쟁에 참여한다. 그 후 1월21일 만츠 집에서 최초로 신앙고백에 근거한 침례를 받는다. 1월30일 블라우록과 펠릭스 만츠와 졸리콘에서 침례받았던 24명의 신자들이 체포되어 취리히 감방에 감금되었다. 여기서 풀려난 블라우록은 취리히와 졸리콘 등지에서 전도활동을 벌였다. 1527년 1월 5일 펠릭스 만츠가 강물에서 처형당하던 날 블라우록은 손이 묶이고 웃통은 벗겨진 채 붉은 피가 흘러내리는 격심한 태형을 당하였다.

B. 사역과 죽음

1527년 5월 21일 블라우록을 포함한 8명의 재침례교도들은 츠빙글리를 초청해 베른(Bern) 도시에서 공개토론회를 열었다. 이곳 베른에는 개혁 교회 개혁가들의 활발한 활동이 이루어지고 있었다.

그런데도 재침례교도들에게 충분한 의견 발표를 할 수 있는 기회가 주어지지 않았다. 토론회는 츠빙글리가 일방적으로 재침례교도들을 비난하는 것으로 일관하였다. 토론이 끝난 후 그레벨과 블라우록 등 재침례교도들에게는 베른 시를 떠나라는 추방령이 떨어졌다.

블라우록은 베른을 떠나 비엘(Biel)로 가서 복음을 전하고 다시 그리슨스(Grisons)와 아펜젤(Appenzell)에서 복음을 전하였다. 이러한 도시들로부터 계속 네 번에 걸쳐 추방을 당한 후로는 스위스를 영구히 떠나 오스트리아 서부 지방 티롤(Tyrol)로 갔다.

열정적인 전도열을 가진 블라우록은 티롤 근처의 아디게(Adige) 골짜기에 소재한 재침례교 교회의 담임 목사가 되었다. 이곳에서 갈급한 영혼들에게 하나님의 말씀을 채워 주었다. 이때 이웃 클라우젠(Klausen)으로부터 노이마르크트(Neumarkt)에 이르기까지 블라우록의 소문을 듣고 많은 회중들이 찾아왔다.

당시 헝가리 보헤미아 지역을 통치하고 있던 페르디난드(Ferdinand) 대공은 철저한 가톨릭 신자로 프로테스탄트들 중에서 이단시되고 있던 재침례교도에 대한 적개심이 많았다. 이들은 인스부르크(Innsbruck) 시 당국을 통해 블라우록의 전도자가 수천 명에 이른다는 정보를 얻게 된다. 페르디난드 대공은 1529년 8월 14일 블라우록과 평신도 지도자인 한스 랑게거(Hans Langegger)를 체포하였다.

이들은 극심한 고문을 당하였다. 그리고 1529년 9월 6일에 블라우록과 랑게거는 클라우젠(Klausen), 오늘날 이탈리아의 키우지(Chiusu) 근처에서 화형에 처해졌다. 블라우록의 나이 38세였다.

그는 옥중서신 한 편과 간략한 설교 한 편, 그리고 두 편의 찬송가 가사를 남겼다.

블라우록은 그레벨과 만츠와 함께 스위스 재침례교를 이끌어 갔던 지도자였다. 그러나 그가 죽게 된 것은 재침례교도를 지독하게 혐오한 츠빙글리가 다른 나라의 정부 관리에게 그에 관한 정보를 제공해 줌으로써 가톨릭 통치자에게 처형을 당한 것이다.

재침례교도들에 대한 탄압은 계속되었다. 이름 없이 죽어 간 수백, 수천의 순교자들은 유아세례를 거부하고 성인침례를 주장했다는 이유로 체포되고 구금당하고 결국은 죽게 되었다.

스위스 재침례교도들은 왜 그렇게 죽어야만 했는가? 스위스 재침례교도들은 로마 가톨릭 교회의 신앙에 위배되고 개혁자들의 신앙에도 위배되기 때문에 죽음을 당했다. 스위스 재침례교도들의 지도자만이 아니라 평신도들까지 수백, 수천 명이 계속 죽어 갔다.

저들은 죽을 만한 죄목이 있었는가? 저들은 다음과 같은 신앙 때문에 죽게 되었다. 독자들은 이런 신앙이 처형되어야 할 만큼 중대한 죄인가를 판단해 보기 바란다.

3) 스위스 재침례교도들의 신앙
① 믿는 자의 침례

유아들은 자기가 죄인인지, 회개가 무엇인지, 그리스도께서 나에게 어떤 일을 하셨는지 아무런 깨달음이 없는 상태에서 부모의 믿음에 따라 유아세례를 받는다.

그러나 성경은 확실하게 자기가 죄인임을 자각하고 예수를 믿는 성인에게 침례를 베풀었다. 따라서 유아세례를 받은 자는 다시 믿음을 고백하고 다시 성인 침례를 받아야 한다.

② 영혼의 자유

거듭난 그리스도인은 종교, 정치 등 모든 것으로부터 자유함을 얻어야 한다. 신앙이 짐이 되거나 무거운 부담이 되어서는 안 된다.

③ 교회와 국가로부터 완전 분리

④ 세상의 사악한 악으로부터의 분리

⑤ 중생한 자만이 교회 회원이 됨.

⑥ 훈련과 양육 받는 신앙생활, 교회의 순수성을 유지하기 위한 징계 사용

⑦ 목사는 세상으로부터 좋은 평판을 받아야 함.

이것이 스위스 재침례교도들의 신앙 내용이었다. 이들이 반대한 유아세례는 가톨릭과 개신교 일부만이 실시하고 있다.

과연 스위스 재침례교도들을 죽이고 핍박한 사람들이 잘 믿었던 사람들이었을까? 역사는 이들에 대한 평가를 새롭게 해야 할 책임이 있다.

2. 독일의 재침례교 운동

1) 다양한 재침례교 운동

서론에서 16세기 재침례교도들에게는 여섯 가지의 각기 다른 운동들이 있었다고 했다. 그들이 각각 추구한 운동들은 성격이 다

다르다.

이들 재침례교도들 중에는 이단성이 있는 사람들도 있었다. 예컨대 혁명적 신령주의자들(Revolutionary Anabaptists)들은 성령을 최고 권위로 여기며 지상에 존재하는 가시적 교회들에 대하여 별로 중요하지 않게 생각하는 경향이 많았다. 이들은 또 지나친 주관적 신앙(Subjectivism)으로 치우쳐 객관적 신앙을 신비주의화하였고, 또한 종말론(Eschatology)이나 천년왕국론(Chiliasm)으로 치우쳐 급진적 방향으로 흘러갔다.

이들 중 극단에 치우친 사람들은 구약적인 무력이나 폭력을 동원하여 이 땅 위에다 새 예루살렘을 건설하겠다는 광신적 태도를 보였다.

이 같은 광신적 태도를 보인 대표적인 사건이 '뮌스터 폭동 사건'(Muenster Revolt, 1534~1535)이었다.

또한 영적 이성주의자(Rational Spiritualists)들은 성인 신자의 침례를 주장하면서도 이성을 권위로 여겼다. 이들은 이성적으로 이해되지 않고 받아들이기 어려운 삼위일체 교리는 믿지 않았다. 그들은 반삼위일체론자(Anti-trinitarians)들이었다. 이들 역시 기독교 역사상 정통 신앙을 가진 신자라고 하기 어려울 것이다. 이들이 18세기의 이신론자(Deists)가 되고, 19세기의 자유주의자(Liberals)의 선구자들이 되었다고 할 수 있다.

이렇게 재침례교 운동 안에는 과거에나 현재에 볼 때에 이단성이 있는 운동들이 있었던 것이 사실이다. 그러나 또 한편으로 성서적 재침례교도들이 루터나 츠빙글리나 칼빈이 전혀 눈뜨지 못했던 훨씬 앞서 간 개혁적 신앙을 소유했던 것도 사실이다.

로마 가톨릭 교회와 프로테스탄트를 구별 짓는 가장 큰 핵심이 무엇인가? 그것은 로마 가톨릭 교회는 최종 권위(authority)를 교회

(church)에 두었다. 교회가 만든 각종 교리, 교회회의가 정한 각종 결정 사항, 교회의 최초 설립자인 사도 베드로의 후계자들의 계승권, 베드로의 후계자인 교황, 교황들이 내린 칙령 등 로마 가톨릭 교회와 전통들(traditions)을 교회 신앙의 최고의 권위로 주장한다.

이에 반하여 프로테스탄트의 최고 권위는 무엇인가? 프로테스탄트 개혁자들은 오직 성경(Sola Scriptura)만을 최종 권위로 내세웠다. 종교개혁자들 모두가 가톨릭 교회가 주장하는 교회 전통들을 부정하고 오직 성경만을 최고 권위로 삼아야 한다며 종교개혁을 하였다.

그런데 가톨릭 교회를 성경대로 개혁한다고 한 종교개혁자들의 교회가 참으로 성경에서 가르친 성경대로의 교회를 이룩하였는가? 종교개혁자를 따르는 개혁자들의 후예들은 그렇다고 대답할 것이다. 그러나 필자가 소개하고 있는 재침례교도들이 볼 때에는 루터나 츠빙글리나 칼빈이 이루어 놓은 개혁 교회들은 성서적인 참 교회(biblical true church)가 아니었던 것이다.

종교개혁자들은 자기 나름대로는 로마 가톨릭 교회를 개혁했다고 자부할 것이다. 그러나 재침례교도들이 보는 개혁자들의 교회에는 여전히 로마 가톨릭적인 잔재들이 그래도 남아 있었다.

재침례교도들이 본 종교개혁자들의 교회상은 어떠했는가? 종교개혁자들인 루터, 츠빙글리, 칼빈 등 모두는 신약성서적인 교회 개념이 아닌 구약성서적인 교회 개념에 머물러 있었다.

루터가 독일 교회를 국교로 만든 것이나 칼빈이 제네바 교회를 신정정치(Theocratic)에 의한 교회로 만들겠다고 했던 것 자체가 구약성서적인 교회 개념이었다.

구약의 할례는 계약 민족의 표시로 남자에게만 베풀었다. 신약은 계약 민족이란 개념이 사라졌고 침례는 남녀 구별이 없다. 칼빈은 말이 성립되지도 않는 구약 사상을 신약처럼 주장했다. 이는 가톨릭의 잔재를 그대로 계승한 것이었다.

재침례교도들은 루터나 칼빈이 눈뜨지 못하고 있던 신약 성서적인 참 교회의 회복(restitution)을 주장했던 것이다.

여기 독일 재침례교도들의 외로운 역사를 살펴보자.

2) 독일의 성서적 재침례교 지도자

(1) 발타자르 후프마이어(Balthasar Huebmaier, 1480~1528)

A. 출생과 교육

후프마이어는 1480년이나 1481년 사이에 아우구스부르크(Augsburg) 동쪽 지점에 있는 프리드베르크(Friedberg)에서 태어났다. 부모는 가난한 소작인이었던 것 같다.

후프마이어는 어린 시절에 아우구스부르크에 있는 라틴 학교에서 공부하였고, 1503년 5월에 23세의 늦은 나이에 프라이부르크(Freiburg) 대학교 1학년에 등록했다. 한때 공부를 잠시 쉬기도 했으나 1511년 8월 1일 성서학 학사학위를 받았고, 프라이부르크 대학에서 석사 학위도 받았다. 놀랍게도 후프마이어를 지도해 준 스승은 루터와 일평생 적대자가 되었던 가톨릭 신학자 존 엑크(John Eck)였다.

후프마이어는 자기를 지도해 주고 총애하던 엑크 교수가 1510년 잉골슈타트(Ingolstadt) 대학교 교수로 자리를 옮기자 1년 반 후에 잉골슈타트 대학교로 전학하였다. 후프마이어는 엑크 교수의 지도를 받아 1512년 9월 29일에 신학 박사 학위를 수여받았다.

1515년 후프마이어는 잉골슈타트 대학교 부총장(Vice-rector)으로서 학교 행정 일을 하게 되었다. 그는 학생들을 가르치고 대학교의 부속 교회인 세인트 메리(St. Mary) 교회에서 설교자로 봉사하기도 하였다.

잉골슈타트 대학에서 행정 일을 하던 후프마이어는 1516년 1월 25일에 갑자기 대학교 행정 일을 그만두고 레겐스부르크(Regensburg)에 있는 성당의 주임 신부로 부임하였다. 당시 레겐스부르크 주민들과 유대인들 간에 심각한 갈등이 있었다. 후프마이어는 레겐스부르크 주민들 편에서 유대인들을 추방하는 데 주도적 역할을 하였고, 추방한 유대인 회당을 성당으로 헌정하였다. 그는 레겐스부르크에서 탁월한 설교와 병자들을 치유하는 좋은 평판으로 사역을 잘 감당하고 있었다. 그런데 1521년 뜻밖에 서남부 스위스 접경 지대에 있는 소도시 발츠후트(wald shut) 성당 주임 신부로 사역지를 옮긴다.

1522년 6월 후프마이어는 가까운 스위스 바젤을 방문하여 그레벨의 스승이었던 글라리안(Glarean)과 에라스무스(Erasmus)를 만난다. 이들과 교제하여 스위스 여러 도시들이 종교개혁을 진행하고 있는 진척 상황을 목격하게 된다.

후프마이어는 세상과 교회가 급격하게 변화하고 있음을 체험하고 발츠후트로 돌아온다. 그는 이 무렵부터 신약성서에 대한 많은 관심을 가지게 되고, 특히 바울 서신을 진지하게 탐구하면서 그 자신이 변하기 시작했다. 그는 이제 복음적인 설교자가 되었다. 그는 루터와 멜란히톤의 저술들을 읽으며 루터 사상을 이해했고, 루터보다는 츠빙글리의 개혁에 보다 더 친근감을 갖게 된다.

후프마이어는 츠빙글리를 만나 교회 개혁에 관해 대화를 나누었다. 그리고 1523년 10월의 논쟁에서도 참석하였다.

이튿날 그는 단상에 올라가 교회 내에 성상을 두는 것은 우상숭배라고 주장했다. 또 미사도 예수 그리스도의 희생의 반복이 아니라, 예수 그리스도의 죽음을 기념하는 소박함으로 개혁되어야 한다고 했다.

후프마이어는 어느 때인지 잘 알 수 없으나 많이 변화되어 있었다. 발츠후트로 돌아온 그는 자신이 섬기는 교회에서 미사를 개혁하려고 하였다.

1524년 4월에 후프마이어는 자신이 프라이부르크와 잉골슈타트에서 배웠던 가톨릭 신학과 행습을 전면 비판하고 수정하는 '18개 조항'(Eighteen Theses)을 발표하였다. 이것은 후프마이어의 개혁 사상을 처음으로 공개하는 발표였다.

후프마이어의 '18개 조항' 내용은 그가 로마 가톨릭 신앙을 벗어 버리고 개혁적인 신앙을 가졌음을 드러내는 증거가 되었다. 그 주요 내용 몇 가지 항목을 옮겨 보겠다.

① 오직 믿음만이 하나님 앞에서 우리를 거룩하게 한다.

⑤ 미사는 희생 제사(sacrifice)가 아니라 그리스도의 죽으심을 기념하는 것(remembrance)이다. 그렇기 때문에 그것은 죽은 자들과 산 자들을 위해 바치는 제물(offering)이 아니다. 죽은 자들을 위해 드리는 매주, 매달, 매년 미사를 땅에 던져 버려라.

⑦ 화상이나 성상(images)은 아무 짝에도 쓸모없는 것이다.

⑨ 그리스도만이 우리의 죄를 위해서 돌아가셨고 그의 이름으로만이 우리가 침례를 받기 때문에 그분만이 우리를 위하여 기도하시는 유일한 중보자가 되신다. 그러므로 모든 순례는 던져 버려라.

⑭ 성직자들의 결혼을 금지하면서 그들의 육적인 죄악들을 눈감아 주는 것은 바라바를 놓아 주고 그리스도를 죽이는 것이다.

이런 내용들이었다. 후프마이어는 1524년 후반에는 성당 내에 설치되어 있던 성화들과 성상들을 제거하였다. 그리고 자신이 믿는 바대로 44세 나이에 엘리자베스 휘글리네(Elizabeth Huegline)와 결혼하였다.

후프마이어가 이처럼 개혁 신앙을 전개하자 오스트리아 왕 페르디난드 1세는 콘스탄스 대주교로 하여금 후프마이어를 발츠후트에서 추방하도록 지시한다. 후프마이어는 결국 '이단적인 설교자'로 지목되어 1524년 9월 1일 발츠후트를 떠나 도망자의 신세가 된다.

B. 개혁자의 사역과 죽음

그는 1524년 9월경 양심과 종교의 자유를 주장하는 중요한 글을 발표한다. '이단자들과 그들을 불태워 죽이는 자들에 관하여' (Concerning Heretics and Those who Burn Them)는 모두 36개조로 구성된 글로 재침례교 지도자로서 최초로 발표한 글이다.

이 내용은 "믿음은 강요되어서는 안 된다. 이단자나 불신자를 강요나 무력으로 정복하려 해서는 안 되고 영적 수단으로 성경 말씀을 주의 깊게 사용함으로 인내와 기도 그리고 증언으로 설득해야 한다. 어떤 사람도 종교가 다르다는 이유로 국가가 그를 향해 무력을 사용할 권리가 없다. 하나님은 이단이든 아니든 간에 사람을 화형에 처해 죽이는 권한을 인간의 손에 위임하지 않았다. 이단자를 불태워 죽일 것을 요구하는 것은 마귀의 발명품이다"라는 것이었다.

이 같은 재침례교 지도자의 신앙을 보면, 저들의 신앙은 보다 원숙한 신약성서적인 은혜의 신앙을 갖고 있었음을 알 수 있다. 그런가 하면 스위스 제네바의 칼빈은 범죄 혐의자들을 장로들을 통해 색출해 내고, 죄인들을 온갖 형태로 고문한 뒤 처형하는 데 열중하였다. 칼빈이 제네바 시 의회를 통해 죽인 사람이 58명이 넘는다. 이것은 칼빈이 철저한 율법주의자였음을 의미한다.

1524년 10월에 후프마이어는 시민들의 따뜻한 환영 속에 다시 발츠후트로 돌아왔다. 그는 옛날 로마 가톨릭의 사제가 아닌 복음 설교자로 설교 사역을 하였다.

1525년 4월에 취리히로부터 추방당한 빌헬름 로이블린(Wilhelm Reublin)이 발츠후트로 찾아왔다. 로이블린은 후프마이어를 비롯해 확실한 구원을 신앙고백하는 60여 명의 신자들에게 침례를 베풀었다. 같은 해 부활절에는 후프마이어가 우유통에 물을 담아 약 300명의 신자들에게 머리 위에 물을 붓는 관수례 침례를 베풀었다. 이 같은 소문이 오스트리아를 통치하던 페르디난드 1세에게 전해졌다. 위험을 감지한 후프마이어는 1525년 12월 5일에 발츠후트를 떠나게 된다. 바로 다음 날 오스트리아 군대가 그 도시에 들이닥쳤다.

후프마이어는 취리히로 잠입했으나 취리히 시 의회는 그와 그의 아내를 체포했다. 여기서 모진 고문을 당한 후 취리히 시로부터 추방을 당했다.

1526년경 후프마이어는 모라비아 지방으로 간다. 후프마이어는 모라비아 지방에서 약 6,000명의 신자들에게 신앙고백에 근거한 침례를 실시한다. 후프마이어는 모라비아 지방에서 많은 책들과 소책자들을 출간하여 그 지방의 굶주린 영혼들의 영적 필요를 채워 주었다. 후프마이어는 페르디난드 1세의 추격에 의해 비엔나에서 그의 아내와 함께 체포된다. 여기서 갖은 고문을 당했지만 자신의 신앙의 절개를 굽히지 않았다. 1528년 3월 10일 발타자르 후프마이어 박사는 비엔나 법정에 의해 화형에 처해졌다. 이때 후프마이어의 나이가 48세밖에 되지 않았다.

그는 불길에 의해 수염과 머리카락이 타들어갈 때 마지막으로

"오, 주님! 제 영혼을 당신 손에 맡기나이다"라고 하며 연기에 질식하여 숨을 거두었다.

그가 처형된 지 3일 후에 그의 아내 엘리자베스는 다뉴브 강물 속에 빠뜨림을 당해 죽임을 당한다. 이때 비엔나에서 105명의 재침례교도들이 극형으로 처형당한다.

후프마이어가 재침례교도로 사역한 기간은 불과 3년(1525~1528)밖에 되지 않는다. 그가 가톨릭 군주에 의해 강제로 죽지 않고 루터나 칼빈처럼 자연사로 죽을 때까지 좀더 생명이 연장되었다면 재침례교 신학을 세우는 데 많은 공헌을 했을 것이다. 그는 잉골슈타트 대학에서 정규 신학 박사 학위를 수여받았기에 많은 사역을 할 수 있었으나 가톨릭 군주에 의한 참형으로 일찍 요절하고 말았다.

(2) 마이클 자틀러(Michael Sattler, 1490~1527)

A. 쉴라이트하임 신앙고백(Schleitheim Confession)

마이클 자틀러는 1490년경 독일 남서부 지역 프라이부르크(Freiburg) 근처에 위치한 브라이스가우(Breisgau) 지방의 쉬타우펜(Stauffen)에서 출생하였다.

그는 어린 시절에 수도원에서 라틴어를 열심히 공부했다고 한다. 그리고 프라이부르크 대학에서 공부한 후 브라이스가우 수도원의 수도사가 된다. 수도원에서 바울 서신을 연구하고 루터의 저작들을 탐독하다가 당시 수도원과 로마 가톨릭의 교리가 성경과 많은 차이가 있음을 발견하고 고민하며 갈등한다.

이 무렵 농민들의 폭동이 계속될 때 수도원 원장인 요도커스(Jodocus)가 원장직을 사임하고 자틀러에게 부원장을 맡기고 떠난다. 독일 농민들이 1525년 5월 12일 이 수도원을 점령했을 때 자틀러는 이미 수도원을 떠난 후였다.

수도원을 떠난 자틀러는 수녀였던 마가레타(Margaretha)와 결혼을 한다. 자틀러는 취리히 북쪽에 위치한 오버글라트(Oberglatt)의 재침례교도인 한스 쿠엔지(Hans Kuenzi)의 집에 머물렀다. 여기서 그는 취리히에서 벌어지고 있는 종교개혁 소식을 알게 된다.

1525년 1월 스위스 재침례교 형제단과 츠빙글리 간의 격렬한 논쟁이 있었다. 자틀러가 이 회합에 참석하여 재침례교도들을 옹호하다가 취리히 시 의회로부터 추방을 당한다. 자틀러는 이때부터 재침례교 지도자들인 그레벨, 만츠, 블라우록 등과 교제하면서 재침례교 운동의 속성과 방향을 이해하게 된다.

취리히를 떠난 자틀러는 종교적 관용이 인정되는 스트라스부르로 갔다. 그곳에서 마틴 부처와 카피토에 의해 추진되는 개혁 교회 지도자들, 또한 한스 뎅크(Hans Denk)와 헷쳐(Haetzer) 등이 이끄는 재침례교 운동을 목격하게 된다.

이때 부서와 카피토가 이끌어 가는 개혁 교회는 유아세례를 인정하고 국교체제로 개혁이 추진됨을 보고 자틀러는 자진해서 재침례교도가 된다. 하지만 당시 재침례교에는 지도자가 없었다.

펠릭스 만츠는 1527년 1월 5일 취리히 시 의회에 의해 익사당해 죽었고, 그레벨은 병약하여 세상을 떠났고, 블라우록은 오스트리아 티롤(Tyrol) 지방으로 갔고, 후프마이어는 모라비아 지방으로 사역지를 옮겼다.

이렇게 재침례교도 지도자가 없는 상황에서 재침례교도들을 결집시켜 주고 그들에게 교리적 확신을 갖고 비전을 제시할 인물이 필요했다. 이때 등장한 인물이 자틀러였다.

재침례교 형제 자매들은 1527년 2월 24일 샤프하우젠 북쪽의 쉴라턴 암 란던(Schlaten am Randen : 쉴라이트하임, Schleitheim)으로 모여들었다. 최초의 독일과 스위스의 재침례교 교도들의 연합 집회가 당국의 감시를 피해 은밀하게 개최되었다.

이 집회의 목적은 당시 핍박받던 재침례교도들이 서로 격려하고 순교의 장엄한 죽음을 한 이들을 추모하고 재침례교도의 신앙을 정리하려는 데 있었다. 이 집회의 중추적인 역할을 한 이가 마이클 자틀러였다.

이들은 재침례교도들의 신앙이 다른 종교개혁자들의 신앙과 어떻게 구별되는가를 확실하게 진술하기 위해서 '쉴라이트하임 신앙고백'(Schleitheim Confession)을 작성한다. 이 고백문을 기초했던 인물이 자틀러였다. 이 고백은 멜란히톤이 아우구스부르크에서 루터교 신앙을 고백한 아우구스부르크 신앙고백서 1529년보다 몇 년 앞선 최초의 신앙백서였다. 이 신앙고백서는 현존하는 침례교 신앙고백서들 중 최초의 고백서가 된다. 츠빙글리가 이 신앙고백서에 대한 반박문을 썼고 칼빈도 이 고백문에 대한 자기 견해를 밝혔다.

자틀러는 이 신앙고백서를 작성 배포한 것이 유죄가 되어 오스트리아 당국에 의해 체포되었다. 그리고 혹독한 고문과 재판을 받고 혀가 잘려진 후 처형 장소까지 가는 길에 그의 몸에서 다섯 점의 살 조각을 부젓가락으로 뜯어냈다. 그런 후 화약으로 그의 몸을 불태워 죽였다.

그리고 그의 부인은 각종 위협에도 굴하지 않으므로 남편이 죽은 지 8일 만에 넥카 강(Neckar River)에 빠뜨려 침례를 좋아하니 물 속에서 죽으라며 익사시켰다.

B. 쉴라이트하임 신앙고백 내용

자틀러는 자기가 믿는 바 신앙을 고백서 형식으로 표현했다. 그런데 오스트리아 당국은 그를 체포하여 고문한 후 화형을 시켜 죽여버렸다. 과연 자틀러가 죽을 만한 죄를 지었는지 그가 작성한 쉴라이트하임 신앙고백서 내용을 살펴보자.

① 침례(Baptism)
당시 루터나 츠빙글리나 칼빈은 모두 유아세례를 베풀고 있었다. 그러나 자틀러가 작성한 재침례교도들은 유아세례를 반대했다. 침례는 반드시 예수 그리스도를 주님으로 고백하고 예수 그리스도와 함께 죽고 함께 부활한다는 신앙을 고백하는 신자에게만 침례를 베풀어야 함을 강조했다. 침례는 단순히 신앙고백으로 그치지 않고 그리스도를 따르는 헌신의 제자도 의미까지 부여했다. 침례는 회개, 삶의 변화, 죄 용서에 대한 믿음, 그리스도와 연합된 죽음과 부활, 자발적인 헌신 등이 뒤따라야 함을 강조했다.

② 징계(Ban)
징계란 일시적으로 성도들과 교제를 금지시키거나 주의 만찬에 참여하는 것을 금지시키는 것을 의미한다.
오늘날 모든 교회에서는 징계와 권징이 다 사라졌다. 그러나 종교개혁 당시에 교회의 순수성과 공동체의 정체성을 지키기 위해서 이것은 매우 중요하게 생각되었다.

③ 주의 만찬(Lord's Supper)
종교개혁 당시 주의 만찬에 대한 개념은 각각 달랐다. 루터는 동체설을, 츠빙글리는 상징설을, 칼빈은 현현설을 주장했다. 그러나 재침례교도들은 기념설(remembrance)을 주장했다. 주의 만찬은 하나의 빵과 하나의 잔이 예수 그리스도 안에서 형제 자매로 하나가

되어 한 식구가 된 공동체성을 강조하는 의미를 가졌다.

④ 세상으로부터의 분리(Separation from the World)
교회는 세상과 뒤섞여 존재할 수 없다. 참 신자인 그리스도인들은 세상과 세상의 악으로부터 분리되어 예수 그리스도를 따라야 한다.

⑤ 목사(Pastor)
하나님의 교회의 지도자인 목사는 믿는 자들로부터는 물론이고 믿음 밖에 있는 불신자들이나 권력을 쥔 핍박자들로부터도 그 권위를 인정받고 좋은 평판을 얻는 인물이어야 한다.
또 목사가 죄를 범했다면 모든 사람들 앞에서 권징을 받아야 하고, 지도자가 순교당하면 즉시 교인들이 새로운 지도자를 선출해야 한다.

⑥ 칼의 사용(Sword)
그리스도인이 옳은 것을 방어하고 그른 것에 대항하기 위해서 칼이나 무기를 사용할 수 있는가? 그리스도인이 세속적인 분쟁에 휩싸였을 때 법정에 호소할 수 있는가? 쉴라이트하임 신앙고백서는 이런 질문들에 대해 예수님의 가르침에 근거해서 기본적으로 부정하고 있다.
칼이나 무기는 세상의 영역에서 사용되는 것이고, 교회와 그리스도인들 사이에는 오직 영적인 무기인 하나님의 말씀이 사용되어야 한다. 그리스도인이 세속 정부의 관리가 되는 것은 적절치 못하다고 했다. 이것은 당시 세속 국가의 관리들은 로마 가톨릭 교회나 개혁가들의 영향 아래서 재침례교도들을 핍박했기 때문에 이러한 견해가 나왔으리라고 본다.

⑦ 맹세(Oath)

미래의 불확실성이나 인간의 예측 불가능성과 가변성은 물론 예수님의 직접적인 교훈(마 5:33~34)에 근거하여 맹세를 금지한다.

쉴라이트하임 신앙고백서는 이 같은 내용으로 구성되었다. 이렇게 독일 재침례교도와 스위스 재침례교도들이 함께 만나 공동 신앙고백을 이룬 이 고백서는 최초의 집단적, 국제적 신앙고백서라는 데 큰 의미가 있다.

이들 쉴라이트하임 집회는 어떤 밀고자에 의해 오스트리아 당국에 신고되었다. 이때 마이클 자틀러를 비롯한 많은 재침례교도들이 체포되어 재판과 고문을 당하고 처참하게 화형을 당한다. 이들 재침례교도들의 재판과 처형은 후대의 침례교도들과 그리스도인들에게 큰 감동을 주게 된다.

C. 자틀러의 재판과 화형

마이클 자틀러의 재판과 죽음에 관해서 네 가지 기록들이 전해지고 있다. 여기서는 재판 과정을 목격한 목격자들의 증언에 의한 내용을 참고해 보자.

오스트리아 가톨릭 왕인 페르디난드는 1527년 5월 17일에 자틀러를 포함한 14명의 재판을 하게 했다. 재판관은 무려 24명이 선정되었고, 재판장은 요아힘 백작(Count Joachim of Zollern)에게 맡겨졌다. 당국은 로마 가톨릭의 신학자들도 심문에 참여시켰다. 14명의 피고인들은 일곱 가지 죄목으로 기소되었고, 자틀러에게는 특별히 두 가지 죄목이 추가되었다. 여기서 재판관이 묻고 자틀러가 대답한 내용을 살펴보자.

(첫째) 재판관 : 자틀러와 그의 추종자들은 1521년 5월 보름스 의회에서 황제의 칙령이 내려졌는데도 불구하고 황제의 칙령을 위반하는 범죄를 저질렀다.

자틀러 : 1521년 5월 보름스 의회에서의 황제 칙령은 마틴 루터에게 주어진 칙령이었다. 재침례교도들과는 아무 상관이 없다.

(둘째) 재판관 : 당신들은 그리스도의 몸과 피는 성례전에 임하지 않는다(화체설을 부인)고 가르쳤고, 그렇게 믿는다고 했는데 사실인가?

자틀러 : 재침례교도들은 로마 가톨릭의 화체설과 성례전에 그리스도가 실제적으로 임재한다는 것을 거부한다. 주의 만찬은 단지 기념하라고 성경이 가르쳤다.

(셋째) 재판관 : 당신들은 유아세례가 구원을 성취시키는 데 아무런 역할을 하지 못한다고 가르치고 믿었다.

자틀러 : 성경에는 믿는 자에게 침례를 주라고 했다. 믿지도 않는 유아에게 세례를 주는 것은 성경의 가르침이 아니다.

(넷째) 재판관 : 당신들은 성례전 중 종유성사(Unction)를 반대한다고 했다.

자틀러 : 사제가 시행하는 기름이라고 해서 보통 기름과 다른 신비적 힘을 발휘할 수는 없다.

(다섯째) 재판관 : 당신들은 하나님의 어머니 마리아를 무시하고 비방했으며 성인들을 저주했다.

자틀러 : 마리아는 메시아를 이 땅에 오게 하신 통로로서 자신의 몸을 드렸다는 것은 대단한 헌신이기는 했다. 그러나 성경 어디에도 마리아에게 중보의 능력이 있다는 진술은 없다. 예수 믿는 자는 모두가 성자(saint)이다. 특별히 어느 누구를 지칭해서 성자라고 말하는 것은 신약성서의 가르침이 아니다.

(여섯째) 재판관 : 당신들은 사람들이 세속 정부의 관리 앞에서 맹세를 해서는 안 된다고 선언했다.

자틀러 : 주께서 마태복음 5장 34~37절에서 무엇이든지 맹세하지 말라고 하셨다.

(일곱째) 재판관 : 당신들은 성만찬과 관련하여 떡과 포도주를 한 접시에 올려놓고 그것 두 가지를 먹고 마시게 하는 등 한 번도 들어 본 적이 없는 새로운 관습을 시작했다.

자틀러 : 잔과 떡은 두 가지 다 주께서 허락하신 것이므로 모두 필요한 요소이다. 미사 때 잔만 주는 것은 성경적으로 잘못된 것이다.

(여덟째) 재판관 : 당신이 결혼하여 부인을 얻은 것은 사제로서 잘못이 아닌가?

자틀러 : 나는 결혼하지 않고서 부도덕한 생활을 하는 수도사들을 너무 많이 보아왔다. 결혼 제도는 하나님이 친히 세운 제도이다.

(아홉째) 재판관 : 당신은 만약 터키인들이 쳐들어오면 우리는 그들을 대항하여 싸울 필요가 없다고 주장했다. 우리를 쳐들어오는 대적자들에게 대항하여 싸우지 말라고 한 것은 매우 심각한 문제이다.

자틀러 : 로마 가톨릭 교회는 십자군 전쟁을 일으켜서라도 터키인을 죽여야만 평화가 온다고 했다. 그러나 성도는 전쟁이 없이도 이미 평화를 소유하고 있다. 터키인들이 침범해 온다 해도 그들을 대적해서 살인해서는 안 된다.

이렇게 재판관과 자틀러는 법정에서 심문당하고 답변을 했다. 자틀러는 재판관을 향해 성경을 펼쳐 놓고 토론을 벌이자고 제안했고, 재판관들이 회개하고 성경의 진리를 받아들일 것을 간절히

염원한다고 했다.

재판관들은 성경 말씀에 근거한 자틀러의 변명은 듣지 않고 그가 전형적인 이단자의 언행을 한다고 보았다. 저들은 자틀러를 교회법뿐만 아니라 나라의 법을 어기고 사회 질서를 문란케 하는 범죄자로 보았다.

1527년 5월 18일 판결문이 낭독되었고, 5월 20일 자틀러는 화형에 처해졌다. 자틀러의 사형 방법은 너무도 잔인했다. 사형 집행인이 광장으로 그를 데리고 가서 혀를 잘랐다. 그리고 처형 장소까지 가는 길목에서 다섯 번에 걸쳐 살점을 부젓가락으로 뜯어냈다. 그런 후 목에 화약을 걸고 두목 이단자라는 죄명으로 그의 몸을 불태워 죽였다. 자틀러는 죽는 순간까지도 재판관들과 사형 집행인들의 회개를 외쳤다. 그의 마지막 말은 "아버지, 저의 영혼을 당신의 손에 맡깁니다"였다. 자틀러의 처형 후 재침례교도들의 지지세는 더욱더 확산되었다.

(3) 한스 뎅크(Hans Denk, 1500~1528)

A. 출생과 방랑 전도자의 삶
한스 뎅크는 독일 북부 바바리아(Bavaria) 지방에서 1495~1500년경 사이에 태어났다.

1517~1519년 어간에는 잉골슈타트(Ingolstadt) 대학 교육을 받고 학사 학위를 받았다. 그는 대학에서 라틴어와 성서 원어인 희랍어와 히브리어를 심도 있게 공부하여 어학을 정복한 학생이라는 별명을 얻었다.

대학을 졸업한 후 레겐스부르크에서 잠시 동안 어학을 가르친 후에 바젤로 가서 외콜람파디우스(Oecolampadius)와 에라스무스

(Erasmus) 밑에서 공부를 했다. 그 후 뎅크는 외콜람파디우스의 추천을 받아 뉘른베르크(Nuernberg) 시에 있는 성 제발트(St. Selbald) 학교의 교장직을 2년간 수행했다.

그는 여기서 급진적 성향의 개혁가들인 토마스 뮌처와 칼 슈타트와 교제하면서 그들의 영향을 받기도 하였다. 그는 처음에는 그 도시 학자들 사이에서 좋은 평판을 받았다. 그러나 그가 점차 루터의 종교개혁을 비판하고 재침례교도들의 활동에 동조하는 모습을 보이자 뉘른베르크 시에서 영구 추방을 당한다. 뎅크는 방랑자가 되었다.

1525년 6월에 세인트 갈(St. Gall)에 가서 바디안(Vadian)과 요하네스 케슬러(Johannes Kessler)와 교제하다가 뎅크는 만인구원설(Universal Salvation)을 주장하는 이단자라는 비판을 받는다.

동년 9월에는 아우구스부르크(Augsburg)에 가서 희랍어와 라틴어를 가르쳤다. 그리고 급진적인 인물인 프랑크(Sebastian Frank), 헷처(Ludwig Haetzer) 등을 만난다. 여기서 주의 만찬을 놓고 감정적인 대립과 논쟁을 벌였다.

뎅크는 이곳 아우구스부르크에 있는 동안 잉골슈타트 대학 동문인 후프마이어를 만나 믿는 자의 침례를 받는다(1526년). 또 뎅크는 한스 후트(Hans Hut)에게 믿는 자의 침례를 베푼다.

뎅크는 다시 스트라스부르(Strasbourg)로 향했다. 뎅크에 관해 좋지 않은 평판을 듣고 있던 카피토와 부처는 뎅크에게 신학 논쟁을 제안했다. 논쟁 결과 뎅크의 신앙과 사상은 개혁가들이 믿고 있던 교리들과 별로 다르지 않다는 것이 드러났다. 그러나 스트라스부르의 개혁가들은 뎅크를 재침례교 신앙을 증거하는 위험 인물로 보고 1526년 크리스마스 날에 뎅크를 스트라스부르에서 추방한다.

스트라스부르를 떠난 뎅크는 1527년 2월 초 보름스(Worms)에

도착한다. 이곳 보름스는 6년 전 루터가 제국의회에서 심문을 받던 곳이다. 그런데 이곳에서 재침례교 지도자인 헷쳐(Ludwig Haetzer)와 카우츠(Jacob Kautz)가 유아세례의 부당성을 지적하고 그것의 시행을 거부하고 있었다. 그러나 대다수의 보름스 주민들은 로마 가톨릭 신앙에 물들어 있었으므로 재침례교도의 외침은 과격하다고 거부되었다.

1527년 8월 말경 뎅크와 후트는 아우구스부르크에서 공동으로 선교 사역을 감당하였다. 그곳에서 약 60여 명의 회중을 이루었다. 그런데 후트가 예수님이 약 두 달 안에 재림할 것이라고 예언하면서 두 사람 간에는 갈등이 생긴다.

뎅크는 아우구스부르크를 떠나 뉘른베르크와 울름(Ulm)에서 잠시 사역을 한 후 바젤의 개혁 친구인 외콜람파디우스에게 간다. 그는 일생 동안 추방을 당하고 방랑자로 도피 생활을 하다가 1528년 바젤에서 전염병에 감염되어 젊은 나이로 세상을 떠난다.

B. 뎅크의 사상

한스 뎅크의 대표적인 저술은 '철회문'(Recantation)이다.

뎅크가 바젤에서 심신을 쉬고자 했을 때 그의 친구 외콜람파디우스는 뎅크의 신앙과 사상이 많은 사람들로부터 오해받고 있음을 알고 그것이 해명되어야 할 필요를 느껴 뎅크로 하여금 글로써 그의 신앙을 해명하도록 했다. '철회문'에 열 가지 항목들을 다루고 있다. 뎅크가 다룬 열 가지 항목들은 다음과 같다.

성경, 그리스도의 대속, 믿음, 자유의지, 선행들, 분파들, 의식들, 침례, 주의 만찬, 서약 등이다.

이 내용들은 재침례교도들의 신앙적 확신과 대동소이하다. 그리고 각 항목마다 뎅크 자신의 자유사상, 휴머니즘, 신비주의, 반형식주의 사상 등이 곳곳에서 발견된다.

예들 들자면, 성경이 권위가 있음을 인정한다. 그러나 성경 자체가 하나님처럼 숭배받는 것에 대해서는 동의할 수 없다. 믿음이 단순한 지식적인 동의나 관습적인 종교 행위일 수가 없다. 침례나 주의 만찬을 통해 구원을 얻을 수 있다고 믿는 자는 미신적인 신앙이다. 신앙이란 외부적인 행동보다는 내면적인 경건인 내적인 말씀(inner Word)이 더 중요하다. 인간들 사이에 발생하는 모든 갈등은 사랑으로만이 치유할 수 있다. 믿음은 강요되어서는 안 되고 사랑 역시 강요되어서는 안 된다.

이 같은 뎅크의 사상을 보면, 16세기 당시 루터나 칼빈은 정치와 종교가 하나의 국교 체제로 주된 핵심을 이루고 있던 때에 뎅크는 종교적 관용과 개인주의적 신앙의 자유를 주장했던 선구적인 인물이라고 할 수 있다. 그래서 뎅크는 재침례교도였으나 그는 스위스 형제단과 또 다른 면의 신앙 성격을 보여 주고 있다. 그래서 그를 재침례교도의 교황, 재침례교도의 아폴로(Apollo), 재침례교도의 자유주의(Liberal) 등 다양한 별명으로 부르고 있다.

(4) 필그람 마펙(Pilgram Marpeck, 1490~1556)

A. 마펙의 생애

마펙은 1490년경 오스트리아 티롤(Tyrol) 지역의 라텐베르크(Rattenberg) 근교에서 태어났다. 그의 가정적 배경과 교육 배경은 알려진 바가 없다. 마펙은 고향에서 광업 전문 기술자(city mining engineer)로서 시 정부의 공무원으로 일하였다.

마펙은 1523년 2월 24일부터 그 도시의 하원(Lower Council)으로, 1525년 6월 11일부터는 상원(Upper Council)에서 의원으로 일하기도 했다. 1525년 4월 20일에는 광업 노동자들을 위한 감독관으로 임명되었다. 그는 광업 노동자들의 임금 지불, 복지 향상, 분쟁 조정 등과 광석의 품질 개선 등의 업무를 맡았다.

마펙은 이처럼 시 정부에서 요직을 맡으며 안정된 생활을 하고 있었다. 그러나 1526년대부터 티롤 지방에 재침례교 신앙의 물결이 흐를 때 전통적인 가톨릭 신앙에 회의를 갖기 시작한다.

1527년경 마펙은 재침례교 신앙에 영향을 입은 것 같다.

1528년 1월 14일에 재침례교도인 쉬머(Schiemer)가 이단으로 처형당하는 것을 보고 마펙은 재침례교로 전향한다. 그는 재침례교로 전향하면서 자신의 공적인 자리를 포기하고 라텐베르크를 떠난다. 동년 4월 1일에 마펙은 재산을 몰수당하고 방랑자가 된다.

라텐베르크를 떠난 마펙은 스트라스부르로 가서 약 4년간(1528-1532) 그곳 재침례교들과 함께 지낸다. 그 후 재침례교 지도자인 로이블린이 그 도시를 떠나자 마펙이 재침례교 지도자가 된다. 스트라스부르 개혁교회 지도자인 마틴 부처(Martin Bucer)는 마펙을 고집불통의 이단자로 시 당국에 고발하여 체포, 감금되었다.

마펙은 부처에게 공개토론을 제안하였다. 이 두 사람은 3일 동안 격렬한 논쟁을 벌였다. 마펙은 침례란 헌신된 제자가 하나님의 말씀에 순종하여 받는 의식임을 강조하였고, 교회와 국가 혹은 시(市)로부터 분리되어야 한다고 주장하였다.

그러나 스트라스부르는 개혁 교회(Reformed Church)의 도시였다. 토론의 승리자로 부처가 판정되었고 마펙과 재침례교도들에게 추방령이 떨어졌다. 마펙은 이때 자기 신앙을 정리한 29개 항목의 〈1532년 신앙고백〉(Confession of Faith, 1532)을 발표했다.

스트라스부르를 떠난 마펙은 약 12년 동안 방랑자의 삶을 산다. 1540년에는 모라 지방에 머물면서 저술에 힘쓴다. 그는 침례에 관계된 내용의 소책자 〈훈계서〉(Vermahnung)를 썼다. 1544년에는 〈답변서〉(Verantwortung)를 썼다.

마펙은 마지막 11년은 안정적 여생을 보낸다. 1545년 5월 12일 그가 가지고 있던 전문적인 광업 기술이 인정되어 아우구스부르크 시의 엔지니어로 고용되어 1556년 12월 그가 죽기까지 그 직위로 경제적 안정을 누리는 여생을 보낸다. 아우구스부르크 시는 그가 이단자로 간주되는 재침례교도인 것을 알고 있었으나 그의 전문 기술이 시의 발전을 위해 꼭 필요하다고 보고 문제 삼지 않았다.

B. 마펙의 사상과 신학적 기여

마펙의 사상은 〈1532년 신앙고백〉과 〈훈계서〉에 나타난다.

1532년 신앙고백은 마펙이 스트라스부르에 체류하고 있을 때 (1528~1532) 마틴 부처와 신학 논쟁을 하면서 마련된 내용이다. 그 내용은 29개 항목을 주제별로 소제목을 달아서 자신의 신학적 견해를 진술하고 있다. 그 주제들은 죄, 그리스도로 말미암는 속죄, 영적인 할례, 구원, 침례, 주의 만찬, 옛 언약과 새 언약 사이의 단절성, 성령 안에서의 자유 등을 다루었다.

여기서 그의 주장 중 몇 가지만 살펴보자.

구약에 등장하는 믿음의 사람들은 구원받은 사람들이었지만 그리스도 안에 있는 속죄는 체험하지 못했다. 구원은 오직 믿는 자에게만 베풀어져야 하고, 그것이 자발적으로 표현될 때 참 믿음이요 참 사랑이라 할 수 있다. 국가나 시정으로부터 오는 세속적인 권세는 하나님의 왕국에서 행사되어서는 안 된다.

마펙의 신학적 공헌은 구약과 신약의 차별성을 인정한 것이다. 신·구약 성경이 모두 다 하나님의 말씀이나 구약과 신약의 차별성을 전제하지 않는 성경 해석은 많은 오류를 가져온다. 구약은 약속(promise)이요, 신약은 성취(fulfillment)이다. 구약은 인간을 향한 하나님의 예비적 말씀(preliminary Word)이요, 신약은 결정적인 마지막 말씀(final Word)이다.

신약은 예수 그리스도에게 초점을 맞추고 있는 것이므로 신약의 성도들에게 우선적인 권위를 갖는 것이다. 만약 구약을 신약 성도들에게 규범석인 말씀(normative Word)으로만 이해시킨다면 성서의 메시지를 심각하게 오해할 수 있다.

마펙은 토마스 뮌처가 농민전쟁에서 폭동을 선동한 것, 츠빙글리가 카펠 전쟁을 일으켜서라도 종교개혁을 완성하겠다고 나섰다가 죽은 것, 뮌스터 폭동 등이 바로 이러한 구약과 신약의 차별성에 대한 이해 부족 때문에 발생한 것으로 보고 있다.

마펙은 가톨릭 교황이 세속 군주까지 지배하려는 교황 제도나 루터가 교회를 나라에 예속시킨 것이나 츠빙글리가 카펠 전쟁을 일으킨 것이나 독일의 거짓 재침례교 폭동자들이 범하고 있는 근본적 오류는 구약과 신약의 차별성을 두지 않음에서 비롯된 것으로 보았던 것이다. 이런 면에서 스위스 제네바의 칼빈이 제네바에서 구약 신약 정치의 이상을 실현하려고 온갖 폭행을 저지른 것 역시 구약과 신약의 차별성을 인정하지 않은 오류라고 할 수 있다.

마펙은 성경 해석에 있어서 구약에 비하여 신약이 더 우선적인 권위를 가진다는 점(Priority of the New Testament to the Old Testament in Interpretation)을 강조하였다. 이것은 마펙의 커다란 신학적 공헌이라고 할 수 있다.

(5) 그 외의 순수 신앙 운동가들

독일의 성서적 재침례교도 지도자들은 위에 소개한 사람들 외에도 많이 있다.

한스 후트(Hans Hut, 1490~1527)는 유럽 여러 나라 도시들을 드나들며 책을 팔러 다니는 행상이었다. 그가 재침례교 지도자로 독일 남부 지역에서 영향력이 확대되자 뉘른베르크 공의회에서 현상문을 내걸어 추적하여 그를 체포한 후 1527년 12월 7일에 화형으로 불태워 죽였다.

빌헬름 로이블린(Wilhelm Reublin, 1482~1559)은 스위스 형제단들과 함께 츠빙글리와의 논쟁 후 추방을 당하였다. 그는 스트라스부르에서 카피토와 침례 문제로 논쟁을 벌였다. 특히 자틀러와 그의 부인을 재침례교로 안내하였다.

로이블린은 자틀러의 재판 과정과 화형 장면을 직접 목격한 후 그 상황을 생생한 기록으로 남겨 후대 재침례교도들에게 큰 감동을 주었다. 그 외에도 제이콥 후터(Jacob Hutter), 루드비히 헷처(Haetzer) 등이 있다.

3) 광신적 천년왕국주의자들

재침례파로 알려졌고 가장 과격한 행동을 했던 이들이 있었다. 이들은 성서적 재침례교도와 다르게 직접 계시를 받으며 천년왕국이 곧 도래한다는 주장과 함께 뮌스터 왕국(Kingdom of Münster)을 건설하겠다고 했다. 독일 교회사에서 가장 부끄러운 역사로 기억되고 있는 이 내용을 살펴보자.

(1) 뮌스터 개혁자 베른하르트 로스만(Bernhard Rothman, 1495~1535)

로스만은 1495년 쉬타틀론(Stadtlohn)에서 출생하여 뮌스터 시의 가톨릭 학교에서 초등 교육을 받은 후 공동생활 형제단의 디벤터(Deventer)학교에 다녔다. 그는 바렌도르프(Warendorf)에서 잠시 교편을 잡은 후 마인츠(Mainz) 대학교에서 석사 학위를 받았다.

그후 1529년 뮌스터 근교에 위치한 성 마우리츠(St. Mauritz) 성당의 설교자로 등장하여 사역을 시작하였다. 1531년 로스만은 개혁적인 설교가로 종교개혁 운동에 뛰어들었다. 그는 마르부르크(Marburg), 비텐베르크, 스트라스부르 등 개혁이 이루어지고 있는 도시들을 방문한 후 종교개혁 사상을 뮌스터 시에 도입하였다.

로스만은 하인리히 롤(Heinrich Rol)의 영향을 받아 유아세례를 의심하였다. 유아세례 반대에 대한 공개토론 후 1533년 〈신앙고백〉이라는 소책자로 믿는 자의 침례에 대한 자신의 신앙과 확신을 피력하였다.

그뿐만 아니라 재침례주의자들이 강조하는 공동체 내에서의 가난한 대중을 위한 관심을 계속 강조하였다. 이것이 화근이 되어 재침례주의자라는 오해를 받고 설교 제지를 당한다.

그는 유아세례를 반대함으로 가톨릭과 루터교에서 크게 경계를 받는다. 그러나 로스만 자신이 공개적인 금욕생활과 자비를 넘치게 베풀었기 때문에 그의 영향력은 빈부를 막론하고 막대하였다.

그의 설교를 들은 채권자가 채무자를 용서해 주었으며, 사람들은 로스만에게 돈을 맡기며 구제사업에 사용하도록 하였다. 로스만은 강압적인 공산주의를 말하지 않았으나 예루살렘의 원시 기독교를 가능한 한 따르려고 했다.

이렇게 사랑과 구제를 실천하는 뮌스터 교회의 소문이 퍼져 나가자 신앙으로 박해를 받던 사람들이 뮌스터로 몰려들기 시작했다.

(2) 멜키오르 호프만(Melchior Hoffmann, 1498~1543)

호프만은 슈바비아 지방의 모피공(leather dresser) 출신이었다. 그는 직업상 유럽 동부 및 라인하르트를 왕래하였다. 1523년 루터의 설교를 통해 감화를 받은 후 그는 평신도 설교자가 되었다. 그는 스웨덴, 덴마크, 홀슈타인 등 유럽 북동부를 돌아다니면서 임박한 종말을 설교하였다. 1527년에는 비텐베르크에 머물면서 다니엘 12장에 관한 종말론적 주해서를 저술하였다.

덴마크 왕 프리드리히 1세가 그를 초청하여 키일(Kiel)의 설교자로 임명하자 그는 광기 어린 예언을 남발하기 시작하였다. 그는 광신적인 행동과 신비주의 사상으로 주목을 받았다. 그는 루터의 동체설을 부인하고 츠빙글리의 상징설을 지지하다가 1529년 덴마크에서 쫓겨난다. 그는 츠빙글리를 찾아갔다가 광기 어린 예언 남발로 거기서도 쫓겨난다.

그는 스트라스부르로 피신하였다. 이때 재침례교도로 알려진 카스파르 슈벵크펠트(Caspar Schwenckfeldt, 1458~1543)의 영향을 받고 재침례파가 된다.

여기서 그는 1529년에 재침례파 입장에서 "하나님의 규례"(The Ordinance of God)라는 책을 썼다.

이 책에서 그는 침례를 그리스도를 옷 입는 것으로 설명했다. 호프만은 한 걸음 더 나아가 임박한 천년왕국 사상을 소개했다. 그는 루터가 시작의 사도이고 자신이 마지막 사도라고 하면서 자신은 사도시대의 기독교를 회복하도록 하나님으로부터 지명 받은 자라고 했다.

그는 요한계시록을 연구한 결과 예수께서 1533년에 스트라스부르에 재림하셔서 새로운 예루살렘을 건설할 것이며, 자신이 그 일을 위해 부름 받았다고 했다..

이러한 열정적 설교에 감동된 이들이 새 예루살렘의 꿈을 안고 스트라스부르로 몰려들었다.

호프만은 광신적 사상으로 인해 체포령이 내려지자 1530년 네덜란드의 엠덴으로 피신을 하였고 거기서 많은 추종자를 얻었다.

그를 추적하는 자들이 있음으로 1531년 다시 스트라스부르로 숨어 들어왔다. 그곳에서 체포령이 내려지자 1532년 도망하였다가 이듬해 봄에 돌아왔다. 결국 체포되어 이단 사상으로 종신 징역 선고를 받고 옥중 생활을 10여 년 이상 계속하다가 1543년에 옥사하였다.

호프만은 옥중에서 자기를 면회 오는 이들에게 은밀한 서신으로 계속 종말론 사상을 보급했다. 그리고 그는 예언하기를 미래의 새 예루살렘은 뮌스터가 될 것이라고 했다. 이 당시 뮌스터는 로스만의 개혁으로 많은 사람들이 몰려들고 있었다. 이러한 때에 호프만의 예언이 근접한 뮌스터에 크게 영향을 미쳤다.

(3) 얀 마티스(Jan Matthys)

마티스는 폴란드 출신의 제과공이었다. 그는 토마스 뮌처가 세우려던 다윗 왕국을 자기가 세우겠다고 하였다. 그리고 앞으로 건설할 천년왕국을 위해서 택함 받은 자들은 택함 받지 못한 자들에게 칼을 휘둘러서라도 천년왕국을 예비해야 한다고 하였다.

뮌스터는 로스만의 설교를 통해 종교개혁이 전개되고 있었다. 다수의 시민들이 종교개혁을 지지하자 주교가 통치자로 있는 뮌스터 시 의회는 1532년 시민의 압력으로 루터란 출신의 설교자를 개교회에서 청빙할 수 있도록 허락하였다.

그리고 뮌스터 통치자 주교는 1533년 뮌스터를 복음의 도시로 선포했다. 뮌스터 도시가 종교개혁을 받아들이자 박해로 인해 전국적으로 어려움을 겪고 있던 재침례파 신자들이 뮌스터로 몰려들었다.

이때 뮌스터에서 가까운 네덜란드 재침례파 신자들도 많이 모여들었다. 이 무렵 네덜란드에서 활동하던 얀 마티스가 뮌스터로 왔고, 또 라이덴의 존(John of Leiden)이 도착했다. 존은 네덜란드의 사도 얀 보켈손(Jan Bockelson)이라는 이름으로 유명하였다. 그는 당시 25세의 젊은이로 미남이요 구변이 능한 사람이었다. 그는 얀 마티스에 의해 재침례를 받은 지 얼마되지 않은 초신자로서 열심히 전도하였다.

1533년 이후의 뮌스터에서 루터란보다 재침례파가 더 득세하였다. 그래서 뮌스터 시민들보다도 밖에서 유입해 온 이민자들이 다수를 차지하였다. 이민자들이 다수를 이루자 1534년 얀 마티스는 시정(市政)을 자기 손안에 넣었다.

얀 마티스는 천년왕국이 스트라스부르에서 뮌스터로 옮겼다는 호프만의 예언을 근거로 급진적인 개혁을 촉구하였다. 마티스 일당은 급진적인 종교개혁을 받아들이지 않는 자들을 추방하기 시작했다.

얀 마티스는 1534년 2월에 뮌스터 시정을 합법적으로 장악하고 있었다. 마티스는 농민전쟁을 부추겼던 토마스 뮌처의 혁명적 사상을 뮌스터 시에 적용하였다. 그는 교회가 개혁되어야 한다는 전제 아래 성경적으로 뮌스터를 개혁하고자 하였지만 그의 성경에 대한 강조는 주관주의에 머물러 있었다.

그는 주관적으로 다니엘서와 요한계시록을 해석하면서 뮌스터 시를 '새 예루살렘'이라 칭하고 성도들이 철장을 가지고 다스릴 천년왕국이 멀지 않은 장래에 이루어질 것을 설교하였다. 그는 자기와 같은 설교자들을 주변의 다른 도시로 파송하여 설교하게 하였다. 그리고 하나님의 나라가 칼에 의해 이루어지므로 성도들은 천년왕국의 도래를 위하여 불신자들을 칼로 무찔러야 한다고 선동하였다. 얀 마티스는 뮌스터에 남아 있는 가톨릭과 루터란 신자들을 성밖으로 추방시켰다.

그는 독재자의 위치에 올라 공포정치를 시작하였다. 그와 동시에 그는 신정정치의 이상을 실현한다며 사유재산을 부정하고 모든 현금과 재산은 국가의 소유로 인정하였다. 화폐의 사용이 금지되었고 음식과 주택도 공유하였다. 성경을 제외한 모든 서적은 불태워졌고, 노동자들은 필요에 따라 현물로 임금을 받았다. 병사들에게는 공동 식당에서 식사가 지급되었다. 공산사상에 반대하는 세력은 존재할 수 없었으며 항거하는 자들은 처형되었다.

뮌스터에서 얀 마티스에 의해 물러갔던 주교의 군대들이 계속해서 성을 포위하고 자기 손에 들어오는 재침례교도들을 죽여오고 있었다.

이때 얀 마티스는 자기도 구약의 기드온처럼 소수의 정예 군대로 주교의 군대를 무찌르라는 계시를 받았다고 전쟁에 나갔다. 그러나 막강한 주교의 가톨릭 군대를 막아낼 수 없었다. 얀 마티스와 그의 군대는 1534년 2월 말경 주교의 군대에 의해 무참하게 죽임을 당한다. 얀 마티스가 죽자 그 뒤를 얀 보켈손이라고 알려진 라이덴의 존이 계승한다.

(4) 라이덴의 존(John of Leiden, 1509~1536)

폴란드에서 태어난 존은 민중 선동가였을 뿐 아니라 광기에 찬 과대망상가였다. 그 역시 뮌스터에 새 예루살렘이 온다고 주장하였다. 그는 1534년 5월초 3일간 입신 상태에서 벌거벗은 몸으로 뮌스터 시내를 질주하였다. 그는 성인(聖人)은 죄를 범하지 않는다고 하며 기존 도덕적 가치 기준을 무너뜨렸다.

이곳 뮌스터 시는 성인의 남녀 인구비가 1대 3으로 여자가 많았다. 존은 고대 구약 족장들의 본을 따서 일부다처제를 테러의 공포 하에 인정하였다. 자신은 미모의 여인 15명을 아내로 삼았고, 뮌스터의 설교자였던 로스만도 광신자의 영향을 받아 9명의 아내를 취했다.

이렇게 초역사적 이상을 실현하려는 약 7,500명의 재침례파 교도들은 1534년 8월 주교가 보낸 용병 군대들을 격퇴하였다.

이때 뮌스터의 주교는 연합군을 조직하여 1534년 1월 뮌스터 시를 포위 공격하였다. 6개월간 주교 연합군이 뮌스터를 포위하자 시내에는 식량이 떨어지고 주민들은 벌레와 시체까지 파 먹는 지경에 이르렀다. 이러한 광란 속에서도 얀 보켈손은 자신들은 선발된 성인들의 무리라 하면서 지상에서 천년왕국을 건설하기 위해 배신의 무리인 주교 군대와 끝까지 항쟁하였다.

마침내 포위망이 좁혀지고 굶주림과 공포 앞에서 오는 내부 혼란으로 1536년 6월 24일 뮌스터는 주교 연합군에게 함락되었다. 존은 사로잡힌 후 서커스의 곰처럼 끌려다니며 구경거리가 된 후 불에 달구어진 쇠로 고문을 당하다가 죽었다. 그의 시체는 새장에 넣어 뮌스터의 람베르트 교회 탑 위에 달아 놓았다.

이 사건으로 명성이 떨어진 재침례파들은 계속 박해를 감수하거나 아니면 자신의 고집을 버리고 루터란이 되거나 가톨릭이 되거나 양자택일을 해야 했다. 이로써 뮌스터의 천년왕국 실현을 위한 뮌스터 왕국은 1533년에 시작하여 1536년에 무너지고 말았다.

(5) 뮌스터 왕국에 대한 뒷이야기

뮌스터 왕국에 대한 인상은 독일 사회에서 오래도록 잊혀지지 않는 불쾌한 역사로 전해져 오고 있다.

뮌스터 왕국은 천년왕국의 허황된 꿈이 작용한 미신적 행위였고, 농민전쟁을 부추겼던 토마스 뮌처와 같은 폭력을 사용한 광신자였고, 일부 다처제를 실시한 시대를 역행하는 초역사적 사건이었다는 불명예가 따르고 있다.

뮌스터 왕국에 대한 역사 기록은 얀 마티스나 얀 보켈손에 의해 피해를 입은 사람들의 증언이나 주교 연합군으로 구성된 제국 군대가 고문에 의해 억지 진술을 받아낸 진술서들을 중심으로 해서 역사로 전해져 오고 있다.

그런데 뮌스터 왕국이 포위를 당해 멸망당하기 몇 주 전에 재침례자들이 자기들의 생활을 기록한 한 문서가 전해지고 있다. 그것은 ™뮌스터의 기독인의 신앙과 삶의 고백∏이라는 내용이다. 이 내용은 《Die Geschichtsquellen des Bisthums Münste》라는 책의 2권 445쪽에 수록되었다.

이 자료는 자기네들을 중상모략하는 원수들에 대한 해명 형식의 내용이다. 그 내용을 보면 1534년 7월 어느 날 얀 보켈손이 로스만을 통해 12명의 장로들을 모이게 했다.

얀 보켈손은 뮌스터 성내 구성원이 남녀 간에 큰 불균형을 이루고 있음을 지적했다. 뮌스터 시는 전국에서 신앙의 도피처로 그곳을 찾아온 사람들로 이루어졌다. 그들은 결혼하지 않은 여자이거나 남편을 두고 혼자만 온 여자들이었다. 그래서 뮌스터 시는 남자 1명에 여자 3명의 비율이었다. 이 같은 상태를 계속 유지할 수 없으므로 구약처럼 일부다처제를 수용해야 한다고 했다. 이에 관해 로스만과 다른 설교자들은 즉각 반대하였다. 이 문제는 그 후 8일간 계속 토론을 거듭했다.

결국 특수한 상황이라는 점을 고려해서 이 제도가 선포되었다. 성민들은 이 제도 선포를 격렬하게 반대하였다. 그런데 일부다처제가 선포되었다고 해도 그들의 생활은 여전히 순수했고 도덕적으로 악화되지 않았다.

이때 얀 보켈손은 자신이 먼저 15명의 아내를 거느린다고 했다. 보켈손이 제일 좋아한 다바라는 여인은 젊은 미망인이었고, 나머지는 뮌스터 지도자들의 딸로 그들의 부모들이 성을 버리고 떠난 사람들이거나 가까운 친척들이었다. 이들을 보켈손의 그늘 아래 생활하게 했으므로 모두 아내라고 하였다는 것이다.

뮌스터 왕국은 천년왕국에 대한 성급한 갈망과 많은 여자들을 배려한다는 지나친 걱정이 결국은 일부다처제를 실시한 오명을 갖게 했다는 것이다. 그렇다 해도 뮌스터 왕국은 신약성경의 진리가 아닌 구약성경을 현실에 적용하려 한 수치스런 역사로 기억될 수밖에 없는 과거사다.

3. 네덜란드의 재침례교 운동

1) 복잡한 나라 네덜란드

네덜란드는 여러 면으로 복잡한 나라이다. 우선 지형적으로 복잡하다. 네덜란드(Netherlands)라는 말이 낮은 지대(the lowlands)라는 뜻이다. 이곳은 라인 강 입구의 17개 지방(seventeen provinces)이 국토의 약 27%에 해당되는데 이 지역이 해면보다 낮다. 그래서 이들은 끊임없이 물과 싸우며 제방 축조와 간척을 해왔다.

이들은 또 국토적으로 복잡하다. 오늘날은 네덜란드, 벨기에, 룩셈부르크의 세 나라로 나누어져 있으나 1581년 이전까지는 이들 모두가 한 군주 밑에 지배받는 여러 지방(provinces)이었다. 그래서 이들 세 나라는 베네룩스(3국 일체감) 정신이 강하다.

이들은 언어적으로 복잡하다. 이 지역은 17개 지방으로 나누어져 인종과 언어의 차이가 있었다. 북쪽은 화란족(Dutchman)이 살면서 폴란드 언어를 사용하였다. 이 나라를 홀란트(Holland)라고 하는데, 그 이유는 네덜란드의 중심과 심장부를 형성하고 있는 곳이 홀란트 지방이기 때문이다. 우리말의 '화란'(和蘭)은 한자 표기에서 온 것이다. 그다음에 중앙부는 플레밍족(Flemings)이 살면서 플래미시(Flemish) 언어를 사용하였다. 그리고 남쪽에는 왈룬족(Walloons)이 살면서 프랑스어를 사용하였다.

또 교회 관할권도 달랐다. 어떤 교구는 독일 지역 관할이었고, 어떤 교구는 룩셈부르크 관할이었다.

정치적으로도 복잡하다. 필립 공이 네덜란드 각 주의 대표를 모아 주민의 일체감과 통일 의식을 형성했다. 필립 공은 에스파냐 왕국의 상속녀와 결혼했으므로 그의 아들 카를은 아버지에게서 네덜란드를 계승하고 어머니에게서 에스파냐를 상속하여 1516년 카롤루스 1세가 되었다. 그 후 1519년 독일 황제 막시밀리안이 죽었을 때 7선제후들은 카롤루스 1세를 독일 황제로 선출하였다.

이때 카롤루스는 네덜란드, 에스파냐, 독일, 오스트리아를 합친 신성 로마 황제 카를 5세가 되었다. 카를 5세는 저지대인 북부 여러 주를 정복, 병합하여 네덜란드 전 영역을 지배했다.

그가 재임했던 기간 동안 1517년 독일에서 시작된 종교개혁의 폭풍은 전 유럽에 파급되어 나갔다. 카를 5세는 1521년 보름스 의회에서 개신교의 개혁 세력을 금하고 신교도들을 처형하는 강경 정책으로 나갔다. 그러나 종교개혁 세력은 전 유럽으로 확산되어

갔다. 처음에는 루터주의가, 다음에는 재침례파가, 그러고 난 후 칼빈주의가 네덜란드에 안착하게 된다.

카를 5세의 아들 펠리페 2세가 1555년에 통치권을 계승한다. 1561년 개혁적인 신앙고백을 한다는 이유로 10만 명이 넘는 신자들이 종교재판소에 의해 처형되었다.

네덜란드 통치에 대한 불만을 품고 펠리페에게 항의를 시작한 귀족들이 있었다. 1566년 수백 명의 중·하급 귀족들이 브뤼셀에서 동맹을 결성하고 정부 청사로 몰려가 집정관 마르게리타에게 종교재판 폐지를 청원하였다. 이때 칼빈과 민중은 야외 설교 집회를 열어 가톨릭 교회와 수도원을 약탈하고 성상 파괴의 폭동을 일으켰다.

이듬해 1567년 펠리페 2세는 병력 1만 명을 이끌고 네덜란드에 혼란 재판회의를 신설하여 용의자를 처형하고 망명자의 재산을 몰수하는 등 공포정치를 개시했다. 1568년 독일에 망명해 있던 오란예 공과 동생 루드비히는 네덜란드 펠리페 군과 진격했다가 패하여 물러났다. 이때부터 1568년에서 1648년까지 80년 동안 네덜란드에 독립 전쟁이 계속된다.

이 기간 동안 1618년에 저 유명한 도르트 혹은 도르트레히트(Dort, Dortrecht)에서 칼빈주의의 5대 강령이 제정된다. 1648년 뮌스터 평화 조약에서 에스파냐는 네덜란드의 독립을 승인한다.

그 이후 네덜란드는 4차에 걸쳐 영국과 전쟁을 겪은 후 드디어 네덜란드 왕국이 성립된다. 네덜란드가 이처럼 복잡한 정치적, 종교적 갈등이 계속되는 가운데 한때 네덜란드의 신앙을 이끌어 갔던 재침례교 운동을 살펴보도록 하자.

2) 네덜란드 재침례교 지도자

공동생활형제회(The Brethren of Common Lot)라는 평신도 공동체가 네덜란드 국민들의 신앙을 이끌어 갔다.

이들은 90년의 긴 세월 동안 평신도들에게 기독교적인 교육을 보급하였다. 이곳에서 토마스 아 켐피스(Thomas A Kempis)가 나왔고, 에라스무스(Erasmus)도 이곳 출신이다. 이들 공동생활형제회는 1513~1530년 사이에 성경 전체 혹은 신약에 대한 25개 이상의 번역을 이루었다. 그리하여 네덜란드어, 플래미시어, 그리고 프랑스어로 성경이 번역되어 보급되었다.

카를 5세는 1515년 보름스에서 루터가 반항하는 것을 보고 돌아온 뒤로 네덜란드에서 루터의 서적과 그를 추종하는 자들을 탄압하기 시작하였다. 그는 17개 지방에 종교재판소를 설치하였다. 이곳 종교재판소에서 아우구스티누스파 수도승인 헨리 보에스(Henry Voes)와 요한 에쉬(John Esch)를 화형에 처하였다(1523. 7. 31). 그 후 해마다 선포문을 거듭하여 루터파 신앙을 막으려고 했다. 이같은 루터파 탄압은 1522년부터 1550년까지 이어진다.

그다음 핍박의 대상이 재침례교도들이었다.

카를 5세는 1532년 재침례교도들에 대한 칙령을 선포한다. 재침례를 받게 하는 모든 사람은 화형에 처할 것, 재침례를 받거나 이들을 숨겨 준 자는 목 베임을 당할 것, 여자들은 생매장을 할 것 등 그의 탄압은 갈수록 극심해졌다.

최초의 재침례교 순교자는 저습지역에 속한 얀 발렌(Jan Walen)과 다른 두 사람이다. 이들은 1527년 헤이그(Hague)에서 잔인한 방법으로 사형을 당했다. 이들은 화형장의 불 앞에서 줄로 묶은 상태에서 천천히 구워져서 죽게 했다. 암스테르담에서는 먼저 고문대 위에서 고문을 했다. 그러고 난 뒤 채찍질을 당하고 지하 감옥에 던져진다. 다음에는 자기 아내와 딸이 물에 빠져 익사당하는 것을 바라보게 한다. 그러고 난 뒤 서서히 타는 불에 구워져서 타 죽는 고통을 주었다. 그 후 조그만한 관 속에다 집어넣고 발로 밟아서 갈비뼈가 부러지게 한다. 그런 후에 다시 불에 던져 타 죽게 했다.

1533년 3월 전에 모닝켄담(Monninkendam)이라는 도시는 그 주민의 3분의 2가 재침례교도였다. 덴마크의 큰 도시 다벤터(Daventer), 쯔불레(Zwolle), 캄펜(Kampen) 등은 도시 전체가 재침례교도였다.

카를 5세는 이렇게 계속 번져만 가는 재침례교도들을 분쇄하려고 군대를 15~20명으로 나눠 조직하여 도시 전체를 순찰케 하였다.

지도자들은 목을 베어 장대에 매달아 경고의 징표가 되게 했다. 어느 경우는 남자 7명과 여자 5명의 옷을 완전히 벗긴 후 그들의 적나라한 진실을 보여 준다고 하면서 암스테르담 시가지를 끌고 다녔다.

이렇게 해서 카를 5세가 네덜란드 안에서 죽인 재침례교도의 수가 3만 명 이상이라는 도시 기록이 있다. 이렇게 군주들로부터 일방적으로 죽어 갔던 재침례교는 지도자가 있을 리 없다. 그런데 그 속에서 단 몇 사람이 재침례교 신앙을 글로 남김으로 네덜란드의 재침례교 신앙의 유산을 남겼다. 이제 그들 몇 사람을 살펴보겠다.

(1) 필립스 형제

오베 필립스(Obbe Philips)는 얀 마티스(Jan Matthys)가 파견한 제자들에 의한 침례를 받고 순회 전도자로 여러 지방을 방문하여 복음을 증거하였다. 얼마 후 자기 동생 디르크(Dirk Philips)를 안수하였고, 그로닝겐(Groningen)에서 메노 시몬(Menno Simons)에게 안수하였다. 1540년 이후는 의학을 공부한 의사의 본업으로 복귀한 것 같다.

동생 디르크는 프란시스칸 수도원에서 교육을 받았다. 신학을 공부했고 헬라어, 히브리어, 라틴어 그리고 독일어와 불어에 상당한 지식을 소유하고 있었다. 그는 몇 권의 저서를 남겼다.

먼저 《영적인 회복에 관하여》(Concerning Spiritual Restitution)에서 그는 "뮌스터 폭동과 같은 사건은 구약의 신정정치를 모델로 했던 폭동사건이었기 때문에 신약성서적 지지를 받을 수 없고 결국 실패로 끝날 수밖에 없었다. 기독교 신앙은 구약적인 폭력 사용, 혁명적인 정권 전복 등과는 무관하다. 신약의 종교는 영적인 종교이다"라고 역설하였다.

디르크는 또 다른 저술인 《편람》(Enchiridion)을 발표했다. 이 책은 재침례교도의 신앙의 단면들을 소제목에 따라 여러 가지를 쓴 내용이었다. 이 책은 1564년 처음 네덜란드어로 출간된 후 독일어, 프랑스어, 영어로도 번역 출판되었다. 이 책은 16세기 재침례교도 신앙을 표현한 귀중한 책이다. 이 책은 재침례교 신앙을 체계화하는데 큰 기여를 했다고 할 수 있다.

(2) 메노 시몬스(Menno Simons, 1496~1561)

메노 시몬스는 1496년 네덜란드의 프리즈란트(Friesland) 지역 비트마르슘(Witmarsum)에서 농부의 아들로 태어났다. 메노의 부모는 아들을 로마 가톨릭 교회에 헌신할 일꾼으로 봉헌하였다. 메노는 집에서 멀지 않은 볼즈바르트(Bolsward)에 있는 프란시스칸 수도원에서 기초 교육을 받았다.

그는 가톨릭 신부가 되기 위한 훈련으로 라틴어와 희랍어 공부에 많은 노력을 경주하였다. 그는 히브리어는 알지 못한 것 같다.

A. 가톨릭 신부(1524~1536)

메노는 28세가 된 1524년 3월에 로마 가톨릭 사제로 서품 받았다. 그가 맡은 첫 사역은 고향에서 멀지 않은 핑윰(Pingjum) 마을의 성당에서 교구 사제로 일하는 것이었다.

그는 이곳에서 약 7년(1524~1531)동안 3개의 교구들 중 한 교구를 맡아 일상적인 목회를 하였다. 그가 35세가 되던 1531년에 고향 비트마르숨 교회의 사제로 부임하였다. 여기서 1536년까지 5년 동안 주임 사제로 사역하였다.

메노는 가톨릭 사제로 12년간 사역하면서 사제로서의 기본 임무 수행과 함께 일반 모든 사제들처럼 카드놀이, 음주 등 부질없는 오락에 빠져 있었다.

B. 개종의 동기

메노는 평범한 사제로 사역하던 중 몇 가지 사건들을 통해 가톨릭을 떠나서 재침례교도 지도자가 된다. 메노가 개종을 하게 되는 몇 가지 사건을 살펴보자.

첫 번째 사건은 로마 가톨릭 교회의 성례전인 화체설에 대한 의문이었다.

그는 1520년에 루터가 쓴 개혁 논문인 "교회의 바벨론 유수"를 보고 화체설 교리에 의심을 갖기 시작하였을 가능성이 크다. 1521년 네덜란드의 법률가요 신학자인 코넬리우스 횐(Cornelius Hoen)은 주의 만찬에서 떡과 포도주는 예수님의 살과 피로 변하지 않으며, 그것들은 단지 그리스도의 고난과 죽으심을 상징하는 것이라고 주장하였다.

네덜란드에서는 기독교 인문주의의 영향을 받아 성례는 단지 상징이며 형식일 뿐이라는 사상이 만연해 가고 있었다. 메노는 약

2년 동안 화체설은 성경적이지 못하다는 확신에 이른다. 1528년부터 1531년까지 성경을 읽고 열린 눈으로 설교함으로 일부 동역자들로부터 복음적인 설교가라는 소리를 듣게 되었다.

두 번째 사건은 유아세례에 관한 일이다.

1531년 3월 20일에 지케 프레르크스(Sicke Freerks)라는 재단사가 침례를 두 번 받았다는 이유로 리우바르틴 시에서 공개 참수형으로 처형당하였다. 지케 프레르크스는 하나님을 경외하는 경건한 사람이었고 어린 유아들에게 세례를 베풀어서는 안 되고 오직 개인적인 신앙고백을 하는 자에게만 침례를 베풀어야 한다는 가르침을 믿었던 사람이었다는 것이다.

메노는 유아세례 문제를 동료 사제들과 상의했다. 교부들의 가르침도 찾아보았다. 당시 개혁가들인 루터, 츠빙글리, 부처, 불링거 등의 글도 읽어 보았다. 그러나 개혁가들은 기껏해야 구약의 할례와 연결하는 정도였고, 그 외에는 신약성경 어느 곳에서도 근거를 찾을 수 없었다. 메노는 실망감과 함께 지금까지 속아 왔다는 것을 깨닫는다.

세 번째 사건은 뮌스터 폭동 사건이었다.

1535년 4월 7일 뮌스터로부터 볼즈바르트(Bolsward) 근처에 있는 옛 수도원에 숨어 있던 재침례교도들 약 300명이 로마 가톨릭 군대와 루터파 연합군에 의해 떼죽음을 당하였다. 이 가운데 메노의 친동생 피터 시몬스가 끼어 있었다.

메노 자신은 뮌스터에서 벌어지고 있는 과격한 종말론자들의 무력적인 횡포와 광신적인 시한부 종말론 운동에 결코 동의할 수 없었다. 그러나 동생을 비롯한 300여 명의 생명이 떼죽음을 당한 사건을 직접 몸으로 부딪히면서 그 마음은 번민과 울분과 회의에 빠졌다.

메노는 비록 잘못된 신앙을 가진 자라 할지라도 자기가 믿는 믿음 때문에 죽음을 불사하는 상대를 바라보며 자신의 거짓됨과 위선을 깨닫는다. 메노는 자신의 죄악됨을 발견하고 마음의 평안을 누릴 수 없었다. 그는 하나님의 자비하심에 통회 자복하게 된다. 그렇게 했을 때 비로소 새사람의 평안을 얻게 된다.

그는 지금까지 지적인 동의로서의 믿음으로부터 전적인 맡김으로의 믿음으로 전향하게 된다. 1536년 1월 메노의 나이 40세에 로마 가톨릭 교회를 떠나기로 결단한다.

C. 재침례교 지도자로서의 네덜란드 사역(1536~1543)

비트마르슘 성당을 떠난 메노는 은밀하게 네덜란드 동부 지역인 이스트 프리즈란트(East Friesland)로 피신하였다. 가톨릭 교회를 떠난 지 약 1년이 되었을 때 재침례교 지도자들로부터 파송된 7, 8명의 형제들이 그를 찾아왔다. 이 형제들은 메노에게 자기들을 인도하는 목자장이 되어 달라고 부탁한다.

메노가 비트마르슘을 떠난 1536년에 침례를 받았을 가능성이 많고, 1537년 초에는 그로닝겐(Groningen)에서 오베 필립스(Obbe Philips)에게 재침례교 사역자로 안수를 받는다.

오베 필립스는 메노에게 안수한 후 계속 분열을 거듭하는 재침례교에 환멸을 느낀 나머지 재침례교 운동을 포기하고 떠난다.

오베가 재침례교 운동을 계속했다면 네덜란드 재침례파는 '오베파'라고 명명되었을 터인데 그 일이 메노에게 넘겨지고 만다.

메노는 처음 4, 5년 동안 그로닝겐과 이스트 프리즈란트 지역에 거주하면서 재침례교도들을 격려하며 복음 증거를 하였다. 그리고 1536년에 게르트루드(Gertrude)라는 여인을 아내로 맞이하였다. 그들은 1남 2녀의 자녀를 두었다.

그는 핍박의 감시를 피해 다니느라 어느 한 곳에 정착해 살 수 없었다. 그는 쫓기는 이단자로 살면서 밤에는 형제 자매들의 비밀 집회에서 설교하고, 낮에는 시골 냇가나 멀리 떨어진 호숫가에서 새신자들에게 침례를 베풀었다.

1539년 1월 21일에 그로닝겐 당국에 의해 모든 재침례교도들은 그 지역을 떠나라는 법령이 내려졌다. 메노는 그로닝겐을 떠나 프리즈란트의 네덜란드 지역에서 전도 사역을 하였다. 이제 메노는 재침례교 지도자로 널리 알려지게 되었다.

신성 로마 제국 황제 카를 5세는 1542년 12월 7일에 메노 시몬스를 체포하기 위해 100금 길더(gold guilders)의 현상금을 걸고 메노뿐 아니라 그의 추종자들까지 잡아들이고자 하였다.

1541년 메노는 사역터를 암스테르담과 그 주변지역인 노스 홀랜드(North Holland)로 변경하였다. 앞서 사역했던 그로닝겐과 프리즈란트와의 관계를 유지하면서 이곳에서 약 2년 동안 사역을 한다.

그는 암스테르담(Amsterdam) 콜로냐(Cologne) 단치히(Danzig)에 이르기까지 교회를 개척하여 목회자들을 세워 주었다.

메노는 이 기간 중 신자들에게 침례 베푸는 사역과 함께 짧고 긴 소책자들을 출판하는 문서 선교 사역을 하였다. 이 당시 쓰여진 책으로 1539년에 쓴 250쪽 분량의 《기독교 교리의 기초》(Foundation of Christian Doctrine)와 동년에 쓴 60쪽의 《기독교 침례》(Christian Baptism)와 1541년에 쓴 160쪽 분량의 《참 기독교 신앙에 관하여》(of the True Christian Faith) 등이 있다.

D. 독일 서북부 지역 사역(1543~1546)

메노는 7년간의 네덜란드 사역을 마치고 1543년 가을에 독일 서북부 지역으로 사역지를 옮긴다. 사실 메노가 7년간 네덜란드 사역 기간 중 당국에 체포되지 않은 것은 하나님의 보호와 동료 신자들이 그를 보호하고 은닉해 주었기 때문이다.

메노는 1544년 연초 차가운 겨울날 여 백작 안나(Countess Anna)가 다스리고 있던 엠덴(Emden)으로 갔다. 엠덴 지역은 여 백작 안나가 로마 가톨릭으로부터 개신교로 전환을 추진하고 있었다.

여 백작 안나는 츠빙글리의 개혁노선을 따르고 있는 존 아 라스코(John a Lasco)를 임명하여 그곳에 새로운 개신교 국가 교회를 조직하도록 요청하였다.

메노가 엠덴에 도착했을 때는 오베와 디르크 필립스 형제들의 지도력에 의해 재침례교 형제들의 교회가 형성되어 있었다. 이곳에서 여 백작 안나의 용인 정책으로 뮌스터 신정정치를 지지하거나 열광적인 신비주의자들도 활동하고 있었다.

존 아 라스코는 1544년 1월 28~31일에 엠덴에 있는 프란시스칸 수도원에서 메노와 공개토론회를 개최하였다. 이 토론회를 마친 메노는 약 70쪽에 달하는 〈간략하고 분명한 신앙고백과 성서의 교훈〉(Brief and Clear Confession and Scriptural Instruction)이라는 소책자를 발행하였다. 여기서 그는 성육신, 성직자들의 부르심, 침례 등에 관해 상세하게 다루었다. 1545년에는 존 아 라스코의 주장에 대한 답변으로 약 100쪽의 〈분명하고 논쟁의 여지가 없는 신앙고백과 논증〉(Clear, Incontrovertible Confession and Demonstraton)이라는 소책자를 출간하였다.

1544년 5월경 메노는 엠덴을 떠나 새로운 피난처를 찾는다. 그는 라인란트 지역 퀼른(Cologne)으로 옮긴다. 메노는 이곳에서 약 2년(1544~1546) 동안 가장 평화로운 생활을 한다. 메노는 라인란트 지역을 광범위하게 여러 차례 여행하며 복음을 증거하였고, 흩어져있던 재침례교도들을 격려하고 자신의 소책자를 나누어 주었다.

본(Bonn)과 베젤(Wesel)에서는 가톨릭 사제들과 공개토론을 가지며 신학적인 논쟁을 하기도 하였다.

1546년 슈말칼덴 전쟁(SchmalCalden War)에서 개신교 군대가 패하자 이곳 쾰른에 머무를 수 없게 되었다. 메노는 다시 이곳을 떠나야 했다.

E. 홀스타인(Holstein) 사역(1546~1562)

쾰른을 떠난 메노와 그의 가족들은 독일 함부르크(Hamburg)의 북동편에 위치한 홀스타인 지역으로 옮겨갔다. 이 지역에서는 핍박받는 재침례교 형제들이 네덜란드로부터 피신해 와서 생활하고 있었다. 이곳은 덴마크 왕이 통치하는 지역이었기 때문에 신성 로마 제국의 법령들이 효력을 발휘할 수 없는 지역이었다. 메노는 함부르크와 뤼벡(Luebeck) 사이, 그리고 올데슬로에 근처인 뷔스텐펠데(Wuestenfelde)에 자리를 잡았다.

메노가 홀스타인 지역에 정착해서 활동하던 중 1546년에 신학적 열광주의자요 반율법주의자인 니콜라스 블레스다이크(Nicholas Blesdijk)와 신학적인 토론회를 가졌다. 1547년에는 두 차례에 걸쳐서 신학적인 논쟁을 벌였고, 이 같은 논쟁을 근거로 반삼위일체론을 경계하기 위해 1550년에 〈삼위일체 하나님에 대한 신앙고백〉(Confession of the Triune God)이라는 소책자를 발간하였다.

메노는 이스트 프리즈란트, 올덴부르크, 홀스타인, 메클렌부르크, 포메라니아 등지의 북부 독일 지역을 순회하면서 재침례교도들을 격려하고 교회들을 공고하게 세우는 데 주력하였다.

이 당시 교회의 순수성을 유지하고, 이단적인 신앙을 가르치는 자들이나 반복적으로 죄를 범하는 자들을 파문하고 교회 출석을 금지시키는 일 등이 중요한 이슈가 되었다. 그래서 1550년에 45쪽의 소책자인 〈파문에 관한 명백한 토론〉(A Clear Discussion of Excommunication)을 발표하였다. 여기서 교회 출석 금지, 주의 만찬 참여 금지의 기능, 실천 범위 등을 설명하고 있다.

1552년에는 엠덴에서 개혁 교회를 섬기고 있는 목회자 파버(Faber)에게 자신과 재침례교도들의 신앙과 삶을 변증하는 〈겔리우스 파버에 대한 답변〉(Reply to Gellius Faber)라는 약 250쪽의 책을 출간했다.

1553~1554년 사이의 겨울 동안 발릭 해안의 비스마르(Wismar)에서 머물면서 개혁 교회 지도자 헤르만 박커렐(Herman Backereel)과 신학 논쟁을 벌였다(1553. 12). 또 다른 사람 마틴 미크론(Martin Micron)과도 두 차례(1554. 2. 6, 15)에 걸쳐서 신학 논쟁을 하였다. 여기서 이루어진 신학 논쟁의 주제는 침례, 성육신, 맹세, 이혼, 목회자들의 부르심, 세속권력 당국의 역할 등이었다. 메노는 이 신학 논쟁에서 다루었던 내용을 바탕으로 "매우 평이하고 핵심적인 답변"(A Very Plain and Pointed Reply)이라는 200쪽에 달하는 책을 출판하였다(1556).

그는 1554년 초여름에 올데슬로에(Oldesloe)로, 연말에는 뷔스텐펠데(Wues tenfelde)로 거주지를 옮겨갔다. 그는 핍박에 시달림 없이 충분한 시간적 여유와 평안을 누리며 이전에 썼던 글들을 수정하고 새로운 글들을 쓰기도 하였다. 이곳에서 1554년부터 세상을 떠난 해인 1561년까지 적어도 10권의 책들을 출간하였다.

메노의 말년에는 육체적인 연약함으로 고통스러웠을 뿐 아니라 동역자들 사이에 생긴 심각한 갈등과 균열로 인해 마음이 편치 않았다. 특히 교회 내 권징을 얼마나 엄격하게 행하느냐 하는 문제로 인해 계속해서 많은 질문자들이 찾아오고 질문서를 보냈다.

결국 1558년 〈파문에 관하여〉(of Excommunication)라는 매우 엄

격한 입장을 밝혔다. 이 소책자는 형제들을 다시 논란에 빠지게 하였다. 어떤 이는 메노에 항거하여 메노의 지도력에 도전하였다. 메노는 1560년 1월 자기에게 도전하는 〈질리스와 렘케에 대한 답변〉(Reply to Zylis and Lemke)이라는 마지막 글을 썼다. 여기서 메노는 자신을 변호하고 이제 더 이상 두 사람을 형제로 여기지 않는다고 선언하였다. 이렇듯 권징의 문제는 메노나이트 형제들 사이를 갈라 놓았고, 서로 정죄하는 지경에 이르게 되었다.

형제들 사이에 일어난 갈등과 분열로 인한 마음의 상처 때문이었는지 메노의 건강 상태는 급속하게 나빠졌다. 이미 아내와 두 자녀(아들, 딸)는 먼저 세상을 떠난 상태였다. 메노는 목발을 짚고 다니지 않으면 걸을 수 없을 정도로 쇠약해졌다.

1561년 1월 31일 그는 65년의 생을 마감하고 뷔스턴펠데의 자택에서 숨을 거두었다. 그의 시신은 자신의 정원에 안장되었다. 그러나 30년 전쟁 중 이 지역이 연합군의 포격을 받아 정확한 매장지를 알 수 없게 되었다.

1906년 그의 자택이었을 것으로 추정되는 곳에 메노나이트 교회를 위한 메노 시몬스의 공로를 기리는 작은 기념비가 세워졌다.

F 메노 시몬스의 주요 저술들과 신학사상

메노 시몬스는 살아 있는 동안 서신, 묵상록 외에 약 25권의 서적과 소책자를 저술하였다. 이 책들은 네덜란드 침례교 형성은 물론 해외에까지 영향을 미쳤다. 그럼에도 불구하고 개혁자들인 루터, 츠빙글리, 칼빈 등이 메노가 유아세례 반대자이며 삼위일체 사상 부인자라는 이유로 그를 이단 취급하였다. 개혁자들의 뒤를 이은 후학들 역시 과거 개혁자들과 똑같은 주장을 되풀이했을 뿐 어느 누구도 양심 있게 활동한 학자가 없었다. 그러다가 최근 수많은 신학자들의 피나는 노력으로 메노의 저서와 사상들이 새롭게 조명되기 시작하였다.

최근 메노의 글들을 네덜란드어에서 영어로 번역해 출간한 책이 있다. 미국 미시건 주 앤아버(Ann Arbor)의 레오나르드 베르두인(Leonard Verduin)이 네덜란드어를 영어로 번역하고 존 웽거(John C. Wenger)가 편집하여 헤럴드 출판사(Herald Press)에서 1956년에 출판한 《The Complete Writings of Menno Simons》이다. 여기에서 '책들과 소책자'라는 제목으로 25편의 저술과 편지들과 다른 저작들로 17편의 글이 실려 있다. 그 중에서 중요한 몇 가지 저술들을 통해 그의 신학사상을 살펴보자.

① 메노의 성서관

메노의 가장 큰 특징 중 하나는 같은 시대에 활동했던 개혁자들과 전혀 다른 성서관을 갖고 있었다는 사실이다.

우리가 아는 바와 같이 루터나 츠빙글리, 칼빈 등 모든 개혁자들의 개혁 구호가 '오직 성경'(Sola Scriptura)이었다. 그러나 저들이 과연 성경대로 개혁했는가? 메노는 성경대로라는 개념을 특히 신약성서에 최종 권위(authority)를 두는 것으로 생각하였다.

메노가 말하는 '성경적'이라는 개념은 세 가지 면에서 개혁자들과 구별된다.

첫째로 일반 개혁자들은 인간적인 전통과 공허한 지식에 호소하고 있다. 로마 가톨릭 교회는 성경보다도 고대 교회들이 지켜온 전통이나 교회의 교서, 종교회의에서 결정한 사항이나 교부들의 가르침을 중요시하였다.

루터나 츠빙글리나 칼빈은 이들 가톨릭이 중요시하는 성경 이외의 것을 배격한다고 했다. 그런데 과연 개혁자들이 가톨릭의 전통들을 완전하게 단절했는가? 루터는 믿음으로만 의롭게 된다는 이신칭의를 주장하였다. 그런데 루터는 믿음이 없는 유아들에게 유아세례를 인정하였다. 루터의 유아세례는 가톨릭의 전통을 계승한 것이지 성경대로 실천한 것이 아니다. 이 점에 있어서는 츠빙글리나 칼빈도 마찬가지다. 메노가 볼 때 주류 개혁자들은 성경을 내세우면서 상황에 따라 가톨릭의 전통을 그대로 계승한 불완전한 개혁을 한 것으로 보았다.

둘째로 일반 개혁가들은 구약과 신약의 연속성을 강조하였다. 그에 반해 메노는 구약과 신약의 차별성을 강조하고 신약성서의 우선적 권위를 주장하였다.

교회는 신약의 산물이고, 교회에 속한 그리스도인에게는 신약성서가 우선적이고 직접적인 가르침의 근거가 되어야 한다고 주장했다. 그래서 메노의 글들에는 구약과 신약의 성경 구절 인용 비율이 1대 3 비율을 이루고 있다. 구약과 신약성경 전체가 다 하나님의 말씀이다. 그러나 성경 전체는 예수 그리스도에게 초점을 맞추고 있다. 옛 언약인 구약은 준비 기간에 주어진 약속이고, 새 언약인 신약은 완성 기간에 이루어진 약속의 성취이다.

그렇다면 개혁자들은 구약과 신약의 차별성을 두었는가? 특히 칼빈에게서는 구약과 신약의 차별성이 전혀 없고 연속성만 있다. 칼빈이 그토록 평생 동안 전력투구한 제네바의 개혁 원리는 구약의 신정정치 체제에 근거한 신념이 작용한 것이었다. 또 개혁자들 모두가 유아세례를 구약의 할례로 비유한 것 역시 연속성의 원리였다. 뿐만 아니라 칼빈의 계약신학 역시 옛 언약과 새 언약 간의 차별성이 없는 연속성의 원리다.

이렇게 구약과 신약의 차별성을 인정하지 않는 성서 해석의 불상사로 바로 뮌스터 폭동사건이 일어난 것이다. 메노는 이러한 성서해석에 반대하였다.

셋째로 일반 개혁가들은 외경을 인정하지 않았다. 그러나 메노는 외경을 가치 있는 참고도서로 인정하였다. 로마 가톨릭 교회는 외경을 정경으로 인정하고, 영국 성공회는 외경에서 교훈적인 내용들을 예배에 활용한다. 메노 역시 외경을 참고도서로 인정하였다.

② 중생(New Birth, 1537)

메노가 저술한 책 가운데 "중생"이란 책이 있다. 메노는 책에서뿐 아니라 그가 평생 강조한 개념이 중생이었다. 그래서 그에게 붙여진 별명이 '신생의 신학자'(Theologian of New Birth)였다. 그는 그리스도 안에서 새롭게 태어난다, 거듭난다, 위로부터 태어나는 중생 등을 항상 강조하였다.

그리고 그는 자기가 가톨릭 사제 시절에 행했던 규격화된 미사의 되풀이, 아침저녁으로 정해진 시간에 정해진 기도문의 낭독, 성지순례 등 종교적 관습들이 인간이 고안해낸 산물이라고 혹독하게 비판했다. 메노는 아직도 예배당을 출입하면서도 거듭나지 못한 채 종교적 관습을 되풀이하는 것에 대해 신랄하게 비판했다.

개혁자들 중 루터는 자신이 거듭난 사람임을 밝히고 있다. 그러나 츠빙글리나 칼빈은 니고데모에게 가르쳐 주는 거듭남에 대한 교훈은 주면서도 자신들의 거듭남에 대한 내용은 언급하지 않고 있다. 많은 칼빈주의자들은 칼빈이 시편 주석의 서문에서 밝히는 칼빈의 회심을 추측할 따름이고, 그는 명확한 중생 체험의 간증이 없다.

하지만 메노는 자신이 거듭나기 이전과 이후를 명확하게 설명하고 있다. 필자 역시 종교인으로 살던 중생 이전과 이후가 명확하게 구별되므로 모든 사람들에게 이 점만은 확실하게 확인시켜야 한다고 강조한다.

③ 기독교 교리의 토대(The Foundation of Christian Doctrine, 1539)
이 책은 재침례교도의 신앙과 신학을 집대성한 책이다. 이 책은 메노 자신을 포함하여 네덜란드 재침례교도들의 신앙이 신약성서에 기초하고 있음을 변증하는 변증서이다. 이 책은 뮌스터 폭동 사건으로 재세례파 전체가 오해받고 있는 것을 해명하기 위한 목적으로 쓰여졌다.

이 책에서 메노는 구약의 신정정치 이상을 가지고 무력에 의해서 지상에 천년왕국을 세우고자 했던 뮌스터의 열광주의자들과 자신들은 전혀 다른 평화주의자요 무저항주의자임을 주장하고 있다.

이 책은 크게 세 가지 내용으로 구성되어 있다.

첫 번째 부분은 성서적인 믿음을 호소한다.

여기서 메노는 '참 회개가 무엇인가? 참 믿음이 무엇인가? 침례의 의미가 무엇인가? 신약성서가 가르치는 참 교회가 무엇인가?'를 진술하고 있다.

메노는 진정한 교회란 의도적인 공동체로서 기꺼이 제자의 삶을 살고자 하는 중생한 회원들로 구성된 사랑과 서로 의존하는 상호 언약을 맺은 사람들이라고 했다.

메노는 진정한 교회의 특징으로 여섯 가지를 제시했다. ① 불순물이 섞이지 않은 순수한 교리 ② 성서적 성례전적 상징들에 의한 성서적 사용 ③ 말씀에 대한 순종 ④ 거짓 없는 형제 사랑 ⑤ 하나님과 그리스도에 대한 담대한 고백 ⑥ 주의 말씀을 위한 핍박과 환난 등 주로 그리스도인의 삶의 도덕적, 윤리적 측면을 관심사로 삼고 있다.

그리고 유아세례가 신약성서에서 실례를 찾아볼 수 없음을 근거로 유아세례론자들에게 훈계를 주고 있다.

두 번째 부분은 로마 가톨릭 교회에 대한 비판을 하고 있다.

메노는 주의 만찬을 거룩한 성체로 왜곡하고 있는 화체설에 입각한 미사행위, 가톨릭 사제들이 믿고 있는 교리들, 그들의 삶과 행동들의 부정적인 면, 교황, 추기경, 대주교, 주교, 일반 사제 등 계급 구조로 형성된 관료주의 체제 등을 비판한다. 그리고 참 교회란 예수 믿고 예수님처럼 살아가는 제자들의 공동체임을 강조한다.

세 번째 부분은 관용을 위한 호소를 하고 있다.

메노는 로마 가톨릭이나 루터교나 칼빈파 등을 '크고 편리한 분파'라고 본다. 이들의 공통점은 그들의 지위나 신앙이나 행위를 모두 국가의 검으로 뒷받침하고 있는 것이다. 이들 교회들은 교회와 사회가 유기적인 통일을 이루어 종교가 국가의 강압적인 세력에 의해 유지되는 형태를 갖추고 있다.

메노는 세속 통치자에 대한 견해는 하나님께서 법과 질서를 유지하기 위해서 행정관료들을 임명하신 것으로 믿는다. 그렇기 때문에 신앙적 요구에 침해를 당하지 않는 한 모든 영역에서 시민 당국에 순종해야 함을 믿는다. 그러나 세상 관리들이 지위나 직분을 남용하는 것은 하나님으로부터 오는 것이 아니고 마귀로부터 온 것으로 믿고 순종을 거부하여 화형을 당하고 익사당하고 형틀에 매달리고 추방당하는 쪽을 선택해야 한다는 것이다. 메노는 원수 갚는 것을 하나님께 맡기고 인내하겠다는 것이다.

메노가 볼 때 가톨릭 교회는 물론이고 개혁자들이라는 사람들까지 세속 당국자들과 타협하는 타락과 배교 상태에 들어갔다고 믿었다.

그리고 재침례교도들이 핍박을 받아야 할 아무런 이유가 없음을 항변하고 있다. 먼저 세속 정부 지도자들을 향해 그들의 임무는 백성들이 현실 생활에 염려 없이 잘 살아가도록 돕는 것이며, 백성들의 양심이나 종교적인 일에 관여해서는 안 된다는 점을 역설한다. 그러면서 재침례교도들이 가톨릭이나 개혁자들 입장에서 견해가 다르다고 할지라도 관용해야 할 것을 호소하고 있다.

④ 기독교 침례(Christian Baptism, 1539)
메노는 세례 의식이 거룩하게 하는 효력이 있는 것처럼 믿는 성례주의적 이해를 강력하게 반대한다.
로마 가톨릭 교회는 물로 세례를 줄 때 물 세례가 효력을 발생되는 것이 아니라 사제가 세례의 효력을 선언함으로 물 세례가 효력이 있다고 한다.
츠빙글리나 칼빈은 유아들에게 신앙이 있어서가 아니라 유아세례를 받는 유아들의 부모나 교회가 권위를 가졌으므로 부모의 신앙이 유아에게 미칠 것을 믿고 유아세례를 실시했다. 루터는 유아들의 내부에 잠재적 신앙이 있을 것이라고 가정하고 유아세례를 인정했다.
그러나 메노는 침례 대상자 개인이 신앙이 있어야 함을 주장했다. 메노는 의식이 믿음에 의한 효력을 가져올 수 없다고 주장하였다. 메노는 예수님의 말씀을 듣고 이해하고 그 후에 결단할 수 있는 성인이 된 자로 인지 능력이 있는 사람에게 침례가 적용되어야 한다고 했다. 그뿐만이 아니라. 침례란 신앙적 동의만이 아니라 예수 그리스도의 고난에 동참하는 철저한 제자도의 삶을 시작하겠다는 공적인 고백이라고 하였다.

⑤ 주의 만찬(Lord㎠s Supper)
메노는 "기독교 교리의 토대"에서 주의 만찬 시행을 네 가지 의

미로 이해했다.

첫째, 주의 만찬은 교훈적인 상징이요 기념이다.

썩어 없어질 빵과 포도주가 그리스도의 살과 피로 변화된다는 가톨릭이나 루터주의는 문자주의의 오류에 빠진 것이다.

둘째, 주의 만찬은 그리스도께서 우리를 사랑하신다는 위대한 증거요 언약이다.

주의 만찬을 통해 그리스도의 죽으심을 과거의 사건으로 기억할 뿐만 아니라 하나님 사랑의 모든 영광스런 열매들을 기억하는 사랑의 증거이다.

셋째, 주의 만찬은 그리스도인의 일치와 사랑과 평화를 보여 주는 결속이다.

메노는 주의 만찬에 참예하는 신자들을 한 덩어리의 빵으로 비유했다. "알곡이 방앗간에서 가루가 되고 물로 반죽된 후 불의 열로 구워져 빵이 되듯이 진정한 신자들은 하나님의 말씀이라는 방앗간에서 마음을 부수고 성령의 물로 침례 받아 반죽이 되어 순수하고 거짓이 없는 사랑의 불로 한 몸을 이룬 것이 교회다."

주의 만찬에 참여하는 그리스도인들은 모든 분쟁과 다툼을 그치고 서로 용서하고 서로 섬기며 서로 책망하고 불로 굽는 것처럼 주를 위해 함께 고난받고 죽을 각오도 해야 한다.

넷째, 주의 만찬은 그리스도의 몸과 피를 공유(communion)하는 것이다. 그리스도의 만찬은 은혜와 성령의 약속뿐 아니라 그의 고난, 비참함, 피, 십자가, 죽으심의 공로가 성도와 함께 임재해 계시는 것을 의미한다고 했다.

⑥ 참 기독교 신앙(True Christian Faith, 1541)

이 책은 성경의 인물별 사례 연구이다. 메노는 구약성경에서 노아, 아브라함, 모세, 여호수아와 갈렙, 요시아 등 다섯 명을 선정했고 신약성경에서 가버나움의 백부장, 삭개오, 십자가상의 강도, 누가복음 7장의 죄 많은 여인, 마태복음 15장의 수로보니게 여인 등을 살아 있는 믿음을 소유한 자로 설명한다.

메노는 참 기독교 신앙이란 변화된 삶과 그리스도를 따르는 실천 있는 믿음이어야 함을 강조하고 있다.

⑦ 징계(Ban)

칼빈이 그리스도인의 성결한 삶과 성화 그리고 교회의 질서 유지를 위하여 교회의 권징(church discipline)을 강조한 것이 사실이다. 그러나 징계를 말씀 선포와 주의 만찬 등의 거룩한 수준으로 높이지는 않았다. 오히려 징계가 성도들을 위협하고 추방하는 공포의 도구로 남용되었다. 그러나 메노는 징계를 교회의 순결성과 고집스런 형제자매를 회복시킬 목적으로 거룩하게 사용하였다.

그는 범죄한 회원들을 경계하고 다시 회복시킬 목적으로만 징계가 사용될 뿐 육신을 괴롭히는 사사로운 형벌이 되어서는 안 된다고 하였다. 그는 심한 음주벽, 간음, 성적인 문란 행위, 맹세하기, 불신자와의 결혼, 거짓 교리를 가르침, 지속적인 부부싸움, 성도들의 헌금 유용 및 횡령 등은 교회 출석 금지 혹은 주의 만찬 참여 금지로 징계하였다.

⑧ 네 종류의 죄, 네 단계의 죄

메노는 네 종류의 죄를 말하였다.

첫째, 원죄 : 아담의 모든 후손들이 출생 시부터 물려받은 본성적 죄. 메노는 원죄가 모든 인류에게 다 적용된다는 전통교리에서 이탈하여 유아들에게는 죄가 적용되지 않는다고 하였다. 유아들이 부끄럼을 아는 연령, 선과 악을 분별하는 연령에 이르기 전까지는 은혜의 상태로 아담과 하와가 타락하기 이전의 상태처럼 무죄하고 결백하다고 했다. 책임성 있는 도덕적, 윤리적 결정을 내릴 수 있는 자에게만이 죄책이 따른다고 했다.

둘째, 자범죄 : 고의적으로 저지른 죄, 회개치 않으면 하나님의 정죄를 초래하는 죄. 그것은 육신의 열매라고 했다(갈 5장).

셋째, 연약죄 : 인간적 연약함, 오류, 엎어짐 등의 죄. 회심한 후에는 원죄의 죄성은 지배력을 행사하지 못하나 연약함으로 죄를 짓는다. 불신자들은 의욕과 담대성으로 죄를 짓고, 회심자는 연약함으로 죄를 짓는다.

넷째, 고범죄 : 고의적으로 사악한 죄를 짓는 것. 배교, 성령 훼방죄 등 이런 고범죄는 고의적으로 사악함을 드러내어 그리스도를 짓밟은 자로 영원한 정죄를 받는다.

메노는 신앙과 신앙에 뒤따르는 열매를 분리할 수 없다고 믿었다. 그래서 루터가 말하는 오직 믿음으로 말미암는 법정 재판의 선고적 의미의 이신칭의 교리는 받아들이지 않았다. 그리고 행위와 실천을 강조한 야고보서를 루터가 "지푸라기 같은 서신"이라고 혹평한 것을 맹렬하게 비난하며 이신칭의의 교리는 율법 폐기론적 경향이 있다고 했다.

그뿐만 아니라 메노는 칼빈의 예정설과 노예의지론 교리에 대해 극심한 혐오감을 갖고 있었다. 예정론 속에는 운명론이 내포되어 있다고 보았다.

루터는 하나님께서 우리 안에서 선으로든지 악으로든지 역사하신다고 했고, 츠빙글리는 도둑이 훔치거나 살인자가 살인할 때는 하나님의 뜻이 그렇게 강요하는 것이라고 했고, 칼빈은 하나님이 구원받을 자를 예정했고 유기된 자도 하나님의 예정의 결과라고 했다.

메노는 이 같은 교리들을 "가증한 것 중의 가증한 것"이라고 했다. 메노는 구원은 하나님의 은혜의 수단이 제공될 때 내가 그것을 받아들이는 나 자신의 선택에 의한 것이라고 했다. 아울러 하나님의 은혜가 제공되는 것은 하나님의 은혜요, 내가 선택한 것 역시 은혜라고 하였다.

G. 메노 시몬스의 영향

메노 시몬스는 분명히 16세기의 종교개혁자이다. 그러나 당시 여러 개혁자들에 비해 완전히 외부 사람이라는 인상을 남겼다. 메노는 루터 같은 신학적 천재성을 지니지 못했고, 츠빙글리 같은 정치적 통찰력을 소유하지도 못했고, 칼빈 같은 지적인 포괄성을 갖추지 못했다. 그는 일생 동안 루터같이 교수용 탁자를 활용해 본 적도 없고, 츠빙글리나 칼빈처럼 안정된 교회에서 예우를 받으며 마음껏 외치는 강대상의 특혜도 누리지 못했다.

그는 가톨릭 사제를 떠난 1535년부터 죽는 1561년까지 25년간을 국가와 정부로부터 끊임없이 추격당하였고, 가톨릭 교회와 개혁자들로부터 이단이라는 적대감 속에 항상 쫓겨다녔다. 그렇기 때문에 그는 평생 동안 쾌적한 사역의 안정감을 누려 보지 못하였다. 이런 섬에서 그는 예수님을 닮은 생애를 살아갔다고 할 수 있다.

그뿐만이 아니다. 메노는 다른 재침례교 지도자들 중 후프마이어나 자틀러 같은 지도자에 비해 신학적 깊이나 독창성이 부족할지 모른다.

그러나 그가 분명하게 제시한 메시지가 있다. 그것은 예수를 믿는다는 것은 예수를 닮아야 하고 예수를 따라가야 한다는 것이다. 메노는 그리스도인의 삶이란 단순히 믿음(faith)에 그치지 않고 믿음을 넘어서 변화된 삶(changed life)이라고 말할 수 있다고 했다. 메노에게 있어서 그리스도인의 삶이란 '믿는다는 것'(faith)보다는 '따라감'(following)이 더 위대하다는 것을 그의 삶으로 보여 주었다. 아울러 진정한 침례교도란 무엇인가? 그것은 '제자 됨과 형제애의 실천, 그리스도의 사랑에 의한 무저항의 윤리'를 주장했다.

메노는 분명한 침례교도였다. 그러나 그 자신이 침례교도라고 불리는 것을 원치 않았다. 그 까닭은 첫째, 당시 재침례교도라는 이름 아래 작게는 5, 6종류, 많게는 12, 3가지의 다양한 분파들이 성서적인 삶을 살지 않는데도 재침례교도라고 도매금으로 불리는 것을 못마땅하게 여겼기 때문이다. 둘째, 독일에서는 뮌스터 왕국의 반란 이후 재침례교도라고 하면 모두 다 뮌스터 같은 광신자로 취급하고 멸시하였다. 메노는 이 같은 분위기 속에서 자신을 재침례교도라고 하지 않았다.

셋째, 메노 자신이 일생 동안 어느 한 지역에서 안정된 목회를 하지 못하고 계속 쫓겨다니는 불안한 사역을 하였다. 그래서 항상 종말적 의식을 가지고 자기들과 같은 무리를 단순히 형제들이라고 호칭하는 것을 좋아하였다. 메노에게서 들은 복음으로 구원받고 그를 따르는 사람들은 '메노나이트'(Mennonites)라고 불리게 되었다. 이들 메노파 형제들은 메노가 살아 있는 동안 수천 명이 순교를 당하였고(1531~1597년 어간), 메노 사후에도 수만 명 이상이 순교당하였다. 이들 메노파를 재판하고 목격한 오스트리아 재판관의 목격담이 재판 문서로 전해지고 있다.

"참으로 이단들은 생활이 질서 있고 단정하다. 이들은 옷 입는 데 아무런 차림새가 없으며 고귀한 몸가짐에서 경멸스러운 태도를 볼 수 없다. 그리고 저들이 선생이라고 하는 자는 구두장이였고 양복장이에 불과했다. 그들은 많은 재물을 가지지 못했으나 꼭 필요한 것으로 만족하였다. 참으로 순수하였다. 먹고 마시는 데 매우 절제하였다. 그들은 주점에도 가지 않았으며 춤도 추지 않았다. 여타의 허황된 짓을 하지 않았다. 그들은 분노로부터 멀어져 있었으며, 항상 일하며 배우고 가르치고 그러나 말은 작게 하였다. 그들의 절제 있는 말과 행동을 보면 곧 이단자임을 쉽게 알 수 있다. 그러므로 이들에 대한 조롱, 비난, 놀리는 말, 거짓된 판단을 조심해야 할 것이다."

이것이 메노파를 겪어 본 세속 재판관의 글이다. 세속 정부는 메노파를 탄압하면 저들 세력이 사라질 것으로 판단했다. 그러나 저들은 주님을 위해 조용하게 박해를 견디었으며, 검소한 생활을 하고 평화를 추구했으며, 정치나 국가에 간섭하지 않고 경건한 신앙의 실천으로 그들의 숫자는 계속 늘어갔다.

이 같은 메노파의 영향이 전 세계로 퍼져 나갔다. 영국에서 종교적으로 피난처를 찾은 소수의 무리들이 암스테르담에서 메노파의 영향을 받고 귀국하여 영국 침례교회를 개척하였다. 또 일부는 신대륙으로 건너가 미국에서 '메노나이트' 라는 교파를 형성하였다.

메노는 오늘날 교파 교회, 국가 교회 등을 거부하고 양심의 자유와 국가로부터 분리된 자유 교회의 이상을 이룩한 탁월한 개혁자였다고 할 수 있다.

4. 재침례교의 후예들

1) 직접적인 후예들

(1) 메노나이트들(The Mennonites)

앞서 네덜란드의 재침례교를 설명하면서 메노 시몬스(Menno Simons, 1496~1561)를 소개했다. 메노는 네덜란드를 중심으로 성서 중심적 사역을 마치고 1561년에 죽었다. 메노가 죽자 그의 지도력은 재침례교 지도자 디르크 필립스(Dirk Philips)가 계승하여 약 7년간 네덜란드의 메노나이트들을 이끌어 갔다.

필립스가 1568년 세상을 떠나자 리내르트 보우벤스(Leenaert Bowens)가 지도자를 계승한다. 보우벤스는 그가 죽은 1582년까지 약 15년 동안 3,509명의 개종자들에게 침례를 베풀었고, 자신의 전 생애 동안 10,252명에게 침례를 베풀었다.

유럽 대륙에는 16세기 동안 신성 로마 제국의 황제 카를 5세와 그의 아들 필립의 통치기간 내내 재침례교도들이 가장 혹독한 핍박을 받았다.

유럽에서 핍박받던 메노나이트들은 북미 대륙으로 이민을 간다. 네덜란드 메노나이트들은 1683년 펜실베이니아 주 필라델피아에서 북쪽으로 약 11km 떨어진 저먼 타운(German town)에 정착한다. 1707년 스위스에서 또 다른 메노나이트들이 저먼 타운으로 이민 왔다.

1717년에 상당히 큰 규모의 스위스 재침례교도들이 미국으로 이주하였고, 1756년에는 약 4천 명의 스위스 재침례교도들이 펜실베이니아 주 동부에 도착하여 펜실베이니아 주 서부로, 버지니아 주로, 오하이오 주로, 인디애나 주로 그리고 캐나다의 온타리오 주로 이주하여 정착하였다.

다른 한편 1788년 러시아 정부가 메노나이트들에게 땅을 제공해 주며 살도록 배려해 줌으로 약 300여 가정이 우크라이나 지역 코르티자(Chortiza)지역으로 이주하였다. 1803년부터 제2차 이주가 계속되어 1914년까지 러시아에는 약 12만 명의 메노나이트들이 정착하여 살게 되었다. 그런데 1917년 러시아 혁명 후 공산주의 정권이 들어서자 피땀 흘려 개척한 러시아에서 쫓겨나야 했다. 1920년대 러시아에 살던 메노나이트들은 미국, 캐나다, 파라과이 등지로 이주하였다. 캐나다에 정착한 메노나이트들은 '카나디어'(Kanadier)라고 불렸다.

이들 메노나이트들은 전통적인 교리나 생활 습관을 고수하면서 독자적인 교파를 형성하였다. 이들의 특색은 유아세례 반대, 맹세 반대, 공직 취임 반대, 병역 거부 등이다. 2006년 현재 전 세계 65개 나라에 약 150만 명의 교인들을 갖고 있다.

이중에서 미국에 약 40만으로 가장 많고, 아프리카 콩고(Congo)에 22만, 인도에 15만 명, 캐나다에 13만 회원이 있다. 메노나이트 운동이 처음에 시작된 네덜란드, 독일, 러시아 등에는 5, 6만 명이 있는 것으로 집계되었다. 지금 전 세계에는 51개국 95개 교단이 '메노나이트 세계교회협의회'(Mennonite World Conference)에 가입되어 있다.

이들 메노나이트들은 미국에서 제1차 대전 때 병역을 거부함으로 미국 정부 측과 불편한 관계에 있었다. 그러나 헌법 개정으로 양심적 징병 기피의 권리가 인정되면서 문제가 해소되었다. 이들은 전쟁 대신 구제와 구호사역, 국제개발 사역, 절대 평화주의 등을 내세우며 국가와 협력하고 있다.

한국의 메노나이트 사역도 한국 전쟁 당시 전쟁 피난민들을 돕는 데 타 교단들과 동참하였다. 특히 1951~1971년까지 경북 경산에 메노나이트 직업훈련학교가 세워져 가난하고 불우한 청소년들에게 기술을 가르치는 교육을 실시하였다. 그 후 1990년대 이후에는 미국의 메노나이트 선교사들이 입국하여 '한국아나뱁티스트센터'(Korea Anabaptist Center)를 중심으로 각종 문서 출판사역을 전개해 오고 있다. 또 매년 메노나이트 석학들을 초청해 기독대학과 교회에서 재침례교 신앙을 소개하고 있다. 메노나이트 교회는 강원도 춘천시에 '예수촌교회'와 서울 홍익대학교 근처에 '은혜와평화교회'가 있다.

(2) 후터라이트들(The Hutterites)

필자는 재침례교도들을 소개하면서 스위스, 독일, 네덜란드 재침례교도들을 소개했다. 그러나 모라비아 지방의 재침례교도들이 또 있다. 모라비아(Moravia)는 신성 로마 제국 때는 로마 제국의 변방 백령이 되었다가 1526년 후 오스트리아 합스부르크 가의 지배하에 들어갔다.

19세기 때 민족 부흥기에 보헤미아의 체코인이 오스트리아 정부에 자치를 요구한 것에 자극받은 모라비아 역시 자치를 요구하였다. 제1차 세계대전 후인 1927~1938년에 신생 체코슬로바키아 공화국이 모라비아, 슐레지엔 주를 구성하였다. 인구 400만 정도 되는 모라비아는 영어이고 체코어로는 '모라바'라고 한다.

이곳 모라비아에는 15세기 종교개혁의 선구자 요한 후스(John Huss, 1371~1415)의 감화에 의해 '모라비아 형제단'(Moravian Brethren)이 생겨났다. 이들 모라비아 형제단은 18세기 독일 경건주의자 친첸도르프(Nikolaus L.V Zinzendorf, 1700~1760)에 의해 다시 재건되었다. 이들 모라비아 형제단은 남들이 사역하기 어렵게 여기는 낙후된 지역만 찾아가서 선교하는 것으로 유명하다. 이들 모라비아 형제단의 선교사들은 현재도 선교활동을 계속하고 있다.

이곳 모라비아 지방에서 스위스 재침례교 지도자였던 게오르게 블라우록(George Blaurock, 1491-1529)이 사역을 했다. 블라우록의 사역으로 모라비아 지방의 재침례교 지도자가 된 사람이 제이콥 후터(Jacob Hutter, 1500~1536)였다.

제이콥 후터는 1500년경 오스트리아 티롤(Tyrol) 지방에서 블라우록의 뒤를 이어 재침례교 지도자로 활동하였다. 후터는 티롤과 아우스피츠(Auspitz) 등에서 약 3년간 활동했다. 그는 사도행전 2~5장의 원리에 따라 재산 공유 공동체를 형성하였다. 후터는 무저항과 평화주의로 사역을 했으나 무정부주의자, 열광분자로 체포되어 가혹한 고문 끝에 1536년 2월 25일 인스부르크에서 화형을 당하였다.

후터가 죽자 그 뒤를 이어서 한스 아몬(Hans Amon)이 자신들을 '후터라이트들'(The Hutterites)이라고 부르기 시작한다. 그 후 클라우스 펠빙거(Claus Felbinger)가 후터라이트들을 이끌어 가다가 1560년 7월 10일에 목 베임을 당해 순교자가 된다. 그 후 피터 리데만(Peter Riedemann, 1506~1556)이 후터파를 이끌어 간다.

이들 후터라이트들은 초창기 재침례교 신앙과 행습을 견지하면서 재산 공유의 삶을 살아갔다. 이들은 물질에 대한 개인적 욕심이나 사유재산을 모으고자 하는 욕망을 버리고 모든 소유권을 하나님께 양도했다.

이들은 정부로부터 항상 핍박의 위협 속에도 욕심 없는 형제 자매들과 함께 공동생활하며 함께 예배하며 함께 나누고 함께 도우며 살았다.

이들은 미취학 아동의 조기교육 실천에 앞선 무리들이었다. 후터파 교도들은 아기들을 젖 떼자마자 2세부터 작은 학교에 보내 하루 종일, 1년 내내 종교 교육 분위기 속에서 자라게 하였다. 그리고 5~6세부터 12세까지는 후터파 선생들이 가르치는 큰 학교에 가서 초등과정의 교육을 받았다. 여기서 재침례교 신앙이 어려서부터 주입되었다. 이들은 교육과정 속에 위생, 청결, 옷차림, 올바른 잠자리 습관 등 훈련이 이루어졌다.

이들 모라비아 후터라이트들은 일정한 토지를 통한 농업 활동을 할 수 없었다. 그래서 각종 수공업을 발전시켰다.

대표적으로 발전시킨 것이 의학 기술이었다.

이들 후터라이트들이 모라비아와 슬로바키아 지역에서 모진 고난과 박해 속에 생존하고 있었다. 후터라이트들에게 큰 시련이 닥쳐왔다. 신성 로마제국과 터키의 전쟁(Turkish War, 1593~1603) 속에 16개의 형제촌과 11개의 학교가 불에 타 없어지고 87명이 숨지고 238명이 포로로 잡혀 갔다. 그 후 로마 가톨릭 국가들과 개신교 국가들 간의 30년 전쟁(1618~1648)으로 모라비아 지방의 후터라이트들의 3분의 1이 목숨을 잃었다.

결국 후터라이트들은 모라비아 지방을 떠나 슬로바키아, 헝가리, 러시아 등으로 이주하였다. 1870년경 러시아에 살던 후터라이트들은 미국으로 이주하였다. 1874년 네브래스카 주와 사우스다코타 주로 이주하였다. 제1차 세계대전이 발발하자 군 복무 반대와 참전 반대를 주장하며 캐나다로 이주하였다.

후터라이트 공동체는 지도자에 따라 크게 세 부류로 분류된다. 다리우스로이트(Dariusleut)파, 쉬미트로이트(Schmiedleut)파, 그리고 레러로이트(Lehreleut)파가 있다.

후터라이트들은 지금도 재산 공유 공동체 생활과 전쟁 반대, 군복이나 경찰복 같은 제복 착용을 반대하며 일체의 살육행위나 폭력을 반대하는 절대 평화주의로 살고 있다.

2004년 현재 전 세계에 약 500여 개의 후터라이트 공동체(Hutterite Colonies)가 존재하고 있다. 캐나다에 347개, 미국에 134개, 일본에 1개, 나이지리아에 1개의 후터라이트 공동체가 존재하고 있다. 이들 역시 재침례교도들의 직접적인 후예로 재산 공유 공동체로 살아가고 있다.

(3) 아미쉬들(The Amish)

재침례교도들 중 가장 보수적이고 세상과 격리해서 살아가는 무리들이 아미쉬들이다. 이들의 기원은 네덜란드에서 1632년 메노나이트들이 채택한 '도르트레히트 신앙고백'(Dortrecht Confession of Faith)이 재침례교 신앙에 빗나가고 있다고 비판하며 분리한 제이콥 아만(Jakob Amman, 1656~1730)에게서 시작된다. 아만은 보다 강력한 교회 권징을 주장하였다.

교회에서 출교당한 자들과는 비록 가족이라고 할지라도 교제를 나누어서는 안 된다고 하였다. 교회 권징 문제로 기존의 재침례교도들과 분리되어 독자의 길을 가기 시작한 무리들이 아미쉬들이다.

이들 아미쉬들은 18세기 초 미국 펜실베이니아 주로 이민 하게 되었다. 이들은 펜실베이니아 독일어(Pensylvanian German)를 사용하였다. 그러나 이들은 여러 차례 교리적인 논쟁을 겪으면서 계속 분열하였다. 현재 약 8개 정도의 아미쉬 그룹들이 있다. 그중 대표적인 것으로 Swartzentruber Amish, Andy Weaver Amish, Old Order Amish, New Order Amish, Beachy Amish 등이 있다. 1860년대보다 엄격하고 보수적이며 전통을 고수했던 아미쉬들에게는 '옛 질서 아미쉬들'(The Old Order Amish)라는 명칭이 붙여졌다.

2010년 '옛 질서 아미쉬들'은 미국과 캐나다에 약 2만 5천 명 정도 된다. 옛 질서 아미쉬들 가운데서 집단 촌락을 형성하고 있는 대표적인 아미쉬 마을은 펜실베이니아 주 랭커스티 카운티(Lancaster County, PA)와 오하이오 주 웨인 카운티(Wayne County, OH)에 있다. 이들은 교회가 정해 놓은 전통적인 규범에 순종하는 질서(Ordnung)를 강조한다.

이들 아미쉬들은 현대 사회가 자본주의 영향으로 물질만능주의에 빠져서 문명이 이기들로 세속화되고 있다고 비판한다. 이들은 전기, 가전, TV, 자동차, 인터넷, 화려한 의상 등이 사탄의 도구로 사용되고 있다고 염려하며 문명의 이기들을 자제할 것을 강조한다. 심지어 농기구들을 이용한 기계 사용도 자제한다.

이들은 검소한 복장에 현대 문명과의 접촉을 의도적으로 피하고 순수하고 원시적인 기독교 공동체를 형성하며 반전 운동과 환경 보호 운동에 목소리를 높이고 있다.

2) 간접적 후예인 영국 침례교

(1) 영국에서의 종교개혁 운동

영국의 종교개혁에 관한 내용은 장을 달리해서 다음 장에서 살펴보도록 하겠다.

영국의 종교개혁의 시작은 헨리 8세(Henry VIII, 1491~1509 즉위~1547)가 본부인인 스페인의 아라곤 공주의 딸 캐서린(Catherine Of Aragon)과 이혼을 하려고 수백 년 동안 계속된 로마 교황청과 관계를 끊어 버림으로 시작되었다. 헨리 8세는 자신이 영국 교회의 수장임을 선포하였다(Act Of Supremacy, 1534). 헨리 8세가 죽자 아들 에드워드 6세(Edward VI, 1537~1547 즉위~1553)가 10세의 나이로 왕위를 계승하였다. 그는 제1 공동 기도서(1549), 제2 공동 기도서(1552) 등으로 영국 교회를 로마 가톨릭과 다른 교회로 바꾸어 나갔다. 에드워드 6세가 일찍이 요절하자 그의 큰누나인 메리가 여왕이 된다.

메리(Mary, 1516-1553~1558) 여왕은 자기 어머니인 캐서린이 아버지로부터 이혼당하고 폐위된 것을 복권하는 일을 하였다. 이때 메리 여왕이 가톨릭 복귀에 반대하는 세력들 약 300여 명을 화형에 처하였고, 이 같은 피의 숙청에 800명 가량이 대륙으로 귀양살이 망명을 떠나야 했다. 이때 망명을 떠나지 않은 개혁적 인사들이 지하로 스며들어가 분리주의 운동을 주도하였다.

메리 여왕이 5년 만에 세상을 떠나자 헨리 8세의 마지막 남은 공주인 엘리자베스 1세(Elizabeth Ⅰ, 1533~1558~1603)가 처녀로 왕위로 오른다.

엘리자베스 1세는 또 다른 수장령(1559)을 발표하여 자신이 영국 교회의 수장임을 선언한다. 그는 1563년 '39개조'를 발표하여 오늘날 성공회의 기본 신조로 삼았다.

처녀 왕인 엘리자베스가 죽자 왕위를 물려줄 후손이 없었다. 영국은 헨리 7세의 증손자 되는 스코틀랜드의 제임스 6세를 모셔다가 영국 왕 제임스 1세(James Ⅰ, 1566~1603~1625)로 왕위를 계승하게 하였다.

제임스 1세는 과거 스코틀랜드 왕으로 있을 때 존 낙스의 종교개혁을 수용하여 장로교회를 그 나라의 국교로 삼았던 사람이었다. 그런데 잉글랜드 왕이 되자 영국 성공회만을 유일한 합법적 종교로 인정하고 다른 개신교들을 인정하지 않았다. 제임스 왕은 국민들의 불만을 무마하고 영국인들의 민족주의 의식을 고취하기 위하여 왕실 주도로 성경을 번역하게 하였다. 이렇게 해서 번역된 성경이 킹 제임스 성경(King James Version Bible, 1611)이다.

킹 제임스 성경은 히브리어 전통 마소라 본문(Ben Chayyim Masoretic Text)과 그리스어 공인본문(Textus Receptus)을 대본으로 삼고 번역하였다. 이것은 소수 본문을 대본으로 한 여타의 영어 성경들과 전혀 다른 권위를 가지고 있다.

영어 성경의 대중화는 영국 국교회 양상이 성경과 너무 차이가 나는 것을 알게 했다. 여기서 영국 국교회의 정화(purify) 운동이 청교도 운동(Puritanism)으로 번진다. 이들은 영국 국교회가 로마 가톨릭 교회처럼 배도한 교회, 거짓 교회라고 단정하고 성경적인 교회가 되기 위해서는 영국 국교회로부터 분리되어서(separate) 그것으로부터 독립된(independent) 교회를 이루어야 한다고 주장하였다. 이들을 분리주의자(The Separatists)라고 불렀다.

(2) 영국에서의 재침례교 운동

영국의 종교개혁은 헨리 8세(Henry Ⅷ)가 1534년에 자신이 영국 교회의 수장임을 선언한 때부터 시작되었다.

그래서 그의 아들 에드워드 6세가 1547~1553년까지 영국 성공회를 발전시켰다. 그 후 메리 여왕은 1553~1558년까지 다시 로마 가톨릭으로 돌아갔다가 1558~1603년 엘리자베스 1세 때 다시 영국 성공회로 복귀한다. 그리고 제임스 1세가 잉글랜드와 스코틀랜드를 통치한다.

이처럼 여러 번의 정치적 격랑 속에서 제임스 1세 때 스코틀랜드 장로교 배경을 가진 자들이 청교도 운동을 일으킨 것은 역사적 사실이다. 그런데 영국 국교회로부터 분리주의 운동을 일으킨 분리주의자(The Separatists)들은 어떤 배경에서 일어났는가 하는 사실이다.

우리가 익히 아는 바와 같이 로마 가톨릭 교회나 영국 국교회주의자들의 신앙은 분리주의 성격을 갖지 않았다. 그렇다면 16세기 종교개혁을 일으킨 루터란주의자들이나 칼빈주의자들에게서 분리주의의 성격을 찾아볼 수 있는가? 매우 어려운 일이다.

영국에서 일어난 분리주의 운동은 이미 유럽 내륙에서 일어난 스위스, 독일, 네덜란드의 재침례교도들의 영향을 받은 결과라는 것은 자명한 사실이다.

영국에서 재침례교도들의 운동이 확실하게 있었다. 그 근거가 무엇인가? 영국에서 재침례교 운동을 이끌어 간 지도자나 문헌적 자료가 있을까? 불행한 사실은 초기 영국의 재침례교를 이끌어 간 출중한 지도자가 없었고, 그들이 재침례교에 공헌한 문헌도 없다. 오히려 영국 왕실에서 당시 창궐하고 있는 이단들을 경계하라는 칙령이나 교서들이 문헌적 자료(Documentary Sources)로 남아 있다.

챔플린 베리지(Champlin Barrage)가 쓴 The Early English Dissenters in the Light of Recent Research(1550~1641, 2 Volumes Cambridge, 1912)에 보면 영국의 국사일지(國事日誌)가 기록되어 있다. 여기 영국 국사일지 속에 1550년경에 영국에는 소수의 외국인 재침례교도들이 살고 있었다고 했다. 이들 재침례교도들은 영국에서 추방되거나 화형당하고 말았다고 기록되어 있다.

또 다른 메노파의 전문 연구가인 학자들의 증언이 있다. 메노파 연구가인 백스(Bax, E. Belfort)가 쓴 《Rise and Fall of the Anbaptists》(New York, Macmillan, 1903)이나 도스커(Dosker, Henry Elias)가 쓴 《The Dutch-Anabaptist》(Philadelphia, Judson Press, 1921)에 의하거나 클라센(Klassen, Walter)의 《Anabaptism : Neither Catholic nor Protestant》(Waterloo, Ontario, Conrad Press, 1973)에 의하면 1528년 재침례파에 속한 다수인이 영국으로 이주했으며, 1573년경에는 영국에 약 5만 명의 재침례교도들이 있었던 것으로 추산된다.

이들은 영국의 런던(London), 노리치(Norwich), 도버(Dover), 캔

터베리(Canterbury), 콜체스터(Colchester) 등의 도시에서 재침례교 신앙생활을 하였다. 이들 초기 재침례교도들은 독일 광신적 재침례교도였던 멜키오르 호프만(Melchior Hoffman, 1498~1543)의 광신적 교훈을 따르는 추종자들이었으나 후기에는 온건한 메노파를 따르는 재침례교도가 되었다.

1530년 헨리 8세의 명에 의해서 《성서대전》(The Sum of Scripture)이라는 재침례교 저서에 금지도서, 또는 판독 금지 명령이 내려졌다. 1535년 헨리 8세가 영국 국교회 수장이 된 후 재침례와 성찬중시주의(Sacramentaries)를 반대하는 두 개의 법령이 반포되었다. 1538년에는 재침례교 주장을 따르는 자를 영국에서 추방 조치했다.

1549년 에드워드 6세 때 이단적 분파에 대한 경고가 있었는데, 이것은 그 당시 재침례교도에 대한 전형적 죄목이었다. 1558년에 즉위한 엘리자베스 여왕 때에 '사랑의 가족'(The Family of Love)이라는 재침례교의 한 무리가 나타나 부끄러운 오명을 남긴 역사가 있다.

1593년 헨리 바로우(Henry Barrowe)가 청교도로 순교자가 되자 그를 따르던 추종자 중 프란시스 존슨(Francis Johnson)을 따라 일단의 무리들이 네덜란드의 캄펜(Kam~Pen)으로 이주하였다. 이들이 네덜란드 메노파의 영향을 받고 재침례교 집단을 이루게 된다. 이렇게 해서 영국의 재침례교 운동은 네덜란드로 이주한 영국인들에 의해 1594년 캄펜에서 메노파의 영향으로 시작되었다.

이들 네덜란드 캄펜에서 시작된 영국 재침례교도들은 그 후 나르덴(Naarden)으로 옮기고, 그 후 영국 최초의 영국 침례교 선조가 된 존 스마이드(John Smyth)가 1607년 네덜란드의 암스테르담으로 교인들을 이끌고 집단 이주한다.

존 스마이드는 영국 게인즈보로(Gainsborough)에서 계약신학에 근거해 사역한 칼빈주의적 교회 목회자였다. 그런데 당시 영국에서는 엘리자베스 여왕에 의한 영국 국교 외에는 신앙의 자유가 없었다. 이에 교인들을 설득하여 1607년 네덜란드 암스테르담으로 집단 이주하였다.

이들이 암스테르담에서 자유롭게 신앙생활을 하던 중 존 스마이드는 2년 후 네덜란드 메노파의 영향을 받고 1609년경 계약신학에 근거한 교회론을 포기하고 믿는 자에게 실시하는 '신자의 침례'(believer∏s baptism)에 근거한 교회관으로 바꾼다.

존 스마이드는 자기 자신이 머리 위에 물을 붓는 자기 침례(Sebaptism)을 행한 후 토마스 헬위즈(Thomas Helwys)를 비롯한 교인들에게 침례(관수례)를 베풀었다.

그런데 존 스마이드는 자기 침례 실시 몇 개월 후 침례의 정당성에 대해 의심하기 시작하였다. 그리고 이미 100년 전부터 신자의 침례를 실시해 온 메노나이트 교회로 들어가려고 하였다. 여기서 반기를 들고 강하게 반발하고 나선 것이 토마스 헬위즈였다.

(3) 영국 침례교의 시작

토마스 헬위즈는 침례의 형식이나 누구에게 침례 받느냐가 중요한 것이 아니고 예수 그리스도의 이름으로 침례 받는 것이 중요하다고 주장하였다. 헬위즈는 담임 목사인 스마이드와 목사 추종자들을 징계한 후 1611년 다시 영국으로 돌아와 영국 땅 런던 시내 스피탈필드(Spitalfield)에서 침례교회를 세운다.

한편 암스테르담에 남아 있던 스마이드와 잔류자들은 메노나이트에 가입하려고 신청했고, 스마이드가 폐결핵으로 죽은 후 잔류자들이 메노나이트 교인이 된다.

이제 중요한 포인트가 있다. 영국에서 최초로 시작된 1611년의 토마스 헬위즈가 시작한 스피탈필드 교회가 네델란드의 재침례교 후예인 메노나이트들과 연관성이 있느냐, 없느냐 하는 문제다.

네델란드 암스테르담에서 시작된 존 스마이드의 교회는 그의 신앙적 행적이 침례교 창설자로서의 확신이 결여되어 있었고, 그의 추종자였던 토마스 헬위즈가 오히려 침례교 정신이 확실했다. 그래서 침례교의 조상은 토마스 헬위즈가 세운 1611년의 영국 침례교다. 영국 침례교와 재침례교 간의 연관성을 거부하는 이들은 침례교 기원을 1611년 영국 국교에서 분리한 자들로 본다. 이렇게 침례교 기원을 1611년 영국 국교 분리주의자로 보는 견해가 대다수이다.

여기에 반해 또 다른 견해도 만만치 않다.

영국에는 앞서 언급한 대로 헨리 8세 때, 에드워드 6세 때, 메리 여왕 때, 엘리자베스 여왕 때에 이미 재침례교도들이 활동했던 역사적 근거가 있다. 이들 재침례교도들은 모두가 각각 다른 특성들을 갖고 있었다. 이들은 스위스 형제단, 후터라이트들, 멜키오르 호프만, 그리고 메노나이트들 등 수많은 다양한 재침례교도들이 종교개혁 당시 종교개혁의 서자들(Step Children of the Reformation)로 핍박을 받으며 존재했다.

이들의 신앙 내용은 지도자에 따라서 유형의 모여진 교회관 거부, 유아세례 거부, 신앙과 양심의 자유 등의 공통점이 있는가 하면 어떤 곳은 세속 정부 거부, 무기 사용 거부 등 다양한 신앙을 가지고 있었다. 그리고 존 스마이드와 토마스 헬위즈가 네델란드에 머물러 있던 1607년부터서 1611년까지 약 3, 4년 동안 메노나이트의 영향을 안 받았다고 보는 것은 지나친 억측이라고 본다.

1611년 영국으로 돌아와 최초로 세운 런던 스피탈필드 침례교회는 알미니안주의의 영향을 받은 일반 침례교회(General Baptist

Church)였다. 토마스 헬위즈가 세운 영국 최초의 침례교회인 스피탈필드 침례교회가 알미니안주의의 영향을 받은 교회인데 이런 교회가 어찌하여 네덜란드에서 발생한 알미니안주의의 영향을 받지 않았다고 말할 수 있는가?

토마스 헬위즈는 1611년 영국 최초의 일반 침례교회를 세웠다. 그 당시 유럽 사회에서 재침례교라고 하면 폭력과 반율법주의를 뜻하는 욕설이었다. 그렇기 때문에 헬위즈는 당시 욕 먹는 용어인 재침례교도란 말의 사용을 배격했을 것이다. 따라서 헬위즈는 네덜란드에서 재침례교인 메노파의 영향을 받은 후 영국에서 재침례교라는 것을 밝히지 않고 영국 침례교라고 했을 가능성이 크다. 이런 이유로 영국 침례교는 네덜란드 재침례교의 후예라고 본다. 그런데 오늘날은 재침례교도들이 영국 침례교의 조상이었다는 소위 재침례교 영혈설이 별로 인기가 없고, 영국 침례교는 영국 국교에서 분리돼 나왔다는 영국 분리주의자 후예설이 많이 주창되고 있다.

여기서 침례교의 기원에 관한 다양한 주장들을 살펴보도록 하자.

5. 침례교 기원에 관한 학설들

침례교 기원에 관한 다양한 학설들이 있다.

미국 북침례교의 대표적인 역사 신학자인 토르베트(Robert G. Torbet) 교수는 《A History of the Baptists》(Valley Forge : Judson Press, 1982)에서 ① 전승설(Successionist Theory) ② 재침례교 영혈설(Anabaptist Spiritual Kinship Theory) ③ 영국 분리주의자 후예설(English Separatist Descent Theory)을 설명하였다.

이와 달리 미국 남침례교의 대표적인 침례교회사가인 맥베스(H. Leon McBeth) 교수는 《The Baptist Heritage : Four Centuries of Baptist Witness》(Nashville, TN : Broadman Press, 1987)에서 침례교 기원을 ① 영국 분리주의 파생설(Outgrowth of English Separatism) ② 성서적 재침례교의 영향설(Influence of Biblical Anabaptism) ③ 성서적 교훈의 계속설(Continuation of Biblical Teachings through the Ages) ④ 조직화된 침례교회의 전승설(Succession of Organized Baptist Churches through the Ages)로 구분하여 설명한다. 맥베스 교수가 주장하는 3, 4설은 토르베트 교수가 주장하는 전승설을 세분한 것으로 볼 수 있다.

침례교 기원이 왜 이렇게 다양하고 복잡한가? 필자는 이것을 부정적으로 보지 않으며, 어느 것 한 가지 설로 고착되어 있지 않고 다양한 설로 세분되어 있다는 것 자체가 앞으로도 얼마든지 더 좋은 학설이 나올 수 있다는 역동성의 의미가 있으므로 좋다고 본다.

이제 침례교 기원의 다양한 학설의 장단점을 살펴보도록 하겠다. 지금까지 알려진 침례교 기원은 단지 설(說 : theory)로만 주창되고 있다.

학문 이상의 절대적 진리는 절대로 양보할 수 없는 부분이다. 예수 그리스도만이 구원을 얻을 수 있는 유일한 길이라는 이 진리는 그 어떤 경우에도 양보할 수 없다. 그러나 학문에는 학(學 : science)이 있고 론(論 : logic)이 있고 설(說 : theory)이 있다.

학(Science)이 국제간의 넓은 계층이 공감하는 내용이라면 론(logic)은 공감하는 계층이 좁고 설(theory)은 공감하는 계층이 더 좁은 것을 뜻한다. 학문에는 절대적 진리 부분으로 절대로 양보할 수 없는 진리의 부분이 있는가 하면 자기만이 확신하는 자기 소신의 부분이 있고, 여러 가지 주장들 중에서 자기 취향에 맞는 바를 선택할 수 있는 취향적 부분이 있다.

그러므로 침례교 기원들 중 어느 설이든 정확하게 맞는 진리 부분인 것은 하나도 없고 각자 자기 소신에 의한 것이든, 자기 취향에 따른 것이든 다양한 것이 침례교 기원에 관한 여러 학설이다. 따라서 이 주장에는 열린 마음으로 각자 주장되고 있는 모든 견해를 이해할 필요가 있다.

1) 전승설 또는 계승설(The Successionist Theory)

이 주장은 예수님께서 최초로 세우신 교회가 침례 교회라는 것이다. 이 주장은 J.J.J Theory, 즉 예수님(Jesus)이 요단 강(Jordan River)에서 침례 요한(John the Baptist)에게서 침례(immersion baptism)를 받으심으로 교회가 시작되었고 그 교회는 침례 교회였다는 것이다. 이렇게 시작된 침례 교회는 로마 가톨릭 교회나 개신교들처럼 주류 교회의 맥을 이어 오지 못하고 주류 교회들의 역사 밖에서 오늘까지 명맥을 이어 왔다는 것이다.

이 같은 전승설을 주장한 학자들이 다수 있다.

Thomas Crosby, "History of the English Baptist", 1738~1740.
Adam Taylor, "The History of the English General Baptists", 1818.
G. H. Orchard, "A concise History of Baptist in England", 1838.
J. M. Cramp, "Baptist History : From the Foundation of the christian church to the close of the Eighteenth century"
D. B. Ray, "Baptist Succession", A Handbook of Baptist History, 1883.
A. H. Newman, "A History of Baptist churches in the United

States", 1894.

　A. H. Newman, "A History of Anabaptism", 1897.

　John T. Christian, "A History of the Baptists", 1922.

　J. M. Carroll, "The Trail of Blood", 1931(이 책은 《피 흘린 발자취》로 한국어로 번역됐음).

이런 저술을 통해 전승설을 주장했는가 하면 19세기 중반 미국 남부지방에서 그레이브스(J. R. Graves)와 펜들턴(J. M. Pendleton) 등이 전승설에 입각한 침례교 사관에 의해 여타의 다른 교파들을 배타적으로 이해하고 침례교만이 고대 교회임을 주장하는 '지계석주의'(Landmarkism) 운동을 펼쳤다. 이와 같은 전승설의 주장에는 장단점이 있다.

장점으로는 침례교회가 종교개혁 이후에 나타난 개신교들 중 하나가 아니라 원시 기독교 때부터 존재했다는 주장으로, 침례교에 대해 긍지를 갖게 해주는 장점이 있다. 그러나 이 같은 주장은 강단에서 외치는 강조점으로써는 효과가 있으나 학문하는 사람들에게는 주장만 있을 뿐 역사적 증거인 자료들을 뒷받침해 주지 못함으로써 단지 희망사항이라는 단점이 있다.

전승설이 한동안 타 교단보다 침례교가 우월하다는 긍지를 갖게 해주었으나 역사적 뒷받침이 없는 배타적 우월주의는 학문의 자세가 아니라며 배격되기 시작했다. 그래서 현재는 과거 주장을 그대로 갖고 있는 사람들 외에는 전반적으로 지지기반을 거의 잃어 가고 있는 실정이다.

2) 재침례교 영혈설(Anabaptist Spiritual Kinship Theory)

우리는 앞서 유럽의 재침례교 역사를 살펴보았다. 일반적으로 종교개혁이라고 하면 루터, 츠빙글리, 칼빈, 녹스 등을 생각한다. 그러나 루터나 츠빙글리나 칼빈 시대에 로마 가톨릭 교회로부터의 종교개혁은 물론이고 심지어 종교개혁자들에게서도 근본적인 종교개혁을 해야 한다는 진정한 개혁자들이 있었다. 그들이 바로 유럽의 여러 곳에서 동시다발적으로 일어난 재침례교도들이었다.

이들 재침례교 운동은 1525년 1월 21일 스위스 형제단에서 시작된다. 이들 재침례교도들이 영국 침례교의 정신적, 영적, 신앙적, 역사적 조상이라는 것이다. 이처럼 재침례교를 침례교의 기원으로 믿는 재침례교 영혈설을 주장하는 학자들이 많이 있다.

David Benedict, "A General History of the Baptist Denamination in America and Other Part of the World", New York, 1848.

Richard B. Cook, "The Story of the Baptist in All Ages and Countries", Baltimore, 1884.

Thomas Armitage, "A History of the Baptist", New York, 1889.

Alber H. Newman, "A History of Anti-pedobaptism", Philadelphia, 1897.

C. Underwood, "A History of the English Baptists", 1956.

Ernest A. Payne, "Contacts between Mennonites and Baptists", 1961.

James D. Mosteller, "Baptists And Anabaptist", 1957.

William R. Estep, "On the Origin of English Baptists", 1980.

William R. Estep, "The Anabaptist story", 1963, 1975(이 책은 필자가 《재침례교도의 역사》로 1985년 요단출판사에서 번역 출판했음)

Glen H. Stassen, "Anabaptist Influence in the Origin in the

particular Baptists", 1962.

Lonnie D. Kliever, "General Baptist Origin : The Questions of
　　　Anabaptist Influence", 1962.

　　재침례교 영혈설의 주장은 침례교의 기원을 1525년 스위스 형제단으로 본다. 이 같은 주장은 역사적 근거가 명확하고 수많은 사료들이 뒷받침되기 때문에 학문적으로 충분한 근거가 있는 주장이다.
　　그러나 침례교의 기원을 재침례교 영혈설로 보는 주장에 대해 반대하는 이론이 있다. 재침례교를 침례교의 기원으로 보지 않는 이유는 무엇인가? 그것은 재침례교와 침례교 사이에는 유사점이 있는가 하면 분명한 차이점이 있다는 것이다.
　　이들의 주장에 의하면 재침례교와 침례교 사이에는 서로 공통점이 있다. 믿는 자에게만 베푸는 신자의 침례(believers baptism), 영혼의 자유(freedom of soul), 자원주의(Voluntarism), 교회와 국가의 분리 등은 재침례교와 침례교 간의 유사점이다.
　　그런데 이 둘 사이에는 차이점도 많다. 세상에 대한 태도에서 재침례교들은 이상주의(Idealism)를 주장하였다. 이들은 세상과 담을 쌓거나 세상으로부터 영향을 받지도 않고 주지도 않는 배타적인 태도를 유지하였다. 이에 반해 침례교회는 세상의 빛과 소금의 역할을 하는 그리스도인이 되고자 했다.
　　또 재침례교도들은 세속 정부에 대해 대체로 부정적이었다. 16세기 재침례교도들은 교인이 국가 공무원이나 지도자가 되는 것을 경계하였다. 그러나 침례교인은 교회와 국가의 분리(Separation of Religion and State)는 주장하지만 종교와 정치의 분리(Separation of Religionand Politics)를 주장하지는 않았다. 세속 정부도 선교의 대상이고 선교의 수단으로 보았다.

또 메노파의 직접적 후예들인 후터라이트들(The Hutterites)과 아미쉬(The Amish)는 재산 공유 공동체를 주장하였다. 여기에 반해 침례교도들은 물질과 재산은 하나님이 주인이시고 우리는 단지 청지기로 주인의 뜻에 맞게 잘 사용해야 한다고 했다.

또 대부분의 재침례교도들은 일체의 전쟁에 대해서 모두 반대하고 절대적인 평화주의 입장을 취하였다. 이에 반해 침례교는 하나님 나라 확장을 위해 종교의 자유를 부여하고 있는 국가를 향해 무력으로 공격해 오면 과감하게 총과 칼을 들어야 한다고 믿는다. 자유와 평화를 지켜내기 위해서는 불가피하게 전쟁도 감수해야 한다는 견해다.

그 외에도 재침례교는 어떠한 경우에도 맹세(Oath)하지 말아야 한다는 입장이고, 침례교는 하나님의 도우심을 전제로 확실한 다짐과 헌신의 경우 맹세할 수 있다는 입장이다.

이와 같은 차이점을 근거로 침례교 기원을 재침례교로 보는 것은 무리라는 것이다. 그래서 재침례교 영혈설을 부인하는 학자들은 침례교 기원에 있어서 영국 분리주의자 후예설을 주장한다. 이제 저들의 주장을 살펴보자.

3) 영국 분리주의자 후예설(English Separatist Descent Theory)

이 주장은 침례교의 기원을 영국 국교회가 부패하고 타락한 상태에서 종교를 획일적으로 통제하려고 할 때 신앙의 자유를 찾아 분리되어 나온 분리주의자들(Separatists)로부터 침례교의 기원이 시작되었다고 보는 견해다.

이 내용을 좀 더 구체적으로 말하면, 영국 국교회의 목사가 되기 위해 케임브리지(Cambridge)에서 교육받은 존 스마이드(John Smyth)

가 있었다. 그는 1593년 문학박사 학위를 받고 그의 고향 게인즈보로(Gainsborough)에서 목회를 하였다. 이때 영국 정부는 비국교도들에게는 혹독한 탄압을 하였다.

심적 갈등을 느끼던 스마이드는 1607년 자기가 목회하던 교인들을 이끌고 네덜란드 암스테르담으로 집단 이주를 하였다. 그곳에는 이곳저곳에서 모여든 약 80여 명의 회원이 '암스테르담 제이 영국 교회'라는 교회를 이루었다(1608년경).

그 후 스마이드 목사는 1609년경 메노파의 영향을 받고 재침례교도가 된다. 스마이드 목사는 유아세례가 성서적 근거가 없으므로 자기 자신에게 침례를 베푸는 자기 침례(Se-baptism)를 관수(灌水)례로 실시한다. 그러고 나서 헬위즈(Thomas Helwys)를 포함한 약 40여 명의 회원들에게 침례를 주었다.

그런데 자기 침례를 실시한 스마이드가 잘못이었음을 깨닫고 자기와 전 교인들이 메노파 교회에 가입할 것을 추진하였다. 여기서 8~10명의 교인들은 스마이드의 처신에 결별을 한다.

이때 스마이드 교회 회원이었던 토마스 헬위즈가 1611년 영국으로 돌아와 런던 시내 스피탈필드(Spitalfield)에서 교회를 세운다. 이 교회는 알미니안주의에 입각한 교회였으므로 일반 침례교회(General Baptists Church)라고 한다.

여기 헬위즈가 세운 1611년의 영국 일반 침례교회가 최초의 침례교의 시작이 되었다는 것이다. 이렇게 헬위즈가 세운 1611년의 영국 침례교회를 침례교의 기원으로 보는 주장을 영국 분리주의자 후예설이라고 한다.

이와 같이 침례교의 기원을 영국 분리주의자들로 보는 학자들이 있다.

W.H. Whisitt, "A Question in Baptist History", 1896.

W.H. Whitley, "A History of British Baptists", 1923.

Rober G. Torbet, "A History of the Baptists", 1950.

Keith L. Sprunger, "Dutch Puritans", 1982.

John H. Shakespeare, "Baptist and Congregational Pioneers", 1906.

Champlin Burrage, "The Early English Dissenters in the Light of Recent Research", 1912.

William G. McLoughlin, "New England Dissent, 1630~1833", 1971.

H. Leon Mcbeth, "The Baptist Heritage: Four Centuries of Baptist Witness", 1987.

Barrington R. White, "The English Separatist Tradition", 1971.

Barrington R. White, "The English Baptists of the Seventeen Century", 1983.

Winthrop S. Hudson, "Who Were the Baptists?", 1956.

이렇게 침례교의 기원을 영국 분리주의자 후예로 보는 이 설에 장점이 많이 있다. 그것은 이들의 주장처럼 1611년의 헬위즈의 영국 침례교회 이후 영국 침례교회는 계속 발전하여 그 후 1638년에는 헨리 제이콥(Henry Jacob)에 의해 특수 침례교회(Particular Baptists Church)가 세워진다. 이와 같은 영국 분리주의자 후예설은 역사적 연결 고리가 확실하고 재침례교도와 다른 특징으로 출발했다고 하는 이론적 장점이 있다.

그런데 영국 분리주의자 후예설에 대한 단점도 있다. 그것은 1611년 헬위즈가 세운 일반 침례교회(General Baptist Church)는 알미니안주의이고, 1638년 헨리 제이콥이 세운 특수 침례교회(Particular

Baptists Church)는 칼빈주의적(Calvinistic) 침례 교회이기 때문이다.

침례교의 기원을 이들 영국 분리주의자 후예설로 주장할 때 침례교 역시 종교개혁 이후에 나타난 알미니안주의의 후손이고 칼빈주의의 후손이라는 논리가 성립된다.

침례교가 과연 개혁주의자들의 후예인가? 이 문제로 인해 침례교 정체성(identity)에 대한 혼란이 따른다.

여기서 침례교의 정체성이 무엇이냐 하는 근본적인 질문이 따른다. 앞서 살펴본 대로 재침례교도와 침례교 사이에는 유사점이 있고 차이점이 있고 또 역사적 연결고리가 명확하지 않기 때문에 재침례교 영혈설을 반대한다고 한다.

그렇다면 영국 분리주의자 후예설을 주장하는 이들에게 두 가지를 묻고 싶다. 하나는 헬위즈는 스마이드와 함께 1607년부터 1611년까지 암스테르담에서 메노파 영향을 받았다고 볼 수 없는가 하는 점이고, 다음에는 침례교가 17세기에 만들어진 알미니안주의 후손이거나 칼빈주의의 후손이라는 지적을 어떻게 해소할 것인가 하는 점이다.

필자의 개인적인 경험을 소개하고 싶다.

필자는 장로교에서 4대가 계속된 가정에서 태어났다. 그래서 장로교 교육을 받고 장로교 목사로 14년을 지냈다. 그 후 미국 버지니아 주 리버티 대학교(Liberty University)에서 침례교 신학과 신앙을 배웠다. 그때 필자가 가장 감동 받은 시간이 '재침례교도의 역사'였다. 그때의 교재가 윌리엄 이스텝(William R. Estep) 박사가 저술한 《The Anabaptist Story》였다. 필자는 한 학기 동안 강의를 들으면서 강의 시간마다 눈물을 흘렸다. 왜 눈물을 흘렸는가?

나는 한국에서 목사로 14년 동안 사역하면서 목사라는 직분 때문에 수많은 영광과 대접을 받으며 살아왔다. 그런데 스위스 형제단을 비롯하여 독일, 네덜란드, 모라비아 재침례교도들은 단지 성경대로 잘 믿겠다는 그 한 가지 이유로 수많은 박해를 받으며 죽어갔다. 지나온 내 인생과 재침례교도를 비교하며 강의 시간마다 눈물로 공부했다.

강의가 끝난 후 나에게 교회사를 가르쳐 주신 대니얼 김(Dr. Daniel C. Kim) 교수에게 나는 궁금한 모든 것을 묻고 해답을 얻으며 4년간 개인 교습을 받으며 공부를 계속하였다.

유학 기간 동안 나를 가르쳐 주신 은사님을 소개해야 하겠다. 그분은 대니얼 창엽 김(Dr. Daniel C, Kim) 박사님이시다. 김 박사님은 1921년 평북 정주에 출생하셨다. 정주의 민족 교육과 기독교 정신으로 세운 오산고등학교를 졸업하시고 중·고등학교 교사로 사회생활을 출발하셨다. 그러나 해방 후 공산당의 계속된 박해를 피하시다가 1948년 극적인 남하를 하셨다. 남한에서 총신 대학에 공부하시다가 박형룡 박사님 추천으로 1958년 Texas 주 Dallas 신학교에 유학하여 역사 신학 전공으로 박사학위를 취득하셨다. 그후 Montana 주 미국인 교회에서 성공적인 목회중 Minnesota주에 있는 Centeral Baptist Seminary 신학교 교수로 초빙되어 13년간 교수로 제자들을 가르치셨다. 그후에 1978년에 Virginia 주 Liberty University의 신학 대학원에서 교수로 현재까지 34년째 전 세계의 학생들을 가르치고 계신다.

김 박사님은 정통 보수 신학은 물론이고 그의 삶이 모든 이가 존경하는 성자와 같은 분이시다 김 박사님은 50여 년 가까이 신학 대학원에서 교회사를 가르치고 계시는 역사신학의 대 학자이시다.

나는 김 박사님과 같은 장로교 출신의 목사라는 공감 속에서 내가 궁금한 모든 것을 거의 매일 묻고 교정을 받는 유학 생활을 했다. 그렇기에 나의 모든 학문과 깨달음은 김 박사님의 가르침에 비롯된 것이다. 그 후 필자는 1982년에 유학을 마치고 귀국하였다. 귀국해서 맨 처음 한 일이 내 인생을 변화시킨 《재침례교도의 역사》라는 책을 번역한 일이었다(1985년 요단출판사).

그후 1993년 미국 Southwestern Baptist Seminary의 이스텝 교수를 만났다. 이스텝 박사와 나는 많은 시간 동안 재침례교도에 관한 대화를 나누었다. 그는 안식년 동안 유럽 재침례교도들이 발생한 현장들을 찾아가서 도서관, 수도원, 관공서 그리고 교회들을 방문하여 직접 과거사 자료들을 수집하였다고 했다. 그렇게 해서 얻은 정보로 재침례교도 역사를 세 번(1963, 1975, 1996)에 걸쳐 수정하면서 출판했노라고 하였다.

나는 그분에게서 재침례교도의 진실성을 거듭 확인하게 되었다. 나는 이스텝 박사의 저서로 내 인생이 변화됐고 내 생애 처음으로 그분의 책을 번역했었다. 그래서 그분과 나는 많은 면에서 공감을 나누었다. 그후 나는 1982년부터서 2012년까지 한국과 미국에서 나의 은사님으로 가르침 받은바를 각 신학교에서 가르쳤다. 이때마다 나는 침례교의 기원에 관해 기존 여러가지 설(theory)에 만족하지 않고 증언자설을 제시했다. 나는 다른 모든 이론들이 완전하지 못하다는 것을 잘 안다. 그러나 기존 여러가지 설과 증언자설을 선택하라고 하면 단연 증언자설을 선택하겠다.

이 부분은 침례교 기원에 관해 불만족스러운 모든 분들에게는 도움이 되고 앞으로 후학들이 좀 더 선명한 연구결과가 나타나기를 기대하면서 내 견해를 피력하겠다.

4) 증언자설(The Witness Descent Theory)

증언자(Witness)란 기독교 2천 년 역사 속에서 신약성경 중심으로 신앙생활하다가 기성 주류 교권주의자들로부터 이단으로 정죄

받고 수많은 핍박 속에서도 신약성경 중심으로 신앙생활했던 무리들을 뜻한다.

이들은 교회사 속에는 이단이라 취급받았고 분파주의(Dissenters)라고 낙인찍혔고 항상 역사의 그늘 속에서 살아갔던 무리들이다.

침례교도 마찬가지다. 지금은 침례교회들이 건강한 교회들로 한국 교회를 이끌어 가고 있으나 50년 전만 해도 침례교는 이단 취급을 받았다. 이렇게 역사 속에서 이단 취급을 받으면서 신앙생활한 진리의 증언자들이 현재의 침례교 이전 훨씬 전부터 존재해 왔다는 사실이다. 1611년 영국 분리주의자들도 그중의 하나이고, 1521년 스위스 형제단들도 증언자들 중의 하나였다. 역사를 공부해 보면 그 이전에도 증언자들은 수없이 계속 활동했다.

필자는 이들의 이름과 주된 주장들을 1991년 필자의 첫 저술작품인 《새 교회사》 1권에서 소개했다. 이제 그 내용을 여기서 다시 간략하게 설명해 보겠다.

우리가 아는 바와 같이 16세기 종교개혁기에는 스위스를 비롯한 유럽 여러 곳에서 소위 재침례교도들이 이단 취급을 당하며 로마 가톨릭에 의해 죽어 갔고 개혁자들에 의해서도 핍박을 받았다.

이들 재침례교들은 성서적인 순수한 무리들이었으나 개혁자들의 편견에 의한 기록으로 수백 년간 역사의 서자(illegitimate child)로 도외시되어 왔다. 그래서 한국 교회에도 이들은 뮌스터 왕국의 광신자들이거나 재세례를 주장했던 시대착오적 무리로 각인되어 있는 실정이다.

이렇게 역사 속에 도외시당했던 무리들은 재침례교도뿐만이 아니었다. 좀 더 역사를 거슬러 올라가면 12세기에도 이 같은 핍박을 받고 주류 교회인 로마 가톨릭으로부터 정죄받은 증언자들이 있었다.

하나는 프랑스에서 1160년경 피터 왈도(Peter Waldo)에게서 시작된 왈도파(Waldenses)이다. 이들의 시작은 구원에 관한 회의로 시작하여 가난한 삶의 실천을 추구하였기에 '리용의 가난한 사람들'(Poor men of Lyons)이라고 소문이 났다. 이들은 청빈한 삶의 실천으로 탐욕스런 사제들을 비난하게 되었다. 이들 왈도파는 12세기 말에서 13세기 초에 프랑스에 넓게 퍼져 갔다.

1197년 교황 페트루스 2세는 왈도파를 화형에 처하도록 칙령을 내린다. 교황의 칙령으로 스트라스부르의 왈도파 80여 명과 프랑스 남부의 왈도파가 화형을 당해 죽는다. 왈도파 중에서 보다 엄격한 '롬바르디아' 파는 밀라노, 독일, 보헤미아, 폴란드, 헝가리에 이르기까지 약 8만 명의 추종자가 생긴다. 그 후 1380년부터 1690년까지 왈도파는 수천 명이 죽고 5천 명 이상이 죄수로 잡혀 유배 당한다.

이들이 이렇게 희생을 당한 후 지금은 프랑스 피에몽 계곡을 중심으로 '왈도파' 라는 교파를 만들어 선교에 주력하고 있다.

이들 왈도파는 프랑스 피에몽 계곡에 본거지가 있고 이탈리아 피렌체에는 왈도파 신학교를 세워 교육, 병원, 고아원, 수용소 선교를 하고 있다. 이들 왈도파의 영향이 스위스, 독일 재침례교도들에게 미쳤으리라고 추정이 된다. 왜냐하면 이들은 로마 가톨릭도 아니고 그렇다고 종교개혁 세력도 아니기 때문이다.

다음으로 12세기 이탈리아에 아놀드파(Arnoldists)가 있었다. 이들은 인간인 사제에게 죄를 고백하는 것, 가톨릭 교회만이 유일한 교회라는 것, 교황이 세속적 권한까지 행사하는 것, 교회 재산을 성직자들이 독점하는 것 등을 반대하였다. 이들은 제2차 라테란 공회에서 정죄받고 추방을 당하였다.

또 12세기 중엽에는 프랑스 남부 알비(Albi) 근처에서 로마 가톨릭 신앙을 반대하는 알비파(Albigenses) 또는 앙리파(Henricians)가 있었다. 이들은 가톨릭의 7성사를 믿지 않고 또 누구든지 자기 이성으로 자기가 죄인임을 파악하기 이전까지 세례를 주어서는 안 된다는 신자의 침례를 믿었다. 이들은 가톨릭 교리인 화체설을 믿지 않고 상징설을 믿었다. 죽은 자에 대한 기도와 선행의 효과 등도 거부했다. 이들은 1215년 제4차 라테란 공회에서 이단으로 정죄된 후 군대를 동원한 대학살로 박멸되었다.

또 950년경 불가리아에서 시작된 '보고밀'(Bogomiles)이 있었다. 이들은 약 4세기 동안 유럽 전체에 퍼져 갔다. 또 650년경부터 9세기 중반까지 계속된 바울파(Paulicians)가 있었다. 4세기경 스페인에 프리스킬리안(Priscillian)이 있었다. 4세기경 북아프리카 칼타고에서 도나티스트(Donatists)들이 있었다. 이들 도나티스트들은 성례전의 효과가 어디에 있는지 물었다. 그들은 국가와 교회의 분리, 유아세례 반대, 회중 정치, 엄격한 교회훈련 등을 강조하면서 아우구스티누스와 장기간 피말리는 논쟁을 벌였던 무리들이다.

또 250년경 소아시아 브루기아(행 2:10)에서 노바티안(Novatians)이 있었다. 이들 노바티안은 당시 주류 교회들이 교회 회의에서 내린 결정을 성경과 같은 권위를 가진 것으로 주장하는 것을 반대하였다. 또 죄 용서가 속전인 돈으로 가능하다는 주장도 반대하였다. 이들은 주류 교회들로부터 이단 취급을 받으며 독자적인 길로 6~7세기까지 계속되다가 사라졌다.

또 150년경 브루기아 지방에서 시작된 몬타니스트(Montanists)가 있다. 이들은 성령 운동에 의한 주장을 하다가 몇 가지 그릇된 주장으로 감독 회의에서 유죄 판결을 받게 된다. 이들은 성령 받은 자는 모두 다 제사장이라는 만인제사장주의를 주장했고, 죄를 용서하는 사죄권은 주교나 사제라는 직분자에게 있는 것이 아니고 성령께 있다고 했다. 이 몬타니스트 운동에 라틴 교부로 유명한 터툴리안(Tertullian, 150~220)이 가담했고, 이 운동은 6세기까지 동 · 서방에 지속되었다.

이처럼 역사 속에 이단으로 정죄받고 핍박받으며 외롭고 험난한 신앙생활을 계속 이어간 수많은 무리들은 주님을 바로 증거하고자 하는 증언자들(The Witness)이었다. 이들은 당시 주류 교회인 로마 가톨릭 교회로부터 이단으로 정죄받고 역사 속에 파묻혀 버려진 무리들이다.

여기 과거 역사 속에 이단이라고 정죄 받고 과거 역사 기록대로 이단으로 나쁘게 평가되고 있는 소위 분파주의자들을 보자. 이들을 이단이라고 정죄하고 이단이라고 기록한 사람들이 누군가? 그들은 교회 역사속에 교권을 가진 자들이었고 중세 교회를 극도로 타락하게 만든 로마 가톨릭 교회였다.

로마 가톨릭 교회는 과거 교권주의자들이 주동이 된 모든 종교회의 결정이나 교황의 칙령을 성경과 동일하게 믿는 성경 밖의 사람들이다. 루터의 종교 개혁이 시작할 때 가장 명백한 차이는 이것이었다. 루터는 성경에 근거한 권위를 주장했고 가톨릭은 종교회의 결정과 교부들의 주장을 권위로 내세웠다. 그에 반해 우리는 지금도 성경만을 유일한 권위로 믿고 신앙생활한다.

그런데 성경을 벗어난 로마 가톨릭 교회가 이단이라고 정죄한 역사를 그대로 따른다는 것은 신앙 양심상으로나 학문의 객관성으로 보아서도 불공정한 행위이다. 따라서 과거 이단의 위치에 서 있던 가톨릭 교회가 이단이라고 기록해 논 과거의 역사를 그대로 따를 필요가 없는 것이다. 과거 분파주의자들이 성경대로 살았느냐? 그렇지 않느냐? 하는 것이 과거를 보는 성경적 사관이다. 가톨릭 교회가 이단이라고 정죄하고 그렇게 기록해논 과거사는 가톨릭 사관의 유물일 따름이다. 왜 성서 중심의 신앙생활 하려는 이가 가톨릭의 사관을 따라야 하는가? 신약교회 사관은 가톨릭 사관을 거부하고 개혁자들의 사관도 거부한다. 침례교회의 특징이 무엇인가? 과거나 지금이나 앞으로도 성경대로 믿고 행동한다는 것이 특징이다. 그렇다면 과거 분파주의자들을 과거 성경을 떠난 사람들의 역사 기록으로 판단할 것이 아니다. 그들이 성경대로 믿고 살았다면 과거 잘못된 역사 평가는 의미가 없는 것이다.

따라서 우리가 반드시 해야 할 일이 있다. 과거 역사 속에 존재해 왔던 과거의 교회사를 가톨릭이나 종교 개혁자들의 판단을 따르지 않아야 한다. 그리고 우리가 믿는 성경대로의 역사관(나는 그것을 신약교회 사관이라고 한다)신약교회 사관에 근거한 과거 역사가 완전히 새롭게 기술되어야 한다. 필자는 이 같은 사명감을 가지고 이번에 교회사 시리즈를 시작하였다. 앞으로 나보다 더 훌륭한 후학들이 더 크게 발전시켜서 신약교회 사관이 정당한 역사라는 것이 증명 될 날이 반드시 돌아 올 것을 기대한다.

우리 침례교회가 바로 이런 역사 속에 버려진 무리들을 우리 신앙의 조상으로 세운다면 억울하게 죽어 간 저들의 역사가 다시금 광명의 햇빛을 보게 해주는 참 가치 있는 후손이 되지 않겠는가?

만일에 증언자설(The Witness Descent Theory)이 침례교 조상으로 받아들여진다면 어떤 좋은 점이 있는가? 그렇다면 침례교 기원이 1611년 영국 분리주의자 후예설의 약점인 알미니안주의자나 칼빈주의 후예라는 정체성 혼란을 극복할 수 있다. 뿐만 아니라 침례교가 1521년 스위스 형제단 이상으로 더 오랜 역사적 조상들을 찾을 수 있는 장점이 있다. 그래서 침례교 기원을 전승설(The Successionist Theory)까지는 아니더라도 1세기까지 소급해 올라갈 수 있는 역사적 연결고리를 찾을 수 있는 장점이 있다.

이 같은 역사관은 모든 역사적 연결 고리가 실선(string line)으로

만 해석하지 않고 점선(spot point)으로 이어져 왔다는 역사관에 의해 용납되리라고 본다.

그래서 침례교 기원을 1611년 영국산이다, 1521년 스위스 산이다 하는 미시적인 안목에서 벗어나 영국(1611)이나 스위스(1521)보다 훨씬 더 오래 전인 유럽, 소아시아, 북아프리카 등 전 세계적 근원을 찾는 거시적인 역사관이 필요하다고 본다.

그렇다면 필자와 같은 견해를 피력하는 다른 학자가 있는가? 그분은 현재 미국 버지니아 주 리버티 대학에서 가르치시는 대니얼 김(Dr. Daniel C. Kim) 박사님이시다. 안타까운 것은 그분 문하에서 수학한 제자들은 수를 헤아릴 수 없이 많으나 그의 가르침을 저술해 낸 작품이 없다는 사실이다.

그다음에 브로드벤트(Edmund Hamer Broadbent, 1861~1945) 박사께서 《The Pilgrim church》, 《Being Some Account of the Continuance Through Succeeding Centuries of churches practising the principles taught And Exemplified in the New Testament》를 발표했다. 브로드벤트 박사는 역사 속에 정죄받은 무리들을 '증언자' 라 하지 않고 '순례자' (Pilgrim)라고 했다.

그 외에 럭크만(Peter S. Ruckman) 박사가 《The History of The New Testament Church》(1984)를 발표했다. 럭크만 박사는 교회사의 대가인 필립 샤프(Phillip Schaff)가 쓴 8권의 기독교회사나 레토레트(Latourette)가 쓴 교회사 등이 마치 로마 가톨릭 교회가 교회사의 주류인 양 취급하고 신약교회 정신을 계승한 무리들을 소홀히 취급했다고 비난하였다.

그 외에도 알렉산더 히슬롭(Alexander Hislop)이 쓴 《The Two Babylons》가 뉴저지에서 1959년에 출판되었다. 그 역시 로마 가톨릭 교회가 온갖 우상 신화로 만들어졌음을 설명한다.

증언자설(The Witness Descent Theory)은 역시 하나의 설(theory)로 제시하는 바이다. 앞서 필자가 세상의 학문에는 학(學 : science)이 있고 논(論 : logic)이 있고, 설(說 : Theory)이 있다고 했다.

필자 역시 역사를 공부한 역사학도로서 침례교의 다양한 기원에 관한 주장들에 만족할 수 없으므로 한 설을 제시하는 바이다. 이 같은 이론을 제시하는 것은 침례교에 대한 각별한 애정이 있기 때문이다. 그리고 모든 역사를 간판(看板 : signboard) 중심으로 보지 않고 상통하는 이념(理念 : principle) 중심으로 볼 수 있다는 발상에서 이 같은 이론이 가능하다고 본다.

무슨 말이냐 하면, 우리나라 대한제국(大韓帝國)은 1897년에 간판이 시작되어 대한민국 정부 수립은 1948년 5월 10일에 이루어졌다. 그러나 대한민국의 간판이 1897년이나 1948년에 시작되었으니까 그 기점을 중심으로 한국의 기원을 주장하며 그 이전에는 한국이 없었다고 주장한다면 논리적으로는 맞을지 모르나 이념적으로는 괴리감을 느낀다. 한국이라는 간판은 1948년부터 시작되었으나 한민족이라는 이념은 과거의 수천 년 전부터 계속되어 왔기 때문이다.

침례교의 기원도 마찬가지다. 최초의 침례교 간판이 1611년이든, 1521년이든 세워졌을 수 있다. 그러나 침례교가 과거에나 지금에나 동일하게 추구하는 신약성경 중심의 신앙생활 이념에 비슷하다면 저들을 침례교 조상으로 끌어안는 것이 도량이 큰 사람이 할 노릇이 아닌가?

그래서 과거 로마 가톨릭 교회에 의해 잔인하게 희생된 외로운 영혼들의 명예를 다시 회복해 주고, 과거 종교개혁자들에 의해 이단으로 낙인찍힌 불명예자들을 존귀한 신앙 조상으로 밝게 세운다면 그 아니 좋은 일인가?

이같은 일은 로마 가톨릭이나 개신교들은 도저히 할 수 없는 노릇이다. 그러나 침례교는 충분히 가능하다고 본다. 후학들은 이 같은 필자의 애정을 이해하고 보다 많은 연구 발전이 있기를 기대한다.

제5장
영국과 스코틀랜드의 종교개혁

1. 영국과 스코틀랜드의 역사
   1) 잉글랜드의 역사
   2) 스코틀랜드의 역사
   3) 두 나라의 통합
2. 영국의 종교개혁
   1) 헨리 8세의 개혁 운동
   2) 에드워드 6세의 개혁 운동
   3) 메리 여왕의 반격
   4) 엘리자베스 여왕의 정착
3. 스코틀랜드의 종교개혁
   1) 스코틀랜드의 정치 역사
   2) 스코틀랜드 종교개혁의 성격
   3) 스코틀랜드의 종교개혁 지도자
      (1) 개혁의 밑거름
      (2) 개혁자 녹스
      (3) 신학의 수립자 멜빌
4. 통합 왕조(스튜어트) 하에서의 개혁
   1) 제임스 1세
   2) 찰스 1세
   3) 호국경 크롬웰
   4) 찰스 2세
   5) 왕정 복고 이후
5. 영국 국교회의 문제점

# 제5장 영국과 스코틀랜드의 종교개혁

1. 영국과 스코틀랜드의 역사

지금의 영국(英國)은 Great Britain이라고 한다. 정식 국명은 '그 레이트 브리튼 및 북아일랜드 연합 왕국'(United Kingdom of Great Britain and Northern Ireland)이라고 한다. 한국에서 쓰이는 영국이라는 호칭은 포르투갈어 '잉글레시'(Inglez)를 한자로 英吉利라고 표기한 데서 비롯된 것이다.

영국은 잉글랜드 왕국과 스코틀랜드 왕국이 1707년 통합됐을 때 '그레이트 브리튼'이란 명칭이 정해졌고, 이어서 1801년 아일랜드가 통합되어 '그레이트 브리튼 및 아일랜드 연합 왕국'이 되었다. 그리고 1922년에 북아일랜드는 따로 분리되어 있다.

우리가 영국의 종교개혁과 스코틀랜드의 종교개혁을 이해하려고 하면 이 두 나라의 정치사를 제외하고는 종교개혁 이해가 불가능하다. 그래서 대략적인 두 나라의 정치사를 살펴본 후 종교개혁사를 살펴보도록 하겠다.

1) 잉글랜드의 역사

잉글랜드에는 5~6세기 앵글로색슨족 등 여러 부족이 도래하였다. 1016년에는 데인(Dane) 왕조가 수립되었고, 1066년에는 노르만 왕조, 그다음은 1154년에 플랜태저넷 왕조가 세워졌다. 1215년 존 왕이 '마그나 카르타'에 서명하였다. 1399년 랭커스터 왕조가 시작되었다가 1461년에 요크 왕조로 바뀌었고, 1485년 헨리 7세에 의해 튜더(Tudor Dynasty) 왕조가 시작되었다. 헨리 8세(Henry VIII, 1509~1547)가 로마 가톨릭과 결별하고 1534년에 수장령(Act of Supremacy)을 발표함으로 영국 국교회가 시작된다.

영국의 종교개혁은 헨리 8세의 아들인 에드워드 6세(Edward VI, 1547~1553)가 영국 국교회를 발전시켰으나 메리 여왕(Mary, 1553~1558)이 가톨릭으로 되돌려 놓았다. 그 후 엘리자베스 여왕(Elizabeth, 1558~1603)이 영국 국교를 완전 정착시킨다. 엘리자베스 여왕 사후에는 스코틀랜드 왕 제임스가 스튜어트 왕조(Stuart Dynasty)를 시작하여 윌리엄 공까지 이어진다.

이제 스튜어트 왕조 때 이루어졌던 잉글랜드와 스코틀랜드의 종교개혁사를 다음 항에서 살펴보도록 하겠다.

2) 스코틀랜드의 역사

스코틀랜드는 6세기에 아일랜드에서 건너온 스코트인으로부터 시작된다. 덩컨 1세가 1034년 단일 스코틀랜드 왕국을 수립하였다. 이 켈트적인 스코틀랜드 왕국에 커다란 변화를 일으킨 것은 잉글랜드 출신의 마그렛이 스코틀랜드의 왕비가 되면서부터다. 1093년부터 1488년 제임스 4세가 즉위할 때까지 봉건화가 진행되었다.

한편 잉글랜드와는 불화가 심해져서 잉글랜드 왕가와의 사이에 독립 전쟁이 계속되었다. 스코틀랜드와 잉글랜드의 불화는 드디어 스코틀랜드와 프랑스 간의 제휴를 가져온다. 제임스 5세(재위 1513~1542)는 프랑스 출신의 여성과 두 번에 걸쳐 결혼을 하였다. 여왕 메리 스튜어트(Mary of Stuart, 1542~1567)는 프랑스 황태자와 결혼하여 제임스 6세를 낳았는데 그가 후에 잉글랜드의 제임스 1세가 된다.

이렇게 로마 가톨릭 신앙을 가진 왕실의 타락과 스튜어트 왕조에 대한 반감으로 잉글랜드에서 시작된 종교개혁을 통해 스코틀랜드는 칼빈주의를 선택하게 된다. 스코틀랜드가 칼빈주의를 선택한 것은 가톨릭이 싫고 영국도 싫은 스코트인들의 감정이 크게 작용했다.

3) 두 나라의 통합

잉글랜드의 새로운 통치자 제임스 1세(James Ⅰ, 1603~1625)의 등장은 잉글랜드의 모든 종파 사람들에게 저마다 큰 기대를 갖게 하였다.

가톨릭 교도들은 제임스 1세의 어머니 메리(Mary of Stuart)의 아들이기 때문에 다시 가톨릭으로 복귀될 기대를 가졌다. 또 영국 국교도들은 그의 왕권신수설 사상으로 기대를 가졌다. 청교도들은 그가 스코틀랜드에서 존 녹스(John Knox)와 조지 부캐넌(George Buchanan) 같은 장로교도에게 교육을 받았으므로 기대를 가졌다. 그래서 카트라이트(Thomas Cartwright, 1535~1603)를 비롯한 1,000명의 목사들이 천인의 청원(Millenary Petition)을 제출하였다.

제임스 1세는 장로교 배경 가운데 자랐으나 감독 정치를 선호하였다. 그는 "주교 없이 교회는 없다"(No Bishop, No Church)를 강조함으로 그의 재임기에는 아무 한 일이 없다. 그의 재임 중 공적은 흠정역 영역 성서를 완성한 것뿐이다(1611).

그의 아들 찰스 1세 때(1625~1649)는 더욱 강력한 종교 분쟁으로 청교도 혁명(1640), 국왕군과 의회군의 무력 충돌(1642), 찰스 1세의 처형(1649)이 이어졌다.

이후에 호국경 크롬웰(1653)이 통치하다가 찰스 2세(1660)로 왕정이 복귀된다. 잉글랜드와 스코틀랜드는 드디어 1707년 통합하여 그레이트 브리튼 왕국이 성립된다.

2. 영국의 종교개혁

• 튜더 왕조(The Tudor)의 시작

잉글랜드의 역사 속에 여러 왕조들이 나타났다가 사라졌다. 그 중에 플랜태저넷 왕조는 프랑스와 100년전쟁(1337~1453)을 계속하던 중 잔 다르크의 출현(1429)으로 프랑스군이 승리하게 된다. 플랜태저넷 왕조 다음의 랭커스터 왕조는 헨리 4세(Henry Ⅳ, 1399~1413)에 의해 시작되었다. 플랜태저넷 왕조 때 시작된 100년전쟁을 랭커스터 왕조의 헨리 6세(Henry Ⅵ, 1422~1461, 1470~1471)가 종결지었다. 그런데 100년전쟁이 종결된 지 얼마 되지 않아 요크 왕가와 랭커스터 왕가 사이에 영국의 내전인 장미전쟁(1455~1485)이 벌어진다. 요크 공은 에드워드 4세로 요크 왕조를 세운다(1461~1485).

헨리 6세(Henry Ⅵ, 1470~1471)가 죽자 리치먼드 백작 에드먼드 튜더의 아들인 헨리 7세(Henry Ⅶ, 1485~1509)가 모계에 의한 랭커스터가 왕위권을 주장하여 요크 왕가의 리처드 3세를 물리치고 헨리 7세로 즉위한다. 헨리 7세는 요크 가의 엘리자베스(에드워드 4세의 딸)와 결혼하여 장미전쟁을 종식시켰다. 이렇게 하여 헨리 7세가 튜더(Tudor) 왕조를 시작한다.

헨리 7세는 국제 관계상 당시 강대국인 에스파냐(스페인)의 지원이 필요했던 관계로 자기 큰아들 아서(Arthur)를 에스파냐 왕 페르디난드 2세의 막내딸 캐서린(Catherine of Aragon)과 결혼시켰다.

그런데 헨리 7세의 아들 아서가 캐서린과 결혼한 후(1501) 그다음 해에 죽는다. 갑자기 과부가 된 캐서린에게 헨리 7세는 그의 동생인 헨리와의 결혼을 권유한다. 동생 헨리는 1509년 헨리 8세(Henry VIII, 1509~1547)로 즉위한 후 형수인 캐서린과 결혼을 한다. 헨리 8세는 형의 미망인인 캐서린이 자기보다 7년 연상이지만 에스파냐 왕실과의 유대를 계속 갖기를 원하는 부왕의 희망으로 캐서린과 결혼한다. 이때 영국 교회 지도자들은 캐서린과 헨리 8세의 결혼을 반대하였다. 그런데 교황 율리우스 2세(Julius II)가 에스파냐(스페인)를 의식하고 두 사람의 결혼을 성사시켰다. 이렇게 시작된 헨리 8세와 캐서린 사이에서 6명의 자식이 태어났다. 그러나 메리(후의 메리 I 세)만 살아남고 모두 일찍 죽었다.

1) 헨리 8세의 개혁 운동

(1) 헨리 8세의 초기 정치

헨리 8세는 젊은 시절에 르네상스의 학문에 적지 않은 관심을 보여 네덜란드의 인문주의자 에라스무스(Desiderius Erasmus, 1466~1536)와 친분을 가졌고, 영국의 인문주의자 모어(Sir Thomas More, 1478~1535)와도 친교를 가졌다. 그는 임기 초기에 뛰어난 외교가였던 추기경 울지(Thomas Woolsey, 1474~1530)를 기용하여 정부와 교회 두 영역을 다스리도록 했다. 울지는 옥스퍼드 대학을 졸업하고 1502년 캔터베리 대주교, 1511년 추밀원장, 1514년에 요크 시의 대주교가 되었고, 1517년에는 교황 레오 10세에 의해 추기경으로 승진하였다.

울지는 식육점 주인의 아들로 태어나서 추기경이 되는 성직자로 출세했을 뿐 아니라 헨리 8세의 신뢰와 사랑을 받고 1515년 대법관의 직책을 맡게 되었다. 그 후 정치가로 내정과 외정의 양면에서 재상과 같은 역할을 하였다.

울지는 탐욕적이고 부도덕한 사람이었다. 대주교의 월급 외에 관할 교구로부터 검은 돈을 받았다. 그리고 성 알반스 수도원의 수입을 사유화하고 많은 뇌물로 부를 축적하였다. 또한 성직자이면서 첩을 두어 여러 명의 자녀를 낳았고, 어린 학생 신분의 아들을 웰스 대성당의 주임 사제로 임명하는 등 사리사욕에 급급하였다.

울지가 정치가가 된 후 그의 외교정책은 원칙이 없이 우왕좌왕하였다. 그는 처음에 에스파냐 페르디난드, 교황 율리우스 2세와 신성 동맹을 맺고 적대적이던 프랑스를 고립시켰다. 그 후 1515년 프랑수아 1세가 프랑스 왕으로 즉위하자 프랑스와 국교를 정상화하였다. 1519년 독일에서 카를 5세가 신성 로마 제국 황제로 즉위하자 프랑스와 국교를 단절하였다.

카를 5세의 영향력이 커지자 영국은 동맹국들로부터 위협을 받았다. 수출 감소로 재정이 고갈되었고 하원이 재원지원 요청을 거부함으로 왕궁의 경제 상황이 매우 어렵게 되었다. 울지만 믿고 그에게 모든 것을 맡겼던 헨리 8세는 울지가 군주인 자신을 능가하는 권세를 휘둘러도 울지의 정책을 따랐다. 이때까지 헨리 8세는 철저한 교황청의 시녀로 로마 가톨릭에 충성하였다.

1520년 독일의 루터가 로마 가톨릭의 성례주의를 비판하는 〈교회의 바벨론 포로〉라는 논문을 발표하였다. 이때 헨리 8세는 《7성례에 관하여》(Asserto : Septem Sacramentorum)라는 로마 교회를 지지하는 서적을 저술하여 교황 레오 10세에게 헌정하였다. 그러자 교황청에서는 1521년 헨리 8세에게 '신앙의 옹호자'라는 칭호를 주었다. 헨리 8세는 영국을 강력한 가톨릭 국가로 만들고자 하였다.

(2) 개혁자들의 등장

영국에도 15세기 후반부터 대륙의 인문주의가 영향을 미쳐 고위 성직자와 귀족, 그리고 법조계 인물들을 중심으로 유행하였다. 인문주의 운동과 함께 제1세대 영국의 종교개혁자들이 배출되었다. 이들은 토머스 빌니(Thomas Bilney, 1495~1531), 휴 라티머(Hugh Latimer), 마일스 코버데일(Miles Coverdale), 토머스 크랜머(Thomas Cranmer), 매튜 파커(Matthew Parker) 그리고 윌리엄 틴데일(William Tyndale) 등 주로 케임브리지 대학교 출신들이었다.

이중 토머스 빌니는 케임브리지 대학 교수로 성경을 강해하며 많은 젊은이들을 신앙으로 이끌었다. 빌니는 라티머를 개종시켰고 캔터베리 대주교가 된 매튜 파커에게 영향을 주었다. 라티머는 리들리(Ridley)를, 리들리는 크랜머를 개종시켰다. 빌니는 이단 사상을 전한다는 죄목으로 1513년 체포되어 노르위치에서 화형에 처해졌다.

영국 종교개혁의 기틀을 마련한 인물로 성경 번역자 틴데일(William Tyndale, 1490~1536)이 있다. 그는 케임브리지 대학의 토머스 빌니를 통해 성경의 진수를 깨닫는다. 틴데일은 성경이 보급되어야 종교개혁이 가능하다고 믿는다. 그는 1525년 에라스무스의 헬라어 성경과 루터의 독일어 성경을 구하여 신약성경을 영어로 번역하여 천신만고 끝에 보름스에서 신약성경을 펴냈다. 1530년에는 앤드워프에서 모세 오경을 출판하였다.

1526년 틴데일의 번역 성경이 영국에 도착했을 때 위클리프의 추종자들인 '롤러드'(Lollards)의 환영을 받았다. 그러나 영국 내 교황주의자들의 혐오를 받고 현상수배되었다가 결국 앤드워프에서 체포되어 1536년 10월 6일 브뤼셀에서 화형에 처해졌다.

헨리 8세는 철저한 교황주의자였으나 그의 통치 중반기부터는 후계자 문제로 가톨릭 교회와 갈등을 겪기 시작한다.

앞서 말한 것처럼 그는 자기 후계자로 막강한 지도력을 갖춘 통치자를 원했으나 그와 캐서린 사이에는 메리 외에는 남아가 없었다. 게다가 캐서린이 임신을 할 수 없게 되자 헨리는 그녀와 이혼하고 새 왕비를 통해 건강한 남자를 얻어 왕실을 상속시키고자 하였다.

(3) 헨리 8세의 이혼 신청

헨리 8세는 1527년부터 교황청에 이혼을 청하였다. 그는 캐서린이 왕자를 낳지 못한 이유가 구약 레위기 20장 21절의 "누구든지 그의 형제의 아내를 데리고 살면 더러운 일이라 그가 그의 형제의 하체를 범함이니 그들에게 자식이 없으리라"는 성경을 위반한 하나님의 심판이라고 주장하였다.

그러나 교황 클레멘트 7세는 헨리 8세의 이혼을 허락할 수 없었다. 그의 결혼이 잘못되었다고 선언할 경우 전임자의 오류를 인정하는 것이 되고, 또한 그의 이혼을 허락함으로 캐서린의 조카요 신성 로마 제국 황제인 카를 5세의 진노를 불러일으킬 수 있기 때문이었다. 교황청으로부터 이혼 소송이 기각되었다.

이때 헨리 8세는 교황청과 단교하는 길을 택한다. 1530년 11월 추기경이며 대법관인 울지가 왕의 희망을 충족시켜 주지 못함을 들어 좌천시켰다.

그리고 인문주의자 토머스 모어(Thomas More)를 대장상에 임명했다. 모어는 런던에서 법률가의 아들로 태어났다. 옥스퍼드 대학에 들어가 고전문학에 눈을 떴으나 부친의 영향으로 링컨 법학원으로 전학한 후 하급 변호사에서 판사가 되고, 다음에는 하원의원이 되었다. 그는 대학에 다닐 때 에라스무스와 친교를 맺었다. 에라스무스의 《우신예찬》(1511)은 모어의 집에 머무는 동안 저술되었다. 모어는 네덜란드에 건너가 외교 교섭에 수완을 발휘하였다. 모어는 사회적 공상 소설인 《유토피아》(Utopia)에서 이상적 국가상을 그렸다. 모어가 당시 런던의 부사정장관으로 있을 때 헨리 8세의 요청으로 1529년 대법관에 임명되었다.

모어는 대법관이 된 후 종교개혁자들을 색출하여 토머스 빌니와 존 프리스를 화형에 처하는 등 친로마정책을 폈다. 그리고 헨리 8세의 이혼 문제를 끝까지 반대하다 1532년 관직에서 물러났다.

헨리 8세는 입장이 난처해졌다. 그는 궁지에서 벗어나기 위해 반로마정책을 강화하였다. 사제들이 면죄의 대가로 거금을 착취하고 교황을 황제보다 높이는 것을 반역 현상이라 지적하고 1531년 요크와 캔터베리 대주교 회의에서 자신이 "영국 교회와 성직자들의 유일한 보호자요 머리"라고 선언하였다. 하원은 주교 회의의 결정을 받아들여 1532년 5월에 "왕은 교회를 다스릴 수 있다. 왕의 허락 없이는 새로운 교회법을 만들 수 없다"고 선언하였다. 헨리 8세의 입장이 강화되자 친로마주의자인 모어가 대장상 직책에서 물러난다.

(4) 헨리 8세의 수장령

헨리 8세는 1532년 토머스 크랜머(Thomas Cromwell, 1489~1556)를 캔터베리 대주교로 임명하였다. 크랜머가 국왕 헨리 8세의 이혼 문제에 대해 왕에게 유리한 발언을 하자 1532년에 대주교가 된다. 헨리 8세는 토머스 크롬웰(Thomas Carnmer, 1485~1540)을 내세워 국정을 장악하고 종교개혁을 추진하도록 했다. 크롬웰은 대법관이었던 울지의 신임을 얻어 의회에 진출하였다(1523).

울지가 실각한 후 크롬웰은 왕의 주목을 받는 데 노력하여 1534년 국왕 비서실장, 1536년에 옥새상서가 되었다가 국정을 책임지게 되었다.

헨리 8세로 하여금 국내에서는 교황권을 부정하게 하고 국왕이 정치와 종교의 양면에서 지상권을 확립해야 한다는 계획은 그의 두뇌에서 나온 것이라고 한다. 크롬웰은 영국에서의 법적인 문제를 로마에 상소하는 것을 금하였고, 교황에게 상납해 왔던 성직자의 임직세를 보내지 못하게 하는 등 반로마정책을 펼쳐나갔다. 그뿐만 아니라 교황에게 파문당한 성직자에게도 성례를 집전할 수 있게 하였다.

크롬웰의 도움을 받은 헨리 8세는 1534년 11월 의회를 설득하여 "영국 왕이 영국 교회의 유일한 최고의 머리"라는 수장령(Act of Supremacy)을 통과시켰다. 이것은 교황의 지배권을 부인하고 자신이 교회의 머리이며, 자신이 이단과 악습을 교정할 수 있는 권세를 가졌다는 선언이었다. 이것이 영국 국교회의 시발이 된다.

이 같은 수장령 선포 후 교황권을 주장하던 자들을 반역자로 처벌하였다. 1535년 6월 토머스 모어는 런던 탑에 유폐되었다가 단두대의 이슬로 사라지고, 로체스터 주교인 존 피셔(John Fisher)는 7

월에 참수형에 처해진다. 토머스 모어는 그가 죽은 지 400년 후인 1935년 로마 교황으로부터 성인 칭호를 받았다.

헨리 8세의 집권 후기에는 토머스 크롬웰의 헌신적인 지원으로 종교개혁이 진행되었다. 크롬웰이 결정한 개혁 사항들이 많이 있다. 앞서 말한 대로, 로마에 항소하는 것을 금지하도록 했고 교황권을 경시케 하고 의회를 통해서 국정을 이루고자 함으로 영국을 의회 중심의 나라로 발전하도록 하였다.

또 교회 재산을 왕에게 헌납하기 위해 수도원의 부패상을 의회에 보고하였다. 의회는 수도원을 폐쇄하고 재산을 왕실에 헌납하도록 결의하였다. 당시 의회에 의해 해체된 수도원이 300여 개였고, 1536~1540년 사이에 자진 해체한 수도원이 800여 개에 이르렀다.

크롬웰은 성경 번역과 보급 운동을 후원하였다. 1535년 카버데일이 취리히에서 성경을 영어로 번역 출판할 것을 헨리 8세에게 요청하자 1540년 4월 카버데일의 대성경(Great Bible)이 출판되게 하였다. 또 1537년 존 로저스(John Rogers)가 매튜 성경(Matthew Bible)을 출판하자 그 성경을 국내에 판매하여 평신도들이 읽을 수 있게 하였고, 영어 성경을 예배당에 비치하라고 하였다.

헨리 8세의 수장령 선언과 크롬웰의 급진적인 개혁이 교황청과 적대적인 관계를 초래할 것을 염려한 헨리 8세는 독일과의 관계를 강화한다. 헨리 8세는 개혁의 대폭적인 전진을 좋아하지 않아 1536년 영국이 독일과 같은 신앙을 고백함을 보여 주기 위한 '10개조 신조'를 작성하였다. 그리고 1539년 6월에는 가톨릭 냄새가 물씬 나는 '6개조 신조'(Six Articles)를 공포하였다. "10개조 신조"와 '6개조 신조'는 영국이 로마와 독일의 중간에 서 있음을 밝히는 것으로, 독일과 유대를 유지하고 로마와도 대립하지 않으려는 권모술수의 내용이었다.

(5) 헨리 8세의 여자들

한편 캐서린의 궁녀였던 앤 불린(Anne Boleyn)과 사랑에 빠진 헨리 8세는 1527년 캐서린에게 별거 명령을 내렸다. 그리고 1533년 헨리 8세는 앤 불린과 결혼하고 캐서린과의 결혼은 대주교인 크랜머가 주재하는 법정에서 무효가 선고되었다. 앤 불린이 엘리자베스(Elizabeth)를 낳자 계승령(Act of Succession)을 내려 그녀의 왕위 계승권을 확정하였다.

헨리 8세의 남아를 얻으려는 욕망은 사라지지 않았다. 앤에 대한 사랑이 식어지자 1536년 5월 18일 앤을 간통죄로 몰아 처형하였다. 그리고 세 번째 부인인 제인 시모어(Jane Seymour)를 얻었다. 제인 시모어는 1537년 10월 아들 에드워드(Edward)를 낳고 12일 만에 죽는다.

1540년 1월 크롬웰의 주선으로 독일 작센의 선제후 요한 프리드리히의 처형인 클레브스의 앤(Anne of Cleves)과 네 번째 결혼을 한다. 결혼한 클레브스 앤은 미모도 매력도 없는 여인으로 헨리는 크게 실망한다. 헨리 8세는 크롬웰에게 클레브스 앤과의 이혼을 추진케 한다. 그러나 크롬웰이 독일 정치가의 가문이어서 이혼 처리를 못하자 늑장을 부리면서 이단과 반역을 꾀한다는 혐의로 1540년 6월에 체포하였다. 이때 크롬웰 반대파의 책동으로 크롬웰은 7월에 처형당하였다.

헨리 8세는 1540년에 8월에 캐서린 하워드(Catherine Howard)와 다섯 번째 결혼을 한다. 그런데 하워드가 너무 보수적이어서 가톨릭과 가까우므로 개혁자들의 미움의 대상이었다. 헨리 8세는 하워드를 간통죄로 1542년 사형에 처하였다.

헨리 8세는 1543년 6월 여섯 번째 부인으로 캐서린 파(Catherine

Parr)를 맞이했으나 자녀를 두지 못하였다.

헨리 8세는 6명의 여자와 결혼하였으나 그들로부터 얻은 자녀는 메리와 엘리자베스 두 딸과 에드워드 아들 하나였다.

이들이 헨리 8세 사후의 스튜어트 왕가를 이어간다.

헨리 8세는 1547년 1월28일 죽고 그의 유일한 아들 에드워드 6세가 왕위를 승계하였다.

헨리 8세의 최대의 공헌은 1534년 영국 국교회를 창설한 일이다. 그의 모든 정책은 의회의 협력을 얻어서 성취시켰기 때문에 훗날 영국의 의회가 성장하는 데 도움이 되었다.

(6) 헨리 8세의 업적

A. 1534년의 수장법(The Act of Supremacy)

이 법은 영국이 가톨릭과의 관계를 결별하고 영국의 독자적인 교회로 출발하는 법이다. 이 법으로 영국 국교회가 시작되었다. 이 법에는 다음과 같은 내용이 포함되어 있다.

① 교황에게 보내던 각종 헌금들을 봉쇄한다.

② 로마의 주교에게 각 세대당 영세 받을 때 세금을 보내던 제도를 폐지한다.

③ 교황에게 특별사면권을 신청할 수 없도록 금지한다.

④ 계승법(The Act of Succession)을 통과한다. 이때 계승법이란 헨리 8세와 캐서린과의 결혼은 무효라는 것을 합법화한 것이다.

⑤ 수장법(The Supremacy Act)으로 영국 국왕을 영국 교회의 수장(Supreme head of the Church of England)으로 지명한다.

⑥ 반역법(The Treasons Act) : 왕의 적법한 칭호(영국 교회 수장)를 부인하는 자는 반역죄에 해당한다. 왕을 이단 혹은 분리주의자로

부르는 자도 반역에 포함된다.

이처럼 수장법은 영국 국왕이 교회에 대한 통수권을 규정하고 또한 국왕이 교회를 검속할 수 있음과 왕과 그의 가족들을 반대 세력으로부터 보호하기 위한 법이었다.

B. 10개 신조(Ten Articles, 1536)
① 신자의 신앙 생활에 권위 있는 기준은 성경, 3개의 초대 신조와 4개 교회회의의 결정 사항이다.
② 성례는 세례, 참회, 성찬 등 세 가지다.
③ 그리스도에 대한 믿음으로만 의로워지나 고백, 사면, 자선 행위도 필요하다.
④ 그리스도는 성찬에 육체적으로 임하신다.
⑤ 성자들에게 기도할 수는 있으나 주님보다 먼저 듣기 때문은 아니다.
⑥ 성상은 존중되어야 하지만 예배의 대상은 아니다.
⑦ 죽은 자를 위한 미사는 바람직하나 로마 주교가 연옥으로부터 영혼을 구출한다는 생각은 옳지 않다.
이 같은 10개조로 가톨릭과는 거리를 두고 새로운 개혁 세력인 독일과의 지원을 노렸다.

C. 영어 성경 번역과 교회당 비치(1539)
과거 틴데일은 성경 번역을 네덜란드에서 한 후 독일에서 출판하여 영국으로 반입시켰다. 그로 인해 틴데일은 교황주의자들의 혐오를 받고 화형에 처해졌다(1536). 그런데 헨리 8세는 성경번역을 허용하고 교회당에 비치하도록 한다(1539).

D. 수도원의 해체(1538)

모든 수도원을 해체시키고 그 재산을 왕실에 귀속시켰다.

E. 6개 신조(Six Articles, 1539)

① 예수 그리스도의 피와 살이 떡과 포도주의 형태로 임하신다.

② 성찬을 받을 때 잔의 형태를 취하는 것이 몸속에 있는 피이므로 교인들은 포도주를 마실 필요가 없다.

③ 성직자는 독신으로 살아야 한다.

④ 사제는 청빈 서약을 엄격히 지켜야 한다.

⑤ 개인적으로 미사를 드릴 수 있다.

⑥ 비밀 고해 성사를 유지해야 한다.

헨리 8세는 그를 돕는 두 세력을 두었다.

하나는 정치 지도자요 의회 지도자인 토머스 크롬웰(Thomas Cromwell)이었고, 다른 하나는 종교 지도자로 토머스 크랜머(Thomas Cranmer)였다.

헨리 8세는 절대권을 가진 전제군주로 자기 욕망을 달성하기 위해서 종교를 이용했고, 두 신하는 군주에 대한 충성심으로 종교가 마음대로 조작되게 뒷받침하였다.

2) 에드워드 6세의 개혁 운동

헨리 8세는 1547년 1월 28일 금요일에 죽었다. 그러나 그의 아들 에드워드는 9세밖에 안 된 어린 나이였으므로 그의 외삼촌인 헤르트포드의 백작(The Earl of Hertford)인 에드워드 시모어(Edward Seymour)가 섭정을 하게 되었다.

저들은 헨리 8세의 죽음을 3일이 지난 월요일인 1월 31일에 밝히고 그동안 선왕의 뜻이라는 지시서를 만들어 왕의 죽음 발표와 지시서를 함께 밝혔다. 이 지시서는 섭정 의회로 구성원 16명의 이름을 지목하였다. 섭정 의회는 헤르트포드 백작을 국토의 보호자(Lord Protector : 섭정)로 선출하였고, 그를 서머셋의 공작(Duke of Somerset)으로 승진시켰다.

2월 20일에 에드워드 6세(Edward Ⅵ, 1547~1553)가 왕위에 오르는 대관식과 함께 모든 주교들은 어린 왕의 이름으로 새로운 직임을 부여받았다. 서머셋 공작이 토지가 없는 농민들을 적극적으로 동정하고 이들을 위한 제안들을 마련하자 수도원과 교회 토지 분배로 막대한 이익을 챙긴 신흥 귀족들이 크게 분개하여 반기를 들고 일어났다. 서머셋 공작은 권좌에서 쫓겨나고 비양심적인 워윅의 백작(The Earl of Warwick)이 노섬벌랜드 공(Dukedom of Northumberland)으로 섭정이 되었다.

에드워드 6세는 헨리 8세의 세 번째 아내인 제인 시모어(Jane Seymour)가 낳은 아들이다. 제인 시모어는 아들을 낳고 12일 후에 죽었다. 에드워드 6세는 어려서부터 지적으로 조숙하였고 학문을 좋아하는 섬세한 소년이었다. 그래서 라틴어, 헬라어 및 프랑스어를 배워서 13세 때 아리스토텔레스의 윤리학을 헬라어로 읽고 키케로의 작품을 영어로 번역할 수 있을 정도였다. 그의 신앙은 개혁파의 교의를 신봉하였다. 그래서 그가 다스리던 기간에 영국의 종교개혁이 많이 진전되었다. 왕은 토머스 크랜머를 통해 '기도서'를 편집하고 '예배 통일법'을 제정하였다. 그러나 어릴 때부터 병약한 몸으로 인해 16세에 결핵으로 일찍 죽게 되었다.

에드워드 6세 때에 이루어진 몇 가지 업적들을 살펴보자.

(1) 훈령(Injunctions, 1547. 7)

의회는 주교들에게 훈령을 내렸다. 이것은 전에 헨리 8세가 발표했던 '6개조 신조'가 너무 가톨릭적이었던 것을 철폐하는 훈령이었다. 과거에는 성경을 인쇄하고 배포하는 것, 읽고 가르치는 것 등을 모두 금지했었다. 그러나 훈령에 의해 금지법이 폐지되었다.

지금까지 순례의 대상물로 악용되어 오던 모든 성상을 파괴하는 일을 주교가 감독할 것, 이교도들 처형법을 폐지할 것, 로마 주교들이 세속 권력과 세상 관할권을 찬탈한 사실을 설교할 것, 예배에서 복음서와 서신서를 영어로 낭독할 것, 행진 시 기도문을 더 이상 암송하거나 노래하지 말 것, 새로운 연보법(Chantries Act)에 의해 모든 연보는 국왕 수하에 들어가게 할 것, 성찬식 때 떡과 포도주의 2종 성찬을 실시할 것, 성직자의 결혼을 허용할 것 등이 훈령으로 내려졌다.

(2) 12설교(Twelve Homilies)

설교집이 만들어져 배포되었다. 그런데 설교집을 발행하게 된 동기가 참으로 한심하다.

후퍼(John Hooper, 1495~1555) 주교가 1551년 글라우케스터(Gloucester) 교구를 방문하여 영국인 성직자들의 설교가 어느 정도 가능한지 311명의 성직자들을 조사하였다. 이때 171명은 십계명을 반복할 수 없었으며, 277명은 자신이 펴 들고 있는 성경 장이 무엇을 의미하는지 말하지 못했고, 10명은 주기도문을 반복하지 못했고, 27명은 주기도의 저자가 누구인지 말하지 못했다. 311명 중 50명 정도만 대답을 했고 그중 19명은 어정쩡한 대답을 했다.

이 같은 영국 교회의 실태를 알게 된 크랜머의 설교 3편을 중심으로 '12설교집'이 발행되었다. 설교의 내용은 교리적인 것은 거의 없고 스스로 경건한 생활을 이끌어 가도록 각성시키는 내용이 었다.

(3) 제1 기도서(The First Prayer-Book, 1549)

제1 기도서의 주된 책임자는 크랜머였다. 크랜머를 보조했던 상당수의 신학자가 있었으나 밝혀지지 않았다. 기도서는 주교들의 서명을 받고, 상원의원에 상정되어 논의되었다. 그 내용은 빵을 주고받는 것을 '그리스도 몸의 성찬 배수'라고 하고, 포도주는 '그리스도 피의 성찬 배수'라고 하였다. 기도서의 커다란 혁신은 예배 전체가 영어로 진행되도록 한 것이다. 과거에는 라틴어로 진행됨으로 참석자들이 예배 순서의 내용을 모른 채 따라갔으나 이제부터는 참석자들이 다 이해하고 따라가게 하였다.

(4) 제2 기도서(Second Prayer-Book, 1552)

제1 기도서와 제2 기도서의 주된 차이는 과거 로마 가톨릭 교회가 사용해 오던 중재적인 미사(a propitiatory mass) 사상을 모두 제거시킨 점이다.

과거 제단(alter)이란 단어를 삭제시키고 상(table)이라 했고, 그것이 강대상으로 발전한다. 또 목사(minister)와 사제(priest)를 동등한 개념으로 구분 없이 사용하였다. 또 목사들이 장백의(長白衣 : Alb) 제복(祭服 : Vestment) 코우프(Cope : 어깨에 걸치는 망토 비슷한 겉옷)를 사용해서는 안 된다. 주교는 주교복(rochet)을, 사제는 백의(白衣 : surplice)만 착용한다. 이 같은 내용으로 훗날 엘리자베스 여왕 시기에 청교도들에 의해서 성복 논쟁이 시작된다. 그리고 성찬식 때에 성가대가 노래하며 성찬은 무교병 대신 일반 빵을 사용하도록 하였다.

(5) 42개 신조(Forty-two Articles, 1553)

에드워드 6세가 사망하기 한 달 전(1553. 6. 12)에 왕의 서명을 받아 반포되었다. 이 내용이 훗날 엘리자베스 여왕이 반포한 '39개 신조'로 바뀐다. 이 내용은 영국 국교회 교리의 기초가 되는 중요성이 있다. 이 신조는 모든 성직자와 교사, 학생들이 학위를 취득할 때 반드시 이 신조를 따르겠다고 서약함으로 신앙적 통일성을 이루도록 하였다.

42개 신조 내용은 엘리자베스 여왕 치적 때 살펴보도록 하겠다.

에드워드 6세는 1553년 7월 6일에 죽었다. 에드워드 6세의 죽음과 함께 종교개혁도 무너진다. 메리 여왕의 통치로 다시금 로마 가톨릭으로 돌아간다. 이를 보면 대중들의 동의가 따르지 않는 왕실 중심의 종교개혁이 얼마나 불확실한가를 알 수 있다.

3) 메리 여왕의 반격(1553~1558)

에드워드 6세의 사망이 임박하자 섭정을 했던 노섬벌랜드 공은 헨리 8세의 여동생 메리의 손녀인 그레이 제인(Gray Jane)을 후임으로 세우려고 하였다. 그러나 영국 국민들은 헨리 8세와 캐서린의 딸인 메리를 여왕으로 승계케 하여 메리 튜더(Mary Tudor)가 메리 1세(Mary Ⅰ, 1553~1558)로 영국 왕이 된다.

스코틀랜드의 여왕인 메리 스튜어트(Mary Stuart, 1542~1567)는 영국 여왕 엘리자베스와 평생 라이벌이었다.

메리 1세는 소녀 시절 유럽에서 가장 도도한 공주로 사랑스럽고 매력적인 여성이라는 칭찬을 받으며 황제의 약혼녀(The bride-elect)로 발탁되었다. 메리가 17세 때 소녀들의 예민함이 가장 극치에 이르렀을 때 그의 전 생애에 지워지지 않는 엄청난 충격이 몰아닥쳤다.

그녀의 아버지인 헨리 8세, 그리고 국회와 영국 교회는 그녀를 불법한 사생녀라고 불렀다. 수치심에 싸인 그녀는 지울 수 없는 고독 속에서 20여 년을 보냈다. 그녀가 37세가 되었을 때 영국 국민은 그녀를 메리 여왕으로 옹위하였다. 그러나 그는 이미 여윈 얼굴과 쉰 목소리의 나이 든 여인으로 변해 있었다.

영국 의회는 다 같이 로마 가톨릭 교도인 메리에게 왕위를 주어서는 안 된다고 했다. 그러나 영국 국민들은 비록 독재자였으나 옛 군주와 가장 가까운 메리를 선택했다.

(1) 메리 여왕의 종교정책

메리 여왕은 1553년 10월 1일부터 1558년 11월 17일까지 약 5년 남짓 나라를 다스렸다. 이 기간에 이뤄진 사건들을 살펴보자.

A. 메리 자신과 어머니에 대한 복권

메리 여왕은 1553년 10월 1일에 여왕으로 즉위하였다. 그리고 4일 후 국회를 소집하였다. 여기서 그는 자신의 어머니 캐서린을 불법 결혼녀로 정죄한 것을 합법으로 정정한다. 그리고 자신이 사생녀가 된 것을 적법한 왕위 계승자로 법제화시킨다.

B. 새 종교법 개정

메리 여왕은 1553년 10월 5일부터 12월 6일까지 국회를 통해 과거 에드워드 6세가 제정한 모든 종교법을 개정하도록 한다. 공공 기도서를 폐지하고, 성직자 결혼 허가를 취소하고, 두 종류 성찬을 철회한다. 영국은 다시금 헨리 8세 초기 때로 돌아간다.

C. 여왕의 결혼

메리 여왕은 자기 결혼 상대자로 스페인의 펠리페를 지정했다. 펠리페는 메리의 외종사촌이었고 신성 로마 제국 카를 5세의 후계자로 양위될 예정이었다. 메리가 스페인 남자와 결혼한다고 하자 하원에서는 외국인과의 결혼을 하지 말도록 서한을 전달하였다. 그리고 도처에서 난동이 일어났고 스페인에 대한 감정으로 4천 명의 군중들이 런던 성문까지 접근하였다가 격퇴당한다. 그런데도 메리는 펠리페와 1554년 7월 25일 결혼하였다. 두 사람의 결혼생활은 오래가지 못하였고, 그들 사이에 자녀가 없으리라는 것이 확실해지자 남편은 메리 곁을 떠났다.

D. 영국을 다시 교황청 아래로

메리 여왕 이전의 영국은 이미 로마 교황청으로부터 출교당한 땅이었다. 그 같은 영국 땅들을 추기경 폴(Pole)의 노력으로 과거 교회 토지가 귀족들에게 넘어간 상태에서 국회 상·하의원 의결로 가톨릭으로의 복귀를 결정한다.

E. 이단법과 박해

메리 여왕 때 가장 두드러진 것은 이단법으로 수많은 개혁자들을 처형한 일이다. 추기경 폴은 이단 심문위원회를 구성하여 죄수들을 심문했다. 맨 먼저 매튜 성경(Matthew Bible) 번역자인 존 로저스(John Rogers)를 1555년 2월 4일에 처형하였다.

그리고 개혁파 주교들과 신학자들이 여러 감옥에 분산되어 수감되었다. 개신교 주교 리들리(Ridley)와 라티머(Latimer) 그리고 대주교 크랜머(Cranmer)를 1554년 4월 이후 옥스퍼드에 감금시키고 이들에 대한 반대 여론이 무르익기를 기다렸다. 이중 리들리와 라티머 주교는 1555년 10월 1일 이단으로 정죄받고 옥스포드의 브로드 스트리트(Broad Street)에서 화형에 처하였다.

이렇게 시작된 처형자는 메리가 다스린 5년 동안에 계속 늘어나 228명이 화형을 당하였다. 그 외에도 감옥에서 굶어 죽은 사람까지 합치면 그 수는 훨씬 많아진다. 이들 순교자들 속에는 리들리, 라티머 외에도 카버데일, 후퍼(John Hooper) 등이 포함되었다.

대주교인 경우에는 교회법에 따라 교황에게 직접 심문받도록 되어 있었다. 그래서 대주교로서 에드워드 6세를 도와 수많은 종교법을 제정한 크랜머는 교황의 종교재판 총책임자에 의해 재판받았다.

재판은 성 마리아(St. Mary) 예배당에서 진행되었다. 고소인은 메리 여왕과 그의 남편인 펠리페가 군주의 이름으로 장문의 고소장을 제출했다. 주된 고발 내용은 간음, 위증 그리고 이단이라는 죄목이었다.

간음이란 그가 사제로서 결혼한 것과 대주교가 된 이후에 또다시 결혼했다는 것이고, 위증이란 교황에게 순종을 서약했으나 그것을 파기했다는 것이고, 이단이란 화체설을 부인하였다는 뜻이다. 크랜머는 교황이 영국 내에서 아무런 권한 행사를 할 수 없다고 거부하며 항거했으나 정신적 고문으로 철회를 강요받다가 결국 화형에 처해져 죽게 되었다. 크랜머는 헨리의 대신들 중 유독 혼자서만 메리를 후계자로 세워야 한다고 고집했었는데 공교롭게도 자신이 추대한 여왕에 의해 화형을 당하였다.

그리고 청교도 운동의 선구자인 존 후퍼(John Hooper, 1495~1555) 역시 메리 여왕에 의해 순교를 당하였다. 후퍼는 옥스퍼드 대학에서 신학수업을 받은 후 수도원에 들어가 생활하던 중 수도원이 해체되자 스위스로 건너가 츠빙글리와 불링거의 글을 읽고 불링거의 지지자가 되었다.

1549년 영국으로 돌아온 그는 에드워드 6세의 섭정인 서머셋 공작의 종군 목사가 되었다. 뛰어난 설교자로 인정받아 1550년 글로스터의 주교로 임명을 받았다.

그는 성직자의 복장 착용이 성경적인가라는 의문을 제기했다. 가톨릭 교회는 성직자의 복장이 구약 아론의 에봇에서 기인한 것이라고 주장하였다. 그러나 후퍼에 의하면 4~9세기 사이 복장 제도가 바뀔 때 일반인들은 로마인들이 입던 겉옷과 망토를 벗어 버렸다. 그런데 사제들이 옛 복장을 고수하여 사제복으로 고정되었고, 그 후 10세기에 의식용 복장이 등장하게 되었으며, 13세기까지 약간의 수정을 거쳐 오늘날 가톨릭 교회처럼 다양한 성직자의 복장이 생겨났다는 것이다.

후퍼는 사제복 착용이 성경에 근거한 것도, 초대 교회의 전통에 따른 것도 아니라고 했다. 그러므로 성직자와 평신도를 구별하는 성직자의 복장은 만인제사장주의에 위배되는 것이라고 했다. 이같은 복장 논쟁으로 후퍼는 투옥되었다가 크랜머의 도움으로 풀려났다. 후퍼는 주교 임직때는 복장을 착용하되 그 후로는 입지 않겠다고 약속했다.

후퍼는 메리의 등극과 함께 1553년 투옥되었다가 1555년 이단으로 정죄받고 2월 9일에 출교 처분 후 화형을 당하였다. 후퍼는 훗날 엘리자베스 여왕 때의 성복 논쟁과 함께 청교도 운동으로 크게 알려진다.

메리 여왕의 박해를 피해 800명이 넘는 이들이 대륙으로 피난을 하였다. 그런데 루터란들은 영국 국교회가 성찬을 영적 임재로 해석하자 자기들과 다르다는 이유로 불친절하게 대하였다. 그에 반해 칼빈주의자들은 성찬을 영적 현현으로 해석함으로 영국 국교회 피난민들을 환영하였다. 그래서 영국 피난민들이 스위스 제네바, 취리히, 바젤 그리고 독일의 국제 도시 스트라스부르 또는 프랑크푸르트에 머물게 된다.

영국 피난민들은 제네바에 머물면서 베자의 도움으로 카버데일(Miles Coverdale)과 휘팅햄(William Whittingham)에 의해 제네바 성경(Geneva Bible)을 출판하였다(1557년 신약, 1560년 구약).

이 성경은 베자의 라틴어 본문을 토대로 하여 '대성경'을 신중하게 개역한 것이다. 제네바 성경은 킹 제임스 역본이 나오기 전까지 청교도들의 가정에 널리 사용되었다. 이 성경책은 칼빈주의적 색채가 들어 있고, 본문 옆면에 성경 해석을 가미하여 평신도들이 쉽게 성경을 이해할 수 있도록 하였다.

(2) 메리 여왕의 죽음

메리 여왕은 1558년 11월 17일에 죽었다. 그녀는 17세 때 아버지와 국회와 영국 국교회로부터 사생녀로 버림을 받았다. 그 후 수치심과 지울 수 없는 낙인으로 고독에 휩싸여 불행한 세월로 20여 년을 살아갔다.

그러다가 37세 때 영국 여왕으로 환호받고 다시 일어서게 되었다. 그는 아버지와 선왕인 에드워드 6세의 종교정책에 순응하지 않고 가톨릭으로 복귀하였다. 메리는 자기를 반대하는 많은 개혁자들을 감옥으로 보냈다. 그리고 모든 국민의 반대를 무릅쓰고 스페인 왕자와의 결혼을 결행했다. 그로 인해 국민들의 불신은 더욱 커져만 갔다. 메리 여왕은 자기 종교정책에 반대하는 개신교도들을 수백 명이나 처형하였다. 이로써 '유혈의 메리'(Bloody Mary)라는 악명을 듣게 되었다.

1557년에는 남편의 나라 스페인을 도와 프랑스와 싸웠으나 패하였다. 그녀의 우상이었던 남편은 몇 년 동안의 결혼생활을 통해 그녀에게 싫증을 느끼게 되었다. 그토록 애타게 바라던 자녀는 태어나지 않았다. 그녀에게 자녀 출산의 가능성이 없음을 알자 남편은 떠나 버렸다. 그녀가 그토록 헌신적으로 모든 희생을 감수하며 섬겼던 로마 가톨릭 교회와 교황은 그녀의 애원을 거들떠보지도 않았다. 그녀를 아끼고 사랑했던 국민들은 그녀를 '피의 메리' 라고 부르며 등을 돌렸다.

그녀는 불행과 실의 속에서 수많은 화제와 문제들을 남기고 42세로 죽었다. 그리고 헨리 8세의 마지막 혈육인 엘리자베스가 후임자가 되었다.

4) 엘리자베스 여왕의 정착

메리 여왕이 죽자 영국 왕위 계승권에 대한 두 주장이 나타났다. 하나는 메리 여왕의 남편인 스페인의 펠리페 2세였고, 다른 하나는 스코틀랜드의 여왕 메리 스튜어트(Mary of Stuart)였다.

그러나 영국 귀족들은 헨리 8세와 앤 볼린 사이에 태어난 엘리자베스(Elizabeth, 1533년 출생, 1558~1603)로 왕위를 계승케 하였다. 엘리자베스는 어려서부터 총명하였으나 1536년 어머니 앤 볼린이 부정으로 처형당한 후 비 적자로 어렵게 자랐다. 어렸을 때 엘리자베스는 햇필드 하우스(Hatfield House)에서 에드워드 왕자와 함께 자랐다. 에드워드가 왕위에 오르자 캐서린 파(Catherine Parr)의 보호 가운데 지냈고, 메리가 여왕으로 있을 때는 가톨릭 신자인 것처럼 가장하여 목숨을 부지하였다.

1544년에는 왕위 상속권을 인정받았다. 또 같은 해 와이어트(Thomas Wyatt) 반란 때는 반란에 가담했다는 혐의를 받아 한때 투옥되었다가 무혐의로 석방되었다. 1553년 메리가 여왕으로 즉위할 때 돕기도 하였다. 엘리자베스는 메리가 죽을 때까지 햇필드에서 은거하였다.

1558년 메리 여왕이 죽자 엘리자베스가 여왕으로 즉위한다. 이 무렵 엘리자베스의 나이는 25세였다. 이때 유럽 각국으로부터 구혼 요구들이 계속되었으나 독신을 언명하고 정치에 몰두했다. 엘리자베스가 왕위에 올랐으나 국고는 바닥나 있었고 국민의 3분의 2는 가톨릭 교도여서 새 왕이 개신교 정책을 취하는 것을 싫어했다.

당시 최대의 문제는 스코틀랜드 여왕 겸 프랑스 왕 태자비인 메리 스튜어트가 끈질기게 잉글랜드 왕위를 요구한 것이다. 엘리자베스는 이웃인 스코틀랜드 여왕인 메리 스튜어트의 공격을 받았다. 그리고 가톨릭 대국인 프랑스와 스페인이 직접적으로 도전을 해왔다. 게다가 로마 교황청과는 적대 관계가 계속되었다. 엘리자베스는 이렇게 복잡한 여건 속에서 모든 상대들을 교묘하게 조종하며 나라를 이끌어 갔다.

(1) 수장령 선언

엘리자베스는 영국이 낳은 가장 사려 깊고 통찰력 있는 정치가 윌리엄 세실(William Cecil, 1520~1598)을 등용하여 국정을 운영하였다.
또 당시 영국은 가톨릭이 다수였으나 칼빈주의자들이 가톨릭을 위협하고 있었다. 엘리자베스는 가톨릭이 자기를 적법자로 인정하지 않으므로 싫어했고, 칼빈주의자들은 감독주의를 부인하므로 두 세력을 다 싫어하였다. 엘리자베스는 세속 군주의 우위를 강조했던 아버지의 정치 사상과 가톨릭의 감독 정치를 수용하는 중용정책을 선택한다. 그래서 자기 어머니의 궁정 목사였던 매튜 파커(Matthew Parker, 1504~1575)를 캔터베리 대주교에 임명하여 종교적 중용정책을 펼쳐 나갔다.

엘리자베스는 1559년 1월 수장령을 선언하여 국왕이 교회와 국가의 최고 책임자임을 발표하였다. 여기서 누구도 국왕의 뜻에 반하는 법률, 법령, 관습, 제도를 주장할 수 없도록 하였다. 신앙에 관련된 결정은 국왕에게 위임하도록 하였고, 교직자와 왕의 녹을 받는 행정 관료들은 그들의 신분과 권세에 상관없이 성경에 손을 얹고 다음과 같이 서약하도록 하였다.

"나는 양심을 걸고 여왕 폐하가 영적으로 교회적으로 또는 세속적으로 이 나라의 유일한 통치자임을 서약합니다. 따라서 외국의 군주, 성직자, 권력자 그리고 외세가 이 땅에서 교회적으로나 영적으로 지배하거나 권세를 부리며 통치권을 행사하거나 통솔할 수 없다는 것을 고백합니다. 나는 모든 외국의 지배권, 권력, 통솔권 등을 부인하며 그들에게 충성하지 않으며 이후로는 여왕과 그 후손과 합법적인 승계자에게만 진정한 충성을 바칠 것을 분명히 선언합니다."

이와 같은 내용의 국왕 수장령(The Act of Supremacy)이 1559년 국회에서 부활되어 엘리자베스에게 수여되었다.

(2) 통일령 선언

다음으로 엘리자베스는 1559년 6월에 종교의식의 통일령(The Act of Uniformity)을 통과시켰다. 이것은 과거 에드워드 6세의 '제2공동기도서'를 수정, 보완한 것이다. 통일령에는 영국 국교회의 의례, 예배의식, 기도, 성례 등을 통일되게 시행하도록 통일된 규범을 제시하였고 이를 위반했을 때는 엄벌을 받도록 했다.

이 법에 따라 영국의 모든 국민들은 1년에 한 번 부활절 성찬에 참여하도록 하였다. 또 에드워드 6세가 시행한 2종 성찬법이 부활되었다. 미사에는 영어로 찬송이 불려지고 무릎을 꿇고서 2종 성찬을 받았다.

이와 같은 엘리자베스의 종교 통일령이나 수장령 등이 순조롭게 진행되지는 않았다. 국왕의 이 같은 종교법을 못마땅하게 여기고 반항하는 성직자들이 있었다. 수많은 수석 사제들과 주교좌 성당의 참사원들은 수장법 서약을 거절함으로 성직자의 자리에서 200여 명이 쫓겨났다. 이것으로 영국 교회의 3분의 1의 성직록이 제거된 셈이다.

특이한 것은 이와 같은 커다란 변화가 과거 메리 여왕 때처럼 과격한 숙청 없이 조용하게 진행되었다. 로마 가톨릭은 왜 이와 같은 변화에 묵묵히 따르게 되었는가?

그 이유는 그 당시 로마 가톨릭을 대변할 만한 훌륭한 지도자가 없었고, 로마 교황청은 프랑스나 스페인 같은 강력한 로마주의자들이 자국의 이익을 위해서 영국을 간섭할 것이라는 기대가 작용했기 때문이라고 할 수 있다.

(3) 39개 신조

엘리자베스 여왕의 가장 큰 업적은 '39개 신조'(Thirty-nine Articles)를 채택하여 영국 의회에서 통과시킨 일이다(1563).

이 신조는 과거 에드워드 6세 때 크랜머에 의해 작성된 '42개 신조(Forty-Two Articles)를 매튜 파커가 수정해서 만든 것이다. 이 '39개 신조'는 영국 의회에 의해 영국의 신조로 채택되었고, 성직에 임하는 모든 자의 서명이 요구되었으며, 1571년 약간의 수정을 거친 후 현재의 영국 국교회의 신조로 확정되었다.

그렇다면 과거 '42개 신조'와 새로운 '39개 신조'는 어떤 차이가 있는가? 그것은 과거 42개 신조가 루터란 신학 위주였다면, 39개 신조는 루터란 신학과 칼빈주의 신학이 배합된 절충적인 신조라는 것이다. 여기서 39개의 신조의 내용을 살펴보자.

> 제10조 : 구원은 인간의 선행에 기인한 것이 아니라 하나님의 전적인 은혜에 의한 것이다.
> 제11조 : 우리는 믿음으로 말미암아 우리의 주요 구세주이신 예수 그리스도의 공로로만 의롭다 함을 받으며 자신의 행위나 공로로 의롭게 되지 않는다.

이상 두 가지는 이신득의 교리를 만든 루터란 신학 내용을 반영한 것이다.

> 제17조 : 생명으로의 예정은 하나님의 영원한 작정이다. 하나님은 세상의 기초를 놓기 전에 그리스도 안에서 택정한 자들을 저주와 파멸에서 구하시어 질그릇을 존귀하게 만드는 것처럼 그리스도에 의하여 영원한 구원으로 인도받도록 그의 비밀스런 경륜 가운데 변함없이 우리를 작정하셨다.
> 제25조 : 성례는 세례와 성찬 두 종류다. 세례는 신앙고백의 표와 구별

의 인증이므로 그리스도인들은 세례에 의해 불신자와 구별된다.

제27조 : 유아세례도 그리스도께서 세우신 의도와 합치하도록 교회 내에서 변함없이 시행되어야 할 것이다.

이상 몇 가지는 칼빈주의 신학 내용이 반영된 것이다.

이처럼 '39개 신조'의 내용이 절충적인 것은 무엇을 뜻하는가? 그것은 엘리자베스를 포함한 영국 국교회가 뚜렷한 신앙적 특성을 가지고 출발한 것이 아니라는 뜻이다. 영국 국교회는 그 당시 국가의 존립을 위해서는 자기들 신앙과 상관없이 루터파와 끊임없는 접촉이 유지되어야 하고, 새롭게 부상하고 있는 칼빈파와도 관계가 유지되어야 하며 심지어 로마 가톨릭주의자들과도 화해가 필요하였다.

영국 국교회의 시작은 신앙적 동기는 전혀 없고 순전히 정치적인 군주들의 여러 욕망을 조각들로 봉합해 만든 혼합 작품이었다.

1563년 영국 의회에서 39개 신조가 확정되었다. 이렇게 해서 오늘날의 영국 교회의 기초는 엘리자베스 여왕에 의해 놓아졌다고 할 수 있다.

(4) 반로마주의

엘리자베스의 중용적 개혁 운동은 성공적으로 진척되어 갔으나 반발도 만만치 않았다. 하나는 국제적으로 로마주의자들의 도전이었고, 또 하나는 국내적으로 청교도들의 저항이었다.

여기서 먼저 로마 가톨릭주의자들의 도전을 살펴보자.

1569년 가톨릭 지지자 웨스트몰랜드 백작이 스페인의 지원을 받고 교황이 준 정치자금 1만 2천 크라운으로 반란을 일으켰다. 반란자들은 더럼 주교좌 성당의 성찬상을 훼손하고 강대상에 비치된 영어 성경을 찢어 버린 후 미사를 거행하였다. 이 같은 가톨릭의 반란은 속히 진압되었다. 영국 내 반란을 사주했던 교황 비오 5세(Pius V)는 1570년에 엘리자베스를 파문하고 영국인들에게 그녀를 폐위시키라고 종용하였다.

또 1571년에는 이탈리아 상인 리돌피(Ridolfi)가 엘리자베스 여왕을 암살하고 스코틀랜드 여왕 스튜어트 매리를 영국 왕으로 옹립하려던 음모가 실패로 끝났다. 스코틀랜드 여왕 겸 프랑스 왕 태자비인 메리 스튜어트는 자기가 영국의 왕위 적임자임을 끈질기게 요구하고 있었다.

1560년 스코틀랜드에서 종교개혁이 진행되자 남편을 잃은 메리 스튜어트가 귀국했으나 내란으로 인해 잉글랜드로 피신하였다. 엘리자베스는 메리 스튜어트를 국내에 유폐시켰다.

그런데 1571년 엘리자베스 암살 음모가 드러나고, 1569년 아일랜드 맨스터의 반란이 일어나고, 1587년에는 바빙턴의 음모가 드러났다. 메리 스튜어트가 살아 있는 한 이러한 일이 계속될 것을 안 엘리자베스는 1587년 2월에 메리 스튜어트를 참수하였다.

계속되는 로마 교황청의 위협에 대해 엘리자베스 여왕 역시 강하게 반격했다. 1584년 로마에 소송을 상소하는 것을 금지하였다. 1587년 메리 스튜어트 참수 후에는 가톨릭 사제와 예수회 회원 123명을 반역죄로 처형하고, 그들을 지원하거나 숨겨 준 60명을 은닉죄로 모두 처형하였다.

엘리자베스의 반로마정책에 큰 충격을 받은 로마 교황은 죽은 메리 여왕의 남편이며 스페인의 황제인 펠리페 2세를 부추겨 영국을 무력으로 침략하게 하였다. 펠리페 2세는 영국을 점령하면 영국과 스코틀랜드라는 두 마리의 토끼를 잡을 수 있을 것으로 생각했다. 그래서 1558년 5월에 스페인의 무적함대(The Armada)라는 130척의 배와 3만 명의 군대로 영국을 치게 하였다.

그러나 스페인의 군함들은 영국에 비해 보잘것없었다. 배는 기동력이 영국 군함에 비해 떨어졌고 대포는 중포였으나 사정거리가 짧았다. 그에 반해 영국 함대는 기동력이 빨랐고, 대포는 중포였으나 사정거리가 길고 명중률이 높았다.

스페인의 공격을 받은 영국은 스페인 함대를 향해 살인적 포화를 퍼부었다. 8월이 되면서 영국의 승세가 굳어졌고, 무적함대로 소문난 스페인 함대들은 퇴각하기 시작하였다. 이 전쟁에서 스페인의 무적함대 반 이상이 격파되었고, 3분의 2가 넘는 군인들이 죽임을 당하였다.

영국은 스페인의 무적함대를 무찌름으로써 더 이상 교황청을 신경쓰지 않아도 되었다. 승전 후 엘리자베스는 네덜란드와 프랑스의 종교개혁자들을 도와 가톨릭 세력에 대항했다. 이때부터 영국은 유럽에서 지도적 역량을 발휘하기 시작하였다. 그래서 1세기 동안 대서양과 인도양의 제해권을 장악하고, 아프리카와 남미에서 식민지 정책으로 성공해 온 스페인과 포르투갈 세력은 점차 약화된다. 그리고 1세기 뒤늦게 영국은 북미 대륙으로 식민지를 개척하기 시작한다.

엘리자베스 여왕의 스페인 무적함대 퇴치는 여러 면에서 큰 의미가 있다.

(5) 청교도의 반항

엘리자베스 여왕은 국내적으로 의회와 분쟁이 계속되었다. 이와 함께 메리 여왕의 탄압 정책을 피해 대륙으로 피신했던 800여 명의 사람들이 엘리자베스 시대 때 다시 돌아왔다. 이들은 제네바, 취리히, 프랑크푸르트 등에서 개혁주의로 달라진 사람들이었다.

이들이 엘리자베스의 중용정책에 반대하며 좀더 과감한 개혁을 요구하면서 영국 국교회로부터의 개혁을 주장하였다. 이들은 국왕이 전개하는 영국 국교회는 여전히 가톨릭의 잔재가 남아 있으므로 가톨릭의 잔재를 제거하고 성경적인 교회를 세워야 한다고 강조했다.

이들은 성경만을 주장하므로 '고지식한 사람들'(Precisians)이라 했고, 가톨릭의 잔재들을 깨끗하게 청소해야 한다고 주장함으로 '정화한다'는 뜻의 퓨리탄(Puritan)이라는 별명이 붙여졌다. 이들이 정화(Purify)를 외침으로 처음에는 비웃는 뜻으로 퓨리탄이라고 불려지던 것이 나중에는 엄격한 사람이라는 뜻의 청교도라고 불려진다. 이들 청교도들은 엘리자베스 여왕 때 생겨난 후 여왕의 집권 후반기에 계속 여왕을 괴롭힌다.

(6) 청교도 지도자

여기서는 엘리자베스 여왕 때 엘리자베스를 괴롭혔던 청교도 운동의 두 지도자를 살펴보자. 하나는 토머스 카트라이트(Thomas Cartwright, 1535~1603)이고, 다른 하나는 윌리엄 퍼킨스(William Perkins:1558~1602)이다.

카트라이트는 1550년 케임브리지에 있는 세인트 존스 대학(St. Johns College)에서 공부하던 중 종교개혁을 깨닫게 되었다. 그가 청교도 운동을 지지한 일로 영국 국교회로부터 미움을 받자 1565~1567년까지 아일랜드에 은둔하였다.

그런데 정부의 종교정책에 대한 청교도들의 불만이 계속되자 당국은 이를 잠재우기 위해 1569년 카트라이트를 케임브리지 대학의 석좌 교수로 임명하였다. 카트라이트는 교회의 부정과 부패가 교회 내의 계급 제도에 있다고 보고 성경을 연구하였다. 그는 특히 사도행전을 연구한 결과 교회 정치는 지역교회의 자율과 교직자와 성도 사이의 평등 그리고 지역교회 간의 연합 활동임을 깨닫는다. 이때부터 카트라이트는 교회의 모든 제도를 초대교회 때의 제도로 축소할 것을 주장한다. 이로 인해 카트라이트는 교수직을 박탈당하고 네덜란드, 스위스 등으로 피신을 다녔다.

카트라이트는 케임브리지 대학 부총장이었던 존 위트기프트(John Whitgift, 1530~1604)에 의해 공직을 박탈당하고 10여 년을 유랑과 피신 생활을 계속했다.

그는 1603년 엘리자베스가 죽고 제임스 1세가 왕위에 오르자 유명한 〈천인의 청원〉(The Millenary Petition, 1603)을 초안하였다. 그러나 건강이 악화되어 회의가 열리기 전에 죽었다.

카트라이트는 1572년 '의회에 주는 권면'에서 장로정치가 영국 교회가 채택해야 할 정치체계라고 주장하게 되었고, 이 사상은 월터 트래버스(Walter Travers, 1548~1635)에 의해 장로 정치사상을 표현한 '교회 권징에 대한 충분하고 평이한 선언'을 통해 장로 정치사상이 영국 청교도의 주된 사상으로 나타나게 되었다(1583).

영국의 청교도 운동의 초석을 다진 인물이 두 번째 소개하려는 윌리엄 퍼킨스다. 퍼킨스(William Perkins, 1558~1602)는 1577년 케임브리지에 있는 크라이스트 대학(Christ College)에서 공부한 후 1584년부터 1594년까지 교수로 봉직하게 되었다. 그는 1584년부터 케임브리지 대학 안에 있는 성 앤드류 교회(Great St. Andrew's Church) 설교자가 되어 1602년 세상을 떠날 때까지 괄목할 만한 영향력을 행사했다.

퍼킨스가 남긴 저술이 몇 가지가 있다.

교황청을 대항하여 쓴 《개혁적 가톨릭》(The Reformed Catholic), 칼빈주의적 예정론을 다룬 《황금사슬》(A Golden Chain), 《지난 시대의 우상숭배에 대한 경고》(A Warning Against the Idolatry of the Last Times), 《소명론》(A Treatise of the Vocations) 이런 작품들이 훗날 경건주의 운동을 일으킨 스페너(Phillip Spener)와 존 웨슬리(John Wesley)에게 큰 영향을 주었다. 퍼킨스는 《기독교 가정》(Christian Oeconomy)에서 가정개혁이 교회와 사회개혁의 기초가 됨을 강조했고, 《설교의 기술》(The Art of Prophesying)에서 교회개혁이 설교를 통해 가능함을 설명했다.

그는 《소명론》에서는 구원으로 초대하는 일반적 소명(general Calling)과 직업으로 부르시는 특별 소명(paticular Calling)이 있다고 했다.

이 같은 청교도 운동은 영국에서 시작되어 대륙으로 건너간다. 그리고 청교도 운동은 엘리자베스 사후에 계속 확대 발전된다. 엘리자베스는 70세로 노쇠하여 리치먼드에서 사망하고(1603) 그의 후사가 없으므로 엘리자베스가 처형한 스코틀랜드의 스튜어트 메리 여왕의 아들인 제임스 6세가 잉글랜드와 스코틀랜드를 겸한 제임스 1세(James I)가 된다.

엘리자베스 1세(1533-1558~1603 재위)가 다스리던 기간은 황금 시대라고 한다. 이 시기에 셰익스피어, 베이컨, 스펜서 등 문예 활동이 활발했고, 에스파냐와 프랑스 강대국들을 지혜롭게 외교로 잘 상대했다. 종교적으로 신교와 구교 간의 대립이 극심하였지만 작은 섬나라가 외교적으로 세력 균형을 잘 유지해서 위기를 극복하고 영국 국교회라는 중도론으로 국론의 분열을 배제해 나갔다. 영국은 생존을 위해 국내외적으로 과감한 발전책을 취해나갔다.

3. 스코틀랜드의 종교개혁

1) 스코틀랜드의 정치 역사

앞서 스코틀랜드 역사를 간략하게 살펴보았다. 스코틀랜드는 16세기 초반까지도 봉건제도 아래에 있었기 때문에 왕권은 매우 약하였고, 영주들이 권력을 장악하고 있었다. 영토의 절반이 교회의 소유였지만 귀족들이 그들의 자녀들을 성직자로 세움으로 교회 재산은 곧 귀족들의 수중에 있었다. 교회 운영은 무식하고 가난한 주교 대리들이 맡고 교회 재산은 귀족들의 손에 있었다.

스코틀랜드의 정치사를 살펴보자.

로버트가 1371년에 왕이 되면서 스튜어트 왕조(Stuart 왕조 : 1371~1390)가 시작되었다. 스코틀랜드는 잉글랜드의 헨리 7세의 딸 마거릿 튜더(Margaret Tudor)가 스코틀랜드 제임스 4세(James IV)와 결혼함으로 관계를 맺었다. 제임스 4세는 마거릿 튜더의 결혼 지참금이 적다는 이유로 1513년 잉글랜드를 침입하였다.

그러나 제임스 4세는 플로든(Flodden) 전쟁에서 패배하여 많은 귀족들과 함께 사망하였다. 그 후 생후 18개월밖에 안 된 제임스 5세가 왕위에 올랐다. 이때부터 스코틀랜드와 잉글랜드는 점점 멀어지고, 스코틀랜드는 프랑스와 관계를 강화한다.

제임스 5세는 잉글랜드 왕 헨리 8세의 조카였지만 잉글랜드의 침략을 두려워하여 프랑스의 프랑수아 1세의 딸과 결혼하였다. 그런데 왕비가 사망하자 두 번째로 프랑스 기즈 가문의 메리(Mary of

Lorraine)와 결혼하여 프랑스와는 동맹을 맺고 잉글랜드와는 적대감이 형성되었다. 스코틀랜드와 잉글랜드는 결국 전쟁이 벌어져 1542년 제임스 5세가 전사한다.

이때 태어난 지 5일밖에 안 된 메리 스튜어트(Mary of Stuart)가 여왕이 된다. 메리 스튜어트는 프랑스 황태자와 결혼하였다. 메리 스튜어트 여왕은 잉글랜드 반란에 가담한 죄로 잉글랜드 여왕 엘리자베스에 의해 연금되어 있다가 1587년 처형당하였다.

메리 스튜어트의 아들인 제임스 6세(James Ⅵ)가 스코틀랜드 왕위를 계승했다(1567~1603). 그런데 잉글랜드의 여왕 엘리자베스가 죽자 제임스 6세는 잉글랜드와 스코틀랜드를 겸한 제임스 1세(1603~1625)가 된다.

제임스 1세를 통해 잉글랜드에서 튜더 왕가를 계승한 스튜어트 왕조가 시작되었다. 제임스 1세의 아들 찰스 1세(Charles Ⅰ, 1625~1649)가 왕위를 계승했으나 청교도혁명 중에 처형당하였다. 그리고 의회군과 왕당파 간의 무력 전쟁으로 외국으로 달아났던 찰스 1세의 아들이 다시 왕정을 복구하여 찰스 2세(1660~1685)가 된다. 찰스 2세가 죽고 그의 동생인 제임스 2세(1685~1688)가 즉위하였으나 제임스 2세가 가톨릭 신자이므로 가톨릭화를 두려워한 군중들이 명예혁명을 일으켜 그를 내쫓았다(1688).

왕관은 스튜어트 가의 피를 이은 네덜란드의 오렌지 공 윌리엄과 그의 아내 메리에게 넘어갔다. 1714년 메리의 여동생 앤(재위 1702~1714)이 죽자 스튜어트 왕조는 단절된다. 그리고 하노버(Hannover) 왕조가 1714년부터 1901년까지 이어졌고, 현재는 윈저 왕조가 계속되고 있다.

2) 스코틀랜드 종교개혁의 성격

이제 스코틀랜드의 종교개혁이 이루어진 16세기 개혁사에 초점을 두고 살펴보자.

우리가 잘 아는 바와 같이 모든 종교개혁은 16세기에 이루어졌다. 독일 루터의 종교개혁이 1517년에 시작하여 1530년 아우구스부르크 신앙고백서가 나옴으로 완성되었다. 스위스 칼빈의 종교개혁은 1536년 최초의 《기독교 강요》 출판으로 시작하여 1541년 제네바 교회법이 제정됨으로 완성되었다. 영국의 종교개혁은 1534년 수장법 선포로 시작하여 1563년 엘리자베스 여왕의 '39개 신조'의 완성으로 종료되었다.

그렇다면 스코틀랜드의 종교개혁은 언제 시작되어 언제 완성되었는가? 그것은 1560년 녹스와 함께 6명이 '스코틀랜드 신앙고백서'(The Scot Confession)를 작성한 것을 그 시작으로 본다. 그리고 1561년 12월 5명의 목사와 36명의 장로들이 스코틀랜드 장로교회 총회를 조직함으로 오늘에 이르게 되었다.

여기서 우리가 역사를 바르게 바라볼 필요를 느낀다.

16세기 유럽에서는 독일, 스위스, 영국 등 여러 곳에서 종교개혁이 동시에 일어났다. 그런데 스코틀랜드는 왜 대륙에서 일어난 여러 곳의 종교개혁들 중에 특히 스위스의 칼빈주의를 채택하게 되었는가? 이것은 16세기 스코틀랜드의 정치사와 국제적 역학관계를 고려해야 한다.

앞서 스코틀랜드의 정치사에서 스코틀랜드와 잉글랜드 간의 전쟁사를 살펴보았다. 제임스 4세(James Ⅳ, 1488~1513)는 1513년 잉글랜드와의 전쟁에서 플로든(Flodden)전쟁에서 귀족들과 함께 사망했다. 그의 아들 제임스 5세(James Ⅴ, 1513~1542)는 1542년 잉글랜드와의 전쟁에서 솔웨이모스 전투에서 전사했다. 스코틀랜드 왕위는 태어난 지 5일밖에 안 된 제임스 5세의 딸 메리(Mary of Stuart)

에게 이어졌다(1542~1567). 그런데 메리 여왕은 잉글랜드 전복 반란에 가담했다는 혐의로 잉글랜드 여왕 엘리자베스에 의해 연금당하였다가 결국 처형당하고 만다(1587).

스코틀랜드와 잉글랜드는 3대에 걸친 긴 세월 동안 적대관계에 있었다. 이렇게 적대관계가 지속되는 가운데 잉글랜드의 종교인 영국 국교회가 스코틀랜드 국민들에게 받아들여지지 않은 것은 당연하다.

생각해 보라. 일본은 1910년 한일합방 후 1945년까지 한국을 정복한 후 천황사상을 한국인들에게 주입시키려고 온갖 사악한 짓을 다 저질렀다. 내 나라를 짓밟은 적국의 종교를 받아들인다는 것은 매국노로 자처하지 않는 한 어려운 일이다. 제임스 4세, 5세 그리고 메리 여왕까지 잉글랜드인의 손에 희생되었는데 스코틀랜드가 그들의 종교를 받아들인다는 것은 너무 환상적인 얘기다.

그렇다면 지금까지 유지해 온 로마 가톨릭으로 그래도 남아 있을 것인가? 그렇게 된다면 프랑스와는 친선이 계속 유지되지만 가톨릭을 버린 잉글랜드와는 적대관계를 계속하겠다는 표현이 된다. 스코틀랜드는 칼빈주의가 좋아서라기보다는 16세기 국내 사정과 국제 역학관계가 칼빈주의를 선택할 수밖에 없는 여건 속에 있었다.

스코틀랜드에서는 민족 감정이 기본이 된 기초 위에서 당시 탁월한 지도자였던 녹스가 큰 방향을 정해 준다. 그리고 녹스의 뒤를 이은 지도자들이 있었기에 오늘의 스코틀랜드가 있게 되었다고 본다. 이런 맥락에서 당시 지도자들의 활동상을 살펴보겠다.

3) 스코틀랜드 종교개혁 지도자

스코틀랜드의 종교개혁을 위해서 먼저 순교로 밑거름이 된 인물들이 있었다. 그들의 토대 위에 존 녹스가 기초를 정하였고, 멜빌이 좀더 발전시켰다.

(1) 개혁의 밑거름

A. 패트릭 해밀턴(Patrick Hamilton, 1503~1528)

그는 스코틀랜드 종교개혁의 최초의 순교자로 여겨지고 있다. 그는 귀족 가문에서 태어나 1515년경 파리 대학에 입학하여 5년 후에 졸업하였다. 이때 루터의 종교개혁을 알게 되었다. 1523년 귀국하여 세인트 앤드류스 대학교에 가르치면서 루터의 종교개혁을 공개적으로 옹호하므로 1527년 세인트 앤드류스 대주교 비턴(David Beaton, 1494~1546)과 충돌하게 된다.

해밀턴은 비턴을 피해 루터가 있는 나라로 피신했다가 돌아온다. 그는 이 무렵 유일한 저서로 《신학개론》을 저술하였다. 귀국한 그는 공개토론을 벌이고 설교 석상에서 종교개혁을 주장하였다. 이때 알레시우스(A. Alesius)라는 가톨릭 신자가 토론을 통해 개혁자로 돌아선다. 그는 성지 순례, 연옥, 성자에 대한 기도, 죽은 자에 대한 기도 등 가톨릭 교리를 비판하고 초대교회 환원을 주장하였다.

1528년 초 비턴은 해밀턴에게 두 번째 토론을 제의해 왔다. 여기서 세인트 앤드류스 대학에 소환되어 교회 법정에서 사형이 선고되었다. 해밀턴은 1528년 2월 28일 24세의 젊은 나이에 세인트 앤드류스 대학 정문 앞에서 화형에 처해졌다. 해밀턴의 순교는 스코틀랜드에 개혁을 불러오는 큰 자극제가 되었다.

B. 조지 위셔트(George Wishart, 1513경~1546)

위셔트 역시 스코틀랜드 종교개혁자로 순교하였다. 그는 귀족 가문에서 태어나 애버딘 대학교를 졸업하고 1538년 몬트로스(Montrose)에 있는 학교에서 신약성경과 희랍어를 가르쳤다. 이단 성향이 있다는 혐의로 고소당하자 영국으로 피신하였으나 동일한 이유로 정죄당하자 스위스로 건너갔다. 스위스에서 츠빙글리와 불링거의 영향을 받아 스위스 신앙고백서인 《헬베티아 신앙고백》을 영어로 번역하였다.

1542년 말경 영국으로 돌아가 1년간 케임브리지 대학교에서 가르쳤고, 그 후 1543년 또는 1544년에 스코틀랜드로 돌아갔다. 그는 스코틀랜드의 몬트로스와 던디(Dundee)에서 복음을 전하였다. 그는 십계명, 주기도, 사도신경을 토대로 성경을 해석하였다. 던디에서 전염병 환자들을 상대로 두려움 없이 사역하다가 살해당할 위기를 넘겼다.

1545년 가톨릭 사제였던 존 녹스(John Knox, 1505~1572)가 위셔트로 인해 개종을 하게 된다. 녹스는 위셔트가 위험한 일을 겪는 것을 본 후 그를 보호하기 위해서 칼을 차고 다녔다. 위셔트는 생명의 위협을 무릅쓰고 스코틀랜드를 순회하며 가톨릭 당국의 교권 남용을 비판하였다. 그 역시 결국 동부의 오미스턴에서 체포되어 세인트 앤드류스로 이송되었다.

당시 제임스 5세가 전사한 후 섭정이었던 백작 애런(Earl of Arran)이 위셔트의 처형을 반대했으나 대주교에서 추기경으로 승진한 후 대법관이 된 비턴(D. Beaton)의 주장으로 1546년 3월 1일 세인트 앤드류스에서 화형에 처해졌다.

위셔트의 처형은 성난 군중들의 시민 봉기로 이어졌다. 시민들의 항거는 귀족, 지주, 고위직에 있는 사람들에게로 확산되었다. 조지 위셔트를 화형에 처한 추기경 겸 대법관인 비턴은 위셔트를 화형에 처한 이듬해 암살당하였다.

(2) 개혁자 녹스(John Knox, 1505~1572)

A. 녹스의 초기 생애

녹스는 1505년 에딘버러에서 가까운 해딩턴(Haddington)에서 빈농의 아들로 태어났다. 세인트 앤드류스 대학을 졸업하고 가톨릭 사제 서품을 받았다. 그는 위셔트를 만나기 전까지 고향에서 공증인 일과 몇 개 가문의 가정교사로 일하였다. 그러다가 1545년 순회 전도자 위셔트를 만남으로 종교개혁자로 개심하게 된다.

그는 위셔트의 지지자가 되어 그가 설교할 때 검을 들고 호위하였다. 위셔트가 순교당하자 녹스는 시민 운동의 지도자가 되었다. 그는 세인트 앤드류스 수비대를 조직하여 왕실과 가톨릭 당국에 항의하는 등 스코틀랜드 종교개혁을 이끌어 갔다.

세인트 앤드류스가 종교개혁자들의 손에 들어가자 왕실과 가톨릭 당국이 프랑스에 원병을 요청함으로 녹스는 프랑스 군대와 싸우게 되었다. 수비대원들은 세인트 앤드류스를 방어하며 프랑스군과 싸웠으나 1547년 7월 말경 프랑스 함대가 세인트 앤드류스를 점령하였고 수비대원들은 모두 체포되었다. 녹스는 프랑스군에 포로가 되어 갤리(galley) 선에서 19개월 이상 노를 젓는 형벌을 당하였다.

1549년 초반 녹스 일행은 잉글랜드 왕 에드워드 6세의 도움으로 극적으로 석방되어서 잉글랜드에 도착하여 따뜻한 환영을 받았다. 잉글랜드 추밀원(Privy Council)은 녹스의 인물됨과 개혁사상이 확고함을 알고 대주교 크랜머(Thomas Cranmer)와 정치 지도자 세실(William Cecil)의 동의를 얻어 녹스를 스코틀랜드에서 가까운 버위크(Berwick) 설교자로 임명하였다. 녹스는 1549~1554년까지 잉글랜드에서 사역하였다.

이때 그는 종교개혁을 실천하는 성공적인 사역을 하였다. 예배 개혁과 복음적인 설교로 인해 그의 이름이 널리 알려졌다. 1551년에 에드워드의 궁정 설교자로 임명되어 에드워드 왕의 '제2 공동기도서' 작성에 직접 참여하였다. 1552년 에드워드 왕에 의해 잉글랜드 4대 주교 교구 중 하나인 로체스터(Rochester) 주교에 임명되었으나 주교직이 성경적이 아니라고 생각하여 사양하였다. 1553년 에드워드 왕이 죽고 메리 여왕이 즉위하여 개혁자들을 박해하였다.

녹스는 1554년 잉글랜드를 떠나 대륙으로 피난하였다. 녹스는 프랑크푸르트(Frankfurt)에서 영국 피난민을 위한 교회를 세웠다. 다시 제네바에 가서 칼빈에게 배우며 함께 일하였다. 녹스는 제네바에서 칼빈의 장로교 사상을 배우고 거기서 장로교 사람이 된다.

녹스는 제네바에서 칼빈과 교제하면서 계속 스코틀랜드의 종교개혁에 관심을 갖는다. 1558년 스코틀랜드 메리 여왕과 귀족과 백성들에게 종교개혁을 촉구하는 편지를 보냈다. 또 영국과 스코틀랜드에서 여왕들이 종교적 탄압을 계속하는 데 혐오를 느끼고 이에 반대하는 글을 저술하였다. 그 저서가 《괴물 같은 여성 통치에 대한 첫 번째 나팔 소리》(First Blast of a Trumpet Against the Monstrous Regiment of Women)였다. 녹스는 스코틀랜드의 여왕 메리 스튜어트, 잉글랜드의 여왕 메리 스튜더를 두고 여인들이 통치하는 것은 하나님의 뜻이 아니라는 바울의 가르침을 주장하였다.

B. 스코틀랜드의 개혁자 녹스

녹스는 1559년 5월 2일에 고국에 귀국하였다. 그는 귀국할 때

"오, 하나님! 저에게 스코틀랜드를 주시든지 아니면 죽음을 주십시오"라고 기도했다고 한다. 녹스는 그가 기도한 대로 스코틀랜드를 하나님 말씀이 다스리는 나라로 만들려고 하였다. 녹스가 귀국했을 때 스코틀랜드 여왕은 메리 스튜어트(Mary of Stuart, 1542~1567)였다.

메리 스튜어트는 태어난 지 5일밖에 안 된 상태에서 부친 제임스 5세가 전사함으로 왕이 되었다. 그러나 나이가 어림으로 섭정에 의해 나라가 운영되고 있었다. 섭정은 메리 여왕의 이름으로 종교적 자유를 허용한다고 선언했다(1559).

녹스는 1559년 고국에서 종교적 자유를 허용한다는 것을 믿고 귀국했으나 현실은 전혀 달랐다. 종교적 관용 선언은 정치적 선언이었고 현실은 박해가 계속되고 있었다.

이에 성난 군중들은 3개 수도원을 약탈하고 성당을 파괴하였으며, 왕궁이 불에 탔다. 섭정은 스코틀랜드 종교개혁자들을 폭도로 선언하였다. 국민은 프랑스 지지를 받는 섭정과 가톨릭 세력이 한 주류를 이루었고, 잉글랜드의 지원을 받는 종교개혁 세력으로 분열되어 내전이 시작되었다. 이때 백작 스튜어트 경과 귀족들이 섭정 지지를 철회하고 종교개혁자 진영에 합류했다.

이에 힘을 얻은 녹스 일행은 종교개혁 운동에 박차를 가하였다. 가톨릭의 대주교의 강력한 반발에도 불구하고 녹스의 개혁 운동은 광범위한 지지를 얻었다.

이때 여왕 메리는 자기 남편이 될 프랑스의 프랑수아 2세에게 도움을 요청하여 프랑스 군대가 스코틀랜드에 상륙하였다. 12년 전과 비슷한 상황이 재현되었다. 1560년 1월 잉글랜드 여왕이 잉글랜드 배와 군대를 동원하여 스코틀랜드를 지원하였다. 결국 동년 6월 섭정이 사망하면서 프랑스의 지배도 막을 내렸다. 동년 7월에 잉글랜드와 스코틀랜드가 하나가 되어 프랑스와 에딘버러 협정을 맺은 후 프랑스군이 스코틀랜드에서 퇴각하였다.

녹스는 1559년 고국에 귀국하여 프랑스군을 등에 업은 스코틀랜드 가톨릭 세력과의 종교전쟁에서 승리함으로 개혁의 기초를 닦게 되었다.

녹스가 종교개혁을 위한 전쟁에서 승리한 후 1560년 7월 19일 프랑스군 퇴각 감사 예배를 드렸다. 8월에는 왕실의 반대에도 불구하고 의회를 소집하여 종교개혁에 박차를 가하였다. 메리 스튜어트 여왕은 프랑스 프랑수아 2세와 결혼하여 1548년 프랑스로 떠났다가 13년이 지난 1561년에 스코틀랜드로 돌아오게 되었다.

녹스는 이 기간에 스코틀랜드에서 종교개혁의 완전한 기초를 닦는다. 그는 1560년 John Knox, John Willock, John Spottiswood, John Douglas, John Row 등 6명의 John들이 참여하는 신조작성위원회를 구성하였다. 그래서 '스코틀랜드 신앙고백서'(The Scot Confession)를 작성하였다. 25개 조항으로 구성된 신앙고백서는 의회 승인을 얻어 스코틀랜드 신앙고백으로 채택되었다. 또 녹스는 1561년 12월에 5명의 목사, 36명의 장로와 함께 스코틀랜드 장로교 총회를 조직하였다. 이것이 스코틀랜드 최초의 장로교 총회였다.

총회는 제1 권징서(The First Book of Discipline)로 개혁 지침서를 삼았다. 권징서는 장로교회 정부 형태를 따른 것이다. 교회 직원은 목사, 장로, 집사로 나누었고 장로, 집사는 1년에 한 번씩 선거하도록 하였으며, 목사는 설교와 변증 능력이 있는지를 공개 심사를 거쳐 회중의 선거로 정하였다.

1561년 프랑스에서 13년을 머물다가 돌아온 메리 스튜어트 여왕은 귀국하여 스코틀랜드가 가톨릭 국가임을 천명하였다. 녹스는 다시 메리 여왕과 대결하게 되었다. 여왕은 녹스를 소환하여 법의 제정권과 집행권이 왕에게 있음을 주지시켰다. 그러나 녹스는 법 제정권이 백성을 대표하는 의회에 있다고 맞섰다. 이 둘은 서로 대결하는 와중에 여왕은 교황에게 스코틀랜드가 가톨릭으로 복귀할 것임을 시사했다.

메리 여왕은 이미 프랑스 프랑수아 2세와 결혼하였다가 프랑수아 2세가 사망함으로 귀국하였다. 그 후 메리 여왕은 스페인의 펠리페 2세의 아들 칼로스(Don Carlos)와 결혼하려고 했으나 녹스를 비롯한 장로교 총회가 결혼을 반대했다. 그러자 메리는 1565년 그녀의 사촌 헨리 스튜어트, 곧 단리 경(Lord Darnley)과 재혼하였다.

메리 여왕과 단리 경의 결혼으로 스코틀랜드 가톨릭 세력이 응집되었다. 충성스럽던 여왕의 신하들을 쫓아내며 메리 여왕은 가톨릭과 가까워 갔다.

메리 여왕과 단리 경의 결혼생활은 순탄치 못했다.

이런 와중에 메리 여왕이 이탈리아 음악가 리치오(David Riccio)에게 호의를 베풀자 남편 단리 경은 1566년 질투심으로 리치오를 청부 살해했다. 리치오가 살해된 후 메리 여왕은 보즈웰의 백작 헵번(James Hepburn)과 사랑에 빠졌다. 단리 경과 보즈웰 백작은 메리 여왕을 차지하기 위해 경쟁을 하였다. 그 무렵 1567년 단리 경이 천연두에 걸려 시골 집에서 요양하게 되었다. 그다음 날 단리 경은 폭파로 인해 죽고 말았다. 단리 경을 죽인 용의자가 보즈웰 백작이라는 의심이 생겼다. 단리 경이 죽은 후 보즈웰 백작은 부인과 이혼하고 메리 여왕과 결혼했다. 메리 여왕은 세 번에 걸친 결혼 행각으로 여왕의 도덕성에 의심을 받고 배척을 당한다.

1567년 스코틀랜드 귀족들은 메리 여왕과 단리 경 사이에 낳은 아들을 제임스 6세로 선언하고 그녀를 폐위시켰다. 메리는 폐위당한 후 영국으로 망명하였으나 엘리자베스에 의해 연금되었다가 처형당한다(1587. 2).

이렇게 메리 여왕의 몰락은 녹스의 종교개혁을 성공적으로 추진하는 데 도움이 된다. 메리 여왕이 폐위되었고 한 살밖에 안 된 아들 제임스 6세(James Ⅵ)가 왕위에 올랐다. 그리고 모레이 경이 섭정으로 임명되었다.

1567년 7월 제임스 6세의 대관식에 녹스가 설교하였다. 제임스 6세는 장로교도인 조지 부캐넌(George Buchanan) 밑에서 양육되었다. 1567년 의회는 1560년 녹스와 개혁자들에 의해 결정된 종교정책을 재확인하고 감독주의 상징인 주교 대신 목사로 바꾼다.

1572년 11월 24일 녹스가 사망하면서 스코틀랜드의 종교개혁은 다시 한 번 위기를 맞이하게 되었다. 새 섭정이 된 모턴 백작(Earl of Morton)은 스코틀랜드 전역에 주교를 세움으로 감독정치를 부활시켰다. 이러한 위기에 장로교회를 수호한 인물이 앤드루 멜빌이다.

(3) 신학의 수립자 멜빌(A. Melville)

스코틀랜드 장로파 교회의 건설자요 신학적으로 장로파 신학을 수립한 인물이 바로 앤드루 멜빌(Andrew Melville, 1545~1623)이다.

멜빌은 1545년 볼도비(Baldovie)에서 태어났다. 그는 세인트 앤드루스 대학에서 공부한 후 1564년 파리 대학에서 수학하였다. 프랑스가 종교 문제로 내란 상태에 빠지자 제네바로 가서 칼빈의 후계자인 베자와 교제를 하였다.

베자의 배려로 그는 제네바 아카데미의 교수로 일하게 되었다. 그곳에서 교수로 지내며 헬라어, 히브리어 성경 사본 등을 연구하였고, 나중에는 제네바 아카데미의 시민법 과장이 되었다.

녹스가 죽은 후 스코틀랜드의 종교적 상황이 어렵게 되었다. 멜빌은 1574년 귀국하였고 귀국과 동시에 글래스고 대학 학장이 되었다. 그는 제네바 아카데미의 교육제도를 스코틀랜드에 접목시켰다. 대학에 신학, 언어, 과학, 철학 등의 강좌를 개설함으로 교육 개혁을 성공적으로 이루었다. 멜빌은 교회 행정에 감독주의적 요소를 제거하기 위해 녹스가 작성한 '제1 권징서'를 개정하여 1575년 '제2 권징서'(The Second Book of Discipline)를 출판하였다.

전에 제1 권징서에는 교회 직분을 목사, 장로, 집사로 나누었으나 제2 권징서에서는 감독과 장로는 명칭만 다를 뿐 같은 직분으로 장로와 집사 두 가지 직분을 만들었다. 그리고 장로의 범주에 치리 장로만 아니라 목사와 교사도 장로로 포함시켰다. 제2 권징서는 1581년 스코틀랜드 장로교 총회에 의해 채택되었고, 1592년 6월 의회에서 인준됨으로 스코틀랜드 교회 행정의 지침서가 되었다.

멜빌은 1580년 세인트 앤드류스 대학 학장에 취임하였고, 1582년과 1587년에는 장로회 총회장에 피선되었다. 그는 스코틀랜드 장로교회 안에 있는 명목상의 주교인 툴칸 주교(Tulchan Bishop)를 부패 혐의로 기소하였다. 이것은 감독주의에 대한 도전이었다. 이 사건으로 제임스 6세와 불편하게 되었고, 드디어 반역을 꾀한다는 죄목을 얻자 1584년 스코틀랜드를 떠나야 했다.

멜빌은 1585년 다시 귀국하여 교회 개혁을 계속하였다. 1587년 다시 총회장으로 선출되었고, 1590년에는 세인트 앤드류스 대학의 총장에 취임하였다.

그의 노력으로 제임스 6세와 스코틀랜드 의회는 1592년 장로교회 체제를 합법적인 체제로 수용하였다. 그러나 제임스 6세가 교회 일에 계속 관여하자 이를 비판하다가 1597년 총장직에서 물러나게 되었다. 당국은 그를 내쫓지는 못하고 1599년 세인트 앤드류스 대학의 신학과 과장으로 좌천시켰다.

제임스 6세는 1603년 잉글랜드와 스코틀랜드의 겸임 왕이 되었다. 제임스 1세로 시작되는 영국의 스튜어트 왕조는 새로운 기대를 갖게 하였다. 멜빌은 교회 문제에 대한 왕의 개입을 계속 반대하였다. 1606년 멜빌은 영국 국교회 예배를 비꼬는 라틴어 시 〈카르멘 모시스〉(Carmen Mosis, 1573)로 런던에 소환되어 추밀원에서 정죄당하였다.

왕권신수설 신봉자인 제임스 1세는 멜빌이 감독제를 계속 반대하므로 1607년 런던 타워(London Tower)에 투옥시켜 4년 동안 유폐하였다가 1611년에 석방시켰다. 그 후 멜빌은 영국에서 추방되어 프랑스의 세단(Sedan)으로 가서 성경을 가르치다가 1622년 그곳에서 생을 마감하였다.

그는 스코틀랜드의 교회 개혁을 위해 일생 동안 많은 수난을 겪었다. 그 속에서도 대학 교육과 교회 개혁을 위한 공헌은 크다고 하겠다. 그의 저서로 《자유의지에 관한 논문》(Treatise on Free Will, 1597), 《로마서 주석》(A Commentary on the Romans, 1850) 등이 있다.

잉글랜드와 스코틀랜드는 1621년에 통합 의회가 구성되었다. 이때부터 스코틀랜드는 잉글랜드의 종교정책에 영향을 받기 시작한다. 제임스 1세는 1621년 통합 의회 결의를 동원하여 스코틀랜드 장로교 총회를 협박하였고, 영국 국교회 예배와 감독주의 사상을 받아들일 것을 강요하였다.

이때 청교도들은 교회 개혁을 방해하는 영국 국교회 안에 남아 있어야 하는지 아니면 영국 교회를 떠나서 하나님 말씀대로 새로운 교회를 세워야 하는지 고민하게 된다. 여기서 분리주의자들이 영국 국교회를 떠나 1608년 암스테르담에서 최초의 영국 침례교회를 세운다.

4. 통합 왕조(스튜어트) 하에서의 개혁

잉글랜드의 튜더 왕조(Tudor)는 엘리자베스로 끝이 났다. 그러자 스코틀랜드의 제임스 6세가 엘리자베스의 뒤를 계승하여 잉글랜드와 스코틀랜드의 겸임 왕인 제임스 1세가 된다.

제임스 1세부터 두 나라는 통합된 스튜어트(Stuart) 왕조가 시작된다. 스튜어트 왕조는 수많은 수난을 겪고 정치적 파란을 거듭하면서 영국의 종교정책을 펼쳐 나갔다. 이제부터 영국과 스코틀랜드가 이룩한 종교개혁을 살펴보자.

1) 제임스 1세(James Ⅰ, 1603~1625)

제임스 1세가 통합 왕으로 등장하자 두 나라의 모든 종파들은 서로 자기들 입장에 유리한 기대를 하였다. 가톨릭 교도들은 제임스 1세의 어머니 메리(Mary of Stuart)가 가톨릭 신자였기 때문에 기대를 하였고, 영국 국교도들은 제임스 1세가 왕권신수설 신봉자라는 것에 기대를 하였고, 장로교도들은 제임스 1세가 녹스와 부캐넌 같은 장로교도 밑에서 교육받고 자랐으므로 자기들 나름대로 기대하였다. 그래서 장로교도들을 중심한 청교도들은 제임스 1세가 통합 왕으로 등장한 1603년 4월에 천 명의 목사들이 교회 개혁을 위한 '천인의 청원'(Millenary Petition)을 제출하였다.

제임스 1세는 천인의 청원서를 처리하려고 1604년 1월 햄프턴 코트(Hampton Court)에서 회의를 소집하였다. 그는 여기서 장로정치를 거부하고 감독정치를 시행할 것을 선언한다. 그는 왕권신수설에 기초하여 영국 국가와 교회가 왕에 의해 움직이는 절대 왕조를 세우려고 하였다.

그러자 제임스에게 실망한 가톨릭 교도들에 의해 제임스 왕을 제거하려는 화약음모사건(Gunpowder Plot, 1605)이 일어난다.

로버츠 케이츠비를 우두머리로 하는 일당은 포크스(Guy Fawkes, 1570~1606)를 실행 책임자로 세웠다. 포크스는 요크셔의 프로테스탄트 집안에서 태어났으나 가톨릭으로 개종하였다. 그는 제임스 1세의 가톨릭 박해 정책에 불만을 품고 음모가 무르익을 때 화약 폭발 암살 사건의 실행 책임자가 되었다.

포크스는 국회의사당 상원의 지하실로 화약을 운반하였다. 그곳에 화약을 장치하여 개원식에서 제임스 왕과 측근들을 폭파시킬 계획을 세웠다. 그러나 거사 직전에 밀고자의 누설로 음모가 발각되었다. 포크스는 체포되어 1606년 처형되었다. 포크스가 체포된 11월 5일은 '가이 포크스의 날'로 정해져서 그의 모습을 본뜬 인형을 만들어 끌고 다니다가 불사르며 불꽃을 올리는 행사가 매년 거행되고 있다.

제임스 1세는 성경을 영어로 번역하는 일 외에는 교회 개혁에 관한 모든 요청을 거부하였다. 제임스 1세가 연 햄프턴 궁정회의에서 옥스퍼드의 코퍼스 크리스티 대학 학장인 레이놀즈(John Rainolds)가 새로운 성경 번역의 필요성을 제안하였다. 제임스 1세가 그 제안을 받아들여 감수 역할을 맡은 3명의 학자들과 54명의 번역자들에 의하여 성경 번역 작업이 시작되었다. 영국에는 이미 위클리프 역본(1384), 틴들(W. Tyndle, 1494~1536)의 성경 완역본(1535), 카버데일의 편집본과 매튜(John Rogers) 역본(1537) 대성경(Great Bible, 1539), 제네바 성경(1560), 주교 성경(1568) 등이 있었다.

흠정역 영어성경 번역의 시작은 주교 성경 1602년 판을 개정하는 것이었으나 실제로는 끊임없이 많은 원본을 참조하면서 기존의 모든 영어성경들과 다른 나라 언어들로 번역된 모든 성경들을 기초로 삼았다.

1607년 54명의 개역위원이 선정되었다. 옥스퍼드, 케임브리지, 웨스트민스터의 3개 대학에 분담된 번역위원들에 의해 번역에 착수하였다. 3개 대학의 번역위원들은 자기들이 번역한 것을 다른 대학 번역위원들의 심사를 거친 다음에 3개 대학 번역위원 전체의 합의로 완성해 나갔다. 이 같은 번역 작업은 1610년에 완성되었고 1611년에 출판되었다. 이 성경을 제임스 왕의 흠정역(The King James Version, 1611)이라고 한다.

이 성경은 신학이나 교회 정치상 논쟁이 될 만한 주석들을 배제함으로 폭넓은 지지를 얻게 되었다. 그리고 과거 성경들은 개인의 사역들이었으나 흠정역은 국가의 공식 기구에서 모든 권위 있는 학자들의 공동 번역이라는 점에서 크게 권위를 갖게 되었다.

제임스 1세의 재임기에 필그림 파더스(Pilgrim Fathers)가 생겼다. 순례 시조로 번역되는 이들 청교도들은 1620년 메이플라워 호를 타고 북아메리카로 건너간 사람들이다.

청교도 중 분리파로 불리는 사람들이 종교적 박해 때문에 1608년 네덜란드로 도피하였다. 이때 브래드퍼드(William Bradford, 1590~1657)가 1609년 네덜란드에서 로빈슨 목사와 블루스터 장로에게 큰 감명을 받고 신대륙 이주 결심을 굳힌다.

브래드퍼드는 1620년 네덜란드와 영국 사우샘프턴에 들러 신대륙 이주 참가자를 모아 102명(이중 청교도는 35명)이 9월 16일 출항하였다.

이들은 그해 11월 북미 연안에 도착하였다. 선상에서 '메이플라워 맹약'을 맺은 뒤 동년 12월 21일 매사추세츠 주 연안(후의 플리머스)에 상륙하였다.

첫 겨울 동안 반수 이상이 죽었다. 브래드퍼드는 플리머스 식민지를 건설하고 특히 인디언과의 우호와 산업 진흥에 뛰어난 힘을 발휘하였다. 후에 미국 플리머스 식민지의 총독이 되었고, 그의 저서인 《플리머스 식민지의 역사》는 미국의 식민지 시대 연구에 귀중한 자료가 된다.

제임스 1세는 과거 튜더 왕조가 평정한 북아일랜드(Northern Ireland)에 신교도에 의한 '얼스터 식민 정책'을 추진하였다. 이때 아일랜드의 가톨릭계 주민들과 대립하여 캐빈, 도니골, 모니건의 3주는 1922년 아일랜드 공화국에 편입하였다. 오늘날의 아일랜드 문제는 제임스 1세의 큰 실정의 결과로 남아 있다.

2) 찰스 1세(Charles I, 1625~1649)

찰스 1세는 제임스 1세와 덴마크 공주 앤과의 사이에서 태어났다(1600). 1612년 형 헨리가 죽자 황태자가 되었고, 1625년 아버지가 죽자 왕위를 계승하고 같은 해 프랑스 공주 앙리에타 마리아와 결혼하였다.

(1) 권리 청원

찰스 1세는 그가 다스리기 시작한 초기부터 의회와 충돌이 끊이지 않았다. 국왕의 과세권을 둘러싼 의회와의 싸움은 드디어 의회가 1628년 권리청원(Petition of Right)을 제출하여 재가하지 않을 수 없게 되었다.

권리청원은 국민의 자유에 관한 선언으로 왕의 악정에 맞서는 하원의 유력자들이 청원서를 작성하고 의회를 통과시켜 국왕에게 승인토록 한 것이다.

E. 코크가 중심이 되어 작성된 권리청원은 국채의 강매, 임의적 과세, 불법적인 체포, 투옥, 민의에 어긋나는 군대의 민간 숙박, 군사재판의 남용 등을 왕이 임의대로 할 수 없게 한 문서였다.

영국의 마그나 카르타, 권리청원, 권리장전(Bill of Rights, 1689) 등은 영국 헌법의 중요한 문서이다.

(2) 청교도혁명

권리청원을 마지못해 승인한 찰스 1세는 1629년 의회를 해산하고 그 후 11년 동안 의회를 열지 않은 채 친정 정치를 펴나갔다.

그는 의회를 통해 국왕의 행동반경이 좁아지는 것을 원치 않았기 때문이다. 이와 같은 친정 정치는 대주교 W. 로드와 T. W. 스트래퍼트 백작의 뒷받침으로 유지된다.

그러나 1637년 스코틀랜드에 영국 국교회의 기도서를 강요하는 것에 분노한 스코틀랜드인의 반란이 일어나고(1638), 1640년 장기 의회 소집을 계기로 청교도파 다수가 차지하는 의회와 국왕 간에 충돌이 벌어졌다. 소위 청교도혁명(Puritan Revolution)이 일어난 것이다.

청교도혁명의 직접적인 계기는 1637년 청교도의 일파인 장로교회주의를 국교로 하고 있는 스코틀랜드에 영국 국교회의 기도서를 강요했기 때문이다. 이에 반발한 스코틀랜드는 잉글랜드와의 전쟁을 준비하였다.

이때 찰스 1세는 스스로 군대를 이끌고 스코틀랜드를 쳐들어가려 했으나 실패하고 철수한다. 찰스 1세는 전쟁 비용을 보충하기 위해 부득불 의회를 소집해야 했다. 1640년 4월, 11년 만에 의회가 소집되었다. 이 의회는 국왕의 정책 비난으로 시종했기에 3주 만에 해산되었다. 이것을 단기 의회라고 한다.

그동안 전쟁 준비를 끝낸 스코틀랜드가 잉글랜드 북부를 침입해 왔다. 찰스 1세는 스코틀랜드에 배상금 지급을 약속하고 화의를 맺었다. 찰스는 재원을 얻고자 다시 11월 의회를 소집하지 않을 수 없었다. 장기 의회라 불리는 이 의회에서 여러 가지 개혁 입법들이 단행되었다.

1641년 가을 의회 내 개혁파들은 개혁을 더욱 추진하기 위해 국왕의 악정을 열거한 '대간의서'를 의회에 제출했다. 그러나 보수파가 반대함으로 의회는 왕당파와 의회파로 분열되었다. 이것을 본 찰스 1세는 1642년 1월 의회로 쳐들어가 의회파 지도자들을 체포하려 했으나 실패하고 만다.

찰스 1세는 런던을 떠나 전쟁 준비를 시작하였다. 같은 해 8월 왕당파와 의회파 간에는 무력에 의한 전투가 벌어졌다. 초기에는 왕당파가 유리했으나 점차 의회파가 만회를 거듭하며 전투가 계속되었다.

(3) 웨스트민스터 회의(Westminster Assembly, 1643)

영국에서 찰스 1세와 의회군 사이에 내전이 벌어지고 있는 동안 의회 일부에서는 주로 장로파 의원들에 의해서 영국 국교회를 개혁하기 위한 회의가 모이게 되었다. 이들은 영국 교회와 스코틀랜드 교회를 해외에 있는 다른 개혁 교회들과 더욱 일치하게 만들 교회 정치 수립을 위해 모였다.

의회는 자문을 구할 만한 학식 있고 경건하고 신중한 성직자들의 회의를 소집하였다. 회의는 1643년 7월 1일에 시작하여 1649년 2월 22일까지 진행되었다.

회의는 121명의 성직자들과 평가자들로서 동일한 발언권과 투표권을 지닌 상원의원 10명과 하원의원 20명으로 구성하였다. 스코틀랜드 국교회는 위원들을 파견해 달라는 부탁을 받고 목사 4명과 장로 2명을 임명하였다.

회의는 교회 재판소가 아니었고 아무 구속력도 없었다. 단지 종교개혁 작업에 통일과 질서를 기할 목적으로 세속 권력자들에게 방향을 제시하겠다고 소집되었다.

매일 참석한 대표는 60~80명 가량 되었지만 모든 논의를 주도한 사람은 20명에 불과하였다. 회의 장소는 처음에는 웨스트민스터 세인트 마가레트 교회에서 모였으나 나중에는 사제장의 관저(Jerusalem charmber)에서 모였다.

회의는 약 3년 7개월간 계속되었다.

회의에서 결정한 내용은 다음과 같다.

① 웨스트민스터 신앙고백서(Westminster Confession)

이것은 총 33개 장으로 구성되었다. 성서론에서 시작해서 마지막 최후의 심판까지 칼빈주의에 입각한 신앙관을 천명하였다.

② 대요리문답서

이것은 196개의 문항을 묻고 답하는 문답서이다. 이 내용은 앞서 신앙고백에 대한 보충 설명과 주석 위주다.

③ 소요리문답서

이것은 107개의 문답서이다. 이 내용은 초신자의 교육 지침서이다.

④ 교회 정치 형태

⑤ 예배 모범 등이 정해졌다.

이 신앙고백서가 스코틀랜드에서는 1647년에 아무 수정 없이 채택되었고, 영국에서는 약간의 수정을 거친 후 1648년에 의회에서 승인되었다. 이 고백서는 왕정이 복고되어 폐지되기까지 잉글랜드 교회의 신앙 기준이 되었다. 이 고백서는 칼빈주의에 근거한 것으로 오늘날 장로교회의 고백서로 사용되고 있다.

당시 영국의 정국은 왕당파와 의회파 간의 치열한 전투가 계속되고 있었는데도 상황을 의식하지 않고 이 같은 결실을 맺었다는 데 놀라운 신앙의 힘을 느낀다.

3) 호국경 크롬웰(Oliver Cromwell, 1599~1658)

크롬웰은 헌팅턴에서 태어났다. 케임브리지 대학의 시드니 칼리지에서 공부하면서 청교도주의에 영향을 받는다. 부친을 돕다가 1628년 하원의원에 선출되었고, 1640년에는 케임브리지에서 단기 의회 및 장기 의회 의원으로 선출되었다.

그는 국왕 반대파 입장에 있으면서 두드러진 활동은 없었다. 1642년 찰스 1세와 의회 사이에 무력 항쟁이 시작되자 크롬웰은 국왕군에 대항하여 자기 소속 주를 지키기 위해 일어섰다.

크롬웰은 계속되는 전투 양상을 보며 앞으로 상당 기간 무력 항쟁이 계속될 것을 예상한다. 그리고 앞으로 미래에는 잘 훈련된 군대가 필요함을 예측한다. 크롬웰은 동부 여러 주에서 열렬한 청교도들을 모아 엄격한 군사 훈련으로 정예군을 양성한다. 훈련된 정예군의 효력이 드러나기 시작한다.

크롬웰의 철기병(Ironside)은 마스터 무어 전투(1644)와 네이즈비 전투(1645)에서 모두 이김으로 철기병이라는 명성을 얻게 되었다.

내전이 멈춘 후 크롬웰은 철기병 군대의 힘으로 의회파에서 가장 영향력 있는 지도자로 부상한다.

이미 의회파 중 하원의 실권을 장악하고 있던 장로파 의원과는 대립이 시작된다. 1646년부터 1647년에 걸쳐 의회, 국왕, 군부, 스코틀랜드와의 관계가 원칙 없이 계속된다.

결국 그는 장로교파와 레벨러스(수평파, 평등파)와의 대결이 계속되었다. 크롬웰은 프레스턴에서 국왕군을 격파하므로 군부의 발언권을 한층 더 높이게 되었다. 장로교파들은 프라이드 대령을 앞세워 장로교를 영국 국교로 정하려고 하였다. 이때 크롬웰 군대가 프라이드 대령과 장로파 의원들을 의회에서 추방시킨다. 이것이 유명한 프라이드 대령 사건이었다(1648. 12).

크롬웰은 국왕군을 격파하고 사로잡은 찰스 1세를 군부의 의견을 따라 처형시킴으로 영국 국헌상 최초로 왕이 처형당한다(1649).

크롬웰은 다수였던 장로파 의원들을 추방하고 남은 나머지 의원들로 의회를 구성했다. 이것을 조소하여 '잔당 의회'(Rump Parliament)라고 하였다.

크롬웰은 군부의 힘으로 잔당 의회를 통해 공화제를 지속시키려고 하였다. 그는 철기병의 힘으로 하트퍼에서 레벨러스 잔당을 소탕하고(1649), 아일랜드의 반란을 진압했으며(1650) 스코틀랜드 침입군을 저지했다. 이렇게 무력에 의한 대내외 전투에서는 승리하였으나 전 국민적 지지 기반이 약했다.

크롬웰은 1653년 왕이 되라는 제의를 완강하게 거절하고 군 통치장전에 의한 통치를 위해 호국경(護國卿) 지위에 올랐다.

그는 잔당 의회에 불만을 품은 의원들을 군대를 통해 회의장에서 쫓아냈다. 신앙심 깊은 자를 의원으로 지명하여 '성자에 의한 지배'를 시도하였다. 나라를 전국에 12군관구(軍管區)로 나누고 각 군관구에 군정관을 두어 지방행정을 담당하게 하였다.

그러나 이 같은 군부 중심의 지배는 지지 기반이 없었고, 또 군정관들 가운데 신분이 낮은 이가 많아서 협조를 얻지 못했다. 지방 행정은 마비 상태에 빠졌다.

이렇게 권력의 공백 상태가 계속되자 전의 왕당파와 의회 사이에 화해가 진행되고 왕정 복고를 원하는 세력이 많아져 갔다.

크롬웰은 1658년 죽으면서 셋째 아들 리처드를 후계자로 지명하였다. 크롬웰의 시신은 웨스트민스터 성당에 묻혔다.

후계자 리처드의 지도력은 힘이 없었고, 1660년 스코틀랜드 및 잉글랜드 총사령관 G. 밍크가 힘으로 찰스 2세를 왕으로 맞이하였다. 이로써 청교도 혁명은 종식되었고 왕정이 복고되었다.

왕정 복고 후 크롬웰의 무덤은 국왕 살해자라는 죄목으로 파헤쳐졌다. 크롬웰에 대한 평가는 상반되고 있다. 한편은 국왕에 대한 반역자라 하고 다른 한편은 청교도혁명의 영웅이라고 한다.

4) 찰스 2세(Charles II, 1660~1685)

찰스 1세의 아들로 1630년에 태어났다. 청교도혁명을 피해 1645년 대륙으로 망명했다. 부왕인 찰스 1세가 처형(1649)된 후 여러 번 혁명 정부에 무력 저항을 시도했으나 모두 실패하였다.

그 후 올리버 크롬웰이 사망(1658)한 후 극도의 정치적 혼란을 틈타 1660년 의회와 교섭하여 브레다 선언(Declaration of Breda)을 제시하였다. 브레다는 찰스 2세가 망명하고 있던 네덜란드의 브레다였다. 이곳에서 자기가 차기 왕으로 복위할 경우의 복위 조건을 제시한 것이 브레다 선언이었다.

그 내용은 혁명 중의 행동에 대해서는 대사면을 부여하겠다, 신앙의 자유를 보장하겠다, 혁명 중 영지의 매매에 대해서는 의회에서 선, 후책을 강구할 것이다, 병사의 미불 봉급을 보장하겠다 등의 내용이었다.

개회 중인 영국 임시 의회는 브레다 선언을 즉시 수리하고 왕정 복고를 실현하였다(1660). 그러나 왕정 복고 후 몇 가지는 사문화되었다.

찰스 2세는 왕정 복고 후 혁명의 상처를 치유하는 데 힘썼다.

그러나 1670년 신앙의 자유 선언(Declaration of Indulgence)을 공표하여 가톨릭 보호 정책을 취했기 때문에 의회와 충돌하기 시작하였다. 찰스 2세는 그의 동생이요 후임자가 되는 제임스 2세(1685~1701)가 로마 가톨릭 교도임을 공공연하게 선언하였다.

이때 영국 의회는 1670년대 말 가톨릭 교도인 왕의 동생 제임스를 왕위 계승자에서 제외하려고 하는 휘그당(Whig party)과 국왕에 저항하지 않고 왕권 옹호 입장을 취한 토리당(Tories party)으로 분열된다. 토리당은 1830년에 보수당이 되었고, 휘그당은 1832년에 자유당이 되었다. 휘그당과 토리당의 분열은 사회 불안을 연장시켰다.

런던의 대화재, 흑사병의 대유행, 교황주의자들의 음모, 국왕의 가톨릭화 정책 등으로 국가는 계속 혼란을 거듭하였다.

그리하여 그의 아우 제임스 2세가 즉위한 후 명예혁명(1688)이 일어나게 하는 원인을 남기고 찰스 2세는 죽었다(1685).

여기서 우리는 영국 정치사 속에 발생한 16, 17세기의 청교도(Puritans)운동에 관해 정리를 해보도록 하자. 청교도운동의 발전 과정과 남긴 유산을 살펴보겠다.

(1) 청교도운동의 발전 과정

청교도 운동은 세 시기로 나눠 볼 수 있다.

제1기 개척 · 발전기 : 엘리자베스 여왕 즉위(1558)부터 찰스 1세의 장기 의회까지.

제 2기 융성기 : 크롬웰에 의한 공화정 실현기

제 3기 쇠잔기 : 찰스 2세 복귀 이후

A. 제1기 개척 · 발전기

청교도운동의 선구자를 헨리 8세 때 성복 논쟁을 시작한 존 후퍼(John Hooper, 1495~1555)로 보는 견해가 있다.

그는 성복 논쟁을 제기한 후 메리 여왕 때 화형으로 죽었다. 후퍼의 사건은 개인적 선구자 사역으로 끝이 나고 청교도운동이 집단적 운동으로 시작되는 것은 엘리자베스 여왕 즉위 이후의 일이다.

메리 여왕의 종교 탄압으로 해외로 망명했던 이들이 엘리자베스 즉위(1558)와 함께 큰 기대를 걸고 고국에 돌아왔다. 그런데 엘리자베스 여왕의 종교정책(1559)에 크게 실망한다.

이들은 영국 교회가 하나님의 말씀과 가장 훌륭한 개혁 교회의 모범을 따라 적극 개혁해야 한다고 밀어붙였다. 저들은 중세 교회의 낡은 의식과 제의와 관습을 청결하게 하겠다는 뜻으로 퓨리턴 운동을 전개하였다. 그러나 엘리자베스 여왕은 장로교 정치 노선의 청교도들의 요구를 하나도 받아주지 않았다. 제임스 1세 역시 청교도들의 요구를 들어주지 않았다. 그러자 이들 중 일부는 네덜란드와 뉴잉글랜드로 탈출하였다(1620).

제임스 1세가 남긴 유산은 흠정역 영어 성경뿐이었다(1611). 그의 아들 찰스 1세 때는 청교도들이 국가 교회를 깨끗이 하고 감독직을 없애기 위해 단합하였다.

청교도들은 계속되는 내전 속에서 의회를 조종하는 다수 종교

세력이 되었다. 찰스 1세가 장기 의회 소집을 계기로 의회의 다수파가 된 청교도들과 국왕 간에 무력으로 투쟁하는 청교도혁명이 일어났다(1640).

B. 제2기 융성기

청교도 세력이 크게 비대해지자 이들은 큰 야심을 갖게 된다.

좋게 말하면 영국을 하나님 말씀이 바르게 전파되는 나라로 만들고자 하는 거룩한 야심이라 할 수 있고, 정치적으로 보면 다수파가 된 청교도들이 장로교를 영국 국교로 만들려는 이기적 야심이라고 할 수 있다.

이들은 1643년부터 1649년까지 웨스트민스터 교회회의를 열고 영국 국교회를 장로교회 체제로 개혁하려는 계획을 추진하였다. 이 시기에 남은 유산이 웨스트민스터 신앙백서이고, 이 무렵이 청교도가 가장 융성했던 시기라고 할 수 있다.

의회파와 왕당파 간의 전쟁에서 의회파가 승리를 거두어 찰스 1세를 처형하는 위업까지 달성하였다. 그러나 의회파 중 다수파인 장로파와 독립파 간의 내부 분열이 계속되었다.

1653년 퓨리턴의 영웅인 크롬웰의 독재 정권이 수립되었다. 그는 정권 유지 차원에서 청교도들의 성수 주일, 풍기 단속, 연극, 도박, 오락 등을 규제하였다. 그러나 1660년 왕정 복고와 함께 퓨리턴이 다시 탄압의 대상이 된다.

왕정 복고 후 청교도들은 급속하게 해체의 길을 걸어 영국 국교회에 흡수되는 자가 많았다. 왕정 복고 후에도 계속 청교도의 흐름을 이어간 이들이 장로파, 회중파, 침례파, 퀘이커 교도들이다.

C. 제3기 쇠잔기

왕정 복고 후 영국 종교에 관용의 원칙이 인정되었다. 혁명 중에 왕당파로부터 몰수되어 제3자의 손으로 넘어간 토지들이 그대로 제3자 앞으로 남겨졌다.

청교도혁명은 종교 문제에 그치지 않았다. 혁명의 전 기간을 통해 의회를 장악했던 기간은 짧은 기간이었다. 그러나 이때 일어난 혁명은 신흥 시민 계급이 봉건적인 여러 세력을 타도한 시민혁명 의식을 일깨워 주었다. 그리고 종교적으로 다양한 유산들을 남기게 하였다.

(2) 청교도의 유산

① 퓨리턴들이 필그림 파더스(Pilgrim Fathers)를 만들었다.

1620년 종교 박해를 피해 신대륙으로 이민한 순례 시조들은 미국 문명의 기초를 닦는 기여를 하였다.

② 영국 내 비국교도들을 탄생하도록 하였다.

장로교, 회중교회, 침례교, 퀘이커 등 영국 국교 이외의 비국교가 청교도운동으로 이루어진 유산이 되었다.

③ 계약신학(Covenant Theology)

언약신학 또는 성약신학(Federal Theology)은 청교도들에 위해 발전된 신학이다. 계약신학의 기초는 칼빈주의에서 비롯되었다. 16~17세기 칼빈주의가 독일, 네덜란드, 영국 청교도의 개혁주의자들 사이에서 발전되는 과정 중에 만들어진 것이 계약신학이다.

계약신학은 독일의 올레비아누스(Kaspar Olevianus, 1536~1587), 우르시누스(Zacharias Ursinus, 1534~1583)가 작성한 하이델베르크 요리문답(1562)에서 하나님과 사람의 언약 관념을 그리스도와 성도 간의 신비한 연합으로 설명함으로 시작되었다.

독일에서 일어난 이 운동에서 영국의 청교도 신학자 에임스(William Ames, 1576~1633)가 주도적인 언약신학 해석자가 되었다.

영국 학파와 독일 학파 모두에게 영향 받은 독일 신학자 코케이우스(Johannes Cocceius, 1603~1669)가 저술한 《Summa doctrinae de Foedere et Testamento Dei》(1648)에서 언약의 원리가 가장 잘 정리되었다.

이들 계약신학자들은 하나님과 인간의 관계를 ① 하나님과 아담의 행위의 언약(The Covenant of Work)과 ② 아브라함이 믿음으로 구원 얻은 은혜의 언약(The Covenant of Grace)이 성경 전체의 핵심 신학이라고 믿는다.

그뿐만이 아니다. 사회 관계(가정이나 국가)도 계약으로 해석한다. 하나님과 인간이 맺은 계약, 하나님과 사회가 맺은 계약, 이 모든 계약을 성실하게 이행함으로 신의 나라, 그리스도의 왕국, 새로운 예루살렘 등을 수립해야 한다는 것이다. 이렇게 강조되는 계약신학에는 엄격한 율법주의가 뒤따른다.

그들은 청교도들이 주장한 성경의 절대 권위, 주일 성수(observance of Holy Sabbath), 순수 예배(Simple Worship), 성복 사용 금지를 주장했다. 그리고 강력한 경건 훈련으로 짧은 치마나 화장 금지, 음주, 흡연 금지, 수다와 게으름 등을 다 죄악시하였다.

이 같은 청교도 신앙이 미국으로 건너가 한국에도 도입되었다. 그래서 한국 교회에 성수 주일, 음주, 흡연 금지 등이 신앙인의 표지로 인식되고 있다.

④ 청교도 문학

존 밀턴(John Milton, 1608~1674)의 《실락원》과 《복락원》이 있다. 그리고 존 버니언(John Bunyan, 1628~1688)의 《천로 역정》(Pilgrims

Progress)과 호손(Nathaniel Hawthorne, 1804~1864)의 《주홍 글씨》(The scarlet Letter) 등이 있다.

특별히 여기서 계약신학의 약점에 대해 생각해 보자.
첫째, 계약신학의 핵심은 하나님의 절대 주권에서 출발하였다.
주님을 영접한 그리스도인들이 과거를 되돌아보며 만사를 하나님의 은혜로 돌리는 감격의 절대 주권은 큰 은혜가 되는 내용이다. 그러나 인간이 해야 되는 책임과 의무를 간과하고 하나님의 절대 주권만 강조하면 세상의 만사가 모두 다 하나님에 의해 좌우되는 독재자 하나님으로 오해할 소지가 많다.
둘째, 계약신학자들은 하나님과의 계약의 표징으로 세례를 말하였다.
유아세례 또는 세례 받은 자는 '언약의 자녀들'(children of the covenant)이라고 했다. 세례 받고도 경건하게 살지 못하는 언약의 자녀들은 타락한 계약(degeneration of the covenant)이라 했고, 또 퇴보한 절반짜리 계약(half way covenant)이라고 했다. 계약 신학자들은 구약의 할례가 하나님과의 언약의 표징이었던 것처럼 신약의 유아세례 또는 세례가 계약의 표징이라고 하였다. 이로 인해 거듭나지 않은 종교인을 계약자로 만드는 결과를 가져왔다.
셋째, 계약 신학에는 이스라엘과 교회의 구별이 모호하다.
구약의 이스라엘은 민족 개념이지만 신약의 그리스도인은 개인적으로 중생된 자가 교회이다.
구약에는 그리스도의 예언만 있을 뿐 그리스도와 성도의 관계가 없다. 신약에는 교회의 머리요 한몸인 그리스도와의 관계가 확실하다. 계약신학에서는 구약의 이스라엘과 신약의 교회를 동일시하나 성경은 그렇지 않다.

신약의 교회는 개인이 직접 하나님을 만남으로 성령님을 모신 자요, 이스라엘 민족은 하나님께서 계약을 맺은 집단일 뿐 이스라엘 민족이 다 구원받은 것은 아니다.

넷째, 구약의 할례와 신약의 유아세례를 같은 계약자로 본다.

구약의 할례는 언약의 징표로 남자 유아만 받았다. 신약의 유아세례도 남자만 받는 것은 아니지 않은가?

다섯째, 계약신학에서는 경건의 개념을 교회 예배당에서 많은 시간을 보내는 것으로 가르쳤다. 세상에서 어떻게 살아야 하는지 경건의 적용은 가르치지 않았다. 그래서 예배당에서 오랫동안 머물러 있고 주중에 여러 번 예배당에 나오는 것을 경건으로 가르쳤을 뿐, 세상에서 빛과 소금으로 어떻게 살아야 하는가는 가르치지 않았다. 이것은 교회에서는 종교인이고 세상에서는 세상인으로 살아가게 만드는 이중적 신앙을 만든 것이다.

여섯째, 인간의 의지를 지나치게 과신했다.

웨스트민스터 소리답 등 교리서를 암기하면 저절로 성도가 되는 줄로 오해하였다. 성도가 되기 위해서는 말씀과 성령의 사역을 의뢰하도록 경건훈련이 제도화되어야 한다.

필자는 이렇게 말하고 싶다.

청교도의 계약신학이 미국 건국 초기에 크게 이바지하였다. 또 한국 교회 초기 선교에도 크게 기여하였다.

한국은 1890~1900년까지 선교사가 약 40여 명이 왔다. 이중에 16명이 청교도 신학의 본산지인 프린스턴 출신이고, 또 11명이 장로교 출신인 맥코믹(Macormic) 출신이었다. 이들 모두가 청교도 신앙으로 한국에 선교의 텃밭을 이루었다는 의미이다.

한국 선교 초기에는 기독교가 나라의 독립과 민주주의 토착화

복지와 교육 등에 많은 공헌을 하였다. 그래서 국민의 신임을 얻었었다. 그런데 최근에는 기복신앙과 연관된 세속적 성공에 모두가 타락해 가고 있다. 게다가 지금은 세상의 조롱을 받게 됐다. 지금 기독교 신자들이 사회에 영향을 못 미치고 신뢰를 못 받는 이유가 무엇인가?

그것은 좋은 밭에 떨어진 씨와 함께 가라지가 있었기 때문이라고 본다. 우리는 과거 복음을 전해 준 선교사들의 희생에 감사하면서 가라지가 함께 자라고 있는 것을 발견하지 못한 채 100년의 세월을 보냈다.

우리가 가라지를 제거하려는 노력을 하지 않은 채 선교사들이 전해 준 대로만 성장하다 보니까 한국 종교계에서 개신교의 신뢰도가 가장 뒤떨어지게 된 것이다.

잘 자라고 있는 한국의 복음적 토양 위에 제대로 된 알곡들을 배양함으로 현재보다 미래 교회들이 더욱 건강한 교회들이 되기를 갈망한다.

5) 왕정 복고 이후

(1) 제임스 2세(James Ⅱ, 1633-1685-1088)

제임스 2세는 찰스 1세의 차남이요 찰스 2세의 동생이었다. 그는 청교도혁명 때 형처럼 대륙에서 망명생활을 하다가 형으로 인해 왕정이 복구되자 귀국하였다. 그는 공개적으로 자신이 가톨릭 신자임을 천명하고 모든 공직에서 물러났다. 의회에서는 찰스 2세 후임으로 그가 왕이 된다면 다시 가톨릭화 될 것을 염려하여 제임스 2세가 왕이 되는 것을 반대하였다. 그러나 찰스 2세의 급작스런 죽음으로 제임스 2세가 왕이 되었다.

그가 왕이 되자 가톨릭 신자로서 노골적인 가톨릭 부흥책과 전제주의를 강행하였다. 가톨릭교도를 문무 관리에 등용하고, 국민이 싫어하는 상비군을 설치하며, 일부 법률의 무효화를 시도하였다.

캔터베리 대주교를 비롯한 7명의 주교가 제임스 2세의 가톨릭화를 반대하자 왕은 그들을 투옥시키고 재판에 회부했다.

당초 제임스 2세에게는 아들이 없으므로 그의 장녀인 신교도 메리가 왕위를 계승할 것으로 알고 있었다. 그런데 1688년 55세의 제임스에게 왕자가 태어났다. 이로써 다음 치세에도 가톨릭이 계속되고 개신교의 희망이 사라졌다. 의회의 토리당과 휘그당의 양당 지도자는 네덜란드에 있는 제임스의 딸 메리와 그의 남편인 오렌지 공 윌리엄에게 영국인의 자유와 권리를 수호하기 위해 군대를 이끌고 영국에 오도록 초청하였다.

윌리엄 공은 1688년 11월에 1만 3천 명의 군대를 이끌고 영국에 진군하였다. 12월에 윌리엄 공이 런던에 들어가자 제임스 2세는 프랑스로 망명했다. 이렇게 해서 제임스 2세를 축출한 사건을 피를 흘리지 않은 혁명이라는 뜻으로 명예혁명(Glorius Revolution, 1688)이라고 한다.

의회는 1689년 1월 임시 의회를 소집하여 윌리엄 3세, 메리 2세로 두 사람을 공동 왕으로 추대하였다. 제임스 2세는 실의 속에서 프랑스에서 죽었다.

(2) 윌리엄 3세, 메리 2세 공동대관

윌리엄 3세는 네덜란드의 빌렘 2세의 아들로 태어났다(1650). 출생과 동시에 이미 사망한 부왕의 뒤를 이어 빌렘 3세가 되었다.

1672년에 네덜란드 연방 공화국 총독으로 시작하여 1689년에는 영국 국왕까지 겸임하여 1702년 사망 때까지 두 직책을 겸임했다.

1677년 영국의 요크 공(후에 제임스 2세)의 장녀 메리와 결혼한 네덜란드 윌리엄 3세는 영국을 반프랑스 진영으로 끌어들이려 하였다. 그러나 장인인 제임스 2세의 친프랑스적 정책으로 네덜란드는 여전히 불안하였다.

1688년 영국에서 제임스 2세에 대한 반감이 절정에 달하여 영국 의회는 윌리엄에게 명예혁명을 약속하고 원조를 요청하였다. 윌리엄 3세는 즉각 1만 3천 명의 병력으로 영국에 진군하였다.

그 후 장인인 제임스 2세를 축출하고 그의 아내 메리와 함께 영국 공동 왕위에 오른다(1689). 윌리엄 3세, 메리 2세는 명예혁명을 실현하고 국민들을 안정시키고 국민들이 원하는 대로 원만한 종교 정책을 펼쳤다. 그는 1702년 3월 8일 런던에서 사망하였다.

(3) 앤 여왕(Queen Anns, 1702~1714)

앤은 제임스 2세의 막내딸로 1665년에 태어났다. 그는 언니와 함께 프로테스탄트 교육을 받고 자랐다. 1683년 덴마크 왕자 조지와 결혼했다. 명예혁명 때 부친인 제임스 2세를 저버리고 형부 윌리엄 3세를 지지함으로 권리장전에 의해 다음 왕위 계승자로 결정되었다. 열렬한 국교회 옹호자로 국교회에 하사금을 주어 원조를 했다. 그리고 정치적으로 국교회에 가까운 토리당을 지지했다.

그러나 국왕으로서 결단력이 미흡하였고, 궁정 안의 여관(女官)이나 여고문 등에게 판단을 의지함으로 치세가 안정되지 못하였다. 그의 치세 기간 중 1707년 잉글랜드와 스코틀랜드가 합동하여 '그레이트 브리튼 왕국'이 되어 합동 초대 국왕이 되었다.

자녀가 모두 일찍 죽었으므로 그녀가 사망한 후 독일의 하노버 (Hanover) 가가 왕위를 계승함으로 앤 여왕은 스튜어트 왕조의 마지막 국왕이 되었다. 앤 여왕 재임 중 많은 전쟁이 계속되었다. 1702~1713년에 스페인과 왕위계승 전쟁을 하였고, 또 북아메리카에서는 식민지 확장을 위한 전쟁이 계속되었다. 그리고 영국과 프랑스 간의 조지 왕 전쟁(1740~1748), 프렌치 앤드 인디언 전쟁 (1754~1763) 등 계속 전쟁이 이어졌다. 그 속에서도 영국 국교회는 안정을 찾고 발전하였다.

5. 영국 국교회의 문제점

첫째, 시작과 출발이 너무 인간적이었다.

성경적 각성에서 출발한 루터의 시작이 점점 국가적 개혁으로 확대되었다. 칼빈이 성경적 각성에서 개혁을 시작했다는 근거는 없다. 그러나 칼빈의 개혁이 로마 가톨릭이 잘못되었다는 학문적, 양심적 깨달음으로 인해 개혁자로 나서게 된 점은 인정된다.

하지만 영국 국교회는 헨리 8세가 자기 가문을 지키기 위한 이혼을 합법화하기 위해 로마 가톨릭과 결별하고 영국 국왕의 수장령을 공표하면서 시작되었다. 헨리 8세를 비롯해서 엘리자베스 여왕 때까지 국왕을 보좌한 측근들 역시 권력의 힘에 동조하여 영국 국교회의 기틀을 만들었다.

이렇게 완성된 영국 국교회(성공회)는 그 시작이 신앙적 동기가 아니므로 기본적인 신뢰의 기초가 없다. 영국 국교회가 지금 현재 전 국민의 50%나 되는 신도수를 가졌다 할지라도 신앙인들에게 신뢰를 얻기에는 한계가 있다.

둘째, 종교를 편의대로 이용하였다.

애당초 신앙적 출발이 아니고 왕권 유지를 위해서 종교를 이용하고 정권 유지를 위해 종교가 이용된 것이 영국 국교회다. 그래서 겉으로 보면 로마 가톨릭적인 제도와 개신교의 신학이 혼합된 종파처럼 보인다. 이중에서 C. H. 브랜트, W. 템플 등은 가톨릭과 프로테스탄트 간의 교량적 역할을 해서 세계교회협의회(W.C.C.)의 탄생을 돕는 공헌도 하였다.

그러나 영국 국교회는 가톨릭으로부터 불신당하고, 프로테스탄트로부터 일치되지 못하는 영원한 중간자로 한계선상 위에 있을 수 밖에 없다. 그렇기에 세계 교회를 위한 공헌도 한계선에 머물러 있을 수밖에 없다.

◘ 종교개혁 전, 후의 연대표

375~568	게르만 민족의 대이동
481	클로비스 1세의 메로빙거 왕조 프랑크 왕국 창시
492	동 고트족 이탈리아 건국
496	클로비스 1세 로마 가톨릭으로 개종
751	카롤링거 왕조 프랑크 국왕에 즉위
768	카를 대제(샤를 마뉴) 즉위(~814)
800	카를 대제 서 로마 제국 부활
911	동 프랑크 카롤링거 왕조와 단절, 독일 왕국 성립
936	오토 1세 즉위, 동 스위스 독일령이 됨
962	오토 1세 신성 로마 제국 성립
1016	영국 데인 왕조 시작
1032	스위스 전역 신성 로마 제국에 속함
1066	영국 노르만 왕조
1077	교황 그레고리 7세와 독일 하인리히 4세의 서임권 투쟁- 카노사의 굴욕
1096	제1회 십자군 전쟁(~1099)
1106	영국 헨리 1세 노르망디 공령 병합
1154	영국 헨리 2세 플랜태저넷 왕조
1198	인노첸시오 3세 교황, 종교재판 도입
1204	제4회 십자군. 이탈리아 라틴 제국 건설
1215	영국 존 왕 마그나카르타 서명
1218	스위스 동부 합스부르크 가, 서부 사보이 가에 귀속
1229	교황청 발렌시아 교회회의에서 성경을 금서로 지정
1256~1273	독일 대공위 시대
1273	독일 합스부르크 가 황제 선출
1302	단테 로마 추방령
1309~1377	로마 교황청 프랑스 아비뇽으로 이전

1347	독일 룩셈부르크 가 보헤미아 왕 카를 4세 황제 선출, 7선제후 제도 성립
1399	영국 헨리 4세 랭커스터 왕조
1415~1436	후스 전쟁
1429	프랑스 잔 다르크 출현, 오를레앙 해방
1438	독일 합스부르크 가 알브레히트 2세
1440	독일 황제 프리드리히 3세
1453	영국, 프랑스 백년전쟁 종결
1453	동 로마 제국 멸망
1454	로디 화약 발명. 르네상스 시작
1455	영국 장미전쟁
1477	독일 막시밀리안 1세(~1519)
1485	영국 헨리 7세 즉위, 튜더 왕조 시작
1492	콜럼버스 신대륙 도착
1494	프랑스 샤를 8세 이탈리아와 전쟁(~1559)
1499	스위스 슈바벤 전쟁, 사실상의 독립 획득
1509	교황 율리오 2세 독일, 프랑스, 에스파냐와 캉브레 동맹
1513	마키아벨리의 군주론
1516	스위스, 프랑스와 영구 동맹 체결. 중립국 시작.프랑스 로마 교황과 정교(政敎) 화약으로 독립 시작(Callicanism)
1517	독일 루터의 95개조 항의문(종교개혁 시작)
1519	스위스 츠빙글리 종교개혁 착수, 독일 황제 카를 5세 즉위
1520	루터의 4대 개혁 논문
1521	보름스 의회, 루터 사상을 정죄 스위스, 프랑스와 용병 계약 체결로 동맹 강화
1523	스위스 취리히에서 츠빙글리 제1차 공개토론
1524~1525	독일 농민전쟁
1525	스위스 재침례교 형제단 출발
1527	독일, 스위스 재침례교도의 쉴라이트하임 신앙고백서

1528	재침례교 지도자 후프마이어 순교
1529	재침례교 지도자 자틀러 익사 순교. 루터 츠빙글리와 마르부르크 회담, 스위스 신구교 간 제1차 카펠 전쟁
1530	아우구스부르크 신앙고백서(루터교 시작)
1531	스위스 제2차 카펠 전쟁, 츠빙글리 전사
1533	파리 니콜라스 콥의 파리 대학 연설문 기안자 칼빈
1534	독일 재세례파 뮌스터 장악
1535	파렐의 최초 제네바 사역
1536	칼빈의 《기독교 강요》 초판
1536~1561	네덜란드에서 재침례교 지도자 메노 시몬스의 사역
1536~1538	칼빈의 제1차 제네바 사역 후 추방
1541~1564	칼빈의 제2차 제네바 사역, 신정정치 시작
1545~1563	트리엔트 공의회, 반종교개혁
1546	루터의 죽음
1549	존 녹스 영국 궁정 설교자
1550	존 후퍼의 성복 논쟁
1553	메리 여왕 즉위
1555	메리 1세의 프로테스탄트 처형 존 녹스 스코틀랜드 개혁 시작
1556	크랜머 이단으로 처형
	제2 스위스 신앙고백, 칼빈파와 츠빙글리파 신조 일치
1558	엘리자베스 여왕 즉위
1559	국왕 지상법, 예배 통일법, 39개 신조 제정
	에스파냐 이탈리아 지배
	칼빈 《기독교 강요》 최종판
	제네바 아카데미 설립
1560	제네바 성경 영역
1563	하이델베르크 요리문답 작성
1564	칼빈 사망
1566	제2 스위스 신앙고백을 스위스, 스코틀랜드, 폴란드, 헝가리 채택

1572	프랑스 성 바돌로뮤 축제 대학살
	존 녹스 사망
1578	스코틀랜드 의회 제2회 권징서
1587	스코틀랜드 여왕 메리 처형
1592	스코틀랜드 제임스 6세에 의해 장로교 체제
1598	낭트 칙령. 프랑스 종교전쟁 종료
1603	제임스 1세 잉글랜드, 스코틀랜드 겸임 왕, 스튜어트 왕조 시작
1608	존 로빈슨 등 국교회 분리주의자들 네덜란드로 피난
1611	흠정 영역 성경
	영국 침례교 시작
1618~1648	북반구 신구교 30년 전쟁
1620	영국 순례 시조 북아메리카 이주, 플리머스 식민지 개척
1628	권리청원
1629	찰스 1세 영국 의회 해산
1634	갈릴레이 이단 심문 유죄
1640	청교도혁명
1642	국왕군과 의회군 무력 대결
1643~1646	웨스트민스터 총회, 신앙고백서 작성
1648	베스트팔렌 조약(30년전쟁 종료), 독일 정치권 분열
1649	찰스 1세 처형
1653	크롬웰 호국경, 의회 해산
1660	왕정 복고 찰스 2세
1662	매사추세츠 주에서 불완전한 반쪽짜리 계약제도 채택
1667	존 밀턴의 《실락원》
1678	존 버니언의 《천로역정》
1688	명예혁명
1707	잉글랜드, 스코틀랜드 통합, 그레이트 브리튼 왕국 성립
1778~1783	프랑스, 미국 독립 전쟁 개입
1806	독일 신성 로마 제국 해체

◎ 참고문헌

[종교개혁 전반에 관한 자료]

1. Roland H. Bainton, "The Reformaion of the Sixteenth Century", Boston, 1952, 1993, 홍치모, 이훈영 역, 《16세기의 종교개혁》 서울.
2. Paul D. L. Avis, "The Church in the Theology of the Reformers", Atlanta, 1981.
3. J. H. Merled Aubigne, "History of the Reformation of the Sixteenth Century", Michigan, 1846.
4. A. G. Dickens, "Reformation and Society in Sixteenth Century Europe", London, 1966.
5. G. R. Elton, "Reformation Europe 1517~1559", New York, 1963.
6. Timothy George, "Theology of the Reformers", Tennessee, 1988, 이은선, 피영민 역, 《개혁자들의 신학》, 요단출판사, 1994.
7. E. Harris Harbison, "The Christian Scholar in the Age of the Reformation", Michigan, 1956.
8. Hans J. Hillerbrand, "The Protestant Reformation, A Narrative History Related by Contemprary Observers and Participants", New York, 1964.
9. Justo L. Gonzalez, "The Story of Christianity", 서영일 역, 《종교개혁사》, 서울 : 은성, 1992.
10. Justo L. Gonzalez, "A History of Chirstian Thought" Vol 3., Nashville, 1975.
11. H. G. Koenigsberger & George L. Mosse, "Europe in the Sixteenth Century", London, 1968.
12. Iain H. Murray, "The Reformation of the Church: A Collection of Reformed and Puritan Documents on Church Issues", Edinburgh, 1987.
13. W. Stanford Reid, "The Reformation: Revival or Revolution?", New

York, 1968.
14. Lewis W. Spitz, "The Reformation", Boston, 1962, 서영일 역, 《종교개혁사》, 서울, 1983.
15. Thomas Lindsay, "A History of the Reformation" 2 Vols., New York, 1951, 이형기, 차종순 역, 《종교개혁사》 3권, 서울, 1990.
16. Lewis W. Spitz, "The Protestant Reformation", N. J., 1966.
17. 라이온사 편, "The History of Christianity", 송광택 역, 서울, 《교회사 핸드북》 1989.
18. Clyde L. Manschreck, "A History of Christianity in the World", 최은수 역, 심창섭 감수, 《세계 교회사》, 총신 출판부, 1991.
19. Williston Walker, "A History of the Christian Church", 강근환, 민경배, 박대인, 이영헌 역편, 《세계 기독교회사》, 서울, 1990.
20. Kenneth S. Latourette, "A History of Christianity" 2 Vols., 윤두혁 역, 《기독교사》, 생명의 말씀사, 1980.
21. B. K. Kuiper, "The Church in History", 김해연 역, 《세계 기독교회사》, 성광문화사, 1990.
22. George H. Williams, "The Radical Reformation", Philadelphia, 1962.
23. 오덕교, 《종교개혁사》, 합신 출판부, 2010.
24. 손두환, 《종교개혁사》, 시토스, 1999.
25. 김승진, 《근원적 종교개혁》, 침신 출판부, 2011.
26. 임도건, 《종교개혁의 역사와 신학》, 기독교문서선교회, 1995.
27. 정수영 《새 교회사》 I, II. 규장문화사, 1991. 1993

[루터에 관한 자료]
1. Martin Luter, "Luther∏s Works", Volume 25, Philadelphia, 1957.
2. Martin Luter, "Selections From His Writing∏s", New York, 1961.
3. Martin Luter, "Early Theological Works", Ed, Philadelphia, 1962.

4. Martin Luter, "Luther and Erasmus on free Will", Philadelphia, 1969.
5. Martin Luter, "The Freedom of a Christian", 《크리스챤의 자유》, 지원용 역, 서울 : 컨콜디아사, 1970.
6. Martin Luter, "Works of Martin Luther", Michigan, 1982.
7. F. E. Mayer, "Lutheran Theology", 지원용 역, 1960.
8. Roland H. Bainton, "Here I Stand: a Life of Martin Luther", Nashville & New York, 1950.
9. A. G. Dickens, "Luther and the Reformation", London, 1967.
10. Robert H. Fife, "The Revolt of Martin Luter", New York, 1957.
11. Hartmann Grisar, "Martin Luther: His Life and Work", Westminster, 1960.
12. Gerhard Ritter, "Martin Luther: His Life and Work", New York, 1963.
16. Paul Althaus, "The Theology of Martin Luther", Philadelphia, 1966.
17. James Mackinnon, "Luther and the Roformation", 4 Vols., London, 1925~1930.
18. Edith Simon, "Luther Alive: Martin Luther and the Making of the Reformation", New York, 1968.
7. 지원용, 《루터 사상의 진수》, 서울 컨콜디아사, 1986.
8. 지원용, 《마틴 루터의 생애와 사상》, 서울 컨콜디아사, 1991.
9. 지원용, 《루터와 종교개혁》, 배한국 편, 서울 컨콜디아사, 1972.

[츠빙글리에 관한 자료]

1. Kurt Aland, "Four Reformers: Luther, Melanchthon, Calvin, Zwingli", 1983, 이기문 역, "네 사람의 개혁자들", 서울: 컨콜디아사.
2. Geoffrey W. Bromiley ed., "Zwingli and Bullinger", Philadelphia, 1953.
3. Jagues, Courvoisier, "Zwingli : A Reformed Theologian", Richmond,

VA., 1963.
4. Charles Garside, "Zwingli and the Fine Art∏s", New Haven, 1966.
5. S. Maculey Jackson, "The Latin Works of Huldreich Zwingli" Vol. 3., Philadelphia, 1929.
6. Jean Rilliet, "Zwingli : Third Man of the Reformation", Philadelphia, 1964.
7. G. R. Porter, "Zwingli", London, New York, Sydney, 1984.

[칼빈에 관한 자료]

1. John H. Bratt, "The Rise and Development of Calvinism", Grand Rapids, 1965.
2. Jean Cadier, "The Man God Mastered: A New Biography of John Cavin", Grand Rapids, 1960.
3. John Calvin. "Institutes of the Christian Religion", 김종흡, 신복윤, 이종성, 한철하 공역, 《기독교 강요》, 서울, 1988.
4. Georgia Harkness, "John Calvin: The Man and his Ethics", New York, 1958.
5. Timothy George ed., "John Calvin and the Church: A Prism of Reform", Louisville, Kentucky, 1990.
6. E. M. Johnson, "Man of Geneva: The Story of John Calvin", Edinburgh, 1977.
7. Fred H. Klooster, "Calvin∏s Doctrine of Predestination", Michigan, 1977.
8. T. H. L. Parker, "John Calvin", 김지찬 역, 《존 칼빈의 생애와 업적》, 서울, 1990.
9. Benjamin Warfield, "Calvin and Calvinism", New York, 1931.
10. Williston Walker, "John Calvin, the Organizer of Reformed Protestantism, 1509~1564", New York, 1906.

11. Wilhelm Niesel, "The Theology of Calvin", Philadelphia, 1956.
12. John T. McNeill, "The History and Character of Calvinism", New York, 1954.
13. W. Stanford Reid, "John Calvin: His Influence in the Western World", Grand Rapids, 1982.
14. Otto Weber, "Die Treue Gottes in der Geschtchte der Kirche", 김영재 역, 《칼빈의 교회관》, 서울, 1985.
15. 시몬 키스트 메이커, 《칼빈주의》, 김정훈 역, 성광, 1982.
16. 크리스토퍼 네스, 《칼빈주의자가 본 알미니안주의》, 강귀봉 역, 서울, 1981.
17. D. 스틸, 토머스 공저, 《칼빈주의와 알미니안주의》, 김남식 역, 서울, 1982.
18. 전경연, 《칼빈의 생애와 그 신학 사상》, 서울, 1959.

[재침례교에 관한 자료]

1. William R. Estep, "The Anabaptist Story", 정수영 역, 《재침례교도의 역사》, 서울: 요단, 1986.
2. Robert Friedmann, "The Theology of anabaptism: An Inter-pretation", Scottdale, PA., 1973.
3. Palmer Becker, "What is an Anabaptist Christian?", 김복기 역, 《아나뱁티스트 크리스천》, 서울, 2009.
4. Harolds S. Bender, "The Anabaptists and Religious Liberty in the Sixteenth Century", Philadelphia, 1970.
5. E. Belfort. Bax, "Rise and Fall of the Anabaptist∏s" New York, 1903.
6. Rollin Stely, Armour, "Anabaptist Baptism: A Representative Study", Scottdale, PA., 1966.
7. Harold S. Bender ed., "Meno Simons Life and Writings: A Quadricentennial Tribute 1536~1936", P.A., 1944.

8. Rudy Baergen, "The Mennonite Story", 김복기 역, 《메노나이트 이야기》, 서울, 한국아나뱁티스트출판사, 2005.
9. Cornelius Krahn, "Dutch Anabaptism: Origin, Spread, Life and Thought", Pennsylvania, 1981.
10. Firstz Blanke, "Brothers in Christ: The History of the oldest Anabaptist Congregation", Scottdale, PA., 1961.
11. John Hofer, "The History of the Hutterites", 김복기 역, 《후터라이트 공동체의 역사》, 한국아나뱁티스트출판사, 2008.
12. Walter, Klassen, ed, "Anabaptism: Neither Catholic nor Protestant", Ontario, 1973.
13. Franklin Hamiln Littel, "The Anabaptist View of the Church", Boston, 1958.
14. R. J. Smithson, "The Anabaptists: Their Contribution to our protestant Heritage", London, 1935.
15. John Allen, Moore, "Anabaptist Portraits", Scottdale, PA., 1984.
16. Guy F. Hershberger, ed, "The Recovery of Anabaptist vision", Scottdale, PA., 1957.
17. 김승진, 《근원적 종교개혁》, 침례신학대학 출판부, 2011.

[영국과 스코틀랜드에 관한 자료]
1. A. G. Dickens, "The English Reformation", London, 1964.
2. Philip Hughes, "The Reformation in England", 3 Vols, London. 1950~1954.
3. Maurice Powicke, "The Reformation in England", New York. 1941.
4. Herbert M. Smith, "Henry and the Reformation", London, 1948.
5. John H. Burleigh, "Church History of Scotland", New York, 1960.
6. Gorden Donaldson, "The Scottish Reformation", Cambridge, 1960.
7. John Knox, "The History of the Reformation in Scotland", ed.

William C. Dickinson, New York, 1950.
8. Jasper G. Ridley, "John Knox", New York, 1968.
9. W. Stanford Reid, "Trumpeter of God: A Biograpy of John Knox", 서영일 역, 《하나님의 나팔수: 존 녹스의 생애와 사상》, 서울, 1984

[색인]

감독	20, 39, 56, 57, 65, 98, 153, 233, 282, 311, 363, 364, 365, 368, 420, 484, 494, 508, 518, 538, 539, 540, 542, 552,
개혁 전 개혁자들	61
계약신학	255, 446, 448, 468, 554, 555, 556, 557
교회회의	55, 65, 81, 117, 177, 230, 231, 402, 505, 553, 563,
게르만 민족	24, 563
기도서	463, 507, 509, 545
기독교 강요	256, 264, 265, 266, 267, 268, 269, 293, 339, 356, 357, 358, 361, 367, 378, 529, 565, 570, 574
95개조	10, 43, 97, 99, 102, 103, 104, 105, 107, 133, 135, 137, 144, 182, 184, 185, 193, 207, 224, 564
낭트 칙령	566
녹스	350, 353, 354, 474, 494, 529, 530, 531, 533, 534, 535, 536, 537, 538, 539, 541, 565, 566, 573, 574
농민전쟁	11, 31, 50, 145, 147, 148, 149, 150, 151, 152, 153, 154, 155, 157, 163, 182, 184, 200, 388, 389, 392, 422, 427, 430, 564
누아용	257, 260, 262, 263, 264, 269, 321
니콜라스 콥	262, 565
뎅크	409, 416, 417, 418, 574
도미니칸 수도회	104, 106, 220
독신주의	44, 135, 230, 274, 574

동체설	119, 120, 135, 142, 164, 168, 202, 294, 295, 411, 425
레오 10세	48, 49, 100, 104, 107, 108, 112, 122, 222, 297, 497, 498
루터	16
농민 전쟁	388
로마 교황청	21, 22, 46, 54, 56, 79, 80, 81, 90, 104, 106, 112, 118, 125, 127, 155, 165, 218, 244, 299, 345, 463, 512, 517, 519, 522, 563
르네상스	16
마르부르크 회담	11, 162, 183, 198, 247, 565
마틴 부처	106, 162, 173, 174, 280, 291, 304, 174, 280, 291, 304, 409, 420, 421,
막시밀리안	30, 104, 107, 123, 138, 181, 207, 432, 564, 575
만인제사장	116, 147, 171, 193, 196, 198, 484, 514
멜란히톤	11, 110, 125, 139, 162, 163, 166, 167, 168, 169,170, 171, 172, 173, 177, 183, 186, 187, 188, 200, 244, 254, 294, 295, 296, 297, 304, 324, 333, 350, 352, 404, 410
면죄부	10, 43, 49, 64, 67, 90, 96, 97, 98, 99, 100, 101, 102, 103, 104, 106, 108, 111, 134, 193, 221, 224, 231, 385
미사	84, 86, 87, 118, 120, 135, 136, 141, 142, 143, 157, 159, 163, 170, 172, 197, 221, 231, 232, 233, 234, 244, 248, 264, 276, 277, 283, 387, 405, 415, 447, 449, 505, 506, 509, 519, 522

뮌처	145, 149, 150, 151, 152, 388, 392, 417, 422, 426, 427, 430
발트부르크	132, 133, 134, 138, 139, 140, 166, 208
보름스 의회	10, 125, 126, 127, 138, 156, 157, 159, 169, 170, 173, 182, 184, 191, 194, 207, 219, 414, 432, 564
보헤미아	28, 29, 20, 58, 62, 63, 65, 66, 67, 69, 70, 71, 75, 111, 125, 150, 155, 169, 252, 350, 387, 398, 459, 483, 564
볼섹	321, 322, 323, 324
분리주의	12, 464, 465, 466, 469, 470, 471, 476, 477, 478, 479, 482, 486, 504, 540, 566
불링거	248, 254, 255, 289, 324, 350, 388, 389, 394, 438, 514, 532
비텐베르크	36, 87, 91, 96, 97, 98, 106, 107, 108, 109, 110, 112, 123, 126, 134, 136, 137, 138, 139, 140, 141, 166, 176, 179, 182, 185, 187, 190, 192, 207, 294, 424, 425
빌헬름	407, 423
사보나롤라	40, 41, 47, 63, 71, 72, 73, 74
사돌레토	297, 298, 299, 300, 301, 304
성물숭배	83
성찬	64, 70, 71, 118, 119, 135, 136, 137, 139, 141, 144, 158, 163, 164, 165, 168, 171, 172, 177, 232, 235, 264, 267, 283, 288, 291, 293, 311, 315, 335, 352, 368, 505, 506, 508, 509, 510, 512, 515, 516, 517, 518, 519, 520

성직록	47, 48, 49, 50, 88, 118, 258, 259, 262, 264, 299, 360, 519
세르베투스	265, 296, 314, 315, 326, 329, 330, 331, 332, 333, 334, 335, 336, 337, 338, 339, 340, 341, 342, 342, 344, 345, 346, 347, 348, 349, 350, 354, 370
세례	64, 118, 150, 163, 171, 201, 205, 209, 235, 236, 237, 238, 239, 241, 267, 268, 289, 309, 335, 375, 438, 450, 484, 505, 520, 521, 556
소치니주의	328, 329
수장령	464, 493, 451, 501, 502, 517, 518, 519, 561
슈파이어 의회	156, 157, 158, 159, 161, 183
쉴라이트하임 신앙고백	408
스코틀랜드 신앙고백	536
스콜라 신학	39, 96, 97, 105, 189, 194, 328, 331, 334, 375
스트라스부르	62, 160, 173, 174, 175, 244, 245, 248, 269, 274, 279, 289, 290, 291, 292, 293, 294, 299, 300, 302, 304, 305, 309, 314, 317, 325, 351, 356, 409, 417, 420, 421, 423, 424, 425, 426, 427, 483, 515
신대륙 발견	16, 42
십자군 전쟁	26, 31, 33, 34, 42, 50, 67, 80, 99, 563
신성 로마제국	461
아비뇽 유수	32, 54, 55
아랍제국	26
알렉산드리아	143, 144, 166, 167, 168, 179, 186, 224, 243, 263, 290, 297, 299, 328, 348, 394, 404, 416, 434, 496, 498, 500

에라스무스	13, 36, 292, 406, 408, 464, 465, 467, 468, 469, 493, 496, 503, 504, 509, 510, 511, 514, 516, 517, 518, 519, 521, 522, 523, 524, 525, 526, 528, 529, 530, 538, 541, 552, 561, 565
엘리자베스	36, 292, 406, 408, 464, 465, 467, 468, 469
오스만 제국	31, 79
용병 제도	218
왕정 복고	13, 550, 551, 553, 554, 558, 566
위클리프	29, 58, 63, 64, 65, 66, 67, 111, 130, 131, 259, 499, 542
유아세례	136, 139, 150, 192, 201, 202, 234, 235, 236, 237, 238, 239, 240, 241, 242, 328, 332, 335, 336, 338, 339, 341, 345, 346, 347, 360, 361, 384, 387, 388, 391, 392, 393, 394, 395, 396, 399, 400, 409, 411, 414, 418, 424, 438, 444, 446, 448, 449, 450, 458, 469, 477, 484, 521, 556, 557
웨스트민스터 회의	546
예수회	522
작센	21, 24, 28, 29, 30, 62, 70, 81, 83, 91, 149, 152, 154, 155, 158, 160, 165, 169, 172, 174, 176, 177, 178, 179, 180, 183, 187, 188, 189, 207, 503 6, 8, 9, 12, 201, 216, 234, 237, 238, 241, 242, 253, 265, 266, 281, 326, 336, 344, 347, 352, 361, 375
재침례교	201
제네바 교회법	305, 306, 307

제임스 1세	13, 464, 465, 494, 525, 526, 528, 540, 541, 542, 543, 544, 552, 566
천년 왕국	423
청교도	291, 311, 353, 357, 467, 494, 509, 515, 521, 523, 524, 525, 540, 541, 543, 545, 548, 550, 552, 553, 554, 555, 557
취리히	8, 11, 49, 162, 208, 215, 219, 222, 225, 226, 227, 229, 230, 231, 232, 233, 234, 237, 242, 243, 244, 245, 246, 247, 248, 249, 250, 252, 254, 274, 277, 289, 290, 327, 340, 342, 350, 385, 387, 388, 389, 390, 394, 395, 396, 397, 407, 409, 502, 515, 524, 564
카스텔리오	324, 325, 326, 327, 344, 348, 349
카를 5세	20
카펠 전쟁	215
칼 슈타트	109
칼빈	85
츠빙글리	49
크롬웰	13, 175, 495, 501, 502, 503, 506, 548, 549, 550, 552, 553, 566
크랜머	208, 291, 350, 354, 498, 501, 503, 506, 507, 508, 509, 513, 514, 520, 533, 565
타울러	62
테첼	101, 103, 104
통일령	518, 519
틴데일	498, 499, 505

프리드리히	5, 8, 29, 30, 81, 83, 91, 106, 107, 108, 124, 125, 131, 132, 137, 138, 139, 140, 142, 143, 154, 178, 189, 190, 191, 207, 208, 425, 503, 564, 578
프란시스칸	436
파렐	269, 270, 271, 272, 273, 274, 275, 276, 277, 278, 279, 280, 281, 282, 286, 287, 288, 289, 290, 291, 292, 293, 296, 297, 298, 301, 302, 304, 307, 317, 343, 344, 350, 565
후스파	29, 69, 70, 71, 155
휴머니즘	38, 39, 41, 419
2종 배찬	71
30년 전쟁	444, 461, 566

```
판 권
소 유
```

신약 교회 사관에 의한
종교개혁사

2012년 10월 30일 인쇄
2012년 11월 5일 발행

지은이 | 정수영
발행인 | 이형규
발행처 | 쿰란출판사

주소 | 서울 종로구 이화동 184-3
TEL | 02-745-1007, 745-1301~2, 747-1212, 743-1300
영업부 | 02-747-1004, FAX / 02-745-8490
본사평생전화번호 | 0502-756-1004
홈페이지 | http://www.qumran.co.kr
E-mail | qrbooks@gmail.com
　　　　　 qrbooks@daum.net
한글인터넷주소 | 쿰란, 쿰란출판사

등록 | 제1-670호(1988.2.27)

책임교열 | 박은아 · 박신영

값 25,000원

ISBN 978-89-6562-370-0 94230
　　　978-89-6562-368-7 (세트)

* 이 출판물은 저작권법에 의해 보호를 받는 저작물이므로 무단 복제할 수 없습니다.
  잘못된 책은 교환해 드립니다.